50°

Kolgujew
Kanin-
Halbinsel

N o r d r u s s

Mesen

Nordl. Dwina

T i e f l a n d

Suchona

Wologda

Rybinsker
Stausee
1102
Rybinsk   Kostroma

Jaroslawl   Iwanowo

Sergijew
Posad

Moskau
Kolomna
110
Kaluga   Rjasan

Tula

Orjol   Lipezk

Kursk

Ssume

Charkiw

**Dnipro-
petrowsk**
Saporishshja   **Donezk**
Mariupilj
Kachiwkaer
Stausee
Melitopilj   Asowsches
Meer

Krim
1545   Noworossijsk
Sewastopol

a r z e s
M e e r
2211

Ankara
Kayseri
Tuzsee 899   3916
Konya   **Adana**
Icel

Lefkosia
1953
Zypern

Port Said
Gaza
Suezkanal
exandria
Suez

Quelle: Diercke Weltatlas S. 114/115, Westermann Verlag 2002

Elisabeth Lichtenberger

EUROPA

Elisabeth Lichtenberger

EUROPA

**Geographie, Geschichte,
Wirtschaft, Politik**

Wissenschaftliche Buchgesellschaft

© 2005 by Wissenschaftliche Buchgesellschaft, Darmstadt
Die Herausgabe des Werkes wurde durch die Vereinsmitglieder
der WBG ermöglicht.
Lektorat: Barbara Bossinger
Umschlagabbildungen: picture alliance/dpa
(Erdkugel, Atomium),
Elisabeth Lichtenberger (Akropolis, Kathedrale in Sofia)
Gedruckt auf säurefreiem und alterungsbeständigem Papier
Prepress: schreiberVIS, Seeheim
Printed in Germany

www.wbg-darmstadt.de

ISBN 3-534-14956-4

Inhaltsverzeichnis

Vorwort

In den krisengeschüttelten Zwanzigerjahren des 20. Jahrhunderts hat Fritz Machatschek nach dem Zusammenbruch der Mittelmächte 1929 sein Buch über „Europa als Ganzes" in der Reihe der Enzyklopädie der Erdkunde (Verlag Franz Deuticke, Leipzig und Wien) veröffentlicht. Nach seiner Sichtweise reichte Europa damals bis zum Ural.

Vier Jahrzehnte später, in den 60er Jahren, bildete das größte politische Experiment der Weltgeschichte, die Teilung Europas als Glacis der Supermächte das Grundthema meiner dreisemestrigen Vorlesungen über „Europa als Ganzes" an der Wiener Universität. Bei einem politischen Systemvergleich von Westeuropa mit den Satellitenstaaten zog ich dort die Ostgrenze von Europa, wo sich heute die erweiterte Europäische Union gegenüber den GUS-Staaten abgrenzt und – erstaunlich genug – der den Historikern geläufige Begriff des Abendlandes wieder an Aktualität gewinnt.

Der Standort Wien, in der Mitte Europas gelegen, kam meinen Forschungsreisen zugute, die in den 50er Jahren begannen, zuerst in Südosteuropa, dann in den ehemaligen Satellitenstaaten und im westlichen Europa fortgeführt wurden. Furchtlose Risikofreudigkeit und ein spartanischer Reisestil waren die Voraussetzung. Der Kleinstaat Österreich hatte keine Forschungsmittel für eine komparatistische Europa umspannende Feldforschung. Ein VW Käfer diente als Fortbringungs- und Unterbringungsmittel, mit dem alle Hochgebirge Europas ebenso wie viele Großstädte systematisch besucht wurden, deren Extensivländereien und Stadtwälder die Bleibe für die Feldforschung darstellten. Dadurch gehörten zahllose Kontakte mit der lokalen Bevölkerung zum nachhaltigen Gewinn.

Ende der 60er Jahre habe ich die Thematik „Europa als Ganzes" als Gastprofessorin mit nach Nordamerika genommen und dort einerseits die Außensicht von Europa gewonnen, andererseits aber auch aus der Alltagserfahrung und den kontinentumspannenden Reisen in Nordamerika die grundsätzlichen Unterschiede zu Europa, im politischen System, im Sozialverhalten der Bevölkerung und im Umgang mit den räumlichen Ressourcen hautnah erlebt. In Nordamerika bin ich zur Europäerin geworden.

Nach der Aufhebung der Teilung Europas sind mir die frühen institutionellen Kontakte mit den Satellitenstaaten zugute gekommen, und ich habe am von mir gegründeten Institut für Stadt- und Regionalforschung der Österreichischen Akademie der Wissenschaften das Thema der Transformation vom Plan zum Markt auf dem Arbeits-, Wohnungs- und Immobilienmarkt in den postsozialistischen Staaten aufs Programm gesetzt.

Die Darstellung über Europa ruht aber nicht nur auf dem wichtigen Pfeiler umfangreicher Reisen und eigener Forschungen sowie einem breiten Spektrum der Literatur aus den Nachbarwissenschaften, sondern sie konnte auch von der viel zitierten Globalisierung der Information und der „Europäisierung von Europa" profitieren.

Die seit der Jahrtausendwende enorm gesteigerte Effizienz der Suchmaschinen im Internet ist der Aktualität prozessualer Aussagen und politischer Vorgänge und damit letztlich einer globalen Sichtweise zugute gekommen. Der erstaunlich rasche Ausbau von EUROSTAT, dem Statistischen Amt der EU, nahezu synchron zur EU-Erweiterung am 1. Mai 2004, gestattete in der zweiten Jahreshälfte erstmals einen zügigen Zugriff auf den Datensatz aller wichtigen Bereiche von Bevölkerung, Gesellschaft und Wirtschaft der 25 EU-Staaten, von denen bis dahin die Erweiterungsstaaten nur auf der nationalstaatlichen Ebene zugänglich waren. Schließlich hat die Freigabe der Satellitenbilder der NASA von Landsat 7 aus dem Jahr 2000 im Anschluss an die aus dem Jahr 1990 stammenden Aufnahmen von Landsat 5 den räumlichen Zugang zu den Prozessen der Landnutzung nach der Trendwende in einem mittleren Maßstab ermöglicht.

In einer Zeit, in der das Fernsehen mit grellfarbiger Werbung zur Alltagsroutine gehört und die Bilder der Welt, plakativ losgelöst aus ihrem räumlichen Zusammenhang in unglaublicher Vielfalt und Intensität über die Bildschirme der Konsumenten der medialen Informationsgesellschaft flimmern, ist die Auswahl von Karten, Figuren und Bildern bei einem überdies durch den Tourismus mit Schaustücken von Landschaften und Städten so reich ausgestatteten Erdteil außerordentlich schwierig geworden. Die persönliche Lösung des

Auswahlprinzips lautet: Einfachheit ist Trumpf und Neuheit die Regel. Bei den Figuren und Kärtchen habe ich meiner Vorliebe für Frankreich freien Lauf gelassen, bei der Auswahl der Bilder auf das wenig bekannte Medium von Satellitenbildern zugegriffen und schließlich aus meiner eigenen umfangreichen Diasammlung bewusst ältere Aufnahmen und solche aus den EU-Erweiterungsstaaten ausgewählt.

Die Darstellung über Europa bildet das Produkt einer emeritierten Professorin als Einzelarbeiterin. Das ist ein Nachteil und ein Vorteil zugleich. Der Nachteil liegt in der fehlenden Möglichkeit, interessant erscheinende Forschungsfragen über Projekte einer Klärung zuzuführen bzw. eine kartographische Produktion in Gang zu setzen. Der Vorteil liegt in der Muße, nachdenken zu können außerhalb des beruflichen Tagesgeschäfts, in der „neuen Freiheit" – jenseits von beruflicher Rücksichtnahme. Damit war es möglich, sich in einem nicht kontrollierten Zitierraum zu bewegen, in einem transdisziplinären Bereich des Wissens, in dem die Claims noch nicht abgesteckt sind.

Vorworte sind auch Dankesworte. Ein interdisziplinäres Buch bedarf der konstruktiven Kritik durch Kollegen aus Nachbardisziplinen. Mein Dank für die Durchsicht einzelner Kapitel geht an den Geophysiker emer. o. Univ.-Prof. Franz Weber für das Kapitel über Natur und Gesellschaft, an den Mediävisten emer. o. Univ.-Prof. Othmar Hageneder für das Kapitel über den historischen Sonderweg Europas, an Herrn Hofrat Dr. Franz Greif für das Kapitel über die Agrarwirtschaft. Für wichtige Informationen über den ländlichen Raum danke ich den Professoren Doris Schmied, Gerhard Henkel und Horst-Günther Wagner. Mein besonderer Dank gilt Herrn Dr. Günter Leydecker, der auf der Grundlage der Datenbank der Bundesanstalt für Geowissenschaften und Rohstoffe in Hannover für das Buch eine Erdbebenkarte angefertigt hat. Das Kapitel über die Ökonomie hat emer. o. Univ.-Prof.

Erich Streissler nicht nur kritisch gelesen, sondern auch mit wertvollen Anmerkungen versehen, auf deren Auszeichnung jedoch verzichtet. Schließlich geht mein Dank, wie schon öfters, an Herrn o. Univ.-Prof. Heinz Fassmann, meinen Nachfolger auf dem Ordinariat für Angewandte Geographie, Raumforschung und Raumordnung an der Universität Wien, der mit Beiträgen und zahlreichen Diskussionen zur Strukturierung der Thematik über den Begriff Europa sowie über Migration, Arbeitsmarkt und Transformation beigetragen hat.

Für das sorgfältige Lektorat bedanke ich mich sehr herzlich bei Frau Dr. Monika Streissler und Herrn DDr. Josef Kohlbacher; für die Tabellenbearbeitung und die EDV-Bearbeitung des von mir erstellten Registers bei Frau Dr. Katja Skodacsek, für die Hilfe bei der Literaturbeschaffung bei Frau Christine Kessler, für Einscannen und Brennen der CDs von Abbildungen bei Frau Elisabeth Petzl, Herrn Dr. Hartwig Hitz und Frau Mag. Elisabeth Stix. Nicht zuletzt bedanke ich mich bei Herrn Prof. Dr. Sebastian Lentz, dem Direktor des Leibniz-Instituts für Länderkunde in Leipzig, und dem dortigen Leiter der geographischen Zentralbibliothek, Herrn Dr. Heinz Peter Brogiato, für die überaus effiziente Unterstützung meiner Literatursuche von Büchern und Aufsätzen über Europa.

Mein Buch über Europa widme ich

meinem Mann, Herrn Oberstudienrat i. R. Prof. Josef Lichtenberger, der mich auf vielen Reisen begleitet hat und dessen Photographierleidenschaft zahlreiche Abbildungen zu verdanken sind, und

Frau Univ.-Prof. Dr. Elisabeth Binder, der international bekannten Primaria für Augenheilkunde am Rudolfspital in Wien, die mir die verlorene Sehfähigkeit wiedergegeben hat, so dass ich dieses Buch schreiben konnte.

Wien, 17. Februar 2005   Elisabeth Lichtenberger

Sichtweisen

Europa hat Karriere gemacht: Bücher über Europa sind „in". Sie erscheinen in großer Zahl und beschäftigen sich mit der Vielschichtigkeit und Vieldeutigkeit des kulturellen Begriffs, den politischen Grenzen und der „Europäisierung Europas" durch den Ausbau der Europäischen Union.

Was ist Europa? Weder die Geographie noch die Geschichte des Kontinents erlauben eindeutige Antworten. Europa ist nicht statisch, sondern nur prozessual zu verstehen.

Europa ist der Kontinent, dem es in der Neuzeit gelungen ist, globale Innovationen zu verwirklichen. Von Europa aus haben sich die Papstkirche ebenso wie die Aufklärung, der Kapitalismus ebenso wie die sozialistische Doktrin ausgebreitet. Europa hat ein halbes Jahrtausend Weltgeschichte geschrieben. Vor diesem Hintergrund ist eine eurozentrische Weltsicht entstanden, die im amerikanischen Zeitalter zu Beginn des 21. Jahrhunderts weder machtpolitisch noch kulturell aufrechtzuerhalten ist. Europa steht im Schatten der amerikanischen Weltherrschaft.

Das Buch über „Europa als Ganzes" zu Beginn des 21. Jahrhunderts bietet eine umfassende historisch verankerte und räumlich differenzierte Standortbestimmung der Sonderstellung des modernen Europa in der westlichen Welt. Der komplexe Inhalt des Buches lässt sich nicht auf eine zentrale Fragestellung reduzieren, ebenso stehen nicht eine, sondern mehrere wissenschaftliche Disziplinen im Hintergrund. Das Spektrum reicht von den Geowissenschaften, der Geographie und Geostrategie, den historischen Disziplinen, den Sozialwissenschaften, der Ökonomie und Politologie bis hin zur Regionalplanung und Regionalpolitik.

Von Carl Friedrich von Weizsäcker stammt der Ausspruch, dass sich Europa von San Francisco bis Wladiwostok erstreckt, weil sowohl die USA als auch die ehemalige Sowjetunion „europäische Auswüchse" darstellen. Damit wird an den fortwirkenden weltzivilisatorischen Charakter der Europäisierung der Welt erinnert.

In der Darstellung des Europabuches geht es freilich immer wieder um die Abgrenzung der heutigen europäischen Identität gegenüber den Identitäten der europäischen Neuländer, in erster Linie den Vereinigten Staaten von Nordamerika. Worin bestehen entscheidende Unterschiede? Sie bestehen erstens in der Trennung von Staat und Kirche, zweitens in dem Amalgam von Staat und Markt und drittens in dem Zusammenschluss von Nationalstaaten in einer Staatenunion.

Nur in Europa ist die laizistische politische Demokratie entstanden, welche auf die ins Mittelalter zurückgehende Trennung von Kirche und Staat zurückzuführen ist und auf der Grundlage der Aufklärung eine kritisch reflektierende, gleichzeitig globale Weltsicht der europäischen intellektuellen Eliten begründet hat.

Nur im westlichen Europa ist zunächst zwischen beiden in Europa entwickelten politökonomischen Systemen von liberaler Markt- und staatlicher Planwirtschaft nach dem Zweiten Weltkrieg der soziale Wohlfahrtsstaat im Verein mit der christlichen Soziallehre als eigenständige europäische Lösung des Verhältnisses von Markt und Staat geschaffen worden. Im Transformationsprozess wurde sie nach der Beendigung des größten politischen Experiments der Weltgeschichte, der Teilung Europas, in die ehemals sozialistischen Staaten exportiert.

Europa hat den Nationalstaat erfunden, dessen Nachahmung in den Entwicklungsländern auch die europäische Tragödie der großen ethnischen Vertreibungen und Völkermorde im 20. Jahrhundert in die ehemaligen Kolonialländer gebracht hat. Europa ist es jedoch gelungen, durch die Schaffung der Europäischen Union die militärische Agressionstendenz der Nationalstaaten zu bändigen und fußend auf der bürokratischen Tradition des aufgeklärten Absolutismus das neue Rechtsinstrument einer überstaatlichen Gesetzgebung und Administration zu schaffen.

Europa hat nach dem Zweiten Weltkrieg einen historisch außergewöhnlichen Weg beschritten und nach einer langen Phase der Desintegration den Weg zum „Ganzen" zurückgefunden. Europa hat die historischen Chancen genutzt, die Lehren aus zwei verheerenden Weltkriegen gezogen und den Willen zur Versöhnung und Zusammenarbeit gezeigt. Niemand hat in der Stunde Null nach dem Ende des Zweiten Weltkriegs den enormen Aufschwung in der zweiten Hälfte des 20. Jahrhunderts vorhergesehen, als in der neuen Organisationsform der Europäischen Gemeinschaft das Haus Europa begründet wurde.

Es hat ein halbes Jahrhundert in Anspruch genommen, das Haus Europa zu schaffen. Über den europäischen Einigungsprozess, das „Projekt Europa", ist viel geschrieben worden. Bemerkenswert ist sein semantisches Ergebnis: Europa wird heute durchwegs mit der Europäischen Union identifiziert. Wenn sich die EU-12 auf die EU-15 oder auf die EU-25 erweitern, dann wird dies als Expansion Europas gefeiert und negiert, dass Europas Grenzen damit nicht zwangsläufig erreicht wurden.

Mit drei Projekten, dem Friedensprojekt, dem Wirtschaftsprojekt und dem Sozialprojekt hat sich die Europäische Union am Ende des 20. Jahrhunderts wieder in die Weltpolitik zurückgemeldet.

Mit der Schaffung der Europäischen Union ist die Zeit der Pax Europaea gekommen und die europäische Geschichte der Kriege zu Ende. Diese Friedensideologie als Basis der europäischen Staatengemeinschaft ist in der Gegenwart bereits so selbstverständlich geworden, dass im Jahr 2005 nach langer Pause die Operette von Johann Strauß mit dem Titel „Der lustige Krieg" mit großem Erfolg wieder aufgeführt wurde.

Vom Vater des Projekts des Binnenmarktes, Jacques Delors, dem ehemaligen Präsidenten der Europäischen Kommission, stammt der Ausspruch: „Niemand verliebt sich in einen Binnenmarkt." Nichtsdestoweniger bildet die Schaffung eines gemeinsamen Binnenmarktes ohne Grenzen und Zölle, aber mit einheitlichen Formularen und Vorschriften das wirtschaftliche Herzstück der Europäischen Union. Der Binnenmarkt wurde zur Triebfeder der Politik und zum Motor der Erweiterung, denn diese erhöht seine Wettbewerbsfähigkeit und seine relative Unabhängigkeit von außereuropäischen Konjunkturzyklen.

Der soziale Wohlfahrtsstaat ist in seiner heutigen Form ein Produkt der 2. Hälfte des 20. Jahrhunderts, als Europa seine globale Position nach dem Zweiten Weltkrieg verloren hatte und – gleichsam auf sich selbst zurückgeworfen in einer Welt der Zerstörung und des Mangels – die Lebensgrundlagen seiner Bevölkerung wieder herstellen musste. Damals erhielt die soziale Frage eine staatliche Heimstatt, wurde „sozial" zum Grundbekenntnis der Gesellschaft und der Politik. Es entstand ein insgesamt faszinierendes Gesamtresultat, welches der heutigen jungen Generation unter dem Begriff der „sozialen Sicherheit" selbstverständlich erscheint und Europa grundsätzlich von Nordamerika unterscheidet.

Dieses Sozialmodell zu reformieren ist die Aufgabe am Anfang des 21. Jahrhunderts. Hierbei geht es um mehr als um die Finanzierung des Pensionssystems und der Sozialfürsorge. Es geht um den gesamten bisherigen „sozialen" Dienstleistungssektor der Staaten, alle Bildungseinrichtungen, von den Volksschulen bis zu den Universitäten, das Gesundheitswesen, den subventionierten öffentlichen Verkehr, die subventionierte Landwirtschaft, den sozialen Wohnungsbau.

Das vierte Projekt von Europa zu Beginn des 21. Jahrhunderts, das institutionelle Projekt zur Schaffung der Vereinigten Staaten von Europa, war im ersten Anlauf nicht von Erfolg begleitet. Frankreich hat dem überstürzten Tempo der Entwicklung Einhalt geboten. Zu viele ungelöste Probleme stehen im Raum. Gleichzeitig die EU zu erweitern (Bulgarien, Rumänien und die Türkei) und zu vertiefen (Verfassung) wird von der Bevölkerung nicht akzeptiert. Eine Rückkehr zu dem bewährten politischen Konzept des Wechselschrittes von Erweiterung und Vertiefung erscheint notwendig. Die Suche nach der Identität von Europa und nach einem möglichen selbständigen Weg in die Zukunft bleiben die entscheidenden Herausforderungen im 21. Jahrhundert.

WAS WAR UND WAS IST EUROPA?

Zur Thematik

Drei Begriffe stehen am Anfang des Buches: Europa, das Abendland und die Europäische Union. Der geographische Begriff Europa ist hinsichtlich Ausdehnung, Grenzen und Gliederung in den großen Epochen der europäischen Geschichte unterschiedlich verwendet worden. Stets waren politische Konventionen erforderlich, um das geographische Defizit einer allseitigen Meerumgrenzung auszugleichen.

Die Frage „Wo endet Europa geographisch?" kann vom Naturraum aus nicht schlüssig beantwortet werden. Historisch-kulturelle, historisch-politische und institutionelle Perspektiven sind erforderlich. Fritz Machatschek ist in seiner Ostabgrenzung von Europa 1929 der damals in der internationalen Statistik üblichen Einbeziehung des „europäischen Russland" gefolgt. Das vorliegende Buch bezieht sich auf die derzeitige Ausdehnung der Europäischen Union und schließt darüber hinaus die gesamte Halbinsel von Südosteuropa ein.

Der Begriff des Abendlandes entstand aus dem Gegensatzpaar von Orient und Okzident. Es ist ein kulturhistorischer Begriff, dessen räumliche Ausdehnung von einem christlichen Europa mit dem Zentrum der Papstkirche hergeleitet und bis in die Gegenwart verwendet wird, um den über Byzanz christianisierten Raum von Moskau, dem „dritten Rom", und damit das Russische Reich auszuschließen.

Die Staatengemeinschaft der Europäischen Union weicht der Frage nach dem, was Europa ist und wo es endet, aus. Die EU-Erweiterung findet jedoch interessanterweise im Bereich des kulturhistorischen Abendlandbegriffes statt.

Alle drei Begriffe zusammen, der geographische Europabegriff, der kulturhistorische Abendlandbegriff und der territoriale Begriff der Europäischen Union, würden jedoch dem Verständnis von dem, was Europa ist, nicht gerecht werden.

Europa ist nämlich in der Neuzeit der Kontinent gewesen, dem es gelungen ist, globale Innovationen zu setzen. Die viel zitierte Europäisierung der Erde ist in Wirklichkeit eine erste Globalisierung gewesen! Von Europa aus haben sich die Papstkirche ebenso wie die Aufklärung und der Kapitalismus ebenso wie die sozialistische Doktrin ausgebreitet. Europa hat ein halbes Jahrtausend lang Weltgeschichte geschrieben. Vor dem Hintergrund der Europäisierung der Erde ist auch die eurozentrische Weltsicht entstanden, d. h. die europäische Sichtweise globaler Phänomene.

Nun hat Europa den Ersten und den Zweiten Weltkrieg verloren. Die Entkolonialisierung ist das Resultat. Europa musste sich vom eurozentrischen Weltbild verabschieden. Das Jahr 1945 war die Stunde Null für Europa. Das einstige Zentrum der Welt wurde zum strategischen Glacis zwischen den USA und der Sowjetunion und die Teilung Europas zum größten politischen Experiment der Weltgeschichte. Ihre Aufhebung 1989 und die schon vorher gesetzten institutionellen Schritte zu einem neuen Europa, zunächst im westlichen Abschnitt, haben die „Europäisierung Europas" eingeleitet. Sie ist derzeit im institutionellen Gewand der Europäischen Union mit einer Vielzahl von juristischen Schritten und der Schaffung einer einheitlichen Währung im Gange.

Die Europäische Union hat den Großteil Europas bereits in den Bereich ihrer Administration gebracht. Europa als Kulturerdteil ist daher nur dort von Relevanz für die Fragestellung, wo es um kulturhistorische Perspektiven und historisch-politisches Erbe sowie um das „Europa der Regionen" geht. Die Gegenwart und die Zukunft Europas werden jedoch von der Europäischen Union bestimmt, gleichgültig welche Rückschläge der Vorgang dieser „endogenen" Europäisierung erleiden mag.

Zur Aufgabe Europas in der Welt hat Václav Havel 1996 geschrieben: Sie *„liegt nicht mehr darin und wird nie wieder darin liegen, die Welt zu beherrschen, um ihr mit Gewalt seine Vorstellung von Wohlstand (und) ... Kultur aufzuzwingen. ... Die einzige Aufgabe für das Europa des nächsten Jahrtausends besteht darin, sein bestes Selbst zu sein, das heißt, seine besten geistigen Traditionen ins Leben zurückzurufen und dadurch auf eine schöpferische Weise eine neue Art des globalen Zusammenlebens mitzugestalten"* (Idee Europa, 2003, S. 345).

Das „geographische" Europa

Die historischen Etappen des geographischen Europabegriffes

Europa ist einer der traditionellen Erdteile, die ein gemeinsames Begriffsgut der Menschheit geworden sind. Nun enthält der Erdteilbegriff die physisch-geographische Vorstellung einer in sich geschlossenen, allseits von Meeren umgebenen Landmasse. Gerade diese Vorstellung trifft jedoch auf Europa nicht zu. Europa ist keine von der Natur vorgegebene Einheit. Andererseits besitzt es physisch-geographische Besonderheiten (vgl. Kapitel 2).

Bereits Herodot hat darauf hingewiesen, dass niemals festgestellt wurde, ob Europa so wie Afrika ebenfalls vom Meer umgeben ist. Zwar trennten in der antiken Vorstellung das Mittelmeer Europa von Afrika und der Don sowie das Asowsche Meer Europa von Asien. Dieser somit eingegrenzte geographische Begriff „Europa" erhielt jedoch eine ganz spezielle Bedeutung durch die Konfrontation zwischen den Griechen und den Persern, welche als Repräsentanten der Bevölkerung einerseits von Europa und andererseits von Asien aufgefasst und denen spezifische Eigenschaften zugeschrieben wurden. Zu deren Erklärung hat bereits Hippokrates den Einfluss des Klimas herangezogen und den Asiaten eine sanftere Disposition als den kriegerischen Europäern zugemessen und dies mit dem gleichmäßigen und wärmeren Klima begründet. Mit dieser klimatischen Erklärung verband Hippokrates auch einerseits eine despotische Form der Regierung in Asien und andererseits eine demokratische, auf Freiheit ausgerichtete, in Europa.

Die Hintergründe der spezifischen europäischen Sozialgeschichte werden damit erstmals in der Antike durch physisch-geographische Faktoren erklärt, eine Sichtweise, die bis zu dem Werk von Jones, „Das Wunder Europa", im 20. Jahrhundert heraufreicht, in dem ebenfalls der spezifischen Landesnatur Europas entscheidende Bedeutung für den europäischen Sonderweg zugemessen wird.

Der Europabegriff der Antike war eine Teilbezeichnung des Raumes um das Mittelmeer und fußte auf der griechischen Kultur und der römischen Reichsbildung.

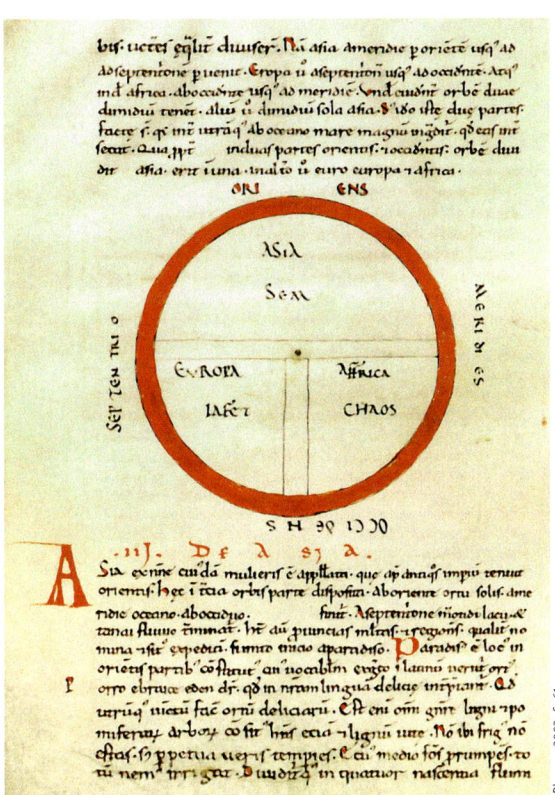

Abb. 1.1: *Symbolische Darstellung der Alten Welt im 7. Jahrhundert.*

Von Plessen 2003, S. 61.

Das Christentum machte sich dieses Weltbild zu Eigen. In einer schlichten Darstellung aus dem 7. Jahrhundert bildet die Welt eine Scheibe, auf der die eine Hälfte von Asien eingenommen wird und die andere Hälfte zwischen Europa und Afrika aufgeteilt ist (Abb. 1.1). Es handelt sich um die aus der biblischen Geschichte bekannten drei Erdteile, welche Noah auf seine drei Söhne aufgeteilt hatte.

Der Begriff Europa erhielt eine neue politische Bedeutung unter Karl dem Großen. Mit dem Ausbau des Frankenreiches und seiner Nachfolgestaaten verschob sich das Zentrum politischer Aktivität nach Norden und gewann eine politische Hauptachse beiderseits der Rheinlinie. Von dieser politischen Raumbildung des Frankenreiches aus ist im Wesentlichen die ganze mittelalterliche Entwicklung auf dem Kontinent nördlich des mediterranen Raums ausgegangen, die durch ein Aufrollen von Siedlungsfronten und politischen Grenzen von Westen nach Osten gekennzeichnet war.

Hier wurzelte der Begriff des Abendlandes und gewann neuen geistigen Gehalt durch die Verbindung mit dem Christentum. Das Zentrum der Perspektive bildete Jerusalem, und im Zeichen des

Fassmann 2002, S. 29.

Abb. 1.2: *Die Verschiebung der Ostgrenze Europas in der Neuzeit.*

Kreuzes wuchs damit der Gegensatz zwischen Abendland und Morgenland, zwischen Okzident und Orient. Dieser Abendlandbegriff des Mittelalters hatte nach Osten hin nur eine sehr unscharfe Grenze. Sie lag ungefähr dort, wo sich die nach deutschem Recht gegründeten Städte in die Weite der Podolischen Platte verlieren. Die Pripjetsümpfe bildeten einen Grenzgürtel gegenüber der jahrhundertelang unter mongolischer Herrschaft stehenden russischen Weite. Auch nach der Befreiung Russlands vom mongolischen Joch zählte man es noch zu den barbarischen Landstrichen. Der österreichische Diplomat Siegmund von Herberstein, der Russland in der ersten Hälfte des 16. Jahrhunderts bereiste, fühlte sich hier noch wie in Asien.

Insgesamt trat im Mittelalter der Begriff „Europa" gegenüber dem Begriff des Abendlandes zurück. Nur zweimal wurde er genannt: Das erste Mal, als Karl Martell 732 die Mauren besiegte und ein Chronist aus Córdoba für die Koalitionsarmee den Begriff „Europaeenses" verwendete, das zweite Mal, als Otto der Große 955 nach der siegreichen Schlacht über die Magyaren auf dem Lechfeld als Befreier von Europa bezeichnet wurde.

Erst der Humanismus und die Wiederentdeckung antiker Schriften brachten dem klassischen Europabegriff wieder mehr Bedeutung. Es ist das

Abb. 1.3: *Gemälde von Bauern, Kazimir Malewitsch (1928 – 1932).*

Verdienst von Aeneas Silvius Piccolomini, dem späteren Papst Pius II., die politische Idee Europas geschaffen zu haben. Unmittelbarer Anlass hierzu war die Eroberung Konstantinopels durch das Osmanische Reich. Grundsätzlich ist somit dieses neuzeitliche Europabewusstsein aus der Konfrontierung des christlichen Abendlandes mit dem Osmanischen Reich entstanden. Auf dem Reichstag zu Frankfurt 1455 sprach Aeneas Silvius Piccolomini von Europa als der Gesamtheit der abendländischen Reiche. Drei Jahre später wurde seine Schrift „De Europa" veröffentlicht. Europa wurde damit ein Oberbegriff für die sich ihrer Nationalität bewusst werdenden politischen Territorien.

Die Neuzeit brachte nicht nur die Europäisierung der Erde, sondern auch eine schrittweise Verschiebung der Ostgrenze Europas (Abb. 1.2). Abraham Ortelius zog im ersten Weltatlas, dem „Theatrum Orbis Terrarum", im 16. Jahrhundert die Grenze vom Schwarzen Meer über den Dnjepr zum Ladogasee. An der Wende zum 18. Jahrhundert verlegte man die Grenze längs dem unteren Don über die Wolga zur Kama, bis schließlich 1730 ein schwedischer Gelehrter, Philipp Johan von Strahlenberg, vorschlug, die Grenze auf den Kamm des Ural zu verlegen.

In den meisten topographischen Beschreibungen und Handbüchern hat man daher schon Ende des 18. Jahrhunderts Russland zu Europa gezählt. Nicht nur die bessere Kenntnis des Raumes trug dazu bei, sondern die mit Peter dem Großen einsetzende Europäisierung in Form der Übernahme vieler westlicher Kulturvorstellungen, im Besonderen des Städtebaus und des merkantilistischen Wirtschaftskonzepts.

Lyschenkowa 2003, S. 66.

Schließlich erfolgte in der Mitte des 19. Jahrhunderts noch eine mäßige Revision der Uralgrenze durch einen der bedeutendsten deutschen Geographen, Carl Ritter, gemeinsam mit dem Franzosen Elisée Reclus. Sie verlegten die Ostgrenze Europas an den Ostabhang des Urals längs einer Bruchstufe gegen die westsibirische Ebene. Als Ersatz für eine Meeresgrenze wurde die mit jungen Seen und Meeresablagerungen ausgekleidete Tiefenlinie gewählt, die von der Manytsch-Niederung zur Kaspischen Senke und über die Turgai-Niederung zum Tobol hinüberzieht. Ungefähr diesem Zuge folgte die Grenze der Gouvernements des kaiserlichen Russland zwischen europäischen und asiatischen Gebieten.

Alle Statistiken bis zum Zweiten Weltkrieg bezogen ihre Angaben über Europa hinsichtlich Flächenausmaß, Einwohnerzahlen, Bevölkerungsdichte usw. auf diese von Carl Ritter und Elisée Reclus vorgeschlagene Grenze.

Am weitesten wurde die Grenze Europas von Herbert Louis 1954 nach Sibirien hinein vorgeschoben. Unter Bezug auf die Bevölkerungsverteilung der Erde zog Louis die potentielle Grenze Europas, einem von Russland nach Sibirien hineinreichenden Dichteband folgend, am Jenissej und rechnete somit noch den Großteil von Westsibirien zu Europa. Die „agrare Tragfähigkeit", d. h. die Möglichkeit des Getreideanbaus, grenzte dieses potentielle Europa nach Norden gegen das Gebiet der Tundra und des Permafrostes und nach Süden gegen die Trockenräume Nord- und Zentralasiens ab.

Gegen die Verlegung der Ostgrenze von Europa bis zum Ural haben sich schon früh Stimmen von Geographen erhoben.

Als einer der ersten hat sich Alexander von Humboldt äußerst entschieden gegen die Uralgrenze ausgesprochen und darauf hingewiesen, dass die gleiche Zonenbildung der Böden und der Vegetation über den Ural hinweg von West nach Ost zu verfolgen ist und ebenso ein Gebirgszusammenhang zwischen Südosteuropa und Vorderasien besteht.

Dieser Gedanke der morphologischen Kontinuität hat durch den zusammenfassenden Begriff Eurasien, der von Eduard Suess Mitte des 19. Jahrhunderts geprägt wurde, eine wissenschaftliche Fixierung erfahren („Das Antlitz der Erde", 1885–

Abb. 1.4: *Mäher, Egger-Lienz (1868 – 1926).*

1909). Auch von kulturgeographischer Seite erhoben sich unmittelbar vor dem Ersten Weltkrieg Opponenten gegen die Einbeziehung des russischen Raumes – oder, wie es auch genannt wurde, Binneneuropas – in den Europabegriff. So hat Ewald Banse 1912 die Ostgrenze Europas erneut in den Pripjetsümpfen lokalisiert und ist annähernd einer Linie von Riga nach Odessa gefolgt. Heinrich Schmitthenner hat in seinem Werk „Lebensräume im Kampf der Kulturen" (1938) gleichfalls den europäischen Kulturkreis vom russischen getrennt.

Im ländlichen Sozialraum bestehen grundsätzliche Unterschiede. Das Gemälde der gesichtslosen Bauern symbolisiert die rechtlose Position der Agrarbevölkerung vor der Russischen Revolution (Abb. 1.3). Diesem Bild seien als Kontrast die mähenden Bauern von Egger-Lienz gegenübergestellt, die als ein Symbol für die Freibauern europäischer Hochgebirge angesehen werden können (Abb. 1.4).

Die Überzeugung, dass das Russische Reich kulturell andere Wurzeln besitzt als Europa, wird auch von den Historikern geteilt.

Otto Brunner hat 1984 in einer Gegenüberstellung des europäischen und des russischen Städtewesens im Besonderen das Fehlen der politischen Autonomie bei Letzterem betont, wie sie in der Blütezeit des europäischen Mittelalters den Städten eigen war, und darauf hingewiesen, dass Moskau zur Zeit des großen Brandes in der napoleonischen Zeit eine weitläufige Holzstadt mit Kleingewerbetreibenden und einer großen Masse fahrenden Volkes war, in der die für die europäischen Städte kennzeichnenden Stadtbürger fehlten.

Geographische Grenzen und Gliederungen Europas im 20. Jahrhundert

Die Frage nach der geographischen Ostgrenze Europas hat unter der Wucht der politischen Ereignisse im 20. Jahrhundert ihre Bedeutung verloren. Sie ist zunächst durch die Teilung Europas und dann in der zweiten Hälfte des 20. Jahrhunderts durch die schrittweise Entstehung der EU in eine historische Dimension gerückt. Die kommunistische Revolution in Russland 1917 und die Friedensverträge von Versailles und St.-Germain 1918/19 haben die staatlichen Strukturen und Grenzen in der Mitte und im Osten Europas entscheidend geändert. Die einfache und schlichte Landkarte aus dem 19. Jahrhundert mit den vier großen Reichsbildungen – dem Deutschen Reich, der Donaumonarchie, dem Osmanischen Reich und dem Russischen Reich – verlor ihre Gültigkeit (Abb. 1.5a). Das Schicksal dieser Reiche war unterschiedlich. Allen gemeinsam war, dass sie Nationalstaaten Raum geben mussten, deren Bevölkerungen unter ihrem Dach als spezifische Ethnien schon lange gelebt hatten. Zwischen der Ostsee und dem Schwarzen Meer entstand ein breiter Streifen von z. T. neuen Klein- und Mittelstaaten, für den der Begriff „Zwischeneuropa" verwendet worden ist. Von entscheidender Bedeutung war jedoch, dass dieser gesamte Raum von Zwischeneuropa in der Zwischenkriegszeit eine Art Glacis von Mitteleuropa gegenüber dem kommunistischen Russland gebildet hat. Er umfasste die baltischen Staaten ebenso wie die Balkanhalbinsel (Abb. 1.5b). Die auf dem politischen Hintergrund der Mittelmächte beruhende klassische Gliederung Europas blieb in der Zwischenkriegszeit jedoch erhalten. Nur erhielt der

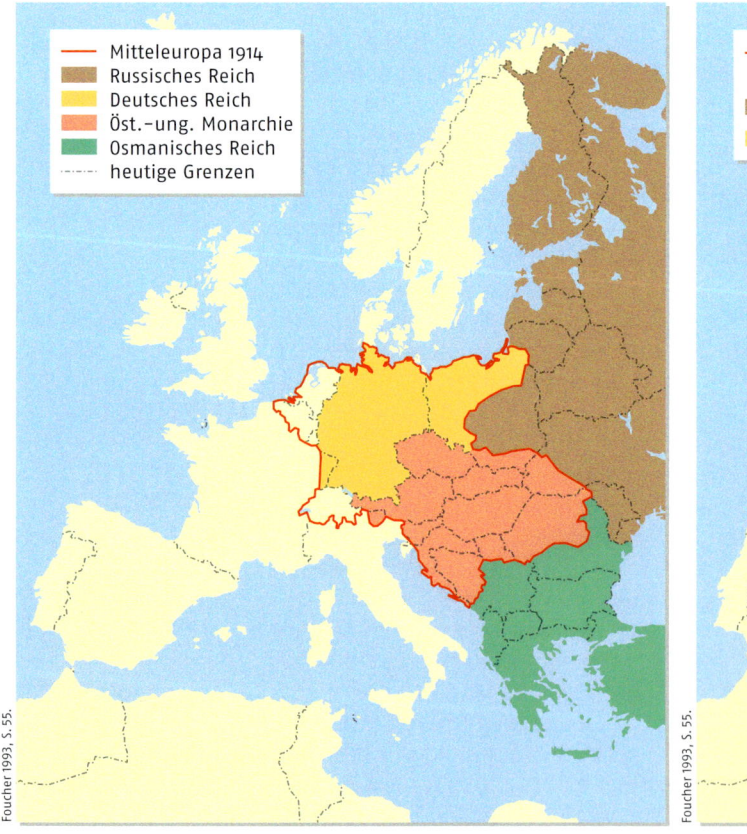

Foucher 1993, S. 55.

Legende:
— Mitteleuropa 1914
■ Russisches Reich
■ Deutsches Reich
■ Öst.-ung. Monarchie
■ Osmanisches Reich
···· heutige Grenzen

Abb. 1.5a: *Zwischeneuropa im 19. Jh.: Vier Reiche im Wettstreit.*

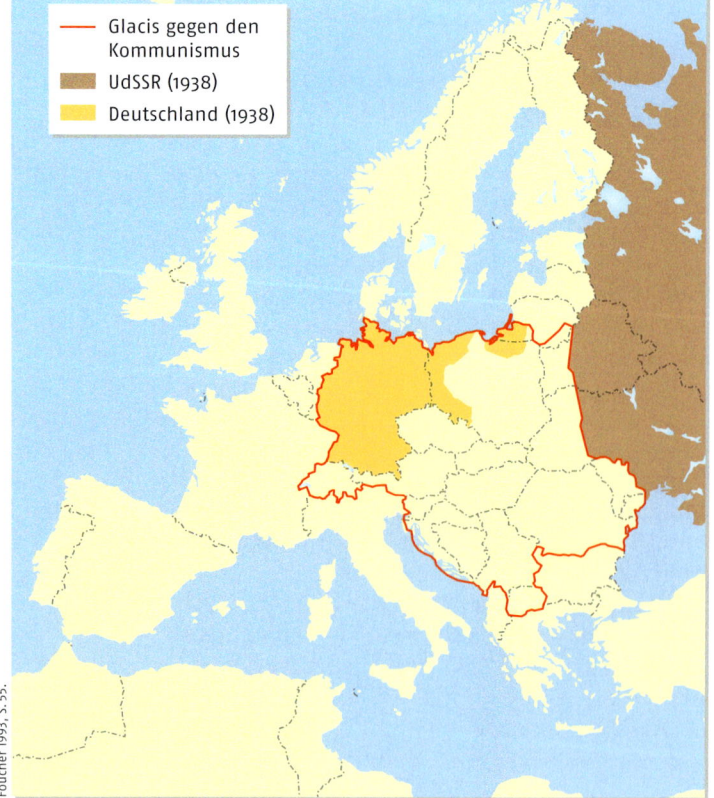

Foucher 1993, S. 55.

Legende:
— Glacis gegen den Kommunismus
■ UdSSR (1938)
■ Deutschland (1938)

Abb. 1.5b: *Zwischeneuropa 1919–1939: Das Glacis gegen den Kommunismus.*

Mitteleuropabegriff einen Ostflügel (Polen, ČSSR, Ungarn). Westeuropa umfasste Frankreich und die Britischen Inseln, Südeuropa den nördlichen Teil der mediterranen Welt, Spanien, Italien und Griechenland. Nordeuropa schloss die Staaten rund um die Ostsee ein. Das Buch von Machatschek über Mitteleuropa (1929) verwendet dieses Konzept.

Das endgültige Verschwinden des Osmanischen Reiches aus Europa trug zur Schaffung des Begriffes Südosteuropa bei, zu dem man seinerzeit Jugoslawien, Albanien, Bulgarien, Griechenland sowie meist auch noch Rumänien und Ungarn gerechnet hat. Diesen beiden Auflistungen ist zu entnehmen, dass Überlappungen hinsichtlich der Zuordnung einzelner Staaten bestehen.

Der in der Literatur immer wieder auftauchende Begriff der Balkanhalbinsel ist keineswegs identisch mit Südosteuropa, beruht er doch auf der Maximalausdehnung des Osmanischen Reiches vor dessen Zusammenbruch im 19. Jahrhundert. Ebensowenig einheitlich ist die Zuordnung der baltischen Staaten, Litauen, Estland und Lettland, welche allerdings überwiegend als Glieder von Ostmitteleuropa aufgefasst werden, da sie in Städtebau und Sozialordnung noch vom deutschen Kulturraum her beeinflusst wurden.

Die Teilung Europas nach dem Vertrag von Jalta in zwei Interessensphären hat Mitteleuropa zu einem Glacis der Supermächte gemacht. Der Eiserne Vorhang zerlegte mehr als vier Jahrzehnte lang den deutschen Sprachraum in zwei Teile. Die im Westen verbliebenen Staaten, die Bundesrepublik Deutschland und Österreich, wurden daraufhin zu Westeuropa gerechnet.

Das vorhin beschriebene Zwischeneuropa einschließlich Ostdeutschland wurde aus französischer Sicht zu Mitteleuropa (Abb. 1.5c).

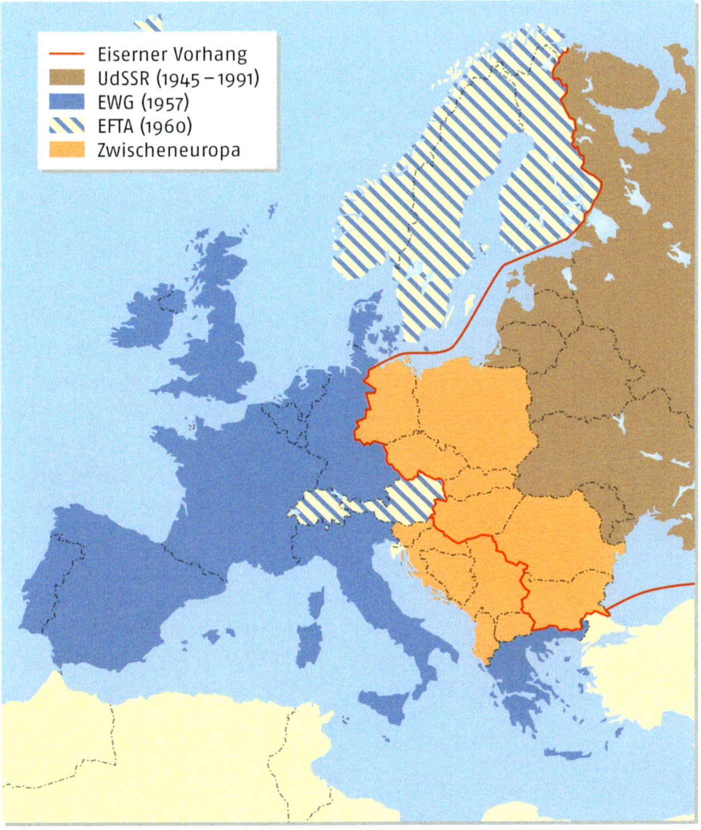

In vielen Publikationen und Atlanten ist somit der Mitteleuropabegriff obsolet geworden. Auf seine Kosten dehnte sich der Begriff Westeuropa, und zwar nicht nur im englischen, sondern auch im deutschen Sprachgebrauch, auf den gesamten Raum westlich des Eisernen Vorhangs aus.

Auf der anderen Seite erfuhr der Begriff Osteuropa eine Verschiebung nach Westen hin und wurde nunmehr auf die Satellitenstaaten Polen, die Tschechoslowakei und Ungarn angewandt. Der Ausdruck Südosteuropa blieb in der oben beschriebenen Problematik erhalten.

Die Beseitigung des Eisernen Vorhangs hatte dann nochmals eine kurzfristige Diskussion über den Mitteleuropabegriff zur Folge, die aber sehr rasch abgeebbt ist, da die Thematik der geographischen Abgrenzung und Gliederung Europas durch die Realität der Expansion der Europäischen Union an Interesse verloren hat.

Legende:
— Eiserner Vorhang
■ UdSSR (1945–1991)
■ EWG (1957)
▨ EFTA (1960)
■ Zwischeneuropa

Foucher 1993, S. 55.

Abb. 1.5c: *Zwischeneuropa 1945 – 1989: Das sowjetische Glacis.*

Die historisch-kulturelle Identität Europas

Europa: Identitätssuche

Der Sonderweg Europas wird von Osterhammel (1996, S. 287) als „Königsfrage der Sozialgeschichte" bezeichnet. Die Frage ist bisher strittig geblieben, wieso gerade dieser politisch so stark zersplitterte Kulturerdteil Europa zuerst als Entdecker des Globus aufgetreten ist und dann in einer weltumspannenden Expansion von Menschen und Kapital weite Teile der Erde beherrschen und überdies mit immer neuer innovativer Kraft geistige und materielle Güter erzeugen und exportieren konnte.

Dieser als „Europäisierung der Erde" bezeichnete Vorgang in der Neuzeit ist als ein umfassendes Syndrom von „Exporten" aufzufassen, beginnend mit dem wissenschaftlichen Interesse an der Vermessung und Erschließung des Globus, der darauf folgenden Eliminierung der zahlreichen weißen Flecken auf den Atlanten durch topographische Karten und mit dem synchron vor sich gehenden Ausgreifen europäischer Handelsinteressen sowie den Missionierungsoffensiven der Kirche. Politische und ökonomische Faktoren brachten schließlich die massenhafte Auswanderung europäischer Bevölkerung in Gang und damit die Ausbreitung von europäischen Sprachen, Institutionen, Technologien und Produktionsweisen, gesellschaftlichen Normen und Wertesystemen in großen Teilen der Erde (Stourzh 2002).

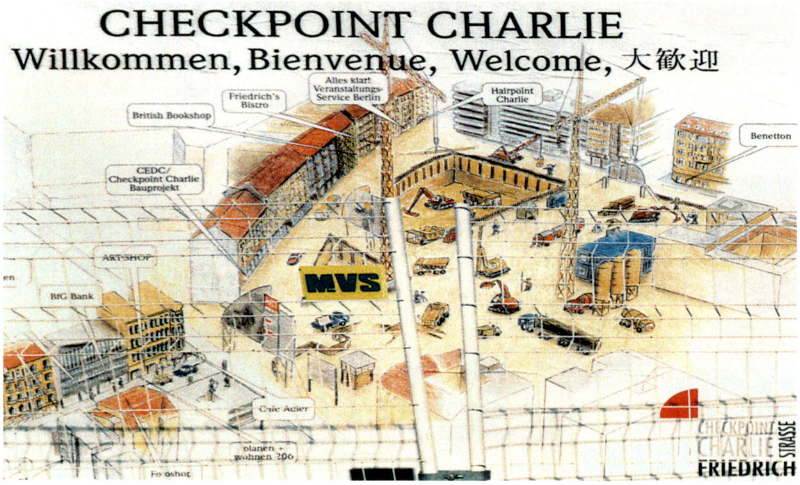

Gerade diese enorme, von Europa ausgehende Dynamik in der Neuzeit, welche die heutige westliche Welt weitgehend geschaffen hat, macht es zu Beginn des 21. Jahrhunderts schwierig, die politische und kulturelle Identität von Europa gegenüber den europäischen „Neuländern" abzugrenzen und die „europäische Identität" zu spezifizieren. Von C. F. von Weizsäcker stammt der Ausspruch, dass sich Europa von San Francisco bis Wladiwostok erstreckt, weil sowohl die USA als auch die ehemalige Sowjetunion europäische „Auswüchse" darstellen (Sloterdijk 2002, S. 29).

Nun hat sich die geopolitische Stellung Europas in der Welt durch die beiden Weltkriege entscheidend geändert. Europa hat seine globale Position verloren. Die Machtzentren der Erde sind nach Nordamerika und Russland weitergewandert. 1945 wurde Europa trotz aller Bestrebungen de Gaulles für „das Europa der Vaterländer" in der Zeit des Kalten Krieges als eine Art „geopolitisches Glacis" zwischen den USA und der Sowjetunion aufgeteilt (Abb. 1.6). Die Frage nach der Identität eines derart geteilten Europa wurde nicht gestellt. Die Existenz der östlich des Eisernen Vorhangs gelegenen Teile Europas blieb im westlichen Europa weitgehend ausgeblendet.

1953 schrieb Dawson (S. 84): *„Nur wenige von uns kennen Osteuropa, noch wenigere können seine vielen Sprachen lesen oder sprechen und ganz wenige nur besitzen eine umfangreichere Kenntnis seiner Geschichte und seiner kulturellen und religiösen Überlieferung. Zwischen Russland, Deutschland und der Türkei wohnt fast mehr als ein Dutzend europäischer Völker, von denen wir kaum etwas wissen und deren Geschichte in der Allgemeinbildung des gewöhnlichen Europäers einfach fehlt."*

Erst nach dem Mauerfall 1989 und den „samtenen" Revolutionen in den ehemaligen COMECON-Staaten begannen sich Politiker, Journalisten und Wissenschaftler sehr schnell mit diesem wieder entstandenen „Kulturkontinent" zu befassen. Die Frage nach der Identität von Europa hatte einen neuen geopolitischen Rahmen gefunden und einen wichtigen Stellenwert erhalten. Bei der Be-

Abb. 1.6: *Checkpoint Charlie, Berlin 1985.*

antwortung dieser Frage wurden die Ergebnisse des Experiments der Teilung ausgeblendet.

Man kehrte in der Diskussion und Analyse dorthin zurück, wo alle Erkenntnisse sicher gespeichert erschienen, nämlich zur Geschichte Europas vor dem Zweiten Weltkrieg. Die Suche nach einer europäischen Idee in der Geschichte begann (vgl. u. a. „What is Europe?" von Kevin Wilson und Jan van der Tussen, London, New York 1993, 4 Bände). Sie wurde bald zu einer Suche nach der Identität von Europa vor dem Hintergrund der Europäischen Union (Hecker 1991, Isensee 1993) und führte einerseits in die kulturelle und andererseits in die politische Richtung. Die kulturelle Dimension griff auf Grundkategorien zurück, welche schon in der älteren Diskussion immer wieder im Zentrum des Interesses standen, nämlich Christentum und Aufklärung. Letztere verband sich mit den Ideen der politischen Freiheit und des wissenschaftlich-technischen Fortschritts. Diese Kategorien hat Europa jedoch keineswegs mehr gepachtet, sondern teilt sie mit der übrigen westlichen Welt. Eine Spezifizierung ihrer „europäischen" Bedeutung ist daher erforderlich.

Der Kontinent der Polarisierungen und Innovationen

Während Europa über Jahrhunderte Ideen, Menschen und Kapital exportiert hat, blieb es im Inneren durch Polarisierung und Fragmentierung gekennzeichnet. Durch die Geschichte bis zur Gegenwart herauf besteht eine paradox anmutende Gleichzeitigkeit von unterschiedlichen Phänomenen, eine Tendenz zu ausgeprägter Polarisierung im kulturellen und politischen Bereich.

Wenn man vom christlichen Europa spricht, so muss man darauf verweisen, dass Europa nicht nur mit dem Kirchenstaat das Zentrum einer Weltkirche besitzt, sondern mit Albanien auch den ersten Staat auf der Welt, der sich unter dem totalitären Regime von Enver Hodscha explizit als atheistisch erklärt und nahezu alle Moscheen und Kirchen in der Zeit nach 1945 abgerissen hat.

Man muss ebenso darauf verweisen, dass der Halbmond des Islam seit dem Mittelalter das christliche Europa im Süden eingefasst hat, zuerst die Iberische und dann die Balkanhalbinsel unter

seine Kontrolle brachte, aus beiden Räumen wieder hinausgedrängt wurde, während in der Gegenwart Wanderungsprozesse von islamischen Bevölkerungen in die europäischen Metropolen stattfinden, wo sehr spezifische europäische Probleme entstehen.

Europa hat nicht nur die politische Freiheit „erfunden", sondern ebenso die totalitären Systeme. Im 17. Jahrhundert waren rigider Absolutismus und Demokratie benachbart: Frankreich und die Schweizer Eidgenossenschaft bieten hierfür ein wenig beachtetes Beispiel.

Europa hat ferner den produktiven Kapitalismus schon im Städtewesen des 14. Jahrhunderts kreiert und im industriellen Zeitalter zu einem globalen Exportartikel hochstilisiert, während gleichzeitig in der Zeit der schlimmsten Auswüchse desselben, in der Mitte des 19. Jahrhundert, Karl Marx und Friedrich Engels mit dem „Kommunistischen Manifest" bereits das nächste europäische politische Produkt auf seine Weltreise schickten.

Nicht genug damit. Vor dem geistigen Hintergrund der deutschen Universitäten entstand im frühen 19. Jahrhundert der Nationalismus und daraus der Nationalstaat als wohl wichtigstes und gleichzeitig global brisantestes europäisches Produkt. Auch bei diesem ist es Europa gelungen, etwas Neues, nämlich den sozialen Wohlfahrtsstaat, zu schaffen.

Schließlich hat die Erkenntnis vom „Müllplaneten Erde" in Europa die „grüne Bewegung" begründet, aus der in weiterer Folge, beruhend auf den globalen Modellen des Club of Rome, die Ideen der „nachhaltigen Entwicklung" und des erforderlichen ökologischen, d. h. „sanften" Umgangs mit natürlichen Ressourcen erwachsen sind. Beide Bewegungen haben zu einer neuen globalen Weltsicht geführt, ihr Innovationseffekt in der westlichen Welt außerhalb von Europa ist bisher bescheiden geblieben.

Alle diese geistigen und politischen Kreationen haben jeweils Zentren und Ausbreitungsfelder besessen. Kernräume und Peripherien entstanden in verschiedenen Gebieten, Nord-Süd- und West-Ost-Bewegungen überlagerten einander auf der kleinzügigen physischen, ethnischen und politisch-administrativen Landkarte Europas. Die Fragmentierung Europas ist das Resultat.

Abb. 1.7: *Peters-platz, Rom.*

Das „christliche" und das „aufgeklärte" Europa

Nach Otto Brunner (1984) sind im hohen Mittelalter die lateinische Christenheit und Europa identisch gewesen. Europa bildete in diesem Zeitraum durch die römische Kirche im geistigen Bereich eine organisatorische Einheit, während andererseits eine Vielzahl von Staaten bestand (Abb. 1.7). Nichtsdestoweniger hat diese christliche Staatenwelt ein „völkerrechtliches" Ganzes gebildet. Der Dualismus von Kirche und Staat ist damit zu einer sozialgeschichtlichen Tatsache ersten Ranges geworden, was sich auf die europäische Anschauung vom Recht ausgewirkt hat.

Hierzu schreibt Isensee: *„Als zukunftswirksam erweist sich nicht allein die christliche Einheit der mittelalterlichen Welt, sondern ebenso ihre differenzierte Verfasstheit in der Polarität von Kaiser und Papst, Reich und Kirche – das Gegenbild zur monolithischen Ordnung des Ostens, dem Cäsaropapismus der Reiche von Byzanz und von Moskau. Im Dualismus des Westens sind bereits angelegt die Idee der Gewaltenteilung und der Begrenztheit der*

Staatsgewalt, die später im Verfassungsstaat institutionelle Gestalt finden sollten" (Isensee 1993, S. 109).

Die zweite, dem Christentum gleichwertige europäische Idee entstand im 18. Jahrhundert. Der Kreuzzug der Aufklärung begann in Frankreich und verbreitete sich über die Höfe und Salons der Aristokratie bis nach Russland. Die Säkularisierung der europäischen Gesellschaft begann gleichsam von oben her und veränderte den gesamten Charakter der europäischen Kultur.

Hierbei entstand ein ganz bedeutendes politisches Produkt, nämlich der aufgeklärte Absolutismus, der eine humanitäre Geisteshaltung in die Staatsraison eingebracht hat. Mit durchgreifenden Reformen wurden alle wichtigen öffentlichen Einrichtungen geschaffen: Volksschulen, Krankenhäuser, Waisenhäuser, Arbeitshäuser. Dabei hat der aufgeklärte Absolutismus die hierarchische Organisation der Papstkirche nachgebildet und durch die Schaffung des Beamtenstandes mit seiner spezifischen Standesehre und einem „aufgeklärten Bewusstsein" eine der großen europäischen Errungenschaften entstehen lassen, welche jedoch keinen globalen Exporterfolg erlebt hat. Mittels der Bildung war in diesem Beamtenstand ein die traditionellen Klassenschranken überschreitender Aufstieg möglich.

Dieser aufgeklärte Absolutismus als neue Staatsform entstand jedoch nicht überall. In Frankreich ist der Absolutismus erstarrt, und es erfolgten daher keine Reformen im Sinne der Aufklärung von oben nach unten. Hier entwickelte sich vielmehr die Aufklärung zu einer Art Gegenreligion; der scharfe Konflikt zwischen religiöser Überlieferung und wissenschaftlicher Aufklärung wurde voll ausgetragen und führte daher auch zur unglaublichen Härte des Bruchs mit den traditionellen Gesellschaftsstrukturen in der Schreckensherrschaft der Französischen Revolution 1789.

Wieder anders war die Situation in England. Hier hatte sich schon unter Cromwell die neue Mittelschicht mittels des Parlaments von der Autorität der Krone und der Kirche gelöst. Sekten und Parteien mit eigenen Glaubenslehren und Ideologien entstanden.

Diese Unterschiede zum Kontinent sind deswegen von besonderer Bedeutung, weil ebenso wie die Konzepte des Städtewesens und des Kapitalismus auch die religiösen Traditionen von England in die USA übertragen worden sind und hier die Ideologie der Zivilreligion begründet haben, welche sich vom aufgeklärten europäischen Konzept der Trennung von Kirche und Staat grundlegend unterscheidet.

Das „kapitalistische" und das „sozialistische" Europa

Europa ist schließlich auch dort, wo der produktive Kapitalismus, um mit Hans Bobek (1974) zu sprechen, seinen Ausgang nahm. Gewinne werden dabei nicht wie in orientalischen Hochkulturen als Renten eingestreift und für die Ausgestaltung der religiösen und politischen Repräsentation und der persönlichen Lebenssphäre verwendet – wie es im Orient noch heute üblich ist –, sondern in den Fernhandel bzw. die Produktion investiert und landen letztlich in den Banken, um weitere Investitionen anzukurbeln und zusätzliche Gewinne zu erzielen.

Abb.1.8: *Karl-Marx-Büste in Chemnitz.*

Dieser produktive Kapitalismus entstand in den ersten Ansätzen im Europa des Mittelalters und der frühen Neuzeit. Mit der in Frankreich beginnenden Revolution verbreitete er sich in Wechselwirkung mit den organisatorischen und technologischen Erfindungen der Industrialisierung in einem mehr als ein Jahrhundert dauernden Prozess vom Westen nach Osten hin, um hier die neue Gestalt des Staatskapitalismus anzunehmen. Damit ist bereits die nächste Mutation angesprochen.

Europa ist nämlich auch dort, wo die Lehre von Karl Marx entstanden ist und breit Fuß gefasst hat. Als kommunistische Doktrin fand sie zunächst in Russland eine politische Heimstätte und hat von hier aus verschiedene europäische Staaten invadiert (Abb.1.8).

Beide in Europa entwickelten politökonomischen Systeme, der Kapitalismus und der Kommunismus, hatten durch die Teilung Europas die „Chance", sich in der Praxis und damit real auf europäischen Territorien bewähren zu können. Das Ergebnis ist bekannt. Die Überlegenheit des produktiven Kapitalismus gegenüber dem Staatskapitalismus zählt zu den historischen Tatsachen. In den Diskussionen darüber wurden die Effekte der Verstaatlichung des Bodens als mitentscheidender Faktor kaum beachtet. Dabei hat in Nordamerika die Wechselwirkung von Aufschließung und steigenden Bodenpreisen die Grundlage des Kapitalmarktes gebildet. Die Kapitalbildung auf dem Immobilienmarkt gehört zu den ganz wesentlichen Faktoren der kapitalistischen Wirtschaft. Auf diesen mächtigen kapitalerzeugenden Faktor wurde in den sozialistischen Staaten verzichtet.

Das Europa der sozialen Wohlfahrtsstaaten

Zwischen diesen beiden Systemen von liberaler Markt- und staatlicher Planwirtschaft hat nach dem Zweiten Weltkrieg das westliche Europa im Verein mit der christlichen Soziallehre die soziale Marktwirtschaft und den sozialen Wohlfahrtsstaat als eigenständige europäische Lösung des Verhältnisses von Markt und Staat geschaffen. Dieser im Einzelnen sehr komplizierte Prozess, welcher in den verschiedenen Regelungen für den Wohnungs- und Arbeitsmarkt in den Kriegsjahren des Ersten Weltkriegs wurzelt und sich u. a. in einer schrittweisen Ausdehnung der Pensionssysteme von Beamten auf alle Bevölkerungskreise äußert, hat ein zwar staatenweise unterschiedliches, insgesamt aber faszinierendes Gesamtresultat bewirkt, welches der heutigen jungen Generation unter dem Begriff der „sozialen Sicherheit" selbstverständlich erscheint und Europa grundsätzlich von Nordamerika unterscheidet.

　„*Die soziale Marktwirtschaft stellt ein europäisches Produkt dar, und sie schließt Umverteilung, Fürsorge für die Schwächeren und Vorsorge für alle Bürger ein. Wo dies gewährleistet ist, dort ist Europa*" (Fassmann 2002, S. 32). Gesellschaftspolitisch kann das 20. Jahrhundert als das Zeitalter des sozialen Wohlfahrtsstaates bezeichnet werden, dessen Rückbau seit den 1990er Jahren eingesetzt hat. Neue Konflikte um die Zuteilung aus dem BIP

entstehen, bereits vorhandene Probleme können noch weiter eskalieren, inter- und intraregionale Disparitäten brechen wieder auf.

　Es geht dabei um mehr als um die Sozialpolitik im engeren Sinn, also um die Finanzierung des Pensionssystems und der Sozialfürsorge. Es geht vielmehr um den gesamten bisherigen „sozialen" Dienstleistungssektor der Staaten, alle Bildungseinrichtungen, von den Volksschulen bis zu den Universitäten, das Gesundheitswesen, den subventionierten öffentlichen Verkehr, die subventionierte Landwirtschaft, den sozialen Wohnungsbau, das „soziale Grün" und die sozialen Freizeiteinrichtungen, es geht um die Regionalpolitik für Zentrale Orte und entwicklungsschwache Gebiete.

　Grundsätzlich ist Optimismus angesagt. Die Europäische Union hat nämlich im Global-National-Interplay eine Zwischendecke eingezogen. Mit der Etablierung einer europäischen Regionalpolitik, welche über beachtliche Mittel verfügt, unterscheidet sich die Europäische Union grundlegend von den Vereinigten Staaten von Amerika. Die europäische Regionalpolitik erfolgt mit der Zielsetzung eines regionalen Disparitätenausgleichs. Regionen erhalten damit einen spezifischen „sozialen Stellenwert". Rückblickend kann man von einer Rückkehr der sozialen Wohlfahrtstendenzen des aufgeklärten Absolutismus des 18. Jahrhunderts im europäischen Zentralismus des 21. Jahrhunderts sprechen.

Das historisch-politische Europa

Die These der Reichsübertragungen

Europa ist weder historisch noch politisch zu allen Zeiten dasselbe gewesen. Aufgrund der Feststellung dieser inneren Vielfalt und Gegensätzlichkeit hat Sloterdijk eine neue Leitidee der europäischen Geschichte entwickelt. Er fasst diese als eine Art Weitergabe des römischen Imperiums auf und schreibt: „*Die quintessentielle europabildende Funktion besteht in einem Mechanismus der Reichsübertragung. Europa setzt sich in Gang und hält sich in Bewegung in dem Maße, wie es ihm gelingt, das Reich, das vor ihm war, das römische, zu reklamieren, zu reinszenieren und zu transformieren*" (2002,

S. 34). Sloterdijk eröffnet die Reihe dieser Reichsübertragungen mit dem Fränkischen Reich, als Karl der Große im Jahr 800 in Rom die Kaiserkrone des Römischen Reiches vom Papst aufs Haupt gesetzt erhielt, womit das Erbe eines antiken Charismas und der christlichen Insignien weitergegeben wurde (2002, S. 37). Eine weitere Etappe der Reichsaneignungen führte nach Wien zur Habsburgermonarchie (Abb. 1.9). Diese blieb jedoch nach Sloterdijks Auffassung nur eine mitteleuropäisch-kontinentale Angelegenheit, „ein Nebenschauplatz der Geschichte", während im eigentlichen globalen Ausgriff Europas im Entdeckungszeitalter das imperiale Motiv zunächst auf das katholische

Weltreich der Spanier überging, dem das Weltreich der Briten folgte. Gegen diese trat nur relativ kurz nach 1804 das französische erste Kaiserreich als Konkurrent auf den Plan. Zurück zu jenem Nebenschauplatz der Geschichte – der Donaumonarchie. Für die gegenwärtige, in Expansion begriffene Europäische Union bedeutet dieses von Wien aus in Kontinentaleuropa aufgebaute und im 18. Jahrhundert als „Europa Austriaca" bezeichnete Habsburgerreich mit seiner ethnischen und kulturellen Vielfalt jedoch eine Art von Prototyp, dessen innenpolitische Strategien zur Aufrechterhaltung der territorialen Integrität aktuelle Bedeutung besitzen. Darauf wird noch zurückzukommen sein (Abb. 1.10).

Wie auch immer, mit dem Ersten Weltkrieg ist diese europäische Kette der Reichsbildungen abgerissen. Das nach 1917 entstandene Sowjetimperium folgte nach Sloterdijk der Tradition der Reichsübertragung von Ostrom und damit von Byzanz nach Moskau, dem „dritten Rom", dessen Kirchenkuppeln Osteuropa bestimmen (Abb. 1.11). Machatschek hat bereits 1929 darauf hingewiesen, dass das „sowjetische Russland" seiner ganzen Entstehung und sozialen Struktur nach in schärfstem Gegensatz zum übrigen Europa steht (S. 56).

Von entscheidender Bedeutung für das politische Geschick Europas im 20. Jahrhundert wurde jedoch, dass sich im selben Jahr 1917, während des Ersten Weltkriegs, der amerikanische Präsident Wilson entschloss, die Isolationspolitik seines Landes aufzugeben und „den Kreuzzug nach Europa zu tragen". Auch im Zweiten Weltkrieg sprach General Eisenhower vom Kreuzzug in Europa, bei dem es darum ginge, die „heilige Stätte der Demokratie, Paris", zu retten.

Sloterdijk verweist darauf, dass der europäische Mythos des Imperiums im Gefolge der Unabhängigkeit auch die Vereinigten Staaten ergriffen hat. Die klassizistische Architektur von Washington, D.C., insbesondere der Kuppelbau des Kapitols, eine Nachbildung von St. Peter, belegt dies ebenso wie die Insignien der römischen Exekutivgewalt, die Fasces, jene ursprünglich von der Polizeieskorte der römischen Konsuln getragenen Rutenbündel, die den Sockel des Lincoln-Memorials von 1922 verzieren (2002, S. 39).

Diese historische Reichsidee des Imperium Romanum wurde bereits mit der Unabhängigkeitser-

Abb. 1.9: *Kaiserkrone des Hl. Römischen Reiches, Schatzkammer Wien.*

klärung von den Vereinigten Staaten übernommen. Sie ist damit ebenso wie der Nationalstaat als europäisches Exportprodukt aufzufassen. Für die gegenwärtige politische Landkarte Europas ist sie bedeutungslos geworden.

Jacques Le Goff schrieb 1994 in „Das alte Europa und die Welt der Moderne", dass Europa heute eine andere Form der Einheit erfinden müsse als die eines Reiches. Vor dem Hintergrund der europäischen Geschichte ist es einsichtig, dass Europa im 21. Jahrhundert dabei ist, als multinationale Föderation ein erfolgreiches Modell für die fehlende Zwischengröße zwischen den Nationalstaaten und den Organisationen der Vereinten Nationen zu entwickeln und das Prinzip Reich durch das Prinzip Staaten-Union aufzuheben.

Für den Beginn des 21. Jahrhunderts gelten dabei bereits die Sätze von Isensee (1998, S. 91): „*Zu den bemerkenswerten Wirkungen der europäischen Einigung gehört ihr semantischer Erfolg: dass Europa heute durchwegs identifiziert wird mit der Europäischen Union.*" Daraus ergibt sich in weiterer Konsequenz, dass „*die supranationalen Einrichtungen den Blick auf die historischen, kulturellen und politischen Bedeutungen verstellen, welche das Wort Europa repräsentiert hat*".

Die machtvolle Brüsseler Realität überlagert und verdrängt die europäische Idee. Europa, das

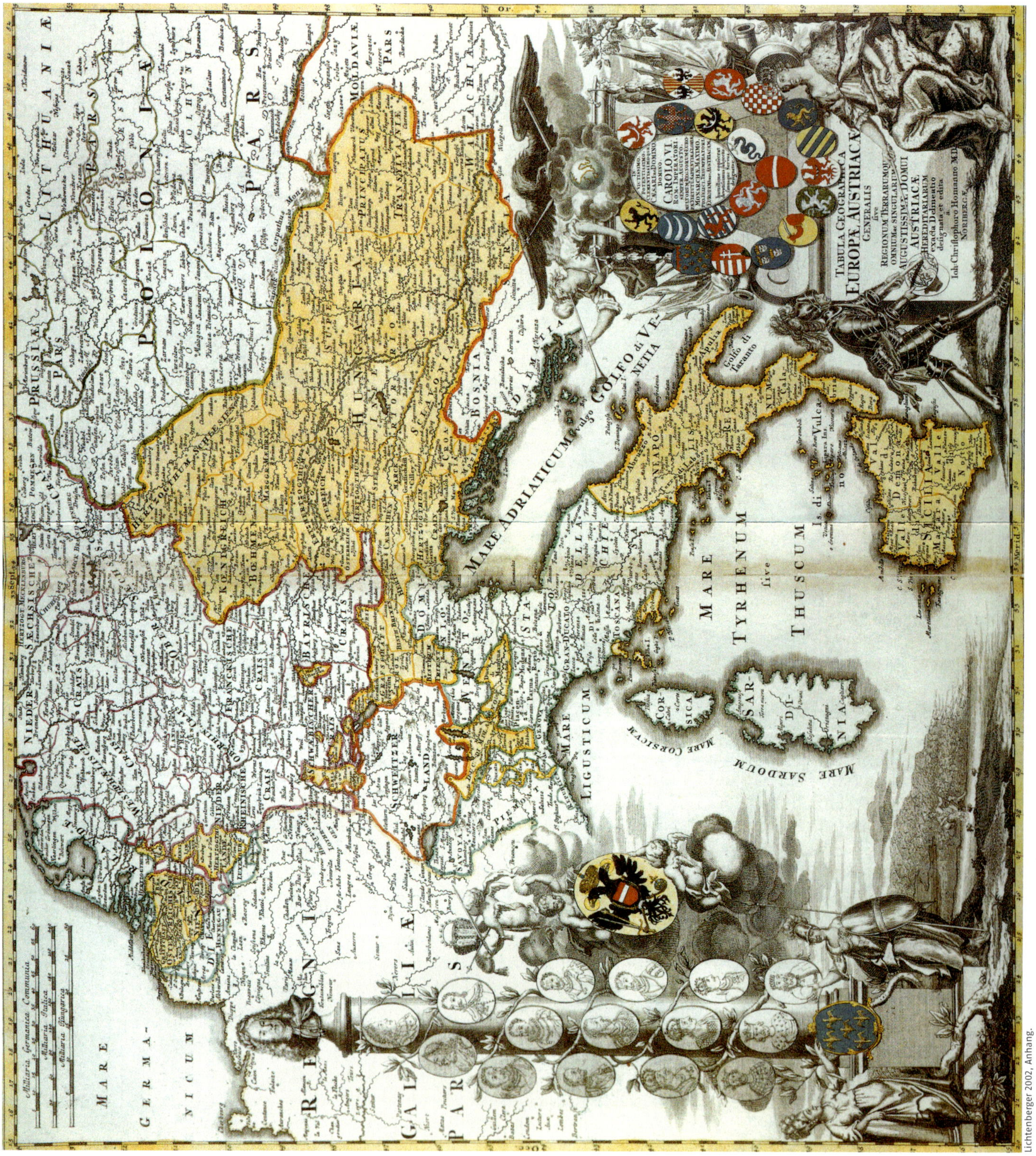

Abb. 1.10: *Austria Europaea.*

Lichtenberger 2002, Anhang.

sind heute Assoziationen an eine gemeinsame Währung, an den gemeinsamen Markt, an eine befriedete Wettbewerbs- und Wohlstandsgesellschaft, an eine übernationale Bürokratie der Rechtsvereinheitlichung, die Standards erzeugt für Viehställe und Lebensmittelfarbstoffe, für Ausbildungsstunden von Krankenpflegern und sogar für Schallleistungspegel der Rasenmäher. *„Die Europaidee ist somit zu einer historischen Zierleiste einer hochmodernen Bürokratie geworden"* (Isensee ebenda, S. 98).

Die historische geostrategische Dreiteilung Europas

Ein anderer historischer Zugang ergibt sich aus den geostrategischen Potentialen der verschiedenen Teile von Europa aufgrund ihrer Lage im Verhältnis von Land und Meer und den daraus resultierenden zentrifugalen und zentripetalen Tendenzen der Außenpolitik. Europa gliedert sich dementsprechend in drei Teile, denen jeweils Gruppen von Staaten zuzuordnen sind.

An der Atlantikfront des Kontinents liegen die Staaten, die einen direkten Zugang zum Weltmeer besitzen, Kolonialreiche aufgebaut und sich an der Europäisierung der Erde politisch-militärisch beteiligt haben. Ihre gemeinsamen Probleme lassen sich als Auswirkungen der Entkolonialisierung auf die Mutterländer beschreiben. Spanien hatte das Problem des Verlusts seiner Kolonien am frühesten zu bewältigen, nämlich schon zu Beginn des 19. Jahrhunderts, als die lateinamerikanischen Provinzen ihre Unabhängigkeit erlangten.

Mitteleuropa sonderte sich im gesamten vergangenen Jahrtausend in seinen außenpolitischen Intentionen nahezu immer von der Atlantikfront des Kontinents. Seit dem Mittelalter bis herauf ins 20. Jahrhundert waren alle seine Teile immer ostorientiert – politisch, wirtschaftlich und kulturell. Politische Organisationsformen, Rechtsnormen, Kapital und Menschen wurden auf mehreren Verkehrsbahnen von Westen nach Osten verschoben. Die bereits im Kolonisationsraum selbst in der Neuzeit erwachsenden drei Reichsbildungen – Preußen, Sachsen und Österreich-Ungarn – betrieben im Prinzip eine ganz ähnliche Politik, deren

Abb. 1.11: *Orthodoxe Kathedrale, Sofia.*

letzter Schachzug die Teilung Polens im späten 18. Jahrhundert war.

Tragik und Problematik dieses Raums stehen damit auf anderem Fundament als im Westen Europas, obwohl doch wieder Parallelen bestehen, insofern als England und Frankreich in ihre Kolonialräume Ideen, Kapital und Menschen entsandten, während Preußen und Österreich dasselbe im Osten Mitteleuropas vollführten. Die Binnenkolonisation in Ostmitteleuropa im 18. Jahrhundert steht damit in Parallelität zu den Siedlungskolonien in Übersee, bedingte jedoch andererseits eine Intensivierung der eigenen Agrarwirtschaft und im Besondern des Waldbaus, welche die auf die unbeschränkten Ressourcen ihrer Kolonien zurückgreifenden Staaten Frankreich und Großbritannien nicht nötig hatten.

Bereits die Industrialisierung brachte eine Änderung der Bewegungsrichtung der Menschen in Mitteleuropa, die Zuwandererheere aus den Agrargebieten des Ostens bauten die neue Industrie der westlichen Landesteile auf, die Wirtschaftspolitik der Staaten folgte und bedingte z.T. diese Bewegung. Die Arbeitsteilung zwischen der österreichischen und der ungarischen Reichshälfte, mit dem Schwergewicht einerseits auf der industriellen und andererseits der agrarischen Produktion, ist ein Modellfall dafür.

Die Problematik des gesamten Raumes von Ostmitteleuropa, welche sich auf das Engste mit dem Nationalitätenproblem verbindet, sollte in Paralle-

Abb. 1.12: *Spanische Galeone (Rekonstruktion), 16. Jh., Hafen von Genua.*

Mittelmeer und der Ostsee, zugewandt sind und in der Neuzeit nur wenig nach außen gewirkt haben. Zu dieser Gruppe kann man auf der einen Seite Italien rechnen, welches wohl mit seinen Stadtstaaten in der Renaissance das Modell für die absolutistischen Flächenstaaten abgab, selbst jedoch erst sehr spät zu einer politischen Einigung fand und dann gleichsam verspätet erst unter Mussolini mit Kolonisationsabsichten nach Afrika aufgebrochen ist.

Ein Gegenstück hierzu bildet Schweden in Nordeuropa, dessen König Gustav Adolf im 17. Jahrhundert versuchte, um das Binnenmeer der Ostsee ein Reich aufzubauen, und im Dreißigjährigen Krieg im deutschen Sprachraum bis an die Schwelle der deutschen Mittelgebirge vorgestoßen ist. Der Vorstoß ist gescheitert. In der Leipziger Bucht bei Lützen befindet sich sein Grabmal. Unbemerkt von Mitteleuropa besteht der schwedische Einfluss rings um die Ostsee, insbesondere in Finnland, bis heute. Der schwedische Friedhof in Helsinki ist hierfür ein sozialhistorisches Dokument.

Die Gemeinsamkeiten der Meerorientierung gestatten manche Parallelen zwischen dem Ostsee- und dem Mittelmeerraum. Italienische Republiken, wie Genua (Abb. 1.12) und Venedig, haben in der Neuzeit mit Erfolg längs der Küsten des Mittelmeeres Herrschaftsbereiche aufgebaut. Die dalmatinische Küste ist auf diese Weise tiefgreifend von italienischer Stadtkultur geprägt worden. Im Ostseeraum hat die Wirtschaftsunion der Hanse an der Wende vom Mittelalter zur Neuzeit die Grundlagen für die späteren baltischen Staaten geschaffen.

lität zur Entkolonialisierung gesehen werden. Die Vertreibung von Bevölkerungen im Osten Europas, welche mit der Vertreibung der griechischen Bevölkerung aus ihren seit der Antike eingenommenen Siedlungen aus dem neu gebildeten „Nationalstaat Türkei" 1923 begonnen hatte, setzte sich in gigantischem Umfang in Osteuropa fort, als nach dem Zweiten Weltkrieg der polnische Staat auf der politischen Landkarte Europas um mehr als 200 km nach Westen verschoben wurde und die deutsche Kolonisation in Ostmittel- und darüber hinaus in Südosteuropa weitgehend eliminiert worden ist.

Einer dritten Gruppe gehören Staaten an, welche den großen Randmeeren des Kontinents, dem

Vom Europa der Kriege zur Pax Europaea

Die europäische Geschichte ist eine Geschichte der Kriege. Im kollektiven Gedächtnis von Nationen, wie es durch die Schulbücher der europäischen Staaten von Generation zu Generation weitergegeben wird, spielen die Kriege eine entscheidende Rolle. Heeresgeschichtliche Museen demonstrieren die Waffentechniken vom Mittelalter bis an die Schwelle der Gegenwart.

Mit der Kriegsgeschichte auf dem Boden des Kontinents ist in weiten Teilen die Siedlungsgeschichte verbunden. Dies gilt in besonderem Maße

Abb. 1.13: *Amerikanischer Kriegerfriedhof, Luxemburg.*

für die Iberische Halbinsel, welche durch die Reconquista schrittweise wieder dem islamisch-arabischen Herrschaftsraum entrissen worden ist. Ein späteres Beispiel, welches in die Gegenwart heraufführt, bietet Südosteuropa.

Zu Recht ist daher die Europäische Gemeinschaft mit dem Ziel entstanden, Kriege zwischen ihren Mitgliedern unmöglich zu machen. Diese Friedensideologie als Basis der inzwischen zur EU herangewachsenen europäischen Staatengemeinschaft ist in der Gegenwart bereits so selbstverständlich geworden, dass die europäischen Kriegsschauplätze der Vergangenheit von einer nach dem Zweiten Weltkrieg geborenen Generation wieder entdeckt werden und die historischen Schlachtfelder der Auseinandersetzung zwischen den beiden großen Partnern und Begründern der Europäischen Gemeinschaft, Frankreich und Deutschland, Touristenattraktionen geworden sind. Schulklassen und Touristengruppen besichtigen in Verdun ein Areal, auf dem die blutigste Schlacht der Weltgeschichte in einem Stellungskrieg in der französi-

schen Schichtstufenlandschaft insgesamt 700.000 französischen und deutschen Soldaten im Jahr 1916 das Leben gekostet hat. Mit diesem enormen Blutzoll wurde der Erste Weltkrieg entschieden, somit in einem zahlenmäßigen Vorgriff auf die Entscheidungsschlacht bei Stalingrad, wo mit einem ähnlich hohen Blutzoll das Ende des Zweiten Weltkriegs seinen Anfang nahm. An seinen Abschluss erinnern auch amerikanische Kriegerfriedhöfe im Westen Europas (Abb. 1.13).

Im Katalog der Ausstellung in Berlin 2003 über die „Idee Europa" kann man die Vision von Victor Hugo 1849 nachlesen: „Der Tag wird kommen, an dem man eine Kanone im Museum zeigen wird, so wie man dort heute ein Folterwerkzeug ausstellt und darüber staunt, dass so etwas möglich war!" (S. 189). Mit dem makabren Wandel der größten Schlachtfelder und Ruinenstätten zu Touristenattraktionen wird sehr eindrucksvoll belegt, dass mit der Schaffung der Europäischen Union die Zeit der Pax Europaea gekommen ist, wie dies die Gründerväter der Europäischen Gemeinschaft hofften.

Von der Europäisierung der Erde zur Europäisierung Europas

Europa als einstiger Mittelpunkt der Welt

Schulatlanten zeigen Europa als Mittelpunkt einer Halbkugel der größten Landmasse, deren Zentrum ungefähr im Südwesten Frankreichs, im Raum der Loire, zu suchen ist. Aus dieser Lage ergeben sich funktionelle Zusammenhänge, wie sie dem Weltbild von der Europäisierung der Erde entsprechen: einerseits über das Mittelmeer hinweg nach Nord-

afrika, andererseits vom Vorderen Orient in den asiatischen Kontinent hinein und schließlich über den Atlantischen Ozean hinweg nach Nordamerika.

Die europäische Kartographie diente seit der Neuzeit dazu, den von den Europäern entdeckten Globus mitsamt seinen Kontinenten und Ozeanen für Seefahrer und Kaufleute sowie in weiterer Konsequenz für Politiker und Bildungsbürger

Poeschel 1985, im Anhang.

Abb. 1.14: *Allegorische Barockmalerei: „Die vier Erdteile", Joachim Sandrart.*

haben somit zuerst das politische und geographische Bild der Erde entstehen lassen.

Wenn der Papst seinen Ostersegen „Urbi et orbi" spendet, so artikuliert er damit den Herrschaftsanspruch Roms über die Welt. In diesem Zusammenhang sei daran erinnert, dass bereits drei Wochen nach der Rückkehr von Kolumbus nach Europa der Papst Alexander VI. in der berühmten Bulle „Intercetera" vom Mai 1493 den Spaniern und Portugiesen die Herrschaftsrechte über die neu entdeckten Welten westlich Europas zugesprochen hat. Ein Jahr später wurde im Vertrag von Tordesillas die Neue Welt aufgeteilt. Zur Zeit Karls V. kreuzten auf den Weltmeeren die spanischen Fregatten unter der kaiserlichen Devise „plus ultra", „dem markantesten Europäerwort der Neuzeit" (Sloterdijk 2002, S. 8). Eindrucksvoll wird das Selbstbewusstsein Europas sichtbar in Allegorien der (vier) Erdteile, wie sie die Barockmalerei liebte und in denen Europa die geistliche und politische Hegemonie über die übrigen Kontinente zugewiesen wurde (Poeschel 1985; Abb. 1.14).

Im Aufklärungszeitalter erreichte Europas Selbstbewusstsein seinen Höhepunkt. Europa versteht sich als „Träger oder Förderer der menschlichen Entwicklung", die auf eine europäische Weltkultur hinführen wird, als Vormacht, die „nicht nur das politische Übergewicht, sondern auch die geistige und wirtschaftliche Herrschaft über den Erdkreis" besitzt, als „die große Werkstätte und zugleich der große Handelsmarkt der Weltwirtschaft" (Philippson 1906, S. 3).

Peter Sloterdijk schreibt in seinem ideenreichen Buch „Falls Europa erwacht" (2002, S. 1): *„Von Kolumbus bis Hitler war es eine ... gemeineuropäische Überzeugung, dass dieses zerklüftete Kap der euroasiatischen Landmasse ... den geopolitischen und ideenmäßigen Brennpunkt des Erdballs darstellt. (Selbst) der Ausdruck ‚Welt' ... trug bis zum Jahr 1945 eine ... europäische Färbung ... Leute von Welt waren ... ganz einfach die europäischen Eliten."*

Die Europäisierung der Erde

Das Ausgreifen Europas ist ein anerkannter Topos der englischsprachigen Geschichtsschreibung. Eine umfassende, auf zehn Bände berechnete Darstel-

überschaubar zu machen. Globen standen in den Kontoren der Kaufleute, in den Eingangshallen zu Fürstenresidenzen und in den Aulen von Universitäten. Das 19. Jahrhundert war durch das Bestreben gekennzeichnet, die letzten weißen Flecken auf den Karten der fernen Kontinente zu tilgen. Kartographie, Entdeckertum und Kolonialismus

lung unter dem Gesamttitel „Europe and the world in the age of expansion" begann 1974 zu erscheinen und ist nahezu abgeschlossen. Soweit unter Europäisierung der Erde die koloniale und territoriale Kontrolle sowie die Herrschaftsausübung europäischer Mächte verstanden werden konnte, ist das Zeitalter der westlichen Dominanz, dessen Beginn Panikkar mit der Landung Vasco da Gamas in Indien, 1498, ansetzt, in den drei Jahrzehnten zwischen 1947 und 1977 zu Ende gegangen. Vielfältige Einwirkungen demographischer, sprachlicher, wirtschaftlicher, institutioneller, wissenschaftlicher und technologischer Art sind geblieben (Stourzh 2002).

Entscheidend für die Europäisierung der Erde war die Auswanderung europäischer Bevölkerung in die Neue Welt. Die Auswanderung aus Europa zwischen 1815 und 1914 wurde zur größten Bevölkerungsumsiedlung in der Geschichte. Ab 1871 verließen 34 Mio. Europäer den Kontinent, 25 Mio. siedelten sich dauerhaft außerhalb Europas an (Armengoad 1971, S. 170 – 173). So entstanden neue Siedlungen, mit überwiegend aus Europa stammenden Bevölkerungen.

Einige Zahlen zum Ausmaß der Auswanderung aus Großbritannien zeigen den Anstieg: Im 17. Jahrhundert betrug sie erst eine Viertelmillion Menschen, im 18. Jahrhundert 1,5 Mio., im 19. Jahrhundert bis herauf zum Ersten Weltkrieg waren es rund 25 Mio., welche nicht nur das britische Weltreich aufbauen halfen, sondern ganz wesentlich zur Europäisierung der Erde beitrugen.

Die extreme Periode der Auswanderung fiel in Großbritannien mit der so genannten „ersten Scherenphase der Bevölkerungsbewegung" in Europa zusammen, das heißt der Abnahme der Sterbeziffern bei gleichzeitigem Anstieg der Geburtenziffern. In der zweiten Hälfte des 19. Jahrhunderts nahmen aus den in starker Industrialisierung begriffenen Räumen die Auswanderungszahlen ab. Nur agrare Randgebiete wie Irland und Schottland stellten weiterhin eine beachtliche Zahl von Auswanderern. Katastrophale Ausmaße erreichte die Entvölkerung Irlands. Nach der Hungersnot der 1840er Jahre wanderten zwischen 1845 und 1855 etwa 1.840.000 Iren nach Übersee aus.

Zeitlich verschoben vollzog sich der Auswanderungsprozess in Deutschland. Dabei bestanden Unterschiede zwischen dem Altsiedelraum und den Kolonisationsgebieten. In den Gebieten der Binnenkolonisation Preußens und Österreich-Ungarns erreichten die Geburtenziffern in der ersten Hälfte des 19. Jahrhunderts mit über vier Prozent höhere Werte als in Großbritannien. Die Freisetzung der Bevölkerungsmassen setzte jedoch später ein: in Österreich mit der Verbesserung der Lage der erbuntertänigen Bauern unter Maria Theresia und Joseph II. im späten 18. Jahrhundert, in Preußen mit den Stein'schen Reformen 1806. Ebenso, wie sich das Öffnen der Schere der Bevölkerungsentwicklung in Deutschland gegenüber Großbritannien um ein halbes Jahrhundert verzögerte, traf dies für die Auswanderung zu. Die ersten Auswanderungswellen begannen im frühen 19. Jahrhundert im südwestdeutschen Raum und erreichten ihren Höhepunkt in den 1870er Jahren, als ganze Auswanderungszüge von Köln und Leipzig nach dem großen Auswandererhafen Bremen organisiert wurden. Allerdings fehlte Deutschland damals noch der Besitz von Kolonien. Als das Deutsche Reich dann zu Kolonien kam, war der Hauptstrom der Auswanderung durch den Ausbau der Exportindustrien in der späten Gründerzeit bereits abgeebbt. Die Ströme der Binnenwanderung im Zuge einer großen Ost-West-Bewegung traten an die Stelle der Auswanderung.

Eine Sonderstellung, verglichen mit Großbritannien und dem Deutschen Reich, nahm Frankreich ein. Bereits im 14. Jahrhundert war es mit rund 18 Millionen Menschen das weitaus am dichtesten besiedelte Land Europas, mit einer Bevölkerungszahl, die an die Gesamtsumme von Italien und dem Deutschen Reich heranreichte. Das Ventil einer Binnenkolonisation fehlte. Bereits früh setzte in Frankreich die Geburtenbeschränkung ein. Es galt schon zu Beginn des 19. Jahrhunderts das Wort: „Der französische Bauer hat nur ein Kind." Frankreich hat sich daher im 19. Jahrhundert auch nicht an der europäischen Massenauswanderung beteiligt.

Vor dem Ersten Weltkrieg erreichte die europäische Herrschaft über überseeische Territorien den Höhepunkt (Abb. 1.15). Das britische Empire umschloss 1912 ca. 30 Mio. qkm mit einer Bevölkerung von 376 Mio. Einwohnern (Mommsen 1991, S. 93). Frankreich besaß Kolonien im Umfang von fast

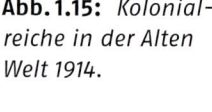

Abb. 1.15: *Kolonial-reiche in der Alten Welt 1914.*

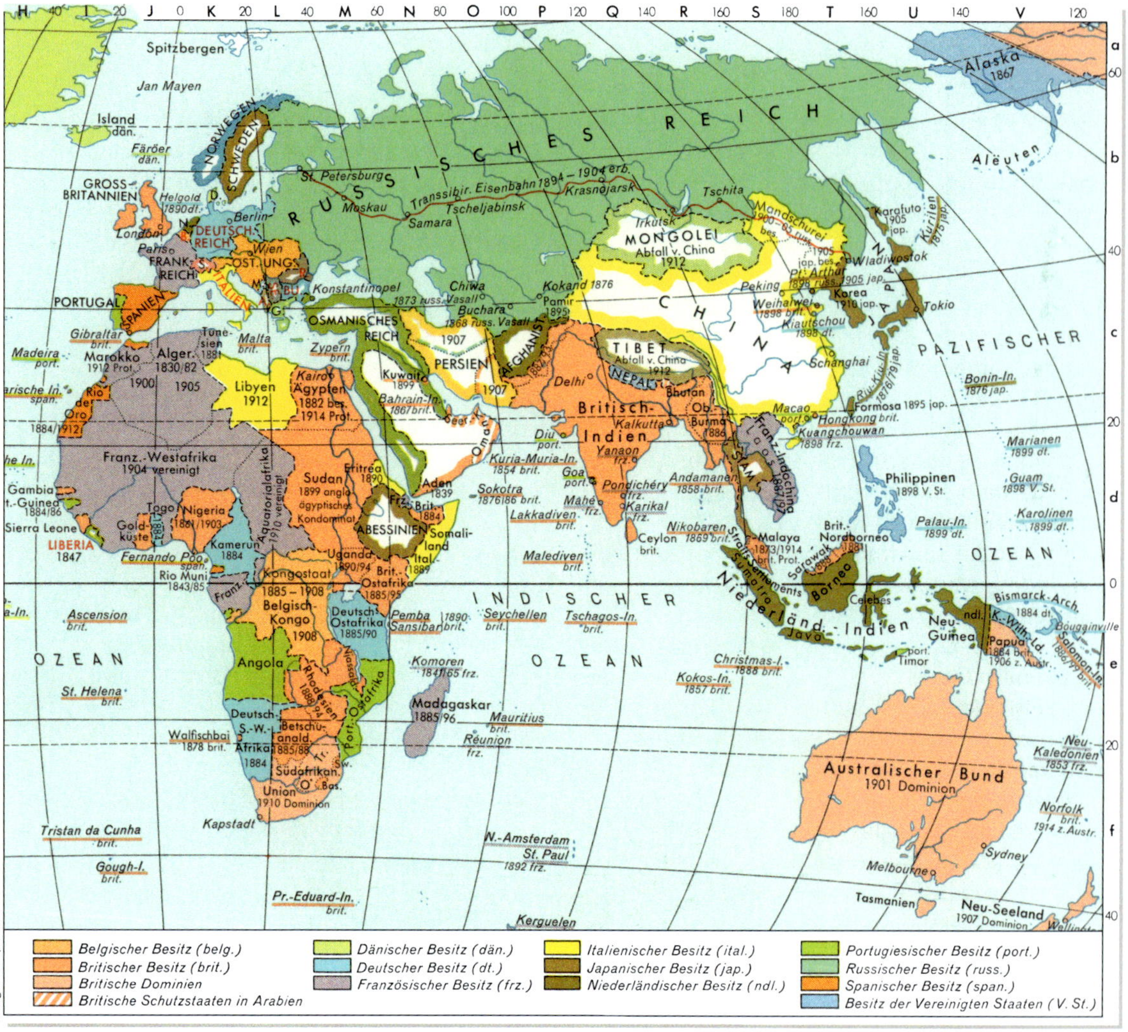

8 Mio. qkm mit einer Bevölkerung von 48,5 Mio., das Deutsche Reich 2,9 Mio. qkm mit ca. 11 Mio. Einwohnern, die Niederlande hatten 2 Mio. qkm mit ca. 38 Mio. Einwohnern. Beachtlich waren die portugiesischen Besitzungen in Afrika. Spanien hatte dagegen seinen älteren Kolonialbesitz verloren bzw. zum Teil an die USA abtreten müssen.

Vor dem Hintergrund dieses europäischen Imperialismus war Europa selbst jedoch von inneren Gegensätzen und widerstreitenden Kräften aufgebrochen worden. Der revolutionäre Liberalismus, der Nationalismus und die soziale Revolution zerstörten das Werk des Wiener Kongresses von 1815, waren jedoch unfähig, gemeinsam eine neue europäische Ordnung zu schaffen. Die Ergebnisse der beiden Weltkriege bedeuteten die Stunde Null für die europazentrierte Weltpolitik.

Die Entkolonialisierung und das Erbe der Europäisierung der Welt

Mit Lenins Proklamation im Oktober 1917 und mit Wilsons 14 Punkten im Januar 1918, die sich auch an die Kolonialvölker richteten, wurde dem europäischen Imperialismus von den neuen Flügelmächten Europas der Kampf angesagt. Aus demokratischer Perspektive ließ sich die Kolonialherrschaft nur mehr legitimieren, wenn sie den betreffenden Kolonien den Weg zur Selbstregierung bahnte. Mit Hilfe des so genannten Mandatssystems des Völkerbundes erfolgte die Aufteilung des deutschen Kolonialbesitzes zwischen den Siegermächten.

Zwar bezeichnete Mommsen die Zwischenkriegszeit als eine Art „Altweibersommer des europäischen Imperialismus" (1991, S. 96), und es bestand noch die ideologische Basis des klassischen Imperialismus von der Überlegenheit des weißen Mannes über die nichtweiße Bevölkerung. Allerdings war sie nicht mehr wirklich tragfähig.

Der Zweite Weltkrieg beendete die Rolle Europas als Vormacht in der Welt endgültig. Die Vereinigten Staaten drängten auf eine möglichst rasche Verselbständigung der bisherigen Kolonien, der Prozess der Entkolonialisierung setzte ein.

Der Algerienkrieg beendete die Vierte Republik in Frankreich. Es überstürzten sich die Entwicklungen. Innerhalb eines Jahrzehnts wurden die meisten früheren Kolonien in Asien und Afrika unabhängig, wobei in Afrika zum Teil ein bis heute währendes, blutiges Chaos entstanden ist. Die Rolle der Ordnungsmacht ging von Großbritannien an die USA über.

Das Ende des Kolonialzeitalters bedeutete jedoch keineswegs ein Kappen aller funktionellen Verflechtungen mit den ehemaligen Kolonien. Diese traditionellen Verbindungen wirken vielmehr auf zwei Ebenen bis heute nach: Erstens sind europäische Sprachen, das Französische, das Englische, das Portugiesische und das Spanische, als Bildungs- und Handelssprachen in weiten Teilen der Erde, insbesondere in Afrika, erhalten geblieben; und zweitens lässt sich in den Regulierungen der Städte im Städtebau, in der Gesetzgebung und vor allem in den Export- und Importquoten der einstigen Kolonien eine Verknüpfung mit den ehemaligen Kolonialstaaten feststellen.

Die Rückwirkung der Europäisierung der Erde auf Europa

Es wurde darauf hingewiesen, dass der europäische Kontinent Jahrhunderte hindurch andere Erdteile beeinflusst, ihnen politische Formen aufgeprägt, sie in ein wirtschaftliches Kraftfeld eingespannt sowie Kapital und Menschen exportiert hat. Gerade Letzteres ist von wesentlicher Bedeutung, war die europäische Auswanderung doch ein Ventil in der europäischen Sozialgeschichte im Prozess der Früh- und Hochindustrialisierung, nicht nur für die agrarische Überschussbevölkerung, sondern auch für die Arbeitslosenheere. Der

konjunkturzyklisch in Krisenzeiten überflüssig gewordenen „industriellen Reservearmee" boten die Neusiedlungsländer eine zusätzliche Chance.

Über den mit der Auswanderung einhergehenden Aussiebungsprozess mobiler und flexibler Elemente ist viel diskutiert worden. Nicht übersehen sollte man die ausgeprägten sozialhistorischen Verschiebungen im Zeitraum der Europäisierung der Erde. Die Aussiebung umfasste nämlich ganz verschiedene Glieder der europäischen Sozialstruktur: vom Sträflingsexport der frühen Kolonialzeit über die Abwanderung breiter kleinbäuerlicher Schichten, aus denen zum Gutteil die Pioniergestalten der amerikanischen Frontier hervorgingen, über die Tagelöhnerheere Südeuropas bis zum „Auszug des Geistes" als Konsequenz der politischen Verfolgungen des Dritten Reiches und in der Nachkriegszeit die Abwanderung vor allem britischer Jungakademiker. Gerade die jüngeren Bewegungen hatten zweifellos Auswirkungen auf das Verhältnis zwischen Europa und Nordamerika. Die Auswanderer haben in ihrer neuen Heimat als Katalysatoren der geistigen und technischen Entwicklung gedient und zivilisatorische Fortschritte erzielt, welche heute als Technologievorsprung von Amerika in speziellen Sektoren noch immer nach Europa zurückschlagen, welches überdies, zumindest gebietsweise, vom American Way of Life erfasst wurde.

Neben der Auswanderung ist die Bedeutung des Exports von Kapital von nicht zu unterschätzender Bedeutung, da damit die Entkolonialisierung in der zweiten Hälfte des 20. Jahrhunderts ein großes Verlustgeschäft für die betreffenden europäischen Staaten geworden ist.

Als Beispiel sei Frankreich genannt, welches über ein Jahrhundert hinweg die Agrarwirtschaft im Mutterland zu Gunsten der Entwicklung in den Kolonien vernachlässigt hat und damit als Erbschaft der Entkolonialisierung eine geradezu katastrophale Rückständigkeit der Landwirtschaft in den 1960er Jahren aufwies. Verglichen mit dem ökologischen Potential des Staates hat Frankreich nicht die Entwicklung der Anrainerstaaten Schweiz und Deutschland mitgemacht, welche im Zeitalter der Industrialisierung auch die Agrarwirtschaft weiterentwickelt haben. Erst mit der Entkolonialisierung hat sich die Agrarpolitik Frankreichs mit

Notwendigkeit auf das eigene Land konzentriert, unterstützt durch Rückwanderer, vor allem aus Nordafrika, welche in der Anlage von Intensivkulturen, besonders Weingärten und Obstplantagen, erhebliche Initiative entfalteten.

Auch das französische Städtewesen musste für die Kolonialpolitik bezahlen. Vor allem in der Zwischenkriegszeit kamen die städtebaulichen Investitionen nahezu ausschließlich den Kolonien zugute, während die Städte in Frankreich selbst gleichsam in Erstarrung verfielen. Dementsprechend brachte die Entkolonialisierung einen neuen Aufwind in der französischen Städtepolitik. Seit den 1960er Jahren hat Frankreich mit beispielhaftem Tempo nicht nur die Sanierung der Innenstädte in Angriff genommen, sondern auch in großzügiger Weise den Bau von Satellitenstädten durchgeführt.

Am härtesten von der Entkolonialisierung wurde zweifellos Großbritannien betroffen, wobei sich dieser Prozess in zwei Etappen, zunächst nach dem Ersten und sodann im Anschluss an den Zweiten Weltkrieg, abgespielt hat. Das Wirtschaftskonzept des Empire, mit dem Export von Textilgeweben und Kohle, geriet bereits mit dem Ersten Weltkrieg in eine schwere Krise, welche den Verfall von Textil- und Kohlerevieren zur Folge hatte. Die Krise des Sozialsystems war jedoch nach dem Zweiten Weltkrieg noch viel stärker, als mit der Heerschar von aus den Kolonien zurückkehrenden Offizieren und Verwaltungsbeamten eine nicht vorhersehbare neue Form der Arbeitslosigkeit entstanden ist. Der Beitritt zur EWG bedeutete wirtschaftspolitisch für Großbritannien einen Schlussstrich unter das Zeitalter britischer Kolonialherrschaft.

Vom Experiment der Teilung zur Europäisierung Europas

Das 20. Jahrhundert war politisch ereignisreich, es war das Zeitalter von zwei Weltkriegen, es war die Ära der Entkolonialisierung; seine zweite Hälfte sah das politische Experiment der Teilung Europas und ebenso dessen Ende.

Sloterdijk beschreibt eindrucksvoll die Aspekte des europäischen Vakuums 1945 – 1989, wonach der „Wettlauf" der russischen und der amerikanisch-westalliierten Armeen nach Berlin im Früh-

jahr 1945 das Schicksal Europas in der zweiten Hälfte des 20. Jahrhunderts antizipiert hat. Die Situation nach dem Zweiten Weltkrieg war durch die Politik des Cordon Sanitaire der Sowjetunion bestimmt. Europäisierung konnte nicht mehr Eigenständigkeit ganz Europas bedeuten, sondern nur den Zusammenschluss Westeuropas mit Hilfe der USA gegen die Sowjetunion. Es entstand somit eine freiwillige Anlehnung Westeuropas an die USA und eine unfreiwillige Unterwerfung Osteuropas unter die UdSSR, wobei sich Abstriche hinsichtlich der territorialen Ausdehnung ergaben.

Sloterdijk schreibt: „*Der Ausfall von 40 Millionen Toten hat die ‚Atmosphäre in Schwingungen' versetzt, eine mystische Emission, die an den Lebenden zehrte wie eine grenzenlose Schuld"* (2002, S. 17). Als Kennzeichen der Ideologien nach dem Absturz Europas aus der Mitte der politischen Welt nennt er eine abstrakte Abendlandfrömmigkeit ebenso wie den Wachstumsoptimismus und die radikalen Postulate der akademischen Jugend bis zum neuen Absurdismus der No-Future-No-Past-Generation und der Erlebnis-, Spaß- und Simulationskultur und fügt hinzu, dass man sich im 21. Jahrhundert wundern werde, wie gierig Nordamerika diese postmodernen Werte aus dem europäischen Protektorat importiert habe (S. 23). Sloterdijk spricht von den Toten des Zweiten Weltkriegs, er spricht aber nicht von den Konsequenzen der politischen Teilung Europas, den Umbrüchen auf der politischen Landkarte, der Verschiebung von Staaten wie Polen um 200 km von Ost nach West, den Millionen von Vertriebenen und Heimatlosen. Das 20. Jahrhundert ist nicht nur das Jahrhundert von zwei Weltkriegen, sondern auch das Zeitalter der Vertreibungen gewesen.

Mit der Stunde Null für Europa begann 1945 der Aufstieg der europäischen Idee. Die alten nationalen Gegensätze wurden überlagert vom Ost-West-Konflikt. Die ehemaligen Kolonialmächte in Westeuropa wurden auf ihre eigene Existenz zurückgeworfen. Millionen von Flüchtlingen kamen aus den kommunistischen Staaten in den Westen. Schließlich bildete der Eiserne Vorhang 40 Jahre lang eine unübersteigbare Ostgrenze. Die im Westen gelegenen Staaten Europas haben sehr rasch begriffen, dass sie sich politisch und wirtschaftlich nur behaupten können, wenn sie sich in unterschiedlicher Konstellation zu Verträgen zusammenfinden.

Judt schreibt in „Große Illusion Europa" (1996, S. 57): *„Der Gründungsmythos des modernen Europa besteht darin, dass die europäische Gemeinschaft Kern einer weitreichenden paneuropäischen Perspektive ist. Ohne diesen Mythos wären die einzelnen Maßnahmen, denen sich dieses Europa verdankt, der Marshallplan, die Montanunion, die OECD, die gemeinsame Agrarpolitik und dgl., selbst der Europäische Gerichtshof, nichts weiter als praktische Lösungen für spezifische Probleme geblieben. So gesehen schufen sie die notwendigen Voraussetzungen für den Aufbau Europas."*

Das institutionelle Europa

Das geographische Europa und die EU (von Heinz Fassmann)

Die kollektiven Vorstellungen über Sinndeutung und Abgrenzung Europas prägen die politischen Strategien der Europäischen Union. Die Frage „Welcher Staat gehört zu Europa, und wo liegen daher die natürlichen Grenzen der Europäischen Union?" limitiert und bestimmt gleichzeitig die zukünftige Erweiterung. Die EU-Erweiterung des Jahres 2004 hat insgesamt zehn Staaten als neue Mitglieder in die Union gebracht. Damit ist ein markanter Schritt im zyklischen Wechselspiel zwischen Vertiefung der Gemeinschaft, Stichworte: Euro und Schengen, und ihrer Erweiterung erfolgt. Allerdings nicht zum ersten Mal! Und dieses zyklische Wechselspiel wird als Quelle der politischen Dynamik der EU weitergehen. Die derzeitigen Kandidatenländer Rumänien, Bulgarien und die Türkei stehen vor der Tür, Kroatien hat sein Beitrittsansuchen abgegeben. Die politischen Ambitionen Jugoslawiens, Mazedoniens, Albaniens, Bosnien-Herzegowinas, der Ukraine, Weißrusslands und Moldawiens, auch ein Teil der EU zu werden, sind klar erkennbar (Abb. 1.16).

Wer noch und was dann? Die Frage „Wo endet die Europäische Union?" ist gleichzeitig die Frage „Wo endet Europa?".

Die Europäische Union weicht der Frage nach dem, was Europa ist und wo es endet, aus. Im Inneren hat sich eine territoriale Gliederung gebildet. Sie hat ein eigenes System geschaffen, welches für statistische Zwecke vergleichbare territoriale Einheiten in einem Mehrebenensystem definiert. Dieses System der NUTS ist umfassend, ausgefeilt und auch wissenschaftlich durchdacht. Im auffälligen Gegensatz dazu weicht die EU der mindestens ebenso wichtigen Frage, wo deren zukünftige Grenzen liegen, aus. Die EU deklariert nicht, wo sie enden wird, aber das wäre besonders wichtig, weil die Expansion nicht grenzenlos sein kann.

Die geographische „finalité d'Europe" bleibt unbestimmt. Es ist der politische Pragmatismus und es sind einige wenige Prinzipien, die darüber entscheiden, was Europa – oder genauer – was die Europäische Union ist und welche Staaten dazugehören können. Diese Prinzipien wurden unter anderem nach zahlreichen bi- und multilateralen Vorgesprächen auf dem EU-Gipfel in Kopenhagen (Juli 1993) festgelegt. Damals wurden die Aufnahmekriterien definiert, die notwendig sind, damit Staaten der EU beitreten können. Diese Kopenhagener Kriterien definieren die EU nicht aus einer territorialen Perspektive heraus, sondern auf der Grundlage einer politisch-ökonomischen. Nicht, wie weit die EU im Konkreten reichen soll, wurde festgelegt, sondern wer der Gemeinschaft im Grundsätzlichen beitreten kann. Der Europäische Rat beschloss bekanntlich jene drei Dimensionen

Europäisierung ist inzwischen ein viel gebrauchtes Schlagwort, mit dem die wechselseitige Durchdringung europäischer Staaten und Gesellschaften auf einen Nenner gebracht und die Frage nach einer zunehmenden Angleichung der europäischen Systeme aufgeworfen wird. In wissenschaftlichen Abhandlungen kommt es allerdings zu einer Einschränkung der Fragestellung in Hinblick auf die Prozesse der Vergemeinschaftung in der EU und die Effekte ihrer Politik. Europäisierung wird damit als EU-Europäisierung verstanden. Gleichzeitig gilt: Was die EU ist, ist sie durch Verträge.

Diese Kriterien sind sehr breit, nicht exakt definiert und lassen damit sehr viel Raum für politische Entscheidungen. Ob die marktwirtschaftliche
Organisation Rumäniens oder Bulgariens genügend weit realisiert ist, bleibt der Einschätzung
auch der politischen Nützlichkeit überlassen. Und
auch dann, wenn das BIP pro Kopf noch nicht den
europäischen Durchschnitt erreicht hat, spricht viel
für eine Erweiterung. Politischer Pragmatismus ist
wichtiger als starre Dogmen. Das politische „Vakuum", welches nach der Auflösung von Warschauer
Pakt und COMECON eintrat, verlangte förmlich nach
einer Neuordnung im östlichen Europa, nach Vi-
sionen für die Staaten, wohin sie langfristig gehören sollen, nach Modernisierungs- und Reforman-
kern, die eine Transformation in diesen Staaten
beschleunigen. Diese bereitzustellen ist für die EU
wichtiger, als ein Korsett von Bedingungen zu
kreieren oder einem dogmatischen Europabegriff
nachzueifern.

Ähnliches war bei der inzwischen beantworte-
ten Frage, ob Beitrittsverhandlungen mit der Türkei aufzunehmen sind, zu beobachten. Die Über-
prüfung der Kopenhagener Kriterien lässt einen
breiten Spielraum. Die Frage, ob beispielsweise die
Menschenrechte in der Türkei gewährleistet werden, ist dehnbar zu beantworten. Was viel wichtiger war und ist, sind die strategischen Überlegungen. Möchte die EU einen militärisch und wirtschaftlich wichtigen Partner an der Pforte zu Asien
oder glaubt man, darauf verzichten zu können?
Die Kopenhagener Kriterien sind dabei nur dezen-
te Begleitung und auch nachträgliche Legitimie-
rung.

Beim Studium der EU fällt noch ein zweiter Ge-
sichtspunkt auf: Neben dem politischen Pragmatismus im Umgang mit der Frage, welcher Staat
beitreten kann, existiert auch ein terminologischer
Pragmatismus. Die Europäische Kommission, insbesondere die GD XVI, lässt sich – außerhalb des
bereits erwähnten NUTS-Systems – auf keinen be-
grifflichen Dogmatismus ein. Lieber werden neue
Raumkategorien erfunden, bevor die Raumse-
mantik alter Begriffe aufgearbeitet wird. Österreich
heißt auch weiterhin Österreich, aber es ist auch
Teil von CADSES. Belastete Assoziationen sind bei
der Nennung des Begriffes CADSES nicht möglich.
Neue Termini zu schaffen, die frei sind von dem

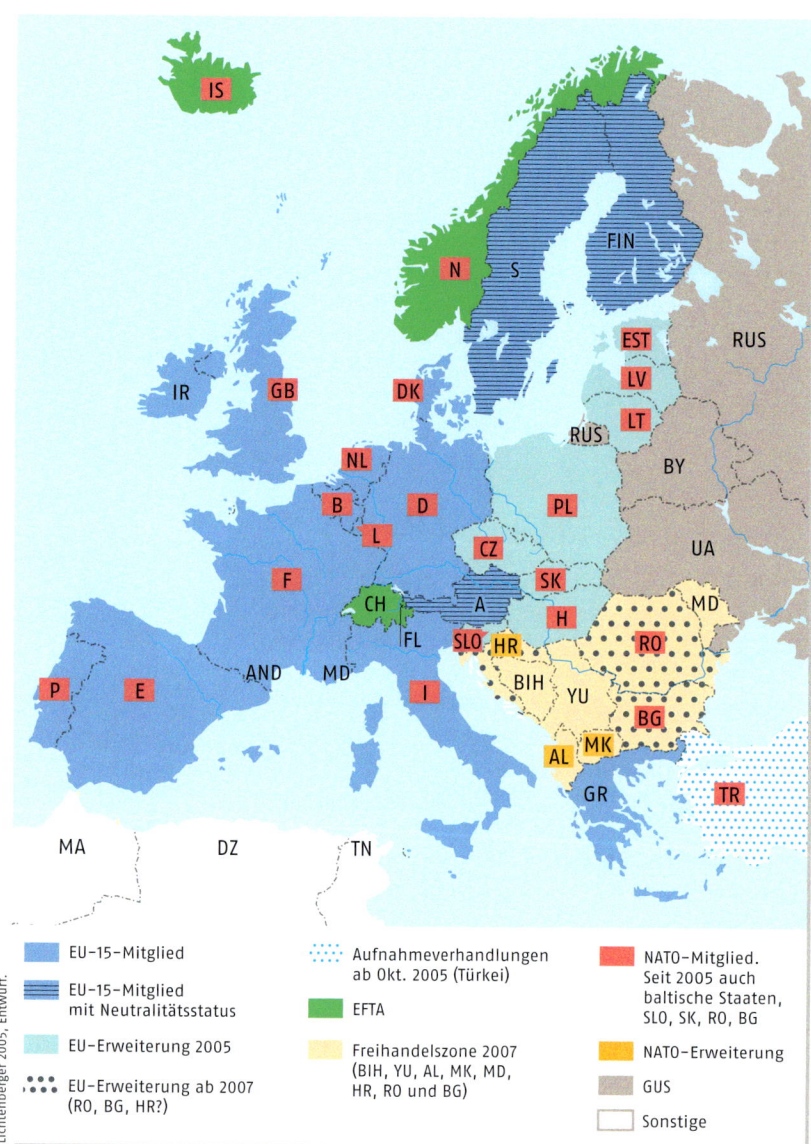

Abb. 1.16: *EU –*
NATO – GUS.

staatlicher Strukturen, die die notwendigen Voraussetzungen für eine zukünftige Mitgliedschaft
darstellen sollten. Die erste Dimension umfasst
Kriterien betreffend Demokratie und Rechtsstaat-
lichkeit, Menschenrechte und Schutz der Minderheiten, die zweite Dimension das Ausmaß der
marktwirtschaftlichen Organisation der Wirtschaft
und die dritte und letzte Dimension die Übereinstimmung mit den Verpflichtungen einer potentiellen Mitgliedschaft.

historischen Ballast, den viele territoriale Begriffe mit sich bringen, lautet die Strategie. Die EU hat sich nicht auf eine Mitteleuropadebatte eingelassen, sondern CADSES geschaffen, was so viel heißt wie Mitteleuropäischer, Adriatischer, Donau- und Südosteuropäischer Raum. Deutschland liegt zur Hälfte in CADSES, ein Viertel des Territoriums liegt im Nordseeraum und ein weiteres Viertel im nordwesteuropäischen Metropolraum (vgl. EUREK 1999, S. 42). Mit großer Unbekümmertheit werden Neuschöpfungen durchgeführt, womit man erfolgreich terminologische Debatten in die akademischen Gefilde abschieben kann. Zwei weitere „Kostproben" illustrieren die Strategie: Im EUREK finden sich das Territorium „Tor zum Mittelmeer" oder das Land „Archimed". Die beiden räumlichen Kategorien sind im Rahmen der EFRE-§10-Pilotaktionen definiert und weitgehend ungebräuchlich, was eben einen ideologiefreien Umgang erlaubt. Das „Tor zum Mittelmeer" umfasst das südliche Portugal, das südliche Spanien und das nördliche Marokko, das Land „Archimed" Griechenland und das südliche Italien. Die räumliche Abgrenzung des „Tors zum Mittelmeer" führt zu einer dritten Bemerkung, nämlich zur Frage „Wo endet Europa?". Bei der Beantwortung dieser Frage lässt sich nicht nur viel Pragmatismus, sondern auch ein Konzept der fließenden Grenzen erkennen. Die EU endet nicht wirklich an der EU-Außengrenze. Viele Interaktionen, der Handel mit Gütern oder die Wanderung von Arbeitskräften und ihren Familienangehörigen, gehen darüber hinaus. Zwei Drittel des Handels werden innerhalb der EU abgewickelt, aber ein Drittel mit Staaten außerhalb davon, häufig auch mit direkten Nachbarstaaten der EU. Von den in der EU lebenden rund 20 Mio. Ausländern sind zwei Drittel keine EU-Bürger und die meisten davon aus unmittelbaren Nachbarstaaten der EU. Das Geschehen innerhalb der EU wird von der Entwicklung außerhalb erheblich mit beeinflusst. Europa endet eben nicht mehr am Ural oder am Mittelmeer, sondern geht in einer immer mehr vernetzten Welt darüber hinaus. Die EU reagiert darauf mit einem System von bi- und multilateralen Verträgen, Abkommen und Vereinbarungen, die aus einer diskontinuierlichen Europagrenze einen kontinuierlichen Übergang Europas zu seinen Nachbarregionen schaffen sollen.

EU und NATO

Während die bürokratischen Maßnahmen der EU in die Lebenswelt des europäischen Bürgers eingreifen und daher kontinuierlich zur Kenntnis genommen werden, wird die Sphäre der NATO und vor allem ihre Relation zur EU aus der Sichtweise der Öffentlichkeit und der Medien weitgehend ausgeblendet.

Nun ist es eine strategische Tatsache, dass die politische Teilung Europas durch die Gründung des Nordatlantikpaktes 1949 von den USA weiter verstärkt worden ist. Zu den zwölf Gründerstaaten Belgien, Dänemark, Frankreich, Großbritannien, Island, Italien, Luxemburg, den Niederlanden, Norwegen, Portugal sowie den USA und Kanada traten 1952 Griechenland und die Türkei. Darin äußerte sich der Wandel der Zielsetzung der NATO aus einem Instrument zur Kontrolle Deutschlands in ein globales Instrument im Kalten Krieg mit dem Drohpotential der Atombombe. Nach zehnjähriger Bewährungsfrist wurde 1955 die Bundesrepublik Deutschland aufgenommen, während sich Frankreich 1966 aus der militärischen Integration zurückgezogen hat.

Treibende Kraft für das Zustandekommen des Bündnisses waren von vornherein die USA, welche damit die militärische Kontrollfunktion über die in erster Linie von wirtschaftlichen Interessen getragene Europäische Gemeinschaft übernommen haben. Dabei besteht eine interessante Koinzidenz zwischen dem atlantischen Verteidigungsbündnis und dem Ausbau der Europäischen Union, wobei nicht nur die Errichtung der NATO in Europa der Errichtung der EG vorangegangen ist, sondern auch die NATO die jeweiligen Schritte der Erweiterung vor denen der EU gesetzt hat.

Die Europäische Gemeinschaft für Kohle und Stahl (EGKS, auch Montanunion genannt) war zwei Jahre nach Gründung des Europarates der erste wirtschaftliche Zusammenschluss in Europa. Auf Initiative der französischen Politiker Jean Monnet und Robert Schuman sollten die wichtigen Rohstoffe Kohle und Stahl künftig auf einem gemeinsamen Markt gehandelt werden. Frankreich und Deutschland sahen in der Montanunion einen Weg, ihre alte Feindschaft beizulegen. 1952 trat die Montanunion in Kraft. Ihr gehörten neben

Deutschland und Frankreich auch Belgien, die Niederlande und Luxemburg sowie Italien an. 1973 traten Großbritannien, Irland und Dänemark bei, 1981 Griechenland und 1986 Spanien sowie Portugal.

Mit dem Ende des Kalten Krieges, der Auflösung des Warschauer Paktes 1991 und dem Zerfall der Sowjetunion entfiel der eigentliche Zweck, für den die NATO gegründet worden war. Die USA wollten jedoch diese wichtige militärische Kontrollfunktion über den europäischen Raum nicht aus der Hand geben und führten eine Reorganisation der Streitkräfte in Europa durch.

1995 erweiterte sich die EU durch die Aufnahme von drei neutralen Staaten: Österreich, Finnland und Schweden, von denen zwei, Österreich und Finnland, an den Eisernen Vorhang angegrenzt hatten. In einem Übersprungseffekt vollzog darauf die NATO 1998 die erste Erweiterung nach dem Fall des Eisernen Vorhangs. Sie umfasste die Staaten Ungarn, Tschechien und Polen, welche erst bei der EU-Erweiterung 2004 in die EU aufgenommen

wurden. Sieben Staaten – die baltischen Staaten, die Slowakei sowie Slowenien – wurden in diesem Jahr gleichzeitig NATO- und EU-Mitglieder. Wieder in einem Vorgriff gegenüber der EU wurden 2004 von der NATO Rumänien und Bulgarien als neue Mitglieder akzeptiert.

Es ist für die EU schwierig, sich von der militärischen Kontrolle durch die NATO zu emanzipieren. In einer Zeit, in der Sparpakete, Arbeitslosigkeit sowie Rückbau der Pensions- und Gesundheitssysteme die Bürger der Europäischen Union erschrecken, ferner die mittelfristigen Kosten der EU-Erweiterung noch nicht absehbar sind, wird eine Erhöhung des militärischen Budgets politisch kaum durchsetzbar sein. In Hinblick auf die militärische Präsenz der EU auf der globalen Ebene bleibt die Aussage bestehen, dass die USA als Partner der europäischen Verteidigungspolitik diese aufgrund ihrer militärischen Stärke entscheidend mitbestimmen und den europäischen Interessen nichteuropäische gegenüberstellen.

NATUR UND GESELLSCHAFT

2

Zur Thematik

Die europäische Diskussion über Naturraum und Gesellschaft ist ideologiebelastet und wird kontrovers geführt. Auch Europa partizipiert an der wachsenden Ignoranz gegenüber der Natur in der westlichen Welt, deren Bevölkerung sich aufgrund des technologischen Fortschritts partiell von den natürlichen Faktoren emanzipieren konnte. Sie hat sich in der Arbeits- und Wohnumwelt ein künstliches Klima geschaffen und weitgehend von den Unsicherheiten des Witterungsablaufes abgeschottet. Die Alltagserfahrung einer ländlichen Gesellschaft mit allen Erscheinungen und Konsequenzen des Wettergeschehens ist der städtischen Gesellschaft verloren gegangen.

„Natur" wird dieser städtischen Gesellschaft im Paket von Urlaubsangeboten geliefert. Der immer rascher werdende Wandel der Moden führt zu einem ebensolchen Wandel in der monetären Bewertung. Gleichzeitig kommen über die Medien in rasanter Folge neue „Naturprodukte" auf den Nahrungsmittelmarkt. Sie betreffen damit die Agrarwirtschaft und den Landbau. Ferner werden ständig neue Produkte des Risikosports (Snowboarding, Rafting, Paragliding) für die Freizeitgestaltung angeboten, die ihre Herkunft aus den mit ganz anderen Naturkonfigurationen, Besitz- und Rechtsverhältnissen ausgestatteten USA nicht verleugnen können.

Der Nachteil der in Globalisierung begriffenen Speisekarte von „Natur" und Naturprodukten liegt in einem abnehmenden Wissen und Problemverständnis von Natur im geowissenschaftlichen Sinn der aus großstädtischem Milieu stammenden Entscheidungsträger. Es wird vielfach vergessen, dass die physischen Hauptparameter der Erde – das Relief und das Makroklima – selbst von einer hoch technisierten Gesellschaft nicht verändert werden können. Gleichzeitig werden negative Effekte auf das Klima durch den immensen Schadstoffausstoß, allen voran durch die USA, einfach negiert.

Wenn auch ein Teil der städtischen Bevölkerung Europas im Zuge der Globalisierung in diese Unkenntnis der Natur hineindriftet, so ist andererseits in Europa mit der Grünen Bewegung eine starke Tendenz entstanden, die „Natur" vor dem Menschen zu schützen. Die Einrichtung von Naturschutzgebieten und Nationalparks ist über Europa hinweg im Gange. Anders als in Nordamerika, wo derartige Nationalparks vor der Besiedlung entstanden sind, geht es in Europa darum, in einer geordneten „Rückzugspolitik" periphere Siedlungsräume in Naturschutzgebiete und Nationalparks umzuwandeln. Hierbei kommt ein „Pflegeparameter" ins Spiel, durch den nicht Formen einer „neuen Wildnis", sondern begehbare, mit Lehrpfaden ausgeschilderte Nationalparks entstehen. Sie spiegeln die aufklärerische Komponente der Wissensgesellschaft wider. In dieser Bewegung hat Europa zweifellos eine globale Vorreiterrolle übernommen.

Dreht man die Weltsicht des Schutzes der Natur vor dem Menschen um 180 Grad, so geht es um den Schutz des Menschen vor der Natur und den Naturkatastrophen. Hier geht es um die „harten Fakten" einer geowissenschaftlichen Weltsicht, es geht um die Strukturen und Prozesse der Großformen des Reliefs und des Makroklimas, welche von der Gesellschaft registriert und gemessen, aber kaum verändert werden können. Prognosen sind gefragt und in Hinblick auf das Wettergeschehen bereits möglich. Nicht so weit entwickelt ist die Vorhersage von tektonischen Bewegungen der Erdkruste und den daraus resultierenden Naturkatastrophen wie Erdbeben und Vulkanausbrüchen.

Es gibt allerdings auch „weiche Fakten" der Natur. Von den physischen Elementen zählen hierzu alle nicht verfestigten Ablagerungen der jüngsten Erdgeschichte, welche technologisch verschoben und verändert werden können. Als klassische Beispiele im „Kampf gegen die Naturgewalten" sind die schon früh einsetzenden Unternehmen zur Landgewinnung an den Küsten zu nennen, ferner Regulierungsmaßnahmen von Flüssen, Dammbauten und dergleichen.

Während das durch den Witterungsablauf vorgezeichnete Flussregime nicht verändert werden kann, ist andererseits eine partielle „technologische Vermehrung der natürlichen Ressource Wasser" erfolgt. Zu Beginn des 21. Jahrhunderts ist das Wasser in großen Teilen Europas aufgrund von Verstädterung und Industrialisierung zu einem knappen Gut geworden. Das vorhandene Wasser wird für die vielfältigen Bedarfszwecke mehrmals in einen Kreislauf eingebracht. Der Wasserwirtschaftsverband des Ruhrgebietes hat damit in den 20er Jahren des 20. Jahrhunderts eine europäische Innovation gesetzt. Europa hat zudem wie kein anderer Erdteil das Potential seiner Wasserkräfte für die Energiegewinnung bereits ausgeschöpft.

Die stärkste Umgestaltung ist bei der natürlichen Vegetation erfolgt. Als „feuchte Halbinsel" ist Europa vor den Eingriffen des Menschen zum Großteil natürliches Waldland gewesen. Die europäische Siedlungsgeschichte war daher bis herauf zur Neuzeit eine Rodungsgeschichte, welche wie nirgends sonst auf der Erde eine Umgestaltung des natürlichen Waldkleides zur Folge hatte. Die europäische Kulturlandschaft ist auf Kosten des Waldes entstanden. Sie kann jedoch von der Gesellschaft nicht aus dem ökologischen Bedingungsrahmen der Klimazonen herausgelöst werden.

Die Bewertung von „Natur und natürlichen Ressourcen" durch die Gesellschaft kann einerseits in ökonomischer Hinsicht und andererseits in normativer Hinsicht erfolgen. Ein Beispiel hierfür bietet die Agrarwirtschaft. Sie hat sich aufgrund der Fortschritte der Agrartechnik und der Zunahme der internationalen Konkurrenz gravierend verändert. Dabei erfolgte ein Konzentrationsprozess, in dem die Grenzertragsböden in allen Bereichen aufgegeben worden sind. Dies betrifft sehr unterschiedliche Räume:
Erstens ist eine Zurücknahme der nördlichen Siedlungsgrenze in den Waldrodungsgebieten des Kontinents erfolgt analog zur Zurücknahme in den Hochregionen der Gebirgsräume. Zweitens: Diese Zurücknahme peripherer Standorte wird von einer Zurücknahme der Standorte auf den schlechteren Böden der Mittelgebirge und Schichtstufenlandschaften begleitet. Drittens: Eine Zurücknahme der Agrarnutzung erfolgt auch in den Niederungen überall dort, wo die Niederschläge nicht ausreichen und eine Intensivierung nicht möglich ist.

Umgekehrt ist in Europa die Agrarpolitik noch mit einer normativen Sichtweise ausgestattet, welche im Sinne einer Raumordnungs- und Umweltpolitik mittels spezifischer Parameter Areale ausgrenzt, dort wo Nutzungen unter erschwerten Bedingungen, wie z. B. im Bergbauerngebiet,

durchgeführt werden und die Erhaltung der Kulturlandschaft als Zielvorgabe erscheint und daher subventioniert wird, oder dort, wo im Sinne der Nachhaltigkeit von ökologischen Ressourcen der Umweltschutz Auflagen bezüglich des Grundwassers erforderlich macht.

Aufgrund dieser Vorbemerkungen zur Gesellschaft und ihren sehr divergierenden Aspekten liegt die Aufgabe dieses Kapitels darin, zunächst die „harten Fakten" des Naturraums vorzustellen und dann auf die „weichen Fakten" einzugehen.

Die Geodeterminanten

Drei Faktoren der **Reliefgestaltung** haben die Geschichte Europas mitbestimmt:

1. **Europa ist ein dem Meer zugewandter Erdteil.**
Im Norden greifen auf den Kontinentalschelf Flachseen über, wie die Irische See, die Nordsee und Ostsee. Im Süden ist längs der Tiefsee des Mittelmeeres, welches die Stelle eines labilen, in Bewegung begriffenen Krustenstücks der Erde einnimmt, der gesamte südeuropäische Raum durch komplexe tektonische Bewegungsmuster in Halbinseln und – vor allem in der Ägäis und im Ionischen Meer – in eine außerordentlich große Zahl von Inseln aufgelöst worden. Europa besitzt tief gegliederte Küsten, die im Verhältnis zur Fläche nahezu doppelt so lang sind wie jene der anderen Erdteile. Die Zugewandtheit zum Meer und die „Extrovertiertheit" der historisch-politischen Entwicklung werden dadurch belegt, dass in der Europäischen Union der Binnenraum in keinem Abschnitt mehr als sechshundert Kilometer vom Meer entfernt ist.

Diese „Meeresaufgeschlossenheit" wird verstärkt dadurch, dass Europa zwar nur über kleine, jedoch zahlreiche schiffbare Flüsse verfügt.

Von den insgesamt 25 EU-Staaten sind nur vier (Österreich, die Tschechische und die Slowakische Republik, Ungarn) Binnenstaaten und besitzen keinen direkten Zugang zum Meer.

Das Mittelmeer hat die älteste Hafentradition in Europa. Venedig war bis zum 18. Jahrhundert der bedeutendste Hafen im westlichen Mittelmeer (Abb. 2.1).

National Gallery, London.

Abb. 2.1: *Venedig mit Dogenpalast, Francesco Guardi (1712 – 1793).*

2. Europa ist ein verkehrsmäßig durchgängiger Erdteil.

Weder in Nord-Süd- noch in Ost-West-Richtung gibt es massive Barrieren für den Verkehr, wie Wüstengürtel oder unzugängliche Hochgebirge. Im Gegenteil, gerade die Hochgebirge zwischen dem Mediterranraum und Zentraleuropa waren dank ihres Reichtums an Bodenschätzen schon früh besiedelt und bildeten stets eine Klammer zwischen den Vorländern im Norden und Süden. Dies gilt für die Alpen in gleicher Weise wie für die Pyrenäen und die Karpaten.

Reliefgestaltung und Zugänglichkeit auf dem Wasserweg sind die Grundparameter für die Bewertung der „natürlichen Standortgunst" von Städten und Fernverkehrslinien. Sie sind seit langer Zeit unverändert geblieben und haben im Wesentlichen nur durch die jeweilige Umstrukturierung der politischen Landkarte Europas, besonders im 20. Jahrhundert, relative Bedeutungsverschiebungen erfahren.

3. Die Kleinräumigkeit zählt zu den häufig genannten Merkmalen Europas.

Was bedeutet sie? Sie bedeutet ein kleinzügiges Mosaik von topographischen Bausteinen, das heißt einen starken Wechsel in landschaftlicher Hinsicht auf kurze Distanzen.

Aus der Kleinräumigkeit und dem geringen zur Verfügung stehenden Raum resultiert die Kompliziertheit sämtlicher räumlicher Strukturen. Zeit- und raumspezifische Vorgänge konnten sich nicht weitflächig ausbreiten, sondern mussten sich in dem engen Maschengitter übereinander schichten.

Europa ist nicht nur der Erdteil, in dem die verschiedensten politischen Systeme ihre Artefakte hinterlassen haben, sondern eine analoge Aussage gilt auch für die geohistorische Vergangenheit. Im Bau der Erdkruste sind auf dem Gebiet, welches heute Europa einnimmt, seit dem „Altertum" bis zur „Neuzeit" der Erde Gebirgsbildungsprozesse und Abtragungsvorgänge abgelaufen und haben die gegenwärtige Topographie strukturiert.

Anders als in der Neuen Welt, wo die Weite der großen Vorländer dem Nebeneinander von Deckenpaketen Platz geboten hat, entstanden durch den „Mangel an Raum" in Europa besonders komplizierte Überschiebungen, Verfaltungen und Bruchstrukturen. Die eng zusammengeschobenen und übereinander aufgetürmten Gesteinskomplexe der alpidischen Gebirge in Europa, im Besonderen in den Alpen, haben schon früh die geologische Forschung begründet, ebenso aber auch bewirkt, dass der historisch weit zurückreichende Bergbau auf Edelmetalle, Eisen, Salz und Kohle angesichts der internationalen Konkurrenz aufgrund der schwierigeren Lagerungsverhältnisse schrittweise geschlossen werden musste. Das letzte dramatische Beispiel bietet die Umwandlung des riesigen ostdeutschen Braunkohlenreviers in die ostdeutsche Seenlandschaft (Abb. 2.15).

Aus der Kleinräumigkeit ergibt sich ferner, dass Europa bei allen physischen Elementen ein Kontinent des „mittleren Maßstabs" ist. Riesenberge und Riesenströme fehlen.

Hinsichtlich der Lagerung der Reliefelemente im Koordinatensystem ist zum Unterschied von Amerika das West-Ost-Streichen der geologisch-tektonischen Strukturen von erstrangiger Bedeutung, besteht doch eine Konkordanz mit der klimaökologischen Zonenbildung. Dementsprechend scharf ist auch die ökologische Grenze des Mediterrangebietes ausgebildet, welche dem Südfuß der alpidischen Gebirge folgt. Sie findet in den beiden Amerikas kein Gegenstück. Dort bestehen vielmehr infolge des Nord-Süd-Verlaufs der Gebirge mehrere hundert Kilometer breite Übergangszonen zwischen den Klima- und Vegetationsgürteln.

Ebenso wie das Relief gehört das **Klima** zu den kaum vom Menschen beeinflussbaren Determinanten. Mehrere Faktoren bewirken hierbei eine Sonderstellung Europas:

1. **Der Golfstrom bildet einen entscheidenden Gunstfaktor des Klimas,** der gegenüber Nordamerika eine positive Wärmeanomalie von ca. 10 Breitengraden bedingt. Ihm ist es zu verdanken, dass die europäische Atlantikküste bis über den Polarkreis hinaus eisfrei ist, während im Gegensatz dazu alle Häfen nördlich von New York, welches auf der Breite von Neapel liegt, von Vereisung bedroht sind. Ebenso bleiben in Nordamerika die Großen Seen im Winter zwei bis drei Monate hindurch zugefroren, während in Europa nur die Häfen der östlichen Hälfte der Ostsee durch Eisbrecher offen gehalten werden müssen.

   Die Anbau- und auch die Waldgrenze stoßen demnach in Europa weltweit am weitesten nach Norden vor. Im Vergleich mit Kanada oder Sibirien besitzt somit Europa ein unvergleichlich günstigeres Siedlungspotential.

2. **Die Ausgeglichenheit des Klimas** macht im Großen und Ganzen den Witterungsablauf vorhersehbar. Unwetterkatastrophen, Wolkenbrüche und Überschwemmungen sowie Dürrezeiten gibt es zwar, sie sind jedoch gemäßigter als in anderen Erdteilen (Glaser 2001). Dementsprechend sind auch Missernten seltener. Ein Vergleich mit Nordamerika belegt, dass die Ernteerträge in den Hauptweizengebieten der nordamerikanischen Prärieprovinzen in Gunstjahren das Zehnfache jener in den Katastrophenjahren betragen können, während die Schwankungen in den europäischen Weizengebieten bloß zwischen eins und zwei betragen. Am Rande sei vermerkt, dass Bezeichnungen für große Wirbelstürme, wie die Taifune, in den europäischen Sprachen ursprünglich fehlten. Die Taifune Ostasiens und die Hurrikane Nordamerikas weisen somit kein europäisches Gegenstück auf.

3. **Der größte Teil Europas liegt innerhalb der gemäßigten Zone.** Subarktische und subtropische Räume besitzen nur einen geringen Anteil. Transponiert in den wirtschaftlichen Bereich bedeutet dies ein Fehlen tropischer und subtropischer Agrarprodukte. Daher hat seit prähistorischer Zeit der europäische Handel nach Ergänzungsräumen Ausschau gehalten. Daraus sind auch wichtige Impulse für die Kolonialisierung und Europäisierung der Erde entstanden.

Großstrukturen des Reliefs

Unter dem Begriff des Reliefs wird die Gesamtheit der Gebirge, Becken und Talräume Europas subsumiert. Das Relief wurde durch zwei Faktoren geschaffen: erstens durch die geotektonischen Vorgänge, welche im Laufe der Erdgeschichte verschiedene Gesteinskomplexe neben- und übereinander gelagert haben, und zweitens durch die Abtragungs- und Aufschüttungsvorgänge, die in Abhängigkeit vom Klima in erdhistorischer Dimension gewechselt haben. Hierbei ist für Europa die letzte Eiszeit von entscheidender Bedeutung gewesen.

Die geotektonische Struktur Europas

Europa ist der Erdteil, auf dem seit der Bildung von Land und Meer alle gebirgsbildenden Vorgänge ihre Spuren hinterlassen haben. Hierbei begann der Prozess der Gebirgsbildung und der Anlagerung im Norden und Osten im Anschluss an die stabile Masse des Baltischen Schilds und der Russischen Tafel und vollzog sich in drei Hauptperioden der Gebirgsbildung, in denen die Areale von Paläo-, Meso- und Neoeuropa von Norden nach Süden aneinander gefügt worden sind (Abb. 2.2). Da bei jedem Gebirgsbildungsprozess jeweils neue stabile Vorländer benötigt wurden, andererseits an der Rückseite Magmamassen an die Oberfläche kamen und überdies jedes gebirgsbildende Schichtpaket – wenn es nicht versenkt und metamorph wird – nur einmal gefaltet und überschoben werden kann, bei späteren Faltungen aber zerbricht, besteht im Nord–Süd–Profil von Europa eine im Einzelnen sehr komplizierte Abfolge von Rumpfschollengebirgen zu Faltengebirgen hin, welche durch das Auftreten von Schichtstufenlandschaften als Relikten von Meerestransgressionen noch weiter differenziert wird.

1. Die erste große Gebirgsbildung erfolgte in **Paläoeuropa.** Sie betraf den Norden des Erdteils. Hier

Abb. 2.2: *Tektonik von Europa.*

bildete der Baltische Schild, eine heute nach mehreren Abtragungsphasen flache schüsselförmige Rumpflandschaft, die stabile Zone für die Angliederung des Kaledonischen Gebirges, welches vom Nordkap in Skandinavien über Schottland bis Nordirland reicht. Bei den späteren gebirgsbildenden Vorgängen in Europa ist dieser älteste Gebirgszug durch ein dreifaches System von Bruchlinien in einzelne Schollen zerbrochen worden. Abtragungsvorgänge erzeugten ausgedehnte Rumpfflächen, die Hoch-

Diercke Weltatlas 1999, S. 88.

Legende:

— Wichtige Horizontal- bzw. Vertikalverschiebung
— Grenzen tektonischer Großräume
altpaläozoische Faltungen in Ur- und Meso-Europa
alte Massive in Neo-Europa (meist variskisch)
heutiges Schelfgebiet
Grabenbruch
besonders mächtige Sedimentdecken

Präkambrium (Erdfrühzeit)
Festlandsrümpfe (Kratone)
Tafelländer und Becken

Altpaläozoikum (frühes Erdaltertum)
Faltengebirge (kaledonisch)
Tafelländer und Becken

Jungpaläozoikum (spätes Erdaltertum)
Faltengebirge (variskisch)
Tafelländer und Becken

Känozoikum (Erdneuzeit)
Faltengebirge (alpidisch)
Tafelländer und Becken
rein vulkanisches Festland

fläche des Fjell in Skandinavien weist mehrere Hundert Kilometer Breite auf.

2. Im Anschluss an diese Gebirgsbildung in Paläoeuropa erfolgte die zweite große Gebirgsbildung in **Mesoeuropa**. Sie war komplizierter als die erste, da zwei große Massive, das Französische Zentralmassiv und das Böhmische Massiv, die Gelenke darstellten, zwischen denen Bögen auftraten. Der erste Bogen zieht von Irland über Cornwall in die Bretagne zum Französischen Zentralmassiv. Der zweite schwingt über die Vogesen und den Schwarzwald zum Böhmischen Massiv hinüber, der dritte klingt nach Osten hin aus und verschwindet unter der Podolischen Platte.

Zum Unterbau kristalliner Gesteine gesellt sich der Oberbau der Schichtstufenlandschaften, welcher in dieser Gebirgszone Europas modellhaft ausgebildet ist. Das Vorland ist durch seine Lagerstätten von Bedeutung: Steinkohlenflöze, Erdgas- und Erdölvorkommen, von denen die Letztgenannten in das Schelfgebiet der Nordsee hinausreichen.

3. Im Vergleich zu diesen älteren Gebirgsbildungsperioden stand der alpidischen Gebirgsbildung in **Neoeuropa** besonders wenig Platz zur Verfügung. Teilweise verschmelzen die alpidischen Gebirgszüge mit den oben genannten Massiven. Sie sind bogenförmig gegliedert. Die jeweils eigenständigen Gebirge markieren verschiedene Ränder der Europäischen Platte. Teilweise wurde älteres Grundgebirge in die Faltung einbezogen. Entsprechend der Schmalheit des Vorlandes sind die im Alpen- und Karpatenvorland in der Tiefe lagernden Erdölfelder von geringer Ergiebigkeit. Auch die Erdgasvorkommen in der Poebene und im Vorland der Pyrenäen können sich nicht mit denen im Vorland von Mesoeuropa messen. Zum Unterschied von älteren Gebirgsbildungsperioden treten große tektonische Senkungsbecken auf. Zu ihnen zählen die Poebene, das Pannonische Becken und das Senkungsbecken der Moldau in Rumänien.

Das Erbe der Eiszeit und die Gegenwart

Die Effekte des Klimas überlagern die morphotektonischen Strukturen. Von entscheidender Bedeutung sind die Phänomene, welche auf das Quartär und hier vor allem auf die letzte Eiszeit zurückgehen (Abb. 2.3). In einem Nord-Süd-Profil durch Europa lassen sich fünf Gebiete unterscheiden:

1. Nordeuropa wurde zur Gänze von der flächenmäßigen Vergrößerung der Eiskappe des Nordpols erfasst und überfahren.

2. Im Vorland der mesoeuropäischen Gebirgsbildung lagerte der hier bewegungsmäßig erlahmende und sich später phasenweise zurückziehende riesige Eiskuchen des Inlandeises seine Sedimente ab.

3. Die Rumpfschollengebirge blieben eisfrei, bedeckten sich jedoch aufgrund des vegetationsfeindlichen Klimas mit einer mächtigen periglazialen Schutthülle. Durch die Ausblasung des Feinmaterials entstand eine breite Ablagerungszone von Löss. Bördenlandschaften ziehen sich von Flandern über die Münsterer und die Leipziger Bucht bis nach Galizien hinein. Sie liegen in unmittelbarem Kontakt mit den Flachmeerablagerungen der Steinkohlenflöze. Einer der ältesten Siedlungsräume West- und Mitteleuropas folgt diesem ökologisch begünstigten Vorlandstreifen der Mittelgebirge. Längs dieser Leitschiene haben am Nordrand der Karpaten auch deutsche Siedlungen und deutsches Stadtrecht im Mittelalter viel früher und weiter nach Osten vorgegriffen als im nördlichen Tiefland.

4. Die Vorländer der alpidischen Gebirgsbildung haben in Abhängigkeit von der Reliefenergie und der Höhe der jeweiligen Gebirge eine unterschiedliche Gestaltung erfahren. In den Westalpen und westlichen Ostalpen erreichte das Eisstromnetz das Vorland und hinterließ von Seen erfüllte Zungenbecken und Schotterterrassen. Im nördlichen Vorland der Pyrenäen entstanden riesige Schwemmfächer, welche im Wechsel von Eis- und Warmzeiten zu einer Riedellandschaft zerschnitten worden sind.

5. Die alpidischen Gebirge waren in der Eiszeit in unterschiedlichem Ausmaß vergletschert. Die Alpen und teilweise auch die Pyrenäen entwickelten mächtige Eisstromnetze. Die Formen der Glazialerosion – Kartreppen, Trogtäler und Talstufen – sind besonders in den Westalpen großartig entwickelt. In den mediterranen Ge-

birgsräumen waren nur die höchsten Ketten vergletschert, wie die Kare im Apennin, auf der Sierra Nevada und im Pindusgebirge beweisen. Die tieferen Teile unterlagen einer periglazialen Gestaltung mit einer zum Teil mächtigen Blockmeerbildung, wie in der Vitoscha südlich von Sofia.

Die tiefsten Teile wurden durch Schichtfluten geformt, welche Fanglomerate auf den Fußflächen ablagerten. Diese sind besonders am Südrand der Pyrenäen außerordentlich eindrucksvoll erhalten.

Abb. 2.3: *Die Ausdehnung der Weichsel-/Würmeiszeit in Europa.*

Diercke Weltatlas 2002, S. 51.

Die Relieflandschaften Europas

Rumpfschollenlandschaften der Inlandeis-Vergletscherung

Die jüngere morphotektonische Entwicklung von Fennoskandia ist durch einen Großfaltenwurf gekennzeichnet, der aus weit gespannten Auf- und Einwölbungen besteht und im Gefolge des Alpidischen Faltungsprozesses entstanden ist. Längs einer Bruchlinie gegen den Atlantik hin erfolgten mächtige Absenkungen. Der Eisschild erreichte im Quartär in den höchsten Teilen eine Mächtigkeit bis 3000 m und gestattet eine Parallelisierung mit dem heutigen Grönland. Das Satellitenbild von der norwegischen Küste belegt die ausgeprägte Bruchtektonik, durch welche der gesamte Küstenraum in scharfkantige Grate, Kliffe und Inseln aufgelöst wurde (Abb. 2.4).

Der Gegensatz zwischen den ausgedehnten, unzertalten Fjellflächen und den tief eingesenkten Trogtälern der Fjorde zum Atlantik geht in der Ausformung auf die Eiszeit zurück. Während auf den Erstgenannten die abschleifende und abhobelnde Wirkung des Eises zahllose Rundbuckel und Rinnen herauspräpariert hat, bewirkten die von der Hochfläche in die Täler hinabstürzenden Eismassen eine enorme Tiefenerosion von über 1000 m. Eine Vorstellung davon vermittelt der Sogne-Fjord, der eine Länge von 187 km und eine Tiefe von 1240 m erreicht, während der Felsriegel am Ausgang zum Ozean nur 100 m unter der Wasseroberfläche liegt. Untergetauchte Trogtäler setzen sich in Form von submarinen Rinnen an der norwegischen Küste in den Ozean hinaus fort.

Zum Unterschied vom Formenschatz in den Alpen dominieren in den skandinavischen Gebirgsräumen ganztalige Tröge, die in sackartigen Talschlüssen enden. Terrassen, die vor allem in den großen Längstälern der Alpen für die Kulturlandschaft wichtig geworden sind, fehlen (Abb. 2.5).

Das Satellitenbild von Südfinnland (Abb. 2.6) zeigt einen Ausschnitt der Finnischen Seenplatte, mit der vom Inlandeis überschliffenen Vergitterung von drei tektonischen Bruchlinien und Ausräumzonen, auf welche die zum Teil sehr bizarren Umrisse der Seen zurückzuführen sind. Das Muster des Grünlandes ist ebenso wie die teils punktuelle, teils linienförmige Siedlung (in den Falschfarben Rot-Violett) deutlich zu erkennen. Das Muster der insgesamt über 187.000 Seen und Teiche mit mehr als 500 qm Wasserfläche unterscheidet sich grundlegend von den Zungenbeckenseen in den alpidischen Gebirgen. Dieses Muster ist allerdings nur im Satellitenbild und nicht aus der terrestrischen Perspektive zu erkennen (Abb. 2.7).

In dem zum Inlandeis randlicher gelegenen Großbritannien bildeten sich selbständige Vereisungszentren in Schottland, im Lake District und in

Abb. 2.4: *Satellitenbild der norwegischen Küste südlich des Hardangerfjords.*

0   10   20   30 km

N7, N-32-60_2000.

Abb. 2.5: *Hardangerfjord, Norwegen.*

Norwegische Touristik, Info.

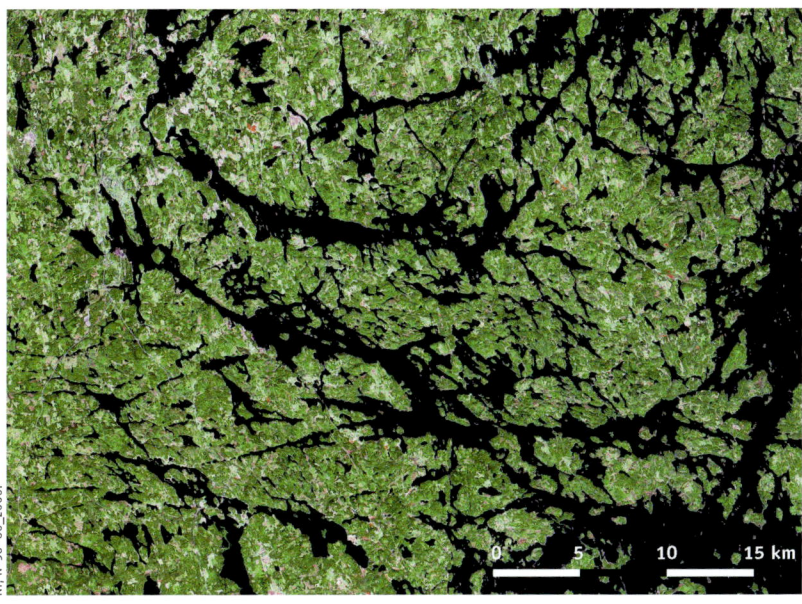

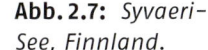

Wales. Das schottische Eis erfüllte auch die Irische See. Nur Ostengland und Cornwall blieben außerhalb des Maximalstandes der Vergletscherung. Die Vereinigung der Wirkung von Inlandeis und Lokalvergletscherung hat trotz der geringen relativen Höhenlage „hochalpine" Formen geschaffen. Trogtäler, Talwannen, Rundbuckellandschaften und Fjorde gehören zum Landschaftsbild Schottlands, aber auch großer Teile von Wales. Ein Netz von Bruchlinien und Klüften hat auch hier Leitlinien für die Eiserosion vorgegeben. Die Bruchlinien sind als tiefe, talförmige Rinnen ausgebildet. Geradezu wie mit dem Messer eingeschnitten durchquert eine derartige Tiefenlinie das gesamte schottische Hochland.

Bruchschollengebirge und Schichtstufenlandschaften

Die räumliche Verzahnung von Bruchschollengebirgen (Armorikanisches und Variszisches Gebirge) und Schichtstufenlandschaften kennzeichnet von Großbritannien über Frankreich, Deutschland bis nach Westpolen einen Großteil der mittleren Zone Europas. Entsprechend dem morphotektonischen Bezug werden sie auch häufig als Unter- und Oberbau zusammengefasst.

Die Bruchschollengebirge

sind petrographisch differenziert. Von Norden nach Süden lassen sich vier Zonen unterscheiden, von denen die beiden nördlichen durch Lagerstätten gekennzeichnet sind. Der Kohlengürtel des ehemaligen Schelfgebietes der Gebirgsbildung umfasst in Großbritannien als halbkreisförmiger Streifen die Fußzone der Penninen und setzt sich auf dem Kontinent von Belgien und Nordfrankreich bis in das Ruhrgebiet und nach Oberschlesien fort. Die nach Süden anschließende Grauwackenzone weist ähnlich wie in den Alpen Lagerstätten, vor allem von Edelmetallen, auf.

Auf die komplizierte Bruchtektonik gehen die Grabenbrüche von großen Tälern zurück, wie der Rhein- und der Rhônegraben, der Alliergraben im Französischen Zentralmassiv, das Lahntal und der Egergraben. Zu den Abbruchsrändern gehören der Einbruch der Kölner Bucht, der Nordrand des Har-

zes gegen das Vorland, die Begrenzung des Thüringer Waldes, die Grenze zwischen dem Böhmerwald und dem Bayrischen Wald sowie der Sudetenrandbruch gegen die Schlesische Bucht. Vor allem in den südlichen Gliedern der Bruchschollengebirge trat Vulkanismus entlang der tektonischen Schwächelinien noch im Quartär auf. Hierzu gehören der Vulkan des Kaiserstuhls und Vulkane im Französischen Zentralmassiv.

Im Raum nördlich des Puy de Dôme im Französischen Zentralmassiv westlich der Bruchlinie, an

Abb. 2.6: *Satellitenbild der Südfinnischen Seenplatte.*

Abb. 2.7: *Syvaeri-See, Finnland.*

Abb. 2.8: *Satellitenbild von quartären Vulkankegeln, nördl. Puy de Dôme, Französisches Zentralmassiv.*

deren Fuß Clermont-Ferrand liegt, erheben sich die Vulkankegel wie Pilze im Wald und sondern sich vom umgebenden Grünland durch ihre vegetationsfeindlichen Böden (Abb. 2.8).

Während in Großbritannien die Bruchschollengebirge noch bis in die geographische Breite von London vom Inlandeis überfahren und erosiv umgestaltet wurden, blieben diejenigen auf dem Kontinent außerhalb des Inlandeises, wurden dafür aber in den periglazialen Formungsprozess einbezogen. Die Formenserie reicht von den Blockmeeren, den Erscheinungen des Schuttfließens bis zu den Flächenbildungsprozessen in den Talräumen, der Ausformung von asymmetrischen breiten Sohlentälern mit mächtigen Hangschuttschleppen.

Eine bescheidene Lokalvergletscherung hat nur die höchsten Teile der Mittelgebirge erfasst. Die eiszeitliche Schneegrenze stieg von rund 700 m im Harz auf rund 1250 m im Raum des Schwarzwaldes an.

Die Kristallingebirge wurden in Großbritannien, in Cornwall, in Wales, aber auch in der Bretagne in Frankreich zu Rückzugsgebieten für das keltische Volkstum.

Auf dem Kontinent sind sie aufgrund der wenig fruchtbaren Böden im Großen und Ganzen erst im Mittelalter durch zumeist planmäßige Siedlungen erschlossen worden, die als Erste dem Wüstungsprozess an der Wende zur Neuzeit anheim fielen. Die wüstfallenden Dörfer und Fluren wurden von der Grundherrschaft eingezogen, große Forste mit einer sehr früh entwickelten Forstwirtschaft entstanden. Die Erweiterung des agraren Lebensraumes in ein alpines Stockwerk hinein, wie in den Hochgebirgen Europas, war in den Mittelgebirgen nicht möglich, dafür erfolgte ein Ausweichen in den nichtagraren Sektor.

Auf den alten Lagerstätten und dem Waldreichtum beruhend, entstand früh die Doppelexistenz der Verlags- und Heimarbeiter mit landwirtschaftlichem Nebenerwerb. Für die Vielfalt der Mittelgebirgsindustrie bietet der Thüringer Wald ein exemplarisches Beispiel. Sie reicht von der Textilmanufaktur über die Spielwarenerzeugung bis zur Feinmechanik und Optik hin. Mit dieser frühen Industrialisierung unterscheiden sich vor allem die deutschen Mittelgebirge grundsätzlich von den Hochgebirgen. An der Wende zum 19. Jahrhundert erfolgte mit der Industrialisierung eine beacht-

liche Intensivierung der Landwirtschaft. Hutweiden wurden umgebrochen und teils dem Ackerbau, teils der Forstwirtschaft zugeführt. Verbesserte Rotationsformen ersetzten die traditionelle Dreifelderwirtschaft.

Freilich wurde diese Intensivierung im späten 19. Jahrhundert abgestoppt, als die Industrie in die Vorländer hinauswanderte und die Mittelgebirge als Gebiete der Landflucht und Entvölkerung zurückließ. Als solche sind sie besonders in der Gegenwart und vor allem im Umkreis der großen Städte von einem bemerkenswerten Prozess der Sozialbrache und Verwaldung erfasst worden.

Die Schichtstufenlandschaften

weisen in der Formengestaltung von Landstufen und Schichtflächen Gemeinsamkeiten auf. Allerdings bestehen in der stratigraphischen Abfolge beachtliche Unterschiede zwischen den drei großen europäischen Schichtstufenlandschaften: der Südwestdeutschen, der Pariser und der Englischen. Die größte zeitliche Spannweite besitzt die Pariser Schichtstufenlandschaft, die vom Buntsandstein bis zum Tertiär reicht. Bei ihr sind insgesamt neun Schichtglieder stufenbildend geworden, und die von ihnen getragenen Schichtflächen treten uns meist auch als Landschaftsräume mit eigener Namensgebung entgegen. Die im Pariser Becken ausgebildete tertiäre Landstufe der Île de France mit den fruchtbaren Getreidebaulandschaften von Brie und Beauce fehlt in England und Südwestdeutschland.

Die Englische Schichtstufenlandschaft reicht vom Perm bis zur Kreide. Nur in Südostengland treten auch tertiäre Schichten auf. Die Bildung der Südwestdeutschen Schichtstufenlandschaft umfasst eine kürzere Zeitspanne, vom Buntsandstein bis zum Jura. Sedimente aus der Kreidezeit treten nur gelegentlich auf.

Die Südwestdeutsche Schichtstufenlandschaft ist am höchsten herausgehoben worden, während die Pariser Schichtstufenlandschaft ungeachtet der beachtlichen Höhe der einzelnen Landstufen insgesamt geringe relative Höhenunterschiede aufweist. Noch geringer sind jene der Englischen Schichtstufenlandschaft.

Durch das Auftreten von Kalken sind in allen Schichtstufenlandschaften Phänomene des bedeckten Karstes entstanden. Diese können sich auf das Vorhandensein einiger blinder Täler oder Dolinen beschränken bzw. dort, wo die Kalke in größere absolute Höhe gehoben wurden, wie in der Schwäbischen Alb, auch ausgedehnte Talsysteme besitzen, während sich in der Tiefe großartige Höhlensysteme ausbreiten. Gerade auf den sehr hoch herausgehobenen Flächen machte sich der Wassermangel schon früh bemerkbar. Er wird heute, wie in Südwestdeutschland, durch Pumpanlagen überwunden.

Geostrategisch wichtig in den deutsch-französischen Kriegen war die Tatsache, dass die Stufenabfälle des Pariser Beckens nach Osten gerichtet sind. Die ausgeprägte Kalkstufe, die sich im Barrois bei Verdun 160 m hoch über das Maastal erhebt, gehört ebenso wie andere Stufen in den Argonnen zu den blutigsten Schlachtfeldern des Ersten Weltkriegs.

Zum Unterschied von den Bruchschollengebirgen stellen die Schichtstufenlandschaften alte Siedlungsräume dar. Auf den trockenen Hochflächen der Kalke und Schreibkreide hat das Neolithikum in Südostengland großartige Dolmengräber hinterlassen. Als Gebiet einer Art Steppenheide waren die Hochflächen einer Rodung selbst mit primitiven Werkzeugen zugänglich, während man die Tonniederungen mit den feuchten und schweren Böden nicht für den Anbau aufbrechen konnte. Noch in römischer Zeit benützten die Straßen die Hochflächen und vermieden die schwer passierbaren Talniederungen, die nahezu siedlungsleer blieben. Hier erfolgte der Umbruch erst im 17. Jahrhundert, als man mit einer besseren Pflugtechnik die feuchten Tonniederungen zu meliorieren und in Kulturlandschaft umzuwandeln begann.

Ein Nutzungsgegensatz zwischen Hochflächen, Landstufen und Niederungen besteht bis zur Gegenwart. In Großbritannien werden die Höhen der Schichtstufen vorwiegend von offenen Ackerflächen eingenommen, während die Niederungen der Grünlandwirtschaft vorbehalten sind. In der französischen und südwestdeutschen Schichtstufenlandschaft bieten die Stufenabfälle dem Wein- bzw. dem Obstbau ausgezeichnete Standortbedingungen. Die ausgedehnten einstigen Schafweiden auf den Höhen wurden je nach den Bodenverhältnissen entweder aufgeforstet oder in Ackerland umgewandelt.

Im Mittelalter entstanden am Fuß der Schichtstufenlandschaften Märkte und Städte, die den Austausch der Produkte von Landstufe und Niederung übernahmen. Im Eisenbahnzeitalter konnten sie dann vielfach Industrie und damit Bevölkerung anziehen. Seit damals hat die Niederung auch wirtschaftlich immer stärker die Vorhand gewonnen, während die Siedlungen der Hochfläche stagnieren.

Die alpidischen Faltengebirge

Zum Unterschied von den altgefalteten Gebirgen der Kaledonischen Faltung, welche als starre Massen der jüngeren Erdgeschichte schollenförmig zerbrochen sind und daher ein ausgeprägtes tektonische Gitterwerk von Störungslinien aufweisen, ist der Gebirgsbau in den erst im Tertiär gefalteten alpinen Hochgebirgen Europas, besonders in den Alpen, durch große tektonische Störungslinien gekennzeichnet, welche scharfe lithologische Gegensätze beinhalten und als tief eingesenkte Längstäler zwischen den Kettengebirgen zu eigenen Kulturräumen geworden sind.

Zur Kennzeichnung der morphotektonischen Struktur der alpidischen Faltengebirge und deren ökologischen Potentials werden im Folgenden Deckenbau und Art der Überschiebung der einzelnen Gebirge sowie die petrographische Zonenbildung erörtert.

Der Deckenbau

Nur zwei Gebirge, nämlich die Alpen und die Pyrenäen, sind aus zweiseitig gebauten Orogenen hervorgegangen und besitzen daher jeweils zwei Vorländer. Alle anderen Gebirgszüge bestehen aus einseitig gebauten Schubmassen. Derart ist in Spanien die Sierra Nevada ein nach Norden hin überschobenes Gebirge, dessen Gegenflügel im nordafrikanischen Atlas zu suchen ist. Die Karpaten mit einem nord-vergenten Bau stellen die Fortsetzung der Nordalpen dar, während andererseits das Dinarische Gebirge eine Fortsetzung der Südalpen bildet. Sein Vorland ist in der Adria tief eingesunken, ebenso das an seiner Rückseite gelegene Pannonische Becken. Analog zu den Karpaten ist auch der Balkan ein einseitig gebautes Gebirge mit nach Norden gerichteter Deckenstirn.

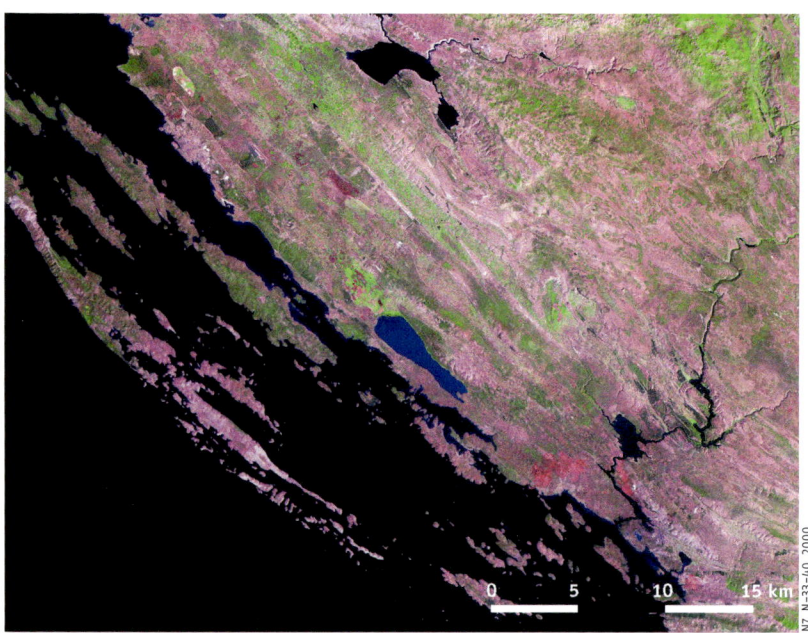

N7, N-33-40_2000.

Abb. 2.9: *Satellitenbild des Karstgebirges, Mitteldalmatien, Herzegowina.*

Für den Apennin mit ost-vergentem Bau stellt die Adria das Vorland dar, während an seiner Westseite und damit an der Rückfront des ehemaligen Orogens eine Vulkanzone entstanden ist (vgl. unten).

Die petrographische Zonenbildung

Aufgrund der petrographischen Zonierung bestehen zwischen den einzelnen Gebirgen wichtige morphologische und hydrologische Unterschiede, welche für die menschliche Nutzung und den Verkehr von Bedeutung sind.

Abb. 2.10: *Karstgebirge, Mitteldalmatien.*

Die Alpen weisen die größte Vielfalt der Zonengliederung auf. Sie reicht in den Westalpen von der hier bereits Hochgebirgshöhe erreichenden Molasse über die Flyschzone zur Zone der Kalkalpen und der Zentralzone des Kristallin und von hier spiegelbildlich zum Südfuß gegen die Poebene.

Die ebenfalls zweiseitig gebauten Pyrenäen kulminieren in der Kristallinzone mit rund 3400 m Höhe. Daher erreichten die eiszeitlichen Pyrenäengletscher nur die Länge des heutigen Aletschgletschers in den Westalpen. Eine Gliederung durch tiefe Pässe fehlt. Es fehlen die Längstäler und damit die für die Alpen wichtigen Passfußstädte und Verkehrszentren im Gebirge. Als historisches Grenzgebirge wurden die Pyrenäen im Westen und Osten umgangen und sind bis heute am Rande des europäischen Fremdenverkehrs geblieben. Die Kraftwerke beschränken sich auf Flusskraftwerke an der Südseite, welche mit großen Bewässerungsprojekten verbunden sind.

Die Sierra Nevada erreicht im kristallinen Hauptkamm (Mulhacén 3480 m) ähnliche Höhen wie die Pyrenäen und trug ebenso eine eiszeitliche Lokalvergletscherung. Die Gemeinsamkeit mit den Alpen besteht in den beiden ausgeprägten Längstälern, welche durch die Auffüllung mit mächtigen eiszeitlichen Schotterbildungen, die teilweise zu Riedelplatten zerschnitten sind, sich andererseits von den Längstälern der Alpen unterscheiden. In der Zeit der Reconquista hatte die Sierra Nevada eine gewisse Bastionsfunktion für das Emirat von Córdoba.

Während Alpen, Pyrenäen und Sierra Nevada im Zonenbau gewisse Gemeinsamkeiten aufweisen, heben sich alle anderen Gebirge der alpidischen Faltung grundsätzlich davon ab. Dies gilt im besonderen Maße für das Flyschgebirge des Apennin. Verglichen mit den Alpen wurde er nur gering herausgehoben, Hochgebirgsformen treten daher nur mehr inselhaft auf. Seine Hauptachse liegt in den Kalken der Abruzzen im Gran-Sasso-Massiv. Der petrographische Wechsel von Tonen, Sandsteinen und Mergeln beherrscht die Abtragungsvorgänge und die Formengestaltung, deren Lokalbezeichnungen in die morphologische Literatur eingegangen sind: die Formen der Calanche, der halbkreisförmigen Balze und der oft beachtliches Ausmaß erreichenden Rutschungen und Schlipfe (Frane).

Sie vereinigen sich oft flächenhaft zu Barrancas (Badlands). Die Innenzone des Apennin ist durch eine Vulkanreihe gekennzeichnet, die von dem erloschenen Vulkan des Monte Amiata südlich von Siena über die Albanerberge südlich von Rom bis zum heute noch aktiven Vulkan des Vesuv südlich von Neapel reicht. Infolge seiner geringen Höhe ist der Apennin stark durchsiedelt und zählt zu den Gebirgen in Europa, in denen sich städtisches Leben zuerst entfaltet hat.

Wesentliche Unterschiede bestehen zwischen dem Nordflügel der Alpen und seiner tektonischen Fortsetzung, den Karpaten. Im ganzen Abschnitt der Westkarpaten rückt der Flysch zum Leitgestein auf. Kristallin baut die Gratspitzen und Kartreppen des Hauptkammes der Hohen Tatra auf, an deren Südseite eine Beckenreihe entlangzieht. In der Innenzone gegen das Pannonische Becken treten vulkanische Gesteinsmassen – wie im Matrasgebirge – auf, die in dieser Größenordnung in den Alpen fehlen. Teile der Ostkarpaten und die Südkarpaten bestehen überwiegend aus Kristallin und erreichen Höhen wie die Ostausläufer der Alpen im steirischen Randgebirge. Ebenso wie diese sind sie von einem dichten Waldkleid bedeckt. Altertümliche Siedlungsweisen eines Hirtenbauerntums haben sich bis heute in verschiedenen Teilen der Karpaten erhalten.

Der Zug des Dinarisch-Hellenischen Gebirges lässt sich schlecht in ein Zonenmodell hineinpressen, vielmehr ist das komplizierte Ineinandergreifen von Flysch und Kalk für die Formung, vor allem das Auftreten der großen Poljen, entscheidend. Das vielfach auch als Karstgebirge bezeichnete Gebiet war für die Karstforschung von grundlegender Bedeutung. Hier wurden vor dem Ersten Weltkrieg nicht nur die Theorien über das Karstwasser, sondern auch über die Formengebung des Karstes von Forschern der k. u. k. Monarchie entwickelt und die Begriffe aus der serbokroatischen Sprache damit in die wissenschaftliche Literatur übernommen. Als Beispiele sei auf das Polje (das Feld) und die Doline (das Tälchen) hingewiesen. Infolge der Schwierigkeit des Geländes und der Rückzugsmöglichkeit in weitläufige Höhlensysteme war das Karstgebirge im Zweiten Weltkrieg für den Partisanenkrieg prädestiniert. Das Satellitenbild vermittelt den Eindruck der Siedlungsleere in dem weithin durch

N7_N-32-45_2000.

Abb. 2.11: *Satellitenbild des Vintschgau zwischen Ötztaler Alpen und Ortlergruppe, Südtirol.*

Abb. 2.12: *Blick über den Vintschgau nach Westen auf die Rätischen Alpen.*

Karstwüste gekennzeichneten Bergraum der Herzegowina (Abb. 2.9). Kahle steile Kalkketten reichen an die Küste heran (Abb. 2.10). Im Kern des Dinarischen Gebirgszuges bricht im Bosnischen Erzgebirge kristallines Grundgebirge durch, welches dank dem Erzreichtum und den für die Landnutzung ökologisch besseren Bedingungen die Entstehung eines politischen Territoriums, nämlich Bosnien, begünstigt hat.

0   1   2   3   4 km

N5, N-34-45_1990.

Abb. 2.13: *Satellitenbild des Aletschgletschers, Schweiz.*

Weitere in den Gebirgsbau eingeschmolzene kristalline Massive sind das Rhodopegebirge (2900 m) als Teil der Thrakischen Masse und das Balkangebirge (2370 m), in dem der Kalk nur eine schmale Nordzone mit Durchbruchstälern aufbaut.

Die Alpen

sind das geologische Untersuchungsterrain gewesen, in dem alle wesentlichen tektonischen und petrographischen Phänomene der Faltengebirge der Erde zuerst studiert und theoretisch erklärt worden sind. Hier wurden die Theorien über die Entstehung von Gebirgen kreiert, welche auf alle

jungen Faltengebirge der Erde anwendbar sind. Die lokale Geotektonik ist von großer Relevanz für alle technischen Großvorhaben wie Tunnelbau, Autobahnbau, für die Wasserversorgung usw.

Die Alpen sind das europäische Gebirge mit der bedeutendsten Reliefenergie, das heißt den größten Höhenunterschieden zwischen der Gipfelflur und den Talräumen. Das eindrucksvollste Beispiel bietet das Aaremassiv in den Westalpen, wo am Gebirgsrand Seen die Stelle von Zungenbecken aus dem Rückzug des Eisstroms einnehmen und sich bis zur Gegenwart Talgletscher erhalten haben. Die Temperaturfarben des Satellitenbildes (Abb. 2.13) reflektieren die vertikale Abfolge vom Wiesengrün der Talgründe über das dunklere Grün des Waldes bis hinauf an die Waldgrenze und das nur mehr von Grasmatten bedeckte Areal, das schließlich in die Schutthalden- und Felsregion mit den Grau- und Violetttönen übergeht. Die Hochregion ist von den Rückzugsformen des Eises entscheidend geprägt worden. Zahlreiche kleine und größere Karseen sowie perennierende Firnfelder und Gletscher gehören zum Landschaftsbild.

Der größte Gletscher der Alpen ist der Aletschgletscher (Abb. 2.13), der in einem großen, komplex gebauten Firnfeld wurzelt und sich als blaues Band in Richtung auf das Rhônetal bewegt. Sein Verlust an Volumen in den letzten Jahrzehnten spiegelt sich nicht in der Reduzierung der Länge, wie sonst bei nahezu allen Tal- und Kargletschern der Alpen, sondern in einer Reduzierung der Dicke wider.

Die Temperaturfarben des Satellitenbildes lassen die in Dunkelviolett ausgebildeten vegetationsfreien Seiten- und Endmoränen ebenso wie die Wildbachrinnen in den Trogtälern erkennen, die hoch über dem Rhônetal auslaufen.

In der medialen Berichterstattung wird immer wieder auf den dramatischen Rückgang der Alpengletscher hingewiesen. Durch die Erschließung der Hochregion für den Wintersport ist die europäische Öffentlichkeit daher unmittelbar an der weiteren Entwicklung interessiert.

Nun werden Vorstoß und Rückzug der Gletscher seit dem 19. Jahrhundert registriert. Durch den Fund des „Ötzi" am Tisenjoch (3200 m), welches vom Ötztal in den Vintschgau hinüberführt, konnte nachgewiesen werden, dass zur Zeit der neoli-

Abb. 2.14: *Observatorium auf dem Jungfraujoch gegen den Aletschgletscher.*

thischen Hochweidewirtschaft die Alpen weniger vergletschert waren als in der Gegenwart. Auch die Eingänge zu spätmittelalterlichen Bergbaustollen werden heute erst freigegeben. Katastrophenszenarien für den Wintersport gehören zum Alltagsgeschäft der Touristikbranche. Ziemlich sicher ist nur, dass die Schwankungsbreite in den Schneeverhältnissen von Winter zu Winter größer wird und die regionalen Unterschiede zunehmen.

Die Besonderheit der Alpen besteht aber nicht nur in der Vergletscherung der Hochregion, sondern in der ausgeprägten Gliederung durch Längstäler und Becken und dem Vorhandensein ausgedehnter inneralpiner Lebensräume. Die tektonische Anlage von Tälern und Talfurchen und die Bedeutung der Bruch- und Störungslinien wurden in vollem Umfang erst durch die Auswertung der Satellitenbilder klargestellt. Zu den bruchtektonischen Talprägungen gehören die großen Längstäler von Rhône und Rhein in den Westalpen, das Inntal, das Ennstal, die Mur- und Mürz-Furche sowie das Drau- und Gailtal in den Ostalpen. Auch die tief eingesenkten Pässe, wie der Brenner, verdanken tektonischen Bruchlinien ihre Entstehung. Das Satellitenbild des Vintschgaus mit den Ötztaler Alpen und der Ortlergruppe (Abb. 2.11) vermittelt eine Vorstellung von diesem intensiv genutzten Südtiroler Lebensraum; die Aufnahme in Richtung auf die Rätischen Alpen bietet hierzu terrestrische Details (Abb. 2.12). Schließlich gehört die Existenz von hochgelegenen Verflachungen in der Karregion, häufig als „Altlandschaft" bezeichnet, bzw. von getreppten Auslaufrücken und steil zerschnittenen Bergflanken, zu den wesentlichen Grundlagen für die vertikale Differenzierung von Siedlung und Landnutzung in den Alpen. Hochgeschaltete Flachreliefs sind für die Almwirtschaft und den Wintersport wichtig. Seit prähistorischer Zeit haben Anlage von Siedlung und Nutzung die Leisten, Eckfluren und Verflachungen des Steilreliefs nachgezeichnet. An der Notwendigkeit einer Feinanpassung an das Gelände und an das Mikroklima im alpinen Hochgebirge kann auch die moderne Freizeitgesellschaft bei der Verortung von Einrichtungen und Aktivitäten nicht vorbeigehen.

Tiefländer und Becken

Tiefländer und Beckenräume sind in Hinblick auf ihre geotektonische Struktur teils Vorländer von gebirgsbildenden Bewegungen, teils Einbruchsbecken. Manche von ihnen befinden sich auch heute noch in Senkung, dementsprechend bilden sich junge Aufschüttungsebenen, andere wurden nach dem Abschluss der gebirgsbildenden Bewegungen z.T. in den Hebungsprozess der Gebirge einbezogen, wie das Pyrenäen- und das Alpenvorland.

Auf die von den eiszeitlichen Ablagerungen verhüllten Lagerstätten und die Oberflächenformen der glazialen Serie wird im Folgenden besonders eingegangen.

Das mitteleuropäische Tiefland

ist die größte Senkungszone im geotektonischen Bau Europas und gleichzeitig auch die älteste. Als Vorland der kaledonischen Gebirgsbildung wurde sie in der älteren Erdgeschichte immer wieder von Transgressionen erfasst, die mit Phasen der Landabtragung gewechselt haben.

Drei Transgressionen sind zu unterscheiden, die gleichzeitig auch für die **Lagerstätten** verantwortlich sind:

1. Auf das Zechsteinmeer des Perm gehen die in einer Mulde des Kaledonischen Bruchschollengebirges abgelagerten Kalisalze zurück. Die Bedeutung dieser Kalisalze wurde erst spät erkannt, heute steht Deutschland unter den Spitzenländern der Weltförderung von Kalisalzen.

   Die Ablagerungen erstrecken sich längs einer Achse zwischen Magdeburg und dem Harz von der Weser im Westen bis zur Elbe im Osten. Nach Norden reichen die Ablagerungen bis in die Lüneburger Heide hinein, wo Salzquellen schon im Mittelalter bekannt waren und noch heute einzelne Salinen in der Heide stehen. Mit den Salzlagerstätten ist eine komplizierte Salztektonik verbunden, wobei Zechstein und flachlagernde Bundsandsteinpakete in die Höhe geschleppt und ausgepresst wurden. Nachsackungen treten auf, dolinenartige Hohlformen entstehen, Häuser werden in Mitleidenschaft gezogen, wie z. B. in Lüneburg. Nur gelegentlich tauchen in den Medien Schlagzeilen über die Zwischen- bzw. Endlagerung des Atommülls in den unterirdischen Hohlräumen auf. Beruhend auf Salzbergbau hat sich eine Industriezone, vorwiegend mit chemischer Industrie, vom Ruhrgebiet über das Harzvorland bis in die Sächsische Bucht hinein entwickelt.

2. Auf die Transgressionen von Jura und Kreide, die mit den Ablagerungen der nordwestdeutschen Schichtstufenlandschaft zu parallelisieren sind, gehen Lagerstätten von Erzen und Erdöl zurück. Bei den Erzen handelt es sich um verhältnismäßig geringwertige Erze mit hohem Phosphatgehalt und einem Eisenanteil von nur 28 %. Zum Teil treten die Schichten unmittelbar

an der Oberfläche auf. Im Salzgitter-Höhenzug können die Erze im Tagbau gewonnen werden. Die Vorräte sind außerordentlich groß und wurden in den 1970er Jahren auf 1.500 Mio. Tonnen geschätzt. Infolge des geringen Eisengehalts sind die Erze erst sehr spät einem Abbau zugeführt worden. 1937 ist unter den Großprojekten des Dritten Reiches Salzgitter als Bergbau- und Verhüttungszentrum gegründet worden. In den Jahrzehnten nach dem Zweiten Weltkrieg wurde die Förderung noch eine Zeitlang weiter ausgebaut, ist inzwischen jedoch praktisch bedeutungslos geworden. Die einstigen Bergbaubetriebe sind heute in die Serie der Montanarchäologie eingerückt.

Die Sedimentserie vom Lias bis zur Unterkreide bildet das Speichergestein für das Erdöl. Die Förderung hat sich in den letzten Jahrzehnten einerseits nach Westen und Norden in Richtung auf Ems und Weser gegen die Niederlande und andererseits nach Osten gegen die Elbe hin ausgeweitet. Auch beim Erdöl ist die Förderung im Laufe der letzten beiden Jahrzehnte laufend zurückgegangen und betrug im Jahr 2000 nur mehr 3,4 Mio. Tonnen.

Das Schwergewicht der Förderung beim Erdöl und Erdgas hat sich vom Festland aus, wo noch die Niederlande eifrig schürfen, in die Nordsee verschoben, deren Quadratmeilen durch Schürfrechte verschiedener großer Erdölfirmen besetzt sind.

3. Aus der Schelfzone des tertiären Meers stammen die Braunkohlenlager. Sie waren für die ehemalige DDR wichtig, welche der weitaus größte Braunkohlenproduzent der Welt mit einer Förderung von über 250 Mio. Tonnen jährlich gewesen ist. Hauptabnehmer war die chemische Industrie. Allein das Leuna-Werk benötigte täglich 60.000 Tonnen, das sind 2.400 Eisenbahnwaggons. Auf den Braunkohlentagebau gehen beachtliche kulturlandschaftliche Veränderungen zurück. Ganze Dörfer und Landstriche wurden umgesiedelt, ein neues Wegenetz wurde von den großen Kombinaten aus geschaffen, von denen das bedeutendste, das Kombinat Schwarze Pumpe in der Lausitz (Abb. 2.15), das größte europäische Kombinat auf Braunkohlenbasis gewesen ist. Das ist Ge-

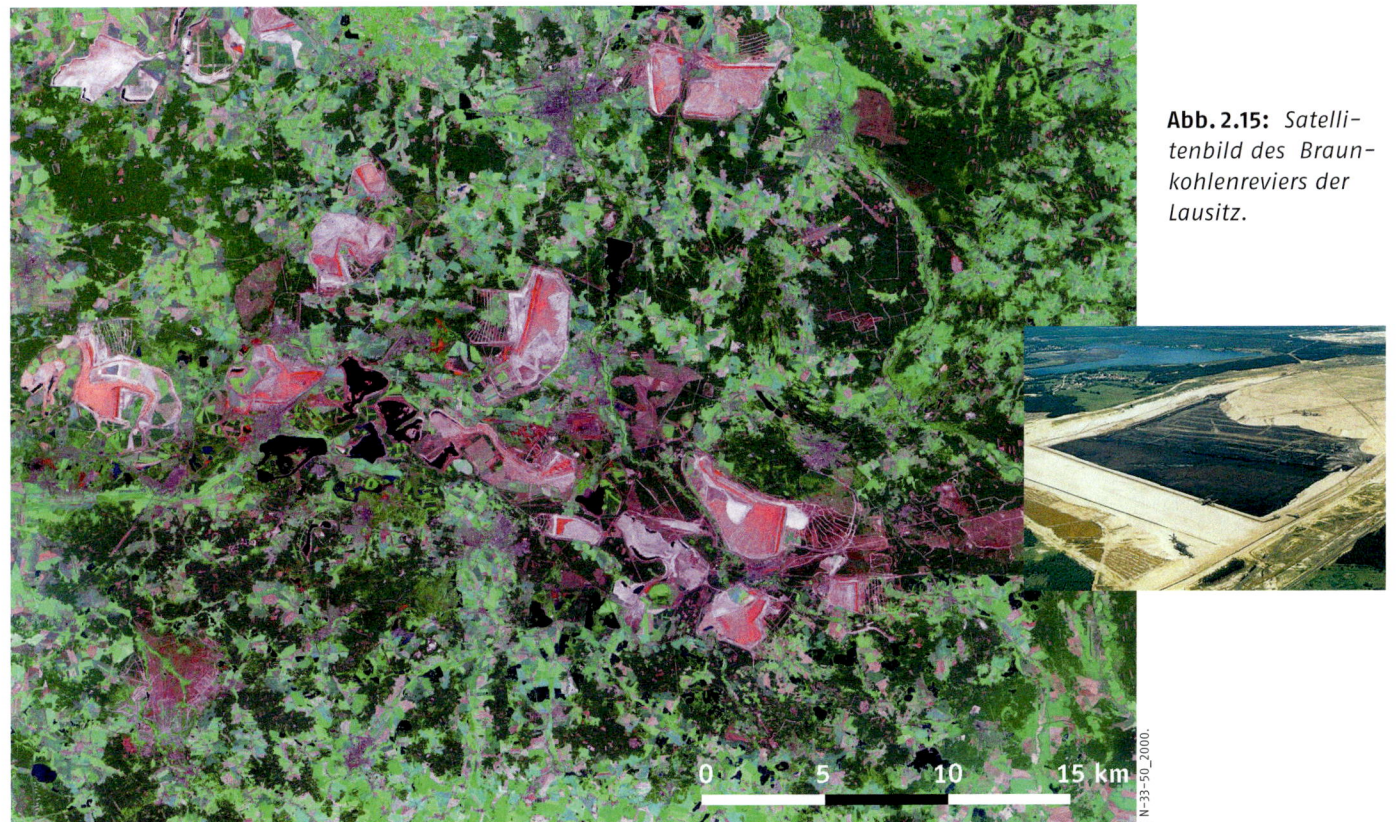

Abb. 2.15: *Satellitenbild des Braunkohlenreviers der Lausitz.*

N7, N-33-50_2000.

schichte. Das Programm für die Nachnutzung ist im Gang. Am weitesten ist die Entwicklung im Süden von Leipzig gediehen, wo die Braunkohlentagbaue in eine Seen- und Erholungslandschaft umgewandelt werden. In der Lausitz wird die Rekultivierung noch eine Generation in Anspruch nehmen.

Die **Oberflächengestaltung** des mitteleuropäischen Tieflandes wird von Reliefformen der Eiszeiten geprägt. Von entscheidender siedlungs- und agrargeographischer Bedeutung ist der ökologische Unterschied zwischen dem Jung- und dem Altmoränengebiet, zwischen denen im Großen und Ganzen die Elbe als Grenze betrachtet werden kann.

Dies wirkt sich auch auf die **Küstenformen** aus. Die Nordseeküste stellt eine Transgressionsküste dar, in die das Meer in mehreren Etappen eingebrochen ist. Die älteste, die flandrische Transgression, bewirkte die inselförmige Auflösung der äußersten Strandwälle im Zuge der Halligen. Im Mittelalter entstand bei einem weiteren Einbruch die Zuidersee. Nur im Nordosten ist auch der Typus der Wattenküste ausgebildet. Diese in Senkung

begriffene Küste ist nun in einem Prozess künstlicher Eindeichung und Rückgewinnung des Landes begriffen. So sind z. B. 1953 nach der verheerenden Sturmflut in den Niederlanden im Zuge des Küstenprogramms erneut 500 km Deiche für eine Erhöhung vorgesehen worden. Es hatte sich herausgestellt, dass bereits dadurch, dass manche Gebiete höhere Deiche besaßen, in den nur mit niedrigeren Deichen versehenen der Stau der Flut umso stärker war und diese viel mehr verwüstet wurden als bei früheren Flutkatastrophen.

Die Bedeutung der großen Einpolderungen geht über die Erschließung des Agrarraumes hinaus und ist in den Niederlanden bereits zu einem integralen Programm geworden. Gleichzeitig mit den großartigen Straßenbauten, welche die einzelnen Inseln miteinander verketten, erfolgten auch Aufschließungen für den Fremden- und Erholungsverkehr. Die Landgewinnung hat ferner die Gründung von neuen Zentralen Orten nach sich gezogen.

Ganz anders ist die Lage an der Ostsee, welche sich in die Zungenbecken des Inlandeises und in eine Grundmoränenplatte hinein ausbreitet, wodurch der Typ der Börden- oder Boddenküste entstanden ist. Diese überfluteten Zungenbecken haben im Zuge der Umkehr der Entwässerung nach dem Eisrückzug vielfach die Flüsse angezogen. Derart weisen das Stettiner Haff mit der Oder und das Weichseldelta eine andere morphogenetische Entwicklung auf als die Trichtermündungen der Elbe und der Ems.

In der glazialen **Serie der Inlandeisvergletscherung** sind vier Formengruppen zu unterscheiden, die sich zentripetal folgendermaßen anordnen:

1. Die **Grundmoränenplatten** bestehen vorwiegend aus Mergeln, tonig-lehmigen Ablagerungen, die, soweit sie dem Pommerschen Stadium im Norden angehören, noch nicht entkalkt sind, während sie weiter nach Süden hin einen immer geringeren Kalkgehalt und gleichzeitig damit eine Ausschwemmung des Feinmaterials aufweisen, so dass Sande stärker in den Vordergrund treten. Als Kleinformen fallen die Toteislöcher besonders auf den kollektivierten Fluren der ehemaligen DDR als kleine Tümpel auf.

2. Die **Endmoränenzüge** der Inlandeisvergletscherung unterscheiden sich sehr wesentlich von denen des alpinen Eisstromnetzes. Sie bestehen aus ganzen Staffeln von Wällen, die sich oft zu mehrere Kilometer breiten Zügen anordnen. Das kuppige Auf und Ab der Endmoränenzüge ist oft nur unscharf von den angrenzenden flachwelligen Grundmoränenplatten abgehoben. Im Material bestehen freilich große Unterschiede insofern, als in den Blockpackungen der Endmoränenwälle vom Eis die bekannten Findlinge (Granitblöcke) liegen gelassen wurden, die unter anderem für den älteren Kirchenbau Verwendung fanden. Ansonsten wechseln sandige Komplexe mit kiesigen sowie mit lehmigen Lagen ab.

3. An die Endmoränenwälle schließen zentripetal die **Sanderflächen** an, die im inneren Abschnitt aus grobem Material bestehen und eine sanfte Neigung aufweisen, während sie nach außen nahezu eben und ausschließlich aus Sanden zusammengesetzt sind. Im Raum der letzten Vergletscherung wird ihre Eintönigkeit durch das Auftreten von Seen in subglazialen Rinnen gemildert.

4. Die großen **Urstromtalungen,** welche jeweils peripher einen derartigen eiszeitlichen Formenkomplex abschließen, bestehen aus zwei ökologisch verschiedenen Standorten. In der feuchten Zone verwildert das meist viel zu schmale Gerinne, Moore und Brüche waren vor den großen Meliorierungen des 18. Jahrhunderts an der Tagesordnung. Als junge postglaziale Erscheinung entsprechen die Aulehme dem durch die mittelalterliche Rodung hervorgerufenen Vorgang stärkerer Bodenabtragung. Eine aktuelle Phase einer derartigen Aulehmbildung wird mit den Kollektivierungsmaßnahmen in der ehemaligen DDR in Zusammenhang gebracht.

In höheren Abschnitten der Urstromtalungen wurden im Verlauf der Eiszeit Talsande zusammengeweht, mächtige Binnendünenkomplexe treten daher als überraschender Gegensatz zu den Mooren und Brüchen auf, vor allem im polnischen Raum.

Im gesamten Tiefland sondern sich die Ablagerungen der letzten Eiszeit und ihrer Rückzugsstadien durch das Auftreten von Seen deutlich von den älteren Vereisungen.

Die geschilderte zonale Formenserie erfuhr beim Rückzug der letzten Inlandvereisung durch die einerseits der Nordsee und andererseits der Ostsee zuströmenden Flüsse eine Auflösung in ein Mosaik von Kleinlandschaften, welche häufig eigene Namen besitzen.

Alt- und Jungmoränengebiete unterscheiden sich auch in der agrarlandschaftlichen Entwicklung. Im Nordwesten bildeten die inselhaft aufgelösten Diluvialkerne der Geest z.T. schon in neolithischer Zeit den Standort der Siedlung.

Das umgebende weithin versumpfte Land wurde häufig erst sehr spät, d.h. im Zuge der physiokratischen Kolonisationen, einer intensiveren Agrarnutzung zugeführt. Der Gegensatz von Geest und Marsch reicht bis zur Gegenwart, wobei man ähnlich wie bei den Schichtstufenlandschaften feststellen kann, dass ab dem 19. Jahrhundert dank der Fortschritte der Agrartechnik die Marsch mit ihren fruchtbaren Böden und den Möglichkeiten vielseitiger Nutzung durch Grünlandwirtschaft, Gemüsebau und Obstbau die Geest mit ihren ausgelaugten Podsolböden zu überflügeln begann.

Heute ist es zu einer Umkehr der Nutzungsintensität gekommen.

Anders ist die Situation im nordöstlichen Abschnitt des Tieflandes. Hier ist nicht der Gegensatz zwischen Marsch und Geest, sondern jener zwischen den Sanderflächen und den Grundmoränenplatten von entscheidender Bedeutung. Teilweise haben historisch-politische Grenzen diese ökologischen Unterschiede verstärkt. So ist Preußen, dem man den Spottnamen gab, „die größte Streusandbüchse des Heiligen Römischen Reiches" zu sein, auf den Sanderplatten des Brandenburger Rückzugsstadiums erwachsen, während das glücklichere Mecklenburg sich auf den Grundmoränenrücken des Pommerschen Stadiums ausdehnen konnte. Diese ökologische Benachteiligung der Sanderflächen gegenüber den Grundmoränenplatten ist bis heute nicht überwunden worden. Die Agrarkolonisation des 18. Jahrhunderts folgte den Urstromtalungen und schuf die großen Bruchkolonien im Oder-, Warthe- und Neißetal. Die Sanderflächen wurden eine Domäne der Kiefernforste.

Das Alpenvorland

zerfällt ähnlich wie das mitteleuropäische Tiefland in zwei Hauptabschnitte. Der Westflügel, das Schweizer Alpenvorland, besaß in der Eiszeit eine mächtige Vorlandvergletscherung, wobei der Rückzug der letzten Vereisung mit der entsprechenden Serie von Endmoränen und Umfließungsrinnen, Zungenbecken, Grundmoränenplatten und Eisrandterrassen die sehr wechselvolle Formung bestimmte.

Am Nordfuß der deutschen Alpen löste sich diese Vorlandvergletscherung bereits in einzelne Äste auf. Vom Iller-Lech-Gebiet nach Osten hin gewinnen fluvioglaziale Terrassen an Raum. Mit ihrem Auftreten erscheint der gleichfalls im Norddeutschen Tiefland erwähnte Gegensatz zwischen den Ablagerungen der letzten Vereisung und denen der älteren Eiszeiten in ähnlicher Form wieder, kam es doch auf den älteren Terrassenflächen im Zuge der letzten Vergletscherung zur Ablagerung von Löß. Damit sondern sich diese mit Löß bzw. Löß und Lehm verkleideten höheren Terrassen als agrarwirtschaftlich intensiv genutzte Areale von den Schotterfluren der Niederterrassen,

welche „Steinfelder" darstellen, deren geringmächtige Bodenkrume meist eine Ackernutzung nicht zulässt, so dass sie als ausgedehnte, von Wald bestandene Flächen in der Landschaft auffallen.

Dort, wo die eiszeitliche Vergletscherung nicht mehr in das Vorland hinausreichte, wie am Nordostrand der Alpen, aber auch in den Pyrenäen, bauten bereits im Tertiär die Flüsse mächtige Schwemmkegel auf, die dann später von den eiszeitlichen Gerinnen zu einer Riedellandschaft zerschnitten bzw. durch deren Sedimente zu Fußflächen verbreitert wurden.

Die Poebene

gehört zu der Formenserie von Beckenräumen, in denen die Senkungsvorgänge bis zur Gegenwart anhalten. Vom Alpenfuß bis in die Muldenachse des Beckens lassen sich drei Stadien des Flussregimes und der Akkumulationsformen unterscheiden:

1. In der Gebirgsrandzone verwildern die Flüsse aufgrund ihres steilen Gefälles und lagern mächtige Schotterkegel ab.
2. Bei abnehmendem Gefälle pendeln sich die einzelnen Wasserläufe in Mäandern ein. Der Abschnitt dieser Flussmäanderbildung ist jedoch verhältnismäßig kurz.
3. Bei weiter abnehmendem, nunmehr sehr geringem Gefälle lagert der Fluss das Feinmaterial am Rande des Bettes ab. Flussdämme entstehen. Sie sind ein Kennzeichen des Unterlaufs des Po und seiner Nebenflüsse. Nun gehört das Über-den-Damm-Ausufern der Flüsse bei Hochwasser zu den hydrologischen Regelhaftigkeiten, die man bereits in der Renaissance zu beherrschen versuchte. Ungeachtet regulierender Eingriffe von Seiten des Staates ist die Hochwassergefahr jedoch keineswegs gebannt. Immer wieder kommt es bei sehr heftigen Niederschlägen zu Dammbrüchen, die umso verheerender sind, als die angrenzenden Niederungen der Poebene nicht nur zu den Intensivzonen der Agrarnutzung, sondern auch zu den dichtestbesiedelten Gebieten Europas zählen.

Die Inwertsetzung der Flussniederungen in Europa durch die staatliche Initiative ist allerdings nicht

Abb. 2.16: *Satellitenbild des Donaudeltas.*

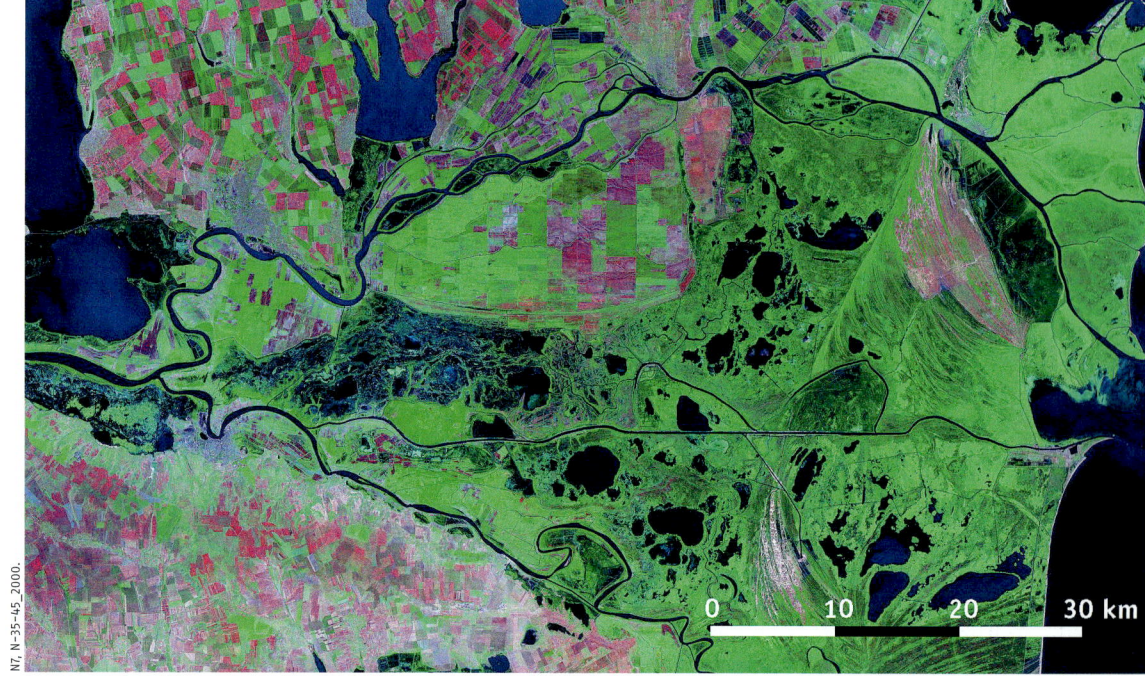

N7, N-35-45_2000.

Abb. 2.17: *Satellitenbild der Rhein-, Schelde- und Maasmündung.*

N7, 31-50_2000.

überall erfolgt. Vielmehr nimmt die Intensität der Maßnahmen in Europa von West nach Ost und von Nord nach Süd stark ab. Die großen Aulandschaften, welche die Donau von Linz an begleiten, wurden niemals in Kultur genommen, während andererseits das Rheindelta und die Rheinniederung, vor allem in den Niederlanden, schon sehr früh mittels umfangreicher Meliorierungen und Deichbauten einer intensiven Agrarnutzung zugeführt worden sind.

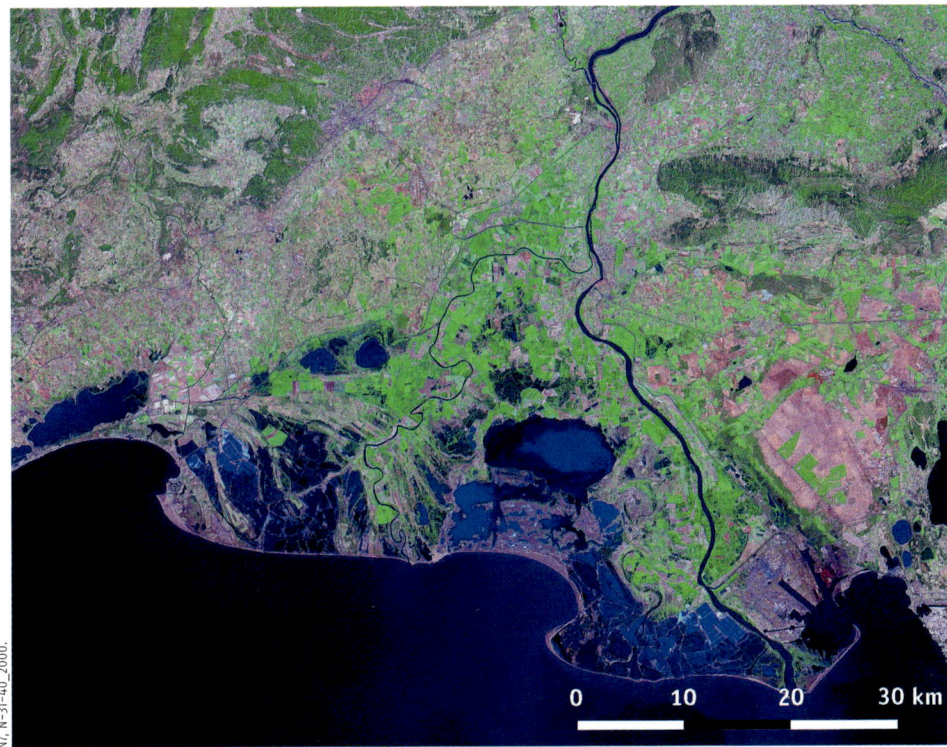

Deltabildungen

gehören zu den interessanten Phänomenen mit ausgeprägter Individualität. Da sie mit dem gegenwärtigen Meeresspiegel in Verbindung stehen, stellen sie junge fluviale Aufschüttungsformen dar, welche in der Nacheiszeit entstanden sind. Allein seit der Antike verzeichneten manche Deltas einen mehrere Kilometer umfassenden Landgewinn. Dabei ist das besonders rasche Deltawachstum in mediterranen Buchten darauf zurückzuführen, dass bereits seit Jahrtausenden durch Abholzung und später immer intensivere Landwirtschaft große Sedimentmengen flächenhaft vom Festland gegen die Küste abgespült werden, weil die Oberflächen vor Abtragung durch Starkregen nicht mehr geschützt sind (Brückner 1998). Durch kontinuierliche Anlieferung großer Sedimentmengen wird das Wachstum der Deltas begünstigt. Der größte Fluss der Europäischen Union, die Donau, weist ein Delta mit einer Fläche von 2.740 Quadratkilometern und eine durchschnittliche Sedimentanlieferung von 100 Mio. Tonnen im Jahr auf; der Po, mit einem wesentlich kleineren Einzugsgebiet, liefert jährlich 18 Mio. Tonnen (Kelletat 1999, S. 133). Dabei wächst das aktuelle Donaudelta, welches der Killaarm in das Schwarze Meer vorschiebt, jährlich um 27 Meter; der Po in Italien schiebt sein Delta um 20 bis 136 Meter vor!

Die Umrissformen der Deltas sind außerordentlich vielgestaltig, wie der Vergleich des Donaudeltas mit dem Rhônedelta und der Rheinmündung ergibt. Die Satellitenbilder belegen die außerordentliche Individualität der Nutzung.

Das Donaudelta (Abb. 2.16) gehört zu den großen Naturparadiesen, die heute in Europa bestehen, und das Satellitenbild demonstriert den komplizierten Prozess der Aufschüttung der Sedimente der Donau in das Schwarze Meer, wobei jeweils durch die Küstenströmung Nehrungen entstanden sind, die, landeinwärts verschoben, deutlich als braunviolette Streifen den großen, grünen Raum der Aulandschaft des eigentlichen Deltaareals gliedern. Bei insgesamt sehr geringem Gefälle ist der Hauptstrom in historischer Zeit von Süden nach Norden abgeglitten, wodurch die Deltabildung im Süden abgestoppt worden ist und Teile des Deltas nicht zugeschüttet wurden, sondern große Restseen erhalten blieben.

Während das Donaudelta ein landwirtschaftlich ungenutztes Auengelände darstellt, in dem nur Jäger und Fischer anzutreffen sind, gehört der Raum des Rheindeltas (Abb. 2.17) zu den schon seit der Zeitenwende in Nutzung genommenen Niederungen. Rhein, Maas und Schelde münden in die Nordsee, die sich in einem Senkungsprozess befindet. Daher wurde schon vor über tausend Jahren mit einem Schutzsystem von Deichen begonnen, um diese früh besiedelte und intensiv genutzte Mündung des Rheins und seiner Nebenflüsse vor den Einbrüchen von großen Sturmfluten zu schützen.

Wieder anders ist die Situation an der Rhônemündung (Abb. 2.18). Die Rhône hat ein sehr kompliziertes Delta mit mehreren Systemen von Strandwällen aufgebaut, in dem sich einerseits die Naturlandschaft erhalten hat, andererseits intensiver Reisbau betrieben wird und in Port Camargue einer der größten Jachthäfen Europas entstanden ist.

Abb. 2.18: *Satellitenbild des Rhônedeltas.*

Erdbeben und Vulkanismus

Erdbeben

Erdbeben sind die Naturkatastrophen, die auf der Welt bei weitem die meisten Opfer fordern. Sie sind historisch vielfach belegt.

In den letzten 15 Jahren haben Erdbeben in der Europäischen Union nahezu 5.000 Menschen das Leben gekostet. Allerdings ist das Erdbebenrisiko sehr unterschiedlich, wie die Karte aller historisch nachweisbaren Erdbeben ab Stärke 6,5 auf der Richter-Skala belegt. Sie beruht auf einer im Auftrag der EU-Kommission von der BR in Hannover erstellten historischen Datenbank (Abb. 2.19).

Das gesamte Gebiet des alpidischen Faltensystems ist am stärksten von Erdbeben betroffen, während andererseits der Baltische Schild und die Russische Tafel eine konsolidierte, überwiegend aus kristallinen Gesteinen bestehende Masse bilden, in welcher tektonische Bewegungen zum Stillstand gekommen sind.

Im alpidischen Gebirgssystem sind Hebungs- und Senkungsvorgänge noch nicht abgeschlossen. Erdwissenschaftler erwarten, dass die sich nordwärts bewegende Afrikanische Platte in ferner geologischer Zukunft an die Europäische Platte andocken und das Mittelmeer zum Verschwinden bringen wird. In diesem geotektonischen Großvorgang bildet die Halbinsel Italien eine Art „Knautschzone" in einem Areal stärkster plattentektonischer Dynamik.

Italien ist daher das am meisten durch Erdbeben gefährdete Land Europas, wenn auch die Gegenküste des Dinarischen Gebirges und der Beckenraum Südosteuropas sowie Griechenland in der Erdbebenstatistik der EU ebenfalls hohe Rangplätze einnehmen.

In den Bruchschollengebirgen der mittleren Zone zählen die erwähnten Grabenbrüche, u. a. von Rhein und Rhône, noch zu den erdbebengefährdeten Räumen mit allerdings schwächerer Ausprägung der seismischen Intensität.

Eine kleine Tabelle der katastrophalen Erdbeben in Europa ab dem 17. Jahrhundert mit mehr als 5.000 Toten belegt die Sonderstellung Italiens. Ganze Landschaften erlitten schwerste Schäden:

1688	Neapel, Kampanien	10.000 Tote
1693	Catania, Syrakus	60.000 Tote
1694	Irpinien	6.500 Tote
1703	Umbrien	10.000 Tote
1783	Kalabrien	29.000 Tote
1857	Basilicata	12.300 Tote
1908	Messina u. Umland	160.000 Tote
1915	Avezzano	29.978 Tote

Quelle: Historische Erdbebendatenbank Hannover.

Das für das europäische Weltbild wichtigste Ereignis war jedoch das Erdbeben von Lissabon am 1. November 1755 mit rund 30.000 Toten. Portugals Hauptstadt war schon 1531 durch ein schweres Erdbeben mit annähernd der gleichen Zahl von Toten heimgesucht worden, dies jedoch zwei Jahrhunderte vor dem Einsetzen der Aufklärung und der medialen Information mittels Zeitungen. Voltaires „Poème sur le désastre de Lisbonne" hat aus der Zerstörung Lissabons 1755 ein Ereignis im kulturellen Gedächtnis von ganz Europa gemacht. Der Tod von etwa 30.000 Menschen unter den Trümmern einer der bedeutendsten europäischen Handelsstädte hat das Selbstverständnis der Menschen in der Mitte des 18. Jahrhunderts verstört. Mit den drei schweren Erdstößen vom Allerheiligentag 1755 wurde festgeschrieben, was sich schon länger in Diskursen des 18. Jahrhunderts abgezeichnet hatte: Die „aufgeklärte" Gesellschaft musste lernen, sich in einer Welt einzurichten, in der die Ideologie von Sünde, Schuld und göttlicher Bestrafung durch die Vorstellung von Katastrophe und Risiko zu ersetzen war. Im Gefolge dieser Katastrophe hat sich der moderne Umgang mit Katastrophen herausgebildet. Die Formierung der modernen „Risikogesellschaft" begann. Die Katastrophentheorie eröffnete die geologische Forschung.

Nicht mehr die Zahl der Toten und auch nicht die Zerstörung von Städten und ländlichen Siedlungen sind der Maßstab des 20. Jahrhunderts in Europa. In diesem Jahrhundert mit zwei Weltkriegen und Millionen von Toten ist die Erinnerung an Erdbebenkatastrophen in einer immer raschlebigeren Gesellschaft erstaunlich kurzlebig geworden.

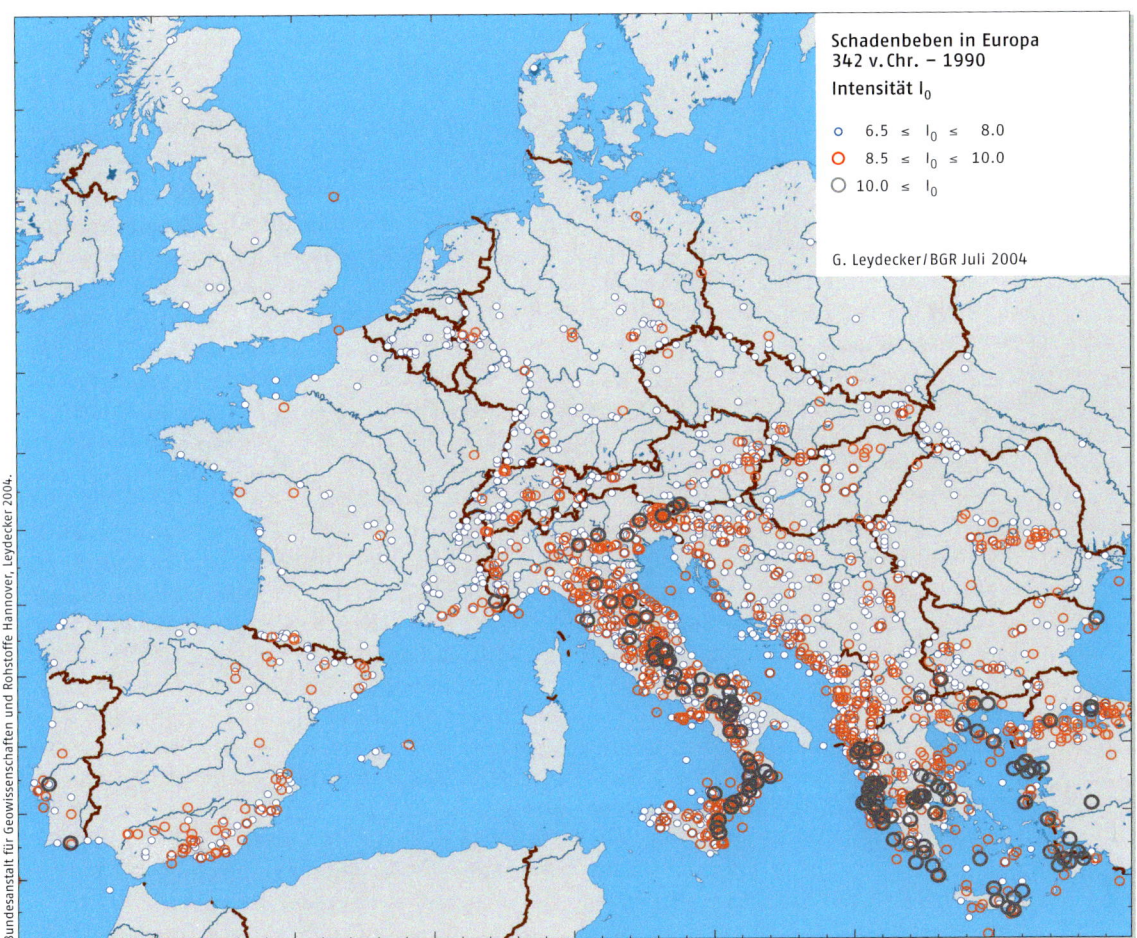

Schadenbeben in Europa
342 v. Chr. – 1990
Intensität I_0

○ $6.5 \leq I_0 \leq 8.0$

○ $8.5 \leq I_0 \leq 10.0$

○ $10.0 \leq I_0$

G. Leydecker / BGR Juli 2004

Abb. 2.19: *Erdbebenkarte Europas.*

Wer erinnert sich noch an das Erdbeben 1963 in Skopje in Mazedonien, als die Innenstadt nahezu dem Erdboden gleichgemacht worden ist? Wer erinnert sich noch an das große Erdbeben 1969, welches die damals 75.000 Einwohner zählende Stadt Banja Luka in Bosnien und Teile ihrer Umgebung zerstörte? Wer an das Erdbeben 1940 in Bukarest und die Wiederholung des Ereignisses 1977, bei dem es 1.581 Tote gab? Mit sanftem Schaudern liest der Tourist im Reiseführer für Dalmatien von den Erdbeben, welche die meisten Städte irgendwann in ihrer jüngeren Geschichte weitgehend zerstört haben. Jeder Griechenlandführer verweist auf das Fehlen älterer Bauten in nahezu allen Siedlungen der Peloponnes. Andererseits wurde bereits in den 1970er Jahren im kommunistischen Albanien mit Stolz jedes Gebäude hervorgehoben, welches „erdbebensicher" gebaut war.

Erdbeben hat es immer gegeben. Sie sind bis heute nicht vorhersehbar und daher in ihren Wir-

kungen nicht vorausberechenbar. Dabei sind heute die Risikogebiete wesentlich dichter besiedelt als noch im 19. Jahrhundert. Gas- und Erdölleitungen, Dämme sowie Chemiefabriken sind entstanden und können mit ihrer Zerstörung eine weitere Katastrophe bewirken.

Die Europäische Kommission nimmt diese Bedrohung ernst und hat seit 1987 ca. 50 Projekte im Bereich der Erdbebenforschung finanziell unterstützt. Einige zielen auf die Erdbebenvorhersage, ein Gebiet, auf dem noch viel zu klären bleibt, andere beschäftigen sich mit der erdbebensicheren Konstruktion von Bauten und technischer Infrastruktur. Bereits 1996 entwickelte die Europäische Kommission ein System von Normen für erdbebenresistente Bauten, wobei, anders als bei Marktprodukten, die reale Umsetzung bisher nicht von Gesetzen begleitet wird.

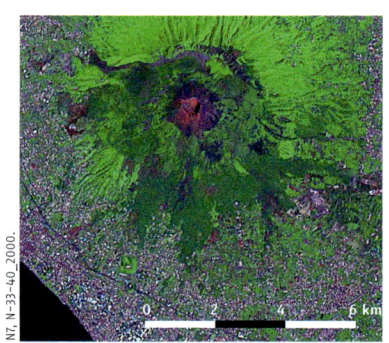

NZ. N-33-40_2000.

Abb. 2.20: *Satellitenbild des Vesuv.*

Vulkane

Nur die Insel Island lebt mit und von aktivem Vulkanismus. Ansonst „schlafen" derzeit die Vulkane im süditalienischen Vulkangürtel vom Vesuv bis zum Ätna. Erneute Ausbrüche sind jedoch jederzeit möglich.

Neapel lebt mit einem derartigen schlafenden Vulkan, dem **Vesuv**, der nach Meinung von Wissenschaftlern irgendwann wieder aktiv werden kann. Im kollektiven Gedächtnis des Bildungsbürgertums ist der Ausbruch des Vesuvs im Jahre 79 n. Chr. festgeschrieben. Der Ausbruch kam für die umliegenden Städte vollkommen unerwartet, denn der Vulkan galt als erloschen. Er begrub drei Städte mitsamt ihren im Schlaf überraschten Bewohnern unter einer sieben bis neun Meter dicken Aschenschicht und schuf damit eines der großartigsten archäologischen Dokumente des Römischen Reiches. Der Vesuv schweigt seit dem großen Ausbruch 1944. Die Zerstörung von Pompeji hat ihm einen Nimbus von Gefährlichkeit verliehen. Im Satellitenbild (Abb. 2.20) ist zu erkennen, dass die Flanken des Vulkans weit hinauf von Intensivkulturen genutzt werden und sich ein Kranz von Siedlungen längs der Fußzone hinzieht.

Sehr viel eindrucksvoller als jenes vom Vesuv ist das Satellitenbild des **Ätna** (Abb. 2.21). Er ist Europas aktivster und mit rund 3.340 Höhenmetern der bei weitem höchste und flächenmäßig mit Abstand größte Vulkan sowie überdies der am besten untersuchte. Die Liste der dokumentierten Eruptionen ist die längste auf der Welt. Sie beginnt mit Anfang des 17. Jahrhunderts und registriert allein von 1600 bis 1669 acht Flankenausbrüche in verschiedenen Sektoren von unterschiedlicher Dauer und mit einem Volumen von 1 bis 2 Kubikkilometer. Vorangekündigt durch einige Erdbeben öffnete sich am 11. März des Jahres 1669 eine 12 Kilometer lange Spalte, aus der Lava herausquoll. Die Lavaströme erreichten die Stadt Catania und zerstörten sie. Ebenso wurde der Gipfel beseitigt und ein neuer gebildet.

Die vergangenen 400 Jahre sind durch einen mehrfachen Wechsel im Ausbruchsverhalten gekennzeichnet. Für nahezu ein Jahrhundert nach diesem großen Ausbruch verhielt sich der Ätna verhältnismäßig ruhig (Hughes et al. 1990), sieht man von bescheidenen Flankeneruptionen ab. Zwischen 1767 und 1865 erfolgten insgesamt neun, klar durch einen Abstand von jeweils etwa ein Jahrzehnt voneinander getrennte Eruptionen. Seit 1865 formierten sich die Flankeneruptionen in einer Serie von insgesamt vier Clustern: (1) 1874 – 1892, (2) 1908 –1928, (3) 1942 –1951, (4) 1971 –1993. Hierbei lag zwischen den einzelnen Eruptionen ein Intervall von 1,5 Jahren. Als 2001 der Ätna wieder aktiv wurde, erschien es wahrscheinlich, dass weitere Eruptionen folgen würden. Tatsächlich begann die Eruption 2002/2003 nach weniger als 1,5 Jahren. Hierbei wurde am 16. Dezember 2002 das in 2.942 m Höhe befindliche Rifugio Sapienza zerstört. Die komplexe Struktur des Ätna wird durch die Falschfarben im Satellitenbild dokumentiert.

Der **Stromboli** gehört mit zahlreichen weiteren Eruptionszentren auf den Liparischen Inseln und im südwestlichen Bereich des italienischen Stiefels zu den Vulkanen des italienischen Vulkanbogens. Der als „Leuchtturm des Mittelmeers" bekannte Stromboli ist seit Menschengedenken ununterbrochen tätig. Tagsüber ist die aufsteigende Aschenwolke schon von weitem zu sehen, nachts beleuchten glühende Schlacken die Kraterregion. Der Berg ist die Typlokalität für „strombolianische Aktivität". Charakteristisch sind kleine Explosionen im Abstand von wenigen Minuten bis Stunden. Sie werden von großen, in der Magmasäule aufsteigenden Blasen verursacht, die oberflächennah platzen und glühende Lavafetzen einige zehn bis wenige hundert Meter emporschleudern. Diese vergleichsweise „harmlose", für den Tourismus attraktive Dauertätigkeit lässt leicht vergessen, dass der Stromboli bei seinem letzten größeren Ausbruch im Jahr 1930 eine Ortschaft mit bis zu dreißig Tonnen schweren Gesteinsblöcken bombardiert hat und die Lavaströme bis zum Meer hinabgeflossen sind (Seyfried, GEOMAR, Kiel).

Atomkraftwerke

Der Einschub dieses Kapitels mag erstaunen, doch ist es dem menschlichen Fortschritt inzwischen gelungen, mit Atomkraftwerken ähnliche poten-

Abb. 2.21: *Satellitenbild des Ätna.*

tielle Katastrophenzentren zu schaffen, wie sie von den tektonischen Vorgängen durch Erdbeben und Vulkane im historischen Gedächtnis der Menschheit gespeichert sind.

Die Reaktorkatastrophe von Tschernobyl am 26.4.1986 hat weit größere flächenhafte Schäden verursacht und zahlenmäßig mehr Menschen gesundheitlich schwerstens geschädigt als je zuvor ein in der europäischen Geschichte von Naturkatastrophen verursachtes Ereignis. Das Satellitenbild (Abb. 2.22) vermittelt eine Vorstellung von den unmittelbar betroffenen Gebieten. In Lexika und im Internet sind die Schäden verzeichnet. Laufende Berichte bieten die Medien.

Durch den Reaktorunfall von Tschernobyl wurde in der ehemaligen Sowjetunion ein Gebiet von rund 150.000 Quadratkilometern radioaktiv verseucht, eine Fläche mehr als dreimal so groß wie die Schweiz. In diesem Gebiet, das sich über die Ukraine, Weißrussland und Russland erstreckt, leben heute noch rund sieben Millionen Menschen. 300.000 bis 400.000 Menschen wurden evakuiert und in anderen Regionen angesiedelt. Am schlimmsten traf die Katastrophe Weißrussland, wo rund 70 % der freigesetzten Radioaktivität niedergingen. Mehr als zwei Millionen Menschen waren der Strahlung direkt ausgesetzt. Rund ein Viertel des Staatsgebietes wurde verseucht. Betroffen sind etwa 40 % der landwirtschaftlich genutzten Fläche. Über die Zahl der Strahlentoten gibt es keine exakten Angaben. Die Schätzungen variieren und reichen bis zu einigen Hunderttausend.

Durch die atmosphärische Ausbreitung der freigesetzten radioaktiven Stoffe wurden große Teile Europas, u.a. Finnland, Schweden, Polen und Rumänien, aber auch Deutschland und Österreich, unterschiedlich stark belastet (SWR PG-Multimedia April 2001).

Es ist einsichtig, dass der Super-GAU auf dem Territorium der Ukraine nur rund 120 km nördlich der Hauptstadt Kiew die europäische Öffentlichkeit ebenso aufgestört hat wie seinerzeit das Erdbeben in Lissabon. Die Auseinandersetzungen zwischen Kernkraftbefürwortern und -gegnern, denen die biologischen Risiken zu hoch sind, werden auch in

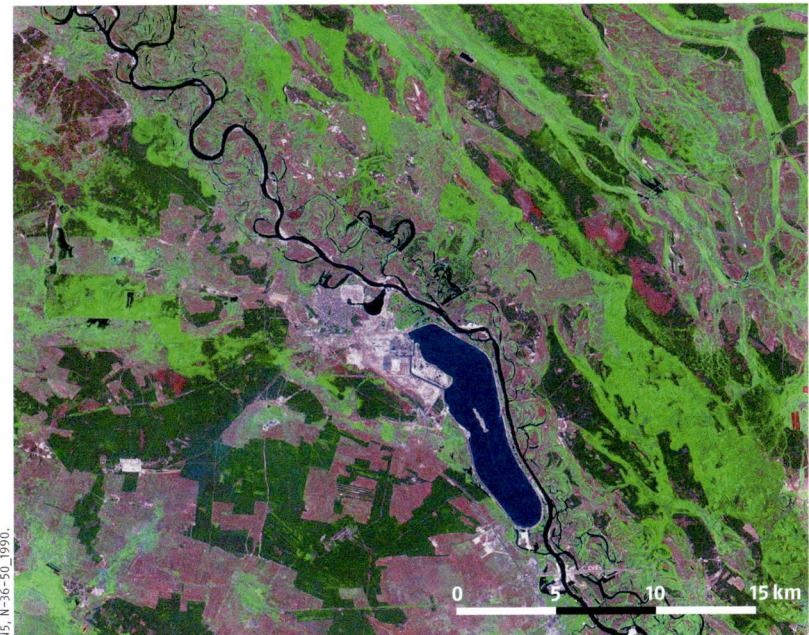

Zukunft die Energiepolitik der Europäischen Union beschäftigen. Das Problem der Endlagerung der ausgebrannten Brennstäbe ist noch immer ungelöst.

Abb. 2.22: *Satellitenbild der Verstrahlung rings um Tschernobyl.*

Das Klima

Klimarelevante Lagekategorien

Auf singuläre Merkmale des europäischen Klimas wurde bereits in der Einleitung eingegangen.

(1) Europa ist ein westlicher Ausläufer der euroasiatischen Landmasse. An seiner Westseite werden Klima und Witterungsablauf überwiegend durch maritime Luftmassen gesteuert, deren Einfluss ostwärts sukzessive abnimmt. Allerdings liegen nur das nördliche und das zentrale Europa in der zyklonalen Westwinddrift, während im südlichen Europa der Wechsel zwischen sommertrockenen und winterfeuchten Jahresabschnitten das subtropische Klima beherrscht.

(2) Der Verlauf des Golfstroms im Westen von Großbritannien und längs der Küste Norwegens bedeutet, dass in Norwegen noch bis zu 64° Nord kommerzieller Obst- und Gemüsebau in den Klimaoasen im Innern der Fjorde betrieben werden kann (Glässer 1993, S. 24). Obstbaumkulturen reichen hier bis auf eine Höhe von 110 bis 120 m. Die enorme positive Temperaturanomalie im Sommer geht auf die geringe Bewölkung, den Windschutz und den größeren Strahlungsreichtum zurück.

Abb. 2.23: *Hochdruckbrücke in Europa, 25.10.2003.*

Ungeachtet des Golfstroms sind jedoch die Effekte der bedeutenden Nord–Süd-Erstreckung von Europa von 71° Nord am Nordkap bis auf 36° Nord an der Straße von Gibraltar für die Ausbildung von strahlungsklimatischen Jahreszeiten verantwortlich. Die Tageslänge differiert im Sommer zwischen der Mitternachtssonne am Polarkreis und einem 14,5-Stunden-Tag im südlichsten Südeuropa, im Winter zwischen Polarnacht bzw. 9,5 Stunden (Weischet 2000, S. 23).

Luftkörpermassen und Windsysteme

In einer Zeit, in welcher der Fernsehgesellschaft jederzeit aktuelle und prognostizierte Klimadaten in kartographischer Form zur Verfügung gestellt werden, sind die Effekte von Luftkörpermassen und Windsystemen in den Vordergrund des Interesses gerückt.

Zwei Aktionszentren der großen Luftkörpermassen, nämlich das Azorenhoch im Süden und das Islandtief im Norden, bestimmen das europäische Wettergeschehen, indem sie sich den Jahreszeiten entsprechend nach Norden bzw. Süden verlagern. Die Luftdruckverhältnisse im Winter werden durch die so genannte Woikoff'sche barometrische Achse bestimmt, d. h. durch eine Brücke von einzelnen Hochdruckgebieten, welche vom Azorenhoch bis zum großen russischen Hochdruckgebiet reicht (Abb. 2.23, 2.24). Teile dieser Hochdruckzone lagern über der Iberischen Halbinsel, dem Alpenraum, dem Pannonischen Becken und in Teilen von Südosteuropa, wie im Vardar-Tal. In dem südlich davon gelegenen Tiefdruckgebiet des Mittelmeerraumes kommt es zu den bekannten Winterniederschlägen.

Im Sommer verlagert sich diese Kontinentalachse weiter nach Norden. Das Druckgefälle verringert sich, da das Islandtief im Sommer nicht so ausgeprägt ist wie im Winter. Der Winter Europas nördlich der Kontinentalachse ist ein Kampfgebiet zwischen den kalten und trockenen Luftmassen des russischen Hochdruckgebietes und den warmfeuchten maritimen Luftmassen, die aus dem nördlichen atlantischen Europa in Form von Zyklo-

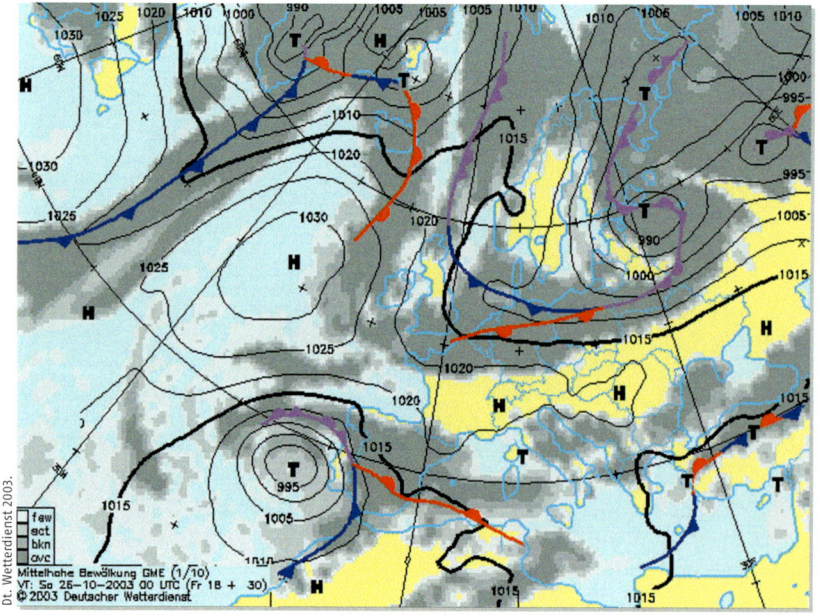

nen herangebracht werden. Eine mächtige Süd-West-Drift beherrscht West- und Mitteleuropa bis nach Polen hinein. Von den genannten lokalen Hochdruckzentren fallen jeweils kalte Winde in die benachbarten Becken hinab.

Die Nordwinde des Mittelmeergebietes treten vor allem im nördlichen Mittelmeerraum mit sehr großer Regelmäßigkeit auf und wurden schon in der Antike als Etesien (= Jahreszeitenwinde) bezeichnet. Die Ausgleichsströmungen zwischen den Gebirgen und den Niederungen haben als charakteristische Lokalwinde eine Vielzahl von Bezeichnungen erhalten. Darunter bildet der aus den Alpen bekannte, trockene und warme Fallwind des Föhns, der in den Nordalpentälern als „Schneefresser" auftritt, nur eine Erscheinung unter anderen (Abb. 2.25). In Südfrankreich sind die Windsysteme aus den Westalpen und dem Französischen Zentralmassiv bestimmend. Bekannt ist der trockene kalte Fallwind, der Mistral in der Provence, der im Winter und Frühjahr Temperaturstürze und die Austrocknung des Bodens zur Folge hat. Mächtige Zypressenhecken schützen daher die frostempfindlichen Gemüse- und Obstkulturen.

Vergleichbar mit dem Mistral ist der Norte von Nord- und Mittelspanien, der im Winter von den Pyrenäen in die Meseta hineinstreicht und die Temperatur im Hochland auf 0 °C absinken lässt, so dass frostempfindliche Kulturen nicht mehr gedeihen können. Eine ähnliche Wirkung hat die Tramontana in der Poebene, durch die gleichfalls Temperaturen bis zu 0 °C auftreten können. Frostempfindliche Kulturen wie Zitrusfrüchte sind auf windgeschützte Gebirgsrandlagen, wie am Gardasee, beschränkt.

Viel gefürchteter als die Tramontana ist die Bora, ein kalter Fallwind an der dalmatinischen Küste, der sich von den Hochflächen des Dinarischen Gebirges mit Sturzböen herabsenkt. Vor einiger Zeit sah man längs mancher Passstraßen noch die Seile, die gespannt wurden, damit sich die Fußgänger festhalten konnten. Mit der Bora hängt auch das Fehlen der mediterranen Vegetation und mediterraner Kulturpflanzen in Nord- und Mitteldalmatien zusammen.

Der südosteuropäische Gebirgsraum weist infolge der Vielzahl von Hochregionen und Becken eine ganze Anzahl von Lokalwinden auf.

Als Parallelerscheinung zur Bora tritt in Serbien und damit in Belgrad der Kossava auf, ein Südostwind aus dem Hochland von Montenegro, der als winterlicher Fallwind extreme Kälte und meist viel Schnee bringt, ähnlich wie der Crivetz in der Walachei, der aus dem Balkangebirge kommt und gleichfalls mit Kälte und Schneefall verbunden ist. Aus dem Raum der Moldau stammende Ostwinde bringen dem Siebenbürgener Hochland im Winter ausgedehnte Schneefälle. In Nordgriechenland ist ein Nordwestwind, der Vardaraz, der dem Vardartal folgt, als kalter Fallwind ausgebildet, der sich bis in den Golf von Saloniki bemerkbar macht.

Zum Unterschied von diesen im Winter wehenden Fallwinden, welche schroffe Gegensätze zwischen klimabegünstigten Wärmeinseln und frostgefährdeten Ebenen bedingen, sind die sommerlichen Lokalwinde auf den mediterranen Raum beschränkt. Besonders bekannt ist der Schirokko in Italien, der an der Luvseite von Sizilien Niederschläge bringt, während er als trockenheißer Wind an der Leeseite, wie im Raum von Palermo, die Temperaturen bis 50 °C ansteigen lässt. Als trockenheißer Wind tritt er noch im Osten des Apennin auf und reicht bis an das Dinarische Gebirge heran. Als sein spanisches Gegenstück kann der Leveche aufgefasst werden, der von Afrika zur spa-

Abb. 2.24: *Wolkenbedeckung in Europa, 25.10.2003.*

Dt. Wetterdienst 2003.

wetter.com   MET 07 IR - 25.10.2003 - 15:00 UTC

Lichtenberger 2002, S. 113, Bild 33.

Abb. 2.25: *Föhnmauer, Zillertaler Alpen, Tirol.*

nischen Südostküste weht und die Temperaturen gleichfalls bis zu Extremen von 45 bis 50 °C ansteigen lässt.

Die Frontenhäufigkeit

Aufgrund der prognostischen Bedeutung von Witterungsabläufen für die Freizeitgesellschaft hat sich die Forschung mit der Thematik der Fronten über Europa, deren Häufigkeit nach Jahreszeiten und den Zusammenhängen mit der regionalen klimatischen Differenzierung, welche im Wesentlichen auf den Parametern von Temperatur und Niederschlag beruht, eingehend beschäftigt. Damit gelang es, für klimatische Erscheinungen wie etwa die räumliche Differenzierung von Bewölkung und Sonnenscheindauer bzw. die auf engem Raum stark wechselnden Niederschläge eine Erklärung zu bieten.

Die Frontenhäufigkeit erweist sich in ihrem zeitlich-räumlichen Wechsel als überaus klimawirksam (Eriksen 1971, S. 163 –177). In Hinblick auf die Frontenhäufigkeit konnte nachgewiesen werden, dass eine mitteleuropäische Maximumzone im Raum der südlichen Nord- und Ostsee vorhanden ist. Von dieser Achse mit starkem Wechsel von Kalt- und Warmfronten und Okklusionen nimmt sowohl nach Norden als auch nach Süden die Frontenhäufigkeit ab, wobei einerseits im Mittelmeerraum im Sommer eine minimale Frontenhäufigkeit besteht und andererseits in Skandinavien im Winter der Frontenwechsel am geringsten ist. Der Zusammenhang zwischen Frontenhäufigkeit

und Veränderlichkeit der Witterung in einem Klimagebiet ist einsichtig. Es liegt demnach die Maximumzone der Frontendurchgänge im Norden Mitteleuropas bei „Regen zu allen Jahreszeiten" mit über 110 Frontdurchgängen. Sie zieht sich in einem Bogen von den nördlichen Britischen Inseln über Norddeutschland und Südschweden bis in die Ostseeregion. Die nur kurzfristigen Schönwetterlagen stellen gravierende Nachteile für den Reise- und Erholungsverkehr dar. Bereits in Deutschland nimmt die Frontenhäufigkeit von Norden nach Süden ab, was sich in den Prognosen des Deutschen Wetterdienstes abbildet.

Die Niederschläge

In der Einleitung wurde Europa als eine grüne Insel bezeichnet. Reichen die Niederschläge doch – von kleinen Gebieten abgesehen – überall aus, um den Anbau zu gewährleisten. Nur wenige Gebiete liegen unter der 500-mm-Isohyete, unter welcher der Anbau prekär wird: In Mitteleuropa handelt es sich um kleine Teile des Pannonischen und des Böhmischen Beckens, knapp oberhalb dieser Grenze befinden sich die Bördenzone der Leipziger Bucht und das Wiener Becken. Die absolut trockensten Gebiete Europas liegen jedoch auf der Iberischen Halbinsel, wo der Großteil der Meseta weniger als 500 mm Niederschläge und der Südosten sogar weniger als 250 mm empfängt und damit halbwüstenhaften Charakter annimmt. Gleichfalls niedrige Werte verzeichnen einzelne Buchten im Regenschatten des Apennin an der italienischen Ostküste, ferner einzelne Becken von Mazedonien und Ostgriechenland sowie die Walachei und die Dobrudscha in Rumänien.

Umgekehrt erreichen die Niederschläge an der Luvseite des Kontinents, an der norwegischen Küste, in Schottland und in Nordwestirland, Werte über 2.000 mm. Moorbildung und Versauerung des Bodens sind die Folgen. Das absolute Maximum Europas erreicht jedoch das Dinarische Gebirge über der Bucht von Cataro mit 4.500 mm Jahresniederschlag.

Von großer Bedeutung für die Landwirtschaft ist die Verteilung der Niederschläge über das Jahr. Bekannt ist die Periodizität der Niederschläge im

Mittelmeergebiet, das mit einer Linie von 120 Niederschlagstagen abgegrenzt werden kann. Interessanterweise fallen auch die östlichen kontinentalen Teile Mitteleuropas durch eine gewisse Periodizität der Niederschläge auf.

In Hinblick auf das jahreszeitliche Maximum der Niederschläge gehören der Raum des gemäßigten und des borealen Klimas dem Gebiet mit vorwiegendem Sommerregen an, während nicht nur der Mittelmeerraum, sondern auch der äußerste Nordwesten Europas, Irland und Schottland, Winterregengebiete sind, wobei im Unterschied zum mediterranen Gebiet auch Sommerniederschläge, wenngleich schwächer ausgebildet, auftreten.

Entsprechend der Verlagerung des Azorenhochs lassen sich im Osten Kontinentaleuropas von Süden nach Norden mehrere Zonen unterscheiden: Der Streifen mit Frühsommerregen, d.h. mit Junimaximum, umfasst das Wiener Becken, den Pannonischen Raum und den größeren Teil des Dinarischen Gebirges. Nach Norden schließt ein Streifen mit Julimaximum an, welcher Mitteleuropa einschließlich Polen umfasst. Im Baltikum und in Schweden fallen die meisten Niederschläge im August, in den norwegischen Hochgebirgen im September.

Auch im Winterregengebiet lässt sich eine gewisse Zonierung von Norden nach Süden hin feststellen. Die Oktoberregen umfassen Frankreich und Italien und einen Großteil der Britischen Inseln. In Spanien ist der November der Monat mit den stärksten Niederschlägen, in Südspanien sogar erst der Dezember. Im gesamten Raum der Äquinoktien spielen auch die Frühjahrsregen eine Rolle. So ist auf der Iberischen Halbinsel der Mai regenreicher als der November.

Die Temperatur

Wesentlich für die klimatische Einteilung von Europa sind die Unterschiede zwischen den Januar- und den Julitemperaturen. Während die Julitemperaturen im Großen und Ganzen mit den Breitengraden südwärts ansteigen, werden die Januartemperaturen von der Entfernung vom Atlantik bestimmt, d.h., sie folgen in West- und Mitteleuropa annähernd den Längengraden. Die 0-°C-Isotherme des Januar zieht längs des Rheingrabens von Süden nach Norden und trennt damit West- und Mitteleuropa. Mit der 20-°C-Isotherme des Juli wird der mediterrane Raum abgehoben.

Der Grad der Kontinentalität des Klimas ergibt sich aus dem Ausmaß der jährlichen Temperaturschwankungen. Es wird viel zu wenig beachtet, dass im Mediterrangebiet die größten Schwankungen auftreten. Sie betragen im Hochland der Meseta 24 °C zwischen den Mittelwerten des wärmsten und des kältesten Monats. Ähnliche Werte werden in Teilen der Poebene, im Pannonischen Becken, in der Walachei und im Norden der Skandinavischen Halbinsel erreicht. Ansonsten lässt sich im Großen und Ganzen in den mittleren Breiten des Kontinents ein Ansteigen der Jahresamplituden von West nach Ost, d.h. von 10 °C in Irland bis auf 22 bis 24 °C in Polen, feststellen.

Die Klimagebiete Europas

Bezüglich des Nord-Süd-Wandels des Klimas sind von Norden nach Süden drei Zonen zu unterscheiden (Abb. 2.26):

1. die kühlgemäßigte,
2. die gemäßigte und
3. die mediterrane Zone.

Diese Zonen unterscheiden sich durch die absoluten bzw. maximalen und minimalen Temperaturen voneinander.

Die Nord-Süd-Zonierung wird durch eine West-Ost-Differenzierung entsprechend dem nach Osten hin abnehmenden Einfluss der atlantischen Störungen weiter gegliedert. Auch das Mediterrangebiet weist einen Wandel von Westen nach Osten auf, der sich weniger in den Temperaturen als vielmehr in der jährlichen Niederschlagsverteilung äußert (vgl. oben). Im Hinblick auf die Temperaturen ist die Entfernung vom Mittelmeer und damit die Relation Küste – Hinterland wichtig.

Anhand von Klimadiagrammen ausgewählter Stationen werden die Klimagebiete gekennzeichnet (Abb. 2.27/1–9).

Der **ozeanische Subtyp der kühlgemäßigten Zone** entspricht der stark beregneten Flanke von Norwegen (Station Bergen). Die hohen Nieder

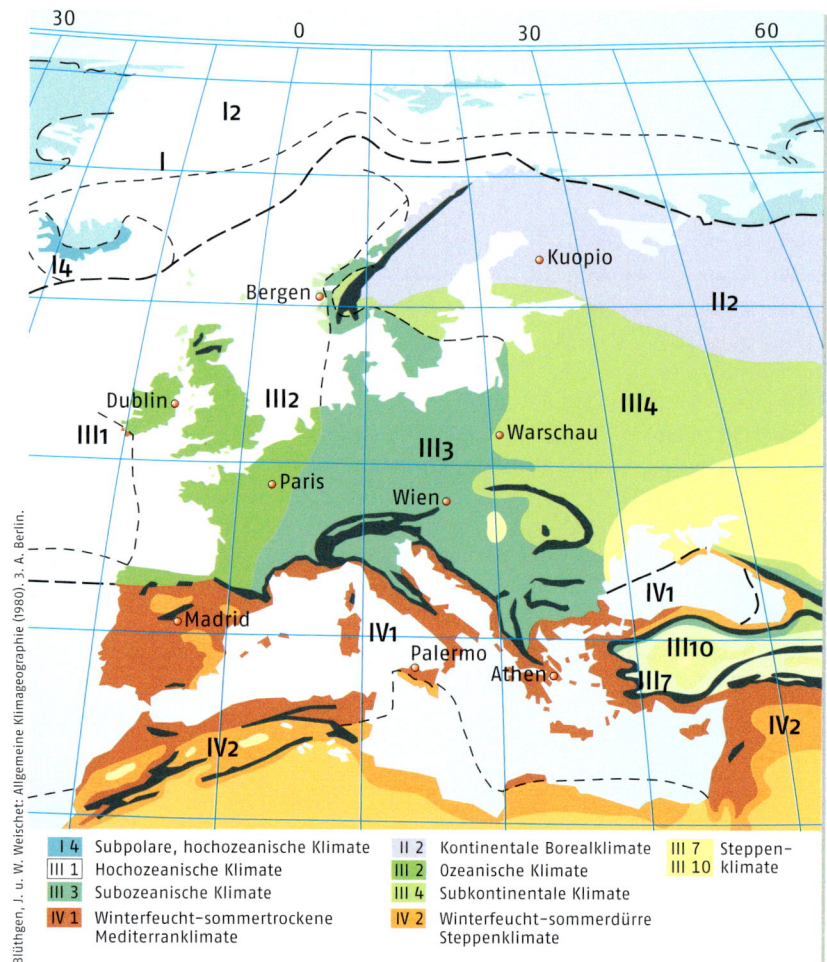

Blüthgen, J. u. W. Weischet: Allgemeine Klimageographie (1980). 3. A. Berlin.

I 4	Subpolare, hochozeanische Klimate	II 2	Kontinentale Borealklimate	III 7	Steppen-
III 1	Hochozeanische Klimate	III 2	Ozeanische Klimate	III 10	klimate
III 3	Subozeanische Klimate	III 4	Subkontinentale Klimate		
IV 1	Winterfeucht-sommertrockene Mediterranklimate	IV 2	Winterfeucht-sommerdürre Steppenklimate		

Abb. 2.26: *Klimakarte von Europa (C. Troll).*

schläge verteilen sich erstaunlich gleichmäßig über das ganze Jahr und verstärken sich etwas im Winter. Die Temperaturen bewegen sich zwischen 0 °C im Winter und 15 °C im Sommer. Entsprechend den hohen Niederschlägen sind die Sommer sehr kühl und feucht, im Winter bleibt der Schnee kaum liegen, ebenso ist die Küste eisfrei. Geringe Sonnenscheindauer, starke Bewölkung, lange andauernde Nieselregen, Küstennebel und gelegentliche heftige Stürme verwehren eine landwirtschaftliche Nutzung, mit Ausnahme von einzelnen ökologischen Nischen, nahezu völlig. Bei einer Vegetationszeit von lediglich 120 bis 150 Tagen gründet sich die Existenz des Waldes auf Nadelhölzer.

Ein **subkontinentaler Bereich** der kühlgemäßigten Zone schließt nach Osten an **(Station Kuopio)**. Er umfasst Schweden und Finnland. Die abschirmende Wirkung der skandinavischen Hochgebirge gegen die atlantischen Winde äußert sich in den verhältnismäßig geringen Niederschlägen (um 600 mm). Das Maximum verschiebt sich in den Sommer, wobei die Unterschiede zwischen den beiden Hauptjahreszeiten nicht bedeutend sind. Dagegen klafft die Schere der Temperaturen auseinander, einem Absinken der Wintertemperatur steht nur ein unbedeutender Zuwachs an Sommerwärme gegenüber. Die Vegetationszeit beträgt ähnlich wie an der atlantischen Front nur 100 bis 150 Tage. Die Temperaturschwankungen verstärken sich nach Osten hin, in Finnland dauert der Winter mehr als fünf Monate, ist jedoch aufgrund der hohen Lufttrockenheit und Sonnenscheindauer keineswegs so ungünstig, wie man aufgrund der sehr niedrigen Temperatur erwarten würde.

Der **hochozeanische Bereich der gemäßigten Zone** umfasst die irische Küste, die geringere Niederschläge erhält als die norwegische **(Station Dublin)**. Die Niederschläge fallen in Form von Nieselregen, Küstennebel sind häufig und die Sonnenscheindauer gering. Zum Unterschied von den nördlicheren Gestaden ist jedoch der Winter auffallend mild, und die Januartemperatur von Dublin entspricht jener von Madrid. Somit treten submediterrane Vegetationselemente auf, wie die Rhododendron-Wälder. An der Südwestküste Irlands sind unter dem Einfluss des Golfstroms die Winter so mild, dass immergrüne Wälder entstehen, mit Lorbeerbäumen, Stechpalmen, Feigenbäumen und Magnolien. Auf der anderen Seite fehlt die Sommerwärme; Früchte, die darauf angewiesen sind, kommen nicht zur Reife, wie Wein oder Aprikosen, und selbst die Kirsche reift nur mit Schwierigkeiten. Klimatische und vegetationsmäßige Gemeinsamkeiten bestehen im Süden mit Wales und Nordwestportugal.

Der **ozeanische Bereich der gemäßigten Zone** umfasst Teile Großbritanniens und Frankreichs **(Station Paris)**. Die Temperaturamplituden bewegen sich zwischen 10 und 16 °C, wobei auf dem Kontinent nicht nur die Temperaturschwankungen, sondern ebenso die Sommertemperaturen ansteigen. Gleichzeitig nehmen die Niederschläge ab. Mit einer Vegetationszeit bis zu 250 Tagen bietet der gesamte Raum breite Möglichkeiten für den Anbau von Getreide und in geschützten Lagen von Obst und Wein.

Die **Übergangszone zum subkontinentalen Bereich** ist durch die Zunahme der Jahresschwankung bis auf 20 °C gekennzeichnet. Dabei sinkt von West nach Ost die Wintertemperatur, und die Vegetationszeit wird durch das Auftreten von Früh- und Spätfrösten eingeengt. Entsprechend der Übergangssituation zwischen dem kontinentalen und dem ozeanischen Bereich kann, wie Wien belegt, der Witterungsablauf von einem Jahr zum anderen große Unterschiede aufweisen. Recht ausgeprägt ist bereits das Maximum der Niederschläge im Sommer, wie der Vergleich der Diagramme von Paris und **Wien** erkennen lässt.

Der **subkontinentale Raum** fällt durch die Verkürzung der Übergangsjahreszeiten auf. Dies geht vor allem auf das Konto des länger und kälter werdenden Winters, der in **Warschau** über drei Monate dauert. Die Dauer der Vegetationsperiode sinkt von 260 im Wiener Raum auf 210 Tage im Gebiet von Warschau ab. Die Jahresschwankung der Temperatur erreicht im subkontinentalen Bereich Amplituden bis zu 30 °C.

Aus dem **Mediterrangebiet** wurden drei Stationen ausgewählt, welche den Wandel von West nach Ost verdeutlichen sollen. Dieser äußert sich

- in der Zunahme der Zahl der Trockenmonate von zwei Monaten in Madrid auf vier Monate in **Palermo** und sechs Monate in **Athen** und
- in einer mäßigen Zunahme der Sommertemperaturen von knapp 24 °C in Palermo auf 27 °C in Athen.

Im Raum des mediterranen Klimas nimmt die Iberische Halbinsel insofern eine gewisse Sonderstellung ein, als die ausgedehnten Hochflächen der Meseta ein subkontinentales Klima mit beachtlichen Tagesschwankungen und größeren Jahresschwankungen im Vergleich mit den meeroffenen Halbinseln Italien und Griechenland aufweisen. Im Raum von **Madrid** verteilen sich die Niederschläge mit Ausnahme der Monate Juli und August erstaunlich gleichmäßig über das ganze Jahr.

Palermo in Sizilien liegt im Aufprall der regenbringenden Winde und gibt damit eine Vorstellung von dem Unterschied zwischen Lee- und Luvlagen im Mediterrangebiet. Die Niederschläge konzentrieren sich auf das Winterhalbjahr von Oktober bis März, die Wintertemperaturen sind wesentlich milder als in Madrid und gestatten bei künstlicher Bewässerung eine Ausdehnung der Agrarwirtschaft über das ganze Jahr.

Im Windschatten der hellenischen Gebirge gelegen, erhält Athen wesentlich geringere Niederschläge als Palermo, ebenso sind die Jahreszeiten

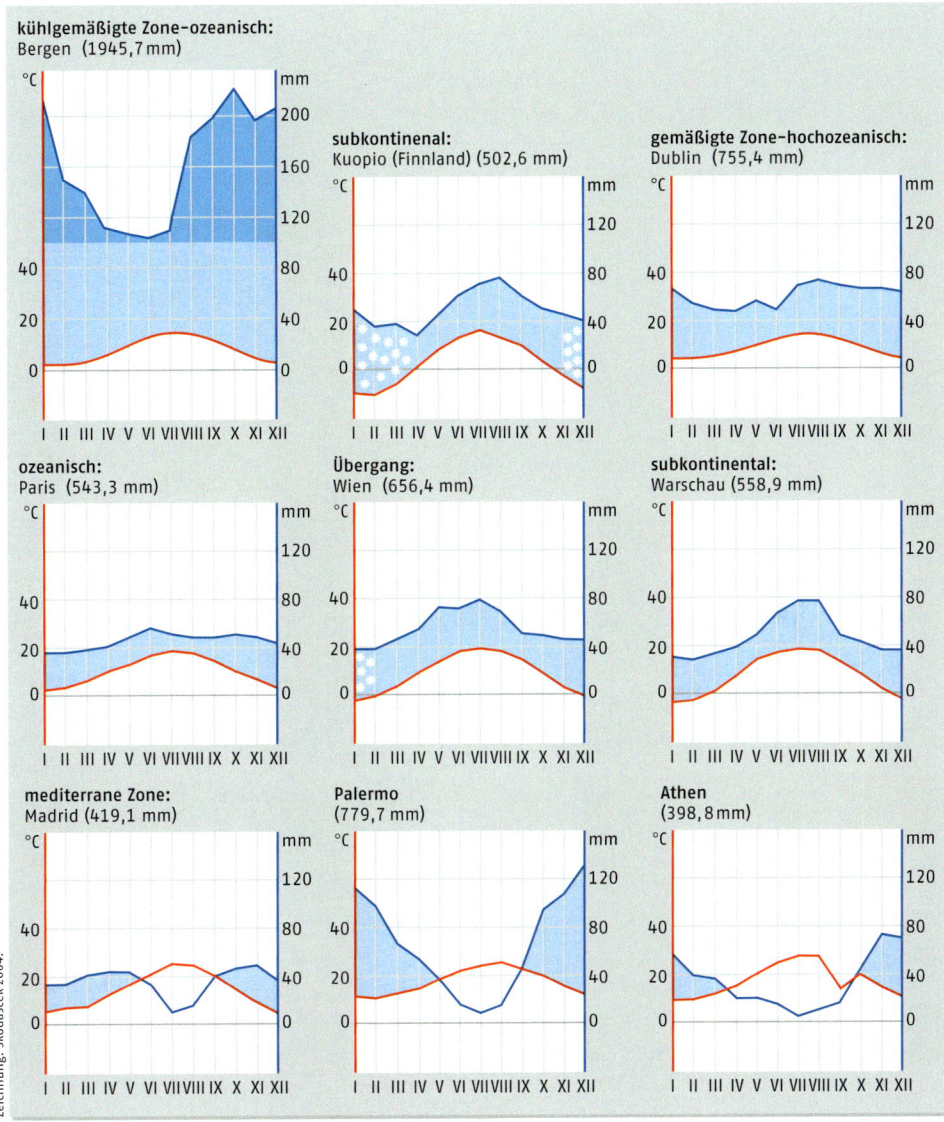

Zeichnung: Skodascek 2004.

Abb. 2.27: *Europäische Klimatypen in Diagrammen.*

Höhendifferenzierung des Klimas

Neben der West-Ost- bzw. Nord-Süd-Differenzierung des Klimas weist Europa infolge des Gebirgscharakters weiter Teile des Erdteils auch eine Höhendifferenzierung des Klimas auf. Grundsätzlich ist das Klima von Gebirgsräumen **in den gemäßigten Breiten** durch drei Hauptphänomene charakterisiert:

Die ausgeprägte **Sonderung von Luv- und Leeseiten** im Verhältnis zu den regenbringenden Winden. Dementsprechend sind die Gebirgsflanken meist stärker beregnet als die inneren Teile. Dort, wo Gebirge eine große Breite erreichen, wie in den Alpen, aber auch im Dinarischen Gebirge, treten im Inneren Trockeninseln auf, die im Extrem geradezu steppenhafte Züge tragen können, wie das Tessin und das Wallis in den Westalpen.

Die geläufige **Abnahme der Temperatur mit der Höhe** wird in Hinblick auf die Möglichkeiten des Anbaus insofern modifiziert, als mit steigenden Niederschlägen höhere Temperaturen vorhanden sein müssen, um bestimmte Kulturpflanzen überhaupt anbauen zu können. Anders ausgedrückt sinken bei gleichen Temperaturen und zunehmenden Niederschlägen die Höhengrenzen von Anbaupflanzen.

Zum Gegensatz der Luv- und Leeseite tritt in den Gebirgen der **Unterschied zwischen Süd- und Nordhängen**. Dieser ist besonders in den alpinen Längstälern modellhaft ausgebildet, wo an den südschauenden Hängen Siedlung und Nutzung hoch hinaufgreifen, während die nordschauenden Flanken ein Waldkleid tragen.

In den mediterranen Gebirgen ist die Situation etwas anders. Während nämlich in den Gebirgen der gemäßigten Breiten die intensive Besonnung an den Südhängen den Anbau überhaupt erst möglich macht, ist im Mediterrangebiet die starke Einstrahlung infolge der Austrocknung des Bodens bereits schädlich. Hier bieten die Nordflanken der Berge, dort wo die Feuchtigkeit längere Zeit im Boden zurückgehalten werden kann, günstigere Bedingungen für den Anbau von Getreide (ebenso für die Wiederaufforstung) als die sonnenverbrannten Südhänge. Die Trockenfeldbaugrenze des Weizens reicht an den Nordflanken daher auch höher hinauf, während die Südseiten in gleicher Höhe nur mehr von einer Macchie besetzt sind.

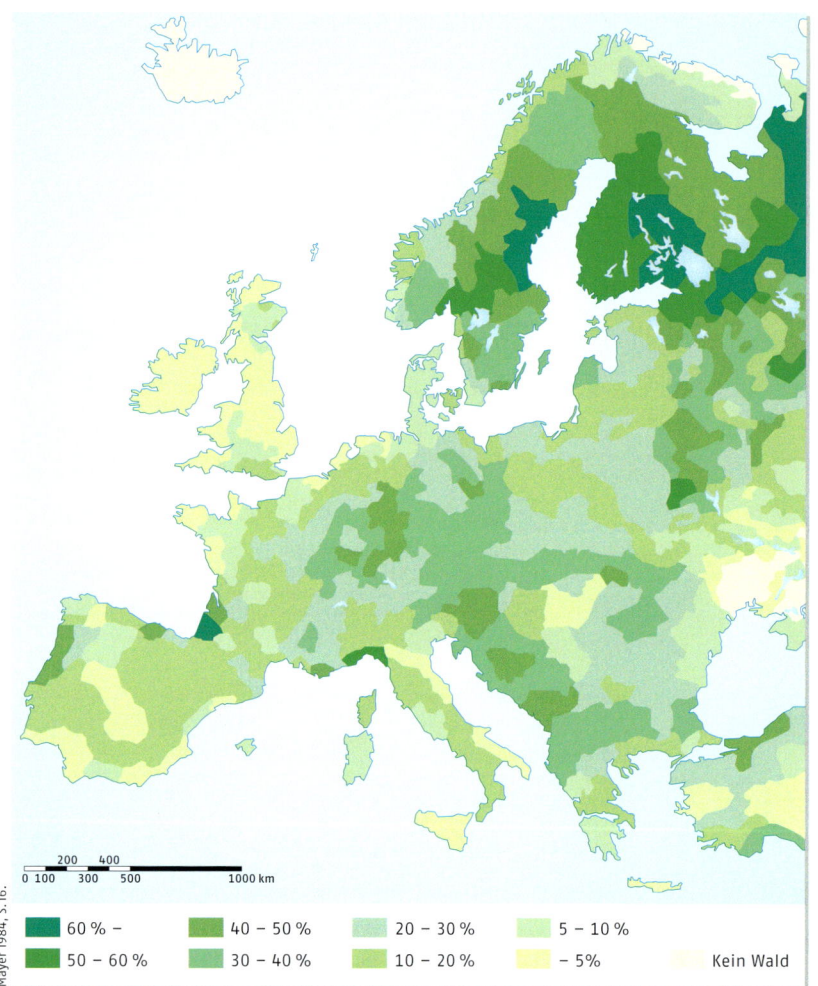

Mayer 1984, S. 16.

■ 60 % –	■ 40 – 50 %	20 – 30 %	5 – 10 %
■ 50 – 60 %	30 – 40 %	10 – 20 %	– 5 %
			Kein Wald

Abb. 2.28: *Die Bewaldungsdichte Europas.*

stärker akzentuiert. Da von April bis September die Monatsniederschläge unter 20 mm sinken, kann man von einem wechselfeuchten Klima sprechen.

Insgesamt ist der mediterrane Klimabereich aufgrund des Gebirgsreliefs und unter dem Einfluss der erwähnten kalten Fallwinde nur in kleinen Teilen tatsächlich frostsicher. So wird die absolute Frostgrenze nur im Südosten von Spanien erreicht und hat hier zum starken Aufschwung der Orangenkulturen für den europäischen Markt geführt.

Die Küstenhöfe Griechenlands, in denen die Kultur von Zitrusfrüchten gleichfalls möglich ist, sind zu klein, als dass sie mit den südspanischen Becken und Küstenräumen konkurrieren könnten.

Die Vegetation

Einleitung

Als feuchte Insel ist Europa vor dem Eingreifen des Menschen zum Großteil natürliches Waldland gewesen. Die Siedlungsgeschichte war daher bis zur Neuzeit eine Rodungsgeschichte, welche wie nirgends sonst auf der Erde eine völlige Umgestaltung des natürlichen Waldkleides, eine Überführung in andere Nutzungen und in manchen Gebieten auch eine Degradierung des Waldes zu verschiedenen Sekundärformationen bzw. seine völlige Vernichtung zur Folge hatte. Die Kulturlandschaft ist auf Kosten des Waldes entstanden. Die frühe Reduzierung des Waldes hat in Europa auch früher als auf anderen Kontinenten zur Waldpflege geführt. Mitteleuropa steht am Anfang der bis ins 18. Jahrhundert zurückreichenden Bewegung der Forstwirtschaft. Der „europäische" Forst stellt eine Besonderheit dar.

Die gegenwärtige Bewaldungsdichte in Europa (Abb. 2.28) geht nur sekundär auf Klima- und Standortfaktoren zurück; in erster Linie ist sie Folge der Rodung bzw. der Waldvernichtung durch den Menschen. Es besteht ein deutliches Gefälle in der Bewaldungsdichte vom borealen Nadelwald, wo sie die höchsten Werte erreicht, gegen das atlantische Laubwaldgebiet und die mediterrane Hartlaubregion, wobei Mitteleuropa eine Übergangsstellung einnimmt. Zwei Phänomene verdienen Beachtung:

1. die hohe Bewaldungsdichte in den Rumpfschollengebirgen Mitteleuropas, in den Gebirgen der Donauländer, den Karpaten und im Dinarischen Gebirge, die auf die viel zu wenig beachtete Aufforstungsstrategie der Donaumonarchie zurückzuführen ist;
2. die nahezu völlige Waldvernichtung in Großbritannien, welche höhere Werte erreicht als in großen Teilen des Mediterrangebietes.

Die folgenden Aussagen über die Zusammenhänge zwischen Klimagebieten und Waldzonen sind vor diesem Hintergrund zu verstehen. Zum kühlgemäßigten Klima gehört der boreale Nadelwald, der heute das Waldreservoir von Europa darstellt. Dem gemäßigten Klima entspricht die Zone der sommergrünen Laubwälder, der im atlantischen Raum Heiden und Moore entsprechen und wo in Zentraleuropa die Laubwälder weitflächig durch Fichtenforste ersetzt worden sind. Die östliche Grenze der Laubwaldzone setzt sich gegen die Natursteppe ab, die allerdings in Europa nur in Form inselhafter Vorposten der großen Binnensteppen Asiens auftritt. Dem mediterranen Klima entspricht die Hartlaubwaldregion, die weitgehend zur Macchie degradiert worden ist.

Dieser zonale Aufbau spiegelt sich in den Höhenstockwerken der Gebirge wider (Abb. 2.29, 2.30). Die Abhängigkeit der Vegetation vom Gesteinsuntergrund und bestimmten Bodentypen nimmt von Norden nach Süden zu. Während in den nördlichen Nadelwäldern zwischen den Beständen auf kristallinem bzw. kalkigem Untergrund kaum edaphische Unterschiede bestehen, sondern sich im Laubwaldgebiet die Pflanzenassoziationen in Kalk und Kristallin. Das Vorhandensein von entsprechenden Leitpflanzen ist im Mediterrangebiet noch wesentlich deutlicher ausgebildet. Eine ähnliche Aussage gilt für den Eingriff des Menschen in die natürliche Waldformation, die Umwandlung in Kulturland und die Degradierung zu verschiedenen Sekundärformationen bzw. die völlige Vernichtung des Waldes.

Die Zone des nördlichen Nadelwaldes

Das physiognomische Bild des nördlichen Nadelwaldes ist durch eine grandiose Einförmigkeit der Bestockung gekennzeichnet. Er besteht im Wesentlichen nur aus drei Baumarten: der Fichte, der Kiefer und nach Osten hin der Lärche. Die physiognomische Ähnlichkeit dieser Baumarten ist überraschend. Kiefern und Fichten haben die gleiche spitze, fast säulenförmige Kronengestalt. Dies hängt damit zusammen, dass der boreale Nadelwald zum Teil bereits auf Dauerfrostboden steht und die Bäume sehr flach wurzeln. Dementsprechend groß ist der Abstand zwischen den Einzelbäumen. Es handelt sich um einen lockeren, einschichtigen Waldbestand, der überall dort, wo das

Abb. 2.29: *Cader Idris, Heide und Erlengebüsch, Nordwales.*

Gebiet von Stürmen heimgesucht wird, tiefe Narben aufweist. Schwierig ist die Verjüngung des Waldes an der nördlichen Vegetationsgrenze infolge der Kürze der Vegetationszeit. Es sind zumindest zwei Monate des Jahres mit Durchschnittstemperaturen über 10 °C erforderlich, damit die Bäume blühen und Samen erzeugen können. Je weiter man nach Norden kommt, umso seltener ist dies der Fall. An der Nordgrenze des Waldes haben Untersuchungen ergeben, dass nur jedes 50. oder 100. Jahr ein Besamungsjahr war. Einmal beseitigt, kann sich daher der Wald ohne forstwirtschaftliche Maßnahmen kaum regenerieren. Das Wachstum der Bäume ist sehr langsam. In Lappland benötigen Fichte und Kiefer fast 200 Jahre, um eine Höhe von zwölf Metern zu erreichen. Der durchschnittliche jährliche Holzzuwachs liegt dementsprechend bei einem halben bis zu einem ganzen Festmeter pro Hektar. Gerade durch diesen gerin-

gen Zuwachs ist jedoch die Qualität des Holzes erstklassig und wird in südlicheren Breiten nicht erreicht.

Der boreale Nadelwald ist das Holzresevoir Europas für die Zellstofferzeugung, die Papierindustrie usw. Infolge der Monotonie der Bestände ist die marktwirtschaftliche Auswertung verhältnismäßig einfach und zum Unterschied von Nordamerika kommen echte Urwälder kaum mehr vor. Dieser nördliche Nadelwald besteht aus drei Teilen:

Das subarktisch-maritime Birkenwaldgebiet bildet sein nördliches Vorfeld. Die Jahrestemperaturen bewegen sich zwischen 2 und 7 °C. Der wärmste Monat erreicht maximal 14 °C. Ewiger Bodenfrost reicht bis in Tiefen von 1 bis 1,5 m. In Form einzelner Sträucher schiebt sich auf der Halbinsel Kola der Birkenwald gegen die Strauch- und Flechtentundra vor. Vogelbeere, Wacholder und mehrere Weidenarten gehören dazu. Anstelle von Birkenwald wäre es richtiger, von Birkenheide zu sprechen, da die Birken sich nahezu kriechend am Boden festklammern. Als Unterwuchs treten Heidelbeere und Heidekraut flächenhaft auf. Im Rahmen der menschlichen Nutzung hat dieser Streifen hauptsächlich als Weide für die Rentierhaltung gedient, deren Ausdehnung zu Beginn des 20. Jahrhunderts zur Zurückdrängung der nördlichen Waldgrenze, vor allem in Lappland, geführt hat. Damit besteht eine gewisse Parallele zu den Vorgängen an der Obergrenze des Waldes in den Gebirgsräumen, wo – ebenfalls durch die Weidewirtschaft – die natürliche Waldgrenze abgesenkt worden ist. Waldlos sind der Küstenrand Norwegens, das Vorgebirge und die Inseln, wo der starke Wind einzelne Laubhölzer, wie Ebereschen, Birken und Erlen, nur in kriechender Form aufkommen lässt.

Die eigentliche Nadelwaldzone schließt sich an, in der in Skandinavien Fichte und Kiefer ungefähr gleich stark vertreten sind. Die Kiefer überwiegt auf sandigem, die Fichte auf feuchtem Boden. Flächenhaft verbreitet sind Heidel- und Preiselbeersträucher, deren Beeren teilweise international vermarktet werden. Riesenfarnwälder sind ein Zeichen für die starke Versauerung des Bodens unter dem Einfluss der starken Niederschläge und der hohen Luftfeuchtigkeit. Dementsprechend ist auch die Moorbildung landschaftsbeherrschend.

Das Nadelwaldgebiet mit eingemischten Laubhölzern beschränkt sich im Wesentlichen auf die Finnisch-Karelische Seenplatte (vgl. Abb. 2.7). Im subkontinentalen Klima beträgt die Vegetationsperiode bis zu 120 Tage. Dementsprechend gedeihen einige anspruchsvollere Laubhölzer, wie Winterlinde, Bergulme, Spitzahorn und Esche.

Der Zustand der Wälder wurde bis zur Gegenwart durch eine Form der Brandwirtschaft beeinflusst, welche die Fichte zugunsten der Birke und der Grauerle zurückgedrängt hat. Während das reine Nadelwaldgebiet im Wesentlichen nur in Form von nichtagraren Siedlungen, Holzfällerkolonien, Köhlersiedlungen und Bergbauorten erschlossen wurde, ist dieser südliche Abschnitt ab dem 18. Jahrhundert teilweise in Kultur genommen worden. Im Vergleich zum Gebirge besteht eine Parallele zu älteren Formen der Brandwirtschaft am Ostrand der Alpen und im Französischen Zentralmassiv. Ebenso wie in den Höhenstockwerken der Gebirge wird auch in Skandinavien die Pionierzone wieder zurückgenommen.

Die Zone der sommergrünen Laubwälder

Die sommergrünen Laubwälder sind im Vergleich zu Nordamerika artenarm (32 Laubbaum- und 8 Nadelbaumarten; in Nordamerika: 57 bzw. 18 Arten; vgl. Mayer 1984 S. 129). Dies ist auf die West-Ost-streichenden alpidischen Gebirge zurückzuführen, die nach der Eiszeit eine Wiedereinwanderung von Vegetationselementen aus dem Süden erschwerten.

Die Nordgrenze des Laubwaldgürtels ist eine Kältegrenze. Das Auftreten von Früh- und Spätfrösten und die Verkürzung der Vegetationszeit bilden entscheidende Barrieren. Zum Unterschied davon sind die Ost- und ebenso die Südgrenze als Dürregrenzen ausgebildet, einerseits gegen die Steppenräume und andererseits gegen die Hartlaubzone hin.

Die Hauptverbreitung des Laubwaldes auf dem Kontinent liegt zwischen dem 45. und dem 55. Breitengrad. Seine Existenzbedingungen sind Niederschläge zu allen Jahreszeiten, vor allem eine ausreichend feuchte, sommerliche Vegetationsperiode von mindestens fünfmonatiger Dauer.

Lichtenberger 2002, S. 121, Abb. 34.

Nach dem Grad der Ozeanität des Klimas sondern sich ein west- und ein mitteleuropäischer Abschnitt des Laubwaldgürtels voneinander.

Abb. 2.30: *Waldgrenze im Gesäuse, Steiermark.*

Die westeuropäische Laubwaldregion
Im ursprünglichen Waldbestand der westeuropäischen Laubwaldregion hielten einander Eiche, Buche und Hainbuche das Gleichgewicht, während die Fichte ebenso wie die Kiefer in den meisten Teilen fehlte. Beide sind erst in den vergangenen fünfzig Jahren durch die moderne Forstwirtschaft in größerem Umfang hereingebracht worden. Die landschaftsbeherrschenden Vegetationsformationen Westeuropas sind jedoch nicht Wälder, sondern Heiden und Moore.

Die Heiden gehören zu den interessanten pflanzengeographischen und kulturhistorischen Phänomenen des atlantischen Klimabereichs. Die Heiden sind eine Sekundärformation, welche durch die Beweidung und die Art der Holzentnahme sowie die Brandwirtschaft entstanden ist. Sie sind Degradationsformen, gekennzeichnet durch ein typisches Bodenprofil mit starker Rohhumusdecke, Ortsteinbildung in der Tiefe und Stickstoffmangel des Bodens. In älterer Zeit waren die Heiden vorwiegend mit einer extensiven Schafhaltung verbunden, welche in Großbritannien bis heute große Bedeutung besitzt.

Die jüngere Entwicklung der Heiden ist in hohem Maße von den agrarpolitischen Intentionen der einzelnen Staaten abhängig gewesen. So haben die Niederlande, die vor 150 Jahren noch ausgedehnte Heidegebiete besaßen, seither alle Heiden melioriert und in Kultur genommen. Durch die Methode des Tiefpflügens wurde die Ortsteinschicht zerbrochen und die Rohhumusdecke durch Beimengung von Mineralboden aufgelockert. Eine intensive Stickstoffdüngung hat die Qualität der Böden verbessert und die Erträge erheblich erhöht. Die Kultivierung der Heiden war stets mit einer besitzrechtlichen Veränderung, nämlich der Überführung aus dem Gemeinschafts- in den Individualbesitz, verbunden.

In Deutschland und in Frankreich bestand in den vergangenen Jahrzehnten die Tendenz, Heidegebiete als Naturschutzparks einzurichten und als Naturdenkmal zu erhalten.

Bis heute flächenbeherrschend sind die Heiden in der Mitte und im Nordwesten Frankreichs geblieben, wo sie nach wie vor als Allmende genutzt werden, und ebenso in großen Teilen Englands.

Die Moore bilden das zweite wesentliche Vegetationselement Westeuropas. Ihre Entstehung setzt Jahresdurchschnittstemperaturen von unter zehn Grad Celsius sowie eine feuchte, durch hohe Niederschlagsmengen ausgezeichnete Vegetationsperiode bei gleichzeitig geringer Verdunstung voraus. Ein weiteres topographisches Merkmal kommt hinzu, nämlich ein flachwelliges Relief mit sanften Böschungen und dementsprechend träger und langsamer Entwässerung.

Es sind zwei Typen zu unterscheiden: Nieder- und Hochmoore. Zwischen beiden besteht ein grundsätzlicher Unterschied insofern, als Niedermoore einen nährstoffreichen Grundwasserhorizont benötigen, während Hochmoore versauert sind und nur von Regenfällen gespeist werden. Die Moore sind ebenso wie die Heiden seit dem 18. Jahrhundert durch verschiedene Maßnahmen in Kultur genommen worden. Auch hierbei gingen die Niederlande beispielgebend voran und haben verschiedene Verfahren der Moorkultivierung entwickelt, die dann in weiten Teilen Norddeutschlands übernommen wurden. So hat Friedrich der Große Fehnkolonien durch Holländer anlegen lassen.

Die mitteleuropäische Laubwaldregion

In der mitteleuropäischen Laubwaldregion ist die Rotbuche der Leitbaum der Wälder. Sie wird in wärmeren Lagen von Eichen und Hainbuchen abgelöst, während sie nach oben hin in eine Mischwaldstufe mit Buchen, Tannen und Fichten übergeht. Die edaphische Differenzierung ist im gesamten Raum der Inlandeisvergletscherung besonders ausgeprägt und spiegelt sich auch in den Unterschieden agrarischer Nutzung wider. In den feuchten Niederungen der Ursprungstäler stockt ein Eichen-Kiefern-Wald, während die Sanderflächen ein natürlicher Standort der Kiefer sind, neben der auch die Fichte stärker in Erscheinung tritt. Zum Unterschied von diesen eher dürftigen Wäldern werden die Endmoränenzüge von einem recht üppigen Mischwald von Rotbuchen, Eichen und Hainbuchen bedeckt. Die Nutzungspalette reicht von den Weiden und Wiesen in den Niederungen bis zu einer recht aufwendigen Fruchtwechselwirtschaft des Anbaus auf den Moränenzügen.

Die mediterrane Hartlaubregion

Die mediterrane Hartlaubregion ist nach Norden hin keineswegs scharf abgegrenzt, sondern weist eine Übergangsstufe auf, welche als submediterrane Stufe bezeichnet wird und vom Süden her auch in die Alpentäler hineinreicht. Sie ist auf Kristallin durch die Edelkastanie und auf Kalk durch den Buchsbaum als Leitpflanze kenntlich. Die Flaumeiche entspricht der natürlichen Vegetation, während die Edelkastanie erst später als Kulturbaum hereingebracht wurde. Die Kastanienstufe bildet eine breite Zone an den Südabhängen der Cevennen im Französischen Zentralmassiv (Abb. 2.31) und in den kristallinen Südalpen. Die einst für die menschliche Nahrung und als Viehfutter wichtige Kastanie hat ihre Bedeutung in der modernen Agrarwirtschaft verloren, mit bedingt durch eine Art Krebserkrankung der Bäume, so dass sich heute die einstige Kastanienstufe weithin als Verfallszone präsentiert. Nur selten haben andere Baumkulturen die Nachfolge angetreten, wie im Gebiet des Monte Amiato im Apennin, wo Haselnusssträucher die einstigen Kastanienkulturen ersetzt haben.

Besonders auf kalkigem Untergrund hat die für das Mediterrangebiet kennzeichnende Waldverwüstung auch die submediterrane Stufe erfasst. Dabei ist der Buchsbaum eine Leitpflanze für die degradierte Sekundärvegetation geworden. Er tritt im Apennin wie auf der südosteuropäischen Halbinsel, vor allem im Pindusgebirge, auf.

Physiognomisch ist die Zone der Hartlaubhölzer anhand der immergrünen, trockenheitsresistenten Holzpflanzen, deren harte, dicke und lederartige Blätter zur Bezeichnung als Hartlaubhölzer geführt haben, klar zu erkennen. Allerdings ist vom ursprünglichen Waldkleid nur sehr wenig übrig geblieben. Es bestand aus verschiedenen Eichenarten, wie der Stein-, der Kermes- und der Korkeiche sowie diversen Koniferen, wie der Aleppokiefer, der Pinie und mehreren Arten von Baumwacholdern (Abb. 2.33).

Die Waldvernichtung wurde jedoch in diesem sehr alten Kulturraum mit schon früher dichter Besiedlung nicht nur durch die Übernutzung durch den Menschen verursacht, sondern wurde auch durch das außerordentlich langsame Wachstum der Bäume begünstigt. Vor allem die Eichen benötigen mehrere hundert Jahre, um ihre volle Höhe zu erreichen. Während die einheimischen Arten somit durch einen sehr langsamen Holzzuwachs gekennzeichnet sind, konnte man mit importierten Baumarten, wie dem Eukalyptus, geradezu unwahrscheinliche Zuwachsresultate erzielen. In Sizilien, wo zuerst große Plantagen entstanden, weisen die Bäume nach 30 Jahren eine Höhe bis zu 30 m und einen Durchmesser bis zu 60 cm auf. Mit Holzerträgen von 40 Festmetern pro Hektar im Jahr werden in den Eukalyptusplantagen die höchsten forstwirtschaftlichen Erträge der Erde erzielt. Durch die nahezu völlige Waldvernichtung ist eine Sekundärformation entstanden, welche in den einzelnen Sprachen verschiedene Bezeichnungen erhalten hat. In Griechenland spricht man von Phrygana, einer strauchreichen Polsterflur, in Spanien von den Tomillares, einer degradierten Cistus-Ausbildung, in Frankreich von der vornehmlich aus Dornsträuchern bestehenden Garrigue. Die italienische Bezeichnung Macchie steht als Gattungsbegriff für alle. Diese Sekundärformationen bestehen aus verschiedenen Stachelbüschen, Distelgewächsen und Pflanzen, die infolge

ihrer ätherischen Öle und Stacheln vom Vieh gemieden und selbst von den Ziegen kaum angerührt werden.

Der Charakterbaum des Mediterrangebietes ist die Olive, ursprünglich wild wachsend, dann in Kultur genommen. Unter den Koniferen wird die Pinie als dekorativer Alleebaum und rings um Gutshöfe angepflanzt, ähnlich wie in Mitteleuropa Eichen und Linden (Abb. 2.34).

Die Degradierung der Vegetation hat vor dem Boden nicht Halt gemacht. Bei den mediterranen Gelb- und Roterden finden sich daher auch alle Formen der Bodenzerstörung. Es ist außerordentlich schwierig, den Wald wieder auf die völlig ihrer Bodendecke beraubten Hänge zurückzubringen. Zwar werden Aufforstungsprogramme in allen

Abb. 2.31: *Kastanienwald im Südosten des Französischen Zentralmassivs.*

Abb. 2.32: *Aufforstungen im Ebrobecken, Spanien.*

nördliche Nadelwaldzone ein Höhenstockwerk in den Mittel- und Hochgebirgen Mitteleuropas und im Mediterrangebiet. Auf ihre Bedeutung für die Holzwirtschaft in Nordeuropa wurde hingewiesen. Eine ähnliche Rolle kommt ihr auch in der Mitte Europas zu. Dieses Höhenstockwerk des Nadelwaldes konnte sich im Mediterrangebiet gleichfalls am besten gegen die Weidewirtschaft behaupten. Im Apennin und im Pindusgebirge beeindrucken den Reisenden die prachtvollen Tannen- und Kiefernwälder der Hochregion über dem nahezu vollständig vernichteten Stockwerk des Laubwaldes.

Das tiefere Stockwerk des mitteleuropäischen Laubwaldes ist von der Forstwirtschaft in weiten Teilen von Mitteleuropa durch Nadelwälder ersetzt worden. An die Stelle von Buchenwäldern sind Fichtenforste getreten. Ganz ähnlich geht die viel jüngere Aufforstungspolitik mediterraner Staaten vor, bei der die Aleppokiefer im Zuge der Aufforstungen die Steineiche verdrängt. Die Entwicklung zweier Übergangsstufen, nämlich einerseits zwischen der Laubmischwaldstufe und dem borealen Nadelwald und andererseits zwischen der Hartlaub- und der Laubwaldregion, verdient Beachtung.

Die nördliche Stufe des Mischwaldes war in Nordeuropa ebenso wie in den Gebirgshochlagen der Mitte Europas die Zone eines Vorstoßes der Siedlung in Kolonisationsperioden und ist heute eine Zone des Rückzugs der agrarwirtschaftlichen Nutzung und auch der Siedlung überall dort, wo die Bevölkerung keine neuen Einkommensquellen außerhalb der Landwirtschaft erschließen kann. Eine ähnliche Pufferfunktion kommt der submediterranen Flaumeichenstufe zu, in der sich in vorindustrieller Zeit, oft in Form eines sehr arbeitsaufwendigen Terrassenbaus, vor allem der Weinbau ausgebreitet hat. Heute sind diese Gebirgsrandgebiete im Französischen Zentralmassiv, in den Südalpen und längs der Dalmatinischen Küsten weitflächige Verfallsgebiete, da ihre Produkte in der marktwirtschaftlichen Konkurrenz denen aus den klimatisch günstigeren vollmediterranen Gebieten unterlegen sind.

Damit sind diese vegetationsmäßigen Pufferzonen in siedlungs- und agrarhistorischer Hinsicht

Abb. 2.33: *Mediterraner Wald mit Korkeichen und Ginster, Provence.*

Staaten durchgeführt (Abb. 2.32), doch sind viele davon infolge der relativen Kürze ihrer Laufzeit und der hohen Kosten gebietsweise noch kaum über das Experimentierstadium hinausgekommen. Unbrauchbar sind für diese Länder auch die Angaben der internationalen Forststatistik, in welcher Macchie vielfach als Kiefern- oder Steineichenwald ausgewiesen wird.

Zusammenfassend wird der Einfluss des Menschen auf die zonale und vertikale Differenzierung des Vegetationsaufbaus skizziert. Derart bildet die

Abb. 2.34: *Via Appia mit Pinien südl. Rom.*

gleichzeitig Gebiete, in denen sich Expansion und Rückzug der mitteleuropäischen sowie mediterranen Kulturlandschaft vollzogen haben und weiterhin vollziehen.

Waldsterben und Waldbrände

Alle traditionellen Agrargesellschaften haben in der Vergangenheit Raubbau am Wald betrieben. Die Ziegenherden in den Macchien Griechenlands und auf den griechischen Inseln geben einen aktuellen Anschauungsunterricht hinsichtlich der inzwischen in Zentraleuropa weitgehend verschwundenen Waldweide von Rindern und Schafen. Hier haben bereits die physiokratischen Bestrebungen im 18. Jahrhundert die Epoche einer geordneten Forstwirtschaft eingeleitet, welche auf die Verbesserung des Wirtschaftswaldes ausgerichtet war. Der Forst ersetzte den Wald. Im Zuge der Arrondierung von Grenzertragsböden breitete sich in der Hochphase der Industrialisierung vor dem Ersten Weltkrieg die Forstwirtschaft in den Mittel- und Hochgebirgen im mittleren Streifen Europas weit in den Karpatenraum hinein aus.

Ausgerechnet in diesen Forstrevieren in dicht besiedelten und industrialisierten Räumen, wie im Erzgebirge, wurde zuerst – Ende der 60er Jahre des 20. Jahrhunderts – das Absterben von ausgedehnten Waldarealen beobachtet. Jahre hindurch beherrschte das Thema des Waldsterbens die Medien. Im Verein mit anderen Umweltschäden kam es zur Genfer Luftreinhaltekonvention 1979 und in weiterer Konsequenz zum großen europaweiten Monitoring des Zustands der Waldökosysteme. Rückblickend kann Europa für sich in Anspruch nehmen, das weltweit größte Biomonitoringsystem entwickelt zu haben.

Dank umfassender Maßnahmen sind im Untersuchungszeitraum die Schwefelemissionen europaweit spürbar zurückgegangen. Durch die Stilllegung großer Industriegebiete nach der Wende hat sich die Situation in den EU-Erweiterungsstaaten entspannt. Nur in einigen Teilen der Mittelmeerregion, hierzu gehören weite Teile Portugals, Südspaniens und Frankreichs, Teile von Italien und von Kroatien, geht das Waldsterben weiter. In diesen Räumen hat im vergangenen Jahrfünft der Nadel- und Blattverlust aller Arten deutlich zugenommen. Besonders betroffen sind davon die Steineiche und die Seestrandkiefer.

In diesen mediterranen Waldgebieten ist für die EU in den letzten Jahren eine neue Aufgabe entstanden, nämlich die Koordination des Kampfes gegen die Waldbrände, welche in den ungewöhnlich heißen Sommern zu Beginn des 21. Jahrhunderts in Portugal, Spanien, Griechenland und Italien gewütet haben. Die Kommission hat ein kohärentes Waldbrandinformationssystem für Europa entwickelt, das die Risiken anhand bestimmter Faktoren bewertet und ein tägliches Brandvorhersagesystem mit speziellen Gefahrenkarten erstellt. Außer der Risikovorhersage ist die Umweltbehörde der EU dabei, die Funktion einer zentralen Koordinationsstelle für das Katastrophenmanagement zu übernehmen.

Zum Unterschied von der Agrarpolitik hat die EU bisher noch keine Forstpolitik entwickelt. Es ist von Interesse festzustellen, dass auch die Erstaufforstung von landwirtschaftlichen Flächen, welche im Zusammenhang mit der Stilllegungsbeihilfe der EG subventioniert wurde, nicht von Erfolg begleitet war. Von den 220.000 ha stillgelegten Flächen in Deutschland wurden zunächst lediglich 0,5 % aufgeforstet. Anders ist die Situation in Frankreich, wo schon im 19. Jahrhundert Agrarland brach gefallen ist und über eine Million Waldbesitzer ihre kleinen Waldstücke als eine Art Sparbüchse betrachten, die nicht angetastet wird.

Diese zwei Beispiele belegen die enormen Unterschiede der Rahmenbedingungen für eine europaweite EU-Forstpolitik nicht nur in Hinblick auf den Waldzustand und die Artenzusammensetzung von den Tundrenwäldern in Finnland über die Fichtenforste in den Alpen und Mittelgebirgen bis zu den Macchien Spaniens und Griechenlands, sondern auch die Vielfalt der Intentionen der Waldbesitzer. Zu wenig beachtet werden hierbei die sehr unterschiedlichen Interessen bezüglich der Jagd, welche in weiten Teilen Zentraleuropas als Hochwildjagd eine historische Funktion vom herrschaftlichen Forst bis zur bäuerlichen Eigenjagd besitzt und in den ländlichen Räumen weit verbreitet ist. Mit den EU-Erweiterungsstaaten sind ausgedehnte Jagdreviere in den Karpaten hinzugekommen.

Tab. 2.1 *Nationalparks in Europa 2004*

	Zahl der NP	Gründung 1. Park	Gesamt-fläche in ha
Westeuropa	**42**	**–**	**2.784.854**
Belgien	6	–	–
Niederlande	12	1989	26.185
Frankreich	7	1963	1.293.193
Großbritannien	11	1951	1.405.895
Irland	6		59.581
Mitteleuropa	**22**	**–**	**1.178.005**
Deutschland	15	1970	930.431
Österreich	6	1981	230.334
Schweiz	1	1914	17.240
Nordeuropa	**91**	**–**	**6.410.560**
Dänemark	7	projektiert	–
Finnland	35	1938	815.000
Norwegen	21	1962	2.302.600
Schweden	28	1909	3.292.960
Südeuropa	**51**	**–**	**1.983.124**
Griechenland	9	–	43.022
Italien	21	3 Projekte	1.500.000
Portugal	11	–	315.000
Spanien	10	–	125.102
EU-Erweiterung	**53**	**–**	**1.499.564**
Estland	4	1971	175.686
Litauen	5	1974	139.860
Lettland	1	1973	92.000
Polen	23	–	315.000
Slowakei	7	1948	243.218
Slowenien	1	1924	83.800
Tschech. Rep.	7	–	ca.300.000
Ungarn	5	1973	ca.150.000
Südosteuropa	**48**	**–**	**1.548.848**
Albanien	11	1998	107.000
Bosnien-Herzegowina	5	1954	25.059
Bulgarien	3	1991	180.116
Kroatien	8	1949	–
Mazedonien	3	–	150.000
Rumänien	13	1935	1.239.633
Serbien-Montenegro	5		159.215
Türkei	20	–	–

Quellen: *Zusammenstellung aus dem Internet nach Angaben der Einzelstaaten.*

Nationalparks

Unter den Agenden der EU sucht man den Begriff des Nationalparks vergeblich. Die Einrichtung und Finanzierung von Nationalparks ist bisher eine nationale Angelegenheit geblieben. Selbstverständlich hat die EU 1992 die Fauna-Flora–Habitat-Richtlinie (FFH) akzeptiert und die Natura-2000-Aktion gestartet. Doch gibt es keine Institution der EU für die Nationalparks.

Auf den ersten Blick könnte man daher der Meinung sein, der nach dem Zweiten Weltkrieg ausgebrochene Boom in der Planung und Errichtung von Nationalparks sei eine sehr späte Übernahme des US-amerikanischen Konzepts der Ausweisung von besonders schützenswerten Naturlandschaften, die 1872 mit der Ausweisung des Yellowstone-Nationalparks begann und vor dem Ersten Weltkrieg nur von zwei europäischen Staaten, nämlich Schweden und der Schweiz, nachgeahmt wurde. In Schweden wurde der erste Nationalpark 1909, in der Schweiz 1914 ausgewiesen. Nur hier gab es auch noch relativ „unberührte Naturräume".

Die Unterschiede bezüglich der Nationalparkpolitik in den USA und in Europa sind grundsätzlicher Natur.

In den USA gehören die Nationalparkgebiete, welche rund 20 % der Fläche einnehmen, dem Staat. Sie werden vom Department of the Interior nach einheitlichen Prinzipien verwaltet und aus Staatsmitteln instand gehalten. Nationalparks sind Teil der „We are all Americans"-Ideologie und haben mit einem täglichen Besucherstrom von 1 Mio. Menschen eine beachtliche Bedeutung für die Freizeitgestaltung.

In Europa besteht derzeit keine Tendenz zur „Europäisierung" der Nationalparkidee. Dementsprechend bestehen starke nationale Unterschiede in den Zielsetzungen. Es gibt derzeit auch keine Informationsbehörde über die bestehenden Nationalparks und sonstigen Naturparks in Europa. Die in Tabelle 2.1 vermittelte Information beruht auf den Angaben der einzelnen Staaten.

In Europa besteht eine Vielfalt von internationalen Organisationen sowie regionalen und lokalen Institutionen, welche auf der Grundlage des

Natur- und Umweltschutzes entstanden sind. Es besteht jedoch keine Tendenz, im Nachhinein die Areale der neu eingerichteten Nationalparks zu „nationalisieren". Für Großbritannien liegen präzise Daten über die Besitzverhältnisse vor, wonach sich rund vier Fünftel der Fläche der Nationalparks in Privatbesitz befinden und das restliche Viertel dem Verteidigungsministerium, der staatlichen Forstbehörde, dem National Trust, einer Art Denkmalschutzvereinigung, und Wassergesellschaften gehört. Ähnlich sind die Verhältnisse in Frankreich und im deutschen Sprachraum.

Es ist einsichtig, dass aufgrund des vorherrschenden Privatbesitzes die Errichtung von Nationalparks in den altbesiedelten Räumen Europas recht mühsam ist und nur durch die Pachtung von Flächen erfolgen kann. Dabei hat sich, dem französischen Beispiel folgend, auch ein Kern-Rand-Konzept von Nationalparks als zweckmäßig erwiesen, wobei nur im Kern eine „Renaturierung" erfolgt, bisherige Nutzungen eingestellt werden und andererseits eine Wiederansiedlung von ausgestorbenen Tieren, wie Bibern, Wildschweinen, Wölfen, Bären und spezifischen Vogelarten, darunter besonders den großen Greifvögeln, durchgeführt wird.

Beruhend auf der Überzeugung von der Notwendigkeit, „die biologische Diversität zu erhalten", werden bestimmte Pflanzenassoziationen unter besonderen Schutz gestellt, darunter Watten und Marschen, Sumpf- und Augebiete. Bei den Randzonen geht es darum, in einer geordneten „Rückzugspolitik" periphere Siedlungsräume in Naturschutzgebiete und Nationalparks umzuwandeln und im Verein mit einem sanften Tourismus Geldmittel in abgelegene Landschaften zu lenken.

Die Tabelle 2.1 bietet eine Übersicht über die derzeit von den einzelnen europäischen Staaten ausgewiesenen Nationalparks und die großen nationalen Unterschiede.

In Deutschland wurde 1969 mit dem Bayerischen Wald der erste Nationalpark eingerichtet, 1978 folgte das Königsseegebiet bei Berchtesgaden und 1985 wurden die Küstenbereiche des deutschen Wattenmeers als Nationalpark ausgewiesen. In der ehemaligen Deutschen Demokratischen Republik wurden noch vor der Wiedervereinigung

fünf Nationalparks eingerichtet. 2004 wurde mit dem Nationalpark Eifel der fünfzehnte Nationalpark in Deutschland eröffnet.

Es entspricht der kleingliedrigen naturräumlichen und historisch-politischen Struktur Europas, dass seit der Zwischenkriegszeit auf regionaler und auf lokaler Ebene bestimmte Areale als Naturschutzgebiete ausgewiesen wurden. Hierbei hatten die nordeuropäischen Staaten, aber auch Österreich eine Vorreiterrolle inne.

In regionaler Hinsicht kommt gegenwärtig Landschaftsschutzgebieten, in denen ordnungsgemäße Landwirtschaft und Erholungsnutzung vorgesehen sind, wachsende Bedeutung zu. In der Bundesrepublik umfassen die mehr als 6.000 Landschaftsschutzgebiete bereits rund ein Viertel der Staatsfläche. Damit wird eine Größenordnung im Flächenausmaß erreicht, welche den Flächenanteil der Nationalparks in den USA sogar übertrifft. Aufgrund der historischen Erschließung attraktiver Berg- und Hochgebirgsräume und der viel größeren Vielfalt an naturnahen Betätigungen in Europa ist die Erholungsfunktion in Nationalparks ein integrierter Bestandteil des touristischen Freizeitaufkommens, für dessen quantitative Anteile am Tourismus bisher jedoch keine Daten zur Verfügung stehen.

In der Ausweisung von Naturschutzgebieten besteht in Europa ein deutliches Nord-Süd- und ebenso ein West-Ost-Gefälle. Während in Nordeuropa, in Norwegen, Schweden und Finnland, dank der geringen Durchsiedlung und Bevölkerungsdichte noch weiträumige naturnahe Landschaften vorhanden sind und starke Intentionen dieser Staaten bestehen, weitere Naturschutzgebiete für die Zukunft zu erhalten, zeigt andererseits Griechenland an der Idee der Neueinrichtung von Naturschutzgebieten nur geringes Interesse. Dies ist auch insofern einsichtig, als hier ebenso wie in anderen mediterranen Räumen das kulturhistorische Erbe stets von dominanter Bedeutung war.

Die West-Ost-Aussage für Europa lautet anders. Während im Westen die „Nationalparkwelle" bereits den Höhepunkt überschritten hat, sind nunmehr die EU-Erweiterungsstaaten und die Staaten in Südosteuropa dabei, ihre beachtlichen Naturlandschaftsreserven für künftige europäische Interessenten einzurichten.

Die Ressource Wasser

Einleitung

„Wasser ist Leben", so lautet die Devise der neuen EU-Wasserrahmenrichtlinie. Damit ist die Grundintention dieses Kapitels umschrieben, welches mit Notwendigkeit über die geowissenschaftlichen Grundlagen der Flussregime Europas und der Grundwassererneuerung hinausgeht und das europäische Problem aufzeigt, wonach Wasser nicht mehr ubiquitär vorhanden ist, sondern in großen Teilen Europas zu einem knappen Gut geworden ist.

Während das durch den Witterungsablauf vorgezeichnete Flussregime vom Menschen nicht verändert werden kann, ist andererseits die Nutzung der Ressource Wasser, besonders des Grundwassers, zu einer politisch brisanten Angelegenheit geworden. Überdies greifen die „Wasserpolitik" und ebenso der im Entstehen begriffene Wassermarkt über Regulierungen, Restriktionen und schließlich über den Wasserpreis für bestimmte Abnehmergruppen in alle Bereiche der Gesellschaft und Wirtschaft ein. Wasser ist schließlich als bewegliches Gut auch der mit Abstand „weichste" Faktor unter den Elementen der Natur. Wasserleitungen baute bereits das Römische Reich, Wasserüberleitungen innerhalb von Staaten und über Staatsgrenzen hinweg werden zu den politischen Themen des 21. Jahrhunderts gehören, in dem auch die Frage der technologischen Bewältigung von Jahrhunderthochwässern weiter auf dem Programm bleiben wird.

Europa hat wie kein anderer Kontinent das Potential seiner Wasserkräfte zur Energiegewinnung bereits weitgehend ausgeschöpft. Seine großen Wasserschlösser, wie die Alpen, haben sich mit Speicherkraftwerken umgürtet. Flüsse mit starkem Gefälle, wie die Donau, besetzen Laufkraftwerke. Eingriffe in den Wasserhaushalt der großen Ströme, Flussregulierungen und Dammbauten reichen bis in den Beginn der Neuzeit zurück. Heute sind nahezu alle großen Flüsse im Westen und in der Mitte Europas in ein reguliertes Bett gezwungen.

Vor dem Hintergrund des globalen Wassermangels in großen Teilen der Erde und der steigenden Umweltverschmutzung erfolgt gegenwärtig in Europa im Zeichen der Liberalisierung die Auseinandersetzung zwischen den Ordnungsmaßnahmen der EU in Form einer im Geiste der Aufklärung getragenen Wasserpolitik und den globalen Wasserunternehmen, welche aus staatlichen oder halbstaatlichen Betrieben in Deutschland und Frankreich entstanden sind und von hier aus als Global Players auf dem Wassermarkt agieren. Die gegenwärtige Szene hinsichtlich der Ressource Wasser ist in Europa schon bezüglich der hydrologischen Ausgangssituation differenziert zwischen Wasserüberschussstaaten, wie den Alpenländern, und Gebieten mit Wasserdefiziten, wie Teilen des Mediterranraumes. Hinzu kommen Unterschiede in Bezug auf den Wasserbedarf von Haushalten, Landwirtschaft und Industrie, zwischen ländlichen Räumen und Städten, und schließlich weitere Unterschiede im Standard der technischen Infrastruktur der Wasserversorgung und Wasseraufbereitung. Das bekannte Muster von Megalopolis und peripheren Räumen tritt auch hierbei wieder auf.

Die Flussregime Europas

Die Abflusstypen der Flüsse werden im Wesentlichen von drei Faktoren bestimmt:
1. von Gesamtmenge und Verteilung der Niederschläge,
2. vom Ausmaß der Verdunstung in den einzelnen Jahreszeiten und
3. von der Speicherung des Niederschlages in Form von Schnee oder Eis.

In Abhängigkeit davon werden folgende Flussregime unterschieden, die auch in unterschiedlicher Weise Bedeutung für die Wasserkraftnutzung besitzen.
1. Die Gletscherflüsse sind dadurch gekennzeichnet, dass sie während des Winters nur eine sehr geringe Wasserführung aufweisen. Der Wasserhaushalt ist beherrscht von der Aufspeicherung des schneeigen Niederschlages in der kalten Jahreszeit und der Schneeschmelze bzw. der

Ablation der Gletscher in der warmen Jahreszeit. Nachdem die Schnee- und Gletscherschmelze in den hoch gelegenen Gebieten erst sehr spät einsetzt, fallen die größten Abflussmengen in die Sommermonate Juni bis August. Im Großen und Ganzen betragen die Hochwasser das Fünfzehn- bis Zwanzigfache des Niederwassers. Im Gesamtaufbau von Europa stellt dieser glaziale Typ ein Höhenstockwerk im Rahmen der Abflusstypen dar, ihm verdanken die großen Speicherkraftwerke in der alpinen Hochregion im Verein mit dem großen Gefälle ihre beachtlichen Kapazitäten.

2. Im ozeanischen Bereich, dort, wo die Niederschläge nur ausnahmsweise als Schnee fallen, bietet der Abfluss ein getreues Spiegelbild der Verteilung der Niederschläge. Hierbei sind je nach dem Niederschlagsmaximum im Winter bzw. im Sommer zwei verschiedene pluviale Abflusstypen zu unterscheiden.

3. Beim nivalen Typ ist die Schneeschmelze für das Maximum des Abflusses verantwortlich. Bei diesem Typ bestehen wesentliche Unterschiede zwischen den Flüssen in der Niederung und den Gebirgsflüssen, da die Schneeschmelze im Gebirge allmählicher vor sich geht, indem sich die temporäre Schneegrenze vom Gebirgsfuß bis zum Höchststand im Sommer in die Hochregion aufwärts bewegt. In der Ebene setzt die Schneeschmelze plötzlich ein, ein rasches unvermitteltes Ansteigen des Wasserstandes ist die Folge.

4. Bei allen größeren Flüssen bestehen zwischen den genannten Typen Übergänge. Besonders wichtig für den Großteil der Alpen ist der nivoglaziale Typ, dem die meisten Alpenflüsse angehören. Sein Haupteinzugsgebiet liegt niedriger als das der Gletscherflüsse. Dementsprechend setzen die Hochwässer zugleich mit der Schneeschmelze meist schon im Mai ein.

Der nivopluviale Typ, bei dem die Schneedecke längere Zeit die Niederschläge speichert, beherrscht breite Räume vor allem des östlichen Mitteleuropa, wo sich die Schneeschmelze in einer Spitze der Wasserführung im März und April äußert (z.B. Oder).

Es gehört zu den bereits früh erkannten Möglichkeiten der Verbundwirtschaft, diese verschiedenen Spitzen der Wasserführung, welche durch unterschiedliche Kraftwerkstypen genutzt werden, auszugleichen. Zusammenschlüsse gehen bereits auf die Zwischenkriegszeit zurück. Sie umfassen auf der einen Seite große Laufkraftwerke, wie sie z.B. im Rahmen der Kraftwerkskette an der Donau errichtet wurden, und auf der anderen Seite hochalpine Speicherkraftwerke, welche im Winter den Ausgleich herstellen, wenn die Laufkraftwerke infolge Niederwassers nicht genügend Strom erzeugen können.

Alle genannten Flusstypen sind durch eine ganzjährige Wasserführung gekennzeichnet.

5. Hinzu kommt noch der für die Mediterranregion wichtige Typus der Torrenten, deren Schotterbetten während des niederschlagsarmen Sommers trocken liegen und zur Zeit der Äquinoktialregen von oft über die Ufer tretenden Wassermassen gefüllt sind.

Die großen europäischen Flüsse weisen eine sehr differenzierte Wasserführung auf, da in ihrem Einzugsgebiet verschiedene Wasserhaushalte zusammenkommen. Im Folgenden hierzu das Beispiel der Donau.

Die Donau ist mit 2.850 km Länge und einem Einzugsgebiet von 817.000 qkm der größte Strom der EU. In ihrem Oberlauf, im Einzugsgebiet des Schwarzwalds und in der Südwestdeutschen Schichtstufenlandschaft, ist die Wasserführung der Donau von den Niederschlägen und deren Speicherung als Schnee abhängig. Der Pegelstand von Kelheim weist daher einen Hochstand im April auf. Im Bereich der österreichischen Laufstrecke übt der dem nivoglazialen Abflusstypus angehörende Inn eine nachdrückliche Wirkung auf die Donau aus. Flussabwärts münden die nivopluvialen Flüsse, wie die Enns und Ybbs, ein. In Wien besteht daher ein ausgeprägtes Sommerhochwasser. Nach einem Niedrigwasser im Winter setzt der Anstieg im April mit der Schneeschmelze ein.

Auf der ungarischen Laufstrecke wird das Abflussregime der Donau einerseits von den nivopluvialen Nebenflüssen aus den Karpaten und andererseits durch das Klima mit Frühsommerregen bestimmt. Im Bereich der jugoslawischen und rumänischen Laufstrecke verschiebt sich das Maximum von Juni auf Mai, die Ursache ist die Schneeschmelze in den Gebirgen, den Karpaten und dem

Dinarischen Gebirge. Ein zweites Maximum im September belegt den Einfluss des randmediterranen Klimas, aus dem die südlichen Zuflüsse aus dem Dinarischen Gebirge stammen. Während in Wien die Schwankungen zwischen Nieder- und Hochwasser noch etwa 1:10 betragen, reduzieren sich die Unterschiede nach dem Eintritt der Donau in das Pannonische Becken auf das Verhältnis 1:2. Damit bestehen für die Anlage von Laufkraftwerken wesentlich bessere Voraussetzungen als am Oberlauf.

Das Grundwasser

Während die Wasserführung der Flüsse durch hydrologische Dienste seit langem registriert wird, werden die europaweiten Daten für die Quell- und Grundwasserkörper in den verschiedenen Flussgebieten der europäischen Staaten erst dank der EU-Initiative mittels der Erhebungen im Rahmen der EU-Wasserrahmenrichtlinie zur Verfügung stehen.

Dabei sind Quellen und Grundwasservorkommen die Hauptträger der Wasserversorgung. Zu den zwei Hauptgruppen gehören die Karstgebiete und die quartären Lockersedimente entlang der Täler und Becken. Vor allem die Ablagerungen der Eiszeit besitzen eine eklatante Bedeutung für die Wasserwirtschaft. Rund 65 % des europäischen Trinkwassers stammen aus dem Grundwasser und hier wieder vorwiegend aus den Wasser führenden Ablagerungen in den Tal- und Beckenräumen und in den tektonischen Senkungsfeldern. Gespannte Grundwässer, welche durch artesische Brunnen gewonnen werden, kennzeichnen die tektonischen Bruchlinien der alpidischen Gebirge.

Ungünstige hydrologische Verhältnisse bestehen hingegen in den Kristallinmassiven, wo die Wasserführung auf Kluft- und Störungszonen beschränkt ist.

Das Wasser als öffentliches Gut und als Marktartikel

Die Thematik ist äußerst schwierig und vielschichtig. Im Folgenden wird auf das Wasserrecht, die Po-

litik der EU, auf den Vorgang der Privatisierung und das Entstehen des Wassermarktes eingegangen.

Das Wasserrecht

Die Trennung von fließendem Wasser und Grundwasser ist nicht nur wegen der unterschiedlichen unmittelbaren „Sichtbarkeit" und Testbarkeit von Verschmutzungen von sehr großer Bedeutung, sondern auch infolge der unterschiedlichen Rechtsverhältnisse, die allerdings bisher in den Richtlinien und Verordnungen der EU nicht berücksichtigt worden sind. Im römischen Recht, welches in den meisten europäischen Staaten die Grundlage des Privatrechtes bildet, ist alles fließende Wasser Gemeingut. Ein privates Eigentum an fließendem Wasser ist daher, gleichgültig ob es sich um kleine Bäche oder große Ströme handelt, nicht möglich. Andererseits bildet jedoch das Grundwasser eine Art Zubehör des Bodens, in dem es enthalten ist.

Daraus ergibt sich in weiterer Konsequenz, dass in allen Staaten, in denen Grund und Boden nationalisiert wurden, auch das Grundwasser verstaatlicht worden ist.

Im Zuge der Transformation vom Staat zum Markt sind daher in den EU-Erweiterungsstaaten Großtransaktionen von Grundwasser an private Interessenten durchaus möglich.

„Grundwasser und Quellen sind nach österreichischem Recht ‚privates Wasser', das nicht für öffentlich erklärt werden kann. Privatgewässer gehören dem Grundeigentümer, sind Sachen im Sinne des Allgemeinen Bürgerlichen Gesetzbuches mit dem entsprechenden Eigentums- und Besitzesschutz. Somit unterstehen auch Privatgewässer nach der österreichischen Rechtsordnung den Gesetzen der freien Marktwirtschaft." (Information Rechtsanwalt Dr. Grasl, Innsbruck)

Damit ist die Diskussion für die grundsätzliche Frage eröffnet: Ist das Wasser im Interesse der Allgemeinheit ein öffentliches Gut oder ist es ein Marktartikel?

Die EU-Wasserrahmenrichtlinie (EU-WRRL) schafft einen neuen, europaweiten Ordnungsrahmen für den Schutz der Oberflächengewässer, der Küstengewässer und des Grundwassers. Im Zuge ihrer Umsetzung sind für die wasserwirtschaftliche Planung bis 2009 Bewirtschaftungspläne auf der

Ebene von Flusseinzugsgebieten zu erarbeiten (Art. 13 EU-WRRL) und zugehörige Maßnahmenprogramme zur Erreichung eines guten Gewässerzustandes zu erstellen (Art. 11 EU-WRRL). Die umfassende Zielsetzung liegt darin, bis 2015 für alle Gewässer einen guten Gewässerzustand zu gewährleisten. Hierzu sind folgende Schritte vorgesehen: bis Ende 2004 eine Bestandsaufnahme der Merkmale der einzelnen Flussgebiete mit allen Belastungen und anthropogenen Einwirkungen auf die Gewässer (Art. 5), bis 2006 ein Monitoringprogramm zur Überwachung des Gewässerzustandes (Art. 8), bis 2009 vollständige Bewirtschaftungspläne und Maßnahmenprogramme (Art. 11, 13).

Dieses außerordentlich ambitionierte Programm ist zweifellos dort zügig zu realisieren, wo die jeweiligen Flussgebiete innerhalb von Staatsgrenzen verbleiben bzw. zwei oder drei Staaten umfassen. Dies trifft auf nahezu alle Einzugsgebiete zu mit einer Ausnahme, der Donau. Die Donau war seinerzeit das Bindeglied in der Donaumonarchie; ihr Einzugsgebiet umspannt derzeit 14 Staaten (nicht 18, wie mehrere offizielle Internetquellen angeben!). Davon gehören nur 6 Staaten – Deutschland, Österreich, die Tschechische Republik, die Slowakei, Ungarn und Slowenien – zur EU, 8 Staaten liegen außerhalb: Die Schweiz ist kein EU-Mitglied, Kroatien, Bulgarien und Rumänien stehen als nächste EU-Beitrittskandidaten vor der Türe, während die Ukraine, Moldawien, Bosnien-Herzegowina und Serbien mittelfristig nicht der EU angehören werden. Die Donau ist immer „in die verkehrte Richtung" geflossen, d.h. in wenig entwickelte Gebiete hinein. Diese historische Aussage gilt noch heute.

Die politische Haltung der EU in Hinblick auf die Funktion des Wassers in Gesellschaft und Wirtschaft ist durch einen Kompromiss gekennzeichnet. Zwei Artikel belegen ihn:
Artikel 1: „*Wasser ist keine übliche Handelsware, sondern ein ererbtes Gut, das geschützt, verteidigt und entsprechend behandelt werden muss.*" Europäisches Parlament und Rat halten die Wasserversorgung somit für eine Aufgabe der Daseinsvorsorge, welche mit anderen Maßnahmen der Gemeinschaft in der Energie-, Verkehrs-, Landwirtschafts-, Fremdenverkehrs- und Regionalpolitik verknüpft wird.

Des Weiteren geht es um einen fairen Preis für Wasser, um einen Anreiz für eine nachhaltige Nutzung zu schaffen:
Artikel 38: „*Der Grundsatz der Deckung der Kosten der Wassernutzung einschließlich umwelt- und ressourcenbezogener Kosten im Zusammenhang mit Beeinträchtigungen oder Schädigungen der aquatischen Umwelt sollte insbesondere entsprechend dem Verursacherprinzip berücksichtigt werden. Hierzu bedarf es einer wirtschaftlichen Analyse der Wassernutzung auf der Grundlage langfristiger Voraussagen für das Angebot und die Nachfrage von Wasser in der Flussgebietseinheit.*"

Nun werden in zahlreichen europäischen Ländern seit Jahren Gebühren für Wasser erhoben, die im staatlichen Durchschnitt allerdings eine beachtliche Spannweite aufweisen:

Preis je m³ in Euro

Deutschland	1,77
Dänemark	1,59
Großbritannien	1,27
Niederlande	1,22
Frankreich	1,17
Belgien	1,15
Italien	0,72
Spanien	0,62
Finnland	0,62
Schweden	0,54

Deutschland mit seinem hohen Recyclinganteil steht an erster Stelle und kann für sich in Anspruch nehmen, dass der Wasserverbrauch in den vergangenen Jahren nicht mehr gestiegen ist.

Die Entstehung des Wassermarktes
Traditionellerweise wurde die Wasserwirtschaft durch den öffentlichen Sektor dominiert. Die meisten Staaten haben Wasser als ein soziales und nicht als ein ökonomisches Gut betrachtet und die Preise subventioniert, so dass diese auch für die armen Bevölkerungsschichten leistbar waren. Historisch gesehen ist Wasser somit zu billig verkauft worden. Laut OECD haben die Industrie und die Landwirtschaft am meisten von den subventionierten Preisen profitiert. Inzwischen haben sich Änderungen vollzogen. Großbritannien ist als erster europäischer Staat 1989 den Weg der Privati-

sierung gegangen und hat unter der Regierung Thatcher einen beachtlichen Teil der öffentlichen Wasserwerke und Abwasserunternehmen in England und Wales privatisiert.

Seit Mitte der 1990er Jahre ist es zu einem Konzentrationsprozess auf dem Wassersektor gekommen, und zwar durch die Verlagerung von der kommunalen zur regionalen Verbundschiene der Versorgung. Viele Länder haben sich auf kostendeckende Preise hinbewegt. Die gegenwärtigen Preisreformen, welche die Wasserpreise erhöhten, haben private Investoren angezogen. Derzeit bestehen beachtliche Unterschiede bezüglich des Anteils der Privatwirtschaft an der Wasserversorgung in den Mitgliedstaaten der EU.

Anteil privater und gemischter Unternehmen über 10 %

Großbritannien	87 %
Frankreich	79 %
Tschech. Rep.	70 %
Spanien	47 %
Griechenland	33 %
Italien	28 %
Ungarn	26 %
Portugal	12 %
Deutschland	11 %

Quellen: Aqualibrium (2004); Euromarket (2004); Owen (2002); Scherrer (2004).

Diese Unterschiede sind einerseits abhängig von der nationalen Wasserpolitik, wie in der Schweiz und Norwegen, in welcher der Wassersektor nach wie vor eine staatliche Domäne geblieben ist, und andererseits von den Privatisierungstendenzen bzw. dem Auftreten von neuen Großunternehmen der Wasserwirtschaft, z.B. in den EU-Erweiterungsstaaten.

Die europäischen Global Players

Die Wasserwirtschaft ist ein weltweit wachsender Markt, dessen jährliche Erträge von der Weltbank auf 300 Milliarden Dollar geschätzt werden, wobei auf die Vereinigten Staaten mehr als die Hälfte entfällt. Hier spielt im Südwesten der Kauf und Verkauf von Wasserrechten und -reserven vor allem im Bereich des Grundwassers eine wichtige Rolle. Entsprechend den aktuellen Wasserpreisen wird Wasser entweder gehortet oder verkauft. Es drängt sich eine Parallele zu den Waldreserven in der europäischen Holzwirtschaft auf, in der nach einem ähnlichen Prinzip vorgegangen wird.

Nun ist diese Form des Handels mit Wasserrechten und -reserven in Europa noch nicht bekannt. Die europäische Besonderheit besteht vielmehr im Entstehen von einigen deutschen und französischen Unternehmen, welche als Global Players auf dem internationalen Wassermarkt tätig sind. Es handelt sich in Deutschland um RWE und EON, in Frankreich um die Unternehmen ONDEO/Suez und Viola.

RWE ist 1998 aus dem Zusammenschluss kommunaler Energieunternehmen in Nordrhein-Westfalen entstanden und besitzt weltweit etwa 200 Tochtergesellschaften im Kerngeschäft mit Strom, Gas, Wasser sowie mit 134.000 Beschäftigten (2002). Durch den Kauf des britischen Unternehmens „Thames Water" mit 12 Mio. Abnehmern im Großraum London und dem Unternehmen „American Water Works" 2003 mit etwa 15 Mio. Kunden in den USA sowie Geschäftsaktivitäten in Lateinamerika stieg RWE zu einem Global Player auf, der mit dem Tochterunternehmen „RWE Aqua" in Osteuropa tätig geworden ist (u.a. Wasserversorgung von Budapest).

Das französische Unternehmen ONDEO/Suez entstand 1997 durch eine Fusion zwischen der 1880 gegründeten Lyonnaise des Eaux mit dem Finanz- und Industriekonzern Compagnie de Suez, der ursprünglich 1858 für den Bau des Suezkanals gegründet worden war. Der Konzern hat 190.000 Beschäftigte, der Wasserbereich firmiert unter ONDEO, ein Unternehmen, welches weltweit 115 Mio. Menschen mit Wasser versorgt und 60.000 industrielle Kunden aufweist. Zu den Erfolgen gehört auch, dass in allen Teilen der Welt mehr als 10.000 Anlagen zur Aufbereitung von Wasser gebaut worden sind und dass ONDEO als erstes westliches Unternehmen in breiter Front auf dem chinesischen Markt Fuß fassen konnte.

DER HISTORISCHE SONDERWEG EUROPAS

3

Zur Thematik

Die Frage nach dem historischen Sonderweg von Europa lautet sehr vereinfacht ausgedrückt: Durch welche geographisch verortbaren Phänomene unterscheidet sich Europa in der Gegenwart von anderen Räumen der „westlichen Zivilisation"? Die Frage ist schlicht, die Antwort selbst schwierig und nur partiell möglich. Sie bedient sich eines sozialwissenschaftlichen Stufenmodells, d. h. der Holzschnittmanier einer idealtypischen Analyse bei der Abfolge von politischen und gesellschaftlichen Systemen, wobei der Hauptphase der jeweiligen Epoche eine bestimmte Strukturierung des Raumes durch die Gesellschaft zugeschrieben wird. In diesem Stufenmodell interessieren die jeweiligen Höhepunkte der vollständig ausgebildeten politischen Systeme, die zum Teil mit Zeiten der Desorganisation und der Auflösung unscharf ineinander übergehen und von denen auch das jeweils jüngere das ältere keineswegs vollständig verdrängt, sondern Teile der älteren Grundlage umgeformt und gleichsam überschrieben hat.

Mit diesem Stufenmodell wird das Modell von Kern- und Randräumen verbunden, wonach die jeweils im Zentrum einer Entwicklung ausstilisierten Glieder des Gesamtsystems auf dem Gebiet der Siedlung, der Wirtschaft, des Verkehrs usw. in den Randgebieten nicht nur verzögert aufgetreten sind, sondern meist auch ihre Intensität hinsichtlich der Durchsetzung verloren haben, so dass ältere Formen eine größere Chance besaßen, erhalten zu bleiben.

Wo beginnt der europäische Sonderweg? Die europäische Kultur entstand mit den griechischen Stadtstaaten. Die freie Stadt, die Polis, und die gemeinsame Kultur sind hierbei voneinander zu trennen.

Die griechische Kultur wurde in ihren wesentlichen Elementen von den Römern übernommen. In der Einleitung zu Kapitel 1 wurde darauf hingewiesen, dass römisches Recht bis heute die Grundlage der europäischen Rechtsnormen bildet.

Darüber hinaus gehört die Ausdehnung, Begrenzung und räumliche Gliederung des römischen Imperiums zu den historischen Grundlagen der europäischen Landkarte. Der Limes längs des Rheins und der Donau und der Hadrianwall in Britannien sicherten das Römische Reich gegenüber der außerhalb gebliebenen „barbarischen Welt". Verkehrswege und Stadtsysteme blieben trotz aller Zerstörungen der Völkerwanderung partiell erhalten und schimmern noch immer durch das heutige Muster der Verteilung der europäischen Städte durch. Im Verhältnis von Stadt und Land und auch hinsichtlich der Gestaltung der Kulturlandschaft entstand die Grundlage für den Nord-Süd-Gegensatz in Europa.

Politische Desorganisation und große Völkerwanderungen kennzeichneten den Verfall und die Auflösung des Römischen Reiches. In dem entstehenden Mosaik von Völkern und Sprachen wurde die Idee des Imperiums in der Papstkirche fortgeführt und durch die Übernahme des lateinischen Buchstabenalphabets ein globales Instrumentarium geschaffen, dessen funktionsneutrale Codierung für jede Sprache geeignet ist. Andererseits fehlt damit – anders als in China – das allgemeine, sprachübergreifende Verständigungsmittel einer Wortschrift. Die Bedeutung der sprachlichen Kommunikationsbarrieren ist allerdings gerade in der Zeit des Aufbaus der europäischen Kultur im Mittelalter noch nicht so entscheidend gewesen, denn das Lateinische bildete nicht nur die Sprache der Papstkirche, sondern – was uns Nachgeborenen viel zu wenig bewusst ist – das Verständigungsmittel der Gebildeten schlechthin.

Damit ist das christliche Europa angesprochen. Entsprechend der Teilung des Römischen Reiches in Ost- und Westrom entstand die Spaltung zwischen der Papstkirche und der Orthodoxie. Sie wird von jenen Sozialhistorikern als entscheidend angesehen, welche die Einheit von Papstkirche und mittelalterlichem Abendland vertreten. Eine derart hoch organisierte Religionsgemeinschaft stellt im globalen Vergleich eine einmalige Erscheinung dar. Sie bildet den Rahmen für die Ordensgemeinschaften, die Bistümer, Pfarreien und Kirchen. Freilich wird damit ein größerer Teil von Südosteuropa einschließlich Griechenland aus dem abendländischen „Europabegriff" ausgeschlossen. Allerdings „passt" dieser Begriff ansonsten in seiner östlichen Begrenzung ganz erstaunlich zu dem derzeitigen Territorium der Europäischen Union, in der Religionszugehörigkeit kein Thema darstellt.

Aus historisch-politischer Sichtweise wird nicht die Papstkirche, sondern vielfach der mittelalterliche Feudalstaat des Karolingerreiches als Beginn des europäischen Sonderweges aufgefasst, dies allerdings mit unterschiedlichen Zugängen. Von Bartlett werden das Lehenswesen und das Rittertum und von Mitterauer die „mittelalterliche Agrarrevolution" als entscheidende Faktoren angesehen. Die Autorin ist der Meinung, dass die Sonderstellung der europäischen Stadt einen wesentlichen Erklärungszugang bietet. Auf die Siedlungstriade des mittelalterlichen Europa – Städte, ländliche Räume und Burgen – wird daher besonders eingegangen. Sie entsprach den drei ständischen Elementen von Bürgern, Bauern und Rittern.

Der Kern dieses mittelalterlichen Europa lag im Frankenreich Karls des Großen, dessen Grenzen in der Mitte Europas und ebenso in Italien bis heute „sichtbar" geblieben sind. Die Ostgrenze zwischen dem „Altsiedelraum" und dem „Kolonisationsraum" des mittelalterlichen Deutschen Reiches, die Elbe-Saale-Linie in Deutschland und die Enns-Linie in Österreich, wurden nach mehr als 1000 Jahren für das Experiment der Teilung Europas verwendet. Die damalige Südgrenze in Italien wirkt bis heute im Nord-Süd-Gegensatz des italienischen Staates nach (Wirth 1963).

Nach zwei Seiten hin ist von diesem Kernraum aus eine Erweiterung erfolgt. Mit der Ostkolonisation des Hoch- und Spätmittelalters wurden ursprünglich im Frankenreich entwickelte Institutionen weit nach Osteuropa hineingetragen. Ähnliches ist auf der Iberischen Halbinsel in einer Nord-Süd-Bewegung erfolgt, wobei analoge Elemente der genannten Siedlungstriade im Zuge der Reconquista verwendet worden sind.

Das Mittelmeer war das „Binnenmeer des Römischen Reiches". Es gehört zu den entscheidenden Faktoren der politischen Geschichte Europas, dass seit dem frühen Mittelalter das gesamte Südgestade in die Reichsbildungen des Islam und damit in den orientalischen Kulturbereich eingegliedert worden ist. Es ist hingegen ein historischer Zufall, dass die beiden Ausgriffe des Islam nach Europa einander in einer Art Stafette abgelöst haben. Die Reconquista der Iberischen Halbinsel war nach fast 800 Jahren maurischer Herrschaft nahezu abgeschlossen, als 1453 mit dem Fall von Konstantinopel der Siegeszug des Osmanischen Reiches in Südosteuropa begann, welcher von Historikern als eine der Ursachen für die Suche der europäischen Seefahrernationen nach einem um Afrika herumführenden Weg nach Indien und somit als entscheidender Impetus für die Entdeckung Amerikas aufgefasst wird.

Nach dem Rückzug des Türkischen Reiches aus Südosteuropa ist der Balkanraum zum europäischen Laboratorium für die Frage geworden, unter welchen Bedingungen eine friedliche Koexistenz von verschiedenen Ethnien und Religionen möglich ist.

Das System des mittelalterlichen Feudalstaates endete mit einer Zeit der Desorganisation und flächiger Verheerungen durch Seuchen und Kriege. Nach nahezu zwei Jahrhunderten entstand ein neues politisches Produkt: der Flächenstaat des Absolutismus. Frankreich setzte erneut die Maßstäbe mit dem Versailler Modell der Kultur von Hof und Adel. Französisch wurde zur Sprache der Diplomatie und der Bildungsschichten, das „grand dessin" des französischen Städtebaus zum neuen Paradigma von Urbanität.

Freilich gelang es nicht überall in Europa, die ältere Zersplitterung zu überwinden. Als Modelle zentralistischer und föderalistischer Strukturen stehen bis heute Frankreich und die Bundesrepublik Deutschland einander gegenüber.

Frankreich ist mit einem Dreierpaket von Innovationen in der politischen Geschichte Europas verankert: mit dem mittelalterlichen Feudalstaat, dem absolutistischen Flächenstaat und mit der bürgerlichen Revolution des Jahres 1789, welche sich ebenfalls von Westen nach Osten ausgebreitet hat. Es ist einsichtig, dass sich Frankreich in der Gegenwart besonders berufen fühlt, europäische Politik zu machen, wenngleich es im 19. Jahrhundert in der Periode der Industrialisierung die Initiative an Großbritannien abgetreten hatte.

Die Ausbreitung der industriellen Fertigung und aller damit verbundenen marktwirtschaftlichen Phänomene hat einerseits den West-Ost-Gegen-

Abb. 3.1: *Athen, Akropolis 1975.*

satz in Europa verschärft und andererseits den Nord–Süd-Gegensatz mittels der neuen Gradmesser von Wirtschaftskraft und Bruttonationalprodukt umgedreht. Historische Zentren der europäischen Kultur und der politischen Macht, wie Italien und Spanien, sind für lange Zeit zu einer peripheren ökonomischen Region von Europa geworden.

Das Erbe Griechenlands

Der Dualismus von Staat und Kultur entstand bereits in der griechischen Antike und gehört zu den Kennzeichen Europas im Mittelalter und in der Neuzeit. *„Es waren die Griechen, welche die europäische Idee vom Menschen und jenen Begriff humanistischer Kultur geschaffen haben, der zu den Grundzügen europäischer Überlieferung gehört"* (Dawson 1953, S. 31).

Griechenland hat die Polis, den selbständigen Stadtstaat, geschaffen. Die Faszination, die bis heute von der Polis ausgeht, hat mehrere Gründe. Sie liegen einerseits in der ganz außergewöhnlichen Entfaltung von Kultur und Wissenschaft, welche diese, an heutigen Stadtgrößen gemessen, kleinen Stadtstaaten hervorgebracht haben und andererseits in der Verwendung von politischen Regeln für die Unter- und Obergrenze von Städten im demokratischen Gemeinwesen. Zur Wahrnehmung städtischer Funktionen ist eine bestimmte Stadtgröße erforderlich. Um diese zu erreichen, haben die Griechen den Synoikismus, die freiwillige bzw. zwangsweise Zusammensiedlung von kleineren Siedlungen, angewendet. Athen entstand, nachdem die Bevölkerung der kleineren Zentren Attikas von Theseus, wie die Legende behauptet, überzeugt oder gezwungen worden war, sich um die Akropolis herum anzusiedeln (Abb. 3.1).

Abb. 3.2: *Forum Romanum gegen Süden.*

Nun sind Städte wachsende Gebilde. Wenn sie also zu groß geworden waren, wurde eine Expedition ausgerüstet und eine Kolonie gegründet. Aus beiden Vorgängen entstand die Vielzahl von Stadtstaaten in der Ägäis, um das Schwarze Meer und bis ins westliche Mittelmeer hinein. Hierbei waren die Städte selbst klein und erreichten nur gelegentlich mehr als 20.000 Einwohner.

Zum Unterschied von der mittelalterlichen Bürgerstadt war die Bevölkerung der Polis rechtlich dreigeteilt in Bürger, Metöken, d. h. die freien Zugezogenen, und Sklaven. Die Bürger waren gleichzeitig Krieger und entwickelten für diese Doppelfunktion eine außerordentliche sportliche Wettkampfkultur, wie es die großzügig angelegten Stadien belegen. Auch sonst erstaunt uns Nachgeborene das Ausmaß aller Gebäude im öffentlichen Bereich der Agora, die Größe der Gymnasien, der Bibliotheken und Theater, in denen sich die gesamte Bürgerschaft versammeln konnte.

Aufgrund der bewussten Begrenzung des Wachstums, des ausgewogenen Verhältnisses zur Natur und der inneren Durchgängigkeit hat die griechische Polis bis heute eine gewisse Vorbildfunktion für die Stadtplanung bewahrt.

Das Erbe des römischen Weltreiches

Das Römische Reich (Abb. 3.3) hat die griechische Kultur übernommen, jedoch anders als die griechische Polis den Bürgerbegriff internationalisiert. Gallier konnten ebenso wie Griechen römische Bürger sein. Über den Zusammenbruch des Weltreiches hinaus hat sich das römische Recht erhalten, das bis heute die Grundlage des europäischen Rechtssystems darstellt. Die Gleichstellung von Mann und Frau im Erbrecht und in allen Rechtsgeschäften gehört zu den ganz wesentlichen Errun-

Abb. 3.3: *Tabula Peutingeriana mit Rom.*

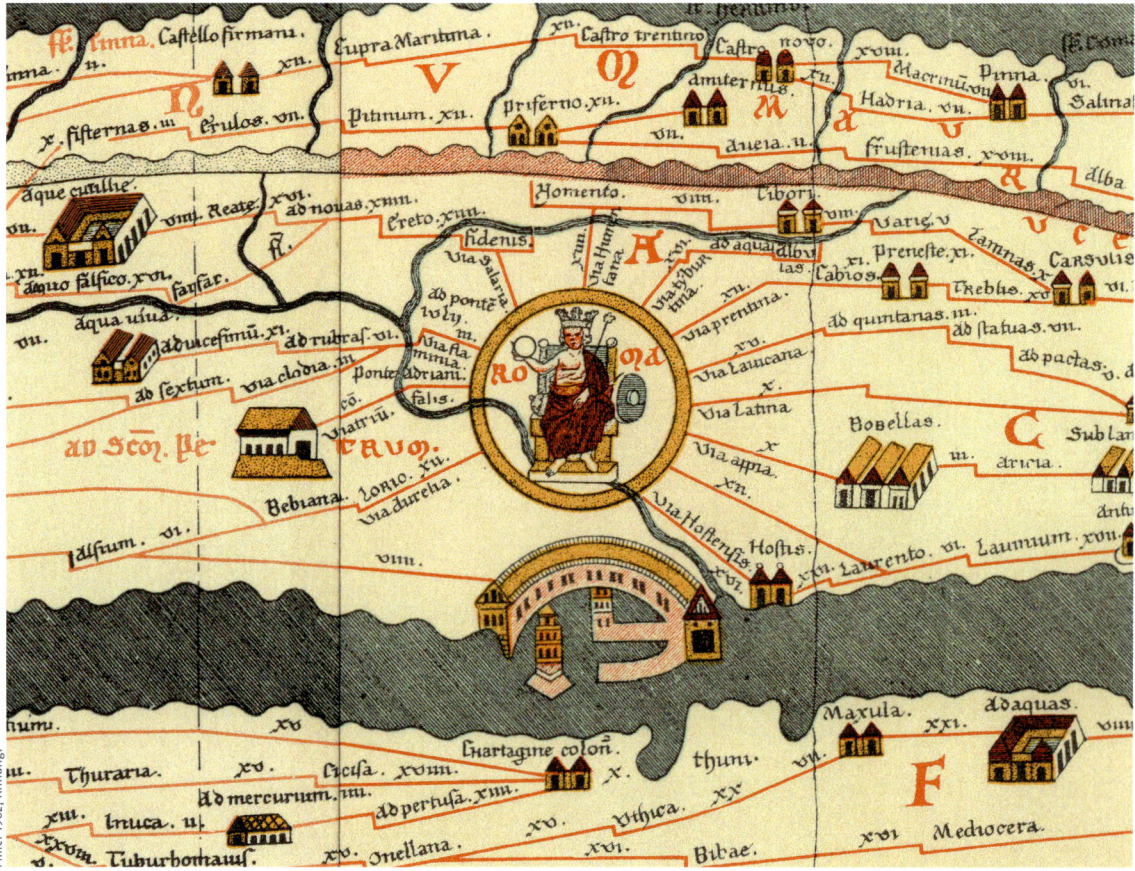

Miller 1962, Anhang.

genschaften, die von Plastiken und Reliefs eindrucksvoll dokumentiert werden.

Die Gleichstellung aller Erben und damit in weiterer Konsequenz die Realteilung von Besitz hat sich in Europa in unterschiedlichem Maße ausgebreitet. Beispielhaft sei angeführt, dass der Stamm der Alemannen die Realteilung übernommen hat, während die unmittelbar benachbarten Bajuwaren das germanische Recht der Primogenitur beibehielten.

Durch das Römische Reich wurde der im Naturraum verankerte Nord-Süd-Gegensatz in Europa wesentlich verschärft. Von größter Tragweite sind die von ihm geschaffenen Grundlagen des Städtewesens geworden, wenn auch diese Leistung keineswegs eigenständig ist, sondern die Traditionen der hellenistischen Stadtkultur fortgeführt und über das ganze Gebiet des Imperiums verbreitet wurden. Das Modell der 440 v. Chr. gegründeten Stadt Milet mit zentralem Platz und Schachbrettschema der Straßen hat nicht nur die städtischen Neugründungen im Kolonialraum des Reiches be-

stimmt und den zwei Standardformen der Colonia und des Castrums den Zuschnitt verliehen, sondern hat später auch in der Zeit spanischer und portugiesischer Kolonialherrschaft die Grundlagen für die Abmessungen und funktionelle Gliederung lateinamerikanischer Städte geboten.

Bei diesen römischen Städten beeindruckt die Dominanz der Öffentlichkeit in den Bauten, von denen zahllose Tempel, Theater, Bäder, Amphitheater und Arenen ebenso wie die Reste der Wasserleitungen, Kanalisationsanlagen und Fortifikationen erhalten sind. In dem durchgängigen Gittersystem der Straßen war die öffentliche Kontrolle des Straßenraumes und des Verkehrs im Detail geregelt.

Die Unterschiede zwischen der klassischen griechischen und der römischen Stadt sind fundamental. Nirgends in der griechischen Stadt findet sich die markante hierarchische Ordnung des Raumes, welche die römische Stadt kennzeichnete, nirgends die Gliederung nach Nachbarschaften und sozialen Klassen, wie sie in den Ausgrabungen in Pompeji klar dokumentiert ist.

Das Handbuch von Vitruv, zur Zeit von Kaiser Augustus geschrieben, belegt die Professionalisierung der Architektur. Insgesamt ist der technische Standard der Städte des Römischen Reiches erst wieder am Ende der Gründerzeit erreicht worden. Dagegen wurde die Villenkultur mit ihrem ausgefeilten Badesystem, welches den heutigen Wellnesstempeln entspricht, bislang nicht überboten.

Die Millionenstadt Rom bietet erstaunliche Parallelen zur Gegenwart. Wenn man heute von Festivalisierung spricht und diese als neuen Trend der Metropolen einer postindustriellen Gesellschaft auffasst, so sollte man die Zahlen für das antike Rom zum Vergleich heranziehen. Nahezu jeder Kaiser musste unter dem Druck der aus allen Teilen des weiten Reiches zusammenströmenden Bevölkerung neue riesige Bauten für immer spektakulärere Massenveranstaltungen bauen. Davon fasste das Kolosseum, dessen Reste man heute vor den Millionen von Touristen „schützen" muss, 50.000 Zuschauer.

Das viel zitierte „panem et circenses" bezieht sich jedoch nicht nur auf die kostenlosen öffentlichen Spektakel, sondern bedeutete auch, dass im 3. Jh. n. Chr. etwa 150.000 Personen, d. h. schätzungsweise 15 % der Bevölkerung, aus öffentlichen Geldern erhalten wurden.

Überdies gab es in Rom zur gleichen Zeit die für unsere großstädtische Arbeitsgesellschaft unvorstellbare Zahl von 182 Feiertagen jährlich, an denen die gesamte Bevölkerung gratis jede Art von Veranstaltungen besuchen konnte!

Geld, Material und die menschliche Arbeitskraft der Sklaven kamen aus allen Teilen des Reiches für die Repräsentation und das große Spektakel der Weltstadt im Weltreich. Das räumliche Nebeneinander von politischem Zentrum (Abb. 3.2) mit der multikulturellen Vielzahl von Tempeln und Märkten kann als Grundstein der europäischen Stadtkultur aufgefasst werden.

Das geistige Konzept der Stadt überdauerte die Stürme der Völkerwanderung und das Abreißen städtischen Lebens in großen Teilen der römischen Grenzprovinzen, wie vor allem längs der Donaulinie und in Südosteuropa. Im Kerngebiet des Römischen Reiches hat dagegen die mittelalterliche Stadtentwicklung an die Fundamente des römischen Städtewesens angeschlossen. Überdies

haben sich zahlreiche Arenen (Abb. 3.4), Wasserleitungen (Abb. 3.5), Brücken (Abb. 3.6) und Festungen erhalten.

Die zweite Leistung des Römischen Reiches bestand in einer weitflächigen Agrarkolonisation. Sie erschloss im Zusammenhang mit der Ansiedlung von Veteranen bis dahin kaum oder nur extensiv genutzte Gebiete wie den dalmatinischen Küstenstreifen und die Küste Afrikas, vor allem in Tunesien. In der Zeit der Pax Romana war es möglich,

Abb. 3.4: *Römische Arena, Pula, Istrien.*

Abb. 3.5: *Römische Wasserleitung, Segovia, Spanien.*

Abb. 3.6: *Römisch-arabische Brücke über den Guadalquivir gegen Mesquita, Córdoba, Spanien.*

Abb. 3.7: *Zenturiatssystem, Poebene bei Cremona.*

der Einzelhofsiedlung den Vorrang zu geben. Die Aufschließung erfolgte auf der Basis von Großquadraten von rund 50 ha und einer Seitenlänge von 710 m, die dann wieder unterteilt wurden (Abb. 3.7). Dieses römische Zenturiatssystem ist erst sehr viel später, und zwar im Township-System Nordamerikas als Kolonisationsform wieder aufgegriffen worden, während das abendländische Mittelalter zu neuen kollektiven Formen gefunden hat.

Von der landwirtschaftlichen Organisation des römischen Großbetriebes, der Villa, mit Sklavenquartieren, kleinen Läden usw. führt im Mittelmeerraum die Tradition herauf zur Latifundie. Auch diese agrarwirtschaftliche Strukturform ist mit dem Konzept der Stadt von den Konquistadoren nach Lateinamerika exportiert worden.

Zu den bedeutenden Leistungen des Römischen Reiches, der planmäßig angelegten Stadt und der ebenfalls planmäßig angelegten Einzelhofsiedlung, trat als drittes Element die Schaffung eines das gesamte Reich umspannenden Straßennetzes. Dieses römische Straßennetz blieb auch für den mittelalterlichen Verkehr die wesentliche Grundlage. Erst in der Zeit des aufgeklärten Absolutismus schufen wirtschaftskräftige Staaten wie Frankreich und die Donaumonarchie ein neues Netz von Fernstraßen, die Kommerzialstraßen im Habsburgerreich und später die Routes Napoléon in Frankreich.

Die Leistung des Weltreiches bestand insgesamt in dem Aufbau einer erstaunlichen Zivilisation, deren Technologie in vielerlei Hinsicht erst in der Neuzeit wieder erreicht worden ist.

NASA: ISS005-ED5956.

Das christliche Europa

Die Entstehung des Christentums bildete eine neue Epoche der europäischen Entwicklung (Abb. 3.8). Im Folgenden wird auf die bis zur Gegenwart herauf normenbildende Institution der Papstkirche und die geistlichen Hausgemeinschaften, die Orden und Klöster, eingegangen.

Die Papstkirche

Unter Kaiser Theodosius wurde das Christentum im Jahre 391 Staatsreligion und übernahm die hierarchische Ordnung der Reichsverfassung.

Auf die Spaltung von Ost- und Westrom und die darauf fußende Teilung der Organisation des Christentums wurde bereits hingewiesen. Während der Patriarch in Konstantinopel jedoch in direkte Abhängigkeit vom oströmischen Kaiser geriet, konnte sich die Papstkirche zu einer autonomen Macht entwickeln. Hierbei war der geographische Faktor der räumlichen Distanz zwischen Rom und dem Zentralraum des Frankenreiches um Aachen, später dem Deutschen Reich nördlich der Alpen eine ganz wesentliche Voraussetzung.

Der Aufstieg des Frankenreiches zu einer den größeren Teil des Abendlandes beherrschenden Macht hat zur politischen Verbindung zwischen Papst und Frankenkönig und schließlich zur Erneuerung des Kaisertums als eine die Kirche beschützende Macht durch die Krönung Karls des Großen im Jahre 800 geführt.

Nach dem Zerfall des Reiches von Karl dem Großen versuchte die Papstkirche, eine weltliche Leitungsposition zu erlangen. Die Analyse der Briefadressen von Gregor VII. im 11. Jahrhundert lässt die Weltpolitik des Papstes erkennen (Bartlett 1996, S. 306 f.). 1122 wurde das erste Konkordat zwischen Kaiser und Reich, das Wormser Konkordat, geschlossen. Es bedeutete nach langen Auseinandersetzungen die Anerkennung einer je eigenen Sphäre der beiden Mächte, welche auch spätere Konflikte nicht mehr grundsätzlich ändern konnten. Der Dualismus von Kirche und Staat gehört zu den sozialgeschichtlich erstrangigen Tatsachen Europas.

Abb. 3.8: *Christus-symbol, 6. Jahrhundert, Porec, Istrien.*

Wenn auch das Papsttum gegenüber dem Kaiser in seinen Ansprüchen nicht völlig durchgedrungen ist, so gelang es ihm doch, die zentralistische Leitung innerhalb der Kirche durchzusetzen und die Besetzung der Kirchenämter in seine Hand zu bringen. Unter der obersten Gesetzgebungs-, Gerichts- und Verwaltungshoheit des Papstes wurde die römische Kurie der erste voll entwickelte zentrale Behördenapparat in Europa und diente als Vorbild für den modernen weltlichen Flächenstaat.

Aufgrund der Vielzahl und des Umfangs kirchlicher Einnahmen ging ein stetiger bedeutender Geldstrom nach Rom. Die Kurie entwickelte sich zur führenden Finanzmacht des mittelalterlichen Europa. In Zusammenhang mit der päpstlichen Finanzverwaltung entstanden die ersten großen Bankhäuser in Siena und Florenz. Hier wurden der Frühkapitalismus begründet sowie ein eigenes Handelsrecht und die verschiedenen Formen der Handelsgesellschaften entwickelt, die den Römern unbekannt waren. Es entstanden der Wechselbrief als Instrument der Geldüberweisung und des Geldverkehrs und die Buchhaltung, die schließlich zu einer doppelten Buchhaltung wurde und damit eine exakte Ertrags- und Kapitalrechnung gestattete.

1870 beendeten die Truppen Garibaldis die weltliche Herrschaft des Papstes in Mittelitalien. Es blieb nur der Vatikanstaat – mit 0,44 qkm der kleinste Staat der Welt – als Stadtteil von Rom und als Domizil des Papstes erhalten.

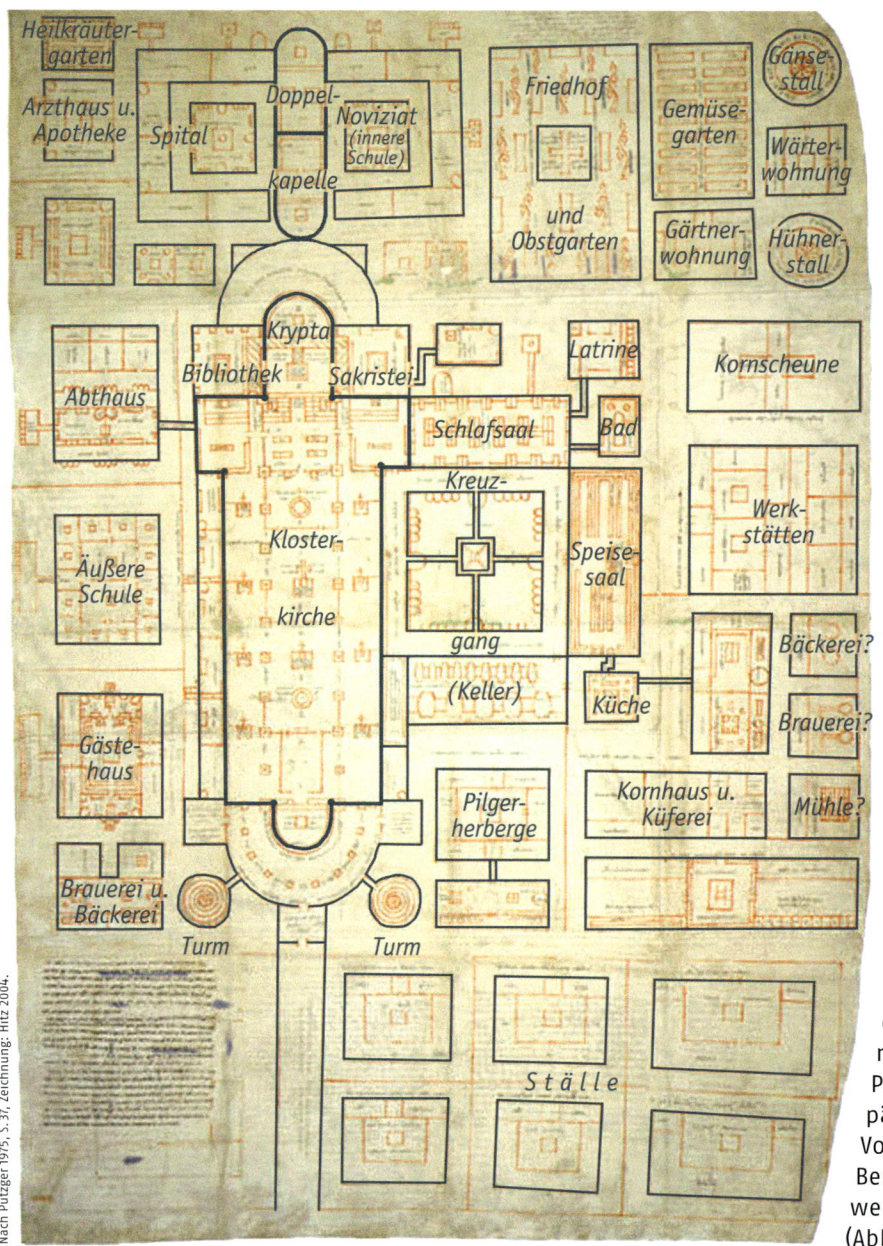

Nach Putzger 1975, S. 37, Zeichnung: Hitz 2004.

Abb. 3.9: *Kloster-plan, St. Gallen.*

Mit einer umfangreichen, später auf „ora et labora" verkürzten Regel gründete Benedikt von Nursia 529 das Kloster Monte Cassino im südlichen Latium, welches im Zweiten Weltkrieg von amerikanischen Bombern zerstört, inzwischen aber wieder aufgebaut wurde. Durch die hohe Wertschätzung der Arbeit, die auch soziale Aktivitäten einschloss, bestand bei den Benediktinern stets eine ausgeprägte Weltoffenheit. Der zwischen 816 und 830 angefertigte Sankt Gallener Klosterplan belegt die Dimensionen eines benediktinischen Großklosters in fränkischer Zeit. Er bildete durch Jahrhunderte hindurch das Vorbild für die Struktur des europäischen Klosterbaus (Abb. 3.9). Der auf Pergament mit roter Tinte erstellte Klosterplan stellt eine Klosterstadt mit 55 Gebäudetypen für Krankenhaus, Schule und Hospiz, mit Werkstätten für zahlreiche Holz und Leder verarbeitende Gewerbe, mit Wirtschaftsgebäuden, Herbergen, Ställen usw. dar.

Mit einer Schenkung von Wilhelm von Aquitanien im Jahr 910 entstand Cluny in Frankreich als Zentrum einer Libertas-Ecclesiae-Bewegung, die eine von Adel und König weitgehend unabhängige Kirche forderte. Um 1000 gehörten über 1.000 Klöster – allerdings vorwiegend in Frankreich – zu Cluny, dessen Abt als „Mönchskönig" der zweitmächtigste Mann in der Kirche hinter dem Papst war. An Prunk und Luxus wurden europäische Maßstäbe gesetzt.

Von europäischer Bedeutung wurde der von Bernhard von Clairvaux im 11. Jahrhundert aufgewertete Zisterzienserorden für die Kolonisation (Abb. 3.10): Als Bernhard 1153 starb, gab es bereits 400 Klöster. Der Orden stand in engem Kontakt mit den Kaisern und kann bezüglich der Landwirtschaft und Montanindustrie in die Ahnenreihe des Kapitalismus gestellt werden (Knieschek 2001, S. 14).

Mit dem Aufruf Papst Urbans II. zum Kreuzzug 1095 kam es zur Bildung von Ritterorden. Im Folgenden die Gründungsjahre: 1098 die Johanniter, 1128 die Tempelritter und 1190 der Deutsche Ritterorden. Angehörige der feudalen Herrenschicht bildeten als Mönchsritter internationale Heeresverbände mit ausgebauter straffer Organisation.

Orden und Klöster

Im mittelalterlichen Europa besaßen genossenschaftliche und kommunale Sozialformen, darunter geistliche Hausgemeinschaften, eine große Bedeutung (Mitterauer 1997, S. 40 ff.) Seit damals sind Klöster ein ganz wesentliches Element der europäischen Kulturlandschaft. Hierbei ist zu berücksichtigen, dass sie nur auf der Grundlage weltlichen Besitzes existieren können.

Die Johanniter errichteten auf Zypern (1291 bis 1310), Rhodos (1310 und 1522) und Malta (1530 bis 1798) jeweils eigene Staaten. Der Deutsche Ritterorden schuf im Baltikum den damals modernsten Staat Europas, der vom Hochmeister Albrecht von Brandenburg-Preußen 1525 säkularisiert wurde.

Aufgrund der Armut in den großen Städten entstanden Anfang des 13. Jahrhunderts die Bettelorden: 1216 die Dominikaner und 1223 die Franziskaner (Ordo Fratrum Minorum), welche Wanderpredigt, Mission, Krankenpflege und Armenfürsorge als primäre Aufgaben ansahen. Ende des 13. Jahrhunderts bestanden bereits 590 Konvente und 58 Dominikanerinnenklöster. Dominikaner und Franziskaner spezialisierten sich in der hochmittelalterlichen Bildungsbewegung auf die Predigt und intensivierten die schulische und universitäre Tätigkeit. Mit Albertus Magnus, Thomas von Aquin, Meister Eckhart und Heinrich Seuse einerseits, Bonaventura, Roger Bacon und Wilhelm von Ockham andererseits besaßen beide Orden Protagonisten mittelalterlichen Denkens in ihren Reihen (Knieschek 2001, S. 17).

Im Zeitalter der Gegenreformation erfolgten weitere Ordensgründungen, von denen die 1534 entstandenen Jesuiten durch ihren Jahrhunderte währenden Einfluss auf den Universitäten und als fürstliche Berater von besonderer Bedeutung waren.

In Klöstern entwickelte sich die europäische Form des Lernens als das Lernen in Gruppen. Alle Institutionen, wie Arbeits-, Waisen- und Krankenhäuser, Gefängnisse, Internate und Kasernen, sind der Disziplinierungsanstalt Kloster nachgebildet. Disziplinierung bedeutete die Einhaltung einer genauen Zeiteinteilung von Gebet, Arbeit und allen sonstigen täglichen Verrichtungen. Sie wurde von den Manufakturen des 18. und 19. Jahrhunderts übernommen (Knieschek 2001, S. 20). Im aufgeklärten Absolutismus wird das „Polizeistaberl" mit den Polizeiordnungen ein Ausdruck systematischer sozialer Disziplinierung.

Max Weber hat dem Klosterwesen eine bedeutende Funktion für die politische und gesellschaftliche Entwicklung Europas beigemessen. Die Disziplinierung der Europäer in Armee, Verwaltung, Schule und Kirche bildete die Voraussetzung für die Demokratisierung im 20. Jahrhundert (ebenda, S. 21). Die Entwicklung der Klöster ist jedoch kei-

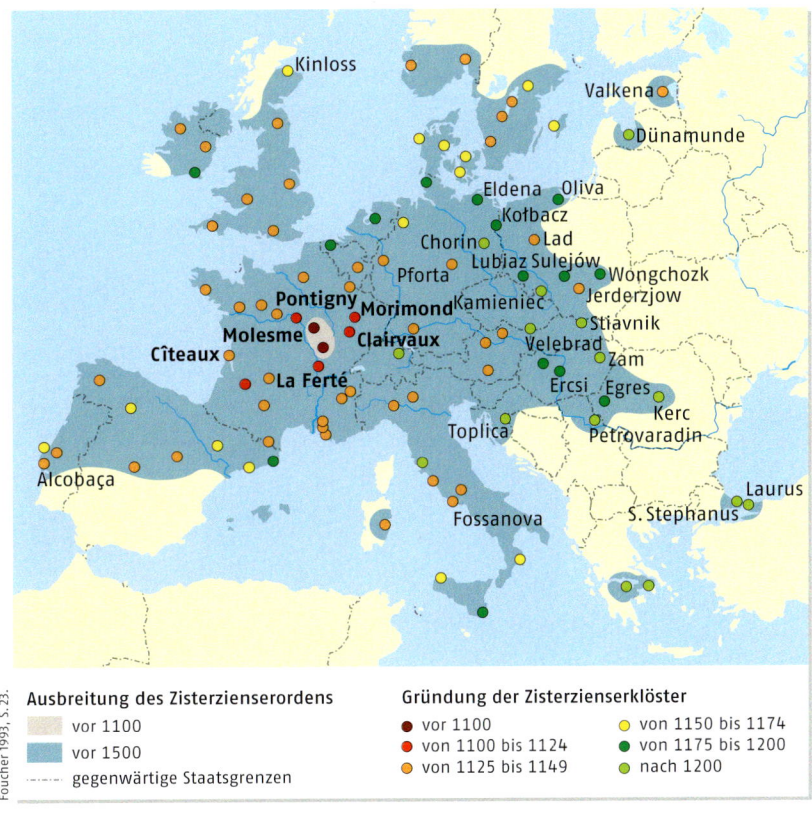

Foucher 1993, S. 23.

Ausbreitung des Zisterzienserordens
- ▢ vor 1100
- ▢ vor 1500
- ‒·‒·‒ gegenwärtige Staatsgrenzen

Gründung der Zisterzienserklöster
- ● vor 1100
- ● von 1100 bis 1124
- ● von 1125 bis 1149
- ● von 1150 bis 1174
- ● von 1175 bis 1200
- ● nach 1200

neswegs eine bis in die Gegenwart heraufreichende Erfolgsgeschichte. Der erste entscheidende Einbruch in das Klosterwesen erfolgte durch die Reformation. Das Beispiel von Luther setzte nicht nur von unten her dem Klosterwesen in den protestantischen Ländern ein Ende, sondern gab dem Landesfürsten die Möglichkeit des Einziehens von umfangreichen Besitzungen, eine Tendenz, die sich nochmals im Zeitalter der Aufklärung wiederholte, als zum Beispiel Joseph II. in der Donaumonarchie 1091 Klöster enteignete (Plöckl, HRG 2, 1978, S. 436), um dem entstehenden Verwaltungsapparat des Staates die notwendig gewordenen Bauobjekte zuteilen zu können.

Nichtsdestoweniger hat sich das Ordenswesen bis heute erhalten, und zwar weniger als geistliche Institution, sondern vielmehr in vielen Fällen als wichtige lokale sozioökonomische Institution. In geschickter Adaptierung an die Bedürfnisse der Zeit haben zuerst große Klöster in den Städten frühere Wirtschaftsgebäude in Wohnhöfe umgestaltet

Abb. 3.10: *Gründung und Ausbreitung des Zisterzienserordens.*

Abb. 3.11: *Moldaukloster Veronet, Rumänien.*

Abb. 3.12: *Meteorakloster Hagia Triada, Thessalien.*

und damit die Agrarrente in eine neue renten-kapitalistische Form transformiert. In ländlichen Räumen wurden Klöster zu Zentren des Manufakturwesens und der Industrie, haben aber auch Bildungsaufgaben – wie das höhere Schulwesen –

an sich gebunden. Nach der Wende sind auch die orthodoxen Klöster wieder zugänglich geworden (Abb. 3.11) und ebenso wie die Meteoraklöster in Thessalien (Abb. 3.12) zu Objekten des Fremdenverkehrs geworden.

Ritter, Bürger, Bauer – der Territorialstaat des Mittelalters

Einleitung

Das europäische Mittelalter kann von zwei Seiten aus erfasst werden: erstens als ein Prozess der Christianisierung und der Ausbreitung von Bistümern und zweitens als weltlicher politischer Vorgang, als ein Prozess der Eroberung, der Kolonisierung, des Siedlungsausbaus, getragen von einer dreigliedrigen Sozialstruktur, dem Rittertum, den städtischen Bürgern und den Bauern. Wesentliche Elemente des heutigen Siedlungsmusters – Städte, ländliche Siedlungen und Burgen – sind damals geschaffen worden.

Dieser Vorgang wurde gesteuert von einem beachtlichen Bevölkerungswachstum und in räumli-

cher Hinsicht von ebenso beachtlichen Verschiebungen der Machtverhältnisse. Die historische Geographie des europäischen Mittelalters, über deren Erbe reflektiert wird, war aufgrund des starken Wachstums aller Siedlungseinheiten, der Bistümer, Ordensgemeinschaften, Rittergüter, Städte und ländlichen Siedlungen, ein äußerst dynamischer, von Fortschritten und Rückschlägen begleiteter Prozess.

In Europa stieg die Bevölkerungszahl von 650 bis 1000 von 18 auf 38,5 Mio., bis 1340 sogar auf 73,5 Mio. an (Russell 1983, S. 21). Den stärksten Anteil daran hatten West- und Mitteleuropa mit einem Bevölkerungsanstieg von 5,5 auf 35,5 Mio. (ebenda, S. 147). Flächenmäßig verdoppelte sich von 950 bis 1350 der zur Papstkirche gehörende Raum. Es kam zu Überschichtungsphänomenen: von den Angelsachsen über die Kelten in Schottland und Irland, von Deutschen über die Slawen in Osteuropa und von spanischer über maurische Bevölkerung bei der Rückeroberung der Iberischen Halbinsel. Überall liefen ähnliche Prozesse ab: das Eindringen einer feudalen Ritterelite, die Herausbildung rechtlich privilegierter Städte, die Einwanderung bäuerlicher Siedler und die Einführung von Schrift- und Münzwesen.

Ritter und Burgen

Die militärische Gefolgschaft war die grundlegende soziale Organisationsform im mittelalterlichen Lehenwesen mit einer ausgeprägten Wehrtechnik sowie der beherrschenden Stellung von schwer gepanzerten Reitern und von befestigten Burgen. Europa wurde zwischen dem 10. und dem 13. Jahrhundert mit Burgen überzogen (Abb. 3.13, 3.14). Zahlen aus England weisen im damaligen Königreich, welches eine Fläche von 130.000 qkm hatte, 7.500 Rittersitze nach, deren Inhaber zum Militärdienst verpflichtet waren. Im Durchschnitt entfielen daher 16 bis 18 qkm auf ein Lehen. In der Normandie mit 33.600 qkm Fläche bestanden 1172 rund 2.500 Rittersitze mit im Durchschnitt 13 bis 14 qkm zugehörigem Land. Das normannische Königreich Sizilien verzeichnete in der Mitte des 12. Jahrhunderts mit einer Fläche von 52.000 qkm 8.620 Rittersitze, die über eine durchschnittliche Fläche von 6 qkm verfügten (Bartlett 1996, S. 70).

Die Expansion dieser adeligen Gesellschaft gründete sich auf das Vorrecht des Erstgeborenen, die immer wichtiger werdende Primogenitur, welche die jüngeren, ambitionierten Söhne zu weiterer Landnahme veranlasst hat, nicht zuletzt deshalb, weil der Besitz eines Eigengutes bzw. eines Lehens die Voraussetzung für Ehe und Familie waren. „Ich hân min lêhen, al die werlt", hat Walther von der Vogelweide sich jubelnd an die Welt gewandt (Bartlett 1996, S. 73). Das Gerangel um Vasallen und Neulehen liefert eine Erklärung für die massive Adelsexpansion, die im 11. Jahrhundert begann. Dabei stellte sich ein Kreislauf ein: Je mehr Land ein Lehensfürst besaß, desto

Abb. 3.13: *Marienburg, Deutscher Orden, Polen.*

Abb. 3.14: *Festung Chotin am Dnjestr, Ukraine.*

mehr Ritter konnte er mit Lehen versehen, und je mehr Ritter er hatte, desto leichter war es für ihn, neues Land zu erobern.

Mit dem Lehenswesen verbreitete sich auch die Sprache des Feudalismus in den eroberten Ländern. In den Randbereichen des fränkischen Europa finden sich aus dem Französischen stammende Lehnwörter für die Ausrüstung und die Gewohnheiten der berittenen Krieger. Im Ungarischen stammen die Bezeichnungen für Burg, Turm, Turnier, Herzog, Lehen und Marschall, Rüstung und Helm als Lehnwörter aus dem Deutschen.

Auf die Einwanderung einer Burgen bauenden berittenen Elite in die keltischen Länder und nach Osteuropa folgten das Städtewesen und eine bäuerliche Einwanderung. Diese Expansion wurde jedoch nicht vom Staat, sondern von unternehmerischen Interessengemeinschaften fränkischer Ritter, Priester und Kaufleute und, wenn auch ohne Stimmrecht, von Bauern getragen.

Zwischen 1050 und 1200 kristallisierten sich kodifizierbare Modelle der internationalen religiösen Orden und der privilegierten Stadt heraus. Kodifizierbare und übertragbare rechtliche Vorlagen ermöglichten es, neue Formen der gesellschaftlichen Organisation in ganz Europa zu verbreiten, und zwar weitgehend unabhängig von zentraler politischer Steuerung. Weil die neuen Formen gesellschaftlichen Zusammenlebens juristisch definiert waren, ließen sie sich erfolgreich in fremde Umgebungen verpflanzen.

Die in zahlreichen Stadtrechtsprivilegien konzipierte Stadt war ein Normensystem, welches den örtlichen Situationen angepasst werden konnte. Deshalb gab das deutsche Stadtrecht bis weit nach Osteuropa hinein das Vorbild für andere Städte ab, und es ließen sich die Fueros des christlichen Spanien in den Städten der Reconquista einführen (Bartlett 1996, S. 371).

Andererseits waren längs der Grenzzonen von Räumen mit großer kultureller Homogenität auch Kulturbrüche vorhanden. Die ethnischen Bezüge erhielten eine Bedeutung, die sie in den Kernräumen nie hatten. Hier ging es um Dominanz und Unterordnung, wobei in Schottland, Schlesien, Pommern und Mecklenburg ausländische Adelige von den einheimischen Dynastien ins Land gebeten wurden. Im Zuge der Ausfeilung mittelalterlicher Feudalstrukturen entstanden im ganzen Osten Europas regional geschlossene Systeme, die ethnisch differenziert waren, jedoch so rasch erstarrten, dass die Lokalisierung im Raum wie in der sozialen Stratigraphie oft für Jahrhunderte unverrückbar geblieben ist. Derart konnten deutsche,

slawische, ungarische und rumänische Dörfer für außerordentlich lange Zeiträume nebeneinander bestehen, ohne dass eine Vermischung eintrat, während andererseits auch der Führungsanspruch bestimmter ethnischer Gruppen, der Deutschen in Ostmitteleuropa, der Schweden um den Ostseeraum sowie der Angelsachsen in Irland, lange unangetastet geblieben ist.

Bürger und Städte

Bereits in der Einleitung wurde auf das besondere Stadt-Land-Verhältnis hingewiesen, das im Beziehungsdreieck der mittelalterlichen Feudalordnung wurzelte. Zum Unterschied vom Stadtbegriff der griechischen Polis, in der Stadt und Land eine zusammengehörende Einheit bildeten und in der die Städter auch die politische und wirtschaftliche Verfügungsgewalt über das Land und über die Agrarbevölkerung besaßen, verblieb im Fränkischen Reich und seinen Nachfolgern, ausgenommen Italien, die Verfügungsgewalt über das Land dem Feudalherrn, während die Städte ihre Existenz in einem „neuen virtuellen" Lebensraum im gewerblichen und im Dienstleistungsbereich aufbauen mussten.

Das Kerngebiet des frühen Städtewesens lag längs zweier sich kreuzender Achsen. Einerseits reihten sich Fernhandelsorte längs des Nordfußes der Mittelgebirge, in den fruchtbaren Bördenlandschaften im Norden des Rheinischen Schiefergebirges, und andererseits entstanden im Anschluss an die alten Römerstädte Bischofssitze, die in einem Suburbium Gewerbe und Handel an sich zogen. Es verdient Beachtung, dass dieser Kernraum der mittelalterlichen Entwicklung in der geopolitischen Landkarte Europas im ausgehenden 20. Jahrhundert als „Goldenes Dreieck" bekannt geworden ist.

Von diesem Kernraum aus breiteten sich ab dem 11. Jahrhundert in zwei Entwicklungsflügeln, einerseits nach Osten in Richtung Oder und Weichsel und andererseits im Süden des Französischen Zentralmassivs, planmäßige Stadtgründungen aus; zuerst in einer Art Nachziehverfahren als wirtschaftliche Mittelpunkte inmitten bereits bestehender Agrarsiedlungen, später dann auch als Vorposten einer nachfolgenden Agrarkolonisation.

Über die Formen dieser Planstädte ist viel geschrieben worden. Im 11. Jahrhundert verwendete das besonders stadtfreundliche Geschlecht der Zähringer das Straßenkreuz in der Schweiz, in Schwaben, in Bayern und in Österreich. Ab dem Ende des 12. Jahrhunderts wurde die zentrale Platzanlage in verschiedenen Variationen vorherrschend. Östlich der Oder wurden diese Plätze dann zunehmend größer. Gleichzeitig verlangsamte sich der Vorgang der Stadtgründungen nach dem Osten. Es dauerte nahezu zwei Jahrhunderte, bis sich der Raum zwischen Karpaten und Ostsee mit Städten füllte, die nur mehr die Form, nicht mehr die Funktion mit den älteren Siedlungsräumen gemeinsam hatten und in denen eine jüdische Bevölkerung Fuß fassen konnte.

Während dieser östliche Flügel der Stadtgründungen schließlich an den Pripjet-Sümpfen ein Ende fand, griff der westliche Flügel über Südfrankreich nach Spanien aus. In Frankreich entstanden die zahlreichen Bastides und Villes Neuves, die Ersten als militärische Stützpunkte (im Hundertjährigen Krieg gegen England; Abb. 3.15), die Zweiten als bescheidenere Kleinstädte, welche in der zentralörtlichen Hierarchie deutlich unter den traditionsreichen alten Mittelpunkten lagen.

In Nordspanien bediente sich die Reconquista planmäßiger Stadtgründungen, welche die einzelnen Etappen der Wiedereroberung der Iberischen Halbinsel nachzeichneten.

Unabhängig von diesen wellenförmig ausgreifenden Stadtgründungen wurde jedoch auch überall im Altsiedelland von Mittel- und Westeuropa die Neuanlage von Städten als Instrument der jeweiligen territorialen Politik verwendet.

Während die Grundherrschaft über die ländlichen Gemeinden bis zur Grundentlastung aufrecht blieb, ist es einer ganzen Zahl von Städten in der Zeit der Desorganisation der Feudalgewalten gelungen, sich aus dieser Abhängigkeit zu befreien. Es entstanden die Freien Reichsstädte in Deutschland, die Villes Franches in Frankreich, die Villa Franca in Italien und die Freetowns in Großbritannien. Aus diesen unabhängig gewordenen Städten sind Städtebünde wie der Nürnberger Städtebund, der Städtebund der Hanse und der Lombardische Städtebund sowie mehrere Stadtstaaten entstanden (Abb. 3.16).

Seiichi Yamada, homepaget.nifty.com/artyamada/exp%20top%20deutsch.htm.

Abb. 3.15: *Carcassonne, Frankreich. Gemälde von Seiichi Yamada.*

Abb. 3.16: *Siena, Blick über das Stadtzentrum nach Norden.*

In der politischen Landschaft des Mittelalters besaßen diese privilegierten Städte als Freie Reichsstädte bzw. als Stadtstaaten in Flandern und Italien alle Institutionen und Aufgabenbereiche, welche dann später vom absolutistischen Flächenstaat übernommen wurden. Dazu zählten Verteidigung, Rechtsprechung, Kontrollfunktionen über die bauliche und ökonomische Tätigkeit der Bürger, Aufgabenbereiche der sozialen und technischen Infrastruktur, wie Schulen, Krankenhäuser,

Abb. 3.17: *Dom von Orvieto, Italien.*

Abb. 3.18: *Brüssel, Groote-Markt.*

Siechenhäuser, Bäder usw. Entsprechend den Basisfunktionen – Markt und gewerbliche Produktion – bildeten Kaufleute und Gewerbetreibende die tragenden sozialen Schichten. Aus den Bestrebungen der Handelsherren, die Handwerker in die Abhängigkeit des Verlagssystems zu bringen, resultierten soziale Konflikte. Die mittelalterliche Stadtgeschichte ist voll davon.

Die Stadtgrößen der mittelalterlichen Bürgerstadt sind nicht mit denen der antiken Welt vergleichbar. Die weit überwiegende Anzahl der Städte blieb klein und zählte nur wenige tausend Einwohner. Keine Stadt erreichte die Größe der Städte im damaligen arabischen Herrschaftsgebiet in Spanien, wo die Einwohnerzahl von Córdoba auf 500.000 geschätzt wird.

Folgende Merkmale der mittelalterlichen Bürgerstadt sind bis heute „sichtbar" geblieben:

1. Symbolik und Konkurrenz von monumentalen Kirchenbauten entsprachen dem Wesen des christlichen Abendlandes. Ab dem 13. Jahrhundert breitete sich die Formensprache der Gotik aus, ein neuer Stil, eine „verrückt-tollkühne Technik" wurde sie von Le Corbusier genannt („Als die Kathedralen weiß waren", 1937; Abb. 3.17). Die Kirchenbauten dominierten die Silhouette der Stadt. Man baute sie so hoch wie möglich, selbst in kleinen Städten. Le Corbusier hat sie zu Recht als „Wolkenkratzer Gottes" bezeichnet.

2. In sozialräumlicher Hinsicht bestand eine ausgeprägte zentral-periphere Differenzierung. In der mittelalterlichen Bürgerstadt war der zentrale Marktplatz mit Kirche, Rathaus, Markthalle usw. die soziale Mitte der Stadt (Abb. 3.18). Hier reihten sich die Häuser der führenden Geschlechter aneinander. Überall dort, wo Hausbesitz, Handel und Gewerbe noch eine Einheit bilden, wie dies in Kleinstädten der Fall ist, hat sich das Konzept der sozialen Mitte der Stadt erhalten, welches die Denkmalschutzbewegung ganz entscheidend unterstützt.

3. Zwischen dem öffentlichen und dem privaten Raum bestanden Verschränkungen: zeitlich geregelte Rechte der Allmende, Durchgangsrechte, aber auch in Vorwegnahme des gegenwärtigen halböffentlichen Raumes Rechte von Bruderschaften, Zünften und dergleichen.

4. Grundsätzlich neu im Vergleich zur antiken Stadt war die Aufschließung mittels schmalstreifiger Parzellen. Anders als die Hofhäuser der antiken Stadtkulturen ist das Bürgerhaus der europäischen Stadt zur Straße ausgerichtet, und zwar mit einer repräsentativen Schaufront. Damit begannen der bis zur Gründerzeit heraufreichende Fassadenkult und die horizontale Differenzierung des Hauses auf der Parzelle.

Als das mächtigste Instrument zur Schaffung kultureller Homogenität sind die Universitäten zu nennen, die aus den Schulen des 11. und 12. Jahrhunderts entstanden sind und bis zum 13. Jahrhundert annähernd ihre moderne Struktur gefunden haben. Frankreich und Italien standen bei weitem an der Spitze: Bologna für die Rechtswissenschaften, Paris für die Artes (Grundstudium des Mittelalters: Rhetorik, Grammatik, Dialektik; Arithmetik, Geometrie, Astronomie, Musik; Abb. 3.19).

Um 1300 existierte Europa bereits als identifizierbare kulturelle Einheit. Hierzu gehörten die Heiligen, die Namen, die Münzen, die Urkunden und das Bildungswesen der Universitäten. Überall stützten sich die Herrscher auf Kanzleien, und Europas Beamte teilten einen gemeinsamen Erfahrungsschatz an höherer lateinischer Bildung (Bartlett 1996, S. 357).

Die ländliche Siedlung

Die ländliche Siedlung wies ebenfalls eine klare Organisation auf. Die größten Grundherren und Landbesitzer, Könige und Herzöge, mächtige Bischöfe und Klöster, hatten allesamt ein Interesse an der Entwicklung ihrer Ländereien. Vor Ort waren „Siedlungsagenten", so genannte Lokatoren, die Organisatoren. Sie mussten wohlhabend und geachtet sein, um die Gründung einer neuen Kolonie durchführen zu können. In Spanien hießen sie Populatores und wurden ebenso wie die Lokatoren im östlichen Mitteleuropa mit Gütern in den gegründeten Dörfern belohnt. Zumeist haben sie dann als Schulzen auch in der Dorfgemeinschaft eine besondere Stellung eingenommen.

Zur Landvermessung wurden Messruten und Messseile verwendet. Die Zuteilung der einzelnen Hufen erfolgte durch das Los. Die Maßeinheiten

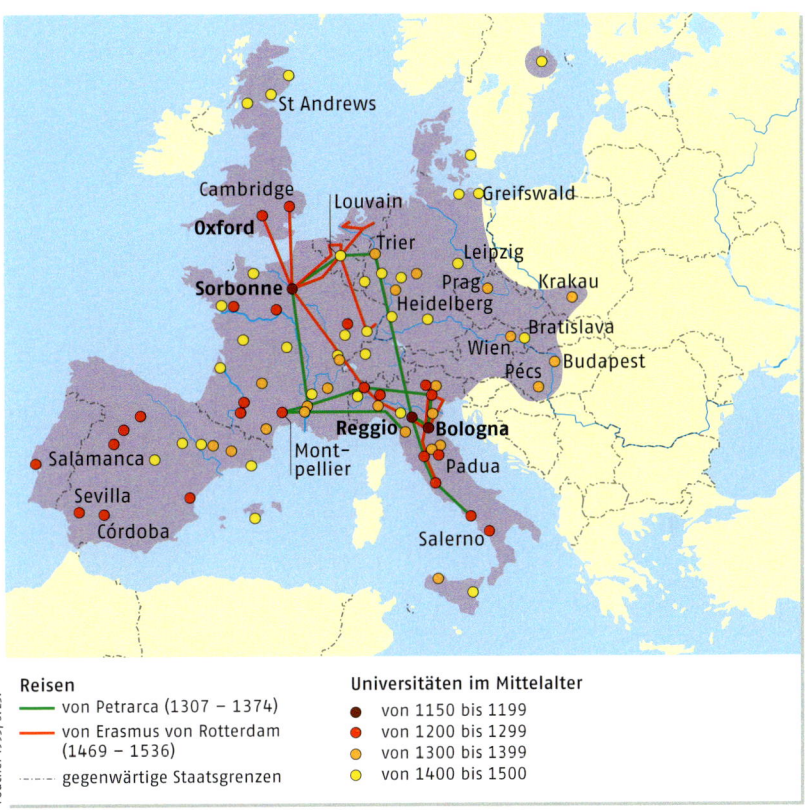

Foucher 1993, S. 23.

Reisen
— von Petrarca (1307 – 1374)
— von Erasmus von Rotterdam (1469 – 1536)
---- gegenwärtige Staatsgrenzen

Universitäten im Mittelalter
● von 1150 bis 1199
● von 1200 bis 1299
● von 1300 bis 1399
● von 1400 bis 1500

waren territorial unterschiedlich: Eine fränkische Hufe umfasste etwa 24 ha, eine flämische ungefähr 16 ha. Ähnlich der städtischen Kolonisation ist im Prozess der Landnahme eine Abfolge von verschiedenen Organisationsformen zu erkennen. Ökologisch lassen sich unterschiedliche Trennungen von Acker- und Weideland feststellen, wobei im Nordwesten Deutschlands, in der erwähnten Geest, die Sonderform der Eschflur mit dem ewigen Roggenbau eine bis zur Gegenwart heraufreichende Variante einer ersten Intensivierung der Agrarwirtschaft darstellt. Diese Trennung von einem Innen- und einem Außenfeld ist in England und ebenso in Nordeuropa nachgewiesen.

Mit der Einführung der Dreifelderwirtschaft hat sich die Gewannflur mit den verschiedenen Formen planmäßiger Dorfanlage verbunden. Gewannfluren können erstmals für das späte 10. Jahrhundert nachgewiesen werden und greifen dann mit den Etappen der Agrarkolonisation bis zum 13. Jahrhundert nach Ostmitteleuropa aus

Abb. 3.19: *Universitäten im Mittelalter.*

Abb. 3.20: *(links)*
Mittelalterliche Gewannflur.

Abb. 3.21: *(rechts)*
Mittelalterliche Hufenflur.

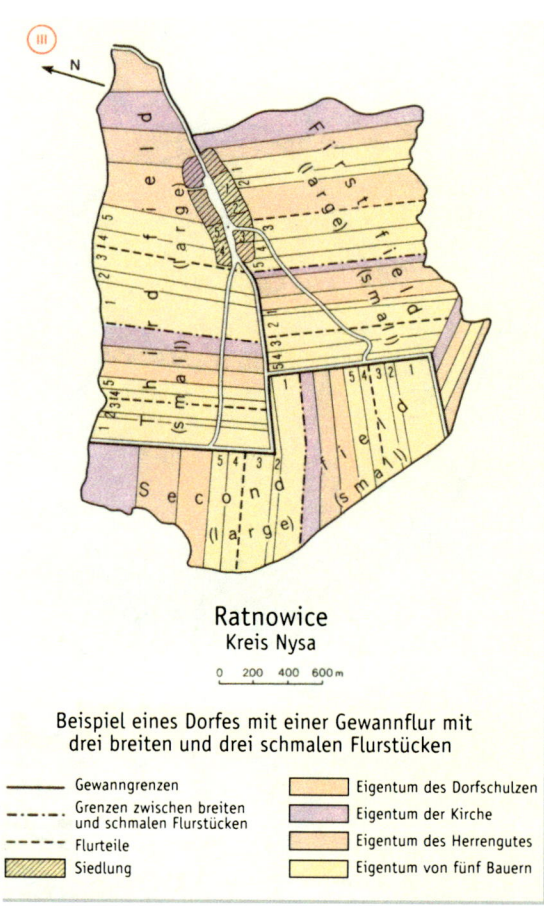

Ratnowice
Kreis Nysa

0   200   400   600 m

Beispiel eines Dorfes mit einer Gewannflur mit
drei breiten und drei schmalen Flurstücken

Czapliński 1986, S. 10.

——— Gewanngrenzen

—·—·— Grenzen zwischen breiten
und schmalen Flurstücken

- - - - Flurteile

▨ Siedlung

☐ Eigentum des Dorfschulzen
☐ Eigentum der Kirche
☐ Eigentum des Herrengutes
☐ Eigentum von fünf Bauern

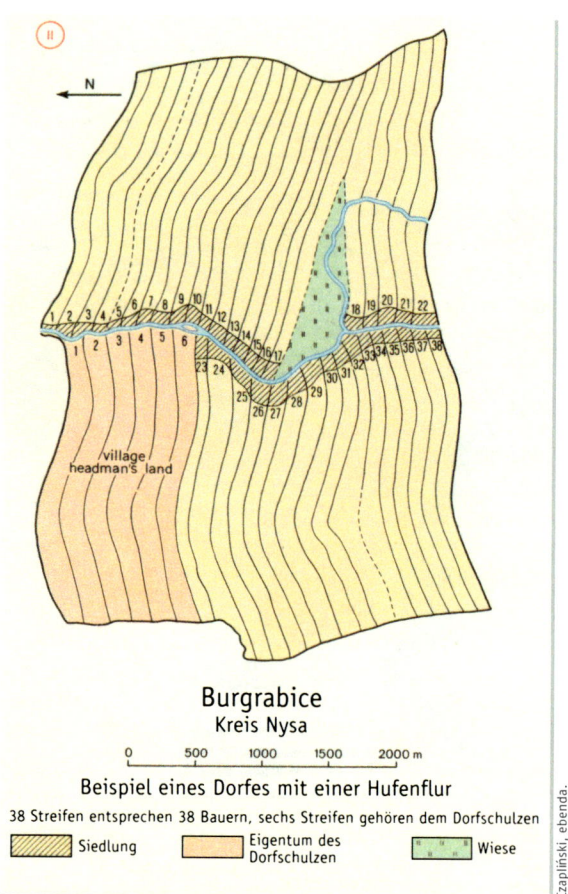

Burgrabice
Kreis Nysa

0   500   1000   1500   2000 m

Beispiel eines Dorfes mit einer Hufenflur

38 Streifen entsprechen 38 Bauern, sechs Streifen gehören dem Dorfschulzen

▨ Siedlung   ☐ Eigentum des
Dorfschulzen   ☐ Wiese

Czapliński, ebenda.

(Abb. 3.20). Mit dem Fortschreiten der Agrarkolonisation in immer ungünstigere Räume hinein, einerseits gegen das Gebirge hin und andererseits auf die Küste zu, werden die kollektiven Organisationsformen schrittweise abgebaut und der individuellen Freizügigkeit der Nutzung Priorität eingeräumt. Diesen Umschwung kennzeichnet eine Übergangsform, die Gelängeflur, bei der nur mehr ein Gewann vorhanden ist, in dem jeder Bauer einen Streifen besitzt. Diese Hufenfluren begleiten den Vorstoß der Agrarkolonisation längs des Karpatenfußes weit nach Osten. Sie sind ein Kennzeichen aller höheren Mittelgebirge, vom Böhmischen Massiv bis hin zum Französischen Zentralmassiv (Abb. 3.21). Analog zu den Städten lässt sich in den östlichen Kolonisationsgebieten ebenso feststellen, dass die Gewannfluren immer größere Abmessungen erhalten haben. Der Unterschied

zwischen dem Altsiedelraum in der Ausdehnung des Fränkischen Reiches unter Karl dem Großen und den Kolonisationsgebieten bestand auch für die ländliche Siedlung bis zum Jahr 1945.

Im Westen der Elbe-Saale-Linie dominierten unregelmäßige Formen des Weilers und des Haufendorfes mit Blockfluren, während im Osten Planformen vorhanden waren, und zwar Anger- und Straßendörfer und schließlich auf dem Reißbrett entworfene Liniendörfer wie im Osten Polens.

Die Kollektivierung des kommunistischen Systems hat, mit einer Ausnahme, das Flurbild in allen ehemaligen Satellitenstaaten grundlegend verändert. Nur in Polen haben sich Gewann- und Waldhufenfluren, die infolge der Realteilung außerordentlich zersplittert sind, bis heute erhalten.

Das Erbe der orientalischen Kultur in Europa

Zwei europäische Halbinseln wurden zu verschiedener Zeit in den Einflussbereich orientalischer Reichsbildungen einbezogen: die Iberische Halbinsel und Südosteuropa (Abb. 3.22). Die kulturhistorischen Grundlagen und die Resultate bzw. das in der Kulturlandschaft sichtbare Erbe sind außerordentlich unterschiedlich.

Die Pyrenäenhalbinsel

Die Maurenzeit hat der Pyrenäenhalbinsel in vielen Gebieten eine Blüte der Landwirtschaft und des Städtewesens gebracht. Eine grundsätzliche Umgestaltung erlebten die aus der Römerzeit stammenden Städte. Entsprechend dem anderen Verhältnis von Öffentlichkeit und Privatheit und der betonten ethnischen und wirtschaftlichen Viertelsbildung erfolgte eine Umstrukturierung des offenen Rasterschemas in Richtung auf einen Sackgassengrundriss. Die Islamisierung brachte die Errichtung zahlreicher Moscheen von zum Teil außerordentlich großartigen Dimensionen wie in Córdoba, wo nur ein Teil der Moschee später zu einer katholischen Kirche umgebaut worden ist.

Es ist einsichtig, dass die Orientalisierung dort am ausgeprägtesten war, wo die Maurenherrschaft nahezu 800 Jahre gedauert hat, d.h. in den südlichen Teilen Spaniens, wo in den Städten vielfach noch die maurischen Festungsanlagen und die luxuriösen Paläste der Kalifen erhalten sind (Abb. 3.23), ebenso wie Reste des orientalischen Stadtgrundrisses, während in den Berggebieten im Norden, in Asturien und Kantabrien, von denen aus die Reconquista erfolgte, die islamischen Züge mehr oder minder ausgelöscht wurden. Der Grundriss der Städte wurde zügig regularisiert. Systematisch wurden Durchbrüche und ebenso große Plätze in das Sackgassenmuster hinein angelegt.

Mit der Wiedereroberung wurden in der Agrarwirtschaft die großen Latifundien römischer Provenienz wieder reaktiviert, denn die Ritterheere benötigten zu ihrer Verpflegung die großen Rinderherden. Mit der Reconquista verschwand allerdings auch ein Teil der außerordentlich intensiven Landwirtschaft, welche die Maurenherrschaft gebracht hatte. Entlang des Guadalquivir soll es im Omaijadenkalifat nicht weniger als 12.000 Dörfer gegeben haben (Bentley 1984, S. 248). Sowohl im ländlichen als auch im städtischen Bereich wurde im islamischen Spanien eine Siedlungsdichte erreicht wie niemals zuvor und niemals danach.

Die Araber hatten einige wichtige Anbaupflanzen mitgebracht, welche im Zuge der Erschließung Süd- und Mittelamerikas von der Iberischen Halbinsel aus in die Neue Welt exportiert worden sind: das Zuckerrohr, das die Entwicklung Westindiens bestimmte, die Baumwolle, den Reis und die Zitrusfrüchte. Aus Marokko wurde das wertvolle Merinoschaf eingeführt und damit die Schafzucht auf einen Höhepunkt gebracht. Der schon den Römern bekannte Bewässerungsbau erfuhr vor allem im Süden um Córdoba und Valencia eine wesentliche Verbesserung.

Abb. 3.22: *Das osmanische Erbe in Europa.*

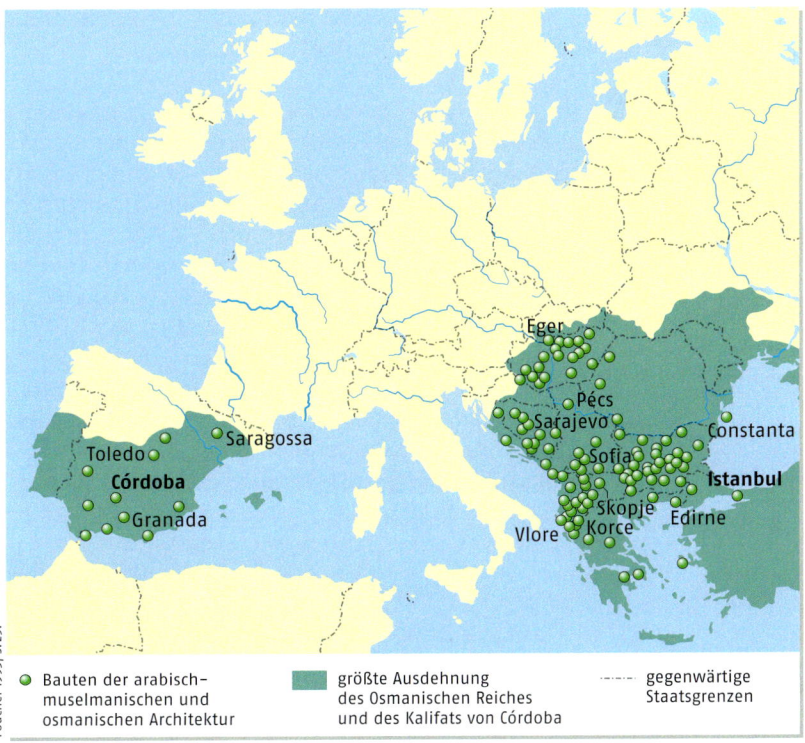

Foucher 1993, S. 25.

Bauten der arabisch-muselmanischen und osmanischen Architektur

größte Ausdehnung des Osmanischen Reiches und des Kalifats von Córdoba

gegenwärtige Staatsgrenzen

Abb. 3.23: *Granada, Alhambra, Löwenhof.*

Abb. 3.24: *Razgrad, Moschee, Nordbulgarien.*

Auf die etappenweise nach Süden ausgreifende Reconquista geht eine entsprechende Nord–Süd-Streifung der Iberischen Halbinsel zurück. Bereits im 12. Jahrhundert entstand eine der ältesten Grenzen Europas überhaupt, nämlich jene zwischen Portugal und Spanien, welche sich an die Flussengen und Schluchten der Flüsse knüpft, die von der Meseta aus nach Westen dem Atlantik zuströmen. Die genannten Streifen äußern sich bis heute in der sprachlichen Gliederung: Im immerfeuchten Iberien bildeten sich das Galicische und Portugiesische, in der Mitte – in der Meseta – das Kastilische, gegen die Mittelmeerküste hin im Norden das Katalanische, im Süden das am stärksten vom Arabischen beeinflusste Andalusische aus.

Südosteuropa

Die osmanische Eroberung von Südosteuropa erfolgte im Kulturraum der Orthodoxie und schuf den Begriff „Balkan", der im Türkischen „Gebirge" bedeutet und gleichzeitig ein Gebirgsmassiv in Bulgarien bezeichnet.

Insgesamt handelte es sich um einen Gebirgsraum, der verhältnismäßig primitive soziale Organisationsformen aufwies: eine nach Stammesgruppen siedelnde bäuerliche Bevölkerung sowie Hirtennomaden in den Hochregionen der Gebirge. Das Städtewesen war nur sehr schwach entwickelt. Die Eroberung durch die Osmanen führte zu einem Ausweichen der Bevölkerung in die Gebirgsräume; Becken und Niederungen verödeten. Die großen, kaum genutzten Ebenen wurden von der Hirtenbevölkerung als Winterweidegebiete für die Schafe in Pacht genommen. Dort, wo die Niederungen neu besiedelt wurden, im Besonderen in Mazedonien und Griechenland, entwickelte sich als so genanntes Ciftlik-System eine Gutsherrschaft, die Ähnlichkeiten mit dem Latifundienwesen des mediterranen Raumes aufwies und zur Entstehung von Gutsdörfern führte. Eine Intensivierung der

Landwirtschaft erfolgte vereinzelt; hereingebracht wurde der Wasserbüffel, den man heute noch in den Niederungen von Mazedonien findet, ferner in einzelnen Bewässerungsgebieten die Baumwolle.

Orientalische Stadtkultur prägte die städtischen Zentren, wie Sarajevo, mit all ihren Kennzeichen: dem Sackgassengrundriss, den Viertelsbildungen, den Großbauten von Moscheen, öffentlichen Bädern und Schulen, den Karawansereien und der Carsija, dem Basar (Abb. 3.25).

Der osmanische Herrschaftsbereich ist in Südosteuropa ähnlich wie auf der Iberischen Halbinsel in Etappen reduziert und schließlich völlig aufgelöst worden. Eine bis heute wichtige Kulturgrenze in Südosteuropa ist die unter Prinz Eugen im 18. Jahrhundert nach der Wiedereroberung Ungarns als Militärgrenze zwischen der österreichisch-ungarischen Monarchie und dem Osmanischen Reich festgelegte Linie. Sie begleitet den Karpatenhauptkamm gegen die Ebene der Walachei, setzt sich dann längs der Donau und Save fort, umschließt die Lika und erreicht beim Velebit-Gebirge das Mittelmeer. Einige Etappen der Rückgewinnung bzw. Verselbständigung von Staaten seien genannt: 1817 löst sich Serbien als tributpflichtiges Fürstentum, Rumänien folgt 1859, Bulgarien 1878 (Abb. 3.24), im selben Jahr werden auf dem Berliner Kongress Bosnien und die Herzegowina der österreichischen Verwaltung unterstellt. Was ist mit der orientalischen Tradition im ehemaligen osmanischen Herrschaftsbereich geschehen? Das starke Wachstum der Städte Südosteuropas nach dem Zweiten Weltkrieg hat orientalisches Kulturgut sehr rasch dezimiert, mit bedingt durch Erdbeben wie in Skopje und verstärkt durch Intentionen des jugoslawischen Staates wie in Niš, wo man den gesamten, aus der türkischen Zeit stammenden Stadtkern abgetragen und durch zehn- bis zwölfstöckige Hochbauten ersetzt hat.

Andere Staaten haben ab den 1970er Jahren orientalische Altstädte im Zeichen des Denkmalschutzes museal zu erhalten versucht. Bulgarien ist innerhalb dieser Bewegung vorangegangen und hat als erster Staat aus der türkischen Zeit stammende Stadtbilder, wie in Sosopol bzw. vor allem in Plovdiv, zur Gänze unter Denkmalschutz gestellt und restauriert. Auch einzelne jugoslawische Städte, wie Mostar, waren vor ihrer Zerstörung diesem Beispiel gefolgt (Abb. 3.27, 3.28). Erwähnenswert sind auch die Intentionen Albaniens, welches andererseits mit größter Radikalität den religiösen Baubestand des Landes weitgehend eliminiert hat (Abb. 3.26). Interessanterweise hat Griechenland, welches mit Vehemenz die türkische Herrschaft

Abb. 3.25: *Sarajevo, Modell im Historischen Museum, im Krieg zerstört.*

Abb. 3.26: *Berat, türkische Stadthäuser, Albanien.*

Abb. 3.27: *Pretelj, Bosnien, vor der Zerstörung.*

abgeschüttelt hat, die Basartraditionen in den kleineren Städten unangetastet gelassen. Als geschlossene Baubezirke mit Teilen für die Fleischhauer, die Tuchhändler usw. haben sie sich vor allem auf der Peloponnes und im Epirus erhalten.

Das aus dem anatolischen Raum bekannte Fachwerkhaus mit der Galerie im ersten Stock genoss bis in die 1980er Jahre in Teilen des ehemaligen Jugoslawien, wie in Bosnien und der Metochia, erhebliche Verbreitung, ist jedoch zunächst durch die rege Umbautätigkeit von Seiten der Gastarbeiter und im letzten Jahrzehnt des 20. Jahrhunderts durch den Bürgerkrieg weitgehend verschwunden.

Was ist nach der Auflösung des Osmanischen Reiches mit den Elementen der ländlichen Siedlung in den Niederungen geschehen? Zwei Entwicklungen sind zu nennen:

Die Gebiete der Winterweiden und die Ciftlikdörfer sind zu Kolonisationsgebieten der neuen Regierungen geworden. Von dieser Agrarkolonisation hat besonders Nordgriechenland profitiert, aber auch die europäische Türkei folgte diesem Beispiel, wobei jedoch nicht alle Neuanlagen von Erfolg begleitet waren.

Die Einschränkung der Winterweiden hat die Hirtennomaden getroffen, deren Zahl von 600.000 um 1900 auf 100.000 in der Gegenwart geschrumpft ist. Der größere Teil von ihnen ist in neue Kolonisationsgebiete gewandert und halbsesshaft geworden, ein Teil hat sich in den Städten niedergelassen. Ein Zentrum des Hirtennomadismus ist noch immer das Pindusgebirge in Griechenland, wo rund 50 Sommerdörfer der Aromunen liegen.

Der zweite Entwicklungsast geht auf die in osmanischer Zeit gegründeten Intensivkulturen zurück, wie die Rosenzucht in Bulgarien, den Tabakanbau in Mazedonien und den Paprikaanbau in Ungarn. Vor allem Bulgarien hat die Bewässerungswirtschaft durch den Bau von Kanälen, Stauanlagen und Pumpwerken im Becken von Plovdiv weitflächig vorangetrieben und ist ab den 1970er Jahren dazu übergegangen, mittels großer Glashäuser ganzjährig Gemüse für den Absatz auf dem europäischen Markt zu erzeugen.

Abb. 3.28: *Brücke in Mostar vor der Zerstörung.*

Der Flächenstaat des absoluten Landesfürstentums und des aufgeklärten Absolutismus

Einleitung

Das Zeitalter politischer Desorganisation wird ausgehend von Frankreich vom absoluten Landesfürstentum abgelöst. Es vollzieht sich die Umwandlung vom mittelalterlichen Feudalstaat zum Flächenstaat neuzeitlicher Prägung. Ein wichtiges Werkzeug dabei ist der Aufbau einer Bürokratie und die dadurch mögliche Reglementierung aller Lebensbereiche der Bevölkerung und der Wirtschaft. Als Ausdruck der politischen Machtentfaltung kommt es zur Ausbildung eines stehenden Heeres. Beamten- und Offiziersstand werden damit zu Trägern dieser neuen Staatsform. Die Vereinheitlichung der Verwaltung hat die Einführung der allgemeinen Schulpflicht zur Voraussetzung.

Die Machtentfaltung des Landesfürsten beruhte in ihren Anfängen auf den religiösen Auseinandersetzungen im Zuge der Reformation und Gegenreformation. Das Prinzip des „cuius regio, eius religio" bot dem jeweiligen Landesfürsten die Möglichkeit der Enteignung des Adels, aber auch der bürgerlichen Schichten, verschaffte ihm also einerseits Vermögenszuwachs und gestattete ihm andererseits, durch Vergabe von Besitztümern und Privilegien den neu etablierten Adel in Abhängigkeit zu bringen. Die religiöse Intoleranz verfestigte sich im Laufe des 17. und 18. Jahrhunderts und hatte Wanderungsbewegungen zur Folge, die zum Teil, wie die Einwanderung der Hugenotten nach Deutschland und England, auch Anlass für neue wirtschaftliche Impulse waren.

Die Barockkultur als „Geopolitik" der Gegenreformation hat sich nach dem Konzil von Trient (1545 – 1563) als neue gloriose Architektur der Ecclesia triumphans von Rom aus über das katholische Europa ausgebreitet, nach Spanien, der österreichisch-ungarischen Monarchie, hier besonders in Prag und Böhmen (Abb. 3.31), in Bayern und Polen bis an die Grenze der Orthodoxie (Abb. 3.29). Zahllose Klöster und Kirchen, aber auch Profanbauten wurden im Barockstil umgebaut.

Die Residenzstadt

Im Städtebau steigerte die Barockzeit das aus dem Mittelalter geläufige Repräsentationsprinzip zum Monumentalen hin. Sichtachsen zu Schlössern und sonstigen Monumentalbauten entstanden und ersetzten als breite Boulevards für Reiter und Kutschen die fußgängerbezogene Enge mittelalterlicher Gassen. Weiträumige Parkanlagen dienten als ergänzende Elemente architektonischer Gestaltung.

Das Schloss des Herrschers bildete die neue „soziale Mitte" der Stadt und damit das Zentrum einer sozialräumlichen Gliederung, von dem aus sich die sozialen Gruppen fächerförmig zentral-peripher anordneten.

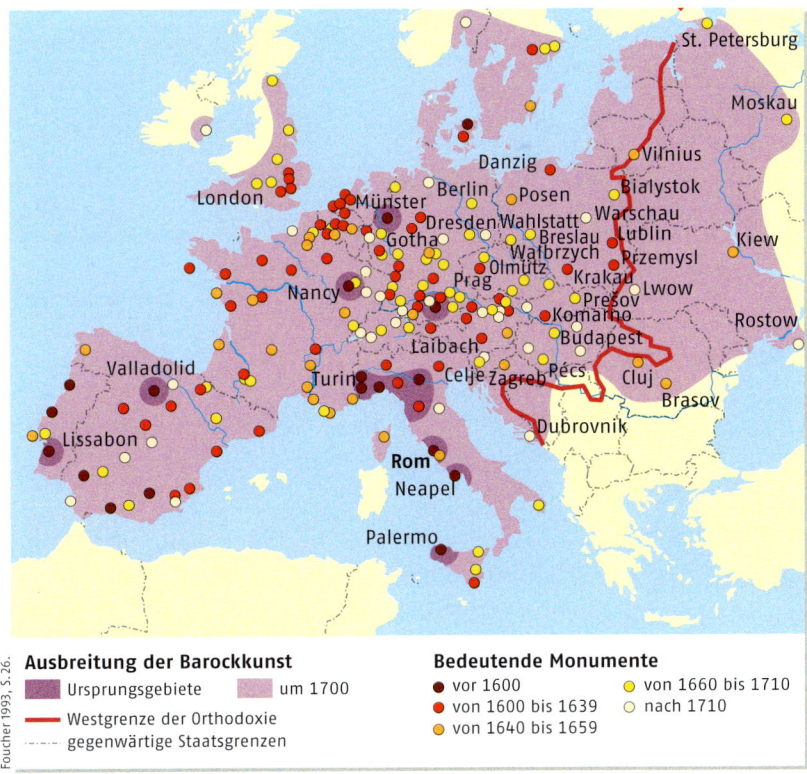

Foucher 1993, S. 26.

Ausbreitung der Barockkunst
- Ursprungsgebiete
- um 1700
- Westgrenze der Orthodoxie
- gegenwärtige Staatsgrenzen

Bedeutende Monumente
- vor 1600
- von 1600 bis 1639
- von 1640 bis 1659
- von 1660 bis 1710
- nach 1710

Abb. 3.29: *Die Barockkunst, eine geopolitische Gegenreformation.*

Abb. 3.30: *Katharinenpalast, Puschkin bei St. Petersburg.*

Die Residenzfunktion brachte neue Sozialgruppen in die Stadt: Adelige, Beamte und Offiziere. Der Adel drängte sich in den Dienst des Hofes. Er wurde stadtsässig, freilich nicht überall. Im Raum des deutschen Altsiedellandes, im Machtbereich der Hansestädte und vor allem in Großbritannien verblieb er auf dem Lande. Darauf ist es zu einem Gutteil zurückzuführen, dass das englische Städtewesen im Zeitalter der Industrialisierung einen anderen Weg einschlug als das des Kontinents.

Besonders eindrucksvolle duale Stadtstrukturen sind überall dort entstanden, wo mittelalterliche Bürgerstädte in der Zeit des Absolutismus zu Residenzen des jeweiligen Herrscherhauses wurden. Dort verschmolz die ältere Bürgerstadt mit der „Fürstenstadt", und angelagert an das Schloss gelangte ein adeliger und höfischer Stadtsektor zur Ausbildung.

Aufgrund der absolutistischen Machtstrukturen erfolgte ein Transfer des Besitzes an Grund, Boden und Häusern von der alten bürgerlichen Elite an die neue Elite des Adels und des Hofes. Das Bürgertum wurde vielfach aus der Stadt in den Vorstadtraum abgedrängt, gleichzeitig damit jedoch die Qualität der Stadtmitte als soziale Mitte verstärkt.

Frankreich setzte das Vorbild für das politische System des Absolutismus. Seine Hauptstadt Paris wurde zum Vorbild für die Bautätigkeit in den großen Residenzstädten Europas.

Bereits Ludwig XIII. errichtete eine neue Residenz in Saint-Germain-en-Laye. Ludwig XIV. verließ den Louvre und übersiedelte mit seinem Hof in die neue Residenz von Versailles, die nach und nach zu einer kleinen „künstlichen Hauptstadt" erweitert wurde, schließlich eine gleich große Fläche einnahm wie die Hauptstadt Paris und als Modell über ganz Europa bis nach St. Petersburg nachgeahmt worden ist (Abb. 3.30).

Vor allem die Zersplitterung der politischen Landkarte in der Mitte Europas hat die Diffusion von „kleinen Versailles" begünstigt (Abb. 3.32) und wirkt bis zur Gegenwart nach.

Die Wirtschaftspolitik

Das wirtschaftliche Konzept des Merkantilismus, welches zuerst Frankreich kreierte, sah im Export von Gewerbeprodukten den Schlüssel zum Reichtum des Staates. Durch staatliche Förderung und Organisation entstanden zahlreiche Manufakturen. Zum zünftisch geordneten Gewerbe gesellte sich die staatlich privilegierte Manufaktur. Ebenso wie die Barockkultur verbreitete sich das Manufakturwesen über Europa. Ausgehend von den großen Städten erfolgte eine Delegierung der gewerblichen Fertigung an die ländlichen Siedlungen, ähnlich wie dies die Fernhandelsstädte Flanderns, Oberitaliens und Süddeutschlands bereits im Mittelalter getan hatten.

Hatte der Merkantilismus die Landwirtschaft vernachlässigt, ihr sogar durch den Import von billigen Nahrungsmitteln geschadet, so brachte der Physiokratismus eine staatliche Förderung der Landwirtschaft und in Ost- und Mitteleuropa, in Preußen und in der Habsburgermonarchie eine umfangreiche Binnenkolonisation. Bisher schlecht genutzte Räume, Sümpfe, Moore, Waldgebirge, wurden erschlossen und das von den Türken verwüstete Pannonische Tiefland wieder in Kultur genommen. Die Fehnkolonien Friedrichs des Großen, die Anlage neuer Einödfluren in den Waldgebirgen und die Schachbrettdörfer der Ungarischen Ebene sind verschiedene Glieder desselben Prozesses, durch den eine Erweiterung des agraren Lebensraumes in Ostmitteleuropa erfolgt ist.

Ungefähr zur gleichen Zeit begann in Großbritannien die so genannte „Agrarrevolution", die Auflösung der grundherrschaftlichen Abhängigkeit und das Überhandnehmen des Gutsbetriebes. Der wirtschaftliche Motor für diese Bewegung war die Intensivierung der Viehwirtschaft von der Dreifelderwirtschaft in Richtung auf die Fruchtwech-

Tschechische Zentrale für Tourismus 2001, S. 14.

Abb. 3.31: *Stadtplatz Olmütz, Tschechien.*

selwirtschaft. Gleichzeitig wurden die Kollektivfluren aufgelöst, die Gewannfluren verschwanden und wurden durch Großblöcke ersetzt. An die Stelle des Dorfes trat der Einzelhof.

Dieser in Großbritannien als Enclosure-Bewegung bezeichnete Vorgang breitete sich von hier

Abb. 3.32: *Versailles als europäisches Modell.*

nach Nordeuropa und nach Nordfrankreich aus. In Schleswig–Holstein wird für diese Flurumlegung der Ausdruck „Verkoppelung" verwendet. Auch im Allgäu haben einzelne Klöster Umlegungen der Siedlung und eine so genannte „Vereinödung" durchgeführt. Ansonsten blieb dieser Prozess im deutschen Sprachraum von geringer Bedeutung. Es wurde nicht wie in Nordeuropa im 18. Jahrhundert ein rationales Hofsystem geschaffen, sondern man versuchte, durch die Kompromisslösung der Kommassierung die Zahl der Parzellen zu reduzieren. Diese Bewegung reicht bis hinein in die Gegenwart.

In den neuen absolutistischen Staaten „verfestigten" sich ähnlich wie im Römerreich die Grenzen. Auf die Militärgrenze der Habsburgermonarchie gegen das Osmanische Reich wurde bereits hingewiesen. Eine weitere wichtige Befestigungslinie entstand an der Ostgrenze Frankreichs gegen Deutschland hin.

Neue Verkehrswege

Die Organisation derartiger Flächenstaaten hatte die Verbesserung der inneren Erschließung zur Voraussetzung. Hierbei stand zuerst der Ausbau der Wasserwege auf dem Programm. Frankreich mit den niedrigen Wasserscheiden zwischen den Einzugsgebieten der großen Flüsse gab das Vorbild für den Kanalbau ab, durch den alle Großstädte miteinander verbunden wurden. Preußen imitierte dieses Vorbild, besaß es doch im Norddeutschen Tiefland mit seiner Vergitterung von Urstromtälern und Flussdurchbrüchen zur Ostsee und Nordsee günstige natürliche Voraussetzungen. Diese fehlten in der österreichisch–ungarischen Monarchie aufgrund des hohen Anteils an Gebirgsräumen, so dass hier der Ausbau des Straßennetzes früher als in anderen Staaten begonnen wurde. Die Hauptstadt Wien wurde zum Zentrum der Kommerzialstraßen, die als Neutrassierungen – ähnlich modernen Autobahnen – an den alten Ortskernen

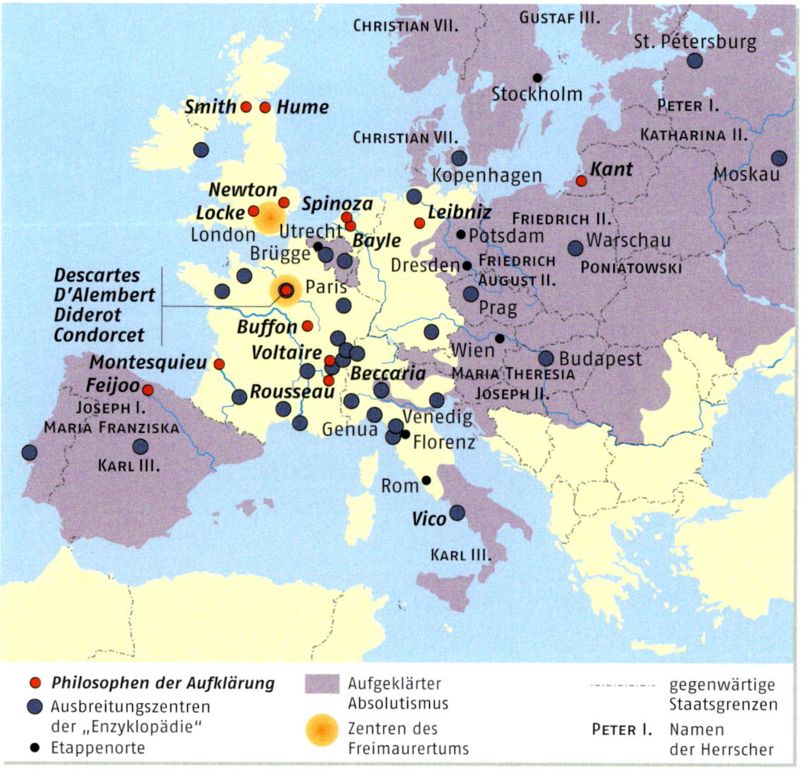

Abb. 3.33: *Der Gedanke der Aufklärung: Die Geburt des modernen Europa.*

vorbeigeführt wurden. Dadurch blieb eine untere Schicht von Marktorten und Kleinstädten abseits liegen und konnte nicht an der wirtschaftlichen Entwicklung partizipieren. Die Kommerzialstraßen verstärkten das Verkehrsprimat von Wien, die später errichteten Routes Napoléon jenes von Paris.

Den Flächenstaaten gelang es jedoch nicht, Europa zur Gänze auszufüllen. Zwischen ihnen verblieben andere Strukturen, Konföderationen von Stadtstaaten bzw. Freibauerngebieten, die, wie die Schweiz und die Niederlande, zu föderalistischen Organisationsformen gefunden hatten. Diesen fehlte die durchgreifende Einflussnahme absolutistischer Staatsgewalt auf Bevölkerung, Siedlung und Wirtschaft. Neben diesen beiden Staatsformen blieben ferner in beachtlichen Teilen Europas, im deutschen Altsiedelland ebenso wie in Italien, die älteren territorialstaatlichen Bildungen erhalten. Im deutschen Raum gelang es nur dem auf Kolonialboden erwachsenen östlichen Flügel, zu staatlicher Konzentration zu gelangen, nämlich den Königreichen Sachsen und Preußen.

Die Aufklärung

In der zweiten Hälfte des 18. Jahrhunderts kommt es in zahlreichen europäischen Staaten zu einer Weiterentwicklung des absolutistischen Systems. Die Aufklärung ging hierbei von den Herrschern aus (Abb. 3.33), deren Namen der Abbildung zu entnehmen sind ebenso wie die Namen der nationalen Vordenker. Die Aufklärung verbreitete sich über die Salons des Adels und des Bürgertums und die Kaffeehäuser in den intellektuellen Circles, von Lissabon bis St. Petersburg, von Neapel bis Dublin. Zeitungen und Enzyklopädien waren die neuen Informationsmedien. Die Aufklärung blieb jedoch einer gebildeten Elite vorbehalten, die sich um die soziale Frage noch nicht gekümmert hat.

Großbritannien beendete mit dem Gesetz Habeas Corpus 1679 die Willkür der absolutistischen Exekutive und sicherte mit der „Bill of Rights" (1689) die Unabhängigkeit des Parlaments gegenüber dem englischen König. Es ersparte sich damit die französischen Revolutionen von 1789 und 1848.

Mit der „Bill of Rights" bot Großbritannien seiner Kolonie Virginia in Nordamerika das Vorbild für

Abb. 3.34: *Parliament Tower, London.*

eine eigene Verfassung und letztlich für die Erklärung der Unabhängigkeit von England (Abb. 3.34).

Die französische Nationalversammlung verabschiedete im August 1789 die „Déclaration des droits de l'homme et du citoyen" (Erklärung der Rechte des Menschen und des Bürgers), wonach *„Ziel jeder politischen Vereinigung die Erhaltung der natürlichen und unabdingbaren Menschenrechte ist. Diese Rechte sind die Freiheit, das Eigentum, die Sicherheit und der Widerstand gegen die Unterdrückung"* (Heidelmeyer 1997, S. 57). Die Gleichheit der Menschen bezog sich jedoch nur auf Männer; Frauen waren ausgeschlossen (Menschlik 1972, S. 52).

Liberalismus und Industrialisierung

Mit der Französischen Revolution beginnt das Zeitalter des Liberalismus, welches im Gefolge der Europäisierung der Erde schrittweise den gesamten Globus umgreift. Europa nimmt darin insofern eine Sonderstellung ein, als auf allen Gebieten der Politik, der Wirtschaft, Siedlung und Gesellschaft die beschriebenen Artefakte von älteren politischen Systemen nachwirkten und damit im liberalen Zeitalter nicht auf einer Tabula rasa gewerkt werden konnte wie in den Neuländern der europäischen Kolonisation.

Administrative Reformen

Von entscheidender räumlicher Konsequenz war die innenpolitische Konzeption des Liberalismus. Dort, wo sie zuerst verwirklicht wurde, nämlich in Frankreich, brachte sie eine grundsätzliche Veränderung des inneren Aufbaus. Hatten sich die aus älteren territorialen Gebilden entstandenen Flächenstaaten des Absolutismus gleichsam von oben nach unten organisiert, so brachte der Liberalismus mit der Gemeindeautonomie den Aufbau des Staates von unten. Dabei ist allerdings nur Frankreich die Überwindung der älteren Länderstrukturen gelungen. 1789 wurden mit der neuen Einteilung der Départements die alten Herzogtümer (Aquitanien, Burgund usw.) zerschlagen und neue Hauptsitze der Départements geschaffen. Die Errichtung der Gemeinden beruhte ebenso wie in anderen Teilen Europas auf der Vermessungseinheit der Katastralgemeinde, welche bereits der aufgeklärte Absolutismus geschaffen hat.

Im Hintergrund der administrativen Reformen des Liberalismus stand die neue juristische Grundlage der Gleichheit der Staatsbürger vor dem Gesetz, wie sie erstmals im Code Napoléon ausformuliert wurde. Auch den Revolutionen von 1848 im deutschen Sprachraum, in Italien und Spanien folgten große liberale Gesetzeswerke, welche die neuen juristischen Grundlagen für alle Bereiche des Lebens, von den Schul- und Hochschulgesetzen bis hin zur Gewerbegesetzgebung, neu formuliert haben.

Die vormals unter der Vormundschaft des Staates gestandenen Universitäten nahmen im liberalen Zeitalter, getragen vom Bildungsbürgertum, einen enormen Aufschwung. Mit Lern- und Lehrfreiheit ausgestattet, spielten sie die bis dahin dem Feudalismus nicht bewusste ethnische Problematik von Ost-, Mittel- und Südosteuropa hoch. Die Probleme, die der aufgeklärte Absolutismus mit seiner Toleranz gegenüber der Religion gelöst zu haben schien, kehrten zumal in der Donaumonarchie in neuem Gewand wieder. Amts- und Schulsprache wurden zum Zankapfel der Innenpolitik. Die in der Zeit der Kolonisation des 18. Jahrhunderts kaum beachtete Mengung von verschiedenen Sprachgruppen erwies sich nunmehr nicht nur als verhängnisvoll, sondern auch als auf friedlichem Wege unlösbar. Die seitdem aus den geistigen Konzepten Europas nicht mehr wegzudenkende Nationalitätenfrage wurde zu dem Problem, an dem die österreichisch-ungarische Monarchie zugrunde gegangen ist.

Wirtschaftspolitik

Mit dem Liberalismus verband sich in der Wirtschaftspolitik die Konzeption einer Aufgabenteilung hinsichtlich der Produktion. Diese erfuhr innerhalb Europas zwei Ausformungen. Während die Kolonialmächte wie Großbritannien und Frankreich derartige Arbeitsteilungen zwischen den Mutterländern und den Kolonien vornahmen, den Zweitgenannten die Erzeugung der Rohprodukte vorschrieben und den Erstgenannten die Entwicklung der Industrie vorbehielten, verlagerte sich diese Funktionsteilung in den mitteleuropäischen Staaten, Deutschland und Österreich-Ungarn, in die Staatsgebiete selbst. Dem entsprach das politische Konzept der österreichisch-ungarischen Monarchie, bei dem das ökologisch günstiger gestellte Ungarn die Aufgabe der Agrarproduktion übernahm, während in der österreichischen Reichshälfte die Industrialisierung forciert wurde. Diese Konzeption fand sich auch in Deutschland wieder, wo sich der Nordosten, der Raum östlich der Elbe, auf die Agrarwirtschaft spezialisiert, hingegen der Westen eine Industrie aufgebaut hat.

Die Industriestadt

Die Stadt des europäischen Bürgertums im Mittelalter und die barocke Residenzstadt des absolutistischen Landesfürstentums bilden wesentliche Bausteine des europäischen Sonderwegs. Sie sind in unserer Vorstellung zu einem vielschichtigen und gleichzeitig diffusen Begriff von Stadt verschmolzen. Mit unserem Begriff der Stadt verbindet sich aus europäischer Sicht eine Lebensform. Als eine überschaubare Lebenswelt konnte die Stadt architektonisch gestaltet und sinnlich repräsentiert werden.

Mit der Industrialisierung sind die beschriebenen Bezüge der städtischen Lebenswelt zu Ende gegangen. Die Fabrik als industrielle Produktionsstätte konnte in die Stadt nicht städtebaulich harmonisch integriert werden. Ein in der vorindustriellen Zeit nur undeutlich sichtbarer Nord-Süd-Gegensatz in Europa bricht auf. Großbritannien wird zum Anführer einer antiurbanen Kultur. Es setzte den Meilenstein der Liberalisierung bereits Ende des 17. Jahrhunderts und schuf den Prototyp der Industriestadt im 18. Jahrhundert. Mit der Industrialisierung und Verstädterung war auch der europäische Sonderweg der Stadtentwicklung zu Ende. Entsprechend dem Zeitpunkt der Anlagerung der Industrie an den älteren Stadtkörper entstand eine Vielfalt von Möglichkeiten der Landnutzung und der sozialen Organisation. Es begann eine Differenzierung, die im Prinzip den Ausbreitungsvorgang der Industrie von Westen nach Osten und von Norden nach Süden reflektiert.

Die britische Industriestadt brach mit der historischen Tradition der „sozialen Mitte der Stadt", ihre Schöpfung, die Fabrik, brachte ein von den Produktionsstätten ausgehendes zentrifugales Ordnungsmoment ins Spiel. In der britischen Stadt, in der – anders als in Kontinentaleuropa – niemals eine Urbanisierung des Adels stattgefunden hat, entstand daher ein neues Prinzip der Ordnung des Sozialraumes. Mit der Industrialisierung und der massenhaften Zuwanderung des vierten Standes gewann die „soziale Inversion"

den Vorrang, d. h., die Stadtmitte wurde von der sozialen Mitte zuerst im Gefolge der Citybildung zu einem „Bevölkerungskrater" und schließlich zu einem „sozialen Krater". Es war von entscheidender Bedeutung, dass Nordamerika mit der Industrialisierung die Konzeption der Industriestadt von Großbritannien übernommen hat.

Verglichen mit Großbritannien vollzogen sich Verstädterung und Industrialisierung in Deutschland mit einer Phasenverschiebung von nahezu einem halben Jahrhundert. Die Hauptverstädterungs- und Industrialisierungsphase fällt hier in die Jahrzehnte zwischen 1870 und 1910 und damit in jene Periode, die auch als Hoch- und Spätgründerzeit bezeichnet wird.

Inzwischen waren, dem französischen Vorbild des Manufakturzeitalters folgend, vor den Toren der größeren Städte Gewerbevorstädte emporgewachsen. Konkurrenzangst des eingesessenen Gewerbebürgertums sowie die ständige Revolutionsfurcht der Herrscherhäuser und der Aristokratie verhinderten in vielen Städten die Niederlassung großer Fabriken in unmittelbarer Nähe der Stadt und bewirkten, dass sich die Industrie verhältnismäßig abgesetzt von der Wohnverbauung am Außenrand der Stadt ansiedelte. Die freien Flächen zwischen dem älteren Vorstadtraum und einer peripheren, hochgründerzeitlichen Industriezone wurden dann meist erst später durch die Mietshausverbauung geschlossen.

In den südeuropäischen Großstädten ist die Industrialisierung der Verstädterung nicht wie in Großbritannien vorangegangen, sondern gefolgt. Ähnlich wie im kontinentalen West- und Mitteleuropa entwickelte sich eine gewerbereiche Vorstadtzone. Eine äußere Industriezone der Gründerzeit ist dagegen, wenn überhaupt, nur in Ansätzen vorhanden.

Der Erste Weltkrieg bedeutete einen massiven Einschnitt in der politischen Geschichte Europas, er bedeutete aber auch einen scharfen Einschnitt in der Entwicklung der europäischen Städte. Das Zeitalter des Liberalismus wurde von jenem des sozialen Wohlfahrtsstaates abgelöst. Seit der Zwischenkriegszeit geriet die Industriestadt überall dort in die Krise, wo es nicht gelang, synchron zur Entindustrialisierung einen tertiären Sektor aufzubauen.

Struktur der Gesellschaft

Verwaltungsreformen, Wirtschaftsliberalismus und wirtschaftspolitische Aufgabenteilungen haben die Gesellschaft selbst keineswegs grundsätzlich umstrukturiert, sondern ihren Pluralismus verstärkt. Ungeachtet der liberalen Gesetzesgrundlagen entstanden keine echten demokratischen Strukturen, sondern der Liberalismus bildete ein Bindemittel, um aus den Sozialstrukturen des Mittelalters und des aufgeklärten Absolutismus eine ständische Gesellschaft zusammenzusetzen, deren Existenz freilich gegen Ende der Phase des Liberalismus durch die Übermacht der sozialen Frage bereits entscheidend bedroht war.

Nur sehr kurzfristig konnte der Liberalismus die Struktur des mittelalterlichen Gewerbebürgertums erschüttern. Es zeigte sich vielmehr, dass infolge der Gewerbefreiheit die Zahl der Kleingewerbetreibenden auf dem Produktionssektor ebenso wie auf dem Handelssektor vor allem in Frankreich und Österreich-Ungarn außerordentlich zugenommen hatte.

In beiden Staaten wurde die Zunahme der Zahl der Geschäfte von einer Unzahl kleiner Existenzen getragen, welche als Mitglieder konservativer Parteien – vor allem in der Zwischenkriegszeit mit Antiwarenhausgesetzen – die Entwicklung von großbetrieblichen Organisationsformen im Handel außerordentlich verzögert haben.

Auf die Schaffung eines geschulten Beamtenstandes in der Zeit des aufgeklärten Absolutismus wurde bereits hingewiesen. Zusammen mit dem Image des Beamtenstandes wurde mit der Einführung des stehenden Heeres und der allgemeinen Wehrpflicht das Image des Offiziersstandes begründet.

Imperialistische Motive, welche sich hinter dem Liberalismus verbergen, verstärkten die Rolle des Militärs. Garnisonstädte entstanden in oft sehr abgelegenen Räumen. Nicht hoch genug einzuschätzen ist die wirtschaftliche Bedeutung der Armeen, die in den großen Staaten wie Frankreich, dem Deutschen Reich und Österreich-Ungarn vor dem Ersten Weltkrieg rund 10 % der Arbeitsproduktivität abgeschöpft haben.

Die ständische Gesellschaft setzte der vertikalen sozialen Mobilität von aufstiegswilligen Bevölkerungselementen starke Widerstände entgegen. Die Grenzen, die durch Einkommen und Bildung gezogen wurden, ebenso wie die Vorschriften des Gewerbebürgertums zur Berufsausübung erschwerten den Aufstieg außerordentlich. Damit konnte der Liberalismus sein Prinzip der Gleichheit nicht wirklich durchsetzen.

Im Aufbau dieser ständisch gegliederten Gesellschaft nahm die Gruppe des Adels in Europa unterschiedliche Positionen ein. In Frankreich hatte die Französische Revolution den Adel zum Teil völlig vernichtet, die übrig gebliebenen Reste gingen im Bürgertum auf. Anders im deutschen Sprachraum. Hier entwickelte sich der Adel zu einem sehr vielschichtigen Komplex: Zum älteren Hof- und Landadel traten das nobilitierte Beamtentum, die gleichfalls nobilitierten Unternehmer und Bankiers. Der landständische Adel besaß die größte Bedeutung in England, wo er nicht wie auf dem Kontinent in der Barockzeit in die Städte gezogen war, sondern nach wie vor in seinen großen Manorhouses residierte. Er stellte die Spitzen der Armee ebenso wie die hohen Kolonialbeamten. Nirgends in Europa – von Einzelfällen abgesehen – hat sich der alte landständische Adel nennenswert in die industrielle Produktion eingeschaltet. Das industrielle Unternehmertum fußte im Großen und Ganzen auf bürgerlichen Schichten.

Wanderbewegungen der Bevölkerung

Eine der wichtigsten Auswirkungen des Liberalismus betraf die Freisetzung der Bevölkerung und damit die Auslösung großer Binnenwanderungsprozesse, ebenso aber auch die Auswanderung. Diese Freisetzung der Bevölkerung begann bereits 1688 in Großbritannien mit den Cromwell'schen Gesetzen und setzte sich von hier, mit einer Verzögerung von über 200 Jahren, über den Kontinent hinweg nach Russland fort. Als Marksteine sind in Frankreich die Revolution von 1789, in Deutschland als ein gewisses Vorspiel die Stein'schen Reformen von 1806 und dann durchgreifend ebenso wie in Österreich-Ungarn die Revolution von 1848 zu nennen, während Russland mit den Stolypin'schen Reformen 1906 und 1912 erst die Stufe der Stein'schen Reformen erreichte und es zur endgültigen

Bauernbefreiung der Revolution des Jahres 1917 bedurfte.

Große Wanderungsbewegungen setzten ein, bei denen drei Richtungen zu unterscheiden sind:

1. Die Auswanderungsbewegung, welche Ende des 18. Jahrhunderts begann und im 19. Jahrhundert ihren Höhepunkt erreichte.

2. Großräumige Ost-West-Wanderungen in der Mitte Europas lösten die West-Ost-Wanderung in der Zeit des aufgeklärten Absolutismus ab. Berlin und Wien seien als Beispiele dafür angeführt, dass Liberalismus und Eisenbahnbau die Wende brachten.

Die ältere Einwanderungswelle nach Berlin umfasste nicht nur die Hugenotten aus Frankreich, sondern kam vor allem aus den Rheinlanden. Es handelte sich um eine Zuwanderung aus dicht besiedelten Kleinbauernräumen. Mit dem Eisenbahnzeitalter drehte sich die Richtung der Zuwanderung um 180 Grad. Das Gros stellten nunmehr Zuwanderer aus den damals zum Deutschen Reich gehörenden Gebieten von Posen, West- und Ostpreußen.

Ähnliches kann man für Wien feststellen, wo die ältere Einwanderungswelle donauabwärts ging und Schwaben, Bayern und Franken auf den Ulmer Schachteln nach Wien reisten. Mit Beginn des Eisenbahnzeitalters und mit bedingt durch die Herauslösung der Monarchie aus dem Deutschen Reich veränderte sich das regionale Zuwanderungsspektrum gleichfalls. Bis zum Ersten Weltkrieg kam der Hauptzustrom aus den agrarübervölkerten Räumen Böhmens, Mährens und der Slowakei, später auch aus Galizien.

Mit dieser Ost-West-Binnenwanderung wurde eine Bewegung eingeleitet, die dann in den großen politischen Grenzverschiebungen im Gefolge des Zweiten Weltkrieges ihre dramatische Fortsetzung fand.

Vergessen wir nicht, dass aus dieser Ost-West-Bewegung heraus auch der Aufbau des Ruhrgebietes erfolgte. Da das damalige Deutsche Reich auch größere Polnisch sprechende Bevölkerungsteile einschloss, haben auch Polen einen ganz wesentlichen Anteil unter den Zuwanderern gestellt.

3. Eine dritte Wanderungsbewegung vollzog sich schließlich innerhalb des hierarchischen Systems der Zentralen Orte. Von den Kleinstädten rückten die Menschen gleichsam in die Großstädte auf. Gerade diese Bewegung bedingte, dass das Zuwanderungsspektrum der großen Städte im Verhältnis zur Sozialpyramide keineswegs derartige Unausgewogenheiten aufgewiesen hat, wie sie die gegenwärtigen Migrationsprozesse kennzeichnen.

Das Beispiel Wien demonstriert, dass am Ende des 19. Jahrhunderts nicht nur die Heerscharen der freigesetzten Agrarbevölkerung in die Metropole strömten und die Masse der Unterschicht stellten, das Heer der Dienstboten und gewerblichen Hilfskräfte, sondern dass vielmehr auch ein beachtlicher Prozentsatz der Gewerbetreibenden, Angestellten und Beamten fremder Herkunft war. So waren im Jahre 1890 nur 30 % der Beamten und Gewerbetreibenden in Wien geboren worden, während die Tagelöhner mit 15 % den niedrigsten Wert erreichten.

Bereits bei der Frage der Freisetzung der Bevölkerung vom Lande wurde auf das wellenförmige Ausgreifen dieser Bewegung vom Zentrum Großbritannien nach Russland hingewiesen. Die folgende kleine Tabelle demonstriert den Zusammenhang zwischen der Freisetzung der Bevölkerung vom Land und dem Beginn der Industrialisierung.

Land	Freisetzung der Bevölkerung	Beginn der Industrialisierung
Großbritannien	1688	1800
Nordfrankreich	1789	1840
Deutschland	1806/48	1870
Russland	1906/12	1921

Die Tabelle belegt die unterschiedlichen zeitlichen Abstände zwischen beiden Phänomenen und dass sich, in einem West-Ost-Profil gesehen, beide Bewegungen, einer Schere vergleichbar, im russischen Raum geschlossen haben.

Aus den generellen Verschiebungen beider Bewegungen von Westen nach Osten ergeben sich ähnliche Wellen von Auswanderungsbewegungen nach Übersee.

In Großbritannien hat die Abwanderung der Bevölkerung vom Lande am frühesten eingesetzt, überdies ist mehr als ein Jahrhundert bis zum Beginn der Industrialisierung vergangen. Es ist daher verständlich, dass Großbritannien den höchsten Anteil an der europäischen Auswanderung gestellt hat. Einschließlich Schottlands und Irlands sind bis zum Ersten Weltkrieg 25 Mio. Menschen ausgewandert, dagegen aus dem Deutschen Reich bis zum selben Zeitpunkt nur 3,5 Millionen!

Das politische Konzept des Gleichgewichts der Kräfte

Die französische Geschichtsschreibung interpretiert das napoleonische Kaiserreich als einen Versuch, die Einheit Europas auf neuer Grundlage wieder herzustellen. Allerdings bestand ein innerer Widerspruch zwischen dem autoritären Militärstaat des Kaiserreiches und dem liberalen Idealismus der Revolution. Trotzdem veränderte das revolutionäre Vierteljahrhundert zwischen 1789 und 1814 das Gesicht Europas. Die territoriale Macht der Papstkirche mit ihren geistlichen Fürstentümern und Pfründen wurde ebenso eliminiert wie der sakrale Charakter des Königtums.

Die Macht der „Heiligen Allianz" und die Staatsmänner des Wiener Kongresses konnten diese revolutionären Änderungen der politischen Landkarte Europas nicht mehr rückgängig machen. Nichtsdes-toweniger verdient der Wiener Kongress (1815) Beachtung. Es ist ihm besser als seinen Nachfolgern 1919 in Versailles oder 1944/45 in Dumbarton Oaks und San Francisco der Versuch gelungen, den Grundsatz vom Gleichgewicht der Kräfte, welcher die Neuzeit bestimmte, im Rahmen der neuen Gliederung Europas zu realisieren. Der Wiener Kongress bescherte Europa eine längere Friedenszeit, als sie je zuvor bestanden hatte. Freilich fehlte ein gemeinsames geistiges Prinzip, das stark genug gewesen wäre, die Zentrifugalkräfte zu überwinden. Die West-Ost-Gliederung Europas zwischen dem kolonisierenden westlichen Europa und dem gleichsam in sich ruhenden und teilweise in Kleinstaaten und engem Traditionalismus beharrenden mittleren Teil konnte nicht überwunden werden.

Das 19. Jahrhundert war das Zeitalter der Europäisierung der Erde, als neue Länder erobert und umgestaltet wurden. Europa selbst ist trotz aller Bemühungen um die politische Konzeption des Gleichgewichts der Kräfte von inneren Gegensätzen und widerstreitenden Kräften aufgebrochen worden. Der revolutionäre Liberalismus, der Nationalismus und die soziale Revolution zerstörten das Werk der Heiligen Allianz, waren jedoch nicht fähig, gemeinsam eine neue europäische Ordnung zu schaffen.

VOM EXPERIMENT DER TEILUNG ZUM PROJEKT EUROPA

Zur Thematik

Das 20. Jahrhundert wird von manchen Autoren als ein „kurzes" Jahrhundert bezeichnet; sie verstehen darunter den Zeitraum vom Ende des Ersten Weltkriegs und den Friedensverträgen von Versailles und Saint-Germain (1918, 1919) bis zum Fall des Eisernen Vorhangs und dem Ende des COMECON 1989. Diese Spanne von knapp sieben Jahrzehnten war voll gepackt mit dramatischen Geschehnissen: Zwei Weltkriege verursachten in weiten Teilen Europas großflächige Zerstörungen von einem bis dahin unvorstellbaren Ausmaß sowie Tod und Vertreibung von mehr als 50 Mio. Menschen; Bürgerkriege beendeten das Kolonialzeitalter; die Revolutionen des Kommunismus und Faschismus veränderten die Gesellschaft tiefgreifend.

Die Idee des Nationalstaates brachte in dem im ersten Kapitel genannten Raum von „Zwischeneuropa" zwischen Ostsee und Schwarzem Meer schwerste und zum Teil bis heute nicht überall befriedigend gelöste Konflikte. Nirgends in Europa waren die politischen Grenzen so instabil und wurden so häufig verschoben wie hier.

Das bereits mehrmals zitierte größte Experiment der Weltgeschichte, die Teilung Europas durch den Vertrag von Jalta, läutete den Kalten Krieg zwischen den beiden Weltmächten USA und Sowjetunion ein und machte Europa zum Laboratorium und gleichzeitig Konkurrenzfeld zwischen den beiden großen politischen Systemen, dem Privatkapitalismus und dem Staatskapitalismus kommunistischer Prägung. Dadurch kam das Nationalstaatenproblem Zwischeneuropas unter die Kontrolle des rigiden östlichen Systems und geriet aus dem Blickfeld des westlichen Europa, wo sehr rasch eine ökonomische Konsolidierung erfolgte und ein Wirtschaftsaufbau im Zeichen des sozialen Wohlfahrtsstaates flächigen Wohlstand brachte.

Als Weltmacht hatte Europa ausgespielt. Gleichsam auf sich zurückgeworfen, vollzog sich jedoch in diesem auf eine bescheidene Halbinsel des euroasiatischen Kontinents reduzierten westlichen Europa der erstaunliche Prozess eines neuen Anfangs und eines Schulterschlusses zwischen den seit Jahrhunderten verfeindeten Mächten Frankreich und Deutschland. Derart begann mit dem gemeinsamen kollektiven Gedächtnis der grauenvollen Erfahrungen der beiden Weltkriege der Weg in eine neue europäische Zukunft. Mit einer Reihe von Verträgen nahm das Projekt der Europäisierung Europas allmählich Gestalt an.

1989 hob sich der Eiserne Vorhang. Staaten, die vor 1945 zu Europa gehört hatten, traten wieder ins Rampenlicht. Inzwischen ist es möglich geworden, die langfristigen Effekte der Teilung Europas abzuschätzen. Die 2004 erfolgte Osterweiterung hat einen vorläufigen Abschluss des juristischen und ökonomischen Projekts der Europäisierung von Europa gebracht.

Die Umbrüche der politischen Landkarte

Einleitung

Das 20. Jahrhundert hat vier Umbrüche der politischen Landkarte erlebt:
1. Das Ende des Ersten Weltkriegs besiegelte den Zerfall der österreichisch-ungarischen Monarchie, den Rückzug der UdSSR aus Polen und den baltischen Staaten und die Verselbständigung von Klein- und Mittelstaaten im Raum zwischen Baltischem und Schwarzem Meer.
2. Das Dritte Reich unternahm den Versuch einer Revision der Landkarte von Versailles und Saint-Germain und veränderte kurzfristig die politische Landkarte in großen Teilen Europas.
3. Das Ende des Zweiten Weltkriegs und die Verträge von Jalta und Potsdam führten zur bereits genannten Zweiteilung Europas.
4. Die Hebung des Eisernen Vorhangs brachte die Klein- und Mittelstaaten in Zwischeneuropa wieder zum Vorschein und führte in weiterer Konsequenz zum Zerfall Jugoslawiens sowie zur Teilung der Tschechoslowakei.

Abb. 4.1: *Die politische Landkarte in Mittel- und Osteuropa vor 1914.*

Abb. 4.2: *Die politische Landkarte in Mittel- und Osteuropa 1923.*

Das Ende des Ersten Weltkriegs

Der Vergleich der politischen Landkarte von Ost- und Mitteleuropa in den Jahren 1914 und 1923 belegt, dass die unter der Decke der Vielvölkerstaaten der Donaumonarchie und Russlands gelegenen Nationalstaaten zur Selbständigkeit gelangt waren (Abb. 4.1, 4.2).

Die österreichisch-ungarische Monarchie bezahlte die Rechnung des Ersten Weltkriegs. Sie war im Jahr 1914 nach Russland der zweitgrößte Staat in Europa und umfasste den gesamten östlichen Teil des Donauraumes mit den Ostalpen-, Sudeten-, Karpaten- und Adrialändern. In ökonomischer Hinsicht verfügte sie über reiche natürliche Ressourcen an Salz, Eisen und Kohle, besaß ertragreiche landwirtschaftliche Gebiete, aber ebenso auch ausgedehnte Wälder in den Alpen, in den Karpaten und im Dinarischen Gebirge. Die einzelnen Wirtschaftsräume ergänzten einander hervorragend, und die Donaumonarchie war im damaligen Europa der Staat mit dem höchsten Grad an wirtschaftlicher Unabhängigkeit.

Trotz intensiver Bemühungen war es jedoch nicht gelungen, die Nationalitätenfrage zu lösen. Dies betraf insbesondere die Bestrebungen der Tschechen, als dritter Pfeiler des Staates neben den Ungarn anerkannt zu werden. Bei der Volkszählung 1910 betrug der Anteil der räumlich stark zersplit-

terten deutschsprachigen Bevölkerung 23,3 % und jener der Ungarn 19,6 %. Beide zusammen standen mit 42,9 % bereits an zweiter Stelle gegenüber den Slawen mit 47,8 % (Tschechen und Slowaken 16,6 %, Serben und Kroaten 10,7 %, Polen 9,8 %, Ukrainer 7,9 %, Slowenen 2,5 %), dazu kamen ferner Rumänen mit 6,2 %, Italiener mit 1,6 % sowie noch Splittergruppen mit insgesamt 2 %. Die folgende Tabelle belegt die Aufteilung der Bevölkerung der k. u. k. Monarchie auf die Nachfolgestaaten:

Österreich:	6,5 Mio.
Ungarn:	8,0 Mio.
Tschechoslowakei:	13,6 Mio.
Polen:	7,7 Mio.
Rumänien:	8,8 Mio.
Jugoslawien:	7,5 Mio.
Italien:	0,5 Mio.

Hauptgewinnerin des Zerfalls war die Tschechoslowakei. Sie vereinte Böhmen, Mähren und einen Teil Oberschlesiens aus der ehemaligen österreichischen Reichshälfte mit der Slowakei, welche der ungarischen Reichshälfte angehört hatte und daher ein überwiegendes Agrarland geblieben war. Prag wurde zur Hauptstadt des neuen Staates und erlebte verspätet gegenüber Wien und Budapest seine Gründerzeit in der Zwischenkriegszeit, als die Tschechoslowakei dank der alt etablierten

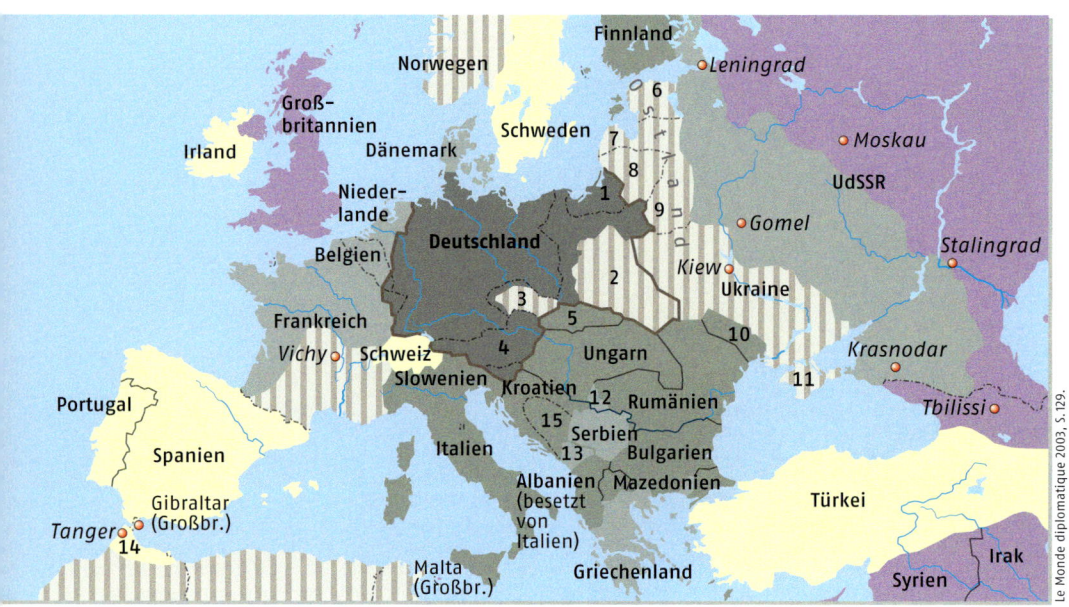

Abb. 4.3: *Europa unter der NS-Herrschaft Ende 1941.*

Le Monde diplomatique 2003, S. 129.

Deutschland und an-
nektierte Gebiete

Grenzen des Groß-
deutschen Reiches

Reichskommissariate
und Reichs-
protektorate

Deutschlands
Verbündete

Von Deutschland und
seinen Verbündeten
besetzte Gebiete

Neutrale Staaten

Deutschlands Kriegs-
gegner

1   Ostpreußen
2   Generalgouvernement
3   Böhmen und Mähren
4   Österreich
5   Slowakei
6   Estland
7   Lettland
8   Litauen
9   Weißrussland
10 Transnistrien
11 Krim
12 Banat
13 Montenegro
14 Marokko (Spanien)
15 Bosnien-Herze-
    gowina, von Kroatien
    annektiert

Industrie den siebten Rangplatz unter den damaligen Industrienationen der Erde einnahm.

Jugoslawien erbte einen Gutteil der ethnischen
Probleme, an denen die Monarchie zerbrochen
war. Es erhielt Slowenien und Dalmatien aus der
ehemaligen österreichischen Reichshälfte, Kroatien aus der ungarischen Reichshälfte sowie das
„Danaergeschenk" von Bosnien und Herzegowina,
welches Bismarck als ehemaligen Bestandteil des
Osmanischen Reiches auf dem Berliner Kongress
der Donaumonarchie zugeschoben hatte.

An den neu entstandenen polnischen Staat
ging Galizien und damit ein beträchtlicher Anteil
der ukrainischen Bevölkerung; die Bukowina fiel
an Rumänien ebenso wie der gesamte Raum von
Siebenbürgen aus der ungarischen Reichshälfte.
Italien erhielt Triest und sein Küstenland sowie
Südtirol und das Trentino.

Polen konnte sich aus dem ehemaligen Russischen Reich wieder herauslösen und seine
Selbständigkeit zurückgewinnen. Es erhielt von
Deutschland das Gebiet von Westpreußen mit
Thorn und den Zugang zum Hafen Danzig, der
samt seiner Umgebung als Freistaat konstituiert
wurde. Die kleinen baltischen Staaten Estland,
Lettland und Litauen konnten sich von Russland
separieren und erschienen zum ersten Mal auf der
politischen Bühne Europas.

Mit der Schaffung von neuen Staaten war jedoch das Problem der ethnischen Mengung und

Stratifizierung in dem großen Areal
von Zwischeneuropa nur in sehr gro-
ben Zügen gelöst. Wanderungen und
neue Konflikte waren die Folge.

Europa unter der NS-Herrschaft

Die NS-Herrschaft (Abb. 4.3) war ein
zwar kurzfristiges Gebilde, nichtsdestoweniger erfolgten aufgrund der
extremen Auswüchse einer rassis-
tischen Politik große Bevölkerungs-
verschiebungen und vor allem Be-
völkerungsvernichtungen. In den 23
Konzentrationslagern in Deutschland,
Österreich, Polen, Frankreich, Hol-
land und den baltischen Staaten
sowie in den sechs Vernichtungslagern in Polen
und der UdSSR wurden rund 6 Mio. Menschen,
darunter in erster Linie Juden, ermordet (www.
deathcamps.org/websites/jupdeu.htm).

Einzelne Staaten wurden zu Quasiprotektoraten
von Deutschland bzw. des faschistischen Italien:
die Slowakei, Großkroatien, Bulgarien, Mazedonien. Es entstanden kurzfristig Reichskommissariate wie das Generalgouvernement Polen, die
Ukraine und das so genannte Ostland, welches das
spätere Weißrussland und die drei baltischen
Staaten umfasste. Andere Territorien wie das heutige Moldawien fanden sich räumlich versetzt als
Transnistrien wieder. Deutsche Truppen besetzten
Serbien, italienische Truppen Albanien.

Die Teilung Europas nach 1945

Die Teilung Europas nach dem Zweiten Weltkrieg
stand unter dem Diktat der beiden Supermächte.
Dementsprechend konnte die Union der sozialistischen Sowjetrepubliken ihre Position verstärken
(Abb. 4.4). Die baltischen Staaten verschwanden
nach einer kurzfristigen Existenz in der Zwischenkriegszeit und unter dem NS-Regime wieder von
der politischen Landkarte. Die polnische Ostgrenze
wurde mit der seinerzeit (1939) als Demarkationslinie zwischen Deutschland und Russland verein-
barten Bug-Linie festgelegt. Die neue polnische

Abb. 4.4: *Mittel- und Osteuropa nach dem Zweiten Weltkrieg 1949.*

Abb. 4.5: *Mittel- und Osteuropa nach dem Fall des Eisernen Vorhangs 1992.*

Westgrenze längs der Oder-Neiße-Grenze annullierte 1000 Jahre deutscher Siedlungsgeschichte. Polen erhielt aus dem ehemals deutschen Territorium Pommern, Schlesien, Danzig und Ostpreußen mit Ausnahme von Königsberg, welches an Russland fiel und in Kaliningrad umbenannt wurde. Man löschte mit dem Namen die deutsche Geschichte der Stadt aus, die Tradition eines wichtigen Handelshafens und der Universitätsstadt, in der Kant gelebt und gelehrt hatte. Kaliningrad wurde eine sowjetische Stadt. Für Russland war und ist nur eines wichtig: Königsberg ist ein eisfreier Hafen und als Sitz der baltischen Militärflotte überdies ein wichtiger militärischer Stützpunkt in der Ostsee.

Die Beseitigung des Eisernen Vorhangs und der Zerfall Jugoslawiens

Die Beseitigung des Eisernen Vorhangs hatte direkte und indirekte Konsequenzen, wobei insgesamt der Weg in Richtung auf eine stärkere nationale Aufsplitterung weiter verfolgt worden ist. Aus dem Staatsverband der UdSSR kam es zur Loslösung der Ukraine und Weißrusslands, ferner in Richtung auf Rumänien zur Bildung von Moldawien sowie einer erneuten Verselbständigung der baltischen Staaten (Abb. 4.5).

Die Nationalitätenprobleme in den auf dem Territorium der Donaumonarchie entstandenen zwei Staaten, der Tschechoslowakei und Jugoslawien, wurden unterschiedlich gelöst. In einer sehr klugen und vorausschauenden Strategie trennte sich Tschechien von der Slowakei. Es erfolgte eine ruhige und geregelte Separierung längs einer Grenze, die Jahrhunderte hindurch die österreichische von der ungarischen Reichshälfte der Donaumonarchie geschieden hatte. Gleichzeitig trennten sich zwei Länder mit unterschiedlicher Wirtschaftskraft, wobei der reichere Landesteil, Tschechien, die veränderte politische Lage zu nutzen verstand.

In Jugoslawien war es dem Kroaten Josip Broz Tito, einem hervorragenden Strategen, gelungen, die ethnischen und religiösen Konflikte durch eine Doppelstrategie Jahrzehnte hindurch auszubalancieren, und zwar durch Minderheitenschutz und Gewährung von dezentralen Befugnissen einerseits und staatlichen Repressionen andererseits. Von dieser Politik wurde nach seinem Tode abgegangen. Der Zerfall des Vielvölkerstaates war die Folge.

1991 erklärten Slowenien und Kroatien ihre Unabhängigkeit. Mit relativ geringem militärischem Aufwand konnte sich das ehemals ebenso wie Tschechien zur österreichischen Reichshälfte der Donaumonarchie gehörende Slowenien, die am

Quellen: Statistical guide, Elections 2000, Yugoslavia, Statistisches Bundesamt der Republik Jugoslawien; Europarat, Beratendes Komitee zur Rahmenvereinbarung für den Schutz nationaler Minderheiten, nationaler Bericht; Büro des Hohen Repräsentanten der Vereinten Nationen in Bosnien-Herzegowina; Ethnische Strukturkarte der jugoslawischen Bevölkerung, Universität Belgrad, Geographisches Institut; Ninth assessment of the situation of ethnic minorities in Kosovo (2002); Update on the situation of Roma, Ashkaelia, Egyptian, Bosniak and Gorani in Kosovo (2003), OSCE-UNHCR
[1] „Muslime" gemäß dem jugoslawischen Zensus vor dem Krieg

Putzger 2003, S. 209/III.

Abb. 4.6: *Der Zerfall des Vielvölkerstaates Jugoslawien und die ethnische Zersplitterung auf dem Balkan 2002.*

weitesten entwickelte Teilrepublik, verselbständigen und inzwischen als EU-Mitglied qualifizieren (Abb. 4.6).

Nach kriegerischen Auseinandersetzungen mit Serbien im Donau-, Drau- und Save-Gebiet sowie in Dalmatien, wobei einzelne Städte, wie Dubrovnik, schwere Zerstörungen erlitten, erreichte auch Kroatien die Loslösung von Jugoslawien. Dabei gelang es ihm, den gesamten Küstenraum von Istrien und Dalmatien mit dem Donau-Save-Gebiet in einem sichelförmigen Territorium zu vereinen. Kroatien ist bestrebt, der EU beizutreten, und hat bereits einen Antrag auf Aufnahme gestellt.

In Bosnien-Herzegowina und dem Kosovo eskalierten nationale und religiöse Konflikte. Mit einer an die Religionskriege in der frühen Neuzeit erinnernden Grausamkeit wurde von serbischer Seite gegen die muslimischen Bosnier vorgegangen. Die EU erwies sich gegenüber den mit Billigung von Milošević verübten Massakern als machtlos. Der Massenmord von Srebrenica wurde zum Symbol des blutigen Bürgerkriegs. Die „ethnische

Säuberung", von der insbesondere die Bosnier betroffen waren, wird noch lange durch Tausende zerstörte Wohnhäuser im Siedlungsbild und vermutlich noch länger auf den Friedhöfen sichtbar sein.

Nun haben die westlichen Regierungen die Auflösungstendenzen zum Teil bewusst gefördert, sind jedoch letztlich vor der möglichen Lösung einer Auseinandersiedlung der Ethnien der katholischen Kroaten, der orthodoxen Serben und der muslimischen Bosnier zurückgeschreckt. Die ethnischen Säuberungen erfolgten dann in einem blutigen Bürgerkrieg mit rund 200.000 Toten und betrafen vor allem die bosnische Bevölkerungsgruppe.

Das Dayton-Abkommen von 1995 hat die Teilrepublik Bosnien-Herzegowina als eigenes politisches Gebilde geschaffen, das aus zwei ineinander verschränkten Teilen besteht: der bosnisch-kroatischen Föderation von Bosnien-Herzegowina mit den Städten Mostar und Sarajevo als zentrales Kerngebiet und der serbisch dominierten Republika Srpska, welche das Kerngebiet in einem Rahmen umfasst. Im serbisch kontrollierten Teil sind die Moscheen inzwischen abgerissen, darunter insgesamt 13 an der Zahl allein in Banja Luka. Dagegen sind im bosnisch-kroatischen Teil neue Moscheen entstanden (Abb. 4.7). Die Finanzierung kommt aus der arabischen Welt. Mittels modernster Betongusstechniken werden eindrucksvolle islamische Symbole erzeugt und in die Landschaft gestellt.

Auch im bosnisch-kroatischen Landesteil ist keine Siedlungsintegration der Religionen absehbar. Die mit Mitteln der Weltbank wieder aufgebaute Brücke in Mostar trennt den bosnischen vom kroatischen Stadtteil.

Nicht gelöst werden konnte die Kosovofrage. Serbischer Nationalismus hält mit ungeheurer Erbitterung am Kosovo fest, einem Gebirgsbecken, welches die Serben nach der verlorenen Schlacht auf dem Amselfeld 1389 zum Großteil verlassen hatten und das später von albanischer, zum Islam übergetretener Bevölkerung besiedelt wurde. Die von Tito den muslimischen Albanern gewährte Autonomie wurde nach dem Regierungsantritt des serbischen Staatspräsidenten Slobodan Milošević 1987 aufgehoben. Seither ist der Kosovo nicht zur Ruhe gekommen. Die Lösung des nationalen und religiösen Konflikts wird jedoch bisher von der internationalen Staatengemeinschaft als eine innerserbische Angelegenheit betrachtet. Derzeit ist der Kosovo, vor der serbischen Invasion 1999 ein Raum mit fast 2 Mio. Einwohnern, von denen rund 800.000 geflüchtet und nur zum Teil zurückgekehrt sind, eine Art Protektorat der westlichen „Friedenstruppe", welche die Unabhängigkeitsbestrebungen der albanischen Bevölkerung im Zaum halten soll. Die überwiegende Zugehörigkeit der Bevölkerung zum Islam wird in den Städten, wie Prizren, durch zahlreiche neue Minaretts zu einer Frontier-Optik des Islam mittels ausländischen Kapitals hochstilisiert.

Eher wenig bemerkt von der breiten Öffentlichkeit gelang es Mazedonien, zu eigener Staatlichkeit zu avancieren. Unter internationalem Druck musste es in der neuen Verfassung 2001 der albanischen Volksgruppe mehr Rechte einräumen. Die Zielsetzung eines Großalbanien, welche, von nationalistischen Gruppen betrieben, den Kosovo

www.pa.uky.edu/~dale/

und angrenzende Räume in Mazedonien und Montenegro an Albanien angliedern möchte, wird von der internationalen Staatengemeinschaft bisher ignoriert. Immerhin könnte dadurch ein Staat mit 6 Mio. Albanern entstehen, der von der adriatischen Küste bis an die Hauptverkehrsschiene von Belgrad nach Priština reichen würde.

Insgesamt ist der umschriebene Raum von Südosteuropa, der in seine Bestandteile zerfallene Raum von Jugoslawien, Albanien und Mazedonien, ein „schwarzes Loch" in der geographischen Wahrnehmung von Seiten der Europäischen Union. Andererseits hat diese bereits die EU-27 mit Rumänien und Bulgarien im Jahr 2007 im Visier und wird im Oktober 2005 in Verhandlungen mit der Türkei über eine potentielle Aufnahme eintreten, nachdem im Dezember 2004 die Kommission einstimmig ihre Zustimmung gegeben hat.

Abb. 4.7: *Moschee im Neretwatal nördlich Mostar, aus Fertigteilen im Bau 2003.*

Das Jahrhundert der Vertreibungen

Politische Umbrüche und Zwangs-aussiedlungen in der Zwischenkriegszeit

Abb. 4.8: *Minder-heitenvertreibungen nach dem Ersten Weltkrieg.*

Vertreibungen und Zwangsaussiedlungen von Be-völkerungen hat es in allen Perioden der Ge-schichte gegeben. Hinsichtlich des Ausmaßes ist es jedoch Europa im 20. Jahrhundert gelungen, alle bisherigen Rekorde zu brechen. Dabei ist das Be-sondere dieses europäischen Jahrhunderts der großen Vertreibungen nicht nur die teilweise be-achtliche Brutalität der damit verbundenen „eth-nischen Säuberungen" und die dahinterstehende Ideologie der Schaffung von ethnisch und religiös homogenen Nationalstaaten, sondern die organi-sierte Auswechslung von Ethnien bei gleichzeitig erstaunlicher Beibehaltung der Siedlungsstandor-te. Es ist vielfach ein „replacement" erfolgt, indem einfach andere Ethnien in den vorgefundenen Be-stand an Siedlungsstrukturen „eingewiesen" wur-den bzw. dort, wo keine solche „Umsiedlung" stattfand, sondern die Zahl der Flüchtlinge über-wog, sich diese im Anschluss an den vorhandenen Siedlungsbestand neue Wohnstätten geschaffen haben. Neue Siedlungskolonien wie in Übersee sind nur selten entstanden. Allerdings bestehen Unterschiede zwischen den verschiedenen „Tator-ten" der politischen Umbrüche und den damit verbundenen Zwangsaussiedlungen.

Die erste große Zwangsaussiedlung steht in Zu-sammenhang mit dem Zusammenbruch des Os-manischen Reiches und dessen weitgehender Ver-drängung aus Südosteuropa nach dem Ersten Weltkrieg. Im Städtewesen des Osmanischen Rei-ches waren armenische und jüdische, vor allem aber auch griechische Viertel ein Erbe früherer Reichsbildungen. Weil sich die Türkei nach dem verlorenen Krieg als Nationalstaat betrachtete, wurden die an der Westküste und auf den Inseln der Ägäis seit über 2000 Jahren siedelnden Grie-chen, rund 1.350.000, vertrieben. Es handelte sich bei ihnen durchweg um eine städtische Bevölke-rung, die ganz wesentlich am Handel im östlichen Becken des Mittelmeeres, in der Levante, beteiligt war. Sie konnte begreiflicherweise wiederum nur in großen Städten Griechenlands, Athen und Salo-niki, Fuß fassen, soweit sie nicht im Strom der Auswanderer aufging (Abb. 4.8).

Griechenland reagierte mit der Ausweisung von 434.000 Türken, nach türkischen Schätzungen sol-len es sogar 800.000 gewesen sein. Bei diesen Türken handelte es sich überwiegend nicht um eine Stadt-, sondern um eine Landbevölkerung,

Westermanns Atlas zur Weltgeschichte, Teil III, 1953, S. 149.

Gesamteinwohnerzahl Griechenlands 1928: 6 205 000

davon ca. 20% Umsiedler

Maßstab 1 : 10 000 000

Umgesiedelte bzw. vertriebene Minderheiten:
→ *Griechen* ➡ *Türken* ➡ *Bulgaren* ⇒ *Armenier*
25 000, 50 000 *Anzahl der Umgesiedelten*
///// *Herkunftsgebiete der griechischen Umsiedler*
Anteil der griech. Neusiedler an der Bevölkerung d. einzelnen Provinzen:
0–10% 10–25% 25–50% über 50%

Minderheiten-Vertreibungen nach dem 1. Weltkrieg

welche in Zusammenhang mit der türkischen Gutsherrschaft, dem Ciftliksystem, vor allem in den Niederungen von Mazedonien und Thrakien ansässig gewesen war.

Die Konsequenz dieser Räumung war einerseits eine Neuansiedlung von griechischer Bevölkerung in Thrakien und andererseits ein Einströmen von Türken in den Rest der europäischen Türkei. Die Generalkarte 1:200.000 der österreichisch-ungarischen Monarchie kann als Kulturdokument für die Situation vor der Neuansiedlung herangezogen werden. Während somit die Flüchtlingssiedlungen der Stadtgriechen das Problem der Arbeitslosigkeit in den griechischen Großstädten sehr verschärft haben, hat andererseits die Umsiedlung der türkischen Landbevölkerung eine Intensivierung der Landwirtschaft zur Folge gehabt. Bis dahin bestanden in dem ganzen, von der Umsiedlung betroffenen Raum vorwiegend große Güter mit extensiver Schafzucht. Die Neusiedlung brachte dagegen eine Ausdehnung des Ackerbaus, allerdings zumeist in der extensiven Form des Getreidebaus, mit Betriebsgrößen zwischen 5 und 10 ha. Die Türkei engagierte für dieses Vorhaben deutsche Landwirtschaftsexperten, welche als formale Siedlungsmodelle planmäßig angelegte Straßendörfer mit Gewannen hierherbrachten.

Aus der Zeit der türkischen Herrschaft sind in Bulgarien, Rumänien und in Jugoslawien türkische Splittergruppen verblieben. Exakte amtliche Zahlen fehlen, von Bulgarien werden noch 30.000 Türken angegeben. Schätzungen für die Gesamtzahl der Türken in den genannten Staaten geben 200.000 Menschen an.

Auch zwischen Griechenland und Bulgarien kam es im Zuge der Grenzziehung auf der Höhe des Rhodopegebirges, welches als Rückzugsraum für Bulgaren, Griechen und Türken diente, zur Aussiedlung von rund 123.000 Bulgaren vom griechischen Gebirgsabhang und umgekehrt zum Wegzug von 30.000 Griechen von der bulgarischen Seite.

Splittergruppen von Bulgaren gab es auch im Gebiet des heutigen Rumänien. Im Gebiet der Moldau grenzten ihre Siedlungsgebiete einst an jene der Ukrainer und der Ruthenen an, ebenso gab es Splittergruppen in der Walachei und im Raum von Bukarest.

Als ein interessantes ethnographisches Menggebiet erhielt sich bis heute die Dobrudscha, wo neben den Rumänen auch Türken, Bulgaren, Russen und Deutsche in Restsiedlungen vorhanden sind.

Beachtliche Bevölkerungsbewegungen entstanden durch die Grenzziehungen des nach 130 Jahren als Staat wieder erstandenen Polen. Dank der zahlreichen Auswanderer in die USA hatten Polen Zugang zu den Entscheidungsgremien hinsichtlich der Festlegung der Grenze zwischen Russland und Polen. Aufgrund des Interesses der Westmächte an einem breiten Cordon sanitaire gegenüber dem kommunistisch gewordenen Russland gelang es Polen, sich erfolgreich auf die seinerzeitigen Grenzen des polnischen Königreiches im 17. und 18. Jahrhundert zu berufen und diese durchzusetzen. Aufgrund dieser großzügigen Grenzziehungen schloss der neue polnische Staat eine große Zahl nichtpolnischer Bevölkerung ein, darunter Deutsche in Westpreußen, Posen und im Freistaat Danzig, im Südosten Ukrainer und Ruthenen, im Osten Weißrussen und im Nordosten Litauer. Überdies kam es zu einer Zuwanderung von Polen im Ausmaß von 1,1 Mio. Menschen einerseits aus dem unter kommunistischer Herrschaft stehenden Russland und andererseits zu einer Rückwanderung von 300.000 Polen aus dem Ruhrgebiet. Nahm Polen auf der einen Seite Bevölkerung auf, so war es doch auf der anderen Seite nicht imstande, seiner eigenen Bevölkerung innerhalb seiner Grenzen Arbeitsmöglichkeiten zu bieten. In Fortsetzung einer alten Tradition wanderten in der Zwischenkriegszeit 450.000 Menschen in die französischen Bergbaugebiete ab, 800.000 Polen gingen nach Übersee.

Mit der Bildung Polens und der baltischen Staaten Litauen, Lettland und Estland, welche vor allem in den Städten seit dem Mittelalter ein zahlreiches deutsches Bürgertum besaßen, erfolgte eine erste Rückwanderung von Deutschen nach Deutschland. Es handelte sich dabei um rund 900.000 Menschen, davon kamen 200.000 Menschen aus den baltischen Staaten, die übrigen aus Westpolen und Danzig. Die neue Grenzziehung gegen Frankreich bedingte die Zuwanderung von rund 200.000 Menschen aus dem Elsass nach Deutschland.

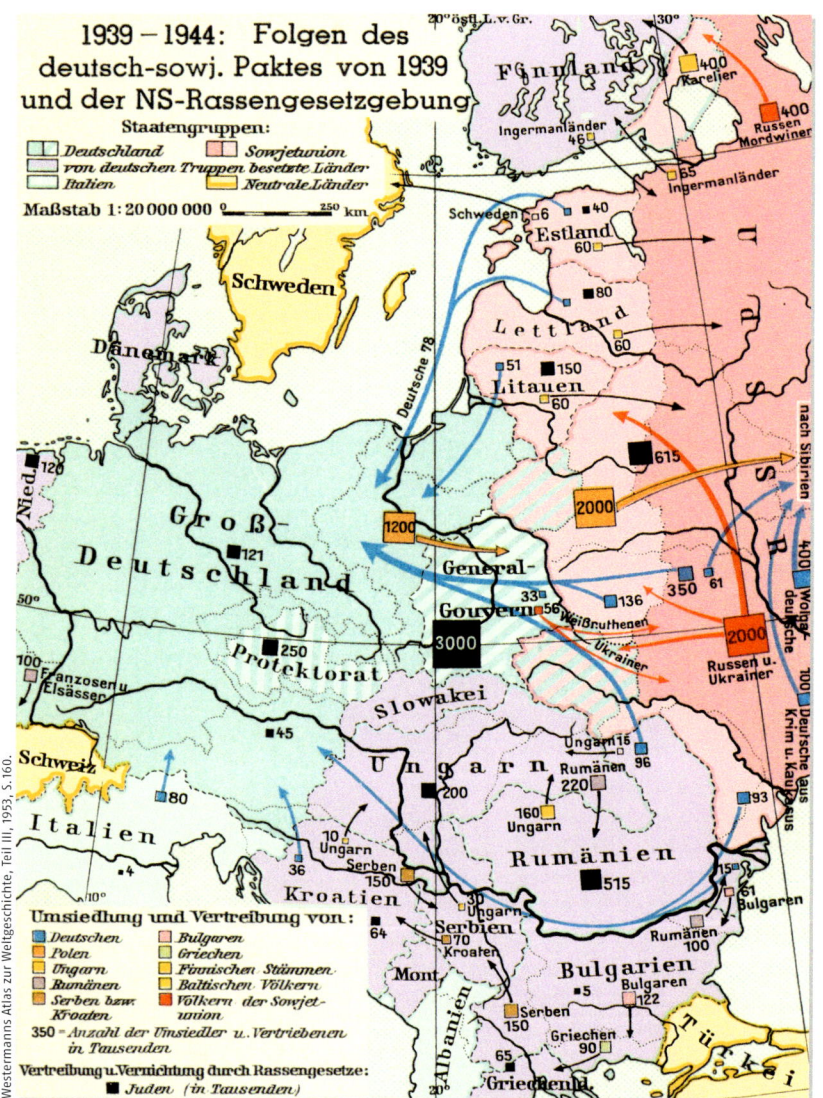

Abb. 4.9: *Folgen des Deutsch-Sowje-tischen Paktes von 1939.*

Die Bildung von Nationalstaaten auf dem Gebiet der Donaumonarchie brachte analog zum Ruhrgebiet eine Rückwanderung von rund 300.000 Tschechen allein aus Wien in die neu gegründete ČSSR. Umgekehrt erfolgte eine Rückwanderung von österreichischen Beamten aus den Nachfolgestaaten der ehemaligen ungarischen Reichshälfte der Donaumonarchie nach Wien. Ebenso wanderten ca. 350.000 Ungarn aus diesen Nachfolgestaaten nach Ungarn, vor allem nach Budapest.

Im Wesentlichen über den Raum von Mitteleuropa hinweg ins westliche Europa und nach Übersee ging die Fluchtbewegung von rund 1,5 Mio. Russen, Ukrainern und Weißrussen aus dem kommunistischen Russland.

Vertreibungen und Umsiedlungen während des Dritten Reiches

Die Tendenz zur Entflechtung der Nationalitäten, welche die Identität von Staat, Nation und Sprachraum zum Ziel hatte, wurde in der Zeit des Dritten Reiches von 1939 bis 1945 fortgesetzt. Mit dem Schlagwort „Heim ins Reich" begann 1939 die Umsiedlung deutscher Volksgruppen. Aufgrund eines 1939 mit Italien abgeschlossenen Vertrages wurden 100.000 Südtiroler insbesondere nach Österreich „rückgesiedelt". Südtiroler Siedlungen entstanden u. a. in Klagenfurt und Lienz. Ferner kam es zu einer Rückführung der Deutschen aus den baltischen Ländern, aus Rumänien und der UdSSR (im Besonderen aus Bessarabien, der Bukowina und Dobrudscha). Freilich erhielt diese Viertelmillion Menschen nur eine sehr kurzfristige Heimstatt, als man sie im Raum von Westpreußen ansiedelte (Abb. 4.9).

Insgesamt wurden in Danzig, Westpreußen und dem Wartheland 950.000 Deutsche angesiedelt, während andererseits rund 1,2 Mio. Polen in das damalige Generalgouvernement umgesiedelt wurden. Große Bevölkerungsmassen hat schließlich der Deutsch-Sowjetische Pakt von 1939 mit der Festsetzung der Bug-Linie in Bewegung gebracht. Aus dem damit an Russland gefallenen Ostpolen wurden 2 Mio. Polen nach Sibirien gebracht und umgekehrt die gleiche Zahl von Russen und Ukrainern in den leer gewordenen Räumen angesiedelt.

Durch die Räumung Finnlands von deutschen Truppen fiel Karelien 1947 an die UdSSR. Etwa eine halbe Million Menschen, in erster Linie Karelier, wurden damals ausgetauscht. Es kam von 1945 bis 1948 zu einer staatlich gelenkten Agrarkolonisation in den bisherigen Waldgebieten Finnlands.

Die bedeutendste Auswirkung der politischen Expansion des Dritten Reiches in den Raum Ost-mittel- und Südosteuropas hinein bestand jedoch in der Vertreibung und Vernichtung der Juden.

Die jüdische Bevölkerung war außerordentlich vielschichtig und besaß in den Städten seit dem späten Mittelalter Handels- und Gewerbefunktionen. Die größte Gruppe stellten kleine Gewerbetreibende und Handwerker dar, ebenso gab es in Zusammenhang mit der Gutsherrschaft in Ungarn und Rumänien ein jüdisches Pächterwesen. Gering war dagegen der Anteil am liberalen Großbürgertum, vor allem den Unternehmern. Von den insgesamt etwa 6 Mio. Juden lebte etwa die Hälfte in Polen, dessen Städte und Märkte bis zur deutschen Besetzung jüdische Viertel besaßen.

Hatten die Effekte der Friedensverträge nach dem Ersten Weltkrieg in der Zwischenkriegszeit rund 9 Mio. Menschen in Bewegung gebracht, so verursachte das Dritte Reich während seiner 12-jährigen Dauer von 1933 bis 1945 zusätzlich zur Vertreibung und Vernichtung von 6 Mio. Juden die zwangsweise Umsiedlung von rund 7 Mio. Menschen. Diese zahlenmäßigen Dimensionen wurden von der unmittelbaren Nachkriegszeit noch übertroffen.

Zwangsaussiedlungen nach dem Zweiten Weltkrieg

Der Zusammenbruch Deutschlands und die Teilung Europas haben in dem gesamten Raum von Ost- und Mitteleuropa Schätzungen zufolge rund 30 Mio. Menschen in Bewegung gebracht, und zwar in einem während nur weniger Jahre ablaufenden Vertreibungs- und Neuansiedlungsvorgang (Abb. 4.10).

Das Faszinierende und Einmalige dieses Vertreibungsprozesses bestand darin, dass das Muster der Siedlung und Verkehrswege nahezu unverändert erhalten blieb. Selbst dort, wo einige Jahre Siedlungs- und Flurwüstungen in größerem Umfang bestanden, wurden Orte später an derselben Stelle wieder aufgebaut. Dauernde Wüstungen entstanden nur in ganz wenigen Gebieten, wie in Ostpreußen, wo kleine städtische Siedlungen verschwanden, ebenso wie in den von Ukrainern besiedelten Westkarpaten. Trotz der schweren Zerstörungen durch den Krieg sind selbst die Details der Grundrissanlagen unverändert erhalten geblieben, nicht zuletzt deshalb, weil die Flucht der Deutschen nach dem Westen und das Nachrücken anderer Bevölkerungen sich sehr rasch, durchweg innerhalb eines Jahres, vollzog.

Die größten Verschiebungen ergaben sich in Zusammenhang mit der Neubildung des polnischen Staates, welcher auf der politischen Bühne gleich-

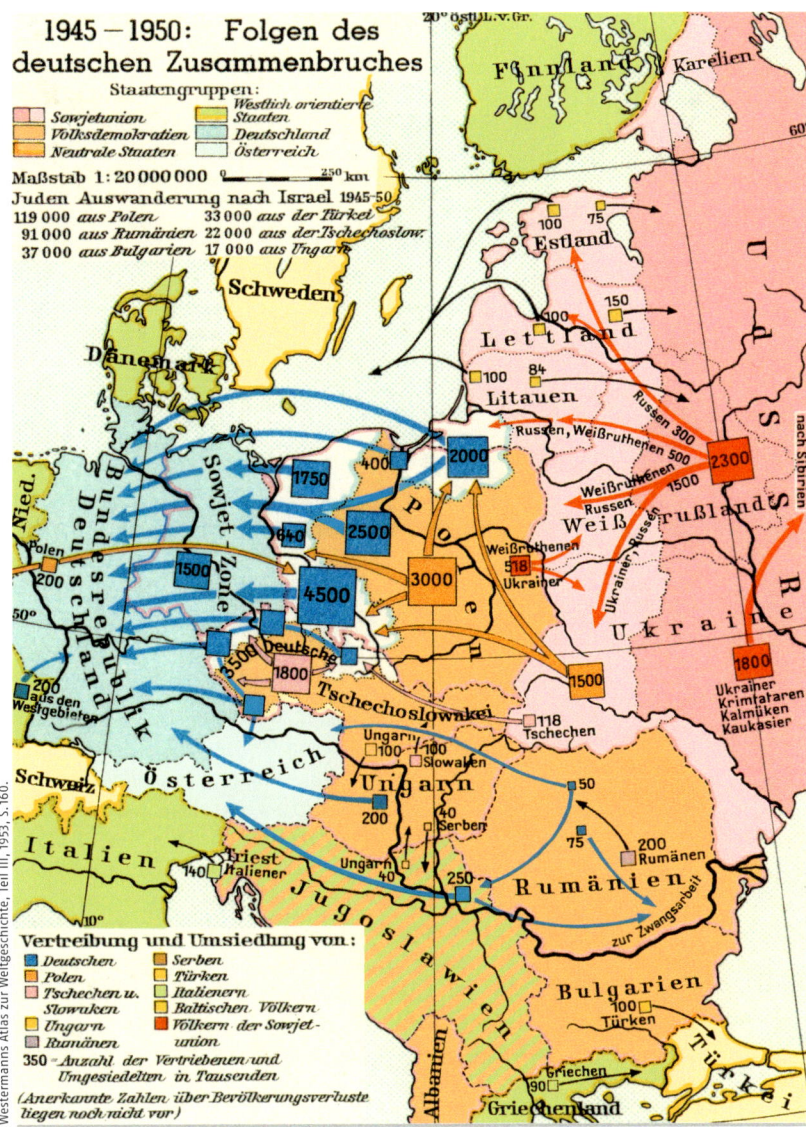

Westermanns Atlas zur Weltgeschichte, Teil III, 1953, S. 160.

sam um 200 km nach Westen verschoben wurde, und zwar in den deutschen Sprachraum hinein. Damit verließen 1,5 Mio. Polen das an Russland fallende Ostpolen, während 2,3 Mio. Russen in diese Gebiete hinein vorrückten.

Mit diesem Vorschieben der westlichen Grenze bekam Russland ziemlich unbemerkt von Westeuropa das ehemals zu Österreich-Ungarn gehörende Ostgalizien mit den Städten Czernowitz und Lemberg sowie als strategischen Außenposten die Karpato-Ukraine und damit einen direkten Zugang zur Ungarischen Tiefebene.

Die aus Galizien vertriebenen Polen wurden in Ostpreußen und Schlesien angesiedelt. Als nahezu

Abb. 4.10: *1945 – 1950: Folgen des deutschen Zusammenbruches.*

Abb. 4.11: *Kirchenburg Tartlau in Siebenbürgen.*

www.siebenbuerger.de/ortschaften

geschlossene Körperschaft wurden die Angehörigen der Lemberger Universität nach Breslau transferiert. Innerhalb Polens setzten sich 3 Mio. Menschen westwärts in die von den Deutschen geräumten Provinzen Ost- und Westpreußen, Hinterpommern, Danzig usw. in Bewegung.

Der Art. XIII des Potsdamer Abkommens vom 17. 7. bis 2. 8. 1945 hat die Austreibung der Deutschen aus den Gebieten östlich der Oder-Neiße-Linie und aus der ČSSR legalisiert.

Insgesamt mussten im Gebiet des heutigen Polen rund 11 Mio. Deutsche ihre Wohnstätten verlassen, davon in Schlesien 4 Mio., in Ostpommern 1,5 Mio., in Ostbrandenburg 0,5 Mio., in Ostpreußen 2 Mio., in Westpreußen und dem Wartheland 2,5 Mio. sowie in Danzig 0,4 Mio. Dazu kamen weitere 3 Mio. Sudetendeutsche, welche aus der ČSSR vertrieben wurden. Nach Österreich kamen besonders Heimatvertriebene aus Südosteuropa, darunter 160.000 Donauschwaben und 20.000 Siebenbürger Sachsen. Von Ungarn wurden etwa 210.000, von Jugoslawien 300.000 Deutsche ausgewiesen.

Ziel dieser Ausweisungen war es, eventuellen späteren Gebietsansprüchen Deutschlands jegliche ethnische Grundlage zu entziehen.

Trotz dieser radikalen Vertreibungen sind Splittergruppen geblieben. So lebten 1969 in Siebenbürgen noch 377.000 Deutsche, es war dies die einzige deutsche Sprachinsel, welche ein eigenes Schulwesen, darunter zwei Gymnasien in Hermannstadt und Kronstadt, und eigene Zeitungen besaß. In Polen gab es zu diesem Zeitpunkt Schät-

zungen zufolge noch 0,8 bis 1 Mio. Deutsche, vor allem in Oberschlesien, doch fehlten Schulen ebenso wie deutschsprachige Medien; die Einschmelzung ging daher rasch vor sich.

Am Ende des 20. Jahrhunderts war freilich auch die deutsche Sprachinsel in Siebenbürgen durch Abwanderung und Lösegeldzahlungen von Seiten der deutschen Bundesregierung an das kommunistische rumänische Regime zu einem Artefakt des Weltkulturerbes mit hunderten Kirchenburgen geworden, dem die tragende und einst gestaltende Gesellschaft der Siebenbürger Sachsen abhanden gekommen war (Abb. 4.11).

In Städten wie in Zagreb und Maribor in Jugoslawien, in Budapest und Prag hat ein mehrsprachiges Bildungsbürgertum die Stürme der Nachkriegszeit in kleinerer Zahl überlebt.

Vertreibungen aufgrund der Auflösung des jugoslawischen Staates

Die Auflösung des COMECON hatte der Bewegung der politischen Flüchtlinge aus den ehemaligen kommunistischen Staaten weitgehend ein Ende gesetzt. Mit Ausnahme weniger Staaten, wie Bosnien, Serbien, Montenegro und Russland, galten die anderen Staaten nunmehr als so genannte sichere Länder, das heißt, der Status von politischen Flüchtlingen wurde kaum mehr vergeben, und es sanken damit die Chancen für Ostmittel- und Osteuropäer, in Westeuropa politisches Asyl zu finden, ganz beträchtlich. Dies änderte sich schlagartig, als die Bildung von neuen Staaten und Bürgerkriege auf dem Territorium von Jugoslawien erhebliche Flüchtlingswanderungen auslösten.

Aus der Angst vor ethnischen Säuberungen und kriegerischen Auseinandersetzungen waren 1993 bis 1996 nach Schätzungen mehr als fünf Millionen Menschen zeitweise auf der Flucht. Darunter befanden sich 1998 bis 1999 rund eine Million ethnische Albaner aus dem Kosovo, die von dort vertrieben worden waren. Allein Albanien nahm relativ kurzfristig unter dem Schutz von NATO und UN nahezu eine halbe Million albanische Flüchtlinge aus dem Kosovo auf. Den zweiten großen Flüchtlingsschub hatte Mazedonien zu bewältigen, welches dadurch aufgrund der eigenen albanischen

Minorität größere innenpolitische Schwierigkeiten hatte als Albanien. Erst nach dem Einsatz der NATO im Kosovo war eine Rückkehr der albanischen Bevölkerung möglich. Allerdings sind von den Flüchtlingen, vorwiegend Moslems, nicht alle in ihre Heimatgebiete zurückgekehrt, sondern haben aus dem Asylstatus heraus eine Aufenthaltsbewilligung erlangt. Damit ist vor allem im deutschen Sprachraum die Zahl der dem Islam angehörenden ausländischen Bevölkerung um rund eine halbe Million erhöht worden.

Unmittelbar vor den Toren der EU befinden sich heute in Bosnien-Herzegowina und in Serbien-Montenegro ausgedehnte Gebiete, welche noch immer vermint sind, stehen zehntausende Ruinen von Gebäuden und ist die weitgehend zerstörte Infrastruktur erst teilweise wieder hergestellt. Unabhängig davon konnte bisher aufgrund des erbitterten Volkstumskriegs der innere Friede nicht wieder hergestellt werden. Zehntausende Flüchtlinge sind nicht mehr in ihre Heimat zurückgekehrt.

Das Erbe des Staatssozialismus

Die historische West-Ost-Differenzierung

Ostmitteleuropa ist räumlich von Westen nach Osten differenziert, soziale Prozesse und ökonomische Innovationen haben sich stets – paradoxerweise auch in der sozialistischen Nachkriegsperiode – von Westen nach Osten ausgebreitet. Hierbei wurden komplexe räumliche Organisationssysteme vereinfacht, formale physische Strukturen polarisiert; soziale Substitute und informelle Organisationsstrukturen entstanden als Puffer im sozialen und räumlichen System.

Diese Aussage trifft bereits für die vorsozialistischen Siedlungsmuster von Ostmitteleuropa zu. Die abendländische Siedlungsdreiheit von Stadt, Land und Burg einer ständisch gegliederten Gesellschaft von Bürgern, Bauern und Adel hat sich nur in den Beckenräumen von Böhmen und Mähren und in den heutigen westlichen Landesteilen von Ungarn und Polen ausgebreitet. In den östlichen Weiten der ungarischen und polnischen Niederungen, östlich der Donau und der Weichsel, fehlten die Bürger, um den virtuellen ökonomischen Lebensraum für die großzügigen Plananlagen von Stadtgründungen im Spätmittelalter bzw. in der Neuzeit zu nutzen. Die bescheidenen, z.T. aus Holz errichteten niedrigen Bauten rings um riesige Stadtplätze belegen dieses Defizit sehr eindrucksvoll.

Als z.T. ghettoisierte Zwischenschicht von Händlern und Handwerkern haben Juden die Marktfunktionen wahrgenommen, wurde das Jiddische zur Handelssprache dieses Raumes. Das Zentrale-

Orte-Netz blieb rudimentär, mit weitabständigen Rangstufen und geringer Ausstattung; die Dorfstädte Ungarns lassen in der Bezeichnung bereits die Übergangsfunktion erkennen. Die ländliche Gesellschaft polarisierte sich in beiden Staaten, Polen und Ungarn, in adelige Gutsbesitzer und Kleinbauern. Die zweite Gesellschaft der Frühindustrialisierung, jene der Manufakturisten, Unternehmer und Gewerbebürger, hat sich im Wesentlichen nur mehr in Böhmen und Mähren sowie in den Sudetenländern gebildet, ehemaligen Kronländern der k.u.k. Monarchie, die voll in die Industrialisierung des 19. Jahrhunderts integriert waren und zu den alten Kernräumen einer hoch entwickelten Industrie in Kontinentaleuropa gehörten. In Kongresspolen und Ungarn beschränkte sich die Industrialisierung auf einzelne Städte im Westen, auf Budapest und in geringem Ausmaß auf Warschau. Beide Staaten waren zu Beginn des 20. Jahrhunderts Agrarstaaten. Die Primacy-Regel bestimmte die Verstädterung in der Gründerzeit, d.h., der Wachstums- und Bedeutungsvorsprung der Hauptstädte erhöhte sich, Mittel- und Kleinstädte blieben relativ zurück.

Der Erste Weltkrieg war ein Schock für das Städtesystem – die Revision der politischen Grenzen in Mitteleuropa, der Zusammenbruch der Monarchie, die Bildung der Nachfolgestaaten, stoppte die Urbanisierung in der Zwischenkriegszeit (Lichtenberger 1982, S. 9). Die Tragweite des politisch-administrativen Autoritätsverlustes spiegelt sich in einer anarchischen Urbanisation ohne Flächenwidmung und Infrastruktureinrichtungen, zum Teil selbst

Abb. 4.12: *Satellitenbild: Odertal zwischen ehem. DDR und Polen.*

von Europa eine Westverschiebung des polnischen Staates gebracht und Ungarn u. a. um die östlichen Teile verkleinert. Erstaunlicherweise sind in der Nachkriegszeit insgesamt jedoch nicht räumliche Angliederungseffekte an die Supermacht des Sozialismus, sondern Übersprungseffekte zu verzeichnen gewesen. Das heißt konkret: Es sind nicht die grenznahen Gebiete zur UdSSR am stärksten von den politischen Intentionen der Planwirtschaft erfasst und umgestaltet worden, sondern vielmehr die westlichen, unter einer „bürgerlichen Gesellschaft" verstädterten und industrialisierten Teile der sozialistischen Staaten. Allen voran wurde die DDR als Modellfall des real existierenden Sozialismus etabliert. Umgekehrt hat im Kernraum von Polen, dem ehemaligen Kongresspolen, keine Kollektivierung der Landwirtschaft stattgefunden, und ebenso haben die Siedlungen in der Ungarischen Tiefebene teilweise ihre Sonderstellung bewahrt.

Politische Grenzen werden noch lange in Satellitenbildern sichtbar sein. Als Beispiele wurden die Westgrenze Polens gegen Ostdeutschland längs des breiten Odertales (Abb. 4.12) und die Ostgrenze Polens gegen Weißrussland (Abb. 4.13) ausgewählt. Im ersten Fall wird das Paradoxon belegt, dass die ursprünglich vielschichtig strukturierte Landschaft Pommerns im kommunistischen System in der DDR zu Staatsgütern umgewandelt wurde, während andererseits östlich der Oder, wo die deutsche Bevölkerung durch eine polnische ersetzt wurde, eine teilweise Auflösung der Gutsbetriebe in kleinstbäuerliche Betriebe erfolgt ist. Ein breiter Grenzstreifen trennt längs der Ostgrenze von Polen gegen Weißrussland die beiden Staaten und verstärkt die Unterschiede zwischen der kleinzügigen Streifenflur der kleinbäuerlichen Wirtschaft Polens und den Großblöcken der Sowchosen in Weißrussland.

Die Effekte der sozialistischen Planwirtschaft

Die Frage nach den Effekten der sozialistischen Planwirtschaft ist zweigeteilt. Sie lautet: Welche Elemente des Siedlungssystems haben davon profitiert, welche wurden benachteiligt und welche Entwicklungen sind aller Voraussicht nach irreversibel, d. h., welches sozialistische Erbe wird Ost-

ohne Rechtstitel, welche das Umland der großen Städte Budapest, Prag und Warschau mit Einzelhäusern besetzte. Ostmitteleuropa hat im Großen und Ganzen nicht zu den Rechts- und Ordnungsformen der britischen Gartenstadtidee gefunden. Nur gleichsam auf dem Experimentierfeld sind Minimodelle, wie u. a. in Prag, gebaut worden. Eine beachtliche agrarische Überschussbevölkerung verblieb im ländlichen Raum als Kleinlandwirte und Tagelöhner auf den großen Gütern. Die Bodenreform avancierte zum Thema Nr. 1.

Die Einordnung von Ostmitteleuropa in den Staatssozialismus hat im Zusammenhang mit der nochmaligen Revision der politischen Landkarte

mitteleuropa in mittelfristiger Zukunft vom westlichen Mitteleuropa hinsichtlich der räumlichen Organisation von Gesellschaft und Wirtschaft deutlich abheben?

Entsprechend den Grundprinzipien sozialistischer Planung und Ideologie haben die Stadt und städtische Lebensform das Vorbild abgegeben. Stadtplanung und Städtebau waren zentrale Instrumente der zentralistischen und sektoralen Planung. Insgesamt hat der Staatssozialismus durch staatsweit einheitliche Wohnungsgrößen im öffentlichen Wohnungsbau, durch kollektive Lohnschemata und dergleichen eine vereinheitlichende Decke über die städtischen Siedlungen gebreitet und damit auch eine neue Gesellschaftsklasse einer egalitär-gewerkschaftlich organisierten sozialistischen Arbeiterschicht erzeugt.

In einer ersten Anstrengung gelang in Polen in den 1960er Jahren der Wiederaufbau der kriegszerstörten Städte. Danzig, Posen und Warschau seien als Beispiele genannt, eine staunenswerte Leistung und ein architektonisches Bekenntnis zum europäischen Urbanismus (vgl. Kapitel 6). Die sozialwissenschaftliche Forschung muss erst die Gründe für diesen beachtlichen, auch wirtschaftlichen Aufschwung erhellen, der damals die Staaten Ostmitteleuropas erfasst hat (so lag z. B. das BNP der ČSSR Ende der 1960er Jahre annähernd auf derselben Höhe wie in Österreich), und ebenso für sein Abstoppen in den 1970er Jahren.

Der Verfall zahlreicher Innenstädte setzte in massiver Form erst in den 1970er Jahren ein, als sich das Syndrom von Großorganisationen der Bauwirtschaft – Plattenbauweise und Großwohnanlagen – zu verfestigen begann und die Stadterweiterung in Form von Großwohnanlagen, nach einem kurzen Zwischenspiel von Altstadterhaltung und Denkmalschutz, das Primat erhielt.

Die staatliche Bautätigkeit in den sozialistischen Staaten konzentrierte sich allerdings im Wesentlichen auf die großen Städte und darüber hinaus im Zuge der massiven Industrialisierungspolitik auf die planmäßige Anlage von neuen Industriestädten, die jedoch keineswegs als Innovationsträger in abgelegene ländliche Räume, sondern vielmehr in das weitere Umland von Agglomerationen hineingesetzt wurden. Eine planmäßige Industrieansiedlungspolitik, wie sie im westlichen

N7, N-35-50_2000.

0   1   2   3   4 km

Mitteleuropa in entwicklungsschwachen Räumen als Mittel zum Disparitätenausgleich betrieben wurde, fehlte. Damit ist gleichzeitig auch noch ein weiterer wesentlicher Unterschied in der Zentrale-Orte-Politik angesprochen.

Die sozialistischen Staaten haben den Zentralen Orten eine Funktion zugewiesen, die sie im Westen nicht besaßen. Sie wurden aus konsumentenorientierten Zentren für ein ländliches Umland zu „agrartechnologischen Vororten" für die kollektivierte Agrarwirtschaft des ländlichen Raumes umfunktioniert. Maschinenreparaturstationen und dergleichen ersetzten das traditionelle zentralörtliche Gewerbe. Die Zentrale-Orte-Theorie wurde

Abb. 4.13: *Satellitenbild: Grenzstreifen zwischen Polen und Weißrussland.*

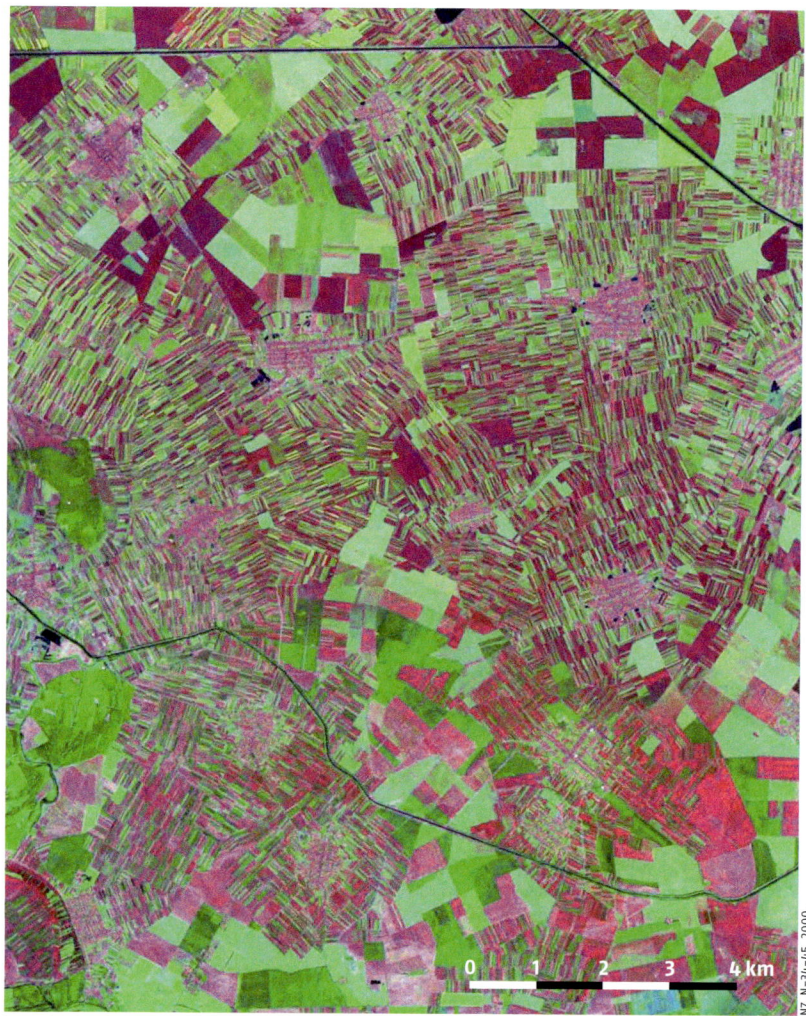

0   1   2   3   4 km

N7, N-34-45_2000.

Abb. 4.14: *Satellitenbild: Batschka, Ungarische Tiefebene, bäuerliche Fluren und Gutsblöcke.*

Auch im Rahmen des Wirkens von Marktkräften ist eine Wiederbelebung der unteren Ränge des zentralörtlichen Systems nicht zu erwarten. Für diese Annahme sprechen Analogien hinsichtlich der Reduzierung des Einzelhandels in den Kleinstädten im nordamerikanischen Siedlungssystem. Konzentrationsprozesse bezüglich der Betriebsgrößenstruktur und die daraus resultierende Eliminierung von Kleinbetrieben im Einzelhandel bilden somit trotz aller Unterschiede im Warensortiment und in der Branchendifferenzierung ein beide Systeme, den Privat- und den Staatskapitalismus, ergreifendes gemeinsames Merkmal. Die kleinen und selbst die mittleren Zentralen Orte waren die Verlierer im Staatssozialismus, und sie sind es auch beim Übergang vom Plan zum Markt geblieben. Ausnahmen bilden nur jene ökologisch begünstigten Räume, in denen eine europäische Freizeitgesellschaft im Siedlungssystem Fuß fassen kann und Zentrale Orte zu Zentren von Freizeitregionen avancieren.

Irreversibel ist in Ostmitteleuropa ferner die Beseitigung einer besitzbürgerlichen Gesellschaft durch Enteignung und Diskriminierung. Diese ist als tragende Schicht der Kleinstädte nicht wiederherstellbar.

Es gab keine Planung des ländlichen Raums und ebenso keine Regionalplanung im Sinne des westlichen Mitteleuropa für die Entwicklung zurückgebliebener ländlicher Regionen. Der ländliche Raum wurde jedoch in die Kollektivierungsmaschinerie des Sozialismus eingebunden. Mit Ausnahme großer Teile von Polen und Teilen Jugoslawiens (Abb. 4.14) sowie einzelner Gebirgsräume haben die ländlichen Fluren durch die Änderung der Eigentumsverhältnisse und Betriebsgrößen einen tiefgreifenden Wandel erfahren. Der Staatskapitalismus hat das kleinzügige Muster der Fluren, die Raine und Wege der vorindustriellen mitteleuropäischen Kulturlandschaft, weitgehend beseitigt, wenn man vom unmittelbaren Hofland der Dörfer absieht, das sich in Ungarn erhalten konnte, wo man die kleinstbetrieblichen Doppelexistenzen im ländlichen Raum durch die Wirtschaftsreform der 1970er Jahre wieder zugelassen hat.

Unmittelbar nach der Wende schien die „Industrialisierung der Agrarwirtschaft" auch in ihrer gesellschaftlichen Konsequenz einer Ablösung der

derart vom sozialistischen System aus der konsumentenorientierten Ausrichtung herausgelöst und als Instrument für die Steigerung der Produktion verwendet.

Entsprechend der Top-down-Verteilung der zentralistischen Budgets kamen bei der Zuteilung von Einrichtungen der technischen Infrastruktur und von „sozialen Gütern" die unteren Stufen der Zentralen Orte zu kurz. Die Zentrale-Orte-Politik der sozialen Wohlfahrtsstaaten in den 1960er Jahren, die Bildungs- und Sozialeinrichtungen der mittleren zentralörtlichen Stufe zuteilte, fehlte und wird aller Voraussicht nach in den postsozialistischen Staaten kaum mehr nachgeholt werden.

ständisch organisierten Agrargesellschaft durch unselbständige landwirtschaftliche Erwerbstätige mit je nach Ausbildung gestuften Aufgabenbereichen irreversibel zu sein.

Diese Annahme bedarf inzwischen einer Revision. Sie erwies sich als richtig in den gut entwickelten EU-Erweiterungsstaaten, Tschechien und Ungarn, wo sich bei geänderten Eigentumsverhältnissen die großbetriebliche Organisationsform erhalten konnte. Anders in den schwach entwickelten Staaten wie Rumänien, wo als Überlebensstrategie eine Landaufteilung der Staatsgüter in Kleinstbetriebe notwendig war, wie die Satellitenbilder von 1990 und 2000 eindrucksvoll belegen (Abb. 4.15).

Ein entscheidender Eingriff in die politisch-administrative Organisation der ostmitteleuropäischen Staaten war die Beseitigung der Gemeindeverfassung. Damit wurde das im westlichen Mitteleuropa für die räumliche Ordnung entscheidend wichtige autonome territoriale Widerlager der staatlichen Gesamtverfassung und Verwaltung beseitigt. Gemeinden wurden zu Großeinheiten zusammengefasst, deren Größe mit amerikanischen Counties vergleichbar ist. Es war daher ein langer und mühsamer Weg, eine Gemeindeverfassung wieder als Kernstück der demokratischen Organisation, vor allem des ländlichen Raumes, aufzubauen und Gemeinden mit entsprechenden rechtlichen Befugnissen und den kommunalen Aufgaben adäquaten Budgets auszustatten, was bisher nicht in allen EU-Erweiterungsstaaten gelungen ist.

Wie erwähnt, rückte der ländliche Raum nicht ins Blickfeld sozialistischer Siedlungsplanung. Eine weitere Ausbreitung der anarchischen Urbanisation der Zwischenkriegszeit war die Konsequenz. Mit Nachdruck sei betont, dass aufgrund der informellen Strukturen und der vormonetären Marktsituation eine Gleichsetzung dieser von spontaner privater Initiative getragenen extensiven Siedlungsbewegung mit der Suburbanisierung nordamerikanischer und westeuropäischer Städte, wie sie vielfach in der Literatur aufgrund des formalen Merkmals der Einzelhausverbauung vorgenommen wird, unzutreffend ist.

Dazu kommt ein Weiteres: Die sozialpolitische Einbeziehung der Wohnung als soziales Gut in das

N5, N-35-40_1990, N7, N-35-40_2000.

Abb. 4.15: *Satellitenbilder 1990 und 2000: Walachei, westl. des Olt, Landaufteilung der Staatsgüter.*

„social overhead" und die Zuteilung von Wohnungen in Großwohnanlagen an die Staatsbürger zum Nulltarif haben eine mächtige Bewegung der Aufspaltung der Wohnfunktion in Arbeitswohnungen und Freizeitwohnungen gefördert. Mit der allgemeinen Akzeptanz der privaten Datsche wurde diese indirekt staatlich subventioniert und wird, in den Lebensstil integriert, weiter fortbestehen.

Es verdient somit das Persistenz-Syndrom unterstrichen zu werden, d. h., dass aus dem Staatskapitalismus östlicher Prägung Teile der physischen Strukturen und das Organisationssystem noch weit ins 21. Jahrhundert hinein bestehen bleiben werden.

Abb. 4.16: *Petrovica, Prag X., Großwohnanlage.*

Das Erbe der sozialistischen Stadtplanung

Der Staatskapitalismus östlicher Prägung hat besonders in den großen Städten mit Infrastrukturmaßnahmen und Großinvestitionen eine Erbschaft für die nächsten Jahrzehnte hinterlassen. Das integrierte Paket von Massenverkehrsmitteln und Größtwohnanlagen hat sich von Moskau aus als Modell in allen Großstädten der ehemals dem COMECON angehörenden Staaten ausgebreitet. Von oben nach unten durchstrukturierte, mehrgliedrige territoriale Einheiten in Größenordnungen bis zu mehreren hunderttausend Personen kennzeichnen die Stadterweiterung der Nachkriegszeit. Großbaukombinate, Plattenbauweise und Großwohnanlagen bestimmen das Design (Abb. 4.16). Das Nachbarschaftsprinzip des Mikro-Rayons mit 1.500 Wohneinheiten, mit einer Volksschule und Kindergärten ausgestattet, bildete dabei das untere Modul der Planung, welches in beliebiger Form bis zu großen Stadtteilen zusammengefügt wurde. Zu den Großleistungen zählen zweifellos die U-Bahnen, welche selbst in Staaten mit geringerem Entwicklungsstand in den Hauptstädten errichtet worden sind.

Von Vorteil für die gegenwärtige Entwicklung ist die Tatsache, dass durch die seinerzeitige Verstaatlichung von Grund und Boden das Hindernis, welches Privateigentum für eine umfassende Planung darstellt, ausgeschaltet wurde und damit der Staatskapitalismus aufgrund der Anwendung eines Reserveprinzips bei allen Nutzungen große Flächen ausgewiesen hat, welche gegenwärtig den Stadtbehörden für anderweitige Verwendungen zur Verfügung stehen.

Die Erbschaft des Staatskapitalismus ist daher, was den großzügigen Umgang mit Stadtfläche und damit eine Vorsorgepolitik für künftiges Stadtwachstum anlangt, durchaus günstig zu beurteilen. Die negative Erbschaft besteht darin, dass der private Raum insgesamt einem Minimierungsprinzip unterlag, das heißt, dass die Wohnfläche ebenso wie der Zuschnitt der Wohnräume nach Minimalanforderungen bemessen wurden.

Darüber hinaus sind aus bautechnischen Gründen viele Großanlagen bereits zu Sanierungsfällen geworden, was die nunmehr erwünschte Privatisierung erschwert bzw. überhaupt verhindert. Die in der ehemaligen DDR viel beklagte Plattenbauweise ist in allen ehemaligen COMECON-Staaten ein zur Sanierung anstehendes Problem.

Das Hauptproblem in den einst sozialistischen Städten bilden jedoch die Innenstädte, in denen eine Verstaatlichung des privaten Hausbesitzes erfolgt ist, der Staat aber aufgrund des Niedrigmietenprinzips nicht imstande war, die notwendigen Erneuerungsmaßnahmen durchzuführen. Der

Stadtverfall in den Innenstädten und in den gründerzeitlichen Mietshausquartieren gehört daher zu den auffälligsten Erscheinungen in den ostmitteleuropäischen und südosteuropäischen Städten. Die Konsequenzen sind unterschiedlich je nach der Lage der betreffenden Stadtteile zu den im Aufbau begriffenen innerstädtischen Citybereichen, in denen aufgrund des raschen Wachstums des quartären Sektors Abbruch und Neubau von Büroobjekten bzw. teuren Appartementhäusern die Regel ist. In den entfernter liegenden Stadtteilen mit geringerer Lagequalität gehören Verslumung und schließlich Abriss zum gängigen Sukzessionsprinzip, wobei die neu auftretenden Phänomene wachsender Segregation an nordamerikanische Verhältnisse erinnern.

Das Erbe des geteilten Europa im Verkehrssystem

Die vier Jahrzehnte der Trennung des östlichen und des westlichen Teils von Zentraleuropa haben tiefgreifende Auswirkungen auf das gesamte räumliche System des Verkehrs und der Infrastruktur zur Folge gehabt. Der Eiserne Vorhang wird nicht nur durch die Kollektivierung der Flursysteme im Staatskapitalismus als landschaftliche Grenze noch weit in das 21. Jahrhundert hinein fixiert bleiben, sondern beide Supermächte haben in der Zeit des Kalten Krieges längs des Eisernen Vorhangs potentielle Aufmarschfronten erzeugt. Damit sind in Hinblick auf das Liniennetz der technischen Infrastruktur Doppelungen der Verkehrsstrukturen (Autobahnen, Straßen) und von Rohrleitungen aufgrund der Einflüsse von NATO-Strategien im Westen und von COMECON-Strategien im Osten des Eisernen Vorhangs entstanden, die weiter Bestand haben werden. Ferner ist eine Kappung von alten historischen Routen, vor allem in Zusammenhang mit der weit nach Westeuropa hineinreichenden ČSSR erfolgt (Abb. 4.17). Für die Doppelung der Verkehrsstrukturen sei zunächst auf die österreichische Situation verwiesen. Rückblickend ist außer Zweifel zu stellen, dass die Neutrassierung der Autobahn von Wien über Graz nach Klagenfurt nicht dem tatsächlichen Bedarf österreichischer Industriestandorte und Bevölkerungs-

Hölzel. Österr. Unterstufen-Atlas, 1988. Diercke Weltatlas Österreich 1999. Zeichnung: Hitz 2005.

Legende:
- Westgrenze der kommunistischen Staaten
- Autobahn
- Erdgasleitung
- Erdölleitung
- Hochspannungsleitung

0   50   100   150   200   250 km

Abb. 4.17: *Doppelung der Verkehrswege und Infrastruktur längs des ehem. Eisernen Vorhangs.*

ballungen entsprochen hat, sondern dass längs des Eisernen Vorhangs damit eine maximal 60 km entfernte „Aufmarschstraße" entstanden ist, und zwar aufgrund einer Kombination von föderalistischen Interessen mit NATO-Interessen. Ebenfalls nicht aus österreichischen Interessen erfolgte die zweite echte Neutrassierung ohne historischen Vorläufer im europäischen Verkehrssystem, nämlich die Nordwest-Südost-Transversale durch die Alpen von Passau nach Wels und Graz, welcher strategische Bedeutung für den Verkehr zwischen der Bundesrepublik Deutschland und dem NATO-Staat Türkei zukommt.

Von Ostberlin, der ehemaligen Hauptstadt der DDR, aus wurde eine neue Verbindungsachse über Prag nach Bratislava und Budapest innerhalb der COMECON-Staaten geschaffen und damit Budapest im Straßen- und im Eisenbahnsystem eine neue zentrale Rolle als strategischer Knoten im Rahmen der COMECON-Staaten zugewiesen. Ebenso wurde aber auch der Standort Bratislava langfristig aufgewertet, was sich nach dem EU-Beitritt der Slowakei schlagartig im Entstehen eines Clusters von Autofabriken ausgewirkt hat. Als Konsequenz dieser Neutrassierung wurden die einst wichtigen Verkehrsstrecken von Wien nach Norden, die Prager und die Brünner Straße, gekappt. Beide Straßenzüge regredierten zu verkehrstoten Strecken. Ein ähnliches Schicksal erlitt die einst wichtige Verbindung von Wien nach Triest aufgrund der an den Alpenrand verlagerten Trassierung der oben genannten Autobahn.

Die Doppelung der Erdöl- und Erdgasleitungen ist als Erbe der Struktur eines geteilten Zentraleuropa noch deutlicher als auf dem Verkehrssektor von Bahn und Straße erkennbar. Auch hier gehen heute die Rohrleitungen direkt aus dem Raum Magdeburg über das ehemalige Braunkohlengroßrevier von Mitteldeutschland in die ČSSR und in die Slowakei nach Bratislava und schließlich nach Budapest, welches in der Erdölversorgung ebenfalls eine Drehscheibenfunktion im Rahmen der COMECON-Politik erhalten hat. Die Vorfeldsituation zum russischen Erdöl besteht bis heute. Die so genannte Adriapipeline führt mit der offiziellen Bezeichnung Drushba IB südlich an Budapest vorbei zur Raffinerie nach Szahalombatta und von hier weiter an die Adria nach Rijeka in Kroatien. Der zweite Ast, die Drushba IIA, zweigt an der ukrainischen Grenze Richtung Slowakei ab und führt einerseits zur Raffinerie nach Bratislava und versorgt andererseits Tschechien.

An zwei Standorten wurde das russische Netz mit dem westlichen verknüpft: im Raum von Wien im Zusammenhang mit der Großraffinerie Schwechat und im Raum Magdeburg-Hannover mit den Schwerpunkten der Raffinerien in Gelsenkirchen im Ruhrgebiet.

Interessanterweise ist das System der Erdgasleitungen nicht in gleicher Art in die interkontinentale Planung im Raum des ehemaligen COMECON einbezogen worden wie die Planung und der Bau der Erdölleitungen.

Transformation in den postsozialistischen Staaten
(gemeinsam mit Heinz Fassmann)

Die Rückkehr Ostmitteleuropas nach Europa und die damit verbundene Transformation von Gesellschaft, Raum und Staat zählen zu den fundamentalen Veränderungen zu Beginn des 21. Jahrhunderts.

Zeithorizont

Die Grundaussage lautet, dass in den postsozialistischen Staaten nach dem Ende des kommunistischen Systems eine zum Westen analoge, nur zeitlich verschobene Entwicklung nicht stattgefunden hat und auch nicht stattfinden wird. Die Transformationsprozesse von Gesellschaft, Politik, Wirtschaft und Siedlungssystem erfolgen nach unterschiedlichen Zeithorizonten.

Die Transformationsprozesse der Gesellschaft weisen einen langfristigen Zeithorizont auf, wie etwa die Änderung der gesellschaftlichen Basisideologie oder die Normen und Werthaltungen der Bevölkerung. Sie betreffen die Loyalität und Steuermoral des Bürgers gegenüber den Behörden.

Andere Transformationsprozesse haben dagegen schlagartig eingesetzt. Hierzu zählen die vom internationalen Kapital gesteuerten Investitionen, in erster Linie auf dem Immobilienmarkt sowie bei der Gründung von Banken, Versicherungen, Großhandelsketten, Industriebetrieben usw. Zu den Negativeffekten gehören die Entindustrialisierung und Entstaatlichung des Arbeitsmarktes. Diese führten zum schlagartigen Auftreten von Arbeitslosigkeit, ebenso wie das Ende des staatlichen Wohnungsbaus und die Privatisierung des bisher staatlichen Mietshausbestandes eine neue Wohnungsnot bedingt haben.

Wenn man die positiven Effekte der Liberalisierung, Privatisierung und Kommerzialisierung betrachtet, so kann von einer „neuen Gründerzeit" gesprochen werden, die im Wesentlichen nur über die Metropolen eine vereinheitlichende internationale Decke ausgebreitet hat. Die Metropolen sind die Transformationsgewinner, denen auf der anderen Seite die Transformationsverlierer gegenüberstehen. Zu den Letzteren zählen die Industriereviere und -städte, allen voran das aus der Gründerzeit stammende oberschlesische Industrierevier.

Persistenz sozialistischer Strukturen

Das planwirtschaftliche System hat in allen Staaten neue physische Strukturen geschaffen. Auf die Kollektivierung und Verstaatlichung der Landwirtschaft wurde bereits hingewiesen. Selbst dort, wo die rechtlichen Möglichkeiten bestehen, hat keine Rückkehr zu einer kleinbetrieblichen Landwirtschaft stattgefunden. Damit wird sich die Entwicklung des Agrarsektors, aber auch des ländlichen Raums anders vollziehen als im westlichen Europa.

Ähnliches gilt für die in Form von „Neuen Städten" konzipierten großflächigen Areale des Ausbaus der Metropolen und Großstädte. Es ist aufgrund der Dimensionen des sozialistischen Wohnbaus undenkbar, dass die sozialistischen Neustädte niedergerissen und neu bebaut werden könnten.

Die Effekte der Privatisierung des Boden- und Immobilienmarktes

Die Privatisierung des Bodenmarktes gehört zu den wesentlichen Konsequenzen der Liberalisierung. Ein Vergleich mit der Aufhebung feudaler Nutzungsrechte und der Umwandlung in marktfähige Eigentumstitel in den liberalen Revolutionen des bürgerlichen Zeitalters liegt nahe. Ähnlich wie damals sind in der postsozialistischen Gesellschaft neue Klassengrenzen nach dem Einkommen und dem Vermögen an Realitäten entstanden. Gleichzeitig ist eine neue „Proletarisierung" eingetreten.

Im ländlichen Raum trennten sich Besitzende und Nichtbesitzende. In den Städten haben sich analog zur britischen Gesellschaft segmentierte Wohnungsklassen herausgebildet.

Die Stadtplanung sieht sich mit dem Problem der Preisbildung nach Lagequalitäten und wachsenden Segregationsprozessen der städtischen Bevölkerung konfrontiert. Die Frage des Grunderwerbs durch Ausländer in den attraktiven Lagen der großen Städte und in Freizeitregionen hat mit dem EU-Beitritt eine neue Akzentuierung erfahren. Dieses aus dem westlichen Europa bekannte Dilemma von Planungsbehörden, zwischen den Interessen der örtlichen Bevölkerung und denen von ortsfremden Investoren einen Ausgleich zu finden, driftet nunmehr von den großen Städten zu den kleineren hinunter.

Im Zuge der Internationalisierung von Produktion und Kapital haben sich Großunternehmen und Banken transnational gestreuten Immobilienbesitz als Finanzanlage oder Portfolio-Investment zugelegt. Diese Entwicklungen spiegeln sich in den Metropolen in Form von großen Bürokomplexen, neuen Konsumpalästen und exklusiven Wohnprojekten wider (Abb. 4.18).

Damit entspricht das schlagartige Entstehen eines internationalen Immobilienmarktes vor allem in den postsozialistischen Hauptstädten der Akzelerationsthese vom Plan zum Markt.

Die Privatisierung des staatlichen Wohnungssektors

Viel gesprochen wird von der Privatisierung des staatlichen Wohnungssektors. Es handelt sich dabei vor allem um die nach Moskauer Modell entstandenen Großwohnanlagen am Rande nahezu aller Großstädte in den postsozialistischen Staaten. Darüber hinaus wird jedoch der Begriff Privatisierung auch noch für andere Phänomene verwendet, darunter die Restitution des Mietshausbesitzes und die Ausgliederung von Wohnungen aus dem staatlichen Altbausektor und deren Übergang in privates Eigentum. Unterschiede der nationalen Wohnungsmarktmodelle wirken sich entscheidend auf die Besitzverhältnisse und letztlich auf das Sozialsystem aus.

Abb. 4.18: *Blick über das Stadtzentrum von Tallinn.*

Grundsätzlich hat sich damit eine Segmentierung des Wohnungsmarktes unter staatsweise unterschiedlichen Rahmenbedingungen der Finanzierung vollzogen, wobei gleichzeitig mehrere Reformen in Richtung auf den Abbau zentralistischer Strukturen zugunsten lokaler Einheiten erfolgt sind. Für den Übergang von Munizipalregierungen zu Bezirksverwaltungen hin bieten Budapest bzw. Prag Fallbeispiele.

Zu beachten sind die Unterschiede in der Privatisierungspolitik zwischen Tschechien und Ungarn. Es ist bezeichnend für die tschechische Entwicklung, dass Prager Wissenschaftler und Politiker mit dem Urban Research Center in Washington zusammenarbeiten, so dass die amerikanische Wohnungsmarktideologie in Tschechien Eingang gefunden hat. Dies führt dazu, dass im Anschluss an die Bautätigkeit in der Zwischenkriegszeit nunmehr das Reihenhaus wieder als Idealbild erscheint und ebenso wie damals die Frage diskutiert wird, ob durch die Reduzierung der Geschosshöhe, der Mauerstärke oder die Verwendung von billigeren Materialien die Kosten gesenkt werden können.

Anders ist die Situation in Ungarn, wo mit den Niederlanden zusammengearbeitet wird, womit die Konzeptionen des sozialen Wohlfahrtsstaates Eingang finden, eine forcierte Privatisierung bereits auf Kritik stößt, die Konsequenzen in Bezug auf eine mögliche extreme Segregation der Ein-

kommens- und Altersgruppen der Bevölkerung erkannt werden und Subjekt- an Stelle von Objektförderung als Allheilmittel dient. Ungarn unterscheidet sich aber nicht nur auf dem Wohnungsmarkt, sondern auch auf dem Arbeitsmarkt deutlich vom tschechischen Modell. Infolge der frühen Einführung der Reformen innerhalb des planwirtschaftlichen Systems bildet Ungarn überhaupt einen speziellen Typ in der Umwandlung vom Plan zum Markt in Ostmitteleuropa.

Infolge des Abbruchs der sozialistischen Städtebaupolitik auf dem Wohnungsmarkt hat in allen Staaten im engeren Stadtumland eine neue Welle der anarchischen Urbanisierung in Form von Einfamilienhäusern begonnen, mitgetragen von der steigenden Motorisierung und ebenso den steigenden Mieten in den Kernstädten der Metropolen.

Die Umstrukturierung des Arbeitsmarktes

Während der Wohnungsmarkt aufgrund des dominierenden privaten Einfamilienhausbesitzes dem großstädtischen Umland, aber auch kleineren Städten und dem ländlichen Raum in guter Erreichbarkeit einen neuen Anwert zugeschrieben hat, weisen bisher auf dem Arbeitsmarktsektor nur die großen Städte, in erster Linie die Hauptstädte, positive Effekte auf. Hier ist bereits ein klarer Technologieschub erfolgt und vor allem mittels ausländischen Kapitals der quartäre Sektor geradezu blitzartig aufgebaut worden. Damit konnte der Verlust an Arbeitsplätzen infolge der Schließung vieler staatlicher Industriebetriebe kompensiert werden. Die großen Städte sind bisher und auch in mittelfristiger Zukunft die Innovationszentren für die Transformation des Arbeitsmarktes. Nur in ihnen hat ein größerer Teil der Arbeitsbevölkerung die Chance, Erfahrung mit selbst wählbaren Karrierepfaden zu machen und die eigene Ausbildung in ein marktfähiges Gut zu verwandeln.

Insgesamt unterscheiden sich die Arbeitsmärkte der Metropolen in Ostmitteleuropa von jenen Westeuropas. Es fehlt nicht nur die hohe, vielfach sogar über dem nationalen Durchschnitt liegende Arbeitslosigkeit, wie sie vor allem die südeuropäischen Metropolen belastet, sondern offene Stellen können vielfach nicht besetzt werden, wenn die Entindustrialisierung durch die Tertiärisierung überkompensiert wird, wie dies in Prag und Budapest der Fall ist.

Darüber hinaus hat die Gewerbefreiheit auch eine massive Gründungswelle unter der jeweiligen lokalen Bevölkerung hervorgerufen. Kleine Firmen entstanden. Zum Teil unterstützt durch Subventionen des Staates wagten viele Arbeitslose den Schritt in die Selbständigkeit. Erdgeschosswohnungen in den Plattenbauten wurden in Lebensmittelgeschäfte und Friseursalons umfunktioniert, ehemalige Betriebsleiter von staatlichen Betrieben machten sich als Unternehmensberater selbständig, Sozialwissenschaftler gründeten Markt- und Meinungsforschungsinstitute. Verstärkt wird diese Tendenz durch das Investitionsverhalten des ausländischen Kapitals. In den jeweiligen Ländern konzentrieren sich 62 % der Auslandsinvestitionen auf Budapest, 61 % auf Bratislava, 49 % auf Prag und 40 % auf Warschau (Fassmann 1997, S. 27). Die Metropolen etablierten sich als Wachstumspole der nationalen Wirtschaft.

In diesen großen Städten hat sich zuerst auch ein Phänomen manifestiert, welches als „Hinterfrontphänomen" der modernen Kaufhaus- und Konsumgesellschaft bezeichnet werden kann und äußerst rasch im städtischen System nach unten diffundiert ist, aber ebenso in einer West-Ost-Bewegung die Grenzen der EU-Erweiterungsstaaten inzwischen überschritten hat. Es handelt sich einerseits um die massenhafte Neuauflage des Wanderhandels, der zunächst in Polen als ein Produkt des polnischen Gesellschaftssystems aufgefasst wurde, aber ebenso in anderen Staaten aufgetreten ist. In einem handelsmäßigen Vakuum sind im Zuge der Liberalisierung neue Formen des ambulanten Kleinhandels mit Waren aller Art entstanden, ebenso aber auch dauerhafte Formen des Kleinladens und des kleinen gastgewerblichen Betriebs. Insgesamt handelt es sich um ein Übergangsphänomen, welches in einer Gründungswelle großen Stils und begünstigt durch Kredite für Arbeitslose zu Beginn der 1990er Jahre die Passagen und Hinterhöfe der ungarischen Metropole zu Tausenden besetzt hat, inzwischen aber im Vorfeld der EU-Erweiterung und der westlichen Investitionen von Kettenläden und Filialen verdrängt wird und als ein echtes Übergangsphänomen an der Peripherie der Europäischen Union verstärkt auftritt.

Soziale Polarisierung und Probleme

Parallel zu den Investitionen von ausländischem Kapital in den quartären Sektor, in Banken, Finanzwesen, Versicherungen und Bürozentralen von großen Firmen, ist eine neue plutokratische Oberschicht entstanden, die z.T. einen luxuriöseren Lebensstil pflegen kann als im westlichen Europa.

Umgekehrt führten die Redimensionierung des öffentlichen Sektors und der sozialen Leistungen sowie der massive Rückbau der Grundstoffindustrie zu einem tiefgreifenden Wandel sozialer Strukturen. Die alte soziale Mitte – öffentlich Bedienstete, Lehrer, Verwaltungsbeamte, Angehörige des Militärs – verlor gesellschaftliches Prestige und Status. Dazu kommen Facharbeiter, Pensionisten und Rentner, die keinen Arbeitsplatz mehr finden, um das bescheidene Einkommen aufbessern zu können. Nahezu zwei Drittel der Gesellschaft sind aus der kargen Sicherheit der sozialistischen Planwirtschaft in die Unsicherheit und Risiken des Marktes transferiert worden und mit einer bisher nicht bekannten neuen Armut und Existenzunsicherheit konfrontiert.

Mit der Privatisierung des Wohnungsmarktes stiegen die Mieten rapide an. Die Immobilität der

Bevölkerung wurde aufgebrochen. Eine sich sozial restratifizierende Gesellschaft hat relativ rasch begonnen, ein nach Lage, Größe und Rechtsform differenziertes Wohnungsangebot in Anspruch zu nehmen. Von Seiten wohlhabenderer Schichten kommt es dabei zu einer stärkeren Nachfrage nach Eigenheimen und Wohnungen in den besseren Stadtteilen.

Sehr schnell haben Prozesse der Segregation nach sozialen, demographischen und ethnischen Kriterien eingesetzt. Die Verfallsphänomene des nordamerikanischen Städtesystems finden sich in den Transformationsstaaten wieder. Im Gefolge von Entstaatlichung, Entagrarisierung und Entindustrialisierung hat sich eine breite Pufferzone von Subsistenz- und Doppelexistenzen auf dem agraren und kommerziellen Sektor herausgebildet.

Die Internationalisierung der Ökonomie hat andererseits das Entstehen spezifischer Formen des organisierten Verbrechens gefördert: vom Zwang zur Prostitution über den Drogenhandel bis zur interkontinentalen Vermarktung gestohlener westlicher Autos. Es ist ein Amalgam entstanden, welches sich aus Restgruppen von ehemaligen Ostagenten und aus dem Osten stammenden Geschäftsleuten, aus neu hinzukommenden Ost-West-Zeitwanderern und an zusätzlichem und raschem Geld interessierten jungen Leuten, die aus tristen sozialen Milieus stammen, zusammensetzt. Anders als in Südeuropa kann nicht die Jugendarbeitslosigkeit in den Metropolen dafür verantwortlich gemacht werden. Anders als dort ist jedoch eine neue postkommunistische halbkriminelle Zwischenschicht entstanden, welche nicht, wie die nordamerikanische Underclass, aus der Arbeitsgesellschaft in die unwirtliche Existenz der Obdachlosigkeit hinausgestellt wurde, sondern als eine neue Form der Doppelexistenz zwischen legitimer Arbeit und nicht gesetzlichem, teilweise kriminellem Nebenverdienst entstanden ist. Mit traurigem Zynismus lässt sich feststellen, dass die im kommunistischen System geläufige Form der Personalunion der Arbeitskräfte von Staatsbetrieben und privaten Wirtschaftsarbeitsgemeinschaften damit in einem Ableger weiter besteht.

Die samtenen Revolutionen haben mehrere schlagartige Überraschungen gebracht, wie etwa die Internationalisierung des Immobilien- und Finanzmarktes, die hohe Arbeitslosigkeit und da-

mit – wohl am wenigsten erwartet – auch soziale Desorganisationserscheinungen in der Form des Kriminalitätssyndroms, welches hinsichtlich seines Ausmaßes gleich große Städte der EU-Kernstaaten inzwischen in den Schatten stellt.

Es ist offensichtlich, dass nach dem Wegfall der rigiden Kontrollmechanismen des Kommunismus eine Rechtsschwäche der innenpolitischen Ordnungsmacht besteht, welche in Verbindung mit einer aufgestörten und unzufriedenen Bevölkerung unter der Organisation von ausländischen Zeitwanderern dieses Kriminalitätssyndrom entstehen ließ.

Im Gegensatz zu den Metropolen ist der ländliche Raum nach wie vor eindeutig benachteiligt, so wie er es bereits im sozialistischen Planungssystem gewesen ist. Eine Transformation der Besitzverhältnisse ist nicht erfolgt und eine Rückkehr zum bäuerlichen Familienbetrieb auch in Zukunft nicht zu erwarten. Das Problem der Arbeitslosigkeit und der Unterbeschäftigung ist nicht gelöst. Diesen gravierenden Defiziten an Arbeitsplätzen steht ein Überhang an Siedlungshäusern im Privateigentum gegenüber, die wohl einen Nutzwert, jedoch oft keinen Marktwert besitzen.

Die positive ökonomische Entwicklung hat bisher die großen Städte und die Grenzgebiete zu Westeuropa hin bevorzugt. Nur die Zentralen Orte der oberen Stufe waren im sozialistischen System Objekt gezielter Förderung. Die Kleinstädte waren Stiefkinder der öffentlichen Hand. An dieser Situation hat sich auch in der Gegenwart nichts geändert. Im Gegenteil, durch die wachsende Motorisierung und die Ansiedlung von großflächigen Verbrauchermärkten im Umkreis der Städte wurde eine Renaissance des privaten Einzelhandels unmöglich gemacht. Die kleinen und selbst die mittleren Zentralen Orte waren die Verlierer im Staatssozialismus, und sie werden es auch in Zukunft bleiben. Ausnahmen stellen nur Klein- und Mittelstädte im Grenzbereich zu Westeuropa und in landschaftlich attraktiven Gebieten dar.

Die westlichen Grenzregionen der EU-Erweiterungsstaaten haben sich bereits unmittelbar nach 1989 in einer bevorzugten Position befunden. Hier erfolgten Betriebsverlagerungen und Betriebsneugründungen. Die Entwicklung in den Grenzregionen war bisher bereits beeindruckend und ausgesprochen dynamisch. Sie bewirkte geringere Arbeitslosigkeit und ebenso ein Ansteigen des Lebensstandards der Bevölkerung.

Auf der anderen Seite waren bereits vor der EU-Erweiterung klare negative Kreisläufe in den östlichen Staatsgebieten, welche die neue EU-Grenze tragen, zu erkennen. Teilweise handelt es sich um traditionell unterentwickelte Regionen. Es ist allerdings vorgesehen, dass diese neue Peripherie an der östlichen Grenze der Europäischen Union im nächsten Rahmenprogramm 2007 – 2013 besondere Fördermittel erhalten wird.

Nationale Sonderwege

Unabhängig von den allgemeinen Tendenzen werden die Veränderungen auf den Märkten von sehr spezifischen nationalen Modellen gesteuert. Grundsätzlich stehen hierbei liberale und keynesianische Modelle einander gegenüber. Darüber hinaus kommen nach dem Wegschieben der kommunistischen Doktrin allseits historische nationale Unterschiede im Entwicklungsstand der Wirtschaft, der technischen Infrastruktur, im Siedlungssystem und im Gesellschaftsaufbau zum Vorschein.

Tschechien war – unter unterschiedlichen Etiketten – immer schon ein integrierender Bestandteil von Mitteleuropa. Seit dem Mittelalter besaßen Böhmen und Mähren ein hoch entwickeltes Städtewesen; eine frühe Industrialisierung, getragen von einer bürgerlichen Gesellschaftsentwicklung, begründete in der Zwischenkriegszeit den bemerkenswerten siebten Rangplatz der Tschechoslowakei unter den Industrienationen der Erde. Eine ausgeprägte Arbeitsdisziplin und Arbeitsqualifikation haben, gestützt auf eine gute technische Infrastruktur, eine erstaunlich zügige Westorientierung der Exporte bewirkt.

Slowenien ist der zweite „Musterknabe" unter den EU-Neuländern. Dieser Kleinstaat mit nur 2 Mio. Einwohnern hat sehr rasch die günstige geostrategische Position mit einem Zugang zum Mittelmeer und als Transferraum zwischen der Po-ebene und der Ungarischen Tiefebene genutzt und sich eine vorzügliche internationale Verkehrsposition geschaffen. Mit breiter Industrialisierung, lerneifriger Bevölkerung und natürlichen

Ressourcen für den Tourismus hat Slowenien hinsichtlich des Bruttonationalprodukts pro Einwohner bereits „alte" EU-Mitglieder wie Portugal und Griechenland überholt.

Für Ungarn gilt in Analogie zu Frankreich die Aussage „Budapest und die ungarische Wüste" für die Transformation vom Plan zum Markt in verstärktem Maße. Hinter der glänzenden Fassade der Metropole Budapest steht der raschen Formierung eines internationalen Jetsets die Verarmung der Mittelschicht gegenüber, die stets nur schmal ausgebildet war. Dank der ökonomischen Reformen der 1960er Jahre hatte Ungarn den Vorteil eines früheren Kapitalzuflusses aus dem Ausland und – gemessen an den Einwohnerzahlen – mit Abstand den bedeutendsten Ausländertourismus und die größte Zahl von Joint Ventures in den ehemaligen COMECON-Staaten.

Die Slowakei hat sich mit der Metropole Bratislava auf Wien und Österreich ausgerichtet. Die Schwierigkeit des Ersatzes für die in schlechter Erreichbarkeit gelegenen Schwerindustriestädte bedingt eine hohe Arbeitslosigkeit, das gute Potential für einen internationalen Tourismus wäre gegeben, nur Investoren fehlen bisher. Hingegen wurde der Standort Bratislava, der bereits in der UdSSR ein Tor zum Westen war, durch den EU-Beitritt der Slowakei schlagartig aufgewertet, was sich, wie erwähnt, im Entstehen eines Clusters von Autofabriken ausgewirkt hat. Eine Euroregion Wien–Bratislava–Brünn ist in Sicht und wird weitere Investitionen anziehen.

Polen weist gegenüber Tschechien, Ungarn und der Slowakei die historische Bürde eines mehr als eineinhalb Jahrhunderte auf drei Nachbarreiche aufgeteilten Territoriums auf, dem aufgrund der kurzen Vergangenheit eine moderne, staatsübergreifende Bürokratie mit etablierter Rechtssicherheit fehlt. Andererseits hat sich ein bemerkenswerter Minikapitalismus inner- und außerhalb der Legalität entwickelt.

Ein wesentliches externes Potential besitzt Polen im Millionenheer von Emigranten, vor allem nach Nordamerika, aus dem sich viele als Aufsteiger in internationalen wirtschaftlichen Institutionen und wissenschaftlichen Kreisen etablieren konnten und wichtige Initiativen für die Entwicklung Polens beizusteuern bereit sind.

Der Ausbau des Hauses Europa

Einleitung

Abb. 4.19: *Der Ausbau des europäischen Hauses.*

Der Ausbau des Hauses Europa war der Begriff der 1990er Jahre, von Gorbatschow geprägt, medial vermarktet, mit dem das Grundprinzip des europäischen Einigungsprozesses angesprochen wurde: der Begriff des Hauses, ein Terminus, mit dem im 18. Jahrhundert die europäischen Dynastien, allen voran die Habsburger, erfolgreich ihre Territorien vergrößert haben. Sie taten dies mittels der Politik der Vereinigung oder Abrundung der jeweiligen Hoheitsgebiete durch Eheverträge zwischen den Herrscherhäusern.

In das 21. Jahrhundert transferiert, könnte der von den Habsburgern übernommene und auf die Europäische Union angewandte Spruch daher lauten: „Andere mögen Kriege führen, du, glückliches Europa, schließe Verträge."

Damit ist die entscheidende Aussage getroffen. Sie lautet: „Was die EU ist, ist sie durch Verträge". Es hat ein halbes Jahrhundert in Anspruch genommen, das Haus Europa zu schaffen. Die Namen von Städten markieren die Schritte der geographischen Konstruktion von Europa durch die Aufnahme weiterer Mitglieder und eine entsprechende Erweiterung des Territoriums. Insgesamt sind 5 Erweiterungsschritte erfolgt, darunter der letzte 2004, welcher die Teilung Europas annulliert und West und Ost vereinigt hat (Abb. 4.19).

Die Gründung der Europäischen Gemeinschaft für Kohle und Stahl (EGKS) 1951

1950 schlug der französische Außenminister Robert Schuman (1886 – 1963) die Integration der westeuropäischen Kohle- und Stahlindustrie vor: *„Europa lässt sich nicht mit einem Schlage herstellen und auch nicht durch eine einfache Zusammenfassung: Es wird durch konkrete Handlungen entstehen, die zunächst eine Solidarität der Tat schaffen"* (Robert Schuman, Déclaration fondamentale de la CECA, Paris, 9. Mai 1950, in: Idee Europa, 2003, S. 320).

Am 9. Mai 1950 präsentierte also Robert Schuman seinen mit Jean Monnet, dem Leiter des französischen Wiederaufbau- und Modernisierungsprogramms, erarbeiteten Plan für eine Europäische Gemeinschaft für Kohle und Stahl (EGKS, französisch: CECA). Er bezeichnete die Gemeinschaft *„als historische Initiative für ein organisiertes und lebendiges Europa"*, die für die Zivilisation unerlässlich sei, *„ohne sie könne der Frieden der Welt nicht gewahrt werden"*. Der jahrhundertelange Gegensatz zwischen Frankreich und Deutschland müsse ausgelöscht werden. Die Zusammenlegung der wirtschaftlichen Interessen werde zur Hebung des Lebensstandards und zur Schaffung einer Wirtschaftsgemeinschaft führen (ebenda).

Die USA förderten die Initiative angesichts der Wiederaufrüstung der Sowjetunion, die, wie seit September 1949 bekannt war, sich im Besitz der Atombombe befand. Am 18. April 1951 unterzeichneten Frankreich, Deutschland, die Benelux-Staaten und Italien in Paris den Vertrag über die Europäische Gemeinschaft für Kohle und Stahl.

Ein Blick auf die Karte des europäischen Mittelalters belegt, dass es sich um einen Nachbau des Reiches von Karl dem Großen handelte. Der Begriff von Kerneuropa ist angebracht. Die Befugnis, Entscheidungen über die Kohle- und Stahlindustrie in diesen Ländern zu fällen, erhielt ein unabhängiges, übernationales Gremium, die so genannte „Hohe Behörde". Ihr erster Präsident war Jean Monnet, der nochmals zitiert sei: *„Wir können nicht oft genug wiederholen, dass die sechs Länder, aus denen die Gemeinschaft besteht, die Pioniere eines erweiterten Europas sind. Dessen Grenzen sind nur durch diejenigen festgelegt, die noch nicht beigetreten sind. Unsere Gemeinschaft ist keine Vereinigung der Produzenten von Kohle und Stahl: Sie ist der Beginn Europas"* (Idee Europa, 2003, S. 322).

Die Römischen Verträge 1957

Die EGKS war ein derartiger Erfolg, dass ihre sechs Gründungsmitglieder nach wenigen Jahren übereinkamen, eine Integration weiterer Bereiche ihrer Wirtschaft vorzunehmen. 1957 unterzeichneten sie die Verträge von Rom und gründeten damit die Europäische Atomgemeinschaft (EURATOM) und die Europäische Wirtschaftsgemeinschaft (EWG). Die Verträge wurden auf dem römischen Kapitol unterzeichnet. Mit diesem symbolischen Ort knüpfte die Gemeinschaft an die republikanische Tradition der Antike als historischer Auftrag zur Erfüllung des Vertragswerkes an. Die EWG verfolgte die Integration Europas als Wirtschafts- und Währungsunion, Zollunion und als Gemeinsamer Markt. Es war das

Verdienst von Charles de Gaulle, die Gemeinsame Agrarpolitik, GAP, 1961 forciert zu haben. Andererseits wandte er sich gegen ein supranationales Europa und ebenso gegen den Beitritt Englands, das er wegen seiner Bindung an die USA von der EWG fernzuhalten wünschte. Charles de Gaulle vertrat den Hegemonieanspruch Frankreichs in Europa und gleichzeitig die Idee eines „Europas der Vaterländer" sowie die Idee eines militärisch von den USA unabhängigen Europa.

1960 besaß Frankreich die Atombombe, 1966 trat es aus der NATO aus.

In den 1960er Jahren ging die innere Durchstrukturierung der Gemeinschaft weiter. 1967 entstanden die drei Organe der Europäischen Gemeinschaft: eine gemeinsame Kommission und ein gemeinsamer Ministerrat sowie das Europäische Parlament (Abb. 4.21).

Nach Charles de Gaulles Ausscheiden aus der französischen Politik änderte Willy Brandt die deutsche Ostpolitik. Als deren Ergebnis wurden 1973 beide deutschen Staaten als UN-Mitglieder akzeptiert. Damit war die Teilung Europas und Deutschlands scheinbar zementiert. Niemand konnte damals voraussehen, dass sie nur noch weitere 16 Jahre fortdauern sollte.

Nordwest- und Südwesterweiterung der EG

Das Ausscheiden Charles de Gaulles aus der Europapolitik hatte noch eine weitere Konsequenz, nämlich die erste geographische Erweiterung der EG. Zwei Jahrzehnte nach der Gründung der EGKS, im Jahr der Anerkennung der Selbständigkeit der DDR, erfolgte die Aufnahme von Großbritannien, Irland und Dänemark in die Europäische Gemeinschaft. Damit formierte sich Westeuropa einschließlich Westdeutschlands und separierte sich von dem Raum, der im Osten des Eisernen Vorhangs nahezu zu einem geistigen Niemandsland verkümmerte. Die Staatengemeinschaft wuchs mit dieser ersten Erweiterung von 168 Mio. (1958) auf 256 Mio. (1973) Einwohner an. Der große Abstand von zwei Jahrzehnten zwischen der Gründung der Europäischen Gemeinschaft für Kohle und Stahl und der ersten Erweiterung verweist auf die Tatsache, dass nach dem ersten großen Schwung des

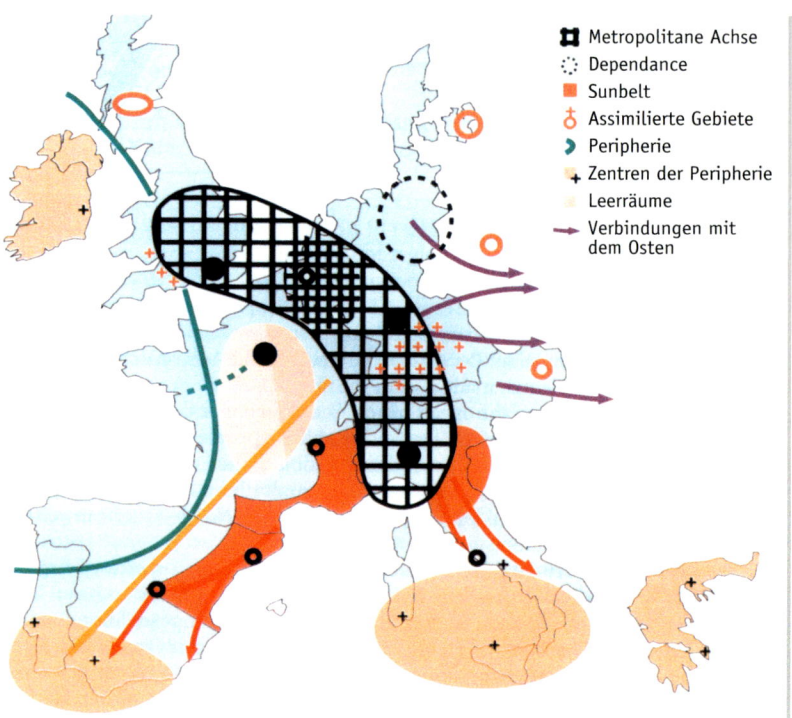

Metropolitane Achse
Dependance
Sunbelt
Assimilierte Gebiete
Peripherie
Zentren der Peripherie
Leerräume
Verbindungen mit dem Osten

Brunet 1989, S. 79.

Abb. 4.20: *Metropolitane Achsen und Peripherien in Europa.*

Zusammenschlusses insgesamt nationale Interessen wieder die Oberhand gewonnen hatten. Diesen nationalen Interessen fielen auch die Bemühungen der Gründerväter um eine gemeinsame politische Organisation und ebenso um eine gemeinsame militärische Organisation zum Opfer.

Es dauerte weitere eineinhalb Jahrzehnte von der Nordwesterweiterung der EG bis zur wichtigen Erweiterung nach dem Südwesten. In der Zeitgeschichte wird der Abschnitt zwischen 1973 und 1986 auch gerne als eine Periode der Eurosklerose angesehen. Zwar wurde 1981 Griechenland als Mitglied in die EG aufgenommen, doch erfolgte diese Aufnahme mit Rücksicht auf die NATO, welche den räumlichen Anschluss an das NATO-Mitglied Türkei verbessern wollte. Mit der Aufnahme von Spanien und Portugal im Jahre 1986 war die Atlantikfront der Europäischen Gemeinschaft geschlossen, gleichzeitig ergab sich jedoch die Notwendigkeit, mit Rücksicht auf die innere Kohäsion neue Strukturprogramme zum Abbau der regionalen Disparitäten zu entwickeln. Mit der Südwesterweiterung begann die erfolgreiche Regionalpolitik der EG (vgl. Kapitel 5). Die EG umfasste damit 1986 12 Staaten mit insgesamt 321 Mio. Einwohnern und erhielt ihre bis heute gültige internationale Symbolik.

Das Geodesign von Europa 1989

Es ist ein historischer Zufall, dass im Jahr 1989, knapp vor der Beseitigung des Eisernen Vorhangs und der Aufhebung der Teilung Europas, eine aus der französischen Raumordnung stammende Sichtweise als popularisierter Sachverhalt einen breiten medialen Effekt erzeugt hat. Es handelt sich um die Konzeption der Megalopolis und des Sunbelts in Europa von dem französischen Geographen Brunet, der eine funktionelle Analyse von 165 Agglomerationen der Europäischen Gemeinschaft durchgeführt und unter dem Titel „Les villes européennes" veröffentlicht hat. Die Detailuntersuchungen gingen jedoch über die Analyse der Funktionen von Städten und die Gewinnung von Stadtprofilen hinaus und erbrachten die Grundlage für die raumordnungspolitische Gliederung der Europäischen Gemeinschaft. Die Publikation hat sehr rasch eine außerordentliche Popularität gewonnen, da sie im Stil des Geodesigns die in Nordamerika verwendeten griffigen räumlichen Großkategorien Megalopolis und Sunbelt auf die Europäische Gemeinschaft übertragen hat (Abb. 4.20). In der seither immer wieder veröffentlichten und überarbeiteten Raumordnungsskizze von Westeuropa wurden vier Gebiete unterschieden:

1. Das metropolitane Rückgrat von Europa bildet die westeuropäische Megalopolis, im Jargon der Medien als „Banane" popularisiert. Sie beginnt im Norden mit London und reicht über das so genannte „Goldene Dreieck" nach Süden bis in den Raum von Mailand in Oberitalien.

2. Der Freizeitgesellschaft dieser Megalopolis dienen die Freizeitsiedlungen im Raum des Sunbelts. Die Analogien zu Nordamerika sind offensichtlich.

3. Zwei Peripherien stehen den Kernräumen gegenüber: eine atlantische von Irland über Wales bis Nordportugal und eine mediterrane, welche Südspanien, Süditalien und Griechenland umfasst. Die 1989 von der EU-Kommission ins Leben gerufenen Regionalprogramme dienen dem Ausgleich der Nord-Süd-Gegensätze zugunsten der wirtschaftlich unterentwickelten Staaten im Süden, wie Spanien, Portugal, Griechenland, welche als politisch „junge" Demokratien in die Europäische Gemeinschaft aufgenommen wurden.

Abb. 4.21: *Straß-burg, Europaparlament.*

Lichtenberger 2000, S. 425.

Nun ist die Teilung Europas seit eineinhalb Jahrzehnten vorüber. Es zählt zu den interessanten Verzögerungseffekten in der Wahrnehmung der geänderten politischen Verhältnisse, dass die Bananenkonzeption noch immer die internationale Literatur bestimmt und inzwischen von der Geographie auch in die Sozialwissenschaften und in das Management diffundiert ist.

Es ist das Verdienst von tschechischen Geographen, 1992 als Erste die Konzeption der Megalopolis durch eine zweite ökonomische Achse von Wien über Prag nach Berlin und Kopenhagen erweitert zu haben. Darin spiegelte sich die sehr rasche Reaktion der so genannten Visegrád-Staaten auf die Auflösung des Warschauer Paktes wider, ebenso die Akzeptanz des wieder entdeckten Mitteleuropabegriffes mit Deutschland und Österreich (Abb. 4.22).

Die Osterweiterung der EU hat nunmehr eine klare Doppelung der Megalopolis bewirkt. Damit ist die Teilung Europas überwunden. Zu Beginn des 21. Jahrhunderts bestimmt diese Konzeption die wissenschaftliche Literatur und die Medien.

Von der EG zur WWU

Der Zusammenbruch des COMECON und die Auflösung des Warschauer Paktes 1989 brachten der EG den enormen Entwicklungsschub der 1990er Jahre. 1992 begründete der Vertrag von Maastricht die Europäische Union und die Wirtschafts- und Währungsunion (WWU), was die Einführung einer einheitlichen europäischen Währung unter der Aufsicht einer europäischen Zentralbank bedeutete. Die vierte Erweiterung 1995 rundete das Terrain der EU bis zum ehemaligen Eisernen Vorhang, der als Wohlstandskante bis heute weiter besteht, ab und brachte die bisherigen Mitglieder der 1960 gegründeten EFTA, die neutralen Staaten Österreich, Finnland und Schweden, als neue Mitgliedsländer in die EU. Mit insgesamt 15 Mitgliedstaaten zählte die EU im Jahr 1995 381 Mio. Einwohner.

Am 1.1.2002 erfolgte die Einführung einer einheitlichen Währung. Damit entstand die Eurozone, der sich bisher nur drei Staaten der nördlichen und nordwestlichen Peripherie nicht angeschlos-

Abb. 4.22: *Die Doppelung der Megalopolis.*

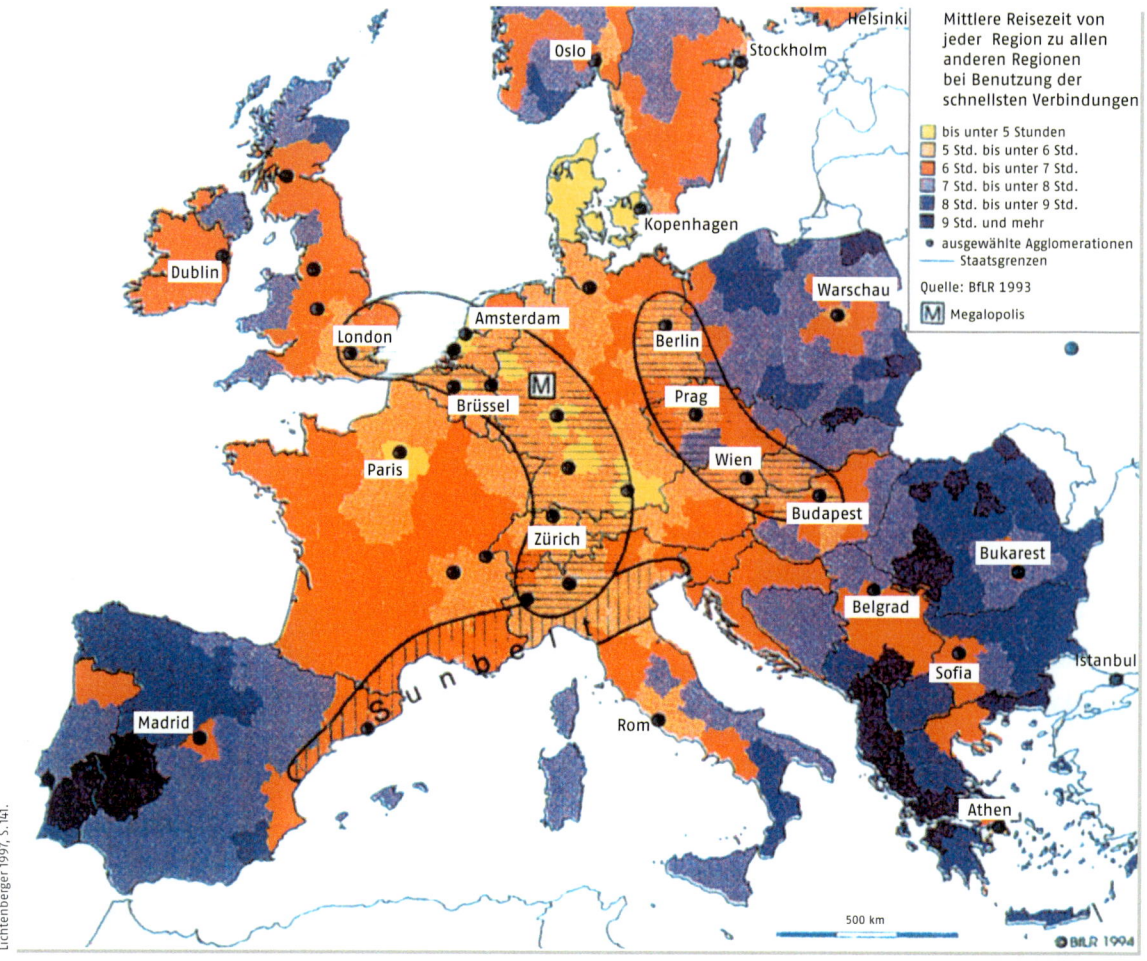

Lichtenberger 1997, S. 141.

sen haben, nämlich Großbritannien, Dänemark und Schweden.

Die größte Herausforderung und das wichtigste Arbeitsprojekt der 1990er Jahre bestand jedoch in der Vorbereitung der Integration der von der Decke des Kommunismus befreiten Staaten Mittel- und Osteuropas. Die Vorbereitungen hierzu begannen auf dem EU-Gipfel in Kopenhagen 1993. Die Etappen der Verhandlungen sind heute Geschichte.

Mit dem Beitritt von zehn neuen Mitgliedstaaten am 1. Mai 2004 hat die Europäische Union den mit Abstand größten Erweiterungsschritt getan. Die Bevölkerung der Union ist damit von 381 auf 455 Mio. gewachsen. Das bedeutet, dass die neuen Mitglieder einen Anteil von 16 % an der Bevölkerung der EU-25 haben. Mit einer Fläche von 0,739 Mio. qkm beträgt ihr Anteil 19 % der Fläche der EU-25.

DIE EUROPÄER UND DER SOZIALE WOHLFAHRTSSTAAT

Zur Thematik

Unter der Thematik: „Die Sonderstellung der Europäischen Union" werden vier spezifische Phänomene und Problembereiche behandelt:

1. Die extreme sprachliche und damit kulturelle und ethnische Differenzierung der europäischen Bevölkerung legt den Vergleich mit dem Turmbau zu Babel nahe (Abb. 5.1).

   Die Fragen lauten: Wie ist das gegenwärtige ethnische Mosaik der Sprachen in Europa entstanden und wie wird es auf der europäischen, auf der nationalen und auf der regionalen Ebene bewältigt? Wird „English only?" das sprachliche Dilemma der EU-Bürokratie lösen können bzw. bieten sich auch andere Modelle an?

2. Europa bezieht eine demographische Sonderstellung in der Welt. Seine alternde Bevölkerung verweigert in einer Zeit hohen allgemeinen Wohlstands zunehmend die eigene Reproduktion. Der Fortbestand Europas als wohlhabender Erdteil ist daher mittel- und langfristig nur über Zuwanderung aus immer entfernteren Kulturräumen gesichert.

   Die Fragen lauten: Welche Konsequenzen ergeben sich aus der gesteigerten Lebenserwartung und der Zunahme älterer Jahrgänge der Gesellschaft bei gleichzeitigem Wegbrechen der Basis des Altersaufbaus durch unzureichende Reproduktionsraten, und welche Probleme ergeben sich aus der Zuwanderung von Bevölkerung aus immer weiter entfernten Kulturräumen vor allem in den großen Städten?

3. Die Europäer leben in einem „sozialen Europa". Sie haben den sozialen Wohlfahrtsstaat erfunden, der jedoch bisher nicht zu einem globalen Produkt geworden ist wie ein Jahrhundert früher der Nationalstaat. Nichtsdestoweniger ist der soziale Wohlfahrtsstaat ein Herzeigeprodukt Europas. Zwar unterscheiden sich die Regime der Sozialpolitik in den einzelnen EU-Staaten, doch ist es allen bisher gelungen, Extreme der Armut und der ökonomischen Ausgrenzung im Griff zu behalten und eine soziale Sicherheit zu generieren, welche in der westlichen Welt beispielgebend ist. Die Frage lautet: Ist aufgrund der neoliberalen Tendenzen ein Rückbau des sozialen Wohlfahrtsstaates angesagt, und wird damit die Europäische Union mittelfristig den Weg der Vereinigten Staaten einschlagen?

4. Der Raum ist für die Europäische Union eine knappe und wertvolle Ressource. Eine europäische Raumordnungspolitik gehört daher zu ihren langfristigen Aufgaben. Die Erhaltung der Kulturlandschaft ist vielfach in Staatsgrundgesetzen festgeschrieben. Darüber hinaus hat die Europäische Kommission die sozioökonomischen Disparitäten von Gebieten zum Anlass genommen, um Entwicklungsmaßnahmen zu setzen. Geographischen Räumen ist damit eine soziale Qualität zugeschrieben worden. Auch dies ist eine Singularität der Europäischen Union.

Der Turmbau zu Babel

Einleitung

Sprachen sind der Spiegel der jeweiligen Kultur und des Zivilisationsstandes einer Bevölkerung. Sie sind in einem unaufhörlichen Adaptierungsprozess begriffen. Je umfangreicher ihr Wortschatz ist – die Weltsprache Englisch hat derzeit rund 600.000 Wörter, das Deutsche 300.000 –, desto ausgeprägter ist die Segmentierung nach sozioökonomischen und demographischen Gruppen, nach Berufssparten, Aktionsfeldern usw. Die Weltsprache Englisch bietet hierfür das beste Beispiel. Hier reicht die Palette vom „McDonald's-Englisch" bis zu den Weltraumspezialisten, von der Sprache Shakespeares bis zum American Business English. Sprachen waren und sind ein Instrument der Macht sowie der politischen und nationalen Identitätsfindung. Durch die spezifische nationale Sprachpolitik von einzelnen Staaten wurden in der Vergangenheit regionale Sprachen und Sprachen von

Wien, Kunsthistorisches Museum.

Abb. 5.1: *Turmbau zu Babel, Brueghel.*

Minderheiten vielfach eliminiert und Staatssprachen eingeführt.

Die Europäische Union unternimmt das größte Sprachexperiment aller Zeiten: In der bürokratischen Kommunikation gibt es nach der EU-Erweiterung im Jahr 2004 insgesamt 20 Arbeits- und Amtssprachen. 2,1 Mio. Seiten an Übersetzungen von Protokollen, Berichten und Formularen werden jährlich erzeugt und verteilt. So will es das Gleichheitsprinzip der Verfassung.

Im Spannungsfeld der politischen Machtverlagerungen innerhalb der Europäischen Union, der Globalisierung der wirtschaftlichen Beziehungen und der nationalen Bestrebungen um kulturelle Identität wird sich eine „neue Mehrsprachigkeit" herausbilden, eine neue Landkarte der soziolinguistischen Differenzierung von Europa entstehen,

in der auch Relikte von historischen Sprachen gepflegt und erhalten werden – in einer neuen Vernetzung zwischen Weltsprachen und territorialen kleinen Sprachgruppen. Es handelt sich um einen singulären und daher schwierig zu prognostizierenden Prozess.

Das Sprachenmosaik in Europa

Eine umfassende europäische Sprachgeschichte ist noch nicht geschrieben. Ebenso gibt es keine genauen Daten über die Umgangssprache von Minderheiten, vor allem dort, wo die Staatssprache legistisch gleichzeitig als einzige Amts- und Schulsprache Gültigkeit besitzt. Die abgebildete generalisierte Sprachenkarte von Europa zu Beginn des

© westermann 49

Isländisch

N o r w e g i s c h
S c h w e d i s c h
F i n n i s c h

Lappisch
Karelisch

Gälisch
Estnisch
Lettisch
Litauisch
Russisch

Irisch
Dänisch
Russisch   Weiß-russisch
Kaschubisch
Sorbisch   Polnisch
Deutsch
Tschechisch
Slowakisch
Ukrainisch

Englisch

Walisisch

Niederländisch

Bretonisch

Französisch
Rätoromanisch
Kroatisch
Slowenisch   Ungarisch
Slowe-nisch   Kroatisch
Rumänisch
Serbisch
Bulgarisch
Maze-donisch
Albänisch
Türkisch

Galicisch

Katalanisch   Korsisch
Spanisch   I t a l i e n i s c h
Portugiesisch
Sardisch

G r i e c h i s c h

A r a b i s c h   Maltesisch

Baskisch

Diercke Weltatlas 1999, S. 49.

Indoeuropäische Sprachen
Germanische Sprachen
① Deutsch
② Schwedisch
③ Romanische Sprachen
④ Griechisch
⑤ Keltische Sprachen
⑥ Albanisch
⑦ Slawische Sprachen
⑧ Russisch
⑨ Polnisch
Baltische Sprachen
⑩ Indo-Iranisch
⑪ **Baskisch**
Hamito-Semitisch
Ural-Altaische Sprachen
⑫ Finno-Ugrische Sprachen
⑬ Ungarisch
⑭ Türkisch

Deutsch   Staatssprache
⑪ Baskisch   Minderheiten-sprache
Maßstab 1 : 36 000

Abb. 5.2: *Staats-sprachen und Sprachminderheiten von Europa.*

20. Jahrhunderts zeigt neben der gegenwärtigen Verteilung von Staatssprachen auch die wichtigsten Sprachen von Minderheiten (Abb. 5.2).

Das Mosaik von Sprachräumen in Europa ist nicht in einem Zuge entstanden, sondern geht auf mehrere Prozesse zurück.

Mehrere große historische Wanderungen und Völkerbewegungen haben hierzu beigetragen, Völker und Sprachen haben einander überlagert und verdrängt.

Das räumliche Verteilungsmuster gerade der heute kleinen Sprachgruppen ist durch das Prinzip des Rückzugs in Gebirgsräume bzw. an die jeweiligen Peripherien von staatlicher Macht zu erklären. Hierfür waren zwei große Wanderungen von Bedeutung. Im Norden des Römischen Reiches hat die Ausbreitung der Kelten im mittleren Streifen von Europa im 3. bis 5. Jahrhundert ältere Sprachgruppen in Randgebiete, insbesondere in Gebirgslagen, geschoben. Dazu gehören die Basken in den westlichen Pyrenäen (rund 800.000), die Angehörigen von rätoromanischen Splittergruppen in den Alpen: die Räter im Engadin (rund 50.000), die Ladiner in Südtirol (rund 56.000) und die Friuli (rund

400.000) in dem nach ihnen benannten ehemaligen Passstaat Friaul in Italien. In Südosteuropa haben sich die Albaner, Nachfahren der Illyrer, im Dinarischen Gebirge halten können (rund 6 Mio. in Albanien, Kosovo, Mazedonien, Montenegro).

In der Völkerwanderung wurden die Kelten in England durch das Eindringen der Angelsachsen auf die irische Insel und in die Berggebiete, nach Schottland, Wales und Cornwall, abgedrängt. Während das Kornische in Cornwall schon im 19. Jahrhundert ausgestorben ist, wird das Gälische in Schottland noch von ca. 66.000 Menschen gesprochen Dagegen ist das Kimbrische in Wales für mehr als 500.000 Menschen die Muttersprache geblieben und wird auch in Industriegebieten gesprochen. Das Irische ist zwar seit dem Selbständigwerden von Irland nach dem Ersten Weltkrieg wieder Staatssprache, konnte sich jedoch gegenüber dem vorherrschenden Englisch nur in einzelnen Regionen durchsetzen. Es wird nach unterschiedlichen Schätzungen von 300.000 bis 1.095.000 Personen als Zweitsprache gesprochen bzw. verstanden. Das Bretonische in Frankreich, welches als Amtssprache nicht zugelassen ist, sollen noch 180.000 bis 250.000 Personen verstehen (Euromosaic 2004).

Die Angelsachsen waren ein Teil der großen Völkerwanderung germanischer Stämme, welche aus den Räumen um die Ost- und Nordsee nach Süden gewandert sind. Zwei weiteren Gruppen von Stämmen sind östlich von den Angelsachsen dauernde Reichsbildungen gelungen: den Franken, die eingeschmolzen in die keltisch-römische Grundlage Galliens mit dem Frankenreich die Plattform für das christliche Abendland des Mittelalters geschaffen haben, und den unter den deutschen Kaisern geeinten Stämmen der Schwaben, Bayern, Sachsen, Franken und Thüringer.

Die Nord-Süd-Wanderung der Germanen traf in der Mitte Europas mit der Ost-West-Bewegung der slawischen Völker zusammen. Die Slawen bildeten ursprünglich eine von der Ostsee bis zum Schwarzen Meer reichende, wenig differenzierte Gruppe von Stämmen. Erst der Vorstoß der zentralasiatischen Nomaden, deren Nachfahren einerseits die Ungarn und andererseits die Bulgaren darstellen, trennte die Süd- von den West- und Ostslawen. Eine religiöse Spaltung, die gleichzeitig auch eine kulturelle war, trat ein. Im Gefolge der Christianisierung gerieten die Ostslawen (Russen, Ukrainer, Weißrussen) und die östlichen Südslawen, darunter die Serben und die slawisierten Bulgaren, in den Einflussbereich von Byzanz und der griechisch-orthodoxen Religion, während sich die weiter westlich sesshaft gewordenen Stämme der Kroaten und Slowenen nach Rom hin orientierten. Damit entstand die Ostgrenze des Abendlandes, welche mit der der Papstkirche identisch war.

Für die Ausbildung der heutigen Schriftsprachen war die Form der Sprachkodifizierung entscheidend. Hierbei spielten die Kanzleien eine Rolle. So übernahm Luther bei seiner Bibelübersetzung weitgehend die sächsische Kanzleisprache, die sich aus dem Prager Kanzleideutsch der Luxemburger entwickelt hatte.

Im neuzeitlichen Absolutismus wurde die Pflege von Staatssprachen zu einem Anliegen der Herrscherhäuser. Mit der Emanzipation vom Lateinischen begann die politische Instrumentalisierung der Sprache mit der darin wurzelnden Auffassung von Sprache als Ausdruck nationaler Identität. Frankreich setzte das Beispiel. Ein königlicher Erlass bestimmte 1539, dass statt des Lateinischen die „langage maternel francis" in der Verwaltung und vor dem Gericht zu verwenden sei (Trabant 2001, S. 8).

1635 wurde die Académie Française gegründet, welche die „Reinheit, Vornehmheit und Eleganz" der französischen Sprache als Zielsetzung erklärte. Etwa gleichzeitig begann der Siegeszug des Französischen als Sprache der Höfe und der guten Gesellschaft. 1789 war zum Leidwesen der Revolutionäre nur ein Drittel des Volkes des Französischen mächtig, die Bürger der Republik sprachen mehrheitlich andere Sprachen und Dialekte. 150 Jahre nach der Revolution war der Prozess der Erlernung eines eleganten Französisch durch die Bürger abgeschlossen. Zur gleichen Zeit begann jedoch der Rückgang der Weltgeltung des Französischen zugunsten des Englischen.

1975 wurde die so genannte Loi Bas-Lauriol gegen die Verwendung englischer Wörter in bestimmten öffentlichen Texten erlassen, 1992 haben die Franzosen ihre Verfassung durch den lapidaren Satz ergänzt: „Die Sprache der Republik ist das Französische" (Trabant 2001, S. 10). 1994 folgte die Loi Toubon. Sie wendete sich gegen die exklusive Besetzung der wichtigsten Diskurse durch das Eng-

lische und damit auch gegen das Herausbrechen ganzer Sprachregister aus der Gesamtarchitektur des Französischen. Dahinter stehen zwei Motive: Das erste Motiv ist die Frankophonie, vor allem in den afrikanischen Staaten des ehemaligen Kolonialreiches. Warum sollten dort die Eliten Französisch sprechen, wenn die Franzosen selbst Englisch als Zweitsprache verwenden? Das zweite Motiv ist die Patrimoinée, d. h. die Pflege des und die Sorge um das kulturelle Erbe, zu dem die Franzosen ihre Sprache zählen.

Die historische Abfolge der Sprachen der Eliten

In der gegenwärtigen Diskussion um die europäische Mehrsprachigkeit wird die historische Tradition dieses Phänomens übersehen. Die europäischen Eliten waren stets zumindest zweisprachig.

Das europäische Mittelalter kannte bereits die Zweisprachigkeit. Es waren die Papstkirche und die Reformen von Karl dem Großen, welche das Nebeneinander von Latein und vielen Volkssprachen begründet haben. Karl dem Großen ist es gelungen, das Latein der Kirchenväter als allgemeines Verständigungsmittel für sein Vielvölkerreich neben den sich entwickelnden romanischen Sprachen durchzusetzen und damit eine Situation herbeizuführen, welche in ganz West- und Mitteleuropa, Polen und Ungarn eingeschlossen, bis zum 17. und 18. Jahrhundert geherrscht hat (Fuhrmann 2001, S. 3).

Nur unter dieser Konzeption des Lateinischen als allgemeiner Bildungssprache ist es verständlich, dass – Modulen vergleichbar – die Strukturen des Städtesystems in Hinblick auf das Stadtrecht, die Grund- und Aufrissgestaltungen und Funktionen ebenso wie die Organisationsformen des ländlichen Raumes, die Aufschließungsformen der Kolonisation und das politische System des Feudalismus, die Organisation des Rittertums und der Burgenbau zu das christliche Abendland umspannenden Phänomenen geworden sind.

Mit dem Lateinischen wurde ab der Renaissance das Griechische zu einer Elitensprache. Das umfangreiche „Lexikon des altgriechischen Spracherbes im Wortschatz der deutschen Sprache" belegt die nahezu unglaubliche Fülle von Begriffen, welche von der griechischen Antike nicht nur in die Sprache der Intellektuellen, der Kunst, Wissenschaft und Politik, sondern auch in die Alltagssprache eingegangen ist. *„Mag das gehobene Bildungsgut des 19. Jahrhunderts heute mehr und mehr verblassen, umso nachdrücklicher kommt der Einfluss von Medizin und Naturwissenschaften zur Geltung, das Gen und die Photographie, das Trauma und das Megabyte, die Psychoanalyse und das Poster, die Chaostheorie und die Kybernetik seien als Beispiele genannt. In der Alltagssprache ist der Polizist dabei, aber auch der Strolch und der Pirat; Historiker und Geographen haben teil und Pädagogen, ebenso wie Ökonomen und Ökologen"* (Kytzler et al. 2002, S. XI).

„Von Polen bis Portugal, von Skandinavien bis Sizilien wird ein und dieselbe griechische Wurzel verwendet, um Musik oder Philosophie zu bezeichnen, um Tyrannei zu geißeln und Demokratie zu bejahen, um weltweit die Olympischen Spiele zu feiern" (ebenda, S. XIV).

Aus dem Lateinischen stammen die meisten Fremdwörter im Deutschen. Dieser Prozess der Anregung durch die römische Zivilisation und die lateinische Sprache begann mit den ersten Berührungen zwischen Römern und Germanen. Militärische Begriffe wie Kampf und Kastell, Pfeil und Wall, Meile und Straße werden übernommen. Der Name des Imperators selbst, Cäsar, ging als Kaiser ins Deutsche, als Zar ins Russische ein (Kytzler et al. 2002, S. X). Zahlreich sind die Zeugnisse in der Architektur: Ziegel und Schindel, Kalk und Mauer, Pforte und Pfeiler, Fenster und Kammer. Mit der Christianisierung im frühen Mittelalter erfolgte eine weitere Welle im Althochdeutschen mit *„der Dom und die Kapelle, der Altar und die Messe, die Religion und die Predigt"* (ebenda, S. XI), hierzu traten Ämterbezeichnungen wie Abt, Prälat und Dekan. Die Klöster waren Zentren der Mission und der Bildung. Wörter wie Schule, schreiben, Tinte und Zettel, Griffel und Linie, Brief und Siegel wurden übernommen.

Latein war die Sprache nicht nur der Kirche, sondern ebenso jene der auf die Karolingerzeit zurückgehenden Kloster- und Domschulen bis zu den Artistenfakultäten der Universitäten (Fuhrmann 2001, S. 4).

Die Aufklärung und die Säkularisierung aller Lebensbereiche sowie das Vordringen des Nationalstaatsgedankens und der Nationalsprachen im 19. Jahrhundert beendeten endgültig das lateinische Zeitalter.

Im Verlauf des 20. Jahrhunderts ist das humanistische Bildungsideal nach den zwei großen Weltkriegen in eine Existenzkrise geraten. Naturwissenschaften und moderne Sprachen verdrängten die humanistische Tradition.

Mit dem Modell von Versailles begann im 17. und 18. Jahrhundert das Französische seine Erfolgstournee zunächst an den Höfen der Herrscherhäuser, beim Adel und schließlich bei breiten bürgerlichen Schichten. Bis zum Ende des Zweiten Weltkriegs konnte sich das Französische als Bildungssprache einer bürgerlichen Gesellschaft gut behaupten. Daneben nahm das Deutsche im gesamten östlichen Mitteleuropa, in Nord- und auch in Südosteuropa den ersten Rang unter den Fremdsprachen ein. Vor allem im polnischen Raum hatte die Mischsprache zwischen dem Hebräischen und dem Deutschen, das so genannte Jiddische, die Funktion einer Lingua franca, welche die Kommunikation in diesen vielsprachigen Gebieten in Handel und Gewerbe beherrscht hat.

Der Zweite Weltkrieg hat die Nationalitäten- und Sprachenkarte Europas in dem beschriebenen Zwischeneuropa grundlegend verändert. Gleichzeitig ist mit dem Aufstieg der USA das amerikanische Englisch zur neuen globalen Verständigungssprache geworden, der sich auch die Bürger der Europäischen Union nicht entziehen können (vgl. unten).

Die Sprachenpolitik der EU

Die Europäische Union ist offiziell als eine vielsprachige Gesellschaft errichtet worden, wobei allerdings das Problem der Minderheitensprachen bisher nicht einer europäischen Lösung zugeführt worden ist. Vor der fünften EU-Erweiterung hatte die EU elf Amts- und Arbeitssprachen. Durch die Erweiterung hat sich deren Zahl auf 20 vermehrt.

Die offizielle Sprachenpolitik der EU sieht vor, dass die Kommission im Kontakt mit den Bürgern alle Anfragen in der Sprache beantworten soll, in der sie verfasst wurden, vorausgesetzt, dass es sich um eine Amtssprache handelt. Die Sprachenvielfalt verlangt einen umfangreichen Sprachendienst. Der Service Commun Interprétation Conférences (SCIC) ist der weltweit größte Übersetzungsdienst. Allerdings gilt das Vollsprachenregel nur für Treffen der Regierungschefs und die Ministerratsebene sowie für die Abfassung der offiziellen Schriftstücke im EU-Parlament.

Neben dem offiziellen Amtssprachenmodell ist auch ein Arbeitssprachenmodell der EU für den internen Amtsgebrauch die gängige Praxis, wonach Englisch, Deutsch und Französisch als Amts- und Arbeitssprachen verwendet werden. Dieses Modell wird durch die Effektivität und Funktionalität begründet, vor allem dort, wo es um ausländisches und internationales Patent-, Urheber-, Wettbewerbsrecht und dergleichen geht. Für die interne schriftliche Kommunikation belegen statistische Daten, dass die Verteilung der Dokumente sich signifikant in Richtung Englisch entwickelt. Waren es 1997 noch 45 %, so betrug der Anteil 2001 bereits 59 %. Französisch ging in diesem Zeitraum von 40 auf 29 %, Deutsch von 5 % auf 4 % zurück (Greimel 2003, S. 31).

Die Sprachenpolitik der EU wird mit der EU-Erweiterung zu einem Dauerthema avancieren. Nicht nur wird das Sprachenlernen als eine der wichtigsten Bildungsaufgaben betrachtet, sondern es wird angenommen, dass das Erlernen von zwei Fremdsprachen im Bildungssystem der EU-Staaten zur Regel gemacht werden könnte.

Angesichts einer rasch fortschreitenden wirtschaftlichen Integration der EU und eines schleichenden Angleichungsprozesses in Wirtschaft, Medien und Informationstechnologien wird mittelfristig der nationale Sprach-, Kultur- und Bildungsbereich als einer der wenigen verbleibenden Unterschiede innerhalb der EU akzeptiert.

Unter diesen Voraussetzungen weist die Sprachpolitik daher auch beachtliche nationale Unterschiede auf. Sie wird im Gegensatz zur Wirtschaftspolitik im Verein mit der Bildungspolitik an Bedeutung gewinnen. Versuche, die Bildungspolitik der europäischen Staaten anzugleichen, sind bisher nur zaghaft erfolgt (Nelde 2001, S. 28). Nur im Universitätsbereich mit seiner internationalen Verflechtung sind bereits Europäisierungstendenzen vorhanden.

Allein mit dieser „Bildung von europäischen Eliten", welche auf verschiedenen Universitäten studieren, kann sich Europa auch global profilieren. Diese Eliten werden mehrsprachig sein. Hierbei ist zu erwarten, dass diese europäische Mehrsprachigkeit der Eliten, definiert als die Beherrschung von zwei Fremdsprachen neben der Muttersprache, im Zuge der Globalisierung auch in steigendem Maße außereuropäische Sprachen, wie das Chinesische oder das Arabische, einschließen wird.

Unionssprachen und Sprachen von Minderheiten

Die EU hat die Staatssprachen zu verpflichtenden Sprachen gemacht und die Frage der Sprachen der Minderheiten bisher den einzelnen Staaten überlassen. Die Sprachencharta von 1999 hat noch keine reale Bedeutung erhalten.

In Hinblick auf die Stellung der einzelnen Unionssprachen bestehen sehr beachtliche Unterschiede (Abb. 5.3):

- Die Sprachen ehemaliger Kolonialmächte haben ihre Schwerpunkte außerhalb der EU: allen voran das Englische (375 Mio. Sprecher), gefolgt vom Spanischen (352 Mio.) und Portugiesischen (170 Mio.). Auch das Französische besitzt noch einen Sprachraum außerhalb der EU (76 Mio.).
- Im Hinblick auf das Volumen der Unionssprachen ist die Polarisierung bemerkenswert. Von den insgesamt 20 Unionssprachen besitzen sechs Sprachen (Deutsch: 95 Mio., Englisch: 54 Mio., Französisch: 56 Mio., Italienisch: 54 Mio., Spanisch: 40 Mio., Polnisch: 38 Mio.) insgesamt einen Anteil von 75 % und andererseits elf Sprachen (Portugiesisch: 10 Mio., Tschechisch: 10 Mio., Schwedisch: 9 Mio., Dänisch: 5,9 Mio., Slowakisch: 5,2 Mio., Finnisch: 4,6 Mio., Litauisch: 2,6 Mio., Slowenisch: 2 Mio., Lettisch: 1,4 Mio., Estnisch: 1 Mio., Maltesisch: 0,35 Mio.) nur einen Anteil von 12 %. Drei weitere Sprachen (mit jeweils mehr als 10 Mio.: Niederländisch mit 22,5 Mio., Neugriechisch mit 12,5 Mio. und Ungarisch mit 14 Mio.) umfassen 13 %.
- Deutsch steht mit rund 95 Mio. Sprechern in der Europäischen Union mit Abstand an erster Stel-

Abb. 5.3: *Mutter-sprachen und Fremdsprachen in der EU.*

Quelle: Europäische Kommission 1999.

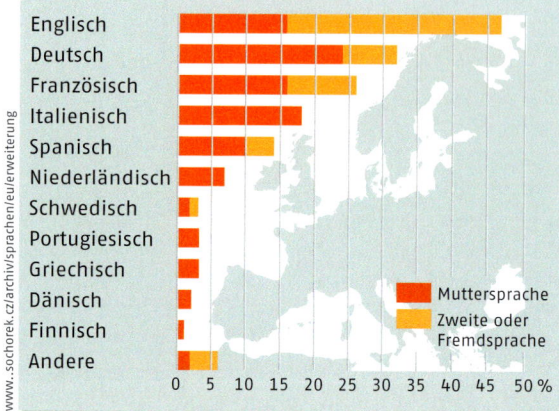

le. Deutsch war als Wissenschaftssprache vor dem Zweiten Weltkrieg international hoch angesehen und überall als Konferenzsprache vertreten. Es hat diesen Status durch den Zweiten Weltkrieg verloren und bisher nicht zurückgewinnen können. Alle Minderheitensprachen zusammen erreichen keine 5 % der EU-25 mit ihren 455 Mio. Einwohnern.

■ Aus der historisch-politischen Landkarte von Europa ist das Übergreifen von Unionssprachen über die jeweiligen Staatsgrenzen zu erklären, wie u.a. das der deutschen (Südtirol, Elsass) bzw. der ungarischen Sprache. Von 14 Mio. Ungarn leben 4 Mio. in den Nachbarstaaten, die einst ein Teil der ungarischen Reichshälfte der Donaumonarchie gewesen sind.

■ Ferner gibt es das Nebeneinander mehrerer Staatssprachen, wie in der Schweiz (welche nicht zur EU gehört) und in Belgien, und schließlich das zur Schriftsprache gewordene mainfränkische Mittelhochdeutsche des Lützelburgischen, welches die Luxemburger als Muttersprache neben der Zweitsprache Deutsch und der Staatssprache Französisch sprechen.

■ Irland stellt eine Besonderheit dar. Hier wurde Irisch als keltische Sprache mit der staatlichen Selbständigkeit nach dem Ersten Weltkrieg wieder eingeführt und hat als Zweitsprache auch eine gewisse Bedeutung gegenüber dem Englischen erhalten, sich jedoch als Erstsprache nur regional durchgesetzt.

■ Durch die Anerkennung des Maltesischen, einer arabischen Sprache mit nur 350.000 Sprechern,

hat die Union die Größenskala der Unionssprachen ganz wesentlich nach unten erweitert, und zwar unter die größenmäßige Obergrenze von Minderheitensprachen, und überdies eine semitische Sprache mit einem lateinischen Alphabet in den Sprachenkanon integriert.

Das Problem der **Minderheitensprachen** wird in der EU unterschiedlich gelöst. Die sprachenpolitische Landkarte von Europa ist dementsprechend bunt, und auch die Zukunftschancen der Minderheitensprachen sind sehr verschieden zu beurteilen:

Das Prinzip der Einsprachigkeit wird rigoros von Frankreich vertreten, das u.a. das Deutsche im Elsass und das Bretonische in der Bretagne als regionale Dialekte bezeichnet und bei den Volkszählungen nicht registriert. Dasselbe gilt für Minderheitensprachen in Griechenland, darunter das Aromunische mit rund 100.000 Sprechern. Von Griechenland werden nur Religionsgruppen und damit die Türkisch sprechenden Thraker anerkannt.

Ein Schutz von Minderheitensprachen besteht in Großbritannien mit dem Walisischen, in den Niederlanden mit dem Friesischen, in Deutschland mit dem Sorbischen sowie in Österreich mit dem Kroatischen, Ungarischen und Slowenischen.

Schließlich gibt es die politische und sprachliche Autonomie des Katalanischen (6,5 Mio.) und Baskischen in Spanien sowie des Deutschen in Südtirol in Italien.

English only?

Die derzeitige Ideologie der Mehrsprachigkeit in der EU wird durch die Praxis vielfach obsolet. Zahlreiche Analysen belegen die fortschreitende Vormachtstellung des Englischen schon allein deshalb, weil die EU keine abgeschottete Insel ist, sondern in einem globalen Zusammenhang steht. Englisch ist ein Werkzeug, ohne das man heute in der internationalen Kommunikation nicht auskommt. 375 Mio. Menschen sprechen Englisch als Muttersprache, ungefähr die gleiche Zahl lebt in Staaten, in denen Englisch die zweite Landessprache ist, und rund 750 Mio. Menschen benützen es als Fremdsprache mit unterschiedlichen Zielsetzungen.

Ein weiterer Aspekt betrifft die höchst unterschiedliche Fähigkeit von Personen, Fremdsprachen zu lernen, so dass besonders in den Volksschulen die Tendenz auf Englisch ausgerichtet ist.

Gekoppelt mit der Ausbreitung einer neuen proletarischen globalen Konsum- und Spaßgesellschaft geht der weltweite Vormarsch des amerikanischen Englisch als Verkehrssprache in der reduzierten Form einer Lingua franca mit der medialen Werbung von immer neuen Konsumgütern und immer neuen Destinationen des Tourismus Hand in Hand weiter. Diese Bewegung erfolgt gleichsam von unten her und hat wenig gemein mit der Ausbreitung des Englischen in der wissenschaftlichen Welt, überall dort, wo allgemeingültige Aussagesysteme möglich sind, nämlich im naturwissenschaftlich-medizinischen Bereich. Diese Entwicklung einer globalen analytischen Wissenschaftssprache ist nicht grundsätzlich neu. Das Lateinische hatte eine ähnliche Funktion im Mittelalter bis zum Beginn der Neuzeit. Auf das Englische als einzige globale Lingua franca richten sich die Hoffnungen von allen, die in der Sprachenvielfalt immer schon ein lästiges Übel gesehen haben (Weinrich 2001, S. 6).

Allerdings wird die Europäische Kommission nicht müde zu betonen, dass es in Europa nicht nur eine Lingua franca geben darf, sondern dass nur durch die Vielsprachigkeit auch die kulturelle Vielfalt des Kontinents gewahrt werden kann.

Gegen die „English only"-Politik sind inzwischen nationale Sprachenpolitiker zu Felde gezogen, allen voran die französische Gesetzgebung. Andere Staaten sind gefolgt, darunter als einer der ersten Polen. Im Gesetz über die polnische Sprache 1999 wird diese als elementare Grundlage der nationalen Identität und als nationales Kulturgut definiert, welche im Prozess der Globalisierung geschützt werden muss (Weinrich 2001, S. 6).

Das kulturräumliche Muster der „neuen Mehrsprachigkeit"

Im Februar 2001 hat INRA den Bericht über „Europeans and Languages" herausgegeben, welcher auf einer umfangreichen Stichprobe beruhte und die Frage der Mutter- und Fremdsprachen in der

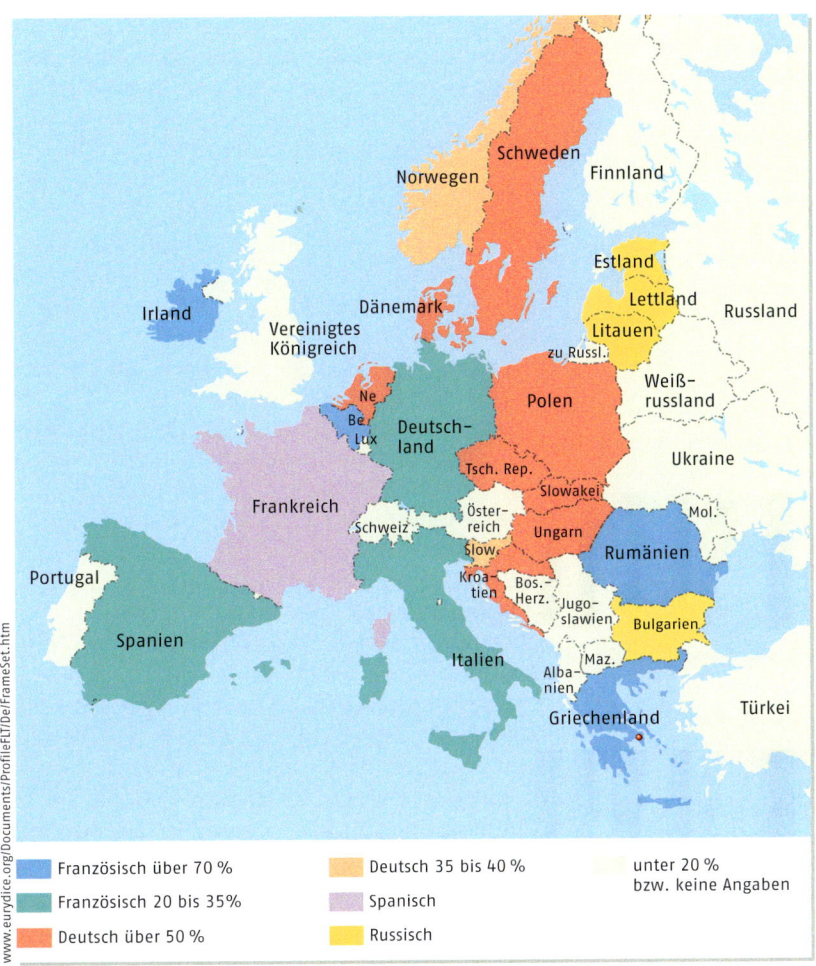

Französisch über 70 %
Französisch 20 bis 35%
Deutsch über 50 %
Deutsch 35 bis 40 %
Spanisch
Russisch
unter 20 %
bzw. keine Angaben

Abb. 5.4: *Anteil der Schüler mit Fremdsprachen an höheren Schulen (außer Englisch).*

EU thematisierte (Abb. 5.3). Die Analyse erbrachte die Rangordnung der Fremdsprachen, bei denen Englisch mit 41% an erster Stelle steht, gefolgt vom Französischen mit 19%, Deutsch mit 10%, Spanisch mit 7% und Italienisch mit 3%. 47% der Befragten gaben an, keine Fremdsprache zu beherrschen.

Die Nord-Süd-Gegensätze in Europa spiegeln sich deutlich in den Englischkenntnissen. Schweden, Niederländer und Dänen stehen mit rund 80% zu Buche, während Italiener, Spanier und Portugiesen nur zu 39 bzw. 36% Englischkenntnisse angegeben haben. Auch dieses Ausmaß der Kenntnisse erscheint jedem, der öfter in Italien und auf der Iberischen Halbinsel gereist ist, als eher unwahrscheinlich hoch. Der Unterschied zwischen den romanischen und den germanischen Sprachen kommt in diesem Nord-Süd-Profil zum Tragen, ebenso der höhere Grad der Volksbildung in den nordeuropäischen Staaten. Die absolute Dominanz von Englisch als Fremdsprache wird auch bestätigt, wenn man den prozentuellen Anteil von Schülern in den höheren Schulen der Europäischen Union zum Vergleich heranzieht, wobei allerdings die EU-Erweiterungsstaaten niedrigere Anteilswerte aufweisen als die EU-15-Staaten (Eurostat Schuljahr 1996/97).

Welche Sprachen besitzen noch eine Chance, als erste oder zweite Fremdsprache im Bildungskanon der höheren Schulen verwendet zu werden?

Die Anteilswerte der Schüler am Fremdsprachenunterricht in den höheren Schulen der EU-25 bieten einen Vorgriff auf die sprachliche Zukunft des Kontinents (Abb. 5.4):

Französisch, einst die erste Sprache des Bildungsbürgertums, hat diese Position noch keineswegs zur Gänze verloren. Es ist die Staatssprache mit 98 % in Luxemburg, mit 85 % in Wallonien, ferner verpflichtende Fremdsprache mit 100 % in Zypern, die erste Fremdsprache mit 70 % der Schüler in Irland und 74 % im künftigen EU-Erweiterungsstaat Rumänien. Als Zweitsprache behauptet sich Französisch mit Schüleranteilen von 63 % in Griechenland, 34 % in Italien, 23 % in Spanien, 24 % in Deutschland und 13 % in Österreich.

Die deutsche Sprache hat deutliche Nachbarschaftseffekte der Bundesrepublik in den höheren Schulen zu verzeichnen: mit einem hohen, nicht exakt spezifiziertem Anteil in den Niederlanden, 76 % in Dänemark, 44 % in Schweden und 35 % in Norwegen. In den Nachfolgestaaten der Donaumonarchie konnte die deutsche Sprache Areale zurückgewinnen. In Tschechien wird Deutsch bereits in der Volksschule, und zwar als einzige Fremdsprache (!), angeboten, in Ungarn und in der Slowakei sowie in Kroatien wurde Deutsch wieder als erste Fremdsprache an den höheren Schulen eingerichtet (mit Anteilen von 48 und 62 % und einem nicht bekannten Anteil in Kroatien). In Tschechien, Polen und Slowenien wird Deutsch als zweite Fremdsprache geführt, die Anteilswerte der Schüler sind mit 54, 53 und 37 % im Vergleich mit dem Englischunterricht (55, 73 und 80 %) durchaus beachtlich.

In den an Russland angrenzenden baltischen Staaten und in Bulgarien ist dagegen Russisch nach wie vor als Fremdsprache von Bedeutung (Bulgarien: 31 %, Estland: 58 %, Lettland: 49 %, Litauen: 39 %). Ob es diese Position behaupten kann, ist ungewiss.

Frankreich hat sich entschlossen, Spanisch als zweite Sprache in den höheren Schulen zu etablieren (34 %). Eine alte Tradition besitzen das Schwedische in Finnland mit 93 % und das Dänische in Island mit 61 %.

Diese lapidaren Auflistungen belegen, dass die Mehrsprachigkeit in der Europäischen Union bereits aufgrund des Bildungskanons der höheren Schulen eine gute Chance besitzt.

Weitere Faktoren kommen dazu, welche die räumliche Verbreitung der Mehrsprachigkeit fördern, wie die Gastarbeiterwanderung in den deutschen Sprachraum und nach Frankreich sowie der Tourismus aus dem Norden und der Mitte Europas in den Sunbelt des Erdteils, der als Wirtschaftsfaktor auch zu einer Ausbreitung der weiter nördlich gesprochenen Sprachen führt.

Ein Mehrebenenmodell zur Bewältigung der Sprachenvielfalt in der EU zeichnet sich ab. Auf der obersten Ebene des EU-Parlaments und der EU-Regierung wird ebenso wie im Kontakt mit einzelnen Bürgern die jeweilige Unionssprache (insgesamt 20) Verwendung finden.

In der EU-Administration wird ein Mehrsprachenmodell mit Englisch, Französisch und Deutsch die Kommunikation auch in Zukunft bestimmen.

Die Eliten der EU werden mehrsprachig sein, wobei diese Mehrsprachigkeit keineswegs nur auf der Ebene der sechs größten Sprachen zu suchen sein wird, sondern auch über den europäischen Kontinent hinaus in das Arabische, Chinesische und Japanische ausgreifen wird.

Ein extrem vereinfachtes amerikanisches Englisch wird schließlich als breite Verständigungsplattform von einem Teil der EU-Bevölkerung gesprochen werden, zumindest im Raum der germanischen Sprachen und bei den kleinen Sprachnationen. Die Resistenz des romanischen Sprachraums gegenüber dem Englischen ist derzeit schwierig zu beurteilen.

Die unbemerkte demographische Rezession

Einleitung

In den sozialen Wohlfahrtsstaaten Europas hat sich seit den 60er Jahren des 20. Jahrhunderts eine stille, zunächst kaum wahrgenommene demographische Rezession vollzogen. Dabei sind globale Phänomene, wie die steigende Lebenserwartung der Bevölkerung aufgrund des medizinischen Fortschritts, mit einer neuen europäischen generativen Verhaltensweise zusammengetroffen und haben diese verstärkt. Die in den 60er Jahren des 20. Jahrhunderts als Ideal des Zusammenlebens angesehene Kernfamilie geriet in die Krise; neue Formen des Lebensstils entstanden. Die Tendenz zur Selbstverwirklichung des Individuums bei gleichzeitig steigendem Wohlstand und Konsum sowie die zunehmende Erwerbstätigkeit der Frauen im gesamten Dienstleistungssektor verhalfen ausgehend vom deutschen Sprachraum der Erlebnisgesellschaft zum Durchbruch, in der Kinder nur mehr eine Einschränkung des Freiraums und vielfach sogar eine Belästigung bedeuten, auf deren Existenz daher verzichtet wird. Es kam zur Weigerung der Bürger der Wohlstandsgesellschaft, Kinder in die Welt zu setzen, das Entstehen eines kinderfeindlichen Milieus war das Ergebnis, zum Teil verstärkt durch die Ressentiments gegen die vom sozialen Wohlfahrtsstaat protegierte neue Haushaltsform der allein erziehenden Mütter.

Irreparable Schäden sind am Altersaufbau der Bevölkerung entstanden. Die Basis der Kinder und Jugendlichen ist zuerst in Deutschland, dann in anderen Staaten weggebrochen. Für den Arbeitsmarkt wurden zunächst Gastarbeiter hereingeholt, nunmehr ist eine „Ersatz"-Ideologie auf dem Arbeitsmarkt angesagt. Von Statistikerhand geschrieben, stehen die Worte an der Wand: Europa altert und schrumpft. Die Wachstumsideologie der Wirtschaft kann eine solche Aussage nicht tolerieren. Was ist zu tun? Ist massenhafte Zuwanderung die Lösung? Wird Europa ein multikultureller Einwanderungskontinent?

Steigende Lebenserwartung und Alterung der Bevölkerung

Die steigende Lebenserwartung in allen Staaten der entwickelten Welt und selbst in den Entwicklungsländern ist der wichtigste demographische Vorgang in der zweiten Hälfte des 20. Jahrhunderts gewesen. Die Lebenserwartung betrug 2002 in den EU-15-Staaten bei Männern 75,8 und bei Frauen 81,9 Jahre. Durch die EU-Erweiterung hat sich der Wert um ein ganzes bzw. halbes Jahr verschlechtert, nämlich auf 74,8 bzw. 81,3. Er liegt aber immer noch über den zum selben Zeitpunkt gemessenen Werten der USA (73,8 bzw. 79,4 Jahre).

Abb. 5.5: *Altersaufbau der EU-15, 2000.*

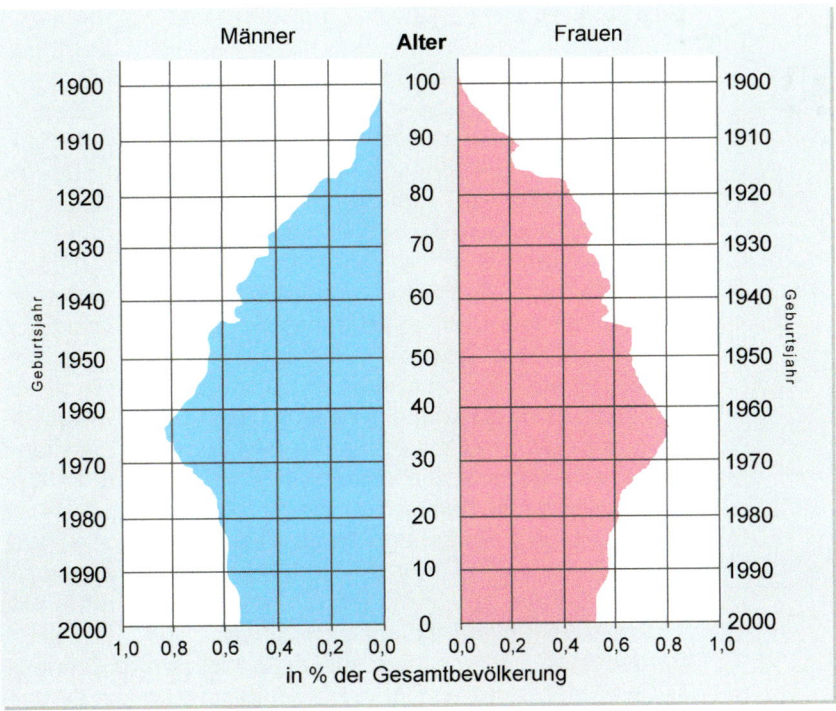

Nach Kytir 2004, Zeichnung: Musil.

Durch den Anstieg der Lebenserwartung um mehr als zwei Jahrzehnte seit dem Ende des Zweiten Weltkriegs und um ein Jahrzehnt in der zweiten Hälfte des 20. Jahrhunderts erfolgte eine „Streckung des Altersaufbaus" (Abb. 5.5). Es erhöhte sich nicht nur das Durchschnittsalter der Bevölkerung sehr beachtlich, sondern es verschoben sich damit die Beziehungen in der Generationsfolge der Gesellschaft. Die Menschen leben nicht nur länger, sondern sie bleiben auch länger „jung". Die traditionellen Sprüche über die Qualität von Lebensjahrzehnten wie „mit 50 fängt das Alter an, mit 60 schneeweiß, mit 70 ein Greis" stimmen nicht mehr. Ebenso wenig passen die klassischen Vorstellungen für den Übergang von der Ausbildung in das Arbeitsleben und für das Ausscheiden aus diesem und den Eintritt in eine Pensionistenexistenz. Es ist sehr bezeichnend, dass der Begriff des dritten Lebensalters, das – wenn man die Normen für EU-Beamte heranzieht – mit 60 beginnt und in dem noch alle Aktivitäten in einer „neuen Freiheit" möglich sind, durch den Begriff des vierten Lebensalters ergänzt worden ist, welches derzeit mit 75 angesetzt wird und die Bevölkerungsgruppe umfasst, in der das Eingebundenbleiben in die gesellschaftlichen Aktivitäten sich als zunehmend schwierig erweist und die Pflegebedürftigkeit zunimmt

Auch dieser Vorgang der steigenden Lebenserwartung der Bevölkerung ist erst relativ spät von den politischen Entscheidungsträgern der sozialen Wohlfahrtsstaaten zur Kenntnis genommen worden, welche bereits in den 1980er Jahren Probleme der Arbeitslosigkeit durch Frühverrentung gelöst haben und letztlich zu Beginn des 21. Jahrhunderts noch immer lösen. Aufgrund der immer größer werdenden Zahl von aus dem Erwerbsleben ausgeschiedenen alten Leuten hat das für den einzelnen erfreuliche Phänomen der steigenden Lebenserwartung durch die Verschiebung der Proportionen im Altersaufbau auch die gegenwärtige negative Konnotation für die Gesellschaft erhalten.

Mit der zunehmenden Präsenz der Bevölkerung im dritten Lebensalter ist nicht nur die Anwesenheit der Senioren in den öffentlichen Räumen, sondern auch ihre Integration in die Konsum- und Freizeitgesellschaft von Marktrelevanz geworden, wobei allerdings über Europa hinweg Unterschiede bestehen. Bei einer gleichzeitig immer stärker auseinander gezogenen Jahrgangskette des immer höher werdenden Altersaufbaus reißen die Beziehungen zwischen den Generationen, die demographische Segregation von Kohorten beginnt alle Bereiche des Lebens zu bestimmen.

Die Alterung der Gesellschaft gehört zur programmierten Zukunft der europäischen Wohlfahrtsstaaten. Der Anteil der 60-jährigen und älteren Bevölkerung betrug 2001 in den meisten EU-Staaten bereits über 20 % (vgl. Tabelle 5.6 im Anhang). Den höchsten Anteil hatten die Staaten Mittel- und Südeuropas mit 23,1 bzw. 23 %, den niedrigsten Irland mit 15 %. In den Bevölkerungsprognosen der EU kann man nachlesen, dass die Altersgruppe der über 60-Jährigen im Jahr 1960 49,1 Mio. (15,5 %), im Jahr 2000 81,9 Mio. (21,8 %) betragen hat und im Jahr 2025 nach gleich bleibenden Rahmenbedingungen 113,4 Mio. (29,2 %) betragen wird, während andererseits die Zahl der Kinder bis 14 Jahre von 62,6 Mio. (16,8 %) im Jahr 2000 auf 57,4 Mio. (14,8 %) im Jahr 2025 sinken wird. Damit ist das eigentliche Rezessionsphänomen angesprochen.

Der Rückgang der Geburten

Nahezu synchron zur steigenden Lebenserwartung hat in allen westlichen Industrienationen die Fertilität drastisch abgenommen. Im Jahrzehnt von 1990 bis 2000 ist das Reproduktionsniveau kontinuierlich gesunken. Es betrug zur Jahrtausendwende in Europa nur mehr 0,65 und lag auf der gesamten Erde zu diesem Zeitpunkt bei 1,14, in Japan bei 0,64.

Die demographischen Regime der Mitgliedstaaten der EU sind in eine in diesem Ausmaß ungewöhnliche Phase der Schrumpfung und des demographischen Alterns eingetreten. Gleichzeitig ist festzuhalten, dass dieser Vorgang nicht in einer Zeit von Wirtschafts- und Existenzkrisen der Bevölkerung, sondern in einer nie zuvor erreichten Wohlstandsphase erfolgt und hauptsächlich auf die systematische Entkoppelung des Sexualtriebes von der Fortpflanzung zurückzuführen ist. Der berühmte Pillenknick ist im deutschen Sprachraum in der zweiten Hälfte der 1960er Jahre eingetreten.

Abb. 5.6: *Geburtenziffern im deutschen Sprachraum 1950–2000.*

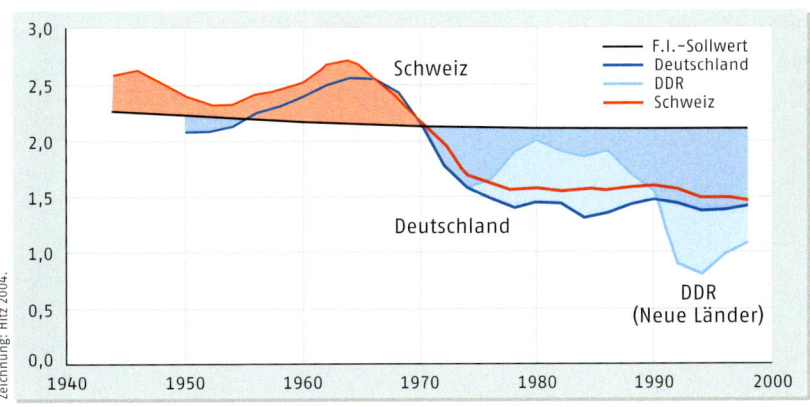

Hatten Schweizerinnen 1964 im Durchschnitt noch 2,55 Kinder, so waren es im Jahr 2001 nur mehr 1,27 (Abb. 5.6)!

In allen Mitgliedstaaten der Europäischen Union mit Ausnahme von Irland liegen gegenwärtig die Geburtenziffern deutlich unter dem Reproduktionsniveau von 2,1, welches erforderlich ist, um den Bestand eines Bevölkerungskörpers zu garantieren. Hierbei werden die sehr niedrigen Geburtenziffern von 9,3 Promille in Deutschland im Jahr 2000 (Tabelle 3) bereits von südeuropäischen Staaten wie Italien und Spanien erreicht und im Osten von Lettland unterboten (8,5 Promille).

Günstiger liegen die Verhältnisse in Nord- und Westeuropa. Frankreich und Irland nehmen hier Spitzenplätze ein. 2000 wurden in beiden Ländern 1,9 Kinder pro Frau errechnet. Frankreich ist der Staat in Europa, der bereits in der Zwischenkriegszeit mit einer massiven Bevölkerungspolitik, d.h. einer Familienförderung, begonnen hat, die inzwischen bei geänderten Haushaltsstrukturen auf allein erziehende Mütter verlagert worden ist. 1976 wurde in Frankreich das Kindergeld für Alleinerzieherinnen eingeführt (API), 1988 das Eingliederungseinkommen (RMI), um der sozialen Ausgrenzung ein Ende zu setzen. API und RMI stellen ein soziales Mindesteinkommen dar, das zwischen Armutsgrenze und einem Mindestlohn liegt (Messu 1992). In keinem anderen EU-Staat werden so beträchtliche Kinderfreibeträge und eine so ansehnliche Summe Kindergeld zur Verfügung gestellt. Bewährt hat sich auch das Kinderbetreuungsangebot vom Kleinkindalter (crèche, école maternelle) bis zum Schulsystem, welches als Ganztagsangebot konzipiert ist. Wesentlicher erscheint jedoch, dass in Frankreich eine kinderfreundliche Öffentlichkeit besteht, welche die Lebenspraxis bestimmt und die in Deutschland verloren gegangen ist. Dabei ist besonders hervorzuheben, dass sich diese Kinderfreundlichkeit mit einem postindustriellen Lebensstil verträgt, wie der hohe Prozentwert von 42 % unehelichen Geburten (in Deutschland nur 22 %) und das relativ hohe Durchschnittsalter der französischen Frauen bei der Geburt des ersten Kindes mit 29,3 Jahren (in Deutschland 28,6 Jahre) belegen.

Die Reduzierung der Haushaltsgröße

Die Veränderung der Haushaltsformen und die Reduzierung der Haushaltsgröße haben bisher nicht genügend Aufmerksamkeit gefunden.

Vielfach wird von der Entstehung eines neuen postindustriellen Lebensstils gesprochen. Worum handelt es sich? In den 1960er Jahren hat die Kernfamilie, die als neue dauerhafte Form des Zusammenlebens angesehen wurde, traditionelle mehrgliedrige Haushalts- und Familienstrukturen abgelöst, welche sich allerdings in peripheren Räumen Europas, ebenso in einzelnen ländlichen Räumen und vor allem in Südosteuropa bis in die Gegenwart erhalten konnten. Nun wurde die Kernfamilie in den letzten drei Jahrzehnten des 20. Jahrhunderts durch die Rechtsschwäche von normensetzenden Institutionen wie Kirche und Staat sowie Änderungen des Eherechts und der Steuerverfassung von der Haushalts- zur Individualbesteuerung hin als Leitform von Haushaltsstrukturen in Frage gestellt.

Neue Formen des Zusammenlebens sind entstanden: Lebensgemeinschaften, Alleinerzieherhaushalte und kohortenspezifische Wohngemeinschaften entsprechend einem „postindustriellen" Lebensstil. Gleichzeitig hat die Größe der Haushalte abgenommen, welche ebenso wie die Heirats- und Scheidungsrate als Indikator für die demographische Transition der europäischen Bevölkerung dienen kann.

Die Daten von Eurostat belegen die Zunahme der Zahl der Haushalte von 92 Mio. im Jahr 1961

Staat	Ehe-schließungs-quote	Schei-dungs-quote	Ge-burten-ziffer	Anteil unehelicher Geburten
Westeuropa	**5,1**	**2,3**	**12,3**	**37,8**
Belgien	4,4	2,6	11,3	22,0
Niederlande	5,5	2,2	13,0	24,9
Luxemburg	4,9	2,3	13,1	21,9
Frankreich	5,2	2,0	13,2	42,6
Großbritannien	5,1	2,6	11,4	39,5
Irland	5,0	0,7	14,3	31,8
Mitteleuropa	**5,1**	**2,3**	**9,5**	**23,0**
Deutschland	5,1	2,4	9,3	23,4
Österreich	4,8	2,4	9,7	31,3
Schweiz	5,5	2,8	10,9	10,7
Nordeuropa	**5,4**	**2,5**	**11,5**	**48,1**
Dänemark	7,2	2,7	12,6	44,6
Finnland	5,1	2,7	11,0	39,2
Norwegen	5,6	2,2	13,2	49,6
Schweden	4,5	2,4	10,2	55,3
Südeuropa	**5,1**	**0,9**	**9,9**	**12,9**
Griechenland	4,3	0,9	9,6	4,1
Italien	4,9	0,7	9,4	9,6
Portugal	6,2	1,9	11,7	22,2
Spanien	5,3	1,0	9,9	17,0
EU-Erweiterung	**5,2**	**1,7**	**9,6**	**18,7**
Estland	4,0	3,1	9,5	54,5
Litauen	4,8	3,1	9,2	22,6
Lettland	3,9	2,6	8,5	40,3
Polen	5,5	1,1	9,8	12,1
Slowakei	4,8	1,7	10,2	18,3
Slowenien	3,6	1,1	9,1	37,1
Tschechische Rep.	5,4	2,9	8,8	21,8
Ungarn	4,8	2,4	9,7	29,0
Malta	6,5	*	10,9	10,9
Zypern	12,9	1,8	12,6	2,3
Südosteuropa	**5,8**	**1,1**	**10,6**	**–**
Albanien	8,0	0,6	17,1	–
Bosnien-Herzegowina	5,8	0,4	10,6	10,1 (1999)
Bulgarien	4,3	1,3	9,0	38,4
Kroatien	4,8	1,0	9,6	9,0
Mazedonien	7,0	0,7	14,5	9,8 (1999)
Rumänien	6,1	1,4	10,4	25,5
Serbien-Montenegro	5,7	1,0	10,2	–
EU-15	**5,1**	**1,9**	**10,8**	**28,4**
EU-25	**5,1**	**1,9**	**10,6**	**26,9**
Türkei	7,1	0,5	22,3	2,9 (1980)
USA	8,4 (2002)	4,3 (2002)	16,0	34,0 (2002)

* Scheidung ist in Malta illegal
Eheschließungsquote: Eheschließungen auf 1.000 Einwohner
Scheidungsquote: Ehescheidungen auf 1.000 Einwohner
Geburtenziffer: Lebendgeborene auf 1.000 Einwohner
Quellen: *Eurostat (2002): Statistik kurz gefasst. Thema 3 – 17/2002. Bevölkerung und soziale Bedingungen, S. 5 ff.*
Statistical Office Serbia and Montenegro (2004): Basic Data on socio-economic trends.

Tab. 5.1 *Eheschließungen, Scheidungsquoten, Geburtenziffern und Anteil der unehelichen Geburten in Europa 2000*

mit durchschnittlich 3,3 Personen auf 148 Mio. mit 2,4 Personen 1995 in der EU-15. Aus diesen Änderungen von Haushaltsgrößen und -formen und deren neuer Instabilität ergeben sich grundsätzliche Änderungen für den Wohnungsmarkt und die Wohnungspolitik. Vor allem in den großen Metropolen hat sich die traditionelle Wohnungspolitik bereits als überholt erwiesen. Nicht mehr familienfreundliche Wohnungen, sondern gut ausgestattete Garçonnieren sind gefragt.

Europäische Regionen der Lebensstile

Rückblickend gesehen, hat das demographische Regime der Kernfamilie nur eine relativ kurze Periode bestimmt. Bereits die Angehörigen der Babyboom-Generation nach dem Zweiten Weltkrieg haben sich von diesem Leitbild distanziert. Indikatoren für die Differenzierung der demographischen Lebensstile sind die Eheschließungs-, Scheidungs- und Geburtenziffern, der Anteil der unehelichen Geburten und die weibliche Erwerbsquote. Tabelle 5.1 belegt eindrucksvoll die Unterschiede des demographischen Lebensstils in den Großregionen Europas, die auch weiterhin die Sozialpolitik beeinflussen werden. Europäische Lösungen sind dabei noch weniger in Sicht als beim Komplex der Pensionsversicherung.

Eine Sonderstellung besitzt das schwedische demographische Modell. Es weist eine sehr niedrige Heiratsquote, verbunden mit einer hohen Scheidungsquote, auf. Zwei Drittel der jungen Ehen werden wieder geschieden. Extrem hoch ist die Rate der unehelichen Geburten mit 55,3 %. Schweden hat als erster europäischer Staat das Problem der allein erziehenden Mütter in einer postindustriellen Gesellschaft mit umfangreichen Sozialmaßnahmen zu lösen versucht. Auch von Frankreich wurden schon früh zwei Maßnahmenpakete verabschiedet.

Von den westeuropäischen Staaten weist Großbritannien, welches hinsichtlich der Scheidungsquoten gemeinsam mit Belgien an erster Stelle steht, eine ähnliche Struktur des demographischen Lebensstils wie Schweden auf. Insgesamt fallen alle westeuropäischen Staaten ähnlich den nordeuropäischen Ländern durch ihre wesentlich höheren Geburtenziffern auf.

Der deutsche Sprachraum und die Beneluxstaaten gruppieren sich zu einer Großregion des demographischen Regimes mit einer mäßigen Heirats- und Scheidungsquote ebenso wie einer mäßigen weiblichen Erwerbsquote bei insgesamt niedrigen Geburtenziffern. In Hinblick auf den Anteil der unehelichen Geburten fällt Österreich mit der zum Teil tradiert hohen Quote in den alpinen Bundesländern aus der Reihe. Gerade diese Übergangssituation des demographischen Regimes erschwert es jedoch dem Gesetzgeber, in einer Rückbauphase der Sozialpolitik entsprechende Entscheidungen zu treffen.

Anders ist die demographische Situation in den südeuropäischen Staaten. Hier wurde die innereheliche Gebürtigkeit im vergangenen Jahrzehnt überall drastisch reduziert; mit 9,4 Promille hält Italien derzeit den Tiefstrekord in der EU-15.

Gleichzeitig ist jedoch die weibliche Erwerbsquote nicht nach oben geschnellt, und ebenso ist die Zahl der Scheidungen bisher erstaunlich niedrig geblieben. Es fehlen somit die quantitativen Voraussetzungen für eine Sozialpolitik für allein erziehende Frauen.

Blenden wir in die EU-Erweiterungsstaaten hinüber, so ergeben sich klare räumliche Gruppierungen. Die baltischen Staaten weisen durchweg hohe Scheidungs- und niedrige Eheschließungsquoten auf, welche jene der nordeuropäischen Staaten noch über- bzw. unterbieten. Die Geburtenziffer ist in Lettland mit 8,5 Promille die niedrigste in der EU. Hoch ist die Zahl der unehelichen Geburten. Der postindustrielle Lebensstil hat voll Einzug gehalten. Anders sieht es bisher in Polen, der Slowakei und Slowenien aus. Die Scheidungsraten und die Zahl der unehelichen Geburten sind mit Ausnahme von Slowenien niedrig; Tschechen und Ungarn haben hingegen den postindustriellen Lebensstil bereits voll akzeptiert. Mit ihren extrem niedrigen Geburtenziffern unterbieten die EU-Erweiterungsstaaten bereits Südeuropa.

Die Globalisierung der Migration

Einleitung

Die Globalisierung der Ökonomie hat eine Globalisierung der Migration im Gefolge. In Europa war die Gastarbeiterwanderung die erste Etappe in einem Wanderungsprozess, dem aufgrund des nach wie vor bestehenden Bedarfs an spezifischen Billigarbeitskräften inzwischen eine neue Zuwanderung gefolgt ist. Sie besteht aus einer bisher nur relativ mäßigen Ost-West-Wanderung innerhalb Europas, deren potentielle Ausmaße unmittelbar nach der politischen Wende weit überschätzt wurden, und aus einer interkontinentalen Zuwanderung aus Asien, Afrika und Lateinamerika.

Die Gastarbeiterwanderung

Im Zuge des genannten dreiteiligen Wanderungsprozesses von Ausländern haben sich die Herkunftsräume verändert, wobei allerdings bereits bei der Gastarbeiterwanderung zwischen den beiden wichtigsten Aufnahmeländern auf dem Kontinent, Frankreich und Deutschland, gravierende Unterschiede bestanden. Frankreich hat sich nämlich stets als Einwanderungsland gegenüber Ausländern deklariert, während Deutschland bis heute keine „echte" Einwanderungspolitik betreibt.

Nun nimmt Frankreich in der europäischen Bevölkerungsentwicklung eine Sonderstellung ein. Als einziger Staat hat es im 19. Jahrhundert die so genannte „Bevölkerungsschere der Industrialisierung" nicht mitgemacht und bereits damals mit einer Reduzierung der Kinderzahl begonnen. Frankreich war bereits vor dem Ersten Weltkrieg ein Einwanderungsland, blieb es in der Zwischenkriegszeit und setzte diese Tradition unmittelbar nach dem Ende des Zweiten Weltkriegs fort. Anders war die Situation in Deutschland, welches mehr als 8 Mio. vertriebene „Volksdeutsche" und bis zum Mauerbau 3 Mio. Ostdeutsche aufzunehmen hatte.

In kurzer Zeit sind festgefahrene Wanderungsschneisen entstanden, von denen die Abbildung 5.7 eine Vorstellung vermittelt. Die Rekrutierungsgebiete von Frankreich und Deutschland sonderten sich zu drei Viertel der Gastarbeiterzahlen voneinander. Das Einzugsgebiet von Frankreich erstreckte sich nach Südosteuropa und Nordafrika, jenes von Deutschland nach Südosteuropa und bis zur Türkei.

Im Jahr 1982 betrug die Zahl der Ausländer in Westeuropa 14,7 Mio., davon lebten 4,7 Mio. in der Bundesrepublik, 4,7 Mio. in Frankreich, 2,1 Mio. in Großbritannien und etwas mehr als 900.000 in der Schweiz. Der Ausländeranteil in der Schweiz betrug damals 14,7 % und wurde nur von dem in Luxemburg mit 26,4 % übertroffen (Fassmann und Münz 1994, Tab. 1, S. 6).

Die Besonderheit der kontinentaleuropäischen Gastarbeiterwanderung bestand in der Aufspaltung der Wohnstandorte. Gastarbeiter „leben in zwei Gesellschaften" (Lichtenberger 1984). Sie gehören zu den „unterschichtenden Ethnien" in den Aufnahmeländern und bilden gleichzeitig ein überschichtendes soziales Stratum in ihren Herkunftsgebieten. Die schlossartigen Wohnhäuser von portugiesischen Gastarbeitern (Abb. 5.9), welche in Frankreich arbeiten, sind hierfür ein Beleg. Es gibt Ähnliches in Süditalien, und allein im ehemaligen Jugoslawien wurden mehr als 1 Mio. Häuser gebaut, von denen ein Gutteil im Bürgerkrieg zerstört worden ist. Dalmatinische Gastarbeiter haben darüber hinaus auf den Friedhöfen ihrer Heimatorte aus ihren in Deutschland oder Österreich zurückgelegten Ersparnissen eindrucksvolle Marmorgrüfte errichtet (Abb. 5.12).

Inzwischen ist durch die EU-Erweiterung eine zweite Wohlstandskante längs der neuen Außengrenze der EU-25 entstanden. In gesteigerter Form wiederholt sich der Kapitaltransfer über die Außengrenzen der EU hinweg in die Nachbarstaaten, besonders in die Ukraine und auch hier wieder in den südlichen Abschnitt, der als Ostgalizien vor 1918 ein Teil der Donaumonarchie gewesen ist. Die schlossartigen Bauten portugiesischer Gastarbeiter in Frankreich werden damit durch die weit aufwendiger gebauten Häuser der Gastarbeiter aus der Ukraine in den Schatten gestellt (Abb. 5.10).

An der neuen Außengrenze der EU kommt es zu erstaunlichen Overspill-Effekten rings um die alten städtischen Zentren von einem Einfamilienhausboom, der weiter im Westen bereits abgeklungen ist. Hier gilt erneut das Rezept der 1960er Jahre „*do it with your neighbour*". Das Phänomen des „Lebens in zwei Gesellschaften" hat mit der EU-Erweiterung eine neue Peripherie im Osten erreicht.

Die Ost-West-Wanderung

Die Ost-West-Wanderung in Europa war nicht erst ein Produkt der 60er Jahre des 20. Jahrhunderts, sondern reicht bis ins 19. Jahrhundert zurück. Sie begann mit dem Bahnbau und mit der Industrialisierung und erfolgte bis zur Errichtung des Eisernen Vorhangs in mehreren Wellen. Aber selbst der Eiserne Vorhang wurde anlässlich des Ungarischen Aufstandes 1956 und des Prager Frühlings 1968 kurz „hochgehoben". Die Beseitigung der Demarkationslinie, der Zusammenbruch der kommunistischen Systeme und der beginnende Konflikt im ehemaligen Jugoslawien brachten der EU und besonders den Anrainerstaaten Deutschland und Österreich eine massenhafte Zuwanderung. Anfang der 1990er Jahre erreichte die jährliche Zuwanderung nach Deutschland die Millionengrenze, jene nach Österreich die Einhunderttausendmarke. Durch gesetzliche Änderungen der Asyl- und Fremdengesetze konnte diese Massenmigration jedoch sehr rasch abgestoppt werden. Die Furcht vor einer neuen Massenzuwanderung blieb und führte zu langen Verhandlungen über die Übergangsregelungen im Bereich der Niederlassungsfreiheit mit den EU-Erweiterungsstaaten (Abb. 5.8). Umgekehrt ging es darum, deren Furcht vor dem Ausverkauf von Grund und Boden durch EU-Bürger zu beseitigen. Die endgültige Öffnung der Arbeitsmärkte wurde jedenfalls auf 2011 verschoben. Zu diesem Zeitpunkt ist eine massenhafte Ost-West-Wanderung aufgrund stark sinkender Geburtenzahlen in den EU-Erweiterungsstaaten schon unwahrscheinlich, dabei wäre sie dann als Ergänzung des schrumpfenden Arbeitskräfteangebots in der EU-15 willkommen (Fassmann 2004).

Im Schatten der Verhandlungen über die EU-Erweiterungen hat die Migration jedoch längst ein

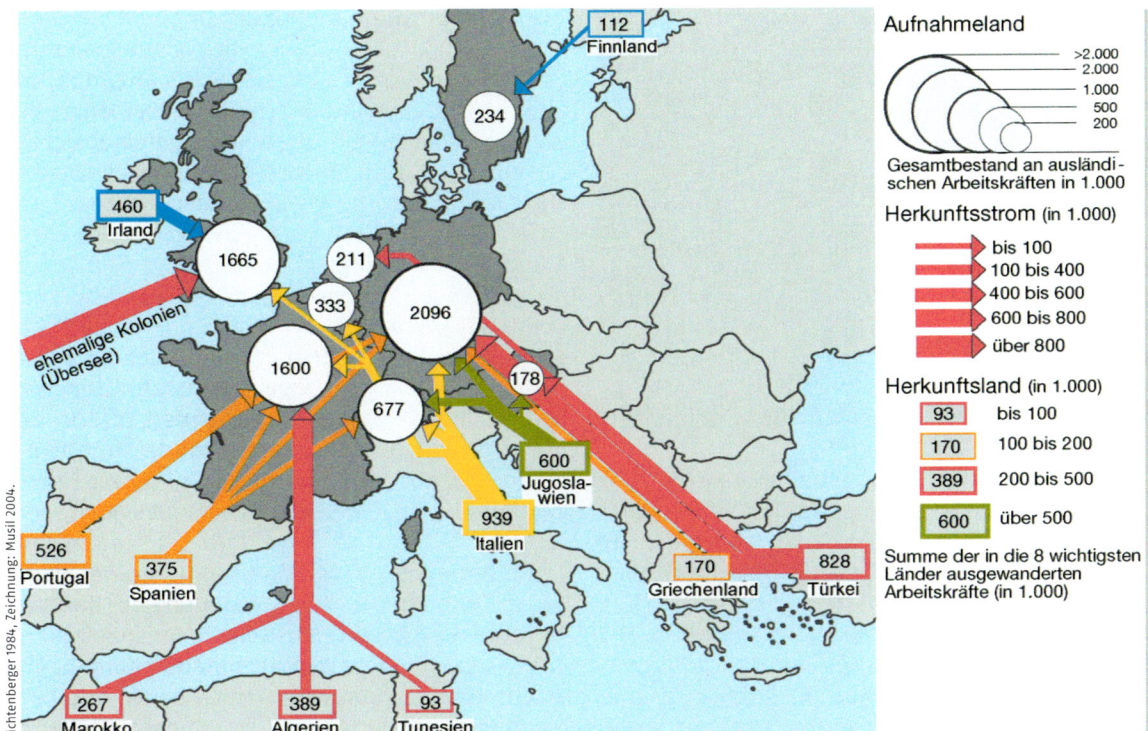

Abb. 5.7: *Gastarbeiterwanderung in Europa 1981.*

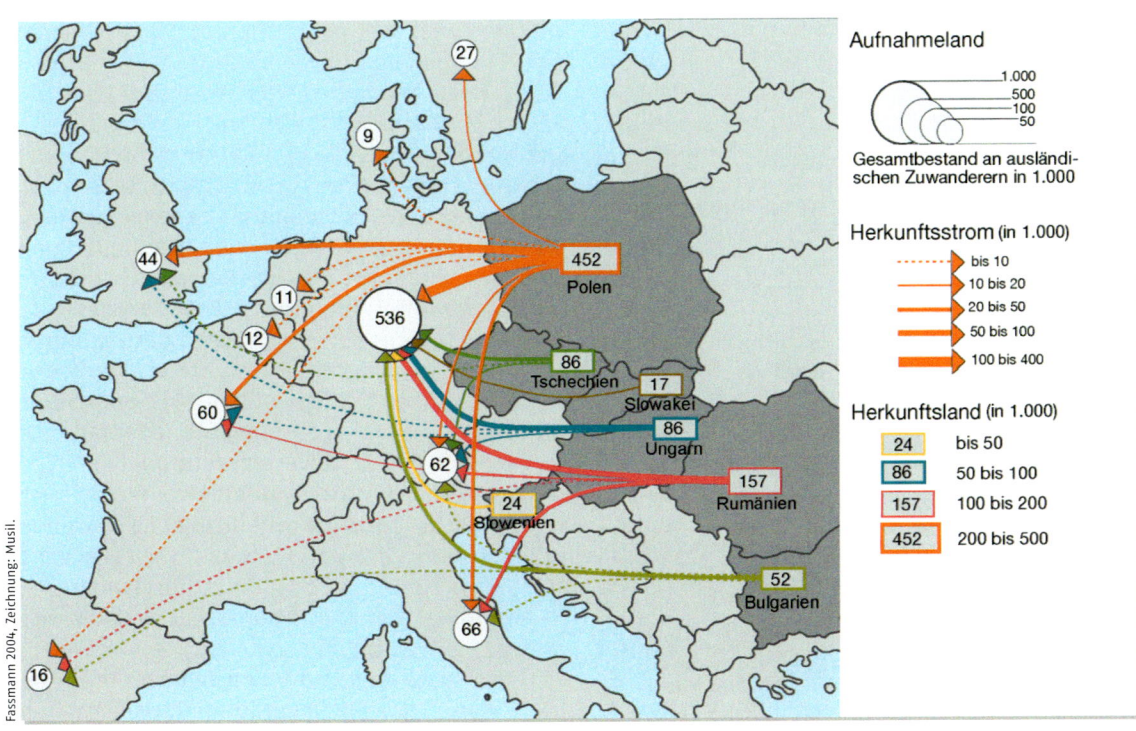

Abb. 5.8: *Die Zuwanderung aus den EU–Erweiterungsstaaten 2000.*

Abb. 5.9: *Portugiesisches Gastarbeiterhaus nördlich von Lissabon.*

Abb. 5.10: *Neubau von Gastarbeitervillen in der Karpato-Ukraine.*

multikulturelles Profil erhalten. Dieser Prozess begann bereits mit der Zuwanderung von Bürgern der Maghrebstaaten nach Frankreich und setzte sich etwas später mit der Zuwanderung der Türken fort. Zum Unterschied von den nordafrikanischen Zuwanderern sind jedoch die Türken im Rahmen einer Ost-West-Wanderung über den Kontinent hin mit Zwischenstationen in Österreich und Deutschland bis in die Beneluxstaaten, nach Frankreich und selbst in einzelne nordeuropäische Staaten gelangt. Geht man die Einbürgerungslisten des Jahres 2000 durch, so fehlen sie weitgehend in allen südeuropäischen Staaten und in Nordeuropa in Norwegen und Finnland, ebenso in den EU-Erweiterungsstaaten.

Die interkontinentale Migration

Die interkontinentale Migration in die EU hat im Laufe der 1990er Jahre in aller Stille zu einer starken Zunahme der Einbürgerungen geführt, wobei die einzelnen Staaten jedoch eine unterschiedliche Einbürgerungspolitik praktizieren, auf die hier nicht näher eingegangen werden kann. Von entscheidender Bedeutung ist jedenfalls die Zunahme der Einbürgerungen seit dem Fall des Eisernen Vorhangs. Betrug die Zahl der Einbürgerungen zu Beginn der 1990er Jahre jährlich rund 200.000 Personen, so ist sie bis zum Jahr 2000 auf mehr als 600.000 angestiegen und hat sich im Jahr 2002 erneut verdoppelt. Ein weiteres Ansteigen der Einbürgerungen ist zu erwarten, womit „Ausländer" „nationalisiert" und damit „statistisch eliminiert" werden.

Die Daten der Einbürgerungen in die EU-Staaten im Jahr 2000 belegen die interkontinentale Zuwanderung in die EU eindrucksvoll. Die Zahlen der Neubürger aus Asien und Afrika, aus Lateinamerika und der Türkei übertreffen jeweils bereits die Gesamtzahl der aus anderen EU-Staaten stammenden Neubürger (Abb. 5.11). Deutschland ist das Einbürgerungsland par excellence. Die Gesamtzahl von Einbürgerungen im Jahr der Jahrtausendwende entspricht mit 186.000 der Gesamtzahl der Fälle in Großbritannien und Frankreich. In den beiden letztgenannten Staaten dominieren Neubürger aus den ehemaligen Kolonien, in Großbritannien aus Indien, Pakistan, Bangladesch, Kenia, Jamaika, Südafrika und Australien; in Frankreich aus Algerien, Marokko, Tunesien und Vietnam. In Deutschland ist die Türkei das mit Abstand wichtigste Herkunftsland. Ferner sind Neubürger aus dem Vorderen Orient wichtig; der Iran, der Irak, Syrien, der Libanon und Afghanistan sind überproportional vertreten.

Ausländische „Ghostbevölkerung" und Asylbewerber

Im Schatten der interkontinentalen Migration sind zwei politisch äußerst brisante Probleme ungelöst: Erstens drängt eine steigende Zahl von illegalen Zuwanderern auf einen „schwarzen" und „grau-

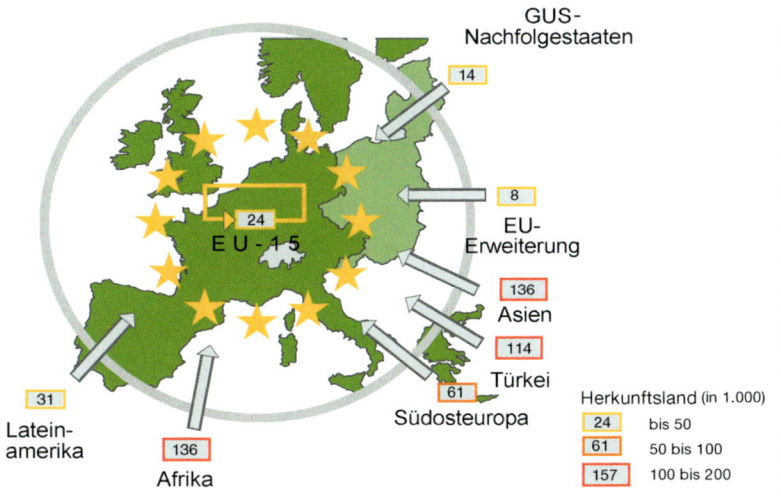

en" Arbeitsmarkt. Die Schätzungen über diese ausländische Ghostbevölkerung reichen von 4 Mio. bis zu 8 Mio. Sie gelangen als „boat people" über die spanische und italienische Küste oder als Frachtgut von LKWs über die Türkei und die Ukraine nach Europa. Nationalstaatliche Lösungen mit schubweiser Regularisierung herrschen vor.

Zweitens haben politische Konflikte in Südosteuropa, im Vorderen und Mittleren Orient und in Afrika in den letzten beiden Jahrzehnten rund 6 Mio. Asylbewerber nach Europa gebracht. Während in den 90er Jahren Deutschland das Hauptziel bildete, ist im 21. Jahrhundert Großbritannien mit fast 100.000 Asylbewerbern im Jahr, gefolgt von Frankreich, an die Spitze gerückt. In jüngster Zeit ist ferner die Zahl der Asylbewerber in den Erweiterungsstaaten angestiegen, in den EU–15-Staaten jedoch gefallen. Eine einheitliche Durchführung der Asylverfahren in der EU ist im Werden.

Fazit

Die Einbindung von massenhaft zuströmenden Ethnien wird zum Prüfstein europäischer Demokratien werden. Erschwert wird diese „Prüfung" dadurch, dass sich die neue internationale Migration zu einem Zeitpunkt vollzieht, zu dem sich aufgrund der neoliberalen Tendenz der EU-Staaten die Gesellschaftspolitik von der Wirtschaftspolitik abgekoppelt hat, ein Rückbau des umfangreichen sozialen Schutzschildes in Sicht ist und sich die Bürger der sozialen Wohlfahrtsstaaten mit Sorge fragen, ob sie die knapper werdenden öffentlichen Güter und Dienste mit immer mehr ausländischen Zuwanderern teilen müssen. Die Ausländerfeindlichkeit hat in dieser Sorge eine wesentliche Wurzel und ist in allen europäischen Staaten zu finden. Diese Sorge hat im vergangenen Jahrzehnt durch die zunehmende Einwanderung von Personen aus dem islamischen Kulturbereich und auch aus China eine weitere entscheidende Akzentuierung erfahren. Es ist noch nicht geklärt, ob Immigranten aus völlig anderen Kulturräumen sich

in die Normen und Verhaltensweisen der europäischen Gesellschaften einzupassen bereit und fähig sind. Eine europäische Einwanderungspolitik ebenso wie eine Integrationspolitik fehlen. Von Staat zu Staat bestehen Unterschiede in den Aufnahmekriterien. Allerdings ist Immigration keineswegs ein flächenhaftes Problem, sondern in erster Linie ein Problem der Kernstädte der Euro-Metropolen, wobei sich insgesamt ein „Comeback" der Geschichte abzeichnet, d.h., die einstigen Kolonialmächte wie Frankreich und Großbritannien erhalten in höherem Maße Zuwanderer aus den ehemaligen Kolonien und der größte in der Mitte der EU gelegene Staat, Deutschland, weist das mit Abstand breiteste und zahlenmäßig umfangreichste Spektrum an Migranten auf.

Abb. 5.11: *Interkontinentale Einbürgerungen in die EU–15 2000.*

Abb. 5.12: *Lovric, Mitteldalmatien, riesige, noch leere Friedhofsgrüfte von Gastarbeitern.*

Der soziale Wohlfahrtsstaat

Einleitung

Der soziale Wohlfahrtsstaat ist in seiner heutigen Form ein Produkt der zweiten Hälfte des 20. Jahrhunderts, als Europa seine globale Position nach dem Zweiten Weltkrieg verloren hatte und – gleichsam auf sich selbst zurückgeworfen – in einer Welt der Zerstörung und des Mangels die Lebensgrundlagen seiner Bevölkerung wieder herstellen musste. In der Zeit der Wirtschaftswunder, nicht nur in Deutschland, sondern in allen europäischen Staaten, erhielt die soziale Frage eine staatliche Heimstatt, wurde „sozial" zum Grundbekenntnis der Gesellschaft und der Politik. Der Ausbau des sozialen Wohlfahrtsstaates begann in großem Stil und erreichte in einzelnen Staaten alle Bereiche des Lebens des einzelnen Bürgers. Das „soziale Denken" erfasste gleichermaßen Gesellschaft und Wirtschaft. In den 1990er Jahren setzte der Rückbau ein, die gesellschaftlichen Strukturen hatten sich geändert, die Finanzierung der sozialen Sicherheit war nicht mehr gesichert. Die Krise des sozialen Wohlfahrtsstaates wurde zum Schlagwort, das die Medien füllte und zur wissenschaftlichen Analyse herausforderte. Hierzu sei mit einer These eröffnet:

Der Um- und Rückbau der Sozialpolitik wird die globale Sonderstellung der sozialen Wohlfahrtsstaaten in Europa nicht beseitigen können. Grundsätzlich geht es bei diesem Rückbau in den meisten europäischen Wohlfahrtsstaaten um mehr als um die Sozialpolitik im engeren Sinn, wie etwa die Finanzierung des Pensionssystems und der Sozialfürsorge. Es geht um den bisherigen „sozialen" Dienstleistungssektor der Staaten, die Bildungseinrichtungen von den Grundschulen bis zu den Universitäten, das Gesundheitswesen, den subventionierten öffentlichen Verkehr, die subventionierte Landwirtschaft, den sozialen Wohnungsbau, das „soziale Grün" und die sozialen Freizeiteinrichtungen. Es geht um die Regionalpolitik für Zentrale Orte und entwicklungsschwache Gebiete. Sozialpolitik wird auch in mittelfristiger Zukunft keine Stand-alone-Politik sein können, sondern Teil einer integrierten Gesellschafts-, Regional-

und Kommunalpolitik bleiben, bei der spezifische nationale Lösungen für das Problem des Rückbaus gefunden werden müssen, unabhängig davon, in welchem Tempo von der Europäischen Kommission eine europäische Sozialunion mit Mindeststandards der Arbeitsmarktpolitik aufgebaut werden kann.

Die Regime der Sozialpolitik in den EU-Staaten

Sozialpolitik ist bisher eine nationale Angelegenheit geblieben. Das außerordentlich komplexe, institutionell vernetzte System der „sozialen Wohlfahrt", in welchem keine Kontroll- und Steuerungsmechanismen für die demographischen Veränderungen vorgesehen sind, unterscheidet sich von Staat zu Staat hinsichtlich der Regelungstiefe und -breite.

Es wurden zahlreiche Klassifikationssysteme und Typologien generiert, um diese Komplexität der sozialen Wohlfahrtsstaaten zu erfassen. Sie gehen von der Intervention des Staates in die Marktmechanismen aus (Titmuss 1974), definieren die Abhängigkeit oder Unabhängigkeit der Sozialpolitik von der Wirtschaftspolitik (Mishra 1984) und fügen das Kriterium der Vollbeschäftigung ein (Therborn 1987). Leibfried (1992) hat in seinem Artikel „Towards a European Welfare State?" vier Regime der Sozialpolitik in der EU unterschieden. Fassmann und Meusburger gelangten 1997 aufgrund von Kriterien der Arbeitsmarkt-, Sozial- und Regionalpolitik zu einer ähnlichen Gliederung und fügten die Transformationsstaaten als fünfte Gruppe an, welche inzwischen im Zuge der fünften EU-Erweiterung in die EU integriert worden sind. In der Tabelle 5.2, welche die Staatsausgaben und Sozialquoten der sozialen Wohlfahrtsstaaten für das Jahr 2001 angibt, wird eine modifizierte Gliederung vorgenommen.

Die sozialen Regime der Wohlfahrtsstaaten der EU sind mit verschiedenen Zielsetzungen ausgestattet und verfügen über unterschiedliche Interventionsstrategien.

1. **Die egalitären Wohlfahrtsstaaten Skandinaviens** haben ihre Sozialpolitik auf das Ziel des Rechts auf Arbeit für jedermann zentriert und subventionieren den Eintritt in den und Nichtaustritt aus dem Arbeitsmarkt. Alle Bürger besitzen dieselben „Sozialrechte". Die Gleichbehandlung von Frauen ist ein wesentliches Ziel der egalitären Sozialpolitik. Eine breite Palette von Einrichtungen der sozialen und technischen Infrastruktur ist allgemein zugänglich. Nur die Arbeitslosenversicherung beruht auf Freiwilligkeit.

2. **Die institutionellen Wohlfahrtsstaaten** Zentraleuropas – Deutschland, Österreich und die Schweiz –, zu denen aufgrund des Systems der Sozialversicherung auch Frankreich und Belgien zu rechnen sind, folgen paternalistisch-korporatistischen Prinzipien. Die Sozialpolitik verfügt über eine staatliche Organisation mit Hoheitscharakter. Die staatliche Sozialgesetzgebung ist zwingendes Recht. Die soziale Sicherheit dient nicht allein den Arbeitnehmern, sondern externe Effekte machen sie zu einem öffentlichen Gut. Erfolgreiche Armutsbekämpfung erhöht auch die Lebensqualität der Wohlhabenden, indem sie – so meint man – die Kriminalität eindämmt.

Weitere Tätigkeitsfelder sind der Sozialpolitik zugewachsen: die Altersversorgung der Selbständigen, die Familienpolitik, der Konsumentenschutz, die Behindertenhilfe, Teilaspekte der Bildungspolitik, des Wohnungswesens und der Vermögensbildung. Auch in diesen Fällen impliziert Sozialpolitik eine Korrektur der Einkommensverteilung gegenüber dem Ergebnis marktwirtschaftlicher Prozesse.

3. Als **Wohlfahrtsstaat im Rückbau** kann Großbritannien bezeichnet werden. Seine Struktur folgte dem Beveridge-System mit niedrig angesetzten Benefizien, so dass ein Anreiz für Besserverdienende bestand, Privatversicherungen abzuschließen. Seit der neokonservativen Thatcher-Regierung wurde die Relation zwischen Staat und Markt im Hinblick auf das Aufgabenspektrum der Sozialpolitik zugunsten des Marktes verschoben. Als Hauptunterschiede gegenüber den USA verdienen Hervorhebung: die Mietbeihilfen für alle Arbeitslosen und Haushalte mit niedrigem Einkommen, die Arbeitslosenunterstützung und die Kinderbeihilfen sowie die Beibehaltung eines öffentlichen Gesundheitswesens. Festzuhalten ist, dass 18 Jahre konservativer Regierung wohl die Stilllegung und Privatisierung von Bahnen, die Schließung und Privatisierung staatlicher Industriebetriebe und eine umfassende Privatisierung des Council Housing gebracht, das eigentliche Sozialpaket jedoch nur mäßig verkleinert haben.

Staat	Staatsausgaben 2001 % BNP	Sozialquoten 2001 % BNP
1. Egalitäre Wohlfahrtsstaaten		
Schweden	57,2	31,3
Dänemark	54,3	29,5
Finnland	49,2	25,8
2. Institutionelle Wohlfahrtsstaaten		
Frankreich	52,6	30,0
Belgien	49,5	27,5
Österreich	51,7	28,4
Deutschland	48,3	29,8
Niederlande	46,6	27,6
3. Liberale Wohlfahrtsstaaten im Rückbau		
Großbritannien	40,4	27,2
Irland	33,9	14,6
4. Unvollständige Wohlfahrtsstaaten im Rückbau		
Italien	48,7	25,6
Spanien	39,6	20,1
Portugal	46,2	23,9
Griechenland	47,8	27,2
5. EU-Erweiterung		
Estland	45,8	14,4 (2000)
Litauen	35,7	15,8 (2000)
Lettland	42,4	17,8 (2000)
Polen	44,8	30,7 (2000)
Slowakei	51,5	25,6
Slowenien	64,6 (2000)	19,1
Tschechische Republik	50,6	19,6 (2000)
Ungarn	48,5	19,9
Bulgarien	40,1 (2000)	31,2 (2000)
Rumänien	35,2 (2000)	13,9 (2000)
EU-15	**47,2**	**27,5**
Eurozone	**48,2**	**27,3**
USA	*33,5*	*–*

Tab. 5.2 *Staatsausgaben und Sozialquoten in der EU 2001*

Quellen: *Eurostat (2003): Statistic in focus. Theme 3 – 3/2003. Population and Social Conditions, S. 2.*
GVG (2003): Country Reports EU-Erweiterungsstaaten.
EU-Kommission, Eurostat, OECD, WKO.

4. **Die unfertigen Wohlfahrtsstaaten** Südeuropas, darunter Spanien, Portugal und Griechenland, mit einer ausgeprägten karitativen Tradition und noch funktionierenden sozialen Netzwerken auf der Basis der Familie sind in ihren Verfassungen als soziale Wohlfahrtsstaaten konstituiert, doch ist die institutionelle und instrumentelle Implementierung der Sozialprogramme teilweise erst im Aufbau. Allerdings haben sie im letzten Jahrfünft des 20. Jahrhunderts aufgeholt.

Verwendet man ein **gedankliches Entwicklungsmodell der Sozialstaatlichkeit**, so befinden sich die genannten Idealtypen der sozialen Wohlfahrtsstaaten einerseits noch in der Take-off-Phase der Entwicklung, wie etwa die südeuropäischen Staaten, während andererseits Großbritannien in die Phase des Rückbaus eingetreten ist.

Die egalitären Wohlfahrtsstaaten haben ebenfalls den Höhepunkt erreicht, der Umverteilungsgrad des BIP kann kaum mehr gesteigert werden, die interne Umverteilung ist in eine Reformphase eingetreten. Die Sozialquoten werden zurückgebaut.

Auch in den institutionellen Wohlfahrtsstaaten ist der Um- und Rückbau des Sozialstaates in die erste Phase eingetreten. Die sich verstärkende Tendenz zur Privatisierung richtet sich gegen die tief verwurzelte öffentliche Überzeugung, dass ein ausgedehntes Wohlfahrtssystem wünschenswert sei.

Es geht daher um eine Strategie der Ermutigung für den einzelnen Bürger, persönliche Renten aufzubauen und gleichzeitig die Mindestauszahlungen des Staates zu begrenzen. Die Taktik der kleinen Schritte kennzeichnet auch die Reformen im Gesundheitswesen, darunter eine stärkere Selbstbeteiligung und Zunahme der Privatbehandlung. Dem stehen die neue Pflegeversicherung in Deutschland, Österreich, Skandinavien und Belgien sowie zusätzliche Urlaubsansprüche für Beschäftigte, für Ausbildungsmaßnahmen oder Kinderbetreuung usw. entgegen. Es ist sehr schwierig, aus der geschaffenen obrigkeitlichen Struktur einen Weg der Delegierung der Sozialpolitik zurück zur Eigenvorsorge und auf die lokale Ebene zu finden.

Eine Sonderstellung nehmen gegenwärtig die Niederlande ein, in denen die gesamte Sozialpolitik auf die Grundschichten und die unteren Mittelschichten zurückgefahren wurde, während die Besserverdienenden einerseits auf Betriebspensionen angewiesen sind und sich andererseits mittels Privatversicherungen für das dritte Lebensalter absichern müssen. Dasselbe gilt für das Gesundheitssystem. Schwierig ist begreiflicherweise die Lage der mittleren Einkommensbezieher mit rund 28.000 Euro Jahresbezug netto, die sich nunmehr mit Privatversicherungen arrangieren müssen. Die Niederlande sind ferner mit einem Teilzeitanteil von 42,4 % der Spitzenreiter in der EU hinsichtlich der Flexibilisierung des Arbeitsprozesses, wobei dem einzelnen Bürger auch die Akkumulation von Teilzeitverträgen möglich ist.

Nun weisen die Niederlande durch die Kombination einer sehr alten Tradition der Stadt- und Regionalplanung, welche reglementierend eingreift und egalitären Prinzipien folgt, mit einem hoch entwickelten öffentlichen Verkehrssystem, technischer und sozialer Infrastruktur sowie andererseits den Wirtschaftsinteressen von nationalen Großkonzernen, wie Philips, bisher relativ günstig scheinende Voraussetzungen dafür auf, dass derart drastische Umstrukturierungen des Arbeitsmarktes, wie sie derzeit stattfinden, nicht zur Exklusion breiter Bevölkerungskreise führen. Das niederländische Arbeitsmarktmodell ist daher nur mit Einschränkungen auf andere Kleinstaaten übertragbar.

Italien besitzt eine Übergangsposition zu den institutionellen Wohlfahrtsstaaten dadurch, dass den Pensionen und Renten außer der Funktion der sozialen Sicherheit auch eine Funktion für die ökonomische Entwicklungs- und die Arbeitsmarktpolitik zugeschrieben wird. Im Schul- und Gesundheitswesen konnte die traditionelle Klassengesellschaft noch nicht beseitigt werden.

5. **Die postsozialistischen Staaten** sind dabei, die Leitbilder für das Sozialsystem und die Sozialpolitik mehr oder minder komplett umzubauen. Ungarn und Polen haben unter dem Druck der Weltbank im Kontext einer neoliberalen Wirtschaftspolitik eine Steigerung der individuellen Eigenverantwortung mit parlamentarischen Mehrheiten beschlossen. 1998 wurde in Ungarn, 1999 in Polen ein Zweisäulenmodell der Alterssicherung mit einem Mix von Umlageverfahren für die Älteren und einem Kapitaldeckungsverfahren für die Neueintretenden auf dem Arbeitsmarkt als Gesetz eingeführt. Chile und Argentinien dienten hierbei als

Vorbilder. Andere postsozialistische Staaten werden folgen. Bereits jetzt werden 9% der Löhne in Polen und 6% in Ungarn an private Pensionsfonds abgeführt. Eine Sicherung von 50% des letzten Arbeitseinkommens wird angestrebt (in den USA derzeit 40%). Im gleichen neoliberalen Kontext liegen der Rückbau der sozialen Leistungen für Familien und Kinderbetreuung. Welche Modelle der EU-15-Staaten auf Dauer von den einzelnen Staaten übernommen werden, ist derzeit noch nicht abzusehen, ganz abgesehen davon, dass die statistischen Angaben der EU, der UNO und der Weltbank vor allem bei Polen stark divergieren.

Finanzierung und Sparten der Sozialleistungen

Es bestehen große Unterschiede bezüglich der Finanzierung der Sozialleistungen. Im Jahr 2000 stammten in den EU-Staaten 35,5% aus dem Steueraufkommen und 60,7% aus den Sozialversicherungsbeiträgen; der Rest von 3,8% kam aus anderen Quellen. Hierbei hoben sich die egalitären Wohlfahrtsstaaten mit einem überdurchschnittlichen Beitrag aus dem Steueraufkommen deutlich heraus, allen voran Dänemark mit einem Anteil von 81,7% an staatlichen Zuweisungen, gefolgt von Norwegen (außerhalb der EU) mit 58,8%. Dagegen hatte unter den institutionellen Wohlfahrtsstaaten Frankreich nur 17,6% aus öffentlichen Mitteln bereitgestellt und auf der anderen Seite den Arbeitgeberanteil auf 45,9% gegenüber einem EU-Durchschnitt von 38,3% angehoben. Das beschriebene niederländische Modell sticht durch den höchsten Arbeitnehmeranteil von 28,8% gegenüber dem EU-Mittel von 22,4% heraus. An das deutsche Finanzierungsmodell mit 65,2% Sozialversicherungsbeiträgen haben sich die EU-Erweiterungsländer Slowakei (67,1%) und Slowenien (66,3%) angeschlossen.

Auch bezüglich der Aufteilung der Sozialausgaben der einzelnen Staaten in Hinblick auf die Sparten der Sozialleistungen, den Anteil von Renten und Pensionen, des Gesundheitswesens, der Familien, der Arbeitslosen- und Sozialfürsorge im engeren Sinn einschließlich Wohnungen, bestehen große Unterschiede. Im EU-Mittel stehen die Renten und Pensionen an erster Stelle mit 46,4%, gefolgt vom Gesundheitswesen mit 27,3%, während Familien und Kinder mit 8,2%, Invalidität mit 8,1%, die Arbeitslosigkeit mit 6,3% und die Sozialfürsorge mit 3,7% zu Buche stehen.

Pensionspolitik

Der beschriebene Alterungsprozess der europäischen Gesellschaft konte in den Babyboom-Jahren nach dem Zweiten Weltkrieg nicht vorhergesehen werden, als Wirtschaftswachstum und Ausbau des sozialen Wohlfahrtsstaates Zug um Zug die Anteile der Sozialausgaben an den Staatsbudgets − und darunter auch für die Pensionen − erhöhten.

Das Wachstum der Wirtschaft brachte aufgrund der steigenden Arbeitsproduktivität eine beachtliche Reduzierung der Tages-, Wochen-, Jahres- und Lebensarbeitszeit. Besonders die Verkürzung der Lebensarbeitszeit erschien als großer Fortschritt. Darüber hinaus gestattete die weiterhin steigende Arbeitsproduktivität seit den 1980er Jahren, das Instrument der Frühverrentung zur Bewältigung der Arbeitsmarktprobleme einzusetzen. Beides zusammen bewirkte eine weitere, über den demographischen Alterungsprozess hinausgehende Zunahme des aus dem Erwerbsleben ausscheidenden Bevölkerungsanteils.

Es wurde eine Hypothek auf die Zukunft aufgenommen und gleichzeitig das Ende des Ausbaus des sozialen Wohlfahrtsstaates eingeleitet. Die von Politikern und Medien verkündete Botschaft, dass das Umlageverfahren, welches in den meisten europäischen Staaten das System der Pensionsversicherung trägt, zu Beginn des 21. Jahrhunderts in große Schwierigkeiten kommen werde, hat die Bürger verunsichert und eine weitere Welle von Frühpensionierungen ausgelöst. In West- und Nordeuropa ist ein Rück- und Umbau des Sozialstaates in Gang gekommen, der die Rentenpolitik betrifft, aber auch „Mitnahmeeffekte" auf andere Sozialpakete aufweist. Eine Vielfalt von Maßnahmen kennzeichnet die Situation. Dazu einige Angaben:

■ In mehreren europäischen Staaten ist man von der aktiven Förderung der Frühverrentung und der Senkung des Pensionsalters zu einer Strate-

Der Begriff Pension wird im Englischen, in allen romanischen Sprachen und als Lehnwort in den slawischen Sprachen verwendet. Im deutschen Sprachraum wurde der Begriff Pensionen ursprünglich für Beamte verwendet, alle anderen Erwerbstätigen erhielten Altersrenten. Nun ist im Zuge der Reform der Altersversorgung eine begriffliche Auseinanderentwicklung erfolgt. Im deutschen Begriff der Rentenreform wird eine Angleichung nach unten, im österreichischen und Schweizer Begriff der Pensionsreform eine Anhebung nach oben zum Ausdruck gebracht.

gie der Eindämmung der Kosten für Rentenzahlungen übergegangen.

- Die Hinaufsetzung des Ruhestandsalters wurde in fünf Mitgliedstaaten beschlossen, darunter in Deutschland 1996, und zwar schrittweise auf 65 Jahre.
- In Frankreich wurde 1994 der Zeitraum für die Festlegung des Pensionseinkommens von 10 auf 25 Jahre verlängert und der so genannte Durchrechnungszeitraum auf 40 Jahre erhöht.
- In Schweden wurde 1994 statt der Pauschalrente eine beitragsgebundene, d. h. einkommensbezogene, Rente eingeführt. Dabei wird die Umlagefinanzierung beibehalten, sie wird ergänzt durch ein System mit selbstfinanziertem Rentenanspruch. Es wird jedoch daneben eine staatlich finanzierte Grundrente bestehen bleiben.
- Auf der anderen Seite muss man ebenso zur Kenntnis nehmen, dass in Italien die Lebensarbeitszeit 1997 nochmals reduziert worden ist. Das Pensionsantrittsalter wurde bei Beamten von 58 auf 57 Jahre herabgesetzt, mit 53 Jahren können Lehrer in den Ruhestand gehen, nach 24 Arbeitsjahren Bedienstete der Staatsbahnen.

Diese Angaben belegen, dass nationale Sonderwege weiterhin den Eckpfeiler der Sozialpolitik, nämlich die Pensionspolitik, kennzeichnen werden. Eine europäische Sozialunion mit einer einheitlichen Messlatte des Pensionssystems ist nicht in Sicht. Es stehen einander derzeit – vereinfacht ausgedrückt – zwei Prinzipien gegenüber, nämlich das so genannte Bismarck-Modell, das eine klare Beziehung zwischen Leistung und Anspruch betont mit dem Ziel, im Bereich der Altersversorgung den vorher erreichten Lebensstandard zu sichern, und das Beveridge-Modell, nach dem britischen Sozialreformer benannt, auf den die Schaffung des steuerfinanzierten National Health Service in Großbritannien zurückgeht und das eine einheitliche Versorgung der Staatsbürger zum Ziel hat (Volksrente) (L'Hoest 1996). In Finnland bestehen zwei parallele Rentenversicherungssysteme, die an den Wohnort gebundene Volksrente und die Beschäftigtenrente. Ein komplettes Abgehen vom Umlageverfahren erscheint selbst in längerfristiger Perspektive wenig realistisch. Das PROGNOS-Gutachten von 1997 ging vielmehr für Deutschland davon aus, dass sich die Beitragssätze der Sozialversicherung von derzeit 39,2 % auf ca. 50 % im Jahr 2050 erhöhen werden. An dieser Aussage hat sich bisher nichts Grundsätzliches geändert.

Zu berücksichtigen ist ferner, dass in Europa nur wenige Staaten Institutionen der privaten Pensionsversicherung aufgebaut und ähnlich wie in Nordamerika das Kapital zu einem beachtlichen Teil in Immobilienbesitz angelegt haben. Dies gilt für die Schweiz mit 91,5 % (!), gefolgt von den Niederlanden mit 82,4 % und Großbritannien mit 79,9 %. Mit Abstand folgt Schweden mit 35 %. In weitem Abstand stehen alle anderen EU-Staaten, darunter Deutschland mit 5,8 % und Frankreich mit 4,8 % (Die Presse, Sonderbeilage „Ihr Geld", S. XVIII, 30.12.1997).

Arbeitsmarkt und Regionalisierung der Arbeitslosigkeit

Während die Aufgaben der nationalen Sozialpolitik wie Pensions-, Familien-, Wohnungspolitik und dergleichen bisher zur Gänze im Bereich der Mitgliedstaaten verblieben sind, hat die EU entsprechend ihrer Basisideologie als Wirtschaftsgemeinschaft bereits in der ersten Strukturfondsperiode von 1989 bis 1993 neben den regional ausgerichteten Zielen auch das Ziel 3 „Bekämpfung der Langzeitarbeitslosigkeit" und das Ziel 4 „Erleichterung der Eingliederung der Jugendlichen in das Erwerbsleben" in ihr Programm aufgenommen.

In der zweiten Strukturfondsperiode von 1994 bis 1999 wurde ein weiteres Ziel, nämlich die Erleichterung der Anpassung der Arbeitskräfte an die industriellen Wandlungsprozesse und an Veränderungen der Produktionssysteme, definiert, welches ebenso als horizontales Ziel auf den gesamten Raum der Gemeinschaft ausgerichtet war.

Dem entsprechend wurde ein Europäischer Sozialfonds (ESF) für Maßnahmen eingerichtet, welche die Eingliederung von Arbeitslosen, Jugendlichen oder von Arbeitslosigkeit bedrohten Menschen erleichtern und durch Aus- und Fortbildungsmaßnahmen zur rascheren Anpassung an die im Wandel begriffenen Arbeitsmarktverhältnisse beitragen sollen. Es geht darum, die Freisetzung von mit produktionsspezifischen Kenntnissen

Tab. 5.3 *Erwerbsquoten, Arbeitslosenquoten und Anteil der Teilzeitarbeit in Europa 2002*

Quellen: *Eurostat (2002): Statistik kurz gefasst. Thema 3 – 19/2002. Arbeitskräfteerhebung 2001 EU und EFTA-Länder, S. 4 f.*
Eurostat (2004): Pressemitteilung – EU-Erweiterung: Neue EU-25 im Vergleich zu EU-15 (36/2004), S. 2.
Eurostat (2004): Statistic in focus. Theme 2 – 17/2004. Economy and Finance, S. 6.
Eurostat (o. J.): Dritter Bericht über den wirtschaftlichen und sozialen Zusammenhalt – Hauptindikatoren nach Regionen, S. 188 ff.
OECD (2002): OECD in figures 2002, S. 18 ff.
www.instat.gov.al/graphics/doc/tabelat/pns/BFP2.html
www.statistik.admin.ch, www.wiiw.ac.at/balkan

ausgestatteten Arbeitskräften aufgrund der Entindustrialisierung abzupuffern und den neuen Anforderungen EDV-strukturierter Arbeitsprozesse im wachsenden Dienstleistungssektor entgegenzukommen.

In der dritten Strukturfondsperiode von 2000 bis 2006 hat die EU-Kommission 12,3 % des Haushaltsbudgets der EU-15, d. h. 24,05 Mrd. Euro, für den Europäischen Sozialfonds vorgesehen.

Die umfangreiche Arbeitsmarktstatistik von Eurostat (vgl. Tabelle 8.11 im Anhang) bildet die Grundlage für die ambitionierten Zielsetzungen der EU-Kommission zur Dynamisierung der europäischen Wirtschaft, nämlich eine Erwerbsquote von 70 % der Altersjahrgänge von 15 bis 65 bis zum Jahr 2010 zu erreichen und dabei einerseits einen möglichst zügigen Übergang von der Ausbildung zum Arbeitsmarkt hin für die Jugendlichen zu generieren und andererseits die älteren Jahrgänge von 55 bis 65 in höherem Ausmaß als bisher, nämlich zu 50 %, im Arbeitsprozess zu halten.

Der europäische Arbeitsmarkt befindet sich etwas verzögert gegenüber dem der USA in einem Umbruch: Grundsätzlich handelt es sich um einen wachsenden Arbeitsmarkt mit den üblichen Konjunkturknicken. Es steigt die Zahl der Erwerbstätigen. 2003 wurde eine Erwerbsquote von 62,7 % erreicht, im Zeitraum von 1995 bis 2001 sind 11 Mio. Arbeitsplätze im Dienstleistungssektor und 1,5 Mio. in der Industrie entstanden, die Erwerbsquote der Frauen hat von 56,6 auf 62,2 % zugenommen, vor allem dadurch, dass eine Kommerzialisierung von bisher unbezahlten sozialen Dienstleistungen erfolgt ist. Die Erwerbsbeteiligung Jugendlicher hat sich vor allem durch Teilzeitarbeit erhöht, welche von 19 auf 23 % angestiegen ist, ferner ist das Qualifikationsniveau gestiegen. Der Anteil der hoch Qualifizierten hat von 15 auf 19 % zugenommen.

Staat	Erwerbsquote 15 – 64 Jahre 2002 in %	Arbeitslosenquote 2002 in %	Anteil der Teilzeitarbeit 2002 in %
Westeuropa			
Belgien	59,9	7,5	18,5 (2001)
Niederlande	74,4	2,8	42,2 (2001)
Luxemburg	63,6	2,6	11,3 (2001)
Frankreich	62,9	8,7	16,4 (2001)
Großbritannien	71,7	5,1	24,8 (2001)
Irland	65,0	4,3	16,6 (2001)
Mitteleuropa			
Deutschland	65,4	9,4	20,3 (2001)
Österreich	69,0	4,0	17,2 (2001)
Schweiz	79,1 (2001)	2,8	31,8 (2001)
Nordeuropa			
Dänemark	75,9	4,6	20,1 (2001)
Finnland	68,1	9,1	12,0 (2001)
Norwegen	77,5 (2001)	3,9	26,0 (2001)
Schweden	73,6	5,1	22,8 (2001)
Südeuropa			
Griechenland	56,7	10,0	4,1 (2001)
Italien	55,5	9,0	9,1 (2001)
Portugal	68,2	5,1	11,1 (2001)
Spanien	58,4	11,4	8,1 (2001)
EU-Erweiterung			
Estland	62,0	10,3	6,7
Litauen	59,9	13,7	9,8
Lettland	60,4	12,1	9,3
Polen	51,5	19,9	10,7
Slowakei	56,8	18,7	1,9
Slowenien	63,4	6,3	6,6
Tschechische Republik	65,5	7,3	4,8
Ungarn	56,6	5,9	3,6
Malta	53,7	5,2	8,8
Zypern	68,5	3,3	7,2
Südosteuropa			
Albanien	52,1	14,5 (2001)	–
Bosnien-Herzegowina	–	40,1 (2001)	–
Bulgarien	50,6	18,2	3,5 (2001)
Kroatien	–	15,8 (2001)	–
Mazedonien	–	30,5 (2001)	–
Rumänien	57,6	8,4	16,8 (2001)
Serbien-Montenegro	–	12,9 (2001)	–
EU-15	**64,3**	**7,6**	**18,2**
EU-25	62,9	9,0 (2001)	16,6
Türkei	45,6	10,4	–
USA	62,7	5,8	–

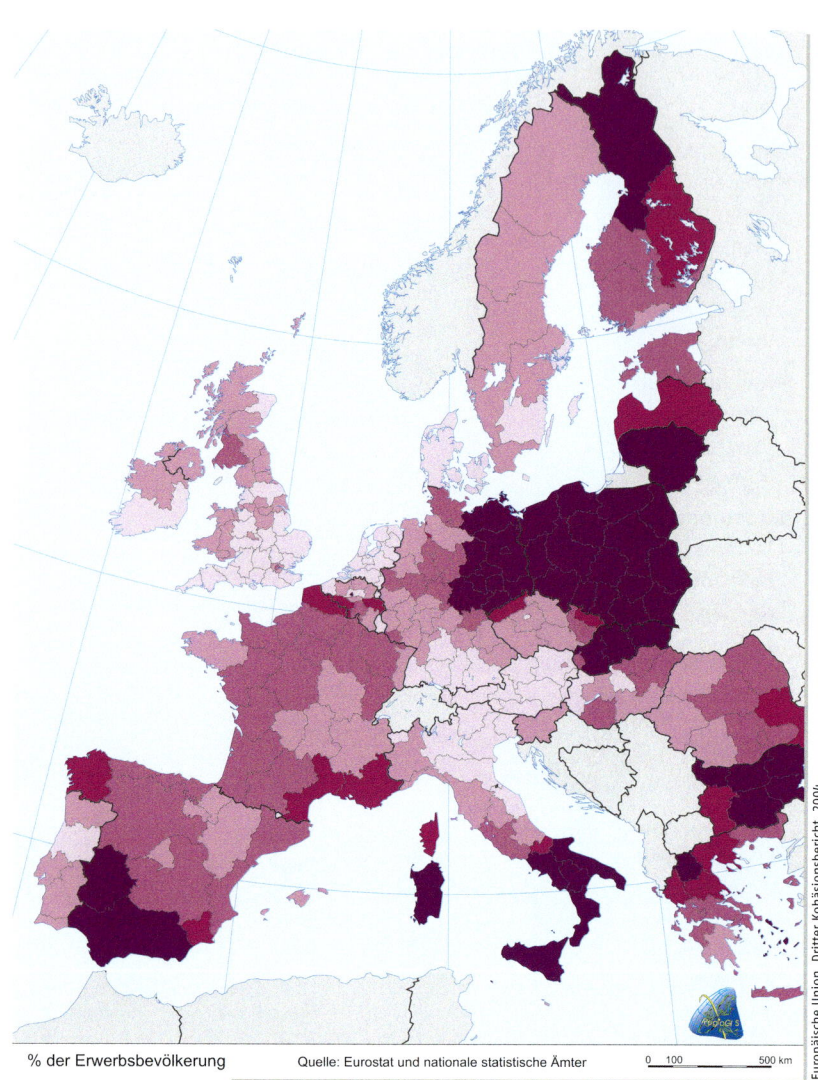

% der Erwerbsbevölkerung

- ☐ < 4,75
- ☐ 4,75 - 7,65
- ☐ > 7,65 - 10,55
- ☐ > 10,55 - 13,45
- ☐ > 13,45
- ☐ Keine Daten

EU-27 = 9,1
Standardabweichung = 5,86

Quelle: Eurostat und nationale statistische Ämter

0   100   500 km

Europäische Union, Dritter Kohäsionsbericht. 2004.

Abb. 5.13: *Arbeitslosenquote in Europa 2002.*

Trotz der Schaffung von Arbeitsplätzen ist es nicht gelungen, die Arbeitslosigkeit massiv zu reduzieren, welche gegenwärtig in der EU und insbesondere in den Erweiterungsstaaten als das Hauptproblem angesehen wird. Immerhin ist seit dem Höchststand der Arbeitslosigkeit im Jahr 1994 mit 18,5 Mio. durch die Schaffung von Arbeitsplätzen doch eine Abnahme erfolgt. Im Jahr 2002 registrierten die EU-15-Staaten bei einer Erwerbsbevölkerung von 163 Mio. rund 7,6 %, d. h. 13,5 Mio. Menschen, als arbeitslos, die EU-Erweiterungsstaaten mit 29 Mio. Erwerbstätigen brachten weitere 14,8 %, d. h. 5 Mio., dazu, womit wiederum der oben genannte Wert erreicht worden ist.

Das eigentliche Hauptproblem in beiden Teilen der EU bildet die Jugendarbeitslosigkeit der 15- bis

24-Jährigen, die jeweils mehr als doppelt so hoch ist. Dazu kommt das Problem der 7 Mio. Langzeitarbeitslosen. Das Ansteigen der Teilzeitarbeit kommt im Wesentlichen der Feminisierung des Arbeitsmarktes zugute.

Zur Verringerung der Arbeitslosigkeit gibt es von Seiten der Arbeitnehmer nur ein Gegenmittel, und dieses heißt Aus- und Weiterbildung. Die Statistik belegt, dass mit steigender Bildung bei den Abgängern von den Grundschulen über die höheren Schulen bis zu den Hochschulen die durchschnittlichen Arbeitslosenquoten von 10,8 % auf 7,8 % und 4,6 % sinken. Allerdings belegt die Statistik ebenfalls, dass beim Übergang von der Ausbildung auf den Arbeitsmarkt in 40 % der Fälle kein adäquater Arbeitsplatz gefunden werden kann.

Eine Rangreihung der wichtigen Indikatoren zum Arbeitsmarkt, nämlich Erwerbsquote, Arbeitslosenquote und Anteil der Teilzeitarbeit, dokumentiert die ausgeprägten Unterschiede zwischen den EU-Staaten entsprechend dem Sozialregime.

Die beiden Nicht-EU-Staaten Schweiz und Norwegen repräsentieren sich als Arbeitsgesellschaften mit einer Erwerbsquote von 79,1 % für die Schweiz und 77,5 % für Norwegen bei freilich gleichzeitig hohem Anteil der Teilzeitarbeit. Die von der EU als Ziel für 2010 angegebene 70 %-Quote überschreiten die egalitären Wohlfahrtsstaaten Schweden und Dänemark; Finnland erreicht sie knapp. Die Niederlande, mit dem höchsten Teilzeitarbeitsanteil von 42,4 %, überschreiten sie ebenfalls, aber auch der liberale Wohlfahrtsstaat Großbritannien, der die Teilung von Arbeitsplätzen als Instrumentarium gegen die Arbeitslosigkeit eingesetzt hat. Auf der anderen Seite erreichen die „unfertigen Wohlfahrtsstaaten" Südeuropas mit Ausnahme von Portugal nicht einmal eine Erwerbsquote von 60 %. Allerdings ist auf ihren Arbeitsmärkten die Berufstätigkeit von Frauen noch niedrig und daher auch die Teilzeitarbeit von geringer Bedeutung geblieben. Auf die wesentlich geringere Partizipation der Bevölkerung in den EU-Erweiterungsstaaten an der Arbeitsgesellschaft wurde schon hingewiesen. Die beiden ehemals der österreichischen Reichshälfte der Donaumonarchie angehörenden Staaten Tschechien und Slowenien erhalten die besten Noten.

Auch zwei Kleinstaaten in der EU-15, Österreich und Portugal, fallen durch niedrige Arbeitslosenquoten bei ähnlicher mittlerer Erwerbsquote auf. In beiden Staaten ist ein Akkumulationsprinzip von Einkommensanteilen aus verschiedenen Tätigkeiten durchaus gebräuchlich. Österreich kann auf eine jahrzehntelange Praxis bei der Privatzimmervermietung (einschließlich „Urlaub auf dem Bauernhof") wie auch in der nebenbetrieblichen Landwirtschaft verweisen. In Portugal gilt ähnliches für Fischfang, Landwirtschaft und Tourismus sowie Einkommenstransfers durch die Gastarbeiterwanderung, vor allem nach Frankreich. Zwei Staaten mit unterschiedlichem Sozialregime, Finnland und Frankreich, fallen andererseits durch eine hohe Arbeitslosigkeit auf. Sie befinden sich in einer Übergangsposition zu den südeuropäischen Staaten, welche hohe Beträge aus dem Strukturfonds der EU erhalten.

Die Arbeitslosigkeit bildet einen wesentlichen Indikator für die soziale Qualität eines Raumes.

Ihre räumliche Verteilung in der Europäischen Union ist eine Grundlage für die Strukturmaßnahmen der europäischen Regionalpolitik. Das Muster ist einfach. Um einen prosperierenden Kernraum mit geringer Arbeitslosigkeit, der von England über die Niederlande in den deutschen Sprachraum und nach Oberitalien zieht, d. h. eine Achse, welche als Megalopolis bzw. popularisiert als „Banane" in die regionalökonomische und geographische Literatur eingegangen ist, sind in einem gewissen Abstand Peripherien vorhanden: im Süden im Mittelmeerraum und im Osten in den EU-Erweiterungsstaaten (Abb. 5.13). Damit ist die Zentrum-Peripherie-Situation der EU gekennzeichnet, welche von der Regionalpolitik widergespiegelt wird. Periphere wirtschaftsschwache Regionen sind nunmehr im Rahmen der Strukturpolitik der EU zu Zielgebieten von Förderungsmitteln geworden, mit deren Vergabe bestehende Disparitäten der sozioökonomischen Ausstattung reduziert werden.

Europäische Regionalpolitik

Ausbau und Perioden

Der ständig in immer neuen Erklärungsmustern strapazierte Begriff „Europa der Regionen" soll hier nicht erörtert werden. Es geht nicht um eine Retrospektive auf historisch-politische Territorien, auf Landschaftsräume oder Wirtschaftsregionen, sondern um die normativen Struktureinheiten der neu geschaffenen statistischen Landkarte der EU mit den NUTS-I-, NUTS-II- und NUTS-III-Regionen, welche von den einzelnen EU-Staaten teils in kompletter Übernahme der spezifischen politisch-administrativen Landkarte geschaffen wurden, wie in Deutschland, bzw. Neugliederungen darstellen, wie in Österreich.

Die Regionalpolitik der EU ist nicht in einem Zuge entstanden, sondern hat in den bisher drei Perioden einen deutlichen Ausbau erlebt. Als Hauptinstrumente sind anzuführen: die Europäische Investitionsbank und die Strukturfonds, welche im Haushaltsbudget verankert sind. Ausgangspunkt für die erste Strukturfondsperiode von 1989 bis 1993 waren die Süderweiterung der EU und die

damit gegebenen wirtschaftlichen und sozialen Entwicklungsunterschiede in der Gemeinschaft.

Erst damit gewann die Regionalpolitik einen gewissen Stellenwert gegenüber der dominierenden Agrarförderung, auf die noch immer die Hälfte der Mittel entfällt.

In der ersten Strukturfondsperiode von 1989 bis 1993 wurden bereits 60,3 Mrd. Euro für die Regionalpolitik vorgesehen, in der zweiten Strukturfondsperiode (1994–1999) erhöhte sich der Betrag auf 96,3 Mrd. Euro bei gleichzeitiger Steigerung auf 33 % der Haushaltsmittel (Eurostat). Die EU-Regionalpolitik widmete sich dabei folgenden Zielsetzungen und dementsprechend definierten Problemgebieten:

■ Ziel-1-Gebiete: Regionen der NUTS-II-Ebene mit besonderem Entwicklungsrückstand und relativ niedrigem Einkommensniveau (weniger als 75 % des BIP), hoher Arbeitslosigkeit und unzureichender Infrastruktur. Im Zielgebiet 1 lebten etwa 25 % der Bevölkerung der EU.

■ Ziel-2-Gebiete: Regionen der NUTS III oder kleiner, die von industrieller Umstrukturierung be-

Staat	1994–1999 in Mio. Euro			2000–2006 in Mio. Euro			
	Ziel 1 entwicklungs-schwache Gebiete	Ziel 2, 3, 4 und sonstige Programme	Insgesamt	Ziel 1 entwicklungs-schwache Gebiete	Ziel 2, 3 und sonstige Programme	Kohäsions-fonds	Insgesamt
Westeuropa	**11.050**	**22.001**	**33.051**	**13.893**	**26.956**	**556**	**41.405**
Belgien	730	1.129	1.859	625	1.415	–	2.040
Niederlande	150	1.934	2.084	123	3.101	–	3.224
Luxemburg	–	89	89	0	93	–	93
Frankreich	2.190	10.560	12.750	3.805	11.864	–	15.669
Großbritannien	2.360	7.905	10.265	6.252	10.324	–	16.576
Irland	5.620	384	6.004	3.088	159	556	3.803
Mitteleuropa	**13.824**	**6.946**	**22.209**	**20.219**	**11.425**	**–**	**31.644**
Deutschland	13.640	6.946	20.586	19.958	9.838	–	29.796
Österreich	184	AD	1.623	261	1.587	–	1.848
Nordeuropa	**–**		**3.891**	**1.635**	**3.531**	**–**	**5.166**
Dänemark	–	767	767	0	822	–	822
Finnland	–	AD	1.704	913	1.208	–	2.121
Schweden	–	AD	1.420	722	1.501	–	2.223
Südeuropa	**69.120**	**14.831**	**83.951**	**100.208**	**16.145**	**17.280**	**133.633**
Griechenland	13.980	1.086	15.066	20.961	858	3.060	24.879
Italien	14.860	5.819	20.679	22.122	7.513	–	29.635
Portugal	13.980	1.416	15.396	19.029	733	3.060	22.822
Spanien	26.300	6.510	32.810	38.096	7.041	11.160	56.297
EU–15	**93.994**	**49.108**	**143.102**	**135.955**	**58.055**	*17.836*	*211.846*

Quelle: Eurostat (o. J.): Dritter Bericht über den wirtschaftlichen und sozialen Zusammenhalt – Hauptindikatoren nach Regionen, S. 180.

Tab. 5.4 *Strukturfondsmittel der EU nach Mitgliedsstaaten 1994 – 1999 und 2000 – 2006*

troffen waren. Hierbei handelte es sich um im Niedergang befindliche Industriegebiete mit Eisen-, Stahl- und Textilindustrie oder Schiffsbau, mit zahlreichen Betriebsschließungen und hohen Arbeitslosenzahlen, ferner um Bergbaugebiete in der Krise, durchwegs mit hoher Arbeitslosenrate. Im Zielgebiet 2 lebten rund 16 % der Bevölkerung der EU.

■ Ziel-5b-Gebiete: Es handelte sich hierbei um ländliche Gebiete in Randlage mit schwacher Wirtschaftsstruktur, in denen die Notwendigkeit der Verbesserung der Produktions-, Verarbeitungs- und Vertriebsstrukturen in Land- und Forstwirtschaft bestand bzw. die Schaffung von Arbeitsplätzen im nichtlandwirtschaftlichen Sektor angestrebt wurde. Im Zielgebiet 5b lebten rund 8,8 % der EU-Bevölkerung.

■ Ziel-6-Gebiete: Schwedische und finnische Regionen überwiegend der Ebene NUTS II mit extrem niedriger Bevölkerungsdichte und einem Anteil von 0,4 % der EU-Bevölkerung.

Auf die beiden horizontalen Ziele (Ziel 3 und 4), die den Arbeitsmarkt betreffen, wurde bereits eingegangen.

Ab 1994 wurden auch Nettobeitragszahlern wie Deutschland oder Österreich Förderungsmittel in größerem Umfang gewährt. Im Jahr 2000 hat das neue Aktionsprogramm der „Agenda 2000" begonnen. Es umfasst die Zeitspanne von 2000 bis 2006. Der Anteil der Regionalpolitik wurde im EU-Budget auf 37 % erhöht; sie erhielt 213 Mrd. Euro für die EU-15 und 44 Mrd. für die EU-Erweiterungsstaaten zugewiesen. Hiervon entfielen auf Ziel 1 63,4 % (bisher Ziel 1 und 6), auf Ziel 2 9,9 % (bisher Ziel 2 und 5b), auf Ziel 3 10,4 % (bisher Ziel 3 und 4) und auf die Gemeinschaftsinitiativen 5,3 %.

Die Zielsetzung der Reduzierung regionaler Disparitäten ist grundsätzlich nicht neu, jedoch werden die bisherigen sachlichen Ziele von sieben auf drei reduziert und ebenso erfolgt eine Konzentration auf kleinere Gebiete, in denen den regionalen Entscheidungsträgern ein größerer Spielraum zugemessen wird. Erstmals wurden auch städtische Problemgebiete und vom Dienstleistungssektor stark abhängige Gebiete in die Förderung einbezogen.

Beträchtlich erhöht wurden die INTERREG-Programme zwecks Förderung grenzüberschreitender Zusammenarbeit.

Die Verteilung der Strukturfondsmittel nach Mitgliedstaaten für den Zeitraum von 1994 bis 1999 und für den Zeitraum von 2000 bis 2006 ist der Tabelle 5.4 zu entnehmen.

Nicht auszublenden aus der Regionalpolitik sind die Förderungen für den Agrarsektor. Wenn in der Periode von 2000 bis 2006 nahezu die Hälfte der Subventionen an den Agrarfonds geht, so wird damit auch direkt und indirekt der ländliche Raum mitsubventioniert. Hierbei geht es um die Schaffung eines europäischen Modells des ländlichen Raums, welches die Wettbewerbsfähigkeit der europäischen Landwirtschaft bei gleichzeitiger Berücksichtigung einer nachhaltigen Entwicklung und des Umweltschutzes steigern soll. Mit dieser Zielsetzung ist ein über den Bereich der Agrarwirtschaft weit hinausreichendes Aufgabenspektrum der Förderung angesprochen, das die Erhaltung einer ländlichen Kulturlandschaft ebenso einschließt wie die Probleme des Umweltschutzes. Agrarwirtschaft und ländlicher Lebensraum werden damit als Einheit verstanden, wodurch eine klare Abgrenzung gegenüber dem Aufgabenfeld der Raumordnung und Regionalpolitik nicht möglich ist. Die Agenda 2000 hat die Berggebiete zu einem Großteil aus der Regionalförderung herausgenommen und in den Sektor der Landwirtschaft transferiert. Damit ist ein neues Finanzierungsmodell für den ländlichen Raum entstanden.

Die schon in den späten 1990er Jahren angelaufene Planung für die EU-Erweiterung wurde bereits in das Programm der Agenda aufgenommen, und zwar einerseits durch Projekte für die Verbesserung der Verkehrs- und Kommunikationstechnologie, für den Umweltschutz, den ländlichen Raum und den Agrarsektor und andererseits durch die Bereitstellung beträchtlicher Reservemittel für die Beitrittswerber nach dem 1. Mai 2004. Seither hat das System der europäischen Regionalpolitik auch für die neuen Mitgliedstaaten in vollem Umfang Gültigkeit erhalten. Mit Ausnahme von Zypern, der Stadtregion Bratislava und Prag fallen nun alle neuen EU-Regionen in die höchste Förderkategorie von Ziel 1 (Abb. 5.14).

Durch die Erweiterung der EU hat sich jedoch die Bezugsgröße des durchschnittlichen BIP recht drastisch um fast 13 % gesenkt. Das bedeutet, dass bisher geförderte Gebiete aus dem Förderungs-

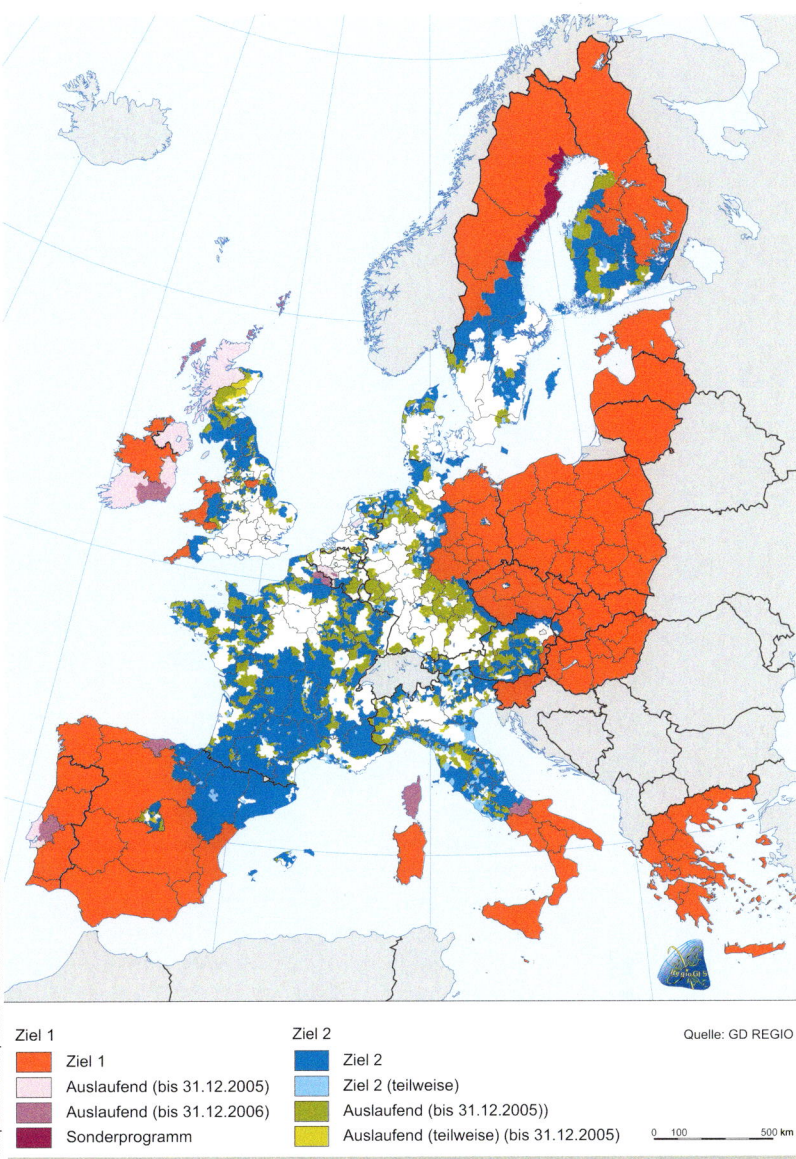

Europäische Union, Dritter Kohäsionsbericht. 2004.

Quelle: GD REGIO

Ziel 1

■ Ziel 1
■ Auslaufend (bis 31.12.2005)
■ Auslaufend (bis 31.12.2006)
■ Sonderprogramm

Ziel 2

■ Ziel 2
■ Ziel 2 (teilweise)
■ Auslaufend (bis 31.12.2005))
■ Auslaufend (teilweise) (bis 31.12.2005)

0   100   500 km

Abb. 5.14: *Strukturfondsmittel 2004 – 2006: Ziel-1- und Ziel-2-Gebiete.*

rahmen herausfallen und dass eine massive „Ostförderung" die bisher dominierende „Südförderung" der EU zumindest partiell ablöst. Allerdings sind die Resultate der seit 1989 laufenden Programme vor allem auf der Iberischen Halbinsel doch sehr beachtlich und landschaftlich sichtbar, besonders im Süden von Spanien, der lange Zeit ein Armenhaus Europas gewesen ist und heute über erstklassige Straßen und Bahnverbindungen, über weiträumige Neuanlagen von Intensivkulturen und über Bilderbuchstädte verfügt. Auch Portugal und Irland konnten bemerkenswert aufholen.

Im Frühjahr 2004, vor dem Beitritt der zehn neuen Mitglieder, wurde von der Kommission die Finanzvorschau für 2007 bis 2013 erstellt. In dieser erfolgte ein Platzwechsel hinsichtlich der Finanzierung zwischen der bis dahin die meisten Mittel beanspruchenden Agrarwirtschaft, welche nunmehr in die Thematik „Nachhaltige Bewirtschaftung und Schutz der natürlichen Ressourcen" eingebettet ist, und der Regionalpolitik, welche den Titel „Kohäsion für Wachstum und Beschäftigung und Wettbewerbsfähigkeit" trägt und budgetär die erste Stelle einnimmt. Der so genannten Kohäsion, dem ökonomischen und technologischen Anhebungsprozess der ehemaligen sozialistischen Länder auf das Niveau der EU-15, wird daher absolute Priorität eingeräumt, was auch die Steigerung der Beträge für die Regionalpolitik von knapp 60 Mrd. Euro 2007 auf 77 Mrd. Euro 2013 belegt, während andererseits die Zielsetzung der Bewirtschaftung natürlicher Ressourcen mit einem gleich bleibenden Betrag von rund 59 Mrd. Euro auskommen muss.

Zu diesen zwei klassischen Pfeilern der EU-Politik kommen jedoch zwei weitere neue Budgetposten der Kommission, nämlich der Schutz von Freiheit und Sicherheit der Bürger im Rahmen der Union und die Förderung der globalen Position der EU. Der erste Posten steht mit 3 Mrd. Euro, der zweite mit 11 Mrd. Euro zu Buche.

Innere Sicherheit und globale Repräsentanz sind schließlich nicht nur Standortfaktoren der Wirtschaft, sondern sie sind Voraussetzungen für das anzustrebende Selbstverständnis der Bürger in der 455 Mio. Einwohner zählenden Europäischen Union.

Fazit

In der Einleitung wurde die Frage gestellt, ob das System des europäischen sozialen Wohlfahrtsstaates angesichts der Effekte der Globalisierung auf Dauer bestehen kann. Hierzu im Folgenden zwei Feststellungen:

Die erste Feststellung lautet: Die europäischen Wohlfahrtsstaaten sind dabei, die Effekte der globalen Wirtschaft langfristig abzupuffern und gleichzeitig der Exklusion von großen Teilen der Bevölkerung, wie sie in den USA stattfindet, gegenzusteuern. Mehrere nationale Ansätze verdienen Beachtung:

Flexibilität auf dem Arbeitsmarkt verbunden mit einer Gegensteuerung gegen Arbeitslosigkeit ist am besten im niederländischen Teilzeitarbeitsmodell realisiert, mit dem die Arbeitslosenquote drastisch heruntergefahren wurde. Gleichzeitig bieten die Niederlande das Modell der Sozialpolitik für eine Bottom-up-Zweidrittelgesellschaft, welches sich grundsätzlich von dem Top-down-Modell der USA unterscheidet, in dem den unteren Schichten das soziale Sicherheitsnetz europäischer Staaten fehlt.

Das britische Beispiel der Umstrukturierung eines egalitären Gesundheitswesens durch massive Unterstützung der Eigenhilfe hat soziale Netze reaktiviert und damit ebenfalls ein Vorbild gesetzt. Für eine familienorientierte Sozialpolitik (und Steuerpolitik), welche notwendig ist, um den Fragmentierungsphänomenen der postindustriellen Gesellschaft entgegenzuwirken, bietet Frankreich das beste Beispiel.

Die zweite Feststellung lautet: Die Europäische Union ist dabei, ein „global player" im Rahmen der Globalisierung der Ökonomie zu werden. Mit der Ausgestaltung der Europäischen Union wird eine regionalpolitische „Zwischendecke" im „global/national interplay" einzogen. Die Regionalpolitik der EU schließt den Sektor der Sozialpolitik im Sinne eines regionalen Disparitätenausgleichs ein. Regionen erhalten damit einen spezifischen „sozialen Stellenwert". Mit der Etablierung einer europäischen Regionalpolitik, welche über beachtliche Mittel verfügt, wird sich die Europäische Union auch im 21. Jahrhundert grundlegend von den USA unterscheiden.

DIE EUROPÄISCHE STADT

Zur Thematik

Die Effekte der Globalisierung bestimmen die Gegenwart. Konvergenzen der Entwicklung auf allen Ebenen von Staat, Gesellschaft und Wirtschaft sind das Ergebnis. Die Frage nach der Zukunft der europäischen Stadt besitzt aktuelle Brisanz. Nordamerika ist der Trendsetter in der Globalisierung der Ökonomie. Nordamerika erzeugt immer neue innovative Elemente, welche sich im Städtesystem weltweit ausbreiten: Wolkenkratzer, Mega-Malls, Event-Cities, Gated Communities. Nordamerika ist auch der Trendsetter im Vorgang der Entstädterung, der Suburbanisierung und des Urban Sprawl, der Exurbanisierung. Seine Metropolen sind Problemfelder ersten Ranges mit ethnischer Ghettobildung, zentralen Stadtwüsten, der Ausschließung der „underclass" aus der Arbeitsgesellschaft und Phänomenen der sozialen Desorganisation, von der Obdachlosigkeit bis zu den Jugendbanden. Wird auch die europäische Stadt diesen Weg gehen?

Welche Argumente stehen den Verfechtern einer eigenständigen europäischen Entwicklung zur Verfügung? Es handelt sich im Wesentlichen um drei Argumentationsstränge:

In Europa ist der Raum nicht, wie in Nordamerika, eine ubiquitäre Ressource. Der Boden ist knapp, die Bodenpreise sind hoch. Die hohe Bevölkerungsdichte führt zu anderen Formen im Städtebau, aber auch in allen anderen Kategorien städtischer Existenz. Phänomene der Unternutzung, der Extensivierung und des Brachfallens von Flächen sowie das Leerstehen von Objekten werden sehr rasch wahrgenommen und führen zu

Gegenaktionen und Maßnahmen von Seiten der Behörden und der Bevölkerung.

An zweiter Stelle steht das Bündel von Argumenten, welches sich mit den Persistenzen in der baulichen Gestalt der europäischen Stadt beschäftigt, mit der Soziale-Mitte-Konzeption, mit den institutionellen Organisationen sowie den tradierten Normen und Verhaltensweisen der Bevölkerung, mit den Querbezügen zur Urbanität und zur Funktion öffentlicher Räume.

Und schließlich unterliegen städtische Systeme in Europa Wohlfahrtsstrategien des Sozialstaates und damit pluralistischen Organisationssystemen – in der Wohnungswirtschaft, im Verkehr, bei der Entwicklung der sozialen und technischen Infrastruktur und, abgeschwächt, auch auf dem Arbeitsmarkt.

Durch diesen Pluralismus werden Segmente auf den genannten Ebenen definiert, welche durch unterschiedliche Zugangsbedingungen voneinander separiert sind und jeweils spezifischen Allokationsbedingungen unterliegen. Besonders ausgeprägt ist diese Segmentierung auf dem Wohnungssektor, da durch die jeweiligen nationalen Strategien in Europa Mechanismen der Marktwirtschaft, wie sie in Nordamerika funktionieren, partiell außer Kraft gesetzt wurden. Die Prinzipien der sozialen Chancengleichheit haben ferner massive sachliche und räumliche Umverteilungsprozesse ausgelöst und bewirken damit eine Reduzierung der Disparitäten innerhalb der Gesellschaft und ebenso innerhalb des räumlichen Siedlungssystems.

Der Stammbaum der europäischen Stadt

Die europäische Stadt blickt auf eine mehr als tausendjährige Geschichte zurück und hat in diesem langen Zeitraum eine äußerst vielschichtige gesellschaftliche und bauliche Entwicklung erfahren. Der Versuch, aus der regionalen und zeitlichen Fülle der Erscheinungsformen einen Stammbaum herauszuarbeiten, mag in manchem zu Widerspruch auffordern. Die Grundlage für diesen „Stammbaum" bildet die Abfolge politischer Sys-

teme, die in Kapitel 3 vorgestellt wurde. Es wird davon ausgegangen, dass sich mit dem gesellschaftspolitischen System die Konzeptionen von Stadt und städtischer Gesellschaft ändern. Neue Stadttypen entstehen und ältere werden umgeformt. Mit den Existenzgrundlagen der Stadt ändern sich die soziale Wertigkeit und die Funktion der Stadtmitte, die tragenden Sozialschichten und damit die soziale Organisation werden ausgewechselt. Die Stadt-Land-Beziehungen unterliegen einem Wandel (Abb. 6.1).

Die mittelalterliche Bürgerstadt entstand aus dem Zusammenschluss von politisch-herrschaftlicher Funktion und Marktfunktion. Entsprechend den Basisfunktionen – Markt und gewerbliche Produktion – bildeten Kaufleute und Gewerbetreibende die tragenden sozialen Schichten. War in der mittelalterlichen Bürgerstadt der Marktplatz die soziale Mitte der Stadt, so verschob sich in der Residenzstadt die Mitte der Stadt in Richtung auf den Herrscherpalast. Neue soziale Schichten – Adel, Beamte und Offiziere – bildeten die Eliten. Die zentralistische Staatsgewalt subordinierte Adel und Städte. Gleichzeitig wurde das Gefüge der Bürgergemeinde durch die Urbanisierung des Adels gesprengt. Auf den Besitztransfer an Boden und Häusern wurde bereits hingewiesen. Das Bürgertum wurde vielfach aus der Stadt in den Vorstadtraum abgedrängt, gleichzeitig damit jedoch die Qualität der Stadtmitte als soziale Mitte verstärkt.

Die duale Struktur der Stadt führte schließlich in weiterer Konsequenz in der Citybildung des 19. Jahrhunderts zur Zweiteilung in Wirtschafts- und Regierungscity.

Bereits in einer späteren Phase der absolutistischen Ära, die in der politischen Geschichte als aufgeklärter Absolutismus abgehoben wird, waren die großen Städte nicht mehr imstande, ihren Bedarf an gewerblicher Produktion für den eigenen Konsum und den Fernhandel selbst zu erzeugen. Eine Delegierung der gewerblichen Fertigung an die ländlichen Siedlungen erfolgte. Mittels eines zum Teil staatlich reglementierten Verlagssystems breitete sich das Manufakturwesen aus. Ein neues Netz von wirtschaftlichen Abhängigkeiten legte sich nunmehr über weitere Gebiete, als dies in einzelnen Exportgewerberäumen Europas, in Flandern, Oberitalien und Süddeutschland, schon im Mittelalter der Fall gewesen war. Die ländliche Siedlung erhielt hiermit wesentliche Wachstumsimpulse. So erfolgte einerseits eine Erweiterung der bestehenden Dörfer durch Neustiftzeilen und andererseits die Neugründung von Heimarbeitersiedlungen mit halbagrarem Charakter (Abb. 6.2). In den Städten selbst trat eine Differenzierung des Bürgertums ein: Die neuen wirtschaftlichen Führungskräfte, die Großhändler, Bankiers und Unter-

Politisches System	Stadt-typen	Existenz-grundlage	Stadtmitte-konzept	Sozial-gradient	Sozial-gruppen
Mittelalterlicher Territorialstaat	Bürgerstadt	Handel Gewerbe	Markt	zentralperipher	Handels- und Gewerbebürgertum
Absolutismus Flächenstaat	Residenzstadt	Hof Adel Regierung Verwaltung	Landesfürstliches Schloss	zentralperipher	Adel Hofstaat Beamte „Stände"
Liberalismus Gründerzeit	Industriestadt	Produktion	Fabrik	soziale Inversion	Unternehmer Arbeiter „Klassen"
Sozialer Wohlfahrtsstaat	Neue Stadt	Gleichgewicht der Funktionen Wohnen Arbeiten	zentrale Einrichtungen	sozial neutral	sozialer Mix

Lichtenberger 1998, S. 63.

nehmer des Manufakturwesens, formierten sich zu einer „zweiten Gesellschaft", die neben der „ersten Gesellschaft", der Aristokratie, wachsende politische Bedeutung gewann und sich in eigenen Stadtvierteln von Adel und Hof separierte.

Die Industriestadt brach mit der „Soziale-Mitte"-Tradition. Ihre Schöpfung, die Fabrik, brachte ein von den Produktionsstätten ausgehendes zentrifugales Ordnungsmoment ins Spiel. In der britischen Stadt, in welcher, anders als in Kontinentaleuropa, die Urbanisierung des Adels nicht stattgefunden hat, gewann daher mit der Industrialisierung die „soziale Inversion" den Vorrang, welche dann auch die Städte Nordamerikas bestimmt hat. Die Bodenspekulation setzte die Spielregeln, die Fabrik determinierte die physische Struktur der Stadt. Vielfach wurde erst im Nachhinein die notwendige Infrastruktur eingebracht und ein juristischer Formalrahmen durch die Anwendung von Bauordnungen über die neuen Industriesiedlungen gestülpt.

Der Liberalismus verstärkte die administrative Funktion der Städte durch die Beseitigung der grundherrlichen Abhängigkeit und durch den Aufbau neuer Schul-, Gerichts- und Wohlfahrtssprengel. Die Bauernbefreiung brachte der bäuerlichen Bevölkerung das Eigentumsrecht an Grund und Boden und eine bisher unbekannte Mobilität.

Abb. 6.1: *Abfolge politischer Systeme und Stadttypen in Europa.*

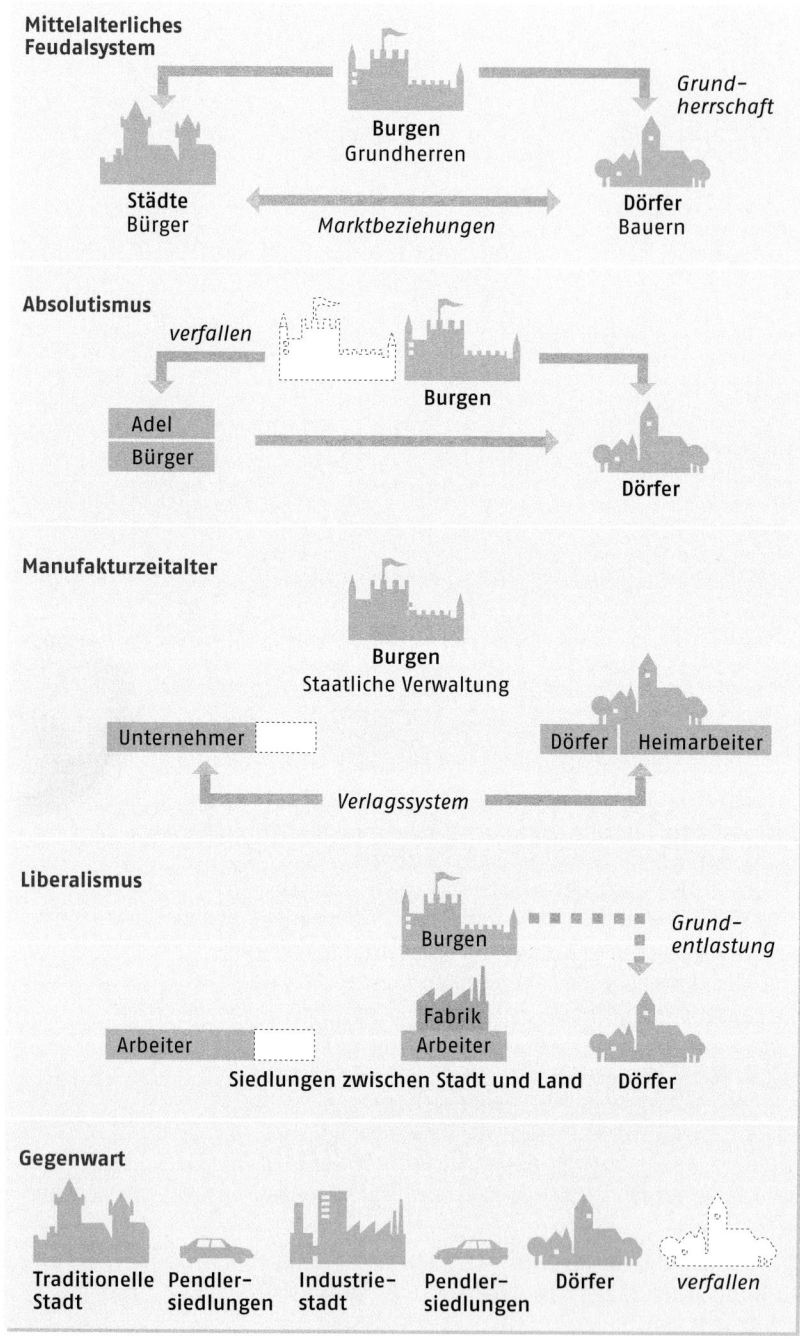

Mittelalterliches Feudalsystem

Burgen
Grundherren

Grund-herrschaft

Städte
Bürger

Marktbeziehungen

Dörfer
Bauern

Absolutismus

verfallen

Burgen

Adel
Bürger

Dörfer

Manufakturzeitalter

Burgen
Staatliche Verwaltung

Unternehmer

Dörfer   Heimarbeiter

Verlagssystem

Liberalismus

Burgen

Grund-entlastung

Fabrik
Arbeiter

Arbeiter

Siedlungen zwischen Stadt und Land   Dörfer

Gegenwart

Traditionelle   Pendler-   Industrie-   Pendler-   Dörfer   *verfallen*
Stadt   siedlungen   stadt   siedlungen

Lichtenberger 1998, S. 64.

Abb. 6.2: *Der Wandel der Stadt-Land-Beziehungen.*

Entsprechend ihrer Stellung in der Hierarchie des zentralörtlichen Systems steckten die Städte ihre Einzugsgebiete ab. Durch weiträumige, in Mitteleuropa in erster Linie Ost-West gerichtete Fernwanderungen entstanden die Industriereviere. Zentrierte Wanderungen verstärkten die regionalen Zentren. Die Kapitalen erhielten nicht nur das

Heer ungelernter Arbeiter aus agrar übervölkerten Gebieten, wie es gegenwärtig in den Entwicklungsländern der Fall ist, sondern auch den handwerklich geschulten und intellektuellen Nachwuchs der Klein- und Mittelstädte.

Großbritannien hat die Weichen für die Industrialisierung und die Verstädterung gestellt; in Großbritannien waren die negativen Auswirkungen beider Prozesse am stärksten. Hier wurde daher auch zuerst nach einer Abhilfe gesucht und diese schließlich im Konzept der „Neuen Stadt" von Ebenezer Howard gefunden. In Vorwegnahme von Ideen des sozialen Wohlfahrtsstaates gelang es, einen neuen Stadttyp zu schaffen, der sich in nahezu allen wichtigen Merkmalen von den älteren Stadttypen abhebt.

Von den Zeitgenossen zweifellos als revolutionär empfunden wurde die Forderung von E. Howard, dass sich Grund und Boden im Eigentum der Stadt befinden müssten, um Spekulationen zu verhindern und die Entwicklung der Stadt steuern zu können.

Der große Erfolg, den die Idee der „Neuen Stadt" langfristig hatte, liegt in dem neuen Konzept der Stadtmitte begründet. Gestaltung und Funktion der Stadtmitte aller Stadttypen wurzeln in den politischen Leitideen ihrer Zeit. Im Absolutismus bildete der Palast des Herrscherhauses den Mittelpunkt der Stadt, in der arbeitsteiligen industriellen Gesellschaft ist die Wirtschaftscity das Zentrum der altetablierten Großstädte. Im Zentrum der „Neuen Stadt" werden nun die für die menschlichen Bedürfnisse zentralen Einrichtungen der Versorgung mit Gütern und Diensten angesiedelt.

An das Modell der Polis erinnert das Konzept, wonach eine Erweiterung einer einmal gegründeten Stadt nicht vorgesehen war, sondern nur die Neugründung weiterer Städte an anderen Lokalitäten.

Das Konzept der „Neuen Stadt" hat als gesellschaftspolitisches Leitbild weit über die städtische Sphäre hinausgegriffen und auch die Regionalpolitik und -planung des sozialen Wohlfahrtsstaates tiefgreifend beeinflusst.

Große Bedeutung erhielt das Konzept der „Neuen Stadt" im Zusammenhang mit der Errichtung von industriellen Großbetrieben. Doch ist in Westeuropa die Zahl von neuen Industriestädten auch nach dem Zweiten Weltkrieg bescheiden geblieben, während im Osten Europas in den damaligen COMECON-Staaten, in Russland und in Sibirien zahlreiche neue Industriestädte gegründet wurden.

Der Stammbaum der europäischen Stadttypen demonstriert die Komplexität der Entwicklung (Abb. 6.3). Da bereits im Mittelalter ein dichtes Netz von Städten entstanden war, blieb wenig Raum für Neuankömmlinge, außer wenn sie durch neue Aktivitäten einen virtuellen Lebensraum gewinnen konnten. Spätere städtische Konzepte schlossen daher hauptsächlich an den bereits bestehenden Baubestand an bzw. führten zu Umstrukturierungen und zum Ausbau desselben. Die aus dem Mittelalter stammenden Kleinstädte und die Festungen der Renaissance- und Barockperiode gehören zu den einfachen Fällen der „Eine-Periode-Stadt". Zumeist ohne Verbindung mit modernen Transportsystemen sind sie schwer betroffen vom Problem der Kleinstädte in einer verstädterten Massengesellschaft, besonders in abgelegenen ländlichen Gebieten mit starker Abwanderung.

Nur die „Museumsstädte" mit wertvollem Altbaubestand profitieren vom modernen Städtetourismus. Die meisten kleinen und mittleren Städte erhielten keine Impulse in der absolutistischen Periode, welche die Hauptstadt als Primatstadt geschaffen hat, und stagnierten für Jahrhunderte bis herauf zur industriellen Periode. Zu den „Eine-Periode-Städten" zählen auch die Industriestädte in den im Niedergang begriffenen Industrierevieren (z. B. Südwales). Manche Industriestädte kön-

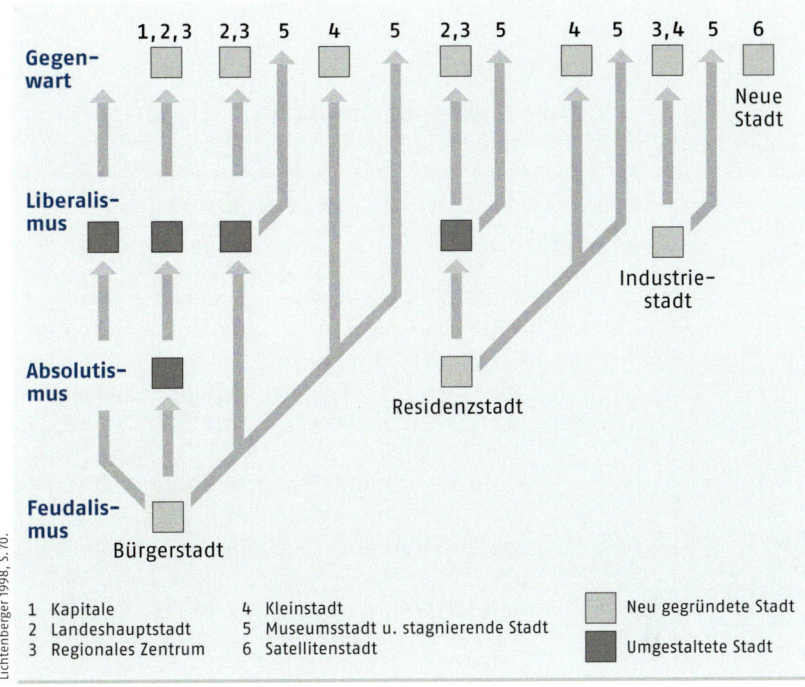

Lichtenberger 1998, S. 70.

Abb. 6.3: *Der Stammbaum der europäischen Stadttypen.*

nen sich hinsichtlich ihrer Größe mit den Hauptstädten messen, darunter die Industriestädte Großbritanniens, die jedoch ihrem ökologischen Muster nach stärker mit den amerikanischen Städten verwandt sind als mit denen des Kontinents.

Das Gegenstück zu diesen einfach strukturierten Städten bilden die Hauptstädte von Staaten oder Ländern. Sie sind die Exponenten der europäischen Nationalstaaten, die Zentren der europäischen Kultur, die Städte, in denen sich europäischer Urbanismus konzentriert und sowohl die großartigsten Aspekte bietet als auch die schwierigsten Probleme aufwirft. Ihre komplizierte Struktur hat Anteil an allen genannten Stadtperioden.

Merkmale der europäischen Stadt

Einleitung

Architekturbände für das Bildungsbürgertum und Fremdenverkehrsbroschüren des modernen Massentourismus bemühen sich in gleicher Weise um die Dokumentation der architektonisch wertvollen Grundsubstanz der europäischen Stadt; bildmäßig unerfreulicher Bodensatz von Slumquartieren, ungenutztem Ödland, Verkehrsengpässen, leer stehenden Fabrikbauten u. dgl. mehr wird darin be-

reits ausgefiltert. Ebenso vollziehen sie meist, ohne diese Absicht direkt auszusprechen, eine erste Unterscheidung zwischen den Städten mit vorindustriellem Bauerbe und den Industriestädten, die ihre Entstehung dem 19. Jahrhundert verdanken und in denen, abgesehen von Fotomontagen technisch fortschrittlicher Industrieanlagen und sozialer Wohlfahrtseinrichtungen, kaum Anreiz für eine von ästhetischen Grundsätzen diktierte Bildauswahl besteht.

Die Gliederung der Stadt

Mehrere Merkmale kennzeichnen die Gliederung der europäischen Stadt mit vorindustriellen Wurzeln:

1. Die historische Vielschichtigkeit der europäischen Stadt spiegelt sich in dem komplizierten, schwer auflösbaren Stückwerk des Straßennetzes wider. Um seine Entwicklung zu begreifen, bedarf es einer sehr sorgfältigen historischen Analyse. Dabei erweist es sich zumeist, dass in den jeweiligen Wachstumsperioden der Planausbau gegenüber der spontanen Entwicklung zurückgetreten ist. Die Erschließung von neuem Bauland erfolgte bis ins 19. Jahrhundert meist nur schrittweise, alten Feldwegen und Rainen nachtastend, Gemarkungsgrenzen akzentuierend, wie es der Einschmelzung der vor der Stadt liegenden Siedlungen und Fluren entsprach. Selbst dort, wo großzügige Konzepte am Werk waren, wie in der Barockperiode mit der Anlage von weiträumigen Alleen und Boulevards, ergaben sich damit keineswegs neue Leitlinien für die Aufschließung, sondern es erfolgte vielmehr eine Überlagerung des bereits in der mittelalterlichen Bürgerstadt angelegten Straßen- und Parzellennetzes durch das neue „höfisch-aristokratische" Boulevardprinzip. Im

französischen Städtebau zuerst erprobt, gewann es freilich nur Bedeutung, wo dieser nachgeahmt wurde, wie in Spanien und Belgien, aber selbst dort nur in den Großstädten. In der überwiegenden Mehrzahl der Städte sind bis heute die mittelalterlichen Torstraßen die Hauptachsen geblieben und bilden das radiale Skelett des Straßennetzes. Unregelmäßig genug wurden sie durch verschiedene jüngere Aufschließungen miteinander verkettet, wobei ringförmige Verbindungen nahezu ausschließlich längs ehemaliger Befestigungsanlagen entstanden. Damit ist das Problem der europäischen Stadt für die Bewältigung des modernen Verkehrs bereits angedeutet. Es besteht einerseits in den zu engen Radialstraßen und andererseits im Fehlen von Kreisverbindungen. Vor allem das Fehlen von Außenringen im Weichbild von vielen Städten wird den Verkehrsbehörden noch im 21. Jahrhundert Kopfzerbrechen bereiten.

2. Mauer und Graben waren auf dem Kontinent bis zur liberalen Gemeindeverfassung des 19. Jahrhunderts Ausdruck städtischer Existenz und damit zugleich einer rechtlichen Sonderstellung, welche die Stadt von dem umgebenden flachen Land abhob. Die Festungswerke besaßen somit nicht nur eine militärische Aufgabe, sondern formten zugleich auch eine sozi-

Abb. 6.4: *Ansicht von Siena 1340.*

Praxis Geographie 1/1990, im Anhang.

ale und wirtschaftliche Barriere zwischen der Stadt und den vor allem in der Neuzeit vor ihren Toren aufwachsenden Vorstädten. Die Entfestigung der Städte und die Stadterweiterungen, welche das liberale Zeitalter in Angriff nahm, gingen daher weit über eine bloß städtebauliche Aufgabe hinaus. Sie hatten eminente Konsequenzen in administrativer, sozialer und wirtschaftlicher Hinsicht. Obwohl in den meisten Städten des Kontinents bereits eineinhalb Jahrhunderte seit der Abtragung der Stadtmauern verstrichen sind, gelang es nirgends, diese ehemalige Grenze im kompakt verbauten Stadtraum völlig auszulöschen. Nicht zuletzt deswegen, weil das ehemalige Befestigungsareal im Zuge der gründerzeitlichen Bautätigkeit jeweils als eine selbständige Bauaufgabe behandelt wurde, für deren Gestaltung man je nach der Größe der Stadt verschiedene Lösungen wählte – von der Anlage von Parkringen bis zu einem Wohngürtel und schließlich bis zu monumentalen Lösungen, für welche die Wiener Ringstraße ein Beispiel setzte.

3. Von entscheidender Bedeutung für den Wachstumsprozess der Städte wurde die Tatsache, dass die liberale Gemeindeverfassung des 19. Jahrhunderts die auf die mittelalterliche Feudalgesellschaft zurückgehende Organisationseinheit der G e m e i n d e übernahm und als wesentlichen Baustein des Staatsaufbaus sogar mit einer erweiterten Autonomie ausstattete. Jede Stadterweiterung in Europa hat sich somit mit dem Problem der Eingemeindung auseinander zu setzen. In den Großstädten brachte schon der Wachstumsprozess des 18. Jahrhunderts die Eingliederung von dörflichen Siedlungen, Vorstädten und selbst Kleinstädten. Auch nach der administrativen Eingemeindung behielten sie häufig ihre eigenen Landmarken und Geschäftsstraßen sowie oft noch eine sehr ausgeprägte soziale und wirtschaftliche Eigentümlichkeit. Noch lange bestanden eine Identifizierung der Bewohner mit ihrer Siedlung und ein ausgeprägter Lokalgeist. Im 19. Jahrhundert vereinten Entfestigung und administrative Stadterweiterung zunächst die Vorstädte mit den Altstädten, erst später wurden die Vororte eingemeindet. Allerdings unterscheidet sich seit damals die Eingemeindungspolitik in den einzelnen europäischen Staaten. Eine vorauseilende administrative Stadterweiterungspolitik, bei der ausgedehnte unverbaute Areale als Baureserveland in das Stadtgebiet eingegliedert wurden, kennzeichnete das Dritte Reich und die einstigen Ostblockstaaten. Dagegen ist für Frankreich und Belgien eine extrem restriktive Eingemeindungspolitik kennzeichnend, welche alte historische Stadtgrenzen bis heute beibehalten hat. Das mit Abstand beste Beispiel bildet Paris, wo der Boulevard Périphérique der Stadtgrenze folgt und die Kernstadt von Paris mit rund 2,1 Mio. Einwohnern von der Agglomeration Paris mit rund 10 Mio. Einwohnern trennt.

Abb. 6.5: *Frankfurt, Hochhaussilhouette.*

Das Repräsentationsprinzip

Das Repräsentationsprinzip ist ein integrierender Bestandteil des europäischen Städtewesens. Seine Anfänge findet man wie bei anderen Phänomenen bereits in der mittelalterlichen Bürgerstadt. In ihrer kontrastreich gegliederten Silhouette, die wir in Vogelschauperspektiven des 17. Jahrhunderts und bei Museumsstädtchen bewundern können, spiegelt sich die architektonische Darstellung geistiger Werte, religiöser Ideen und politischer Ordnungsprinzipien wider. Die strikte soziale Kontrolle der Bürgergemeinde manifestiert sich in der Art und Weise, wie sich die individuell gebauten Häuser zu Platzfronten zusammenschließen. Selbst die Befestigungen vereinigten militärische Aufgaben mit der Präsentation von Macht und Reichtum der Bürgergemeinde in der Akzentuierung der Stadttore und Türme. Der barocke Städtebau des Absolutismus brachte den Höhepunkt repräsentativer Gestaltung. Frankreich setzte mit dem „Großen Stil" globale Maßstäbe (Abb. 6.6). Hierbei war es nicht nur der königliche Wille zur Repräsentation, sondern die „École des Beaux Arts", welche den „Großen Stil" über ganz Europa verbreitete, wo er sich in der Weite Russlands in der Planung von St. Petersburg niederschlug. Die Planung von Washington durch L'Enfant war die überzeugende Demonstration der französischen Schule des Städtebaus in Nordamerika. Im Kolonialzeitalter gelangte der „Große Stil" in alle Kolonialräume der Erde.

Was sind seine baulichen Elemente? Vom „Großen Stil" werden die geraden Straßen wieder entdeckt und zum Boulevard erweitert, um Platz für das neue Fortbewegungsmittel, die Kutsche, zu schaffen; die Gebäude, welche den Straßenraum begrenzen, erhalten eine zusammenhängende Fassadengestaltung. Weiträumige Boulevards und Alleen mit perspektivischen Durchblicken zu monumentalen Bauwerken gehörten daher zu den beliebten städtebaulichen Mitteln des „embellissement" der Fürstenstadt.

An die Stelle des Aufblicks zum Dom oder zur Hauptkirche in der mittelalterlichen Bürgerstadt trat der Blickfang der Schaufront von Schlössern mit zugeordnetem Straßenfächer bzw. das in ein Rondeau gestellte Monument mit zugeordnetem Alleenstern.

Der „Große Stil" fasst die Stadt als Gesamtkunstwerk auf. Während die Gartenstadt und die Moderne eine monumentale öffentliche Sphäre ablehnen, wurde sie im „Großen Stil" zelebriert, und während Gartenstadt und Moderne das Wohnen in den Mittelpunkt stellen, wurde dieses vom „Großen Stil" in die Monumentalität der gesamten Stadt einbezogen. Daraus resultiert auch die Gestaltung von Platzräumen und Straßenfluchten durch die jeweiligen Entscheidungsträger, während die Gestaltung der Häuser dahinter den Bürgern überlassen blieb. Friedrich der Große hat aus italienischen Kupferstichen den hohen Staatsbeamten höchst eigenhändig die Fassaden ihrer Häuser ausgesucht! Die Ästhetik des „Großen Stils" hat in Kontinentaleuropa tiefgreifenden Einfluss ausgeübt. Im Absolutismus folgte das Bürgertum dem Vorbild des Adels und zog Schaufronten vor ältere Fassaden. Der Bürger baute nach Adelsart.

Von diesen Bestrebungen führt eine Entwicklungslinie zum viel kritisierten Fassadenkult der Gründerzeit des späten 19. Jahrhunderts. Selbst die Mietskasernen mit den Substandardwohnungen der Arbeiter wurden an der Straßenfront mit reicher Ornamentik verkleidet, welche in einem starken Kontrast zu den trostlosen Mauern der Hinterhöfe stand. Es verdient in diesem Zusammenhang auch festgehalten zu werden, dass nur unmittelbar nach dem Zweiten Weltkrieg eine Art Facelifting bei Erneuerung des gründerzeitlichen Baubestandes erfolgt ist, während mit dem Erstarken des Denkmalschutzes der historisierende Stil der gründerzeitlichen Fassaden wieder an Wert gewonnen hat.

Der „Große Stil" kommt in der Zeit der Industrialisierung nochmals in den großen öffentlichen Bauten über weite Teile Europas hinweg zum Tragen. Der Staat baut in seiner Hauptstadt. Dies gilt für Paris und Wien ebenso wie für Budapest und das wilhelminische Berlin.

Im politischen System ist der Zusammenhang zwischen „Großem Stil" und zentralistischer Herrschaft offensichtlich. Seine Verwirklichung setzt ungehinderte Entscheidungsfreiheit in politischer und finanzieller Hinsicht voraus. Der Anspruch auf absolute Macht erklärt die Vorliebe der totalitären Regime der 1930er Jahre unter Hitler, Mussolini und Stalin für den „Großen Stil".

Cameron u. Sallinger 2000, S. 25

Selbst kleine, wirtschaftsschwache COMECON-Staaten haben versucht, den „Großen Stil" mit bescheidenen Mitteln zu imitieren. Die Verwendung des Konzepts der Magistrale bei neuen Industriestädten, wie z. B. in Nova Huta in Polen, ist hier ebenso anzuführen wie das Bemühen um re-

präsentative Stadteinfahrten, bei denen, wie in Belgrad oder in Bukarest in den späten 1960er Jahren, monumentale Schaufronten neuer Wohnbauten, deren Fassaden inzwischen abgebröckelt sind, den Besucher in das Stadtzentrum geleiteten (Abb. 6.7).

Abb. 6.6: *Luftbild Paris, Louvre gegen Westen.*

www.falconrest.com/images/gbukarest.jpg

Abb. 6.7: *Bukarest, Regierungspalast.*

Denkmalschutz in Europa

Die Idee des Denkmalschutzes für den Profanbau ist erst im 20. Jahrhundert entstanden und damit verhältnismäßig jungen Datums. Vergangene Bauperioden, darunter insbesondere die Barockzeit, haben mit größter Unbekümmertheit den älteren Baubestand beseitigt und dies als eine wesentliche Verschönerung des Stadtbildes aufgefasst. Im 19. Jahrhundert hat die Idee des „embellissement" in Frankreich die Haussmann'sche Umgestaltung von Paris als Beispiel gesetzt. Die Epoche der Gründerzeit hat mit dem Motor der Industrialisierung und des enormen Bevölkerungswachstums, wie keine Zeit vorher und keine nachher, zerstö-

rend in das ältere Gefüge der Städte eingegriffen. Zu Beginn des 20. Jahrhunderts entstand eine erste Gegenreaktion. Die Kräfte zur Bewahrung des wertvollen Bauerbes sammelten sich im Denkmalschutz.

1902 erließ Baden-Württemberg, 1907 Preußen ein Gesetz gegen die „Verunstaltung" von Siedlungen. Andere Länder und Staaten folgten. Durch die Entstehung der City in den historischen Stadtkernen ergab sich, dass dort die Interessengegensätze zwischen den wirtschaftlichen Exponenten der Citybildung und den Verfechtern des Denkmalschutzes am schärfsten aufeinander treffen.

Auf die Zäsur des Ersten Weltkrieges für die Stadtentwicklung in Europa wurde hingewiesen. Die Bautätigkeit verlagerte sich an den Stadtrand und in das Umland der Städte. Der Druck auf den Stadtkern ließ nach; nicht zuletzt dadurch gelang es dem Denkmalschutz, seit der Zwischenkriegszeit an Terrain zu gewinnen.

Zu einer mächtigen Bewegung ist der Denkmalschutz allerdings erst nach dem Zweiten Weltkrieg geworden. Nach einer Periode der Industrialisierung des Wohnungsbaus, welche über Europa hinweg, beginnend mit den „grands ensembles" in Frankreich, z.T. monströse Großanlagen am Stadtrand errichtet hat, nach einer Periode der Stadterweiterung, der Trabanten- und Satellitensiedlungen fand man wieder zu den alten Stadträumen zurück. Schrittweise wurde der Altbaubestand als kulturelle Ressource entdeckt. Altstadterhaltung und Denkmalpflege vereinigten sich rasch zu einer städtebaulichen Ideologie. 1975, im europäischen Denkmalschutzjahr, wurde erstmals die Gesetzeslage des Denkmalschutzes in den europäischen Staaten offen gelegt. Die Perspektive konzentrierte sich auf einzelne Städte, die sich als Modellprojekte etablieren konnten. Ihre Reihe ist bereits beachtlich lang. Hierzu gehören: Brügge in Belgien, Rouen und Colmar in Frankreich, Rothenburg ob der Tauber in Deutschland, Amsterdam und Middleburg in den Niederlanden, Chester und Edinburgh in Großbritannien, Arcos de la Frontera und Trujillo in Spanien, Venedig, Siena und Bologna in Italien, Salzburg in Österreich, um nur einige der bekanntesten Beispiele zu nennen. In Nordeuropa wurde u.a. die Altstadt von Stockholm unter Ensembleschutz gestellt (Abb. 6.8).

Der Preis für die fabelhafte Ästhetik der unter Denkmalschutz stehenden Altstädte ist hoch; er erfordert eine ausgedehnte Vermarktung der historisch-architektonischen Inhalte und eine ebenso tiefgreifende Veränderung in der sozialen Organisation.

Eine soziale Aufwertung der unter Denkmalschutz stehenden Bauten, eine Gentrifizierung, um diesen aus der angelsächsischen Welt stammenden Begriff zu verwenden, ist daher erforderlich. Überall dort, wo diese Gentrifizierung infolge zu geringen Potentials einer Stadt in Hinblick auf einkommensstarke und/oder an Denkmalschutzobjekten interessierte Schichten nicht stattfindet, können denkmalgeschützte Objekte auch nicht auf Dauer in gutem Zustand erhalten werden. Die ostdeutschen Städte, in denen in den 1960er Jahren in großem Umfang Sanierungsmaßnahmen im Altbaubestand erfolgten, die laufenden Kosten jedoch nicht vom Staat übernommen wurden, bieten ein Exempel für diese Feststellung.

Die europäische Bewegung des Denkmalschutzes hat im letzten Drittel des 20. Jahrhunderts zwei wesentliche Verschiebungen der Perspektive erfahren, und zwar einerseits in Richtung auf den Ensembleschutz hin und andererseits durch Einbeziehung immer jüngerer Bauten. Registrierte man zu Beginn des 20. Jahrhunderts nur Bauten bis zur Mitte des 19. Jahrhunderts, d. h. vor der historisierenden Stilperiode der Gründerzeit, als denkmalschutzwürdig, so rückt heute in Deutschland bereits die Wiederaufbauphase der 1950er Jahre ins Blickfeld von Schutzbestimmungen. Deutschland hat dem Denkmalschutz durch ein 1991 begonnenes städtebauliches Förderprogramm eine neue Größenordnung verliehen. Mehr als 100 Städte in den neuen Bundesländern partizipieren daran.

Von Großbritannien ausgehend, sind seit den 1970er Jahren auch Bauten der so genannten Industriearchäologie als schutzwürdig „entdeckt" worden. Damit geraten Bauten des technischen Städtebaus zunehmend in das Interessenfeld des Denkmalschutzes.

Insgesamt haben sich seit den 1970er Jahren die nationalen Akzente verschoben. Staaten wie Ita-

Abb. 6.8: *Stockholm, Altstadt.*

Abb. 6.9: *Krakau, Hauptplatz, Tuchhalle.*

Tourismusinteressen eingegangen. Überträgt man die Konzentrationstendenzen der Wirtschaft auf das historische Bauerbe von Städten, so gelangt man zur Aussage, dass Modellstädte und Modellviertel des Denkmalschutzes, einerseits als „nationale Monumente" bzw. andererseits als Vermarktungsobjekte des internationalen Tourismus präsentiert, die größten Chancen auf Fortbestand haben, die unteren Ränge des historischen Städtesystems dagegen starker lokaler Lobbies bedürfen, um weiter erhalten zu werden.

Der Denkmalschutz in den postsozialistischen Staaten

Das Wegziehen des Eisernen Vorhangs hat die Sicht auf den Osten Zentraleuropas wieder frei gemacht. Hier kann Polen für sich in Anspruch nehmen, als erster europäischer Staat nach den Zerstörungen des Zweiten Weltkriegs den Wiederaufbau in Richtung auf eine Rekonstruktion der Altstädte in ihrem vorindustriellen Ambiente, d. h. unter Weglassen der durch das 19. Jahrhundert vorgenommenen Veränderungen, durchgeführt zu haben.

lien und Spanien, die relativ spät in die Bewegung eingeschwenkt sind, haben aufgrund ihrer alten urbanistischen Tradition nunmehr weitflächig Denkmalschutzprogramme installiert und gleichzeitig auch den Autoverkehr aus den historischen Stadtkernen verbannt. Fußgänger und Radfahrer beherrschen die Szene.

Getragen vom rasch steigenden internationalen Städtetourismus ist der Denkmalschutz in den 1990er Jahren eine „unheilige Allianz" mit den

Abb. 6.10: *Danzig, alter Hafen.*

Bereits in der unmittelbaren Nachkriegszeit wurden bekannte, aber auch weniger bedeutende mittelalterliche Städte nach alten Plänen wieder aufgebaut: Warschau, Krakau (Abb. 6.9), Danzig (Abb. 6.10), Posen, aber auch Städte des Deutschen Ritterordens, wie Thorn, Kulm und Schwetz. Mit dem Wiederaufbau der historischen Stadtkerne hat Polen ein klares Bekenntnis zur europäischen Architekturtradition abgelegt. Als wohl einzigartiges Beispiel der Demonstration nationalen Selbstbewusstseins darf der Wiederaufbau von Warschau gelten. Hier fügte man liebevoll an die bis ins kleinste Detail rekonstruierte spätmittelalterliche und frühneuzeitliche Altstadt, der man ursprünglich nur Museums- und Wohnfunktion zuwies und die nunmehr zu einer Touristenattraktion geworden ist, ein barockes Palastviertel als Regierungs- und Repräsentationsviertel an. In den 1970er Jahren wurde das Königsschloss wiederaufgebaut. Deutlich abgesetzt entstand die neue City. Als ein Geschenk der damaligen UdSSR sollte das Kulturhaus, von den Warschauern spöttisch als „Die Torte" bezeichnet, das neue Warschau symbolisieren. Nach der Wende haben ausländische Investoren recht zügig Bürohochhäuser als neue Landmarken errichtet.

Unter den Hauptstädten der postsozialistischen Staaten kann im Hinblick auf das historische Bauerbe Prag den ersten Rangplatz beanspruchen. Die historische Altstadt von Prag gehört zum Weltkulturerbe (Abb. 6.11). Die Zeitspanne der Existenz des politischen Systems des Staatssozialismus war zu kurz, das Erbe der Vergangenheit zu mächtig, als dass eine durchgreifende Umgestaltung des älteren Baubestandes, wie z. B. in Sofia oder in einzelnen Städten der DDR, hätte erfolgen können. Ein „sozialistischer Städtebau" konnte sich in der Innenstadt nicht durchsetzen. Großbauten der kommunistischen Ära haben in Prag das Stadtzentrum nicht „erobern" können. Aufgrund des „zentrierten" Modells blieb die historische Stadt vielmehr das Zentrum der staatlichen Einrichtungen und auch das Zentrum des „kollektiven Konsums".

Hier wurden neue Kaufhäuser und internationale Hotels so in die bisherige Skyline eingefügt, dass sie eins werden konnten. Der bereits in der Zwischenkriegszeit etablierte Denkmalschutz wurde als Ensembleschutz auf den gesamten Bereich der

historischen Stadt ausgedehnt. Die verkehrspolitische Ideologie lautete ähnlich wie in der Wiener Altstadt: Verkehrsberuhigung (Parkbeschränkung), Einrichtung von Fußgängerzonen und Verkehrsbedienung durch die U-Bahn. In Prag umfasst der Bestand an Baudenkmälern I. Klasse in der historischen Stadt 1.423 Objekte, der Ensembleschutz erstreckt sich jedoch auf insgesamt 3.673 Gebäude. Diese Zahlen belegen den in zahllosen Kunstführern dokumentierten Umfang des zu schützenden Baubestandes und geben eine Vorstellung von den Schwierigkeiten der Instandhaltung.

Die Erneuerung der historischen Stadträume ist vor der politischen Wende ausschließlich als „na-

Abb. 6.11: *Prag, Hradschin mit Brücke (Banknote).*

Abb. 6.12: *Lemberg, Oper, Ukraine.*

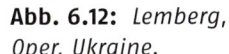

tionale" und gleichzeitig kulturelle Aufgabe gesehen worden.

Hinter dem Glanz renovierter Fassaden ist derzeit die Frage offen, in welcher Weise die historische Stadt von Prag künftig genutzt werden soll und wer dafür bezahlen kann und wird. Die Altstadterhaltung ist auf bedeutende Finanzmittel von auswärts angewiesen, deren Geber freilich auch die Ziele des immanenten Erneuerungsprozesses vorschreiben können.

Die historische Front der europäischen Stadtkultur außerhalb der Europäischen Union liegt heute im Vorland des Karpatenbogens in der südlichen Ukraine und in Moldawien. Dort wo das Römische, später das Byzantinische Reich am Dnjestr befes-

tigte Außenposten hatte, Grenzen verschoben, Bevölkerungen vertrieben und ausgetauscht worden sind, haben sich aus der Zeit der polnischen Reichsbildung und der eineinhalb Jahrhunderte währenden Zugehörigkeit zur Donaumonarchie beachtenswerte Stadtarchitekturen erhalten, vor allem das historisch vielschichtige Lemberg, an dessen Oper das Wiener Vorbild zu erkennen ist (Abb. 6.12), das „Biedermeier-Atmosphäre" atmende Ivano-Frankisk und das gründerzeitliche Czernowitz, Herzeigeprodukte des ukrainischen Denkmalschutzes, die infolge des Vorbeiziehens der Hauptfronten im Zweiten Weltkrieg nur mäßige Kriegsschäden davongetragen haben und nunmehr zur nationalen Identitätsfindung beitragen.

Nord-Süd-Unterschiede

Die Urbanisierung des Adels

In der Interpretation der europäischen Stadt steht die mittelalterliche Bürgerstadt am Beginn der Entwicklung. Zu Recht, wenn man vom „europäischen" Stadtbegriff ausgeht, bei dem die Stadt über kein Umland verfügt und sich einen virtuellen Lebensraum durch Handel und Gewerbe schaffen muss.

Dieser Stadtbegriff ist jedoch durch einen zweiten zu ergänzen, der auf die Polis der Antike zurückgeht und der die mittelalterlichen Stadtstaaten Mittel- und Oberitaliens bestimmt hat. Hier gehörte der Contado zum Besitz der Stadt, und mit dem Sesshaftwerden der Landbesitzer in den Städten im frühen Mittelalter wurde aus dem ländlichen Raum der Wohnturm als „Geschlechterturm" in die Stadt „importiert" und in den Baublöcken der römischen Stadtreste in Konkurrenz zu den Vertikalen der Kirchen aufgetürmt (Abb. 6.13). Die für das „Abendland" kennzeichnende Siedlungsdreiheit von Stadt, Burg und Dorf fehlt daher im Mediterranraum ebenso wie das dreigliedrige Sozialsystem von Bürgern, Rittern und Bauern.

Nun beendete die imposante Bauform des Wohnturms ihre Karriere sehr schnell, als die mächtig werdenden Stadtrepubliken den urbanisierten Landadel zwangen, seine Türme abzutra-

gen. Gleichzeitig kehrte jedoch eine andere in der klassischen Antike wurzelnde Form, nämlich das Hofhaus (Abb. 6.14), Platz beanspruchend zurück. Es handelt sich hierbei um die wichtigste Form europäischer städtischer Baukultur, und zwar insofern, als das Hofkonzept immer wieder neue Auflagen erhalten und sich aller städtischen Funktionen auch außerhalb der Wohnfunktion bemächtigt hat. Es wurde zur tragenden Konzeption des absolutistischen Flächenstaates.

Die Klöster bedienten sich seiner ebenso wie die Paläste des Adels. Im aufgeklärten Absolutismus wurde die Palette öffentlicher Einrichtungen damit versorgt, von den Krankenhäusern bis zu Verwaltungsgebäuden und Gefängnissen. Der Hof als zentraler Platz konnte alle städtischen Funktionen in sich aufnehmen.

Auf die Residenzstadt des Flächenstaates wurde bereits hingewiesen. Sie brachte auf dem Kontinent die Urbanisierung des Adels, welcher im Verein mit dem Hofstaat die Bürgerstadt okkupiert und gesprengt hat. Festzuhalten ist, dass somit in der europäischen Stadt „zwei Urbanisierungsphasen" des Adels zu unterscheiden sind, wobei allerdings auch die zweite Urbanisierungsphase nicht den gesamten Kontinent erfasst hat. Der Adel verblieb im territorial zersplitterten deutschen Altsiedelland und vor allem in Großbritannien auf dem Lande in seinen inzwischen schlossartig umgebauten Ansitzen und hatte nur Absteigquartiere in der Stadt. Der durch die Urbanisierung des Adels begründete Nord–Süd-Gegensatz der europäischen Stadt wird verstärkt durch die Mietshausentwicklung.

Mietshaus versus Einfamilienhaus

Die europäische Wohnbauentwicklung ist durch die Auseinandersetzung des Mietshauses mit dem Eigenheim gekennzeichnet. Das Einfamilienhaus weist zwei Zentren auf. Ein Zentrum liegt in Nordwesteuropa und ist ungefähr mit dem ehemaligen Hanseraum identisch. Hier hat sich das auf mittelalterliche Traditionen zurückgehende schmale Reihenhaus mit zwei bis drei Fensterachsen zum Town house entwickelt, das von Großbritannien nach Angloamerika „ausgewandert" ist. Das südliche Zentrum auf der Iberischen Halbinsel hat den Leittyp des Patiohauses bestimmt, welches von hier nach Lateinamerika übertragen wurde. Der Ursprung des mehrgeschossigen kontinentaleuropäischen Mietshauses mit seiner breit gegen die Straße hin gelagerten Front geht auf die italienischen Stadtstaaten zurück. Sein Vorrücken auf Kosten des Eigenhauses zählt zu den tiefgreifenden, auf das gesamte gesellschaftliche System zurückwirkenden Prozessen der europäischen Stadtgeschichte. Doch gelang es ihm nicht, in der Neuen Welt Fuß zu fassen. Das Mietshaus blieb eine Angelegenheit des europäischen Kontinents und trägt bis heute wesentlich zur Besonderheit von dessen Städtewesen bei.

Seine Ausbreitung vollzog sich einerseits als regionaler Ausbreitungsprozess von Süden nach Norden und andererseits in Abhängigkeit von der Stadtgröße im Rahmen der Verstädterung. Im Zuge des seit dem Mittelalter etappenweise fortschreitenden Wachstumsprozesses der Städte kommt dem Schwellenwert von rund 20.000 Einwohnern eine entscheidende Bedeutung zu. Im Mittelalter erreichten nur wenige Städte außerhalb des orientalischen Kulturkreises diese Größenordnung, in der Neuzeit nahm ihre Zahl rasch zu. Mit wachsendem Bedeutungsgewinn unterlag das Mietshaus Veränderungen hinsichtlich der baulichen Gliederung und Gestaltung, der Organisationsform

Fazio 1980, S. 140.

Abb. 6.13: *Luftbild von San Gimignano, Toskana.*

Abb. 6.14: *Arkadenhöfe, Granada, Andalusien.*

der Bautätigkeit und schließlich auch hinsichtlich der Mietparteien.

Im kontinentalen Mittel- und Westeuropa brachte der Aufbau der absolutistischen Staaten mit ihrem wachsenden Beamtenapparat und dem gewaltigen Heer von Zubringerdiensten für Hof und Adel einen ersten Einbruch in die ständisch differenzierte Eigenhausstruktur der Bürgerstadt, mit dem Patrizierhaus, dem Handwerkerhaus, dem Ackerbürgerhaus und dem „Kleine Leute"-Haus.

Die neue Mietshausform für Beamtenschaft und Hofpersonal lässt sich in Gestalt arkadengeschmückter Renaissancehöfe von Italien über Wien nach Krakau, Warschau und Lublin verfolgen. Ein anderer Ast reicht von Südfrankreich bis nach Paris.

Zu standardisierten Großformen rückten diese Mietshäuser dann im späten 18. Jahrhundert auf, als in den damals großen Städten des Kontinents, darunter in Neapel, Wien und Paris, im Manufakturwesen groß gewordene Unternehmer und Bankiers den Bau von Großmietshäusern als ebenso sichere wie gewinnbringende Kapitalanlage betrachteten. Der zuerst in Neapel entwickelte Bautyp des klassizistischen Großmietshauses mit Mittel- und Großwohnungen eroberte alle großen Städte von Kontinentaleuropa einschließlich der Iberischen Halbinsel.

Diente dieses ältere Mietshauswesen in erster Linie dazu, den Wohnungsbedarf des bürgerlichen Mittelstandes zu befriedigen, so reihte sich ab der Mitte des 19. Jahrhunderts mit der Industrialisierung und sprunghaft steigenden Verstädterung der so genannte „vierte Stand" in breiter Front in die Schar der Wohnungssuchenden ein. Die traditionellen Haushaltsgemeinschaften, bei denen der Gewerbeherr für die Unterbringung seiner Gehilfen und Lehrlinge verantwortlich war, lösten sich mehr und mehr auf. Dem massenhaft steigenden Wohnungsbedarf konnten auch die alten zünftigen Formen des Baugewerbes nicht mehr genügen. Baugesellschaften bildeten sich und erschlossen das Gelände, ein Heer von Agenten fungierte als Zubringer der Grundstücke, Hypothekenbanken übernahmen die Finanzierung. Der kapitalistische Wohnungsmarkt setzte die Spielregeln für die Wohnungswirtschaft. Der Hausbesitz wurde zur günstigen Kapitalanlage breiter Schichten des Bürgertums. Hohe Mieten, eine starke Mobilität der Mieter und das berüchtigte Wort von den „Großstadtnomaden" kennzeichneten die andere Seite des Systems. Das soziologisch wichtige Gegensatzpaar von „Hausherr" und „Mietpartei" fand in der Literatur des 19. Jahrhunderts seinen Niederschlag. Die Zeichnung eines französischen Mietshauses um die Mitte des 19. Jahrhunderts bietet hierfür eine treffliche Illustration (Abb. 6.15).

Demnach hatte der Concierge, der Hausmeister, das Erdgeschoss als Wohnstandort. Er übte eine wichtige Kontrolle über die ein- und ausgehenden Personen aus. Im Erdgeschoss befand sich ferner ein Wohnladen. Der 1. Stock war als Nobelstock dem Hausbesitzer vorbehalten, der in der Wohnungseinrichtung den Repräsentationsstil des einstigen französischen Adels übernommen hatte und der, falls er im Besitze mehrerer Mietshäuser war, als „Kapitalist" seinen Lebensunterhalt von den Mieteinnahmen gut bestreiten konnte. Auch der 2. Stock enthält noch eine ebenfalls große Wohnung, während im 3. Stock bereits zwei Wohnungen vorhanden sind (in der einen wird einem Mieter gerade gekündigt), im 4. Stock, unter dem Dach, haben arme Leute und Künstler ihr „Obdach" gefunden.

Standardisierte und sozial differenzierte Mietshaustypen entstanden. Die Hauptstädte Paris, Wien und Berlin erfanden sie. Von hier breiteten sie sich über das Netz der Groß- und Mittelstädte aus. Entsprechend dem nur punktuellen Vorstoß der Industrialisierung in den ostmitteleuropäischen Agrarraum konnte auch der Mietshausbau nur einzelne Vorposten stellen, so zum Beispiel in der polnischen Industriestadt Lodz. Ansonsten bewahrten selbst Mittelstädte mit dem Schachbrettmuster von ebenerdigen Reihenhäusern ein halbländliches Baubild.

An seiner Nordflanke, nördlich einer Linie, die etwa von Lille in Frankreich über Mitteldeutschland zur Ostsee nach Polen verläuft, sah sich dieses Großmietshaus mit einem anderen Mietshaustyp konfrontiert, dem Etagenhaus, das aus dem schmalbrüstigen, mittelalterlichen Gewerbebürgerhaus hervorgegangen war und bei dem jedes Stockwerk jeweils eine Familie beherbergte. Die Gegenüberstellung von London und Paris lässt die Unterschiede erkennen (Abb. 6.16, 6.17).

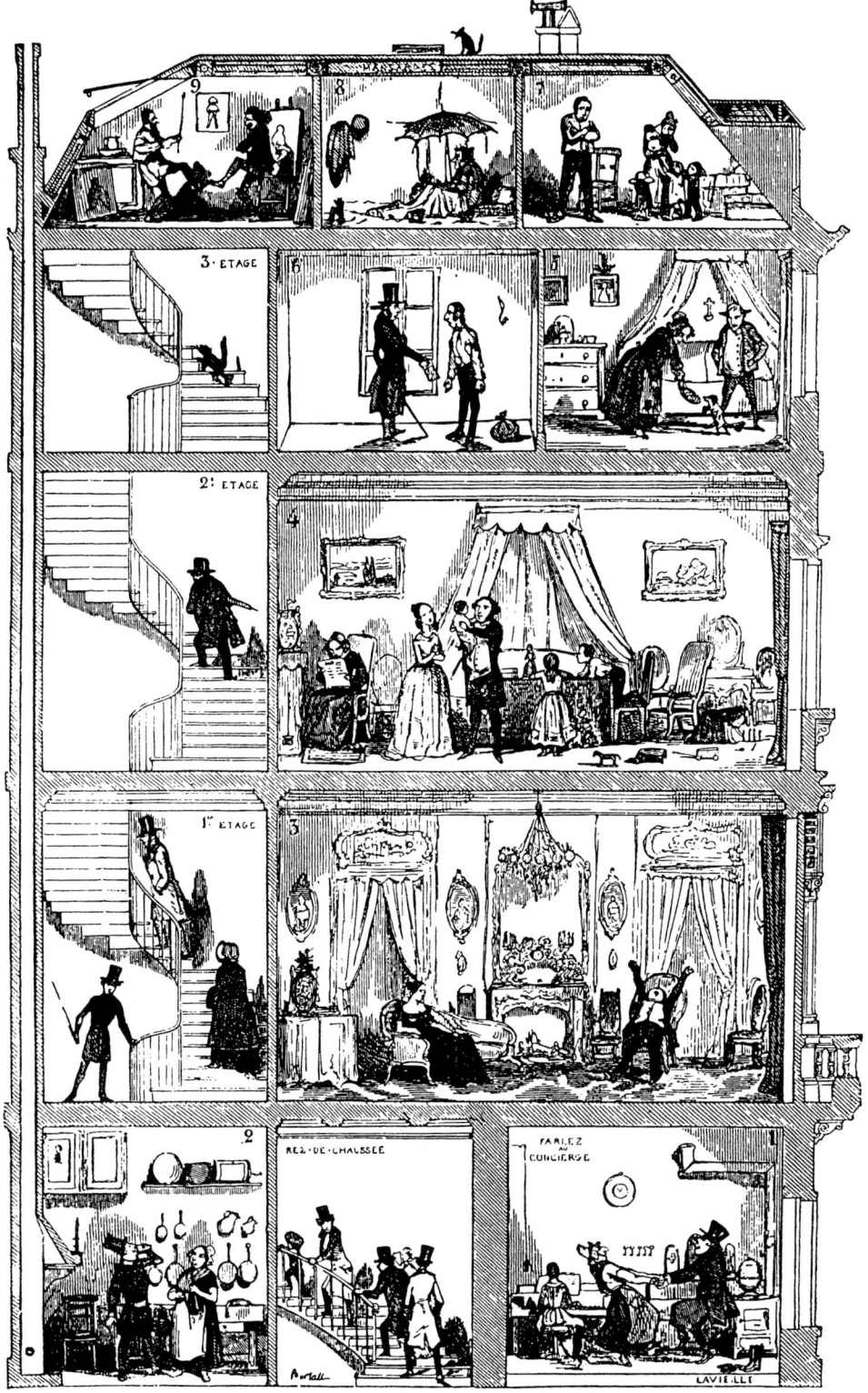

Abb. 6.15: *Die vertikale soziale Differenzierung eines Pariser Mietshauses.*

Benevolo 1993, S. 849.

Abb. 6.16: *Inner City London, Eigenhäuser.*

Abb. 6.17: *Innenstadt Paris, gründerzeitliche Mietshäuser.*

In der Spätphase der Gründerzeit hat sich das Mietshaus von den Großstädten bis zu den Kleinstädten hin ausgebreitet. Als Zeugen der Spekulationsfront gründerzeitlicher Stadtränder haben sich weitab von der geschlossenen Verbauung einzelne Reihenmietshäuser erhalten.

Das Ende des Ersten Weltkriegs hat die politische Landkarte von Europa grundstürzend geändert und bedeutete einen gravierenden Einschnitt in der Stadtentwicklung. Das System der kapitalistischen Wohnungswirtschaft brach im Gefolge des Ersten Weltkriegs zusammen. Zuerst das „Einfrieren der Mieten" durch die Einführung des Mieterschutzes, dann die sozialen Mieten des städtischen Wohnungsbaus, die kostendeckenden Mieten der Genossenschaften, Werkswohnungen und dergleichen und die Hypothekarmieten des Eigentumswohnbaus haben den Wohnungsmarkt völlig verändert und einen komplizierten, von Land zu Land etwas variierenden Mechanismus entstehen lassen, der das europäische Mietshauswesen grundsätzlich sowohl von jenem Angloamerikas als auch von dem der ehemaligen Ostblockstaaten unterscheidet.

Durch die Ausschaltung privatkapitalistischer Interessen aufgrund der Mieterschutzgesetzgebung und infolge der Wirtschaftskrise fiel der gründerzeitliche Stadtkörper gleichsam in Erstarrung. Seit der Zwischenkriegszeit sondert sich in weiten Teilen Europas die kompakt verbaute Innenstadt von der Außenstadt (vgl. unten).

Nach einer langen Phase der Vernachlässigung und des drohenden Verfalls von Teilen des gründerzeitlichen Baubestandes vereinigten sich im letzten Drittel des 20. Jahrhunderts Denkmalpflege und Stadterneuerung zu einer städtebaulichen Ideologie, welche die Grundlage für das neue Paradigma der nachhaltigen Entwicklung bildet. Stadtverfall, ein dominierendes Merkmal nordamerikanischer Innenstädte, fehlt als weiträumiger Begriff und als Erscheinung in Kontinentaleuropa und bildet derzeit nur in den ehemaligen CO-MECON-Staaten ein Übergangsphänomen.

Die Außenstadt wurde zum Experimentierplatz und Konkurrenzfeld verschiedener Bautypen und Rechtsformen des Wohnungswesens. Im mittleren Streifen Europas entstand ein Stückwerk von Nutzungen, teils im Anschluss an das vorgegebene Siedlungs- und Verkehrsnetz, teils losgelöst davon. Mit dem Ersten Weltkrieg war die Zeit flächenhafter zonaler Ausbreitung des Stadtkörpers endgültig vorbei. Neue Siedlungs- und Industriebänder folgen seither radialen und tangentialen Schnellbahnen und -straßen. In einem weiteren Verdichtungsprozess entstand die viel zitierte

„Zwischenstadt", eine diffuse Agglutinierung von unterschiedlichen Siedlungsbestandteilen.

In den südeuropäischen Großstädten bedeutete der Erste Weltkrieg keinen so scharfen Einschnitt für die Stadtentwicklung wie im Raum der Mittelmächte. Kompakte Mietshausstrukturen schließen bis in die Gegenwart ziemlich unmittelbar an die ältere geschlossene Mietshausverbauung an (Abb. 6.18). Eine Einzelhaussiedlung kam zunächst seit dem späten 19. Jahrhundert einerseits in den Villen der Oberschicht und andererseits in squattermäßigen Behelfssiedlungen der armen Leute zum Zug. Diese Zweitgenannten konnten inzwischen dank einem beachtlichen vom Staat geförderten sozialen und Eigentumswohnungsbau zur Gänze beseitigt werden. In der jüngsten Entwicklung sind Reihenhaussiedlungen am Stadtrand von oberen Mittelschichten gefragt (Abb. 6.19).

Abb. 6.18: *Málaga, Reihenhäuser am Stadtrand.*

Der Munizipalsozialismus

Die Aufgaben

Der große Umfang der Aufgaben europäischer Stadtbehörden geht im Wesentlichen auf die mittelalterliche Bürgergemeinde zurück. Diese besaß eine Vielfalt von Funktionen. Historische öffentliche Bauten dokumentieren dies. In der Zeit des Absolutismus übernahm die staatliche Bürokratie einen großen Teil der Aufgaben, darunter das Schulwesen und die Sozialinstitutionen. Kulturelle Einrichtungen, Universitäten, Museen und Theater wurden zu einer Verpflichtung des Herrscherhauses. Das Städtewachstum des 19. Jahrhunderts brachte neue Aufgaben. Sie wurden vom technischen Städtebau, zunächst vielfach unter Beteiligung von Privatgesellschaften beim Bau der Massenverkehrsmittel und der Ver- und Entsorgungseinrichtungen, gelöst.

Seit der autonomen Gemeindeverfassung des Liberalismus gelang es den städtischen Behörden, ihre alten Rechte und Verpflichtungen Schritt für Schritt zurückzugewinnen.

Der Munizipalsozialismus an der Wende zum 20. Jahrhundert, dessen Maßstäbe in Wien von Bürgermeister Lueger gesetzt wurden, brachte ein neues Kapitel der europäischen Kommunalpolitik.

Abb. 6.19: *Málaga, Appartementhäuser und Stierkampfarena.*

Recht spektakulär vollzog sich in Wien die Verstadtlichung der öffentlichen Verkehrsmittel und anderer Versorgungseinrichtungen, wie der Gas- und Elektrizitätswerke. Weit unauffälliger folgten in der Zwischenkriegszeit die meisten Städte Europas dem Wiener Beispiel.

Gesellschaftspolitische Grundsätze des sozialen Wohlfahrtsstaates fanden in die Investitions- und Tarifpolitik mit der Verbannung des Profitdenkens

Abb. 6.20: *Karl-Marx-Hof, Wien.*

und der generellen Akzeptierung des Gemeinnutzenprinzips bei Sozial- und Infrastruktureinrichtungen Eingang. Die Konsequenzen für die Aufgabenstruktur der Kommunalbehörden im Hinblick auf die räumliche Organisation von Städten liegen auf der Hand. Dort, wo der Magistrat die Betriebsführung bei den Infrastruktureinrichtungen innehat, besteht in der Regel ein Qualitätsgradient vom Zentrum zur Peripherie und in vielen Fällen eine Unterversorgung des Stadtrandes. Ferner ergibt sich daraus die Tendenz, die neue Verbauung möglichst eng an die bereits bestehende anzuschließen und damit die vorhandenen Versorgungseinrichtungen zu nutzen. Die Standortpolitik nicht nur des sozialen Wohnungsbaus der Zwischenkriegszeit, sondern auch die des Genossenschafts- und Eigentumswohnungsbaus der Gegenwart wird davon bestimmt.

Die Unterschiede im Bereich der sozialen Infrastruktur akzentuieren die obigen Aussagen. Unter den Einrichtungen der sozialen Infrastruktur kommt dem **Schulwesen** ganz allgemein eine besondere Bedeutung für die soziale Differenzierung von Städten zu. In den meisten europäischen Staaten ist das Schulwesen verstaatlicht und durch einheitliche Lehrpläne und eine einheitliche Bezahlung der Lehrer geregelt. Bildungspolitik ist ein Mittel des Disparitätenausgleichs, und zwar sowohl auf der interregionalen als auch auf der intraurbanen Ebene.

Der soziale Wohnungsbau

Der soziale Wohnungsbau wurde in Europa in Zeiten der Wohnungsnot „geboren" und ist heute vielfach ein Instrument der Wahlgeometrie für sozialdemokratische Stadtverwaltungen. Auf ihn entfallen in den Niederlanden 40% des Wohnungsbestandes! Dementsprechend hoch ist seine Bedeutung als Integrationselement verschiedener Bevölkerungsgruppen. Wien hat in der Zwischenkriegszeit das architektonische Modell der riesigen kommunalen Wohnburgen weltweit exportiert (Abb. 6.20).

Ebenso wie ein Engagement im Wohnungsbau wird in weiten Teilen Europas auch die **Schaffung von Erholungsflächen** als ein integrierender Bestandteil der kommunalen Aufgaben angesehen. Auf diesem Felde hat sich freilich schon der aufgeklärte Absolutismus verdient gemacht. So erteilte in Wien Kaiser Joseph II. 1782 den Befehl, die staubigen Flächen des Glacis mit Gras und Bäumen zu bepflanzen, um für die in der Enge der dicht verbauten Stadt lebende Bevölkerung ein Erholungsgebiet zu schaffen. Im Liberalismus verschmolz das Konzept der Allmende der mittelalterlichen Stadtgemeinde mit dem ästhetischen Prinzip barocker Gartenkultur. Anstelle des Befestigungsareals entstanden in vielen Fällen Parkanlagen. Selbst das spekulationsfreudige späte 19. Jahrhundert sparte im gründerzeitlichen Rasterschema der Städte des kontinentalen West- und Mitteleuropa kleine Parks aus. Das soziale Grün des kommunalen Wohnungsbaus ist inzwischen zu einem selbstverständlichen Inventar auch von Genossenschafts- und Eigentumswohnbauten geworden, allerdings noch nicht in Südeuropa.

Der viel diskutierte „green belt", den E. Howard als Begrenzungsrahmen seiner „New Town" vorsah, erhielt in den dicht verbauten kontinentaleuropäischen Städten in erster Linie eine Erholungsaufgabe zugewiesen, so im 1904 gesetzlich beschlossenen Lueger'schen Grüngürtel für Wien.

Kommunale Bodenpolitik

Damit erhebt sich die Frage nach der kommunalen Bodenpolitik. Mit ihr steht und fällt jegliche Möglichkeit, tatsächlich umfassende Pläne von Seiten der Kommunalbehörden zu realisieren. „Integrale Stadtplanung" bedarf der Verfügungsgewalt über das Land. Schon die Preußenkönige wussten dies, als sie ihre ehrgeizigen Pläne zur Ausgestaltung und Verschönerung Berlins im 18. Jahrhundert in Angriff nahmen. Sie erwarben nach und nach so viele Grundstücke, dass sie schließlich 40 % der Stadtfläche ihr Eigen nennen konnten. Im 20. Jahrhundert eiferten sozialdemokratische Stadtbehörden diesem Beispiel nach. So begann Stockholm schon zu Beginn des 20. Jahrhunderts mit dem Aufkauf von Grundstücken außerhalb und innerhalb der damaligen Stadtgrenze.

Bereits auf die mittelalterliche Bürgerstadt gehen die **Bauordnungen** zurück. Sie entsprechen der Kontrollfunktion der Bürgergemeinde über die Bautätigkeit ihrer Mitglieder. So zwangen z. B. italienische Städte die Adelsfamilien, ihre Turmbauten abzubrechen.

Der Liberalismus hat von der Bürgergemeinde die Grundvorstellung einheitlicher Traufhöhe und Fassadengestaltung übernommen. Das liberale Zeitalter stanzte sie über Europa hinweg in erstaunlich einheitlicher Weise in Bauklassen um. Paris gab mit der Bauordnung von 1795 mit einer maximalen Bauhöhe von 25 Metern, die der damaligen Gerüsttechnik entsprach, das Vorbild ab. Auch der technische Fortschritt der Stahl-Zement-Konstruktion um die Wende zum 20. Jahrhundert mit den Möglichkeiten des Hochhausbaus konnte diese bereits genormten und eingespielten Regulierungen und verwaltungsrechtlichen Durchführungsbestimmungen sowie die traditionellen städtebaulichen Vorstellungen nicht durchbrechen (Abb. 6.21, 6.26, 6.27).

Dies gelang erst nach dem Ersten Weltkrieg, jedoch auch dann nur bis zu einem gewissen Grad, mit der Einführung des in der Vertikalen elastischen Begriffs der Geschossflächendichte.

Das Aufbrechen der traditionellen Reihenhausverbauung zu Baublöcken verhalf zwar dem Hochhausbau zum Durchbruch, wenn auch nicht einem von amerikanischem Zuschnitt. Diesen schließen die seit der Zwischenkriegszeit im Zuge des sozialen Wohnungsbaus in die älteren Bauordnungen eingefügten Bestimmungen aus, wonach der Lichteinfallswinkel bei der lichten Weite zwischen Nachbarbauten zu berücksichtigen ist.

Wenn auch das Bauhöhenprinzip der Reihenhausverbauung heute durch das Geschossflächenprinzip ersetzt ist, so wurde das in den alten Bauordnungen der Großstädte in Form von Bauklassen festgelegte Zonenmodell nicht fallen gelassen, sondern nur durch ein Modell von Zonen unterschiedlicher Geschossflächendichte ersetzt.

In der Praxis unterliegt damit die Bautätigkeit in den großen Agglomerationen drei unterschiedlichen Grundsätzen:

1. einem modifizierten Bauklassenprinzip im geschlossen verbauten Stadtkern,
2. der Geschossflächenregulierung im Weichbild innerhalb der Stadtgrenze und
3. örtlichen Flächenwidmungsplänen in den Randgemeinden außerhalb der Stadtgrenze.

Steuerpolitik

Die Frage der Steuerpolitik kann hier nur angerissen werden. In weiten Teilen Europas sind die Steuern, die auf Haus- und Grundbesitz lasten, zu reinen Anerkennungsgebühren geworden. Anders war die Situation vor dem Ersten Weltkrieg. Die Hauszinssteuer in der österreichisch-ungarischen Monarchie bildete die Basis des Steueraufkommens des Staates. Auf sie entfielen ca. 40 % der Einnahmen des Budgets. Das geringe Steueraufkommen der Wohnsatelliten europäischer Großstädte, selbst wenn sie von gehobenen Sozialschichten bewohnt werden, wird gegenwärtig als Strukturmangel hingenommen.

Ein heute gleichfalls mehr oder minder in Vergessenheit geratenes Mittel der Behörden zur Regulierung der Bautätigkeit bildeten die „Steuerfreijahre". Mit ihrer Hilfe hatte schon das absolutistische Landesfürstentum seine Stadtbürger dazu gebracht, die Häuser „zur Zier der Stadt" zu verschönern oder, wie sich etwas despektierlich ein Wiener Obersthofmeister im 17. Jahrhundert ausdrückte, „respektierliche Fassata vor die Wanzenkobeln" zu setzen. Im Liberalismus wurden die Steuerfreijahre zu einem Schrittmacher für die Citykräfte bei ihren Bestrebungen um die Erneuerung des Baubestandes im Stadtkern. Das Ausmaß der

Abb. 6.21: *Lyon, Stadtüberblick.*

Umbautätigkeit in der Stadtmitte und längs der von dort ausstrahlenden Ausfallstraßen kann in der viel zitierten Gründerzeit geradezu als ein Gradmesser für das mit der Intensität der Citybildung Hand in Hand gehende Steigen der Bodenpreise und Mieten angesehen werden.

Verkehrsprogramme

Langfristige Verkehrsprogramme gehören seit den 1960er Jahren zu einem integrierenden Bestandteil der Flächenwidmungspläne der meisten Großstädte. Sie enthalten folgende Grundsätze:
Die Aufrechterhaltung eines leistungsfähigen öffentlichen Verkehrs und damit auch des Verkehrsprimats der City zählt zum allgemein akzeptierten Glaubensbekenntnis. Wohl mit keiner anderen Maßnahme können kommunale Behörden auch derart entscheidend in das Standortgefüge von Städten eingreifen. Dies wird vor allem im Vergleich mit Nordamerika klar, wo bis zu den Millionenstädten die von Privatgesellschaften betriebenen öffentlichen Verkehrsmittel bereits zusammengebrochen sind. Der Niedergang der amerikanischen Downtown steht zweifellos in Wechselwirkung mit dem Primat des Autoverkehrs.

Miteinander wetteifernd begannen dagegen die Kommunalbehörden der großen europäischen Städte bereits ab den 50er Jahren des 20. Jahrhunderts mit dem Bau von Untergrundbahnen. In allen Metropolen Europas ab einer halben Million Einwohner sind in der zweiten Hälfte des 20. Jahrhunderts U-Bahnen gebaut worden. Nur in britischen Metropolen wie Manchester fehlen sie, ebenso in Dublin.

Das Primat der öffentlichen Verkehrsmittel wurde in den ehemals sozialistischen Staaten zur Planungsdoktrin erhoben und dementsprechend der öffentliche Verkehr, insbesondere der U-Bahn-Bau, forciert. Die Moskauer U-Bahn ist heute mit 8,9 Millionen Passagieren pro Tag und 3 Milliarden im Jahr die am stärksten frequentierte U-Bahn der Welt. Ihre Konstruktion begann 1932 mit eleganten und weiträumigen Stationen. Sie galt als Kunstwerk und gleichzeitig als nationales Symbol. Die Moskauer U-Bahn ist 269 km lang und hat 160 Stationen. Die Züge sind identisch mit jenen in anderen zur UdSSR bzw. zum COMECON gehörenden Millionenstädten, z. B. St. Petersburg, Nowgorod, Minsk, Kiew, Charkow, Bukarest, Sofia, Warschau und Prag, wo sich die tschechische Regierung seinerzeit bemüht hat, das Moskauer Vorbild im U-Bahn- und Straßenbau nicht nur zu erreichen, sondern – wenn möglich – sogar zu überbieten. In monumentaler Granitbauweise ausgeführt, mit sorgfältig ausgebildeten Oberflächen der Wände und Decken, perfekten Beleuchtungsverhältnissen und übersichtlicher Orientierung ausgestattet, werden die U-Bahnen von den tschechischen Architekten mit Stolz als „eine alltägliche Schule des Geschmacks und der bürgerlichen Moral" bezeichnet.

Nun wäre es aber unrichtig anzunehmen, dass der Ausbau von Straßen und Autobahnen in der sozialistischen Stadtplanung kein Gewicht besessen hätte. Das Beispiel von Moskau mit einer vorbildlich ausgebauten, an die historischen Torstraßen anknüpfenden Radiale und einem kreisförmigen Netz von Schnellstraßen und Autobahnen belegt das Gegenteil.

Zum Unterschied von Amerika hat die „autogerechte Stadt" in Westeuropa nur kurzfristig als Leitbild gedient. Es erfolgte bereits in den 1960er Jahren eine Abkehr von diesem Modell mit seinen Straßendurchbrüchen, Fußgängerunterführungen usw. Ein duales Modell der Verkehrsentflechtung überschwemmte unter dem Slogan „Jeder Klein-

Abb. 6.22: *Lyon, Stadterneuerung.*

und Mittelstadt eine Fußgängerzone" Europa mit Lösungen verschiedener Art. Neue Zielsetzungen standen Pate:

- dem Fußgänger sollte die Stadt wieder „zurückgegeben" werden (Verkehrsentflechtung),
- das zentrale Geschäftszentrum sollte gestärkt und
- der historische Baubestand erhalten werden.

In der Realität sind in Abhängigkeit von der historisch-topographischen Struktur der jeweiligen Städte sehr unterschiedliche Lösungen entstanden. Fußgängerbereiche rückten seit dem Denkmalschutzjahr 1975 auf Platz eins der Zielsetzungen der Innenstadtplanung. In den 1980er Jahren gewann das Ziel der flächenhaften Verkehrsberuhigung an Bedeutung. In den 1990er Jahren trat dazu die Zielsetzung, in der Innenstadt eine gehobene Lebensqualität zu „inszenieren" (Abb. 6.22, 6.23).

Mit Beginn des 21. Jahrhunderts besitzt nahezu jede deutsche Stadt in den alten und neuen Bundesländern Fußgängerstraßen. Netzwerke von vier bis neun Kilometer Fußgängerzonen sind inzwischen Instrumente des Stadtmarketings geworden, wobei nach einer Phase der Funktionalität nunmehr Lebensqualität und die Inszenierung von Events im Vordergrund stehen. In der wettbewerbsorientierten Welt wird mit dem Image von Produkten geworben. Dabei werden auch Ereignisse und Symbole vermarktet. Fußgängerzonen wurden auch zu einer Bühne der hedonistischen Freizeitgesellschaft. Dazu gehören die von öffent-

licher wie privater Seite inszenierten Freiraum-Events, Open-Air-Konzerte, sogar ganze Kulturprogramme auf zentralen Plätzen, Bürgerfeste, historische Märkte und Festivals, die sich oft über die gesamte Innenstadt erstrecken.

Städtebau und Stadtplanung

Konzepte des 20. Jahrhunderts

Das Ende des Ersten Weltkriegs brachte in weiten Teilen des westlichen Europa gleichzeitig das Ende der kompakten Stadt und die Beendigung des traditionellen Städtebaus. Dies hatte folgende Konsequenzen:

1. Das Ende der Reihenhausverbauung bedeutete das Abgehen von einem der ältesten Prinzipien des Städtebaus und die Aufgabe der traditionsreichen Elemente der Straße und des Hofes.
2. Mit dem Verzicht auf die Rasteraufschließung verschwand der Baublock als funktionsneutra-

les Prinzip, welches die Auswechslung der Funktionen gestattet.
3. Gleichzeitig erfolgte eine Änderung in der dritten Dimension. Das Prinzip der Traufhöhe und damit der Grundsatz einheitlicher Bauhöhenklassen in der Bauordnung wurde durch das in der Höhe elastische Prinzip der Geschossflächendichte ersetzt.
4. Es kam zur Polarisierung zwischen Urbanisten und Vertretern einer antiurbanen Haltung; damit erfolgte die Polarisierung der Wohnformen von Hoch- und Einfamilienhaus.
5. Beide Gruppen propagierten die Entflechtung

Abb. 6.23: *Stockholm, Stadtzentrum.*

und Separierung von städtischen Funktionen in der räumlichen Gliederung von Städten. Die Charta von Athen (1927) vollzog die Trennung von Flächennutzungskategorien und von verschiedenen Verkehrsebenen.

Zwei neue Konzepte bestimmten den Städtebau des 20. Jahrhunderts:

1. die Hochhausstadt und
2. die Gartenstadt als „Neue Stadt".

Die erste Hälfte des 20. Jahrhunderts gehörte nicht den urbanistischen Großprojekten. Sehr viel mächtiger als die Bewegung der Urbanisten war die Gartenstadtbewegung, welche, von Großbritannien ausgehend, große Teile Nordwesteuropas erfasste. Sie ebbte im deutschen Sprachraum ab und wandelte sich in Frankreich zur chaotischen Urbanisierung der „pavillons", ganz ähnlich der Entwicklung an den Stadträndern in Ostmittel- und Südosteuropa.

In der zweiten Hälfte des 20. Jahrhunderts standen Städtebau und Stadtplanung im Westen Europas vor dem Problem, die Vorgaben des sozialen Wohlfahrtsstaates mit den Interessen der zunehmend mächtiger werdenden Wirtschaft verbinden zu müssen. Damit war von vornherein ein zum Teil nicht reflektierter Zickzackkurs vorprogrammiert, der sich in der Schwerpunktverschiebung von der Innenstadt zur Außenstadt und wieder zurück manifestiert.

Unter dem Leitbild einer „gegliederten und aufgelockerten Stadt" kamen die Zielvorgaben der Gartenstadtbewegung, der Charta von Athen und des Nachbarschaftskonzepts schon in den 1950er und 1960er Jahren als Hintergrundverständnis beim Wiederaufbau der im Zweiten Weltkrieg zerstörten Städte, insbesondere der historischen Stadtkerne, zum Zug, wobei aufgrund des bestehenden Straßennetzes, der erhaltenen Anlagen des unterirdischen Städtebaus (Versorgungs- und Entsorgungsleitungen), des Parzellenbesitzes und des Wiederaufbauwillens der Bevölkerung nur mäßige Veränderungen der Stadtstrukturen erfolgt sind. Die eigentliche Zweigleisigkeit begann in den 1960er Jahren mit dem Modell der autogerechten Stadt, welche aber sehr rasch wieder mittels des Ausbaus des öffentlichen Verkehrs, in Großstädten bis hin zum U-Bahn-Bau im Verein mit Satelliten- und Trabantenstädten, abgefangen

Abb. 6.24: *Wien, Müllverbrennungsanlage von Hundertwasser.*

Lichtenberger 2000, S. 331.

wird. Schweden hat hierfür das Vorbild gegeben (Abb. 6.23).

Über Europa hinweg entstanden Großwohnanlagen unter dem Motto der Stadterweiterung, von denen einzelne inzwischen wieder abgebrochen wurden.

Kahlschlagsanierungen des Altbaubestandes waren die Kehrseite der Medaille. Die Erdölkrise von 1973 brachte eine Neubewertung historischer Stadtstrukturen, die zu ihrer Erhaltung und Aufwertung führte. Die Rückkehr zur Stadterneuerung wurde durch das Denkmalschutzjahr 1975 akzentuiert. Gleichzeitig mit dem Slogan „Urbanität durch Dichte" erfolgt eine funktionelle Aufwertung der Stadtkerne durch Fußgängerzonen. Andererseits begann die Exurbanisierung und die Gründung von Shoppingcentern auf der „grünen Wiese".

Gerade die Stagnation und Abnahme der Bevölkerung in den meisten Städten bei gleichzeitigem Wirtschaftswachstum bot die Möglichkeit einer Verbesserung der städtischen Bau- und Infrastruk-

Abb. 6.25: *Vilnius, Litauen, Stadtüberblick* .

tur und gestattete den Aufwand von kleinräumigen Lösungen. Durch die Vielzahl von Investitionen und Maßnahmen haben nicht nur historische Altstadtkerne, sondern auch andere ältere Stadtteile neue Wohn- und Lebensqualität gewonnen, selbst Müllverbrennungsanlagen erhielten ein ästhetisches Design (Abb. 6.24).

Die Konzentration auf die Planung in der Innenstadt, welche von einer sozialen Aufwertung begleitet wurde, schob die räumlichen Trends, welche sich an der Peripherie vollzogen, beiseite. Hierzu gehören die als „Zersiedlung" gerügte und als Problem betrachtete extensive Beschlagnahme weiter Räume im Stadtumland durch Ein- und Zweifamilienhäuser in der mittleren Zone Europas ebenso wie die weiterhin anhaltende und sogar zunehmende separierte Ansiedlung von Wohnsiedlungen, Arbeitsstätten, Versorgungs- und Freizeiteinrichtungen, welche durch den motorisierten Individual- und Wirtschaftsverkehr verursacht wird. Hierfür wurde von Sieverts (1997) der Begriff der „Zwischenstadt" geprägt, welche Eigenschaften von Stadt und Land aufweist.

Effekte der politischen Systeme

Städte und städtische Systeme unterlagen im Westen und Osten Europas von 1945 bis 1989 den Effekten von zwei verschiedenen politischen Systemen.

Entsprechend den Grundprinzipien sozialistischer Planung und Ideologie haben die Stadt und die städtische Lebensform das Vorbild im Osten abgegeben. Stadtplanung und Städtebau waren wichtige Instrumente der zentralistischen und sektoralen Planung. Die staatliche Bautätigkeit konzentrierte sich im Wesentlichen auf die großen Städte und darüber hinaus im Zuge der massiven Industrialisierungspolitik auf die planmäßige Anlage von neuen Industriestädten.

Leitlinien des sozialistischen Weges der Stadtgestaltung waren: weiträumige Eingemeindungen, zügiger U-Bahn-Bau kombiniert mit der Anlage von „Neuen Städten". Der forcierten Industrialisierung entsprechend entstanden weiträumige Industriesektoren mit Betriebsansiedlungen im räumlichen Zusammenhang mit Eisenbahnlinien

Abb. 6.26: *Kopenhagen, Dachlandschaft.*

und Autobahnen. Schließlich wurden Freizeitstandorte außerhalb der Stadt in kollektiver und privater Form (Datschen) generiert.

Dem großzügigen Umgang mit Stadtfläche für öffentliche Aufgaben stand andererseits eine äußerst sparsame Zuweisung von Wohnfläche an den einzelnen Haushalt gegenüber. Eine funktionelle Minimierung des Aktionsraums kennzeichnete den Zuschnitt der Wohnräume. Der „private Raum" unterlag insgesamt einem „Minimierungskonzept".

Plan und Markt als Prinzipien der gesamtstaatlichen Politik bewirkten die unterschiedlichen Ausrichtungen der Wirtschaftsentwicklung. Während in Westeuropa seit den 1970er Jahren in allen großen Städten die Industrialisierung bereits von der Tertiärisierung abgelöst wurde, ist, der Produktionsideologie der Ostblockstaaten entsprechend, die Industrialisierung selbst in den Hauptstädten weitergegangen. Die Nationalisierung förderte den Konzentrationsprozess der Betriebe in der Industrie. Der Dienstleistungssektor blieb unterentwickelt. Die Hauptstädte entwickelten sich zu den Industriezentralen der jeweiligen CO-MECON-Staaten.

Im Westen und im Osten Europas waren die vier Jahrzehnte nach dem Ende des Zweiten Weltkriegs in den meisten Großstädten durch eine enorme Bautätigkeit gekennzeichnet. Sie betraf alle Bereiche städtischer Existenz: Verkehrsanlagen, Wirtschaftsbetriebe, Wohnhäuser. Ein erstaunlich paralleles Ergebnis ist entstanden: nämlich eine Separierung in eine gründerzeitliche Innenstadt – einschließlich des zwischenkriegszeitlichen Wachstumssaums – und eine nachkriegszeitliche Außenstadt. Auf die Probleme der Innenstadt in den postsozialistischen Städten mit teilweise ausgedehnten Verfallsgebieten wurde bereits hingewiesen. Am Anfang des 21. Jahrhunderts beginnen die Investitionen der Stadterneuerung und Tertiärisierung zu greifen. Optimismus ist angebracht (Abb. 6.25). In der Außenstadt sind die Unterschiede bemerkenswert und werden lange Zeit fortbestehen. Der Großplanung von neuen Städten in Fertigteilbauweise im Osten steht ein Mosaik von sehr viel kleineren und architektonisch vielfältiger

gestalteten Neubaugebieten im Westen gegenüber. Stadtflucht und Suburbanisierung haben im Osten nicht stattgefunden (wenn man von Budapest absieht). Die Orientierung der Städte auf die Stadtmitte wurde hier überdies durch ein Verkehrskonzept mit Primat des U-Bahn-Baus nicht nur erhalten, sondern sogar verstärkt.

Abb. 6.27: *Sevilla, Dachlandschaft.*

Das neue Zeitalter der Eurometropolen

Der Wandel der zwischenstädtischen Systeme

Städte sind nicht nur räumliche Ausschnitte des politischen, sondern auch des ökonomischen Systems. Zwei ökonomische Systeme sind unter Bezug auf die funktionelle Ausbildung von Städten zu unterscheiden (Abb. 6.28):

1. das globale System des quartären Sektors der Wirtschaft, welches über das internationale Finanzkapital und trans- sowie internationale Unternehmen sowie internationale Organisationen aller Art seinen Zuschnitt erhält, und
2. das nationalstaatliche zentralörtliche System, welches den konsumentenorientierten Dienstleistungssektor im hierarchischen System der Zentralen Orte bereithält.

Mit dem überproportionalen Wachstum des quartären Sektors in den größeren Stadtregionen entstand ein komplex gebautes intermetropolitanes System, welches das ältere zentralörtliche System, d. h. die Einzugsbereiche der Zentralen Orte (regionale Zentren und Kleinstädte bis zu 50.000 Einwohnern), überlagert und teilweise kappt. In den Anfängen ebenfalls auf die Gründerzeit zurück geht die Entstehung von Freizeitrevieren (in den Alpen, an den Küsten Europas). Mit der Aufspaltung von Arbeits- und Freizeitwohnungen entstand in der Nachkriegszeit um die großen Städte eine Zweitwohnungsperipherie.

Das Zentrale-Orte-System ist ein nationalstaatliches System. Nun geht aber die Zeit einer Dominanz der nationalstaatlichen Stadtsysteme in Europa zu Ende, und zwar durch den Aufbau der supranationalen Ebene der EU mit synchron dazu erfolgender partieller „Demissionierung des Nationalstaates" und schließlich durch die Globalisierung der Ökonomie. Damit laufen drei Vorgänge gleichzeitig ab:

1. Es erfolgt eine Separierung des konsumentenorientierten tertiären Sektors vom quartären Sektor der Wirtschaft und damit eine Trennung von zentralörtlich-nationalstaatlichem und globalem Städtesystem.
2. Aufgrund der Effekte der EU sowie der Einbindung in kontinentale Verkehrsnetze und globale Vermarktungssysteme vollzieht sich eine Umstrukturierung der zentralörtlichen Systeme. Es erfolgt eine Angleichung der „nationalen" Zentrale-Orte-Systeme an eine europäische Stufenskala der Zentralen Orte. Restrukturierungen und Destabilisierungen sind zu erwarten. Die Abstände zwischen den Hierarchiestufen vergrößern sich aufgrund der Konzentrationsvorgänge in Handel und Gewerbe und selbst bei staatlichen Einrichtungen; einzelne Stufen des zentralörtlichen Systems werden eliminiert, Städte sinken in niedrigere Ränge ab.

In den ehemals planwirtschaftlich organisierten Staaten ist die Eliminierung der unteren Ränge der Zentralen Orte zum Großteil bereits erfolgt und eine Restrukturierung wenig wahrscheinlich, nicht zuletzt deshalb, weil unter den kommunistischen Regierungen die einst tragenden besitz- und gewerbebürgerlichen Schichten enteignet und diskriminiert wurden, so dass eine Neubildung geringe Wahrscheinlichkeit besitzt.

3. Es entsteht ein neues kontinentales System aus der Konkurrenz der Metropolen um die Anteile am wachsenden quartären Sektor. Hierbei kommt es nicht wie bei den Zentralen Orten zur Ausbildung einer neuen Hierarchie, sondern es entsteht eine sehr komplexe Rangordnung aufgrund der nicht direkt kompatiblen Rangordnungen von ökonomischen, politischen und kulturellen Funktionen.

Bei föderalistischer Staatsverfassung entsteht aus der Spezialisierung auf bestimmte Funktionen des quartären Sektors ein ahierarchisches Konkurrenzmuster. Die Bundesrepublik Deutschland bietet hierfür aufgrund des jahrzehntelangen Verlusts der Hauptstadtfunktion von Berlin und der föderalistischen Verfassung das beste Beispiel (Frankfurt: Banken, Flughafen; Köln: Versicherungen; Hamburg: Hafen usw.). Aufgrund dieser staatsinternen Konkurrenz um Anteile des quartären Sektors ist daher kaum zu erwarten, dass die so lange geteilte Hauptstadt Deutschlands in absehbarer Zeit den Sprung von einer Eurometropole zu einer Global City machen wird.

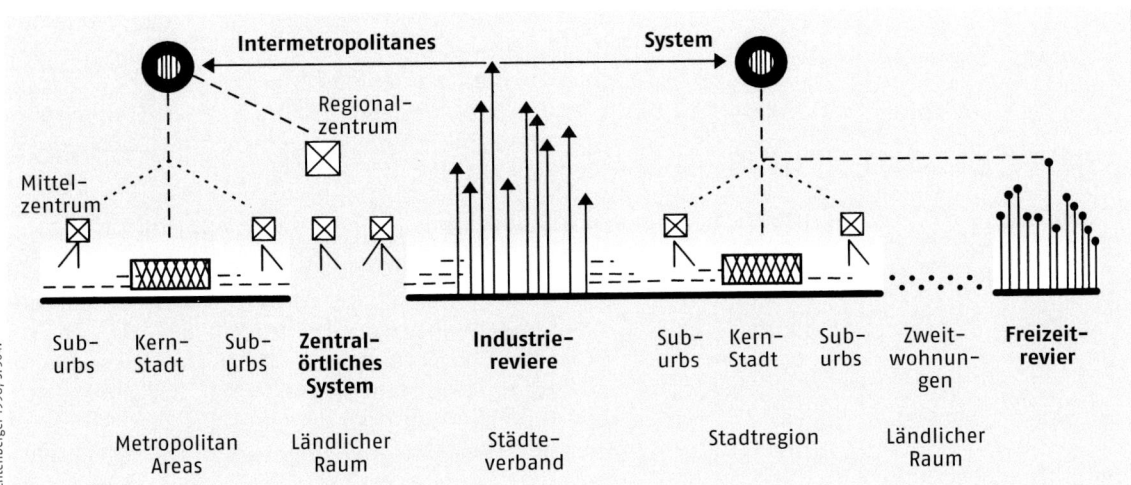

Abb. 6.28: *Verflechtung von zentralörtlichen und intermetropolitanen Systemen und Revieren.*

Lichtenberger 1998, S. 304.

In strikt zentralistisch organisierten Staaten, für welche Frankreich ein Beispiel darstellt, ist eine derartige Funktionsteilung allerdings nicht zu erwarten.

Die Attraktivität von Metropolen für internationale Investoren ist besonders in den postsozialistischen Staaten wichtig. Dort werden in mittelfristiger Zukunft allerdings nur die Primatstädte von den Übersprungseffekten des internationalen Finanzmarktes profitieren, und ihre Sonderstellung wird umso länger bestehen bleiben, je später die betreffenden Staaten in den wirtschaftlichen Integrationsprozess Europas einbezogen werden.

Insgesamt separieren sich durch die Globalisierung der Ökonomie die Metropolen Europas zunehmend von den Regionalstädten der nationalen zentralörtlichen Systeme. Hierbei akzentuieren sich Prozesse des Aufstiegs und Niedergangs von Metropolen, deren Rangpositionen kontinuierlichen Verschiebungen unterliegen, wobei die Instabilitätszone in der Rang-Größen-Reihung höhere Ränge als bisher erreicht und auch die Primate Cities in die Instabilität einbezogen werden.

Mit der Globalisierung der Ökonomie ist das Konzept der Global City entstanden. Derartige „Weltstädte" sind Zentren des internationalen Finanzkapitals, Standorte von Hauptquartieren transnationaler Unternehmen und eines schnell wachsenden Sektors unternehmensorientierter Dienstleistungen sowie Sitz internationaler Institutionen und internationale Verkehrsknoten. Glo-

bal Cities werden zu führenden Orten der Akkumulation von Kapital, sind jedoch andererseits relativ abgehoben von ihrem lokalen und regionalen Umfeld und dessen Prosperität oder Niedergang. New York ist ein Beleg dafür.

Europa verfügt über zwei Global Cities, London und Paris, welche gleichzeitig die Funktion von Primatstädten besitzen.

Die Rangskalierung europäischer Metropolen

Die Besonderheit des europäischen Metropolensystems besteht in der Verschränkung von nationalen zentralörtlichen Systemen, an deren Spitze die jeweiligen Hauptstädte als so genannte Primatstädte stehen, mit dem globalen ökonomischen System.

Nun ist die Gewinnung von Rangskalierungen europäischer Metropolen nicht nur ein akademisches Anliegen, sondern besitzt beachtliche Praxisrelevanz, da die Standortentscheidungen von Spitzenkonzernen davon beeinflusst werden. Feststellung und kontinuierliche Registrierung von Rangplätzen zählen damit zu den neuen Aufgaben der Unternehmensberatung, das Streben um die Verbesserung des Rangplatzes der einzelnen Metropole zu den neuen Agenden der betreffenden politischen Entscheidungsträger.

Von der weltweit agierenden Immobilienfirma Cushman & Wakefield stammen die hier angege-

	Ökonomischer Rang		Bekanntheitsgrad				WK	HH
	1990	2003	1990 in %	2003 in %	Rang	BEK o. UB		
London	1	1	94	92	1		27	85
Paris	2	2	94	88	2		28	40
Frankfurt	3	3	78	70	4		23	21
Brüssel	4	4	85	72	3		11	16
Amsterdam	5	5	67	64	8	−	3	17
Barcelona	11	6	64	66	6		4	9
Madrid	17	7	68	66	7		11	9
Berlin	15	8	43	57	10	−	9	20
Mailand	9	9	74	67	5	+	5	18
München	12	10	64	61	9	+	1	6
Zürich	7	11	67	53	12		−	4
Dublin	−	12	−	40	19	=> − − o. UB	0	
Manchester	13	13	32	39	21	=> − − o. UB	2	3
Genf	8	14	69	53	13		1 *	2
Lissabon	16	15	44	44	17		2	8
Düsseldorf	6	16	61	51	14	−	4	4
Prag	23	17	16	40	20	−	1	7 *
Stockholm	19	18	40	38	22	−	1	9
Lyon	18	19	43	44	18		1	4
Hamburg	14	20	58	49	15	+	3	8
Glasgow	10	21	26	26	28	=> − −	−	28
Warschau	25	22	15	29	25	−	14	10
Budapest	21	23	20	27	27	−	0	0
Wien	20	24	50	47	16	++	8	18
Kopenhagen	−	25	−	35	23	−	−	6
Rom	−	26	−	55	11	++	−	3
Oslo	−	27	−	25	29	−	3	−
Moskau	24	28	24	29	24	+	28	7
Helsinki	−	29	−	24	30	−	1	7
Athen	22	30	25	28	26	+	1	4

BEK Bekanntheitsgrad, BEK größer +, BEK viel größer ++, BEK geringer −, o. UB ohne U–Bahn, WK Wolkenkratzer, HH Hochhäuser
Quellen: www.emporis.com; www.metropla.net; * eigene Erhebung

Tab. 6.1 *Die Rangordnung der Eurometropolen 1990 und 2003*

benen Rangwerte für die Jahre 1990 und 2003 für die wirtschaftliche Position der Eurometropolen sowie die Angaben über deren Bekanntheitsgrad, aus welchem die kulturelle Position ersichtlich ist (Tabelle 6.1).

An die beiden Global Cities London und Paris reihen sich nur drei Metropolen an, die ihren Rangplatz seit 1990 unverändert halten konnten: Frankfurt, die Bankenmetropole, Brüssel, die Hauptstadt Belgiens und Sitz der EU, sowie Amsterdam, die niederländische Kapitale. Die Verortung der genannten fünf Städte entspricht dem so

genannten „Goldenen Dreieck" auf der ökonomischen Landkarte Europas. Während alle fünf genannten Metropolen ihre Rangplätze innerhalb des Zeitraums von 1990 bis 2003 unverändert behaupten konnten, sind bei den tieferen Rangplätzen seit 1990, d. h. seit dem Fall des Eisernen Vorhangs, durchgehend starke Veränderungen der Positionen eingetreten. Es erstaunt nicht, dass sich Berlin vom bescheidenen 15. Rangplatz auf den 8. vorschieben konnte, überraschender ist dagegen der Bedeutungsgewinn der katalanischen Hauptstadt Barcelona vom 11. auf den 6. und der spanischen Hauptstadt Madrid vom 17. auf den 7. Platz. Dieser Sprung nach vorne vollzog sich aber nicht nur in der Bewertung der beiden Metropolen hinsichtlich des quartären Sektors, sondern auch hinsichtlich des allgemeinen Bekanntheitsgrades. Auf der anderen Seite ist der Aufstieg von Berlin mit relativen Bedeutungsverlusten von Düsseldorf und Hamburg verbunden.

Die Schweizer Metropolen Zürich und Genf wurden von München überholt. Stark an Bedeutung verloren hat die schottische Primatstadt Glasgow. In einer tieferen Rangetage konnte unter den postsozialistischen Metropolen Prag seinen Rangplatz deutlich verbessern und Wien überrunden, welches sich nunmehr auch mit der Konkurrenz von Budapest und Warschau konfrontiert sieht.

Fragt man nach der Position der aufgelisteten Metropolen als Primatstädte von Nationalstaaten, so lautet die Antwort, dass von den insgesamt 30 Eurometropolen 19 gleichzeitig Hauptstadtfunktion aufweisen, weitere drei Hauptstädte von Ländern darstellen, nämlich München im bayrischen Freistaat und Düsseldorf in Nordrhein-Westfalen sowie Barcelona als Hauptstadt der autonomen Provinz Katalonien. Auf die sektorale Differenzierung von Metropolen in Deutschland wurde bereits hingewiesen. Hierher gehören außer den bereits genannten Metropolen Frankfurt und München auch Düsseldorf und Hamburg. In Italien hat Mailand seit langem die wirtschaftliche Führung inne. In allen postsozialistischen Staaten gelang es bisher nur den Hauptstädten, in das ökonomische Ranking aufzusteigen.

Insgesamt sind derzeit alle Hauptstädte der EU-15-Staaten in der ökonomischen Rangreihung vertreten, während von den EU-Erweiterungsstaaten

Abb. 6.29: *Paris, La Défense.*

die Hauptstädte der sehr kleinen baltischen Staaten sowie jene Sloweniens und der Slowakei noch nicht über eine entsprechende Anziehungskraft für den quartären Sektor verfügen.

Das ökonomische Ranking ist nur teilweise mit dem Bekanntheitsgrad identisch. Deutliche Ausreißer wie Rom und Wien belegen, dass neben ökonomischen Standortvorzügen auch kulturelle Qualitäten einen hohen Stellenwert besitzen.

In Nordamerika wird die Wirtschaftskraft der Metropolen mittels der Skyline der Wolkenkratzer abgebildet. Es stellt sich die Frage, ob und inwieweit die Rangordnung der europäischen Metropolen ebenfalls in der dritten Dimension sichtbar ist.

Die „Sichtbarkeit" der Eurometropolen in der dritten Dimension

Der Anspruch auf die dritte Dimension verblieb in Europa bis in die zweite Hälfte des 20. Jahrhunderts den „Wolkenkratzern Gottes". Die im Stadtzentrum gelegenen Türme von Kirchen und Domen haben eine außerordentlich starke identitätsstiftende Funktion besessen und besitzen sie im

säkularisierten Europa erstaunlicherweise noch immer. Zwar hat der Eiffelturm bei der Pariser Weltausstellung den ersten Akzent für die technischen Möglichkeiten des 19. Jahrhunderts in der Vertikalen gesetzt, doch haben zwei Weltkriege auf kontinentaleuropäischem Boden ökonomische Potentiale zerstört. Erst in den 60er Jahren des 20. Jahrhunderts hat Paris bei strikter Beibehaltung von kompakter Stadt und großem Stil mit peripheren Wolkenkratzerpositionierungen – einschließlich von La Défense – europäische Maßstäbe für Städtebau und Stadtplanung gesetzt, gleichzeitig jedoch die Tradition des Stadtzentrums als soziale Mitte bewahrt (Abb. 6.29).

Insgesamt haben traditionelle städtebauliche Leitbilder, Bauordnungen und Vorstellungen über das Image von Städten den Wolkenkratzerbau in den europäischen Städten bis in die Gegenwart weitgehend verhindert. Im Vergleich zur globalen Ausbreitung des Wolkenkratzers in allen ehemals dem Commonwealth angehörenden Staaten, in Lateinamerika und in vielen Metropolen Asiens sind Wolkenkratzer von amerikanischen Dimensionen in den europäischen Metropolen bisher eine Ausnahme geblieben. Es fehlt nicht nur, von wenigen Standorten abgesehen, die Nachfrage auf

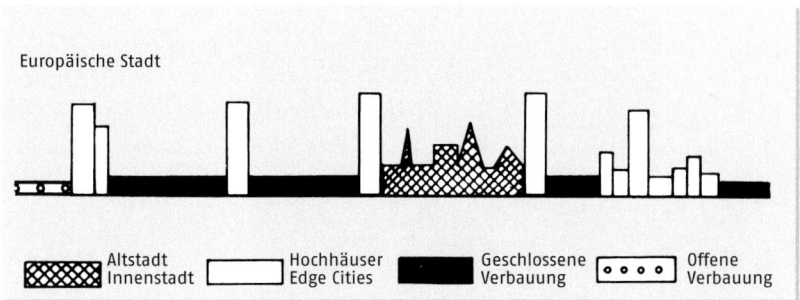

Europäische Stadt

Altstadt Innenstadt | Hochhäuser Edge Cities | Geschlossene Verbauung | Offene Verbauung

Lichtenberger 1998, S. 198.

Abb. 6.30: *Höhenprofil der europäischen Stadt.*

dem Immobilienmarkt, welche die hohen Investitionen rechtfertigen würde, sondern es bestehen nicht zu unterschätzende mentale Barrieren bei den Entscheidungsträgern.

Setzt man eine Marke von +/–100 m als Höhenuntergrenze für Wolkenkratzer an und geht man ferner von mindestens zehn derartigen Wolkenkratzern als Untergrenze aus, so sind zu Beginn des 21. Jahrhunderts nur wenige Metropolen mit einer derartigen Wolkenkratzeragglomeration ausgestattet. Die Liste ist kurz und besteht aus den Metropolen London, Paris, Frankfurt, Brüssel, Madrid und Warschau (vgl. Tabelle 6.1).

Darüber hinaus unterscheidet sich die Verortung des Hochhausbaus in Europa grundsätzlich von der in Nordamerika. Während dort die Vertikalstruktur der Skyline den Gipfel der Bodenpreise in der Stadtmitte reflektiert, bleibt umgekehrt in den europäischen Städten unter dem Einfluss des Denkmalschutzes und dem Druck der öffentlichen Meinung die Stadtmitte von Hochhäusern ausgespart (Abb. 6.30). Damit halten die neuen Landmarken der Banken, Versicherungen, Großkonzerne und Hotels einen Respektabstand zu den traditionellen Landmarken der Kirchen und Rathäuser. Aus Gründen des Anschlusses an die Hauptstränge der Ent- und Versorgung etablieren sich Hochhäuser in den Narbenzonen der städtischen Verbauung. Sie kennzeichnen die Wachstumsfront des zentralen Geschäftsbezirks, durch den Nahverkehr stark frequentierte Bahnhöfe, die Knoten der städtischen Massenverkehrsmittel sowie Ausleger der City. Ferner sind sie zu einem Instrument der Slumsanierung geworden.

Ein wesentlicher Unterschied zwischen Nordamerika und Europa hinsichtlich der Verortung des Bürosektors ist durch die Mobilisierung von Büro-

raumflächen im Althausbestand mittels Umwandlung von Wohnungen in Büros bedingt. Dies spielt in allen kompakt verbauten Innenstädten der Eurometropolen nach wie vor eine beachtliche Rolle. Die von der staatlichen Planung initiierte Errichtung von Sub-Cities, wie La Défense in Paris, der City Nord in Hamburg oder der UNO-City in Wien, in Form einer Public-Private-Partnership konnte in Konkurrenz mit den Fühlungsvorteilen der traditionellen City nur einen Teil der neu auftretenden Nachfrager an sich ziehen.

Eine Ausnahme bildet das Frankfurter Wolkenkratzermodell. Frankfurt ist das Bankenzentrum von Deutschland und hat durch die Etablierung der Europäischen Zentralbank andere kontinentaleuropäische Konkurrenten überrundet. Der 1997 errichtete Commerzbank-Tower ist mit 259 m derzeit das höchste Bürohochhaus Deutschlands. Freund hat 1999 drei Hochhausgenerationen unterschieden, von denen die erste in den 1950er Jahren die Höhe des Doms (95 m) nicht erreicht hat, ebenso wie die Objekte der 1960er Jahre, von denen überdies eine erhebliche Anzahl inzwischen entweder total saniert oder bereits wieder abgebrochen (!) wurde. Erst die 1970er Jahre generierten einige Wolkenkratzer, wie den Altbau der Commerzbank. Mit der dritten Generation setzte der „extravagante" Wolkenkratzerbau mit postmoderner Architektur ein. Derzeit weist Frankfurt 23 Wolkenkratzer auf. Entsprechend dem Entwurf von Le Corbusiers „Ville contemporaine" stehen sie in beachtlichem Abstand voneinander. Dank der baulichen Kontinuität zur Altstadt und der Wallgrünflächen besteht ein *„attraktives Freilichtmuseum moderner Bürohausarchitektur"* (Freund 1999, S. 102) (Abb. 6.31). Frankfurt nimmt unter den deutschen Großstädten eine singuläre Position ein. In den beiden nach Berlin größten Städten, Hamburg und München, ist die Errichtung von Wolkenkratzern durch kommunalpolitische Entscheidungen bisher bewusst verhindert worden. Die Argumentation ist bekannt. Sie lautet, dass die traditionsreiche Silhouette mit dem Image der Stadt verbunden ist und durch ihre ästhetische Einmaligkeit nicht nur die Identifikation der Einwohner bewirkt, sondern auch einen ökonomischen Wert für die Standortwahl von Unternehmen und den Städtetourismus darstellt.

Diese Aussage führt zurück zur Frage der Sichtbarkeit des ökonomischen Rangs der Eurometropolen in einer Wolkenkratzersilhouette. Die Tabelle 6.1 belegt, dass sich nur die beiden Global Cities London und Paris durch die Zahl der Wolkenkratzer und Hochhäuser über 70 m klar von den anderen Eurometropolen abheben, allerdings dicht gefolgt von Frankfurt, dem Finanzzentrum des Kontinents, welches unabhängig von der eher bescheidenen Einwohnerzahl seiner Kernstadt Schritt zu halten versucht. Ansonsten lautet die Aussage, dass die ökonomische Rangordnung der Eurometropolen nicht aus der Skyline abgelesen werden kann. Umgekehrt haben Eurometropolen, welche nicht zu den Top 30 gehören, wie Neapel (10 Wolkenkratzer, 13 Hochhäuser über 70 m) und Rotterdam (10 Wolkenkratzer, 25 Hochhäuser über 70 m), eine durchaus respektable Kubatur in der dritten Dimension.

Postmoderne Megastrukturen

Postmoderne Megastrukturen sind ein Kennzeichen der großen Eurometropolen. Sie bilden Schaustücke der Grundstücksverwertung und Standortentwicklung in Form von Großbauvorhaben der öffentlichen Hand im Verein mit dem internationalen Finanzkapital, welche als Public-Private-Partnerships getätigt und unter verschiedenen Etiketten vermarktet werden. Die französische Stadtplanung bietet mit der Schaffung einer zweiten City unmittelbar an der Grenze der kompakten Kernstadt von Paris ein in der städtebaulichen Tradition der großen barocken Sichtachsen des französischen Absolutismus verankertes Modell. Französische Architekten haben Paris auch als die Hauptstadt der „Republique des Pharaos" bezeichnet, nicht ganz zu Unrecht. Paris untersteht seit der Zeit des Absolutismus direkt dem Innenminister und hat überdies direkten Zugang zum staatlichen Budget. Die nationalstaatliche Doktrin, den Status von Paris als Kulturmetropole der Welt zu erhalten und auszubauen, haben von Charles de Gaulle über Mitterrand bis zu Jacques Chirac, dem gegenwärtigen Staatspräsidenten und vormaligen Oberbürgermeister der französischen Kapitale, alle französischen Präsidenten vertreten.

Die Konzeption der großen Ost-West-Sichtachse, welche vom Louvre über die Champs-Élysées mit der Fortsetzung nach Versailles bereits vorhanden war, wurde mit dem Ausbau von La Défense akzentuiert und gleichzeitig durch den U-Bahn-Bau auch in das öffentliche Verkehrssystem integriert. Die Pariser Tradition von Haussmann

Abb. 6.31: *Frankfurt, Wolkenkratzer. 25 m hoher Hammering Man vor dem Messeturm.*

Geographische Rundschau 7–8/1996, Titelbild.

Abb. 6.32: *Rotterdam, Waterfront Development.*

wird damit fortgeführt, gleichzeitig über die Stadtgrenze hinausgegriffen und eine enorme bausoziale Aufwertung im ehemaligen Vorortebereich bewirkt. Wenn auch die Gesamtangaben über die Bürofläche im Ausmaß von 1,6 Millionen m^2 und 100.000 hier Beschäftigten sowie ein Einkaufszentrum von 120.000 m^2 im internationalen Vergleich beachtlich sind (immerhin 14 von 20 der führenden französischen Firmen besitzen hier ihr Zentralbüro), so verdient noch größere Beachtung die Konzeption der Beseitigung schlechter Wohn-

quartiere, welche schon vor Haussmann die Pariser Stadtplanung beherrscht hat.

Die gleiche Kombination von städtebaulicher Repräsentation und Slumbeseitigung kennzeichnete auch die Bahnhofsüberbauung von Montparnasse, wo mit 209 m der höchste Büroturm auf dem Kontinent errichtet wurde, der erst 1990 durch den Messeturm in Frankfurt mit 256 m auf den zweiten Platz verwiesen wurde.

Bei der Waterfront Development reichen die Megastrukturen der bekanntesten Beispiele von den Londoner Docklands über den Hafenumbau in Rotterdam (Abb. 6.32) bis zur Integration der Donau in die Stadtlandschaft von Wien (Abb. 6.33).

Ähnlich wie in Paris bei La Défense war auch in London nationales Prestige im Spiel, als man die abgewirtschafteten Londoner Docklands völlig umzugestalten begann (Abb. 6.34). Allerdings war der Staat nicht im gleichen Umfang als Geldgeber beteiligt. Investitionsorientiert waren die Unternehmungen aber auch hier, ebenso wie in Liverpool, Manchester, Newcastle und Cardiff.

Die Verwirklichung des Konzepts „Wien an die Donau" begann mit dem Bau der UNO-City durch den österreichischen Staat und wurde von der Stadtgemeinde in der schrittweisen Entwicklung einer „waterfront development" fortgesetzt. Durch den Bau eines zweiten Donaubettes, um künftige Flutkatastrophen auszuschließen, entstand eine Insel von 21 km Länge mit einer Breite von 70 bis 210 m und durch die Errichtung eines Kraftwerks

unterhalb von Wien ein 20 km langer Stausee. Mit dem Ausbau des kollektiven Freizeitraums der Donauinsel wurde intuitiv eine richtungsweisende städtebauliche Idee kreiert und für das bipolare Konzept von Arbeits- und Freizeitgesellschaft ein neues Planungsleitbild gefunden. Demnach gehören die „große, grüne Wiese", Erholungsflächen und Sportanlagen in einer Zeit der Freizeitgesellschaft nicht mehr an den Rand, sondern in die Mitte der Stadt mit bester Erreichbarkeit für alle mit Hilfe öffentlicher Verkehrsmittel.

Die französische Hauptstadt hat nicht nur als erste Stadt in Europa eine echte zweite City bekommen, sondern erhielt – ebenso von der Regierung gefördert – die Erlebnisstadt Eurodisney als einen Bestandteil der Agglomeration, um im Rahmen des Planungskonzepts für Paris Arbeitsplätze für die vierte Trabantenstadt Marne-la-Vallée zu schaffen. 1987 akzeptierte die sozialistische Regierung das Projekt, 1988 unterzeichnete Chirac den

Abb. 6.33: *Wien, Donau-City gegen Südosten.*

Abb. 6.34: *London, Docklands.*

Vertrag mit der Disney Company. Dieser vom französischen Staat enorm geförderte und von der Walt Disney Company gebaute größte Vergnügungspark von Europa weist eine Besucherzahl von rund 10 Mio. jährlich auf, was etwa der Einwohnerzahl der Pariser Agglomeration entspricht.

West-Ost-Unterschiede der Eurometropolen

Die Internationalisierung des Immobilienmarktes in Europa ist eine verhältnismäßig neue Entwicklung, welche ab den 1980er Jahren zunächst in wenigen Metropolen begonnen hat, sich gegenwärtig als Effekt des Gemeinsamen Marktes schlagartig weiter ausbreitet und immer tiefere Schichten des städtischen Systems erfasst. Die „Freiheit der Kapitalbewegung" ist eine wichtige Voraussetzung hierfür. Damit kommt es zu einer Überschichtung der nationalen Immobilienmärkte, welche, an die Finanzmittel der Hypothekenbanken der einzelnen

Staaten gekoppelt, bisher die Preisbildung in den nationalen Ökonomien bestimmt haben.

In der viel diskutierten Transformation vom Plan zum Markt in den postkommunistischen Staaten war der internationale Immobilienmarkt als Erster am Zug und erreichte die Primate Cities im östlichen Mitteleuropa und in Osteuropa in extrem kurzer Zeit. Aufgrund des geringen Angebots an hochwertigen Objekten, welche dem westlichen technologischen Standard entsprachen, kam es bei schlagartig eingetretener Nachfrage zu weit überzogenen Preisforderungen, die von den internationalen Firmen, welche als Erste vor Ort waren, auch akzeptiert wurden, so dass sich die Spirale weiter nach oben drehen konnte. Diese für die erste Phase der Bildung des Immobilienmarktes gültige Aussage traf vor allem für den Bürosektor zu. Als Beleg sei angeführt, dass 1993 die Büromieten in Moskau höher als in London oder Paris waren, in Warschau höher als in Frankfurt oder Berlin, in Prag so hoch wie in München und höher als in Mailand und Budapest, welches seinerseits mit Hamburg gleichgezogen hatte. Das Wiener Niveau wurde 1992 von den Hauptstädten kleiner neuer Staaten, wie Laibach in Slowenien oder Bratislava in der Slowakei, bereits erreicht. Inzwischen ist mit dem rasch einsetzenden Büroneubau eine Normalisierung eingetreten.

Während die Internationalisierung des Immobilienmarktes, gestützt auf die beiden Freiheiten des Transfers von Boden und Kapital im Rahmen der EU, zu einer mächtigen, ganz Europa umspannenden Bewegung geworden ist, trifft dies bei der Internationalisierung des Arbeitsmarktes nicht zu. Ferner sind Über- und Unterschichtungsbewegungen zu unterscheiden. Die Überschichtung durch ausländische Manager ist bisher auf wenige Finanz- und Kulturzentren Europas sowie die Hauptstädte reduziert, wird sich aber in Zukunft weiterentwickeln. Die Unterschichtung ist dagegen als internationales Phänomen im Großen und Ganzen auf die wirtschaftlich prosperierenden Räume von Mittel- und Westeuropa beschränkt, betrifft hier aber nicht nur die Metropolen, sondern auch kleine und mittelgroße Städte und selbst Teile des ländlichen Raumes, wo der Bedarf an Arbeitskräften nicht aus der lokalen Arbeitsbevölkerung befriedigt werden kann (vgl. unten).

Die Arbeitsmärkte der Metropolen in Ostmitteleuropa unterscheiden sich grundsätzlich von denen Westeuropas. Es fehlt nicht nur die hohe, vielfach sogar über dem nationalen Durchschnitt liegende Arbeitslosigkeit, wie sie vor allem die südeuropäischen Metropolen belastet, sondern offene Stellen können vielfach nicht besetzt werden, wie dies in Prag oder Budapest der Fall ist, wo der Rückbau des staatlichen Sektors und die Entindustrialisierung durch die Tertiärisierung kompensiert werden. Es sind vor allem internationale Firmen zu nennen, deren Nachfrage sich zu zwei Dritteln auf den Bürosektor und hier wieder auf besser qualifizierte Arbeitskräfte richtet. Dieser Trend wird in der mittelfristigen Zukunft andauern. Damit steht die Aussage im Zusammenhang, dass in Ostmitteleuropa die Metropolen einige Zeit von der steigenden Arbeitslosigkeit verschont bleiben werden, welche die Staaten insgesamt erfasst hat.

Die Globalisierung der Ökonomie hat eine Globalisierung der Migration im Gefolge.

Nun gab es in den europäischen Städten in den 1960er Jahren noch kaum ethnische Viertel. Diese Aussage bedarf zu Beginn des 21. Jahrhunderts einer Revision. Eine neue Wanderungswelle hat Europa erreicht. Die europäische Zuwanderung hat freilich ein anderes Profil und andere Voraussetzungen als die Einwanderung in die USA. Sie erfolgt zu einem Zeitpunkt, an dem eine europäische Identität fehlt und es kein „we are all Europeans" gibt. Überdies mangelt es an einer einheitlichen Immigrationspolitik der EU-Staaten, und schließlich gewinnt immer wieder eine Festungsmentalität die Oberhand, wobei die einzelnen Nationalstaaten eine unterschiedliche Politik mit kurzfristig sich ändernden Zielen betreiben.

Andererseits ist festzustellen, dass durch die Migration aus ehemaligen Kolonien und aus der zur NATO gehörenden Türkei ungefähr die Hälfte der rund 20 Mio. Ausländer in der EU bereits dem Islam angehört, dessen Mitglieder im Unterschied zur ersten Gastarbeitergeneration und anders als die Zuwanderer aus den postsozialistischen Staaten in den aufnehmendem Städten sehr rasch kulturelle Symbole und Einrichtungen errichten und höhere Segregationsindizes erreichen als lokale Oberschichten. Eine breitere Akkommodation der muslimischen Zuwanderer ist derzeit nicht absehbar.

Der europäische Munizipalsozialismus hat stets Antisegregationsstrategien auf seine Fahnen geschrieben und außerordentlich viel in die Chancengleichheit der Ausbildung und der Wohnverhältnisse von Migranten investiert. In Hinblick auf die räumliche Verortung von islamischen Migranten sind derzeit zwei Strategien sichtbar, nämlich ein Hinausschieben in den suburbanen Raum, wie im Falle von Paris, bzw. eine Aufsplitterung in zahlreiche Standorte in Verbindung mit besonders massiven ethnischen Antisegregationsstrategien wie in Wien. Es ist keine Frage, dass die Akzeptanz von vermutlich mittelfristig nur sehr mühsam zu akkulturierenden Ethnien zum Prüfstein der europäischen Demokratien werden wird. Erschwert wird diese „Prüfung" dadurch, dass sich die neue internationale Migration aus anderen Kulturräumen zu einer Zeit vollzieht, in der ein Rückbau des umfangreichen „social overhead" in Sicht ist und sich die Bürger der sozialen Wohlfahrtsstaaten mit Sorge fragen, ob sie die knapper werdenden öf-

Abb. 6.35: *Europa-parlament Brüssel.*

Lichtenberger 2000, S. 455.

fentlichen Güter und Dienste mit immer mehr ausländischen Zuwanderern werden teilen müssen. Die Ausländerfeindlichkeit hat in dieser Sorge eine wesentliche Wurzel und ist in allen europäischen Staaten zu finden. Entsprechend den Unterschieden in der Zahl der spezifischen Ethnien und der Individualität der europäischen Metropolen sind keine europäischen, sondern nur individuelle, stadtspezifische Lösungen möglich.

Fazit

Fassen wir zusammen: Festzuhalten sind drei Faktoren, durch die sich in mittelfristiger Zukunft die Metropolen in der Europäischen Union von denen der Vereinigten Staaten von Nordamerika unterscheiden werden. Diese drei sind:

1. das historische Primat der Hauptstädte der europäischen Staaten sowie die hierarchischen Organisationsstrukturen des öffentlichen Sektors in der Stadt und in den jeweiligen nationalen städtischen Systemen,
2. die bewährte Politik des Munizipalsozialismus zur Reduzierung sozialer Konflikte und Probleme und schließlich
3. die Position der europäischen Metropolen als dritte Kraft bei den Entscheidungsgremien der EU in Brüssel, welche neben den Nationalstaaten und den internationalen Konzernen zunehmend in Erscheinung treten und sich im globalen Wettbewerb profilieren werden.

DAS LÄNDLICHE EUROPA UND DIE AGRARWIRTSCHAFT

Zur Thematik

Die Agrarwirtschaft war bisher der Hauptgegenstand der Förderungspolitik der EU. Mit der Agenda 2000 wurde die Förderung auf den ländlichen Raum ausgeweitet. Aus dieser Kombination erwächst die normative Zielsetzung der EU-Kommission, ein europäisches Modell des ländlichen Raumes im 21. Jahrhundert zu schaffen.

Mit dieser Zielsetzung ist bereits ein wichtiges Merkmal genannt, durch welches sich das ländliche Europa von anderen ländlichen Räumen der westlichen Welt unterscheidet, nämlich die richtungsweisenden Eingriffe der Staaten und der Europäischen Union in die Gestaltung des ländlichen Raumes und die Produktion der Agrarwirtschaft. Ein weiteres Merkmal kommt hinzu:

Aus dem für das Mittelalter und die Neuzeit gültigen Stadt-Land-Gegensatz ist im Zuge der europäischen Geschichte das Stadt-Land-Kontinuum der Gegenwart entstanden. Die Städte haben in Vergangenheit und Gegenwart neue Funktionen an den ländlichen Raum delegiert, und durch die Vielfalt des Verstädterungsprozesses ist ein baulich und funktionell asymmetrisches Wachstumsmuster der Siedlungen von den Städten zum ländlichen Raum entstanden.

Schließlich ist im politischen Prozess der Entstehung des modernen Staates die Organisation des ländlichen Raumes durch die Gemeindeverfassung zu nennen, womit der Gemeinde als politisch-administrativem Baustein der Staaten eine gewisse Entscheidungsfreiheit zugemessen wurde.

Last, but not least, zu einem Zeitpunkt, in dem in Europa kaum mehr Reserven für eine Vergrößerung des Siedlungs- und Agrarraumes zur Verfügung standen, hat die Erweiterung von 2004 einen beachtlichen Gewinn von ländlichem Raum für Europa erbracht, dessen Erschließung eine Aufgabe für die Zukunft darstellt.

Die Agrarwirtschaft als ursprüngliche Produktionsaufgabe des ländlichen Raums weist spezifische „europäische" Merkmale auf. Hierzu gehört als Erstes die Kleinzügigkeit des ökologischen Bedingungsrahmens des europäischen Kontinents. Es fehlen damit in Europa die weiträumigen zonalen Möglichkeiten der landwirtschaftlichen Produktion, wie sie Nordamerika kennzeichnen. Im Laufe der Siedlungsgeschichte hat die Bevölkerung überdies immer wieder in ökologisch periphere Gebiete der Ökumene ausgegriffen. Sowohl in den nördlichen Waldgebieten des Kontinents als auch in den Hochgebirgen ist die Siedlung weit gegen Wildnis und Ödland vorgestoßen. Bedingt durch historische Klimaänderungen, Krisen und Blütezeiten der Wirtschaft sowie Schrumpfung und Wachstum der Bevölkerung wurde die landwirtschaftlich genutzte Fläche seit dem mittelalterlichen Rodungsprozess zweimal wieder reduziert, und zwar zunächst im späten Mittelalter und dann wieder seit dem 19. Jahrhundert. Prozesse der Extensivierung und Intensivierung haben stattgefunden und das heutige Mosaik von Siedlung und Landnutzung geschaffen.

Auf keinem anderen Sektor der Wirtschaft weist Europa eine derartig große Spannweite auf wie auf dem Gebiet der Agrarwirtschaft. Sie reicht von den neu entstandenen Subsistenzbetrieben in den ehemaligen COMECON-Staaten bis zu modernsten, industriell arbeitenden landwirtschaftlichen Unternehmen mit unterschiedlichen Eigentums- und Organisationsformen, welche mit der industriellen Verarbeitung und Vermarktung weltweit vernetzt sind.

In dieser außerordentlichen Vielfalt der Agrarwirtschaft liegt auch ein wesentlicher Teil der Schwierigkeiten der EU begründet, wenn sie eine integrierte Politik für den ländlichen Raum als Zielsetzung anpeilt. Überdies zu einem Zeitpunkt, in dem unter dem Einfluss von Effekten des Weltmarktes bei gleichzeitig steigenden umweltpolitischen Herausforderungen ein umfassender Umbruch der traditionellen Agrargesellschaft im Gange ist und von der wachsenden europäischen Freizeitgesellschaft immer weitere Landstriche des ländlichen Raums in Beschlag genommen werden.

Damit ist die Dynamik aktueller Prozesse im ländlichen Raum angesprochen. Aus der Agrarnutzung herausgenommene Gebiete werden als Naturschutzareale und Nationalparks gewidmet, in dafür geeigneten Räumen gewinnt die Forstwirtschaft an Bedeutung, in anderen Gebieten wird von einem sanften Tourismus die Pflege der ländlichen Kulturlandschaft mitgetragen. Es kommt zur Dorferneuerung, begünstigt durch städtische Interessen an der Überschaubarkeit ländlicher Siedlungen im Kontrast zur Massenhaftigkeit und Anonymität großstädtischer Lebensstile. Eine weitere Diversifizierung des ländlichen Raumes ist angesagt.

Das ländliche Europa

Was ist der ländliche Raum?

Das Fragezeichen im Titel steht für das bisher ungelöste Problem einer befriedigenden statistischen Abgrenzung und Definition ländlicher Räume in Europa. Der Strukturwandel läuft einer statistischen Definition davon. Das statistische Amt der Europäischen Union, Eurostat, verwendet die Bevölkerungsdichte als Abgrenzungskriterium. Es ist einsichtig, dass der ländliche Raum in Regionen mit hoher Bevölkerungsdichte, wie den Niederlanden, welche überdies die höchste Intensität der Agrarwirtschaft in Europa aufweisen, nur unzureichend erfasst werden kann. Ebenso offen ist die Abgrenzung des ländlichen Raums gegenüber unbesiedelten Großwaldungen, Wildnis und Ödland.

Die folgende, grundsätzlich davon abweichende Definition bezieht sich auf das räumliche Muster von Stadtregionen und die dazu gehörenden Umlandgemeinden und sondert davon den eigentlichen ländlichen Raum, der eine Art Restfläche bildet. Das Umland von Groß- und Mittelstädten hat sich zu einem eigenen Siedlungsbereich, für den die Bezeichnung suburbaner Raum verwendet wird, entwickelt. Das am Anfang des 19. Jahrhunderts entstandene Modell der Landnutzungszonen um die „Stadt im isolierten Staat" von v. Thünen trifft noch heute zu. In unmittelbarer Nachbarschaft des Stadtkörpers europäischer Städte befindet sich meist eine Zone intensiver Agrarwirtschaft mit Wein-, Obst- und Gemüsebau. Flächen- und Arbeitserträge sind auf den großstädtischen Boden- und Arbeitsmarkt eingestellt. Besondere Probleme ergeben sich aus der Allokation unerwünschter und von der Bevölkerung als störend empfundener Ver- und Entsorgungsbetriebe wie Müllverbrennungsanlagen, Kläranlagen, Flugplätze, Autobahnschneisen und -knoten.

Der eigentliche ländliche Raum setzt sich aus zwei Teilen zusammen: Er besteht erstens aus stabilen, mit Zentralen Orten gut ausgestatteten ländlichen Gebieten, in denen die Fläche intensiv für die Landwirtschaft genutzt wird und die Siedlungen nicht-agrarische Funktionen an sich gezogen haben. Ein zweiter Teil liegt zumeist peripher hierzu. Es handelt sich um ländliche Areale, in denen die Agrarwirtschaft durch keine anderen wirtschaftlichen Erwerbszweige ergänzt worden ist, die Reduzierung der Zahl der in der Landwirtschaft Berufstätigen aufgrund der stagnierenden Produktionsbedingungen zu einer Abwanderung der Bevölkerung, zur Bevölkerungsabnahme und schließlich zur Extensivierung der Nutzung geführt hat, und in denen die Entwicklung in den Teufelskreis von Niedergang und Verfall der Siedlung einmündete. Auf diese Problematik, welche besonders die agrarökologischen Ungunsträume, die Grenzertragsböden in den Niederungen und die Berggebiete, betroffen hat, wird am Modellbeispiel der Hochgebirge Europas besonders eingegangen.

Die Multifunktionalität des ländlichen Raumes

Der ländliche Raum ist längst nicht mehr mit dem Agrarraum identisch. Er ist vielmehr schon vor Jahrhunderten durch Auslagerung von Funktionen aus den Städten erfasst und überformt worden, wobei in den einzelnen Phasen die jeweils neu auftretenden funktionellen Elemente einerseits in den vorhandenen Siedlungsbestand eingegliedert wurden bzw. sich von diesem separiert haben. Der letztgenannte Vorgang hat spezifische neue Siedlungen, Verkehrs-, Industrie-, Pendler-, Fremdenverkehrs- und Zweitwohnungssiedlungen hinterlassen. Diese Vorgänge haben jeweils nur Teile von ländlichen Gebieten und Regionen erfasst und zum Mosaik des ländlichen Raumes in Europa beigetragen.

Die erste Etappe der Industrialisierung des ländlichen Raums reicht weit zurück. Sie begann bereits im Manufakturzeitalter, als sich mittels eines zum Teil staatlich reglementierten Verlagssystems das Manufakturwesen ausbreitete und weitere Räume erfasste, als dies in einzelnen Exportgewerberäumen Europas, den Vorläufern der heutigen Megalopolis von Flandern über Süddeutschland bis nach Oberitalien, bereits im Mittelalter der Fall war. Vor allem in der Donaumonarchie wurden in Waldgebirgen bis in den Karpatenraum hinein Siedlungen für Glasarbeiter, Weber, Holzfäller, Bergleute u. a. mit Kleinlandwirtschaften gegründet und andererseits bestehende Dörfer durch eine „Neustift" erweitert.

Die zweite Phase des funktionellen Wandels ging mit der Beseitigung der grundherrlichen Abhängigkeit einher und brachte der bäuerlichen Bevölkerung das Eigentumsrecht an Grund und Boden und eine bisher unbekannte Mobilität. Die Landflucht in die großen Städte riss große Lücken in die ländliche Siedlung in den Grenzertragslagen der Gebirge und Flachländer.

Die dritte Phase des funktionellen Wandels ist nach dem Zweiten Weltkrieg anzusetzen. Sie ist durch die Verbesserung der Verkehrsinfrastruktur gekennzeichnet und damit durch eine partielle Umpolung der Landflucht in die Pendelwanderung. Dank der Pendelwanderung wurde es der ortsständigen Bevölkerung möglich, im ländlichen Raum zu verbleiben. Aus den ursprünglichen Agrarsiedlungen sind somit zuerst Industriesiedlungen, zum Teil mit Arbeiterbauern, und schließlich Pendlersiedlungen geworden. Dorferweiterungen, oft abgesetzt von den Dorfkernen, waren das Ergebnis.

Die vierte Phase des funktionellen Wandels wird von der Ausweitung des tertiären Sektors in den Zentralen Orten bestimmt. Hierbei ist im Zuge des Konzentrationsprozesses der Wirtschaft ab den 70er Jahren des 20. Jahrhunderts eine weitreichende Zurücknahme von Einrichtungen aus der Fläche des ländlichen Raumes erfolgt. Das dörfliche Gewerbe und die dörflichen Handelsbetriebe verschwanden in Zentraleuropa schrittweise, zuerst im Umkreis der Städte und schließlich in peripheren Räumen.

Aufgrund der verschiedenen Prozesse ist insgesamt das Wohnen zur mit Abstand wichtigsten Funktion des ländlichen Raumes geworden. Hierbei kommt es in den ländlichen Siedlungen einerseits zur Reduzierung der relativ immer kleiner werdenden Zahl von Angehörigen der Agrargesellschaft und andererseits zum Anwachsen der Zahl der Pendler bzw. Angehörigen der städtischen Freizeitgesellschaft. Damit ist die jüngste Funktion genannt, welche in den landschaftlich attraktiven ländlichen Räumen in der zweiten Hälfte des 20. Jahrhunderts Agrarsiedlungen in Freizeitsiedlungen umgewandelt hat.

Die Autonomie der ländlichen Gemeinde

Ein wichtiges gemeinsames Merkmal Europas bildet die Gemeindeverfassung, welche vielfach auf mittelalterliche Siedlungsstrukturen, Dörfer, Talschaften, Pfarreien und dergleichen, zurückgeht und in der Zeit des Liberalismus im 19. Jahrhundert als unterster Baustein der jeweiligen Staatsmacht und in einzelnen Bereichen autonome Selbstverwaltungsbehörde eingerichtet worden ist. Auf ihr beruht die enorme Persistenz des ländlichen Siedlungssystems, dessen untere Größenklassen bei fehlender politisch-administrativer und finanzieller Verankerung sonst im Gefolge der Industrialisierung, Verstädterung usw. von der Wucht kapitalistischer Marktwirtschaft längst hinweggefegt worden wären. Riesige Flächen des ländlichen Raumes könnten brachliegen, wie dies in Nordamerika der Fall ist.

Die in Europa vorherrschende dörfliche Siedlungsstruktur hat sich im Umstellungsprozess der Agrarwirtschaft ebenso wie bei der Verortung neuer Funktionen und Einrichtungen als anpassungsfähiger erwiesen als der Streusiedlungsraum Nordamerika, der teilweise flächenhaft verfällt bzw. von der Suburbanisierung überrollt wurde. Nun haben in den 1960er und 1970er Jahren über Europa hinweg Verwaltungsreformen die administrative Landkarte von Staaten verändert. In Großbritannien und in den COMECON-Staaten wurde der gesamte Verwaltungsaufbau umgestaltet. Besonders rigoros waren in den Letztgenannten die Gemeindezusammenlegungen, wodurch vielfach neue administrative Großeinheiten von 20.000 Einwohnern aufwärts entstanden sind.

Innerhalb der föderalistischen Systeme im deutschen Sprachraum bestanden unterschiedliche Konzepte, wobei Dörfern Streusiedlungen zugeordnet wurden und durch die Zusammenlegung von Dörfern Haupt- und Nebendörfer entstanden sind. Mit der kommunalen Gebietsreform wurden durch Eingemeindungen und Zusammenlegungen größere kommunale Einheiten geschaffen. Die weit überwiegende Mehrheit der Dörfer in der Bundesrepublik Deutschland (vor 1990) verlor ihre kommunale Autonomie und wurde zum Gemeindeteil degradiert. Von den 1966 bestehenden 24.411 selbständigen Gemeinden hatten 1985 nur 8.506 ihre Selbständigkeit bewahrt. Henkel hat auf die massiven negativen Konsequenzen der Gebietsreform mit dem Verlust von Zehntausenden ehrenamtlich tätiger Kommunalpolitiker hingewiesen (1999, S. 337). Der ländliche Raum besitzt somit nur eine schwache politische Lobby. In den neuen Bundesländern bestehen gegenwärtig 7.565 selbständige Gemeinden, fast so viele wie in den alten Ländern (Henkel 1999, S. 341).

Zum Unterschied von Deutschland und Österreich hat Frankreich das Muster seiner insgesamt 36.851 Kleingemeinden (Stand 2000) nicht angetastet.

Der ländliche Raum ist in den einzelnen EU-Staaten sehr unterschiedlich strukturiert. Stabile Agrarräume dominieren in den Niederlanden, in Dänemark und im deutschen Sprachraum, während Frankreich, Großbritannien, Schweden, Finnland und Spanien extreme Peripherieräume aufweisen, in denen schon seit dem 19. Jahrhundert Entsiedlungsprozesse in größerem Umfang im Gange sind.

Planungsprobleme des ländlichen Raumes

Mit einer schlichten Feststellung sei eröffnet: Es existiert keine Definition des ländlichen Raums, da dieser eine variable, vom Stadtwachstum abhängige Restgröße darstellt. Damit gibt es auch keine Planungsinstitution für den ländlichen Raum. Es gibt nur eine Regionalplanung der Staaten, in welcher der ländliche Raum den jeweiligen Regionalstädten zugeordnet wird, ebenso gibt es eine Regionalpolitik der Europäischen Union, welche städtische und ländliche Gebiete umgreift.

Die viel zitierte Zersiedlung großer Teile des mittleren Streifens von Kontinentaleuropa ist ein Resultat des Baubooms im ländlichen Raum. Zu spät haben die Behörden die Gestaltungsaufgabe der geordneten Erweiterung der ländlichen Siedlungen ebenso wie die Aufgabe der Dorferneuerung erkannt, nachdem bereits eine „chaotische Urbanisierung" weitflächig den ländlichen Raum im Umfeld von größeren Städten „überfahren" hat. Nur die britische Town-and-Country-Planung und die Planung in den Niederlanden haben diese Aufgabe rechtzeitig erkannt und nicht nur neue Städte gegründet, sondern auch das Wachstum der Städte in geordnete Bahnen gelenkt.

In Zentraleuropa hat die Allokationsstrategie der Regionalplanung vor allem auf der so genannten mittleren Stufe der Zentralen Orte durch die Zuweisung von „gesetzten Diensten", höheren Schulen, Krankenhäusern und dergleichen, für den Ausgleich regionaler Disparitäten sehr viel getan. Mit dem steigenden Wohlstand der Gesamtbevölkerung haben auch die ländlichen Räume zumeist den technischen Standard der Städte in Hinblick auf Energie-, Wasserversorgung und Abwasserbeseitigung erreicht. Überall dort, wo dies der Fall war, ist die Qualität des Wohnwertes für die Bevölkerung gestiegen und gleicht damit die größere Schwierigkeit der Erreichbarkeit von Arbeitsplätzen und Infrastruktureinrichtungen durch öffentliche Verkehrsmittel und die trotz des Schulbussystems bestehenden weit längeren Fahrzeiten für Schüler in Streusiedlungsgebieten aus.

Zwar hat der soziale Wohlfahrtsstaat seit den 60er Jahren des 20. Jahrhunderts die Aufrechterhaltung einer guten Erreichbarkeit der Siedlungen des ländlichen Raumes in seinen Aufgabenkanon aufgenommen, doch sind andererseits unter den jüngsten Bestrebungen des Rückbaus des sozialen Wohlfahrtsstaates auch Projekte der Zurücknahme des öffentlichen Verkehrsangebots in Vorbereitung. Großbritannien hat hierfür in der Ära Thatcher ein Beispiel gesetzt, dessen katastrophale Auswirkungen im Alltagsleben von Pendlern inzwischen drastisch spürbar sind. Diesem Beispiel wurde bisher auf dem Kontinent nicht nachgeeifert. Im Gegenteil, in Südeuropa wurde der öffentliche Verkehr in entwicklungsschwachen Räumen mit EU-Mitteln wesentlich verbessert.

Abb. 7.1: *Manor House, Cheshire, England.*

Abb. 7.2: *Ehemaliges Green Village, Central Down, England.*

Die soziale Wirklichkeit

Der ländliche Raum und das Dorf besitzen in Europa unterschiedliches „Aussehen" und ebenso unterschiedliches „Ansehen". Mehrere Großräume stehen zur Diskussion.

Mit Großbritannien sei eröffnet. Das Vereinigte Königreich ist ein Staat, in dem sich der Adel im 18. Jahrhundert nicht entschließen konnte, nach London bzw. nach Edinburgh zu ziehen, sondern auf seinen Landsitzen verblieb und diese entsprechend den familiären ökonomischen Möglichkeiten zum Teil schlossartig ausbaute (Abb. 7.1). Dieser Verbleib der großen Landeigentümer im ländlichen Raum hat zur antiurbanen Grundhaltung der britischen Bevölkerung entscheidend beigetragen. Die Dorfidylle mit dem herrschaftlichen Ansitz und den lokalen Eliten findet sich nicht nur in der schönen Literatur, sondern spiegelt sich auch in den Preisen des Immobilienmarktes wider. Die Beseitigung der Grafschaften durch die große Gebietsreform hat an diesen lokalen Milieus der Dörfer nur wenig geändert. Die Farmen wurden im Zuge der „Vereinödung" im 18. Jahrhundert aus den Dörfern in die Streulage der gegliederten Heckenlandschaft versetzt, als die Flurzersplitterung der mittelalterlichen Siedlung durch die Feudalherren beseitigt wurden. Das englische Dorf hat sich damit früh von der Agrarwirtschaft emanzipiert und ein sehr spezifisches Sozialmilieu entstehen lassen (Abb. 7.2). Die aus der Stadt flüchtende Bevölkerung hat sich im Zuge der Neubautätigkeit im 20. Jahrhundert geordnet in die Quartiere der Reihenhäuser und Doppelhäuser von geometrisch aufgeschlossenen Satellitensiedlungen begeben.

Auch Frankreich hat bis heute, ungeachtet der Französischen Revolution, die Herrensitze als Indikator feudaler Gesellschaftsstruktur in verschiedenen Provinzen, wie in der Normandie, in der Bretagne oder in Aquitanien, im ländlichen Raum in großer Zahl erhalten. Hinter der Bezeichnung „Château" verbergen sich sowohl gute Weine als auch aristokratische Besitzer (Pletsch 1997, S. 164). Der eigentliche Träger der ländlichen Siedlungen sind jedoch die Marktorte, die „bourgs", Gerichtsorte als unterste Stufe der Administration, welche – anders als im deutschen Sprachraum – bis heute ihre lebhaften Wochenmärkte erhalten haben, auch wenn sich am Außenrand längst Supermärkte ansiedeln konnten. Ein weiteres Merkmal des ländlichen Raums ist das Phänomen der Zweitwohnungen. Kein anderes europäisches Land verfügt über einen ähnlich hohen Anteil an Zweitwohnsitzen wie Frankreich. Dies hängt damit zusammen, dass der Hausbesitz im ländlichen Raum auch nach der Abwanderung in die Stadt beibehalten und als Zweitwohnsitz genutzt wird. Er kann im Ruhestand auch wieder in einen Erstwohnsitz umgewandelt werden. Dank dieser Nutzung zahlreicher ländlicher Anwesen als Zweitwohnsitze hat sich die traditionelle Bausubstanz in vielen Dörfern Frankreichs bis heute erhalten (Pletsch 1997, S. 170) (Abb. 7.3). Nichtsdestoweniger ist Frankreich das Musterland ländlicher Verfallserscheinungen in vielen Gebieten (Zentralplateau: Lichtenberger 1966; Languedoc, Pyrenäenvorland).

Deutschland ist anders. Der Begriff des ländlichen Raums verbindet sich dort immer noch mit der Vorstellung der Einheit von Bauernhaus und Agrarwirtschaft, wenn auch in Westdeutschland beachtliche Unterschiede zwischen den Siedlungen mit Anerbenrecht und jenen mit Realteilung bestehen. Flurzusammenlegungen, die Aussiedlung von Einzelhöfen aus dem Dorf in die Flur sind im Wesentlichen erst in der zweiten Hälfte des 20. Jahrhunderts erfolgt. „Dorferneuerung" und „Dorferweiterung" sind seit den 1970er Jahren zu Aufgaben der Regionalpolitik geworden. Anders als in Frankreich und in Österreich mit rund 3.000 Bauernmärkten sind in den kleinen Zentralen Orten im ländlichen Raum die Wochenmärkte längst „ausgestorben". Es fehlt ferner die Aufspaltung der Wohnfunktion in Erst- und Zweitwohnungen und damit eine wichtige Gruppe städtischer Investoren in den Gebäudebestand. Die deutsche Freizeitgesellschaft schätzt den ländlichen Raum im eigenen Land nicht sehr, sondern fährt lieber ins Ausland. Nichtsdestoweniger hat der ländliche Raum am Um- und Neubau in beachtlichem Umfang teilgenommen. Aufgrund der hohen Bevölkerungsdichte konnte sich die „Zwischenstadt", ein amorphes Produkt aus städtischen Siedlungsbestandteilen, im ländlichen Raum von Westdeutschland „einen Namen machen".

Extensivierung und Zeichen des Verfalls ehemals ländlicher Strukturen kennzeichnen dagegen Ostdeutschland. Die Kollektivierung und Verstaatlichung der Agrarwirtschaft bei gleichzeitigem Neubau von Agrosiedlungen haben vorhandene Kleinsiedlungen systematisch beseitigt. Aufgrund der anhaltenden Bevölkerungsabnahme konnten nach der Wende selbst in Großstädten Verfallsgebiete nicht beseitigt werden; noch stärker lückenhaft ist daher inzwischen das ländliche Siedlungsnetz geworden. Die alten Zentralen Orte erhielten nach der Wende keine Chance, Marktfunktionen wieder zurückzuholen (Abb. 7.4).

Zu blitzartig wurden in allen Mittel- und Großstädten von westdeutschen Kapitalgesellschaften am Rande Supermärkte gegründet. Die Verhältnisse in Ostdeutschland unterscheiden sich somit wesentlich von denen im ländlichen Raum der EU-Erweiterungsstaaten.

Die ländlichen Siedlungen sind auch hier weitgehend Dorfsiedlungen einer langen, durch Kriege und Neubesiedlung geprägten Territorialgeschichte, wobei die Auswechslung von ganzen Bevölkerungsgruppen bei gleichzeitigem Fortbestand der Siedlungen und Zentralen Orte (Abb. 7.5) zu den bemerkenswerten Phänomenen gehört. Durch die

Abb. 7.3: *Dorf in den Causses Noirs, Cevennen, Frankreich.*

Abb. 7.4: *Quedlinburg, ehem. DDR.*

Abb. 7.5: *Bartfeld, Stadtplatz und Rathaus, Slowakei.*

schichten ihren Höhepunkt bereits überschritten haben dürfte. Der ländliche Raum ist von dieser neuen Individualisierung und Säkularisierung bisher jedoch noch kaum erreicht worden.

Nach der Wende erfolgte ein religiöser Aufbruch auch in den anderen Staaten, in denen die Kirchen unterdrückt worden waren und die griechisch-katholische Kirche sogar verboten war. Die orthodoxen Kirchen wurden als Landeskirchen zu einem Symbol nationaler Unabhängigkeit. Der westlichen Konsumgesellschaft kaum verständlich zu machen ist der Neubau von erstaunlich großen orthodoxen Kirchen an der östlichen Grenze der Europäischen Union und in ihrem Vorfeld, in bescheidenen Dörfern weit jenseits der Wohlstandskante, vielfach in einem Niemandsland der modernen Infrastruktur (Abb. 7.6). Beim Anblick dieser neuen Kirchenbauten sollte man sich daran erinnern, unter welchen Lebensbedingungen im Mittelalter die dörflichen Landmarken der Kirchen errichtet worden sind! Allein in Rumänien wurden von der rumänischen Orthodoxie seit der Wende über 400 Kirchen, vor allem in ländlichen Siedlungen, neu erbaut. Aber auch andere Kirchen streiten um das wieder zu bestellende Feld des christlichen Glaubens, darunter besonders die so genannten Pfingstkirchen aus den USA, welche, mit Geld reichlich ausgestattet, Sozialhilfeprogramme bis in die Dörfer hineintragen.

Eingriffe der kommunistischen Regime und die Vorgänge nach der Wende sind keineswegs einheitliche, sondern von Staat zu Staat unterschiedliche ländliche Räume entstanden, so dass die Frage zu stellen ist: Gibt es überhaupt Gemeinsamkeiten?

Die Antwort führt zurück in die Vergangenheit europäischer Dorfstrukturen, als Dörfer religiöse Gemeinschaften waren, der Kirchhof der Versammlungsplatz, die Kirche der Mittelpunkt für die kirchlichen Feiern, Prozessionen, Erntedankfeste usw. und ebenso auch für die wichtigsten Stationen im Lebenslauf. Diese durch Liberalisierung und Individualisierung sehr stark reduzierten religiösen Funktionen haben nach dem Ende der kommunistischen Regime ein geradezu unglaubliches Comeback gefeiert. Der Kirchenneubau gehörte in Polen schon vor der Wende zu den antikommunistischen Demonstrationen, als man bei Wohnanlagen zuerst die Kirchen und dann erst Schulen und Kindergärten einrichtete. Viel zu wenig beachtet, ist eine ebenso eigenwillige wie interessante Architektur des Sakralbaus entstanden. Polen kennt keinen Priestermangel wie die meisten EU-15-Staaten, keinen Mangel an Nachwuchs für die zahlreichen Klöster, wobei gerade in Polen nach der Wende diese von der Papstkirche geförderte tiefe Gläubigkeit breiter Bevölkerungs-

Zu den Kirchen als alten und neuen Landmarken dörflicher Siedlungen kommt ein zweites wesentliches Element: die Wochenmärkte. Sie sind vor allem in denjenigen Staaten wichtig, in denen aufgrund der geringen Kaufkraft der Bevölkerung noch keine westlichen Einzelhandelsketten die Versorgung beherrschen, wie in großen Teilen Polens, Rumäniens, Bulgariens und Kroatiens. Die alten Marktorte haben durch die Privatisierung der Landwirtschaft vor allem in Rumänien einen erstaunlichen Aufschwung des lokalen Viehhandels erlebt, der nicht nur über jährliche Viehmärkte, sondern auch wöchentlich betrieben wird und bei dem – in säuberlicher Trennung – eine breite Palette von Waren angeboten wird, von Maschinen für die Landwirtschaft bis zu Gegenständen für den Haushalt.

Besteht somit gegenwärtig unter dem Dachbegriff des ländlichen Raumes eine außerordentliche und gleichzeitig erst wenig bekannte Spannweite in der sozialen Wirklichkeit im mittleren Streifen Europas von Großbritannien bis an die neue Außenfront der Europäischen Union, so ist für die Beschreibung der Nord–Süd-Unterschiede ein anderer Zugang erforderlich.

Der Begriff ländlicher Raum, der in Nordeuropa und im mittleren Streifen des Kontinents passend erscheint – dort wo die Landnutzung zwischen Wald, Ackerland und Grünland wählen kann, wo die heutigen ländlichen Siedlungen auf den mittelalterlichen Territorialstaat zurückgehen und die Gesellschaft aus dem ständischen Dreieck von Adel, Bürgern und Bauern siedlungsmäßig nicht wirklich zur Gänze ausgebrochen ist –, dieser Begriff des ländlichen Raumes ist für das mediterrane Europa nicht zutreffend.

Hier geht es um die mediterrane Kulturlandschaft, die zwei entscheidende Gemeinsamkeiten aufweist: die ökologische Abhängigkeit von der Ressource Wasser, die im Jahreslauf nicht ubiquitär vorhanden ist, und die frühe Form der „Urbanisierung" über die besitzmäßige Abhängigkeit des „Landes" von der Stadt und die entsprechenden Bauformen.

Im Verhältnis von Tradition und Moderne in Siedlung und Agrarwirtschaft kommt ein weiterer entscheidender Unterschied gegenüber den nördlich der alpinen Gebirge gelegenen Räumen der mittleren Breite hinzu. Während in diesen zwar auch in West und Ost Veränderungen von Flur und Siedlung eingetreten sind, Raine, Hecken und Terrassenstufen beseitigt, fragmentierte Fluren zusammengelegt, Höfe aus dem Dorfverband ausgesiedelt, die Dörfer umgebaut und mit neuen Funktionen angereichert wurden, hat die Moderne doch stets obsiegt. Die historisch-traditionellen Formen sind bestenfalls als bauliches Gehäuse museal adaptiert bzw. in teilweise veränderter Struktur als regional über Bauordnungen empfohlene Modelle erneuert worden. Die Entwicklung der Flur zielte durchgehend auf Vergrößerung ab, auf die Arrondierung der Parzellen. Die Entwicklung der Siedlung brachte die Aufstockung der ebenerdigen Wohntrakte, den Neubau der Wirtschaftsbauten, ohne einen wesentlichen Standortwechsel. Die Tradition ist nur mehr in den Archiven zu finden und erhält noch einen Schatten

Abb. 7.6: *Mukatschewo, Eingang Wallfahrtskirche, Ukraine.*

von Lebendigkeit durch die Erzählungen alter Leute. Der ländliche Raum gehört der Moderne.

Im Mediterranraum hingegen finden sich Tradition und Moderne nebeneinander, zum Teil verzahnt. Der Verfall der Tradition ist sichtbar, in manchen Räumen landschaftsbeherrschend, mit den aufgegebenen Terrassenkulturen, den verwilderten Olivenhainen, den leer stehenden Steinbauten. Es gibt keinen Wald, der wie in den waldwüchsigen Breiten das aufgegebene Agrarland okkupiert und schließlich zudeckt, es gibt nur die Macchie als Sekundärformation, die Zeit benötigt, um dann undurchdringlich zu werden.

Das zentrale Element von traditioneller Siedlung und Landnutzung bilden die auf Randhöhen des Gebirges gelegenen befestigten und ummauerten Akropolissiedlungen, welche durch ihre Bausubstanz mit den die zentrale Piazza umgebenden Palazzi der Großgrundbesitzer stadtartigen Charakter aufweisen, auch dann, wenn sie, wie in Süditalien, von kleinen Pächtern und Landarbeitern bewohnt werden.

Ein Kulturprofil durch den mittleren Apennin (Abb. 7.8) demonstriert, dass dem Verfall von Hangkulturen und Akropolissiedlungen (Abb. 7.7) die Inwertsetzung der Ebene gegenübersteht. Die Gegenwart hat eine Umbewertung der einzelnen Teilräume gebracht. Mit der Anlage der neuen Ver-

Abb. 7.7: *Akropolissiedlung Gessopalena, Abruzzen.*

Abb. 7.8: *Entwicklungstendenzen in der randmediterranen Tiefenstufe der Gebirge.*

Sommer
Weidewald
(Saltus)

Terrassen
Oliven

Akropolis-
siedlung

Poly-
kultur

Winterweide

z.T. Gebirgs-
besied-
lung

z.T.
Auf-
forstung

Siedlungs-
wachstum

Siedlungs-
verfall

19. Jahr-
hundert

Getreide-
monokulturen
von Latifundien

Terrassen-
flur
Wüstung

Sied-
lungs-
verfall

Flur
Wüstung

Bonifikation

Neusiedlung
moderne
Intensivkulturen

Gegenwart

Lichtenberger 1979, S. 413.

kehrswege in der Ebene sind die alten Akropolissiedlungen an den Rand geraten, neue Siedlungen entstanden in den Niederungen unmittelbar am Gebirgsrand. Die extensiv genutzten Getreideflächen werden in intensiv bewässerte Kulturen umgewandelt. Das noch ungenutzte Weideland wird vom Staat melioriert und im Zuge der Bonifikation neu besiedelt. Im Gebirge selbst verfallen die Höhenorte, ebenso aber auch die alten Akropolissiedlungen, soweit sie nicht eine Zweitwohnbevölkerung finden. Auch die Olivenkulturen werden z.T. in diesen Verfallsprozess miteinbezogen. Der Intensivierungsprozess in der Niederung schränkt das Weideland für die „Transhumanz" ein und bringt diese saisonale Wanderung schließlich ganz zum Verschwinden. Dementsprechend werden die Sommerweiden in der Höhe nicht mehr mit Schafen beschickt, selten genug kommt es zur Entwicklung einer Almwirtschaft bzw., gleichfalls in unterschiedlichem Ausmaß, zur staatlichen Aufforstung.

In den Niederungen wird die Inkulturnahme wiederholt, wie sie sich im Römischen Reich unter der Pax Romana vollzog, als die Höhensiedlungen – ob freiwillig oder nicht, sei dahingestellt – aufgegeben und durch neue Städte längs der Fernstraßen in den Ebenen ersetzt wurden. Es kann hier nicht auf die Teilschritte der Intensivierung, die im 19. Jahrhundert begann, eingegangen werden. Staatliche Agrarkolonisation und städtische Kapitalgeber verfolgten unterschiedliche Ziele und hatten überdies in den einzelnen Staaten unterschiedliche Bedeutung.

Abb. 7.9: *Alberobello, Apulien.*

Abb. 7.10: *Apulien bei Martina gegen Norden.*

Abb. 7.11: *Écija, Stadtplatz, Nieder-andalusien.*

Abb. 7.12: *Mojácar gegen Nordosten, Provinz Almería, Spanien.*

sen und Bewässerungssysteme am Hangfuß und in den Seitenbuchten von Tälern. Ausgedehnte Monokulturen von Obst, Wein, Zitrusfrüchten und Oliven entstanden. In Thessalien verdient der Baumwollanbau Erwähnung. Gebietsweise bildeten sich auch kleine Spezialbetriebe mit Eigenbewirtschaftung aus (Abb. 7.10, 7.12).

Die Entwicklung von Siedlung und Flur erfolgt keineswegs synchron. Hierzu zwei Beispiele: Aufgrund der Industrialisierung des Reisbaus durch kapitalstarke Großunternehmen sind in jüngster Zeit die großen Pachthöfe, die „Corti" der Poebene, welche zu den auffälligsten Erscheinungen des ländlichen Raumes gehören, reihenweise verfallen und stehen als Ruinen in der voll mechanisierten Reisbaulandschaft im Umland von Mailand. Andererseits werden in den Höhensiedlungen, welche inmitten verfallener Terrassenkulturen liegen, die Häuser durch städtische Interessenten wieder renoviert. Auf breiter Front werden dort die Lagequalitäten der traditionellen mediterranen Kulturlandschaft von einer modernen Freizeitgesellschaft wieder entdeckt.

Erstere fehlte in Frankreich nahezu völlig, die Letzteren in Griechenland. Konzentrierten sich die Staaten auf das kombinierte Ziel der Enteignung des Großgrundbesitzes und der Aufschließung der Winterweiden durch Kleinbauernstellen, um landlose Tagelöhner und Kleinpächter (Italien, Spanien) bzw. Flüchtlinge (Griechenland, Thrakien, Mazedonien) unterzubringen, so investierten städtische Konsortien in die Anlage neuer Großterras-

Die europäische Agrarwirtschaft

Überblick

Agrarrevolutionen sind stets den Revolutionen in der Wirtschaft und Gesellschaft vorangegangen. Die Agrarrevolution in England im 18. Jahrhundert hat durch die Erhöhung der Erträge und die Freisetzung von landwirtschaftlichen Arbeitskräften wesentliche Voraussetzungen für die industrielle Revolution geschaffen.

Unbemerkt von der Öffentlichkeit hat sich in der zweiten Hälfte des 20. Jahrhunderts ebenfalls eine Agrarrevolution abgespielt, die noch nicht zu Ende ist. Die Entagrarisierung, d. h. eine kontinuierliche Abnahme der Agrarbevölkerung und damit ein gesellschaftlicher Modernisierungsschub, vollzog sich vor dem Hintergrund einer beachtlichen Steigerung der Produktion sowohl im Anbau als auch in der Viehzucht. Das Herausnehmen von Arbeitskräften aus dem landwirtschaftlichen Produktionsprozess war nur durch eine zügige Mechanisierung möglich, welche andererseits einen Kapitaleinsatz erforderte, der eine weitere Intensivierung und Erweiterung der Produktion und damit einen Konzentrationsprozess im Gefolge hatte.

In der Konkurrenz zu den wesentlich schneller wachsenden sekundären und tertiären Sektoren der Wirtschaft verlor die Landwirtschaft rasch ihre Anteile am Bruttonationalprodukt. Sie betragen derzeit in der EU-15 zwischen 1 und 5 %. Interventionsmaßnahmen der Staaten und der EU waren erforderlich, um bei fallenden Weltmarktpreisen für Agrarprodukte die Einkommen der Landwirte zu halten.

Zwei Angaben belegen die gegenwärtige Situation im deutschen Sprachraum: Auf der Internetseite der Centralen Marketinggesellschaft konnte man am 11. 3. 2004 nachlesen, dass *„ein Bauer 140 Menschen ernährt"* und ein technisch modern ausgestatteter Arbeitsplatz in der Landwirtschaft mit 250.000 Euro doppelt so teuer ist wie in der übrigen Wirtschaft.

Mit diesen Aussagen wird indirekt die Notwendigkeit einer Subvention der Agrarwirtschaft im Rahmen der GAP (Gemeinsamen Europäischen Agrarpolitik) offen gelegt: *„Verdient wird nicht in der Landwirtschaft, sondern an der Landwirtschaft."* Hierzu gehören die vorgelagerten Betriebe der Erzeugung von Düngemitteln, Pestiziden und Futtermitteln ebenso wie die immer vielfältigere Produkte auf den Markt bringende Maschinenindustrie für die Landwirtschaft. Nachgelagert gehört hierzu der gesamte Verarbeitungssektor der Lebensmittelindustrie, auf den in der EU-15 1999 13,4 % des BIP und 11,8 % der Beschäftigten entfielen (!) sowie der gesamte Groß- und Einzelhandel mit Lebensmitteln, der mit ähnlichen Werten zu Buche steht.

Wenn schließlich und endlich die Kosten für Nahrungsmittel für den Verbraucher von der Statistik registriert werden, so erreichen sie in der EU-25 im Mittel bereits 30 % der Einkommen, wenn auch bekanntlich mit hohem Einkommen der Wert bis auf 12 bis 15 % absinkt. Exakte Angaben für die Nahrungskette vom Landwirt bis zum Konsumenten bieten die Statistik des Ministeriums für Umwelt und Agrarwirtschaft des Vereinigten Königreichs (Abb. 7.13).

Zur Agrarwirtschaft gehört schließlich nicht nur ein eigener Forschungs- und Ausbildungssektor bis zu den Universitäten für Bodenkultur und Veterinärmedizin, sondern auch ein breiter institutioneller Überbau. Bei diesem bilden die zu einem europäischen Verband vereinigten landwirtschaftlichen Genossenschaften einen wichtigen Faktor der Volkswirtschaft und der Gesellschaft insgesamt, wie folgende Eckdaten für die EU-15 belegen: 2003 umfasste die COGECA ungefähr 30.000 genossenschaftliche Betriebe mit fast 9 Mio. Mitgliedern, 500.000 Beschäftigten und einem Anteil von mehr als 60 % in der Erfassung, Verarbeitung und Vermarktung landwirtschaftlicher Erzeugnisse.

Aufgrund der historischen Bedeutung der Agrarwirtschaft bestehen in allen Staaten noch eigene Ministerien und Landwirtschaftskammern, ferner eine Vielzahl von Vereinen und Verbänden. Als Klammer zum Finanzsektor sind schließlich die landwirtschaftlichen Sparkassen und Banken anzuführen, allen voran die Raiffeisenzentralbank, auf deren europäische Investitionstätigkeit noch zurückzukommen sein wird.

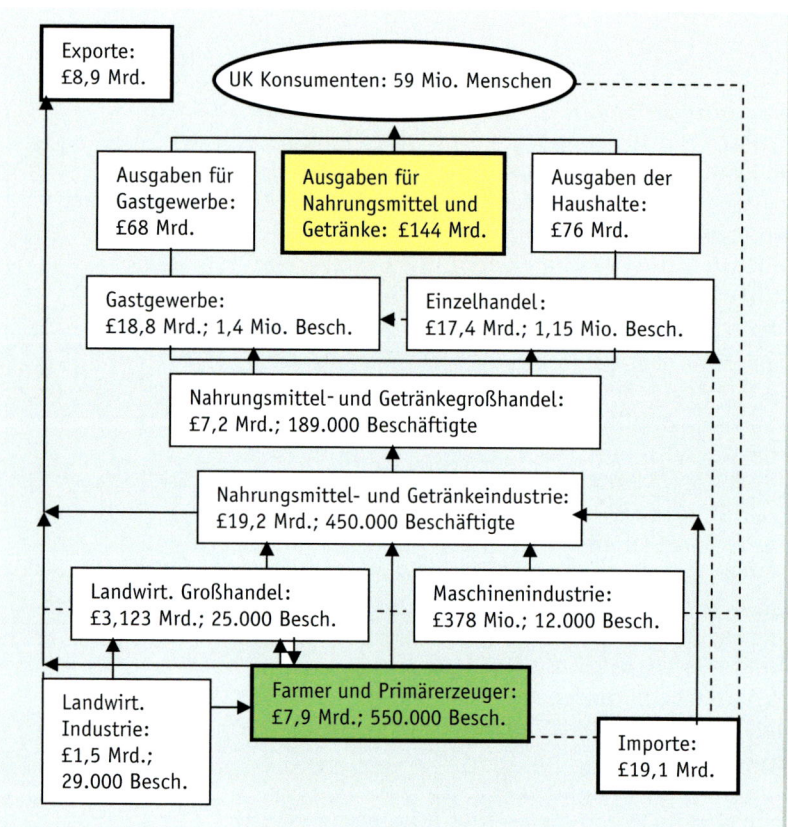

Exporte:
£8,9 Mrd.

UK Konsumenten: 59 Mio. Menschen

Ausgaben für
Gastgewerbe:
£68 Mrd.

Ausgaben für
Nahrungsmittel und
Getränke: £144 Mrd.

Ausgaben der
Haushalte:
£76 Mrd.

Gastgewerbe:
£18,8 Mrd.; 1,4 Mio. Besch.

Einzelhandel:
£17,4 Mrd.; 1,15 Mio. Besch.

Nahrungsmittel- und Getränkegroßhandel:
£7,2 Mrd.; 189.000 Beschäftigte

Nahrungsmittel- und Getränkeindustrie:
£19,2 Mrd.; 450.000 Beschäftigte

Landwirt. Großhandel:
£3,123 Mrd.; 25.000 Besch.

Maschinenindustrie:
£378 Mio.; 12.000 Besch.

Landwirt.
Industrie:
£1,5 Mrd.;
29.000 Besch.

Farmer und Primärerzeuger:
£7,9 Mrd.; 550.000 Besch.

Importe:
£19,1 Mrd.

DEFRA, 2003. Zeichnung: Stix 2004.

Abb. 7.13: *Nahrungskette vom Farmer bis zum Konsumenten in Großbritannien.*

Nun ist durch die Entagrarisierung und technologische Aufrüstung der Landwirtschaft die Agrarbevölkerung im ländlichen Raum in vielen Gebieten in eine isolierte Position gerückt, ebenso wie die neuen Flurtafeln, Monokulturen und Bewässerungsgebiete ihre Zugänglichkeit für die städtische Bevölkerung verloren haben. Eine „glückliche Ehe" zwischen der Agrargesellschaft und der städtischen Freizeitgesellschaft besteht nur in wenigen Agrarräumen Europas. Auf diese Thematik wird noch eingegangen.

Die zweite Agrarrevolution ist freilich noch nicht zu Ende. Eine Stabilisierung in der Generationenfolge der Betriebsinhaber ist nicht in Sicht. Selbst im Falle der großen landwirtschaftlichen Betriebe in Frankreich ist die Hofübernahme innerhalb der Familie nur bei rund 65 % gesichert. Von den kleinen Betrieben wird schätzungsweise mehr als die Hälfte mit der jetzigen Besitzergeneration auslaufen.

In diesem Prozess differieren die Teilräume der EU ganz wesentlich voneinander. Die EU-Erweiterungsstaaten nehmen eine Sonderstellung ein. Nach dem Scheitern des Großexperiments der kommunistischen Verstaatlichung der Landwirtschaft gemeinsam mit der Nationalisierung der Industrie und des Dienstleistungssektors sind Millionen von landwirtschaftlichen Subsistenzbetrieben entstanden, welche in mittelfristiger Zukunft den Weg der Konzentration und Modernisierung zu europäischen Betriebsformen finden werden müssen. Nach den neuen Richtlinien der deutschen Agrarstatistik bezüglich der Mindesterzeugungsgrenzen landwirtschaftlicher Betriebe von 2 ha, 8 Rindern oder 20 Schafen usw. wäre allerdings ein Gutteil dieser neu entstandenen Kleinstbetriebe gar nicht als Agrarbetriebe zu registrieren!

Da der Agrarsektor eine stärkere Bodenhaftung als andere Wirtschaftszweige besitzt, ist eine Auslagerung der Produktion gegenwärtig nur im Rahmen der EU denkbar. Hier allerdings werden die EU-Erweiterungsstaaten als derzeit noch „schlafende Agrarriesen" in mittelfristiger Zukunft den gravierenden Vorteil der niedrigen Arbeitskosten wahrnehmen, wenn sie auch infolge geringerer hygienischer Standards noch größere Investitionen tätigen müssen. Die Lebensmittelindustrie und die chemische Industrie bewerben diese Räume bereits.

Die Agrarwirtschaft der EU bedarf nicht nur einer internen, sondern auch einer externen Perspektive. Als großer Exporteur landwirtschaftlicher Produkte steht im 21. Jahrhundert die EU in Konkurrenz zu den USA. Es ist daher die Frage berechtigt, ob das liberalere amerikanische Vorbild die europäische Entwicklung beeinflussen wird. Die folgenden Zahlen belegen, dass die USA über die dreifache landwirtschaftliche Fläche verfügen und die Betriebe nahezu zehnmal so groß sind.

	USA	EU-15
landwirtschaftliche Fläche (1000 ha)	381.056	128.305
Zahl der Betriebe (in 1000)	2.158	6.766
durchschnittliche Fläche (ha)	176,52	18,96

Quelle: S. E. Leetmaa, Carlos Arnade u. David Kelch: A Comparison of U.S. and EU Agricultural Productivity With Implications for EU Enlargement. Economic Research Service, USDA. US-EU-Food and Agriculture Comparisons/WRS-04-04.

Andererseits betragen aber die Flächenerträge z. B. beim Weizen nur rund ein Drittel der europäi-

Abb. 7.14: *Masseria, Süditalien.*

schen. Die amerikanische Landwirtschaft kann flächenextensiv wirtschaften. Die Schlussfolgerungen für die europäische Landwirtschaft lauten:

Die EU kann wohl einzelne Elemente, jedoch nicht das amerikanische Agrarmodell insgesamt übernehmen. Ebenso wie sich die Stadtentwicklung in Europa klar von der amerikanischen unterscheidet, werden auch das ländliche Europa und die Agrarwirtschaft einen eigenen Weg in die Zukunft beschreiten. Dies nicht zuletzt deshalb, weil der ländliche Raum in Europa nicht wie in den USA eine unbegrenzte, sondern eine bereits knapp gewordene Ressource darstellt. Insgesamt steht Europa unter dem Diktat einer anhaltenden Steigerung der Flächen- und Arbeitsproduktivität, wobei synchron dazu Grenzertragsböden und nicht existenzfähige Kleinbetriebe unter 9.600 Euro Jahreseinkommen pro Arbeitskraft in der EU-15 aufgegeben werden.

Die Konsequenzen daraus sind: eine fortschreitende Spezialisierung der landwirtschaftlichen Betriebe, eine Auseinanderlegung von Ackerbau, Viehzucht und Sonderkulturen, eine Substitution von Arbeitskraft durch Kapitaleinsatz, sprich Maschinen und Einrichtungen. Auch in dieser Hinsicht ist die Agrarrevolution noch nicht am Ende angelangt. Eine Prognose ist nicht möglich, zu unterschiedlich sind die ökologischen Rahmenbedingungen, die eingespielten Regeln der Agrarverfassung und die Politik der Nationalstaaten. Auf einige Aspekte der Diversität der Agrarverfassung und der Produktionsziele der Landwirtschaft wird im Folgenden eingegangen.

Die Agrarverfassung

Gleitende Betriebsgrößenskalen kennzeichnen die meisten europäischen Staaten, wobei langsam, aber stetig die Zahl der kleinen Betriebe zugunsten der größeren Betriebe abnimmt. Dagegen besteht eine klare Polarisierung im Mediterrangebiet, wo Minifundie und Latifundie (Abb. 7.14, 7.15) einander gegenüberstehen und ebenso in den ehemaligen COMECON-Staaten, in denen im Zuge der Privatisierung neben den kommerzialisierten ehe-

maligen Staatsfarmen Millionen von Subsistenzbetrieben entstanden sind.

In Hinblick auf die Besitzverhältnisse zerfällt Europa in drei Teile: Ein mittlerer Streifen bäuerlicher Betriebe wird an beiden Seiten von Pachtsystemen eingerahmt. Der Raum des vorherrschenden bäuerlichen Besitztums umfasst Nordeuropa, große Teile Frankreichs, die Beneluxstaaten (Abb. 7.16) und den deutschen Sprachraum (Abb. 7.17) bis zum ehemaligen Eisernen Vorhang. Hierzu gehören ferner die nicht der Kollektivierung anheim gefallenen Kleinbetriebe im ehemaligen

Abb. 7.15: *Cuna, historische Fattoria in Mittelitalien.*

Abb. 7.16: *Großbau-er, Nieuw Barten, Westfriesland.*

Abb. 7.17: *Berner Bauernhaus, Mur-ten, Schweiz.*

Jugoslawien, vor allem in Slowenien, Kroatien, Bosnien und Serbien sowie in Polen. Beim Pachtsystem sind das mediterrane und das nordwesteuropäische Pachtwesen zu unterscheiden.

Das **mediterrane Pachtwesen** besteht aus zwei Pachtformen: Die Halbpacht („mezzadria" in Italien, „métayage" in Frankreich) wird auch als Teilbausystem bezeichnet. Die „mezzadria" war bis in die ersten Jahrzehnte nach dem Zweiten Weltkrieg die klassische Form der Agrarverfassung in Mittelitalien, vor allem in der Toskana und mit der Villeggiatura der städtischen Landbesitzer in Streu-

siedlungen verbunden. Die Betriebe der „poderi" mussten in der „coltura mista" groß genug sein, um die Familie des Pächters zu ernähren und Überschüsse zu produzieren. Die Erträge wurden zu gleichen Teilen zwischen dem Besitzer und dem Pächter aufgeteilt. In Frankreich wurden 1946 die Anteile für den Pächter gesetzlich auf zwei Drittel festgelegt. Dies hat zu einem raschen Rückgang des Systems geführt. Betrug der Anteil der Pachtbetriebe 1929 noch 10 %, so ist er bis zum Ende des 20. Jahrhunderts auf unter 1 % gesunken (Pletsch 1997, S. 177). Eine etwas andere Entwicklung vollzog sich seit den 1960er Jahren in Italien, wo in einzelnen Regionen, wie den Marken, noch 60 %, in Umbrien 42 % und in der Toskana 31 % der Flächen mittels des Agrarsystems der „mezzadria" bewirtschaftet wurden und sich diese durch Berg- und Landflucht im Zusammenhang mit der Industrialisierung „von allein" auflöste (Rother und Tichy 2000, S. 222). Reste der Halbpacht erhielten sich in Frankreich in Weinbaugebieten. Im Wallis in der Schweiz können Teilpachtverträge für Weingärten via Internet abgerufen werden.

Während für das mitteleuropäische Denken der Bauernhof eine Produktionseinheit darstellt, gehört es zu den Kulturphänomenen des orientalischen Bereiches, dass die einzelnen Betriebsfaktoren (Boden, Bäume, Vieh, Düngemittel, Saatgut, Maschinen, Gebäude, Wasser usw.) jeweils als separate Besitztitel aufscheinen, die mit entsprechenden Nutzungsrechten verbunden sind. Auch im Mediterrangebiet haben sich Einflüsse dieses sehr komplizierten Systems zur Geltung gebracht, so dass sich Sonderformen der Pacht entwickelten, je nachdem, welche Nutzungskomplexe vom Besitzer bzw. Pächter eingebracht werden.

Am häufigsten ist die Form der „colonia partiaria" vertreten, bei der nur mehr das Land selbst verpachtet wird. Die kurzfristigen, meist nur auf zwei bis drei Jahre ausgestellten Verträge verpflichten die Pächter in erster Linie dazu, ganz bestimmte Arbeiten, wie die Pflege des Weinstocks und die Weinernte, das Schneiden der Olivenbäume und die Olivenernte usw., zu übernehmen. Es handelt sich bei diesen Pächtern um eine Form von Landarbeitern, die, als „contadini" bezeichnet, die Sozialstruktur der Stadtdörfer Süditaliens, ebenso wie jene Süd- und Mittelspaniens bestimmen.

Das **nordwesteuropäische Pachtwesen** hat sich aus einer ganz anderen Wurzel entwickelt. England ist im 17. Jahrhundert mit der kompletten Umwandlung des Feudalsystems in ein Geldpachtsystem im Zusammenhang mit der Flurbereinigung durch die so genannten „enclosures" („Vereinödung") vorangegangen (Abb. 7.18). Beide Bewegungen breiteten sich nach Nordfrankreich, in die Niederlande, nach Belgien und Nordeuropa aus. In Schweden und in Dänemark wirtschaftete um 1660 nur die Hälfte der Bauern auf eigenem Grund. Seit dem 18. Jahrhundert hat dann der Staat in Nordeuropa zum Unterschied von England die Eigenbauern bevorzugt und die Pachtverhältnisse sukzessive eingeschränkt. Ein Jahrhundert später vollzog sich derselbe Vorgang in Irland. Noch in den 70er Jahren des 19. Jahrhunderts dominierte hier das Pachtsystem. Heute umfasst es nur noch 10 % der Betriebsfläche; dabei handelt es sich infolge der Realteilung um Kleinstbetriebe. In England hat das Pachtwesen im Zuge der Industrialisierung der Landwirtschaft Kapitalmarktformen angenommen. Der Survey 2000 registrierte rund ein Drittel der Agrarfläche als „tenanted land". Auch in Frankreich ist es im Zusammenhang mit dem Merkantilismus und der frühen Entwicklung der Textilindustrie zu einer Einschaltung des städtischen Kapitals in die Agrarwirtschaft gekommen. Heute beherrscht das Geldpachtsystem vor allem „la grande culture", den landwirtschaftlichen Großbetrieb im Norden Frankreichs. Der Anteil der in Geldpacht bewirtschafteten Betriebe beträgt in Frankreich insgesamt fast 49 %.

Für die bäuerlichen Betriebe ist das **Erbrecht** von entscheidender Bedeutung. Es gibt zwei Formen: Das **Anerbenrecht**, bei dem der Betrieb in seiner Gesamtheit meist an den ältesten Sohn, gelegentlich auch an den jüngsten, vererbt wird, gilt im ganzen Norden und Nordwesten Europas, ferner in Bayern, im Großteil Österreichs und in Südfrankreich. Vor der Kollektivierung zählten hierzu auch Ostdeutschland und Teile der ehemaligen ČSSR.

Die **Realteilung** ist im römischen Recht verankert und daher seit der Antike für das Mediterrangebiet kennzeichnend. Die Hintergründe für die Verbreitung der Realteilung nördlich der Alpen sind bisher nicht geklärt. Vor der Kollektivierung war die Realteilung auch in großen Teilen Süd-

Abb. 7.18: *Bocage, bei Aberystwyth, Wales.*

osteuropas, wie in Bulgarien und in Ungarn, die Regel. Sie wird noch heute in Polen praktiziert, ferner in den Alpen von der rätoromanischen Bevölkerung; auch der deutsche Stamm der Alemannen hat sie übernommen. Damit ist sie für Baden-Württemberg ebenso kennzeichnend wie für große Teile der Schweiz.

In den deutschen Realteilungsgebieten war schon von alters her die Saisonarbeit üblich. Da die kleinen Betriebe die Familien nicht ernähren konnten, mussten vor allem die Männer außerhalb der Heimatgemeinde Arbeit suchen. Derart sind Maurer-, aber auch Wanderhändlergemeinden entstanden. In manchen Realteilungsgebieten, wie in Baden-Württemberg, hat sich schon früh das Heimgewerbe, vor allem die Weberei und das Verlagswesen angesiedelt. Dieses bildete eine Grundlage für die spätere Industrialisierung.

Die Zersplitterung der Flur durch die Realteilung zeitigte verschiedene Formen. So wurden in Polen die Gelängefluren bzw. die Gewannfluren in ein schmales Riemenwerk von oft nur ein bis zwei Meter breiten, aber bis zu 500 Meter langen Parzellen aufgeteilt (Abb. 7.19), während in einzelnen Gebirgsräumen (Abb. 7.20), vor allem den rätoromanischen Alpen, die Blöcke der Breite und Länge nach in z.T. nur zimmergroße Rechtecke zerschnitten worden sind. Ebenso unterschiedlich wie die Auswirkung auf die Flur ist die Auswirkung der Realteilung auf die Gehöfte gewesen (Abb. 7.21).

Abb. 7.19: *Realteilung im Gyalugebirge, Südkarpaten.*

Abb. 7.20: *Realteilung am Ostabfall der Alpen, Kroatien.*

Die massiven zweistöckigen Steinbauten in Westtirol und im Engadin wurden oft in so komplizierter Form geteilt, dass die Katastralbeamten im 19. Jahrhundert größte Schwierigkeiten hatten, die Lage der einzelnen Aufgänge, An- und Umbauten genau aufzunehmen und den jeweiligen Besitzern zuzuordnen, hatten doch manche dieser Bauten bis zu acht Eigentümer!

Wieder anders war die Situation im Bereich der ehemaligen ungarischen Reichshälfte der Donaumonarchie, wo auf den tiefen, schmalen Hausparzellen in der Längsrichtung hintereinander jeweils nur aus zwei Räumen bestehende, einhüftige Wohntrakte geschaffen wurden. In ähnlicher Form reihten sich hinter den Haustrakten die Scheunen an. Als Modell dieser heute in Rückbildung begriffenen historischen Realteilung sind die Hofgässchen in Mörbisch am Neusiedler See im Burgenland zu einer Fremdenverkehrsattraktion geworden (Abb. 7.22).

Bodennutzungssysteme

Bei den Bodennutzungssystemen ist zwischen Wechselwirtschaftssystemen und Felderwirtschaften zu unterscheiden.

Als historische Anpassungserscheinungen der europäischen Landwirtschaft an die Grenzräume der Ökumene besaßen Wechselwirtschaftssysteme, in denen einerseits zwischen Feld und Wald, andererseits zwischen Feld und Grasland gewechselt wurde, in Europa große Bedeutung. Sie waren überall dort verbreitet, wo aufgrund der hohen Niederschläge bei gleichzeitig kurzer Vegetationszeit der Wald bzw. die Wiese von selbst wieder hochkamen: von der Nordgrenze des Anbaus in Skandinavien bis zu den Gebirgen im mittleren Streifen Europas.

Bis heute erhalten hat sich die Feld-Gras-Wirtschaft. Sie setzt verhältnismäßig hohe, über die Vegetationszeit verteilte Niederschläge voraus. Dementsprechend ist sie in zwei Gebieten vertreten: Sie kennzeichnet die gesamte atlantische Flanke Europas von Norwegen bis zur Normandie im Süden und bildet ein Höhenstockwerk an den beregneten Seiten der Gebirge. Die historische Form der wilden Feld-Gras-Wirtschaft, bei der

man die Begrasung dem Samenflug überließ, ist durch die Klee-Gras-Wirtschaft ersetzt worden, bei der Klee- oder Grassamen in das Getreide eingesät werden. Sie hat im Zuge der Vergrünlandung ehemalige Ackerbaugebiete erobert, darunter einen Großteil des Alpenvorlandes. In ihrer intensivsten Form ist die Feld-Gras-Wirtschaft mit künstlicher Bewässerung verbunden. Als solche gestattet sie in der Poebene 6 bis 8 Schnitte im Jahr und rotiert mit verschiedenen Formen des Gemüsebaus.

Bei den Felderwirtschaften lassen sich in Europa drei Systeme unterscheiden:

1. Die Vierfelderwirtschaft ist eine besonders getreideintensive Form, bei der drei Jahre Halmfrüchte auf ein Jahr Blattfrüchte entfallen. Sie findet sich in den Großbetrieben des Pariser Beckens, auf den trockenwarmen Kalkböden

Abb. 7.21: *Realgeteiltes Gehöft, Ardez, Engadin.*

Abb. 7.22: *Hofgässchen, Mörbisch, Burgenland.*

der Beauce und der Brie und dominierte seinerzeit auf den Staatsgütern in der DDR im
niederschlagsarmen kontinentalen Ostmitteleuropa.
2. Die Dreifelderwirtschaft (Wintergetreide, Som-
mergetreide, Hack- oder Blattfrüchte) bildet das
traditionelle Anbausystem großer Teile Mittel-
und Westeuropas, welches ursprünglich mit
dem Gewannsystem gekoppelt war. Im Verhältnis zu ihrer Verbreitung im 19. Jahrhundert hat
die Dreifelderwirtschaft überall Einbußen erlitten, und zwar in niederschlagsreichen Gebieten
durch die Intensivierung des Futterbaus in Form
der Fruchtwechselwirtschaft in Großbritannien,
Nordfrankreich und Schleswig-Holstein und
durch die bereits erwähnte Vierfelderwirtschaft.
In den Gebirgen konnte auch die Feld-Gras-
Wirtschaft ihr Areal auf Kosten der Dreifelderwirtschaft ausdehnen.
3. Die Zweifelderwirtschaft stellt die traditionelle
Anbauweise im Mediterranraum dar, bei der im
Trockenfeldbau ein Jahr Weizenanbau und ein
Jahr Brache abwechseln. Modernisierte Fruchtfolgen mit Blattfrüchten, Zuckerrüben oder
Sonnenblumen haben, wie in großen Teilen
Spaniens, diese ertragsschwache Anbauform in
jüngster Zeit in manchen Gebieten völlig ver-
drängt.

Im Rahmen der Felderwirtschaften rotieren entsprechend den klimaökologischen Zonen Europas
verschiedene Anbaupflanzen.

In der gemäßigten Zone trennte die Null-Grad-
Grenze des Januars längs der Rheinlinie das Gebiet
des Weizenanbaus in Frankreich von dem des traditionellen Roggenanbaus im deutschen Sprachraum. In den kontinentalen, sommerwarmen Becken Südosteuropas dominiert ebenfalls der Weizenanbau, der auch das Mediterrangebiet kennzeichnet.

Auch die kühlgemäßigte Zone in Nordeuropa ist
zweigeteilt: in eine Haferzone, welche dem atlantischen Flügel entspricht, und eine Gerstenzone,
die mit dem subkontinentalen Gebiet zusammen-
fällt.

Zwei Verschiebungen der Anbaugrenzen seit
dem 19. Jahrhundert verdienen Erwähnung: In
Nordeuropa breitete sich der Haferanbau in Richtung auf den Gerstenanbau aus. In Mitteleuropa

verdrängte auf allen günstigeren Böden der Weizen den Roggen. Als Beispiel sei angeführt, dass
die Weizenanbaugebiete des Wiener Umlandes,
das Wiener Becken und das Weinviertel, zu Beginn
des 19. Jahrhunderts nur den Roggenanbau gekannt haben.

Die Grundnahrungsmittel bestimmen in den
genannten Gebieten die Essgewohnheiten: der
Porridge das englische Frühstück, das Weizenbrot
Frankreich und die verschiedenen Roggenbrotsor-
ten den deutschen Sprachraum.

Aus Lateinamerika importierte Anbaupflanzen,
der Mais und die Kartoffel, haben, teils in Abhängigkeit von klimaökologischen Gegebenheiten,
teils von bestimmten Sozialstrukturen, in der europäischen Agrarwirtschaft ihren Eingang gefunden. Gemeinsam ist beiden der sehr hohe Hektar-
ertrag und dadurch die Möglichkeit, eine größere
Bevölkerungszahl zu ernähren. So hat der Maisanbau in den Kleinbauerngebieten Südosteuropas
zum Großteil das Getreide, vor allem den Weizen,
ersetzt, während die Kartoffel in Irland die Stelle
des Hafers einnahm und als Hauptnahrungsmittel
die Voraussetzung für die erwähnte starke Bevöl-
kerungsvermehrung zu Beginn des 19. Jahrhunderts war. Im EU-Erweiterungsstaat Polen gehört
die Kartoffel noch immer zu den wichtigsten
Grundnahrungsmitteln (vgl. Tabelle 7.3 im Anhang). Hingegen dient der starke Maisanbau in
Ungarn in erster Linie der Schweinemast.

Nach dem Zweiten Weltkrieg haben Sonnenblumen und Raps als Ölpflanzen zur Intensivierung
der Fruchtfolge wesentlich beigetragen.

Dauerkulturen

Zwei Dauerkulturen, der Weinbau und die Olivenkulturen, gehen bereits auf die Antike zurück. Sie
besitzen in der europäischen Agrarwirtschaft einen
spezifischen Stellenwert.

Der Weinbau
Von seiner ursprünglichen Heimat, den Auennie-
derungen des randmediterranen Klimas aus, hat
sich der Wein als wichtige Kulturpflanze des Römischen Reiches in der Eichenstufe ausgebreitet und
ist aufgrund seiner Frostempfindlichkeit und seines

hohen Wärmebedarfs auf die Sonnenhänge übersiedelt. Entsprechend dieser Anpassung an das Gelände findet er sich in Europa in zwei Gebieten:

In der Eichenstufe der gemäßigten Zone ist der Weinbau ein Element der Südhänge von entsprechend breiten und besonnten Tälern. Das Rheintal, das Moseltal, die Wachau als Teil des Donaulaufes und Burgund in Frankreich sind Beispiele dafür.

In randmediterranen Gebieten in Südfrankreich und der Poebene hingegen ist der Wein eine Niederungspflanze. Er kann in diesen Räumen aber auch trockene Hochflächen einnehmen, da er mit verhältnismäßig geringen Niederschlägen auskommt und resistent gegen die Sommertrockenheit ist, wie sein flächenhaftes Vorkommen in der spanischen Mancha belegt.

In Abhängigkeit von den kleinklimatischen Bedingungen und agrarhistorischen Traditionen wird die Weinpflanze in vielfältigen Formen gezogen. So sind selbsttragende Weinsträucher für die Mancha kennzeichnend, finden sich aber ebenso in Südfrankreich. In Zusammenhang mit der „coltura mista" wird der Wein häufig an Drähten zwischen Obstbäumen verhältnismäßig hoch gezogen. Pergelkulturen haben ihre besondere Ausstilisierung gerade in den randmediterranen Talräumen der Alpen, wie im Etschtal oder in Form der „latniki" in Slowenien gefunden.

In den Tälern und Hanggebieten des Weinbaus in Mittel- und Westeuropa war die Weinkultur von alters her mit sehr sorgfältigen Terrassierungen verbunden. Diese stellen heute ein Hindernis für die Mechanisierung dar und werden bei Neuauspflanzungen beseitigt.

Durch den Reblausbefall in den 1870er Jahren hat der europäische Weinbau flächenhaft schwere Schäden erlitten. An der Küste Dalmatiens sind die jahrhundertealten Weinbauterrassen damals verfallen (Abb. 7.24).

Ebenso unterschiedlich wie die „Erziehung des Weines" sind Besitz- und Betriebsverhältnisse. In großbetrieblicher Form werden die Weinplantagen Spaniens und Südfrankreichs, die städtischen Besitzern gehören, von Landarbeitern bewirtschaftet. In Mittelitalien, der Poebene und bis in die Alpen hinein ist der Wein in Form der „coltura mista" mit anderen Anbaupflanzen, Gemüse und Obst gekoppelt.

Eine Sonderform im alpinen Raum stellen bäuerliche Betriebe dar, die im Weinbau verankert sind. Ihre Besitzungen sind im Veltlin und im Wallis infolge der Realteilung stark zersplittert, während sich in Südtirol durch das Anerbenrecht gesicherte, sehr stattliche Weinbaubetriebe über ein gut ausgebildetes Genossenschaftswesen an der internationalen Vermarktung des Weines beteiligen (Abb. 7.23).

Mit der Umstellung von Stockkulturen auf die Draht-, Rahmen- und Hochkulturen waren im Main-, Rhein- und Donautal Besitzumschichtungen verbunden. Größere Betriebe, darunter alte geistliche und weltliche Herrschaften, gewannen

Abb. 7.23: *Ehem. Burg Maretsch, Weingut, Südtirol.*

Abb. 7.24: *Verfallene Weinbauterrassen, Süddalmatien.*

Abb. 7.25: *Oliven-kulturen in Hoch-andalusien, Río-Salado-Tal gegen Westen.*

Abb. 7.26: *Mono-kultur von Orangen, Provinz Almería, Spanien.*

die Oberhand. Auch neue Weingüter mit entspre-chenden Vorteilen bei der Vermarktung sind ent-standen.

Die EU nimmt im Weinbau global mit 45 % der Anbaufläche, 60 % der Erzeugung und 70 % der Exporte eine dominierende Stellung ein.

Zum Unterschied von den beiden neuen Wein-exportkontinenten Australien und Nordamerika sind die Strukturen Europas im Weinbau ausge-sprochen kleingliedrig. Während die 20 größten Kellereien Australiens über 90 % der Produktion erzeugen, kommen in Frankreich erst über 1.000 der größten Kellereien auf diesen Prozentanteil. In dieser neuen globalen Konkurrenz bei der Erzeu-gung von Massenwein liegen die Chancen des eu-

ropäischen Weinbaus nur in der Qualität, einer re-gionalen Klientel und nicht zuletzt in den Förde-rungsmaßnahmen der EU und der Nationalstaaten.

Der Olivenbau

Die Olive gehört zur klassischen Dreiheit der me-diterranen Agrarwirtschaft. Ihre Bedeutung lag darin, dass sie nahezu der einzige Fettlieferant des Mittelmeerraumes war, bevor die Rinderhaltung in den nördlichen Gebieten, wie in der Poebene und in Katalonien, ihren Einzug gehalten hat.

Die EU ist der weltgrößte Olivenproduzent. 70 % des Olivenöls kommen aus der EU, 50 % davon entfallen allein auf Andalusien. Hier wachsen auf 2 Mio. ha Boden rund 215 Mio. Olivenbäume (Abb. 7.25). Während man in den 1970er Jahren beob-achten konnte, wie im klassischen Gebiet des Öl-baums, in Andalusien, die Ölbaumhaine flächen-haft beseitigt und durch Rapsfelder verdrängt wurden, hat sich seither, bedingt durch den wachsenden Konsumwunsch nach hochwertigen pflanzlichen Speiseölen und durch EU-Fördermit-tel, die Tendenz umgekehrt. Weite Flächen werden in Andalusien mit Ölbäumen bepflanzt. Dasselbe gilt für die mediterranen Regionen Italiens und Griechenlands. An vielen Anbauorten werden sie allerdings auch großtechnisch bewässert und ge-düngt und erbringen so um ein Vielfaches höhere Erträge. Je nach Wasserangebot werden 20 bis 300 Bäume (vegetativ vermehrte Setzlinge) je Hektar gepflanzt. Ein Baum trägt abhängig vom Jahr (stark alternierend) und seiner Größe bis zu 300 kg Oliven, im Durchschnitt der Jahre allerdings nur 20 bis 30 kg. Die Oliven werden sorgsam von Hand oder mit Rüttelmaschinen und untergelegten Net-zen geerntet. In Hinblick auf die Betriebsform ist der Ölbaum im Mediterrangebiet nach wie vor an den Großbetrieb gebunden, sind die Ölmühlen doch immer schon in der Hand von größeren Unternehmern gewesen. Für Kleinbetriebe war die Ölbaumkultur mit Schwierigkeiten verbunden, da sie auf Vorschüsse der Ölmühlenbesitzer auf die nächste Ernte angewiesen waren und über die Verzinsung in deren Abhängigkeit gerieten. Auch benötigt der Ölbaum 20 Jahre, bis er zu tragen be-ginnt, und erreicht erst nach 30 bis 40 Jahren den maximalen Ertrag. Die Neuauspflanzungen von Öl-bäumen haben damit den Großgrundbesitz ge-

stärkt. Ölbäume gehören wie der Weizenanbau zu den klassischen Pfeilern des Großgrundbesitzes im Mittelmeerraum.

Die Bewässerungswirtschaft

Die Landwirtschaft ist mit 30 % ein wichtiger Wasserverbraucher in der EU, wobei dieser Anteil in den mediterranen Staaten auf 60 % steigt. Vor allem die Existenz der zahlreichen kleinen Betriebe hängt von der Bewässerung ab. In den ehemaligen Satellitenstaaten der UdSSR ist nach der Wende die Bewässerungswirtschaft zusammengebrochen, was vor allem die bulgarische Landwirtschaft schwer getroffen hat.

Die Zunahme der bewässerten Fläche in der EU-15 von ca. 6,5 Mio. ha (1961) auf 11,6 Mio. ha (1996) ist ein Indikator für die Intensivierung der Landwirtschaft. Die Wasserwirtschaft gehört in den südlichen Mitgliedstaaten der EU zu den vorrangigen agrarpolitischen Zielen. Daher übernimmt bei allen großen staatlichen Bewässerungsprojekten der Staat wesentliche Teile der laufenden Kosten. Die bewässerten Flächen reichen von der in Italien als Innovation schon in den 60er Jahren gebräuchlichen Folienkultur (Abb. 7.27) über den intensiven ganzjährigen Gemüsebau (Abb. 7.28) bis zu den Orangenkulturen in Andalusien (Abb. 7.26).

Für die Bewässerungswirtschaft werden in mehreren Staaten, wie Dänemark, Schweden, den Niederlanden und Portugal, Grundwasserquellen herangezogen, während in Spanien, Frankreich und Deutschland Oberflächenwasser zur Bewässerung dient. Mit Abstand an der Spitze hinsichtlich der weit zurückreichenden Tradition der Bewässerungswirtschaft stehen die Niederlande, wo 60 % der Fläche bewässert werden.

Eine junge Entwicklung ist die Bewässerungswirtschaft in Dänemark mit 17 % der Fläche. In den südeuropäischen Staaten wird im Durchschnitt ein Fünftel bis etwa ein Viertel der landwirtschaftlichen Fläche in die künstliche Bewässerung einbezogen.

Abb. 7.27: *Innovation von Folienkulturen 1964, Forzu, Campanien.*

Abb. 7.28: *Bewässerungskultur im Süden von Argos, Peloponnes.*

Abb. 7.29: *Bauer mit Wasserbüffeln, Becken von Skopje, Mazedonien*

Abb. 7.30: *Pferdemarkt bei Piaski, Polen.*

Die Viehwirtschaft

Während in den mediterranen Staaten die pflanzliche Produktion weit über die Hälfte des Ertrags einbringt, gilt das Gleiche nördlich der alpidischen Gebirge für die Produkte der Viehwirtschaft.

Wichtig für die Viehwirtschaft der EU sind drei Haustiere: Rinder, Schafe und Schweine. In den EU-Erweiterungsstaaten und in Südosteuropa sind zwei in der EU-15 weitgehend verschwundene Zugtiere noch von Bedeutung. In Polen besitzt die Pferdehaltung nicht nur eine Nutz-, sondern auch eine Prestigefunktion für die kleinbäuerlichen Betriebe. Florierende Pferdemärkte am Rande von Marktorten und Städten gehören zur landwirtschaftlichen Struktur (Abb. 7.30). In manchen Landesteilen Südosteuropas, die lange zum Osmanischen Reich gehört haben, wie Mazedonien, hat sich der Wasserbüffel als Zugtier erhalten (Abb. 7.29).

Bei der **Rinderhaltung** sind drei Wirtschaftsziele zu unterscheiden: die Abmelkwirtschaft, die Aufzucht und die Mast. Diese lassen sich theoretisch in ein Modell der jeweiligen Entfernung vom Markt bzw. Konsumenten einordnen. Eine derartige Zonierung besteht in den USA ebenso wie die Züchtung entsprechender, einerseits auf Fleischqualität und andererseits auf Milchleistung ausgerichteter Rinderrassen. Beide Phänomene sind in dieser verhältnismäßig einfachen Form der regionalen Differenzierung in Europa nicht vorhanden. In Hinblick auf die Züchtung bestimmter Rinderrassen auf Fleischqualität ist nur Frankreich zu nennen, wo das weiße Charollais-Rind seit 1864 und das rotbraune Limousin-Rind seit 1868 als Herdbuchvieh gezüchtet werden. Zur Fleischrinderrasse der Welt hat sich das britische Hereford-Rind entwickelt. Ursprünglich waren in Europa in den kleinen gemischten Betrieben Dreinutzungsrinder gebräuchlich (Fleisch-, Milch- und Zugtier). Davon hat sich das Pinzgauer Rind in Salzburg noch erhalten. Ansonsten ist Europa durch Zweinutzungsrinder gekennzeichnet, von denen das schwarzbunte Holsteinrind derzeit global und auch in Europa am wichtigsten ist, da es die höchste Milchleistung erbringt. Es dominiert nicht nur in den Niederlanden, in Deutschland und in den ehemals zum Deutschen Reich gehörenden Teilen Polens, sondern hat sich auch in den ehemaligen Satellitenstaaten ausgebreitet. Darüber hinaus hat es zum Aufbau der Rindviehhaltung im Mediterrangebiet, vor allem in der Poebene, entscheidend beigetragen.

Die Kleinräumigkeit Europas, die Vielzahl historisch-topographischer Einheiten, deren Zentren z.T. noch heute als Viehmärkte Bedeutung haben, resultiert in einer Vielzahl von lokalen Rinderrassen. Die EU hat es sich zur Aufgabe gemacht, vom Aussterben bedrohte Rinderrassen zu erhalten.

Die Betriebsformen der Rindviehhaltung werden durch das Verhältnis der Zahl der Jungrinder zu den Milchkühen definiert.

Mit ca. 18 % der landwirtschaftlichen Erzeugung ist die Milchproduktion der wichtigste Zweig der Agrarwirtschaft in der EU. Die EU ist auch der größte Exporteur von Milchprodukten auf der Erde. Es ist einsichtig, dass der Milchsektor zu den wichtigsten Agenden in der GAP der EU gehört. Mit einem Anteil von 10 % an der gesamten landwirtschaftlichen Erzeugung schließt die Rindfleischproduktion an.

Es besteht ein Nord–Süd-Gefälle in den Größenklassen der kuhhaltenden Betriebe. Im Vereinigten Königreich und den Niederlanden liegen sowohl die Bestandsgrößen als auch die durchschnittlichen Milchleistungen um ein Mehrfaches über denen der südeuropäischen Staaten.

Der sich selbst ergänzende Milchviehbetrieb stellt die alte, traditionelle Form großer Teile der europäischen Rinderhaltung dar. In diesen Betrieben werden auch Jungtiere aufgezogen. Sein Hauptverbreitungsgebiet ist nach wie vor Frankreich; er findet sich ferner in Schweden, Finnland, großen Teilen Deutschlands und Österreich.

Als eine spezialisierte Form mit einem Verhältnis von 100 Milchkühen auf 40 Jungrinder hebt sich davon der Abmelkbetrieb ab. Ein reiner Abmelkbetrieb kauft Kühe auf, die nach dem Abkalben so lange gehalten werden, wie die Laktationsperiode dauert. Nachher werden sie noch etwas gemästet und dann ebenso wie die Kälber verkauft. In Europa war dieser Typ vor allem in den ehemaligen Satellitenstaaten vertreten. Dies hat seinen Grund darin, dass man aus der gleichen Futtermenge in Form der Umsetzung in Milch fast die dreifache Menge an Kalorien gewinnen kann, als wenn man mit dem gleichen Futter ein Rind mästet. Im Westen sind Durchhaltebetriebe vertreten, bei denen man die Kühe ca. vier- bis fünfmal belegen lässt.

Der Aufzuchtbetrieb mit einem Verhältnis von 1:1 zwischen Milchkühen und Jungrindern ist der traditionelle Betriebstyp der Alpen und der Mittelgebirge. Bei ihm wird nicht nur Milch produziert, sondern es spielt auch der Verkauf der Jungtiere eine Rolle.

Die echten Mastbetriebe, bei denen das Verhältnis von Kühen zu Jungrindern mindestens 1:3 beträgt, kaufen bereits in großem Umfang Vieh von anderen Betrieben auf, um es zu mästen. Besonders hoch ist der Anteil an Mastbetrieben in England, wo vor allem bei den Großbetrieben die Rindermast, beruhend auf einer intensiven Futterwirtschaft, das Hauptwirtschaftsziel darstellt. Auch in Spanien dominieren die Mastbetriebe (Stiermast), freilich in einer extensiven Form der Rinderhaltung.

Die **Schafhaltung** bietet sich als Modellfall an, um die Umorientierung der gesamten europäischen Agrarwirtschaft in den letzten hundert Jahren zu demonstrieren. Noch Ende des 18. Jahrhunderts gehörte Deutschland zu den führenden Wollexportländern Europas. Das Ziel der Schafhaltung war, eine möglichst feine Merinowolle zu erzeugen. Durch die Konkurrenz mit der Wollproduktion in den Überseeräumen (mit rapider Ausdehnung der Schafhaltung in extensiver Form) und den Baumwolle anbauenden Staaten ist in der zweiten Hälfte des 19. Jahrhunderts der Wollpreis verfallen.

Hinzu kam die Konkurrenz der Rindviehhaltung, welche durch verbesserte Methoden der Zucht und Fütterung eine beachtliche Steigerung der Milch- und Fleischleistung auf das Doppelte und Dreifache erzielen konnte.

Zu diesen Faktoren kam schließlich der Wandel der Futterwirtschaft, wurden die Schafe doch stets auf den extensiv genutzten Flächen gehalten. Mit der Intensivierung der Allmenden ist in den deutschen Mittelgebirgen und Schichtstufenlandschaften die Futterbasis für die Schafe zum Großteil verschwunden. Die leichten Böden der großen Heidegebiete, die vor der Zeit des Handelsdüngers kaum einen Ertrag abwarfen, sind heute für den Hackfrucht- und Futteranbau erschlossen. Vor allem die über Schnapsbrennerei und Schweinemast recht lohnend gewordene Kartoffelverwertung muss in diesem Zusammenhang erwähnt werden. In vielen Fällen ist auch der Waldbau an die Stelle der Extensivweiden getreten, da Heiden und Moorländereien weitflächig aufgeforstet wurden. Im mittleren Streifen Kontinentaleuropas wurden die Schafweiden großflächig reduziert. Die Schafzucht erhielt sich in zwei Staaten – Spanien und Großbritannien – mit einer exklusiven Spitzenposition von rund 24 Mio. Schafen, und zwar einerseits in der spanischen Meseta und andererseits in den fruchtbaren Marschenniederungen

Abb. 7.31: *Lämmer-farm in den Mar-schen bei Folkstone, Südengland.*

von Südengland, wo sich die Lämmermast zu einem führenden Produktionszweig entwickelt hat (Abb. 7.31), weiterhin in den extensiven Weidege-bieten von Nordengland und Schottland, wo die Wollgewinnung wichtig geblieben ist. Auch in Südosteuropa hat die Schafhaltung nie ihre Be-deutung verloren (Abb. 7.32).

Mit dem in der zweiten Hälfte des 20. Jahrhun-derts deutlich gestiegenen Wollpreis haben hoch-wertige Produkte von Schafwolle einen neuen Anwert bekommen. Nur in Frankreich spielt die

Milchschafhaltung eine Rolle für den internatio-nalen Markt. So sind über ein weit verzweigtes Milchsammelnetz 800.000 Schafe an die Käseer-zeugung in Roquefort angeschlossen. Dieses Netz umfasst nicht nur das französische Mutterland, sondern reicht bis nach Sardinien und Korsika. Für lokale Märkte haben im alpinen Raum die Schaf-käseerzeugung und die Vermarktung von Lamm-fleisch in jüngster Zeit eine gewisse Bedeutung bekommen. Eine Fellgewinnung, wie bei den Ka-rakulschafen, fehlt in Europa.

Die **Schweinehaltung** ist ein Bereich der Agrar-wirtschaft der EU, in dem es keine Marktordnun-gen gibt. Die Agrarpolitik beschränkt sich auf das Einheben von Zusatzzöllen. Entsprechend dieser Situation konnten sich agrartechnologische In-novationen schneller durchsetzen. Es hat ein star-ker Konzentrationsprozess stattgefunden, der wei-ter anhält. Von den traditionellen Zentren der Schweinehaltung, die sich in der Futterbasis un-terschieden haben – der freien Weidewirtschaft mit Eichelmast in Spanien und Ungarn, dem Kar-toffelanbau in Polen und dem Gerstenanbau in Dänemark –, hat sich Dänemark, gefolgt von den Niederlanden und Belgien, in der modernen Großorganisation mit mehr als 1.000 Schweinen pro Betrieb an die Spitze gesetzt. Insgesamt voll-zieht sich gegenwärtig ein weiterer Konzentra-tionsprozess. Der Welthandel mit Schweinefleisch wird von Europa dominiert. 1999 hatten 79 % des auf den Weltmarkt gelangten Schweinefleisches ihren Ursprung in Europa. Hierbei rangiert Däne-mark unangefochten an der Spitze, gefolgt von den Niederlanden und Belgien. Zwischen 1961 und 2000 ist die Erzeugung von Schweinefleisch in der EU von 7,2 Mio. Tonnen auf 17,6 Mio. Tonnen gestie-gen. In Hinblick auf das räumliche Muster fällt die Bedeutung der Schweinehaltung in den ehemali-gen Satellitenstaaten Polen, Ungarn und Rumä-nien auf. Allerdings ist sie hier zum Großteil ein Element der Subsistenzbetriebe. In dem viel rei-cheren Frankreich hat sich übrigens bei der Hälfte der Schweine haltenden Betriebe noch das Ziel der Versorgung des eigenen Haushalts mit Schinken und Schweinefleisch erhalten.

Abb. 7.32: *Tanya mit Schafhaltung, Donau–Theiß-Platte, Ungarn.*

Der ökologische Landbau in der EU

In vielen Staaten Europas lässt sich der ökologische Landbau bis in die Zwischenkriegszeit zurückverfolgen. Größere Bedeutung erlangte er erst in den späten 1970er Jahren als Gegenbewegung zur industrialisierten Landwirtschaft. Die anhaltende Diskussion um Rückstände in pflanzlichen und tierischen Nahrungsmitteln, so genannte „Fleischskandale", und die Debatte um die artgerechte Haltung von Nutztieren, die Auseinandersetzungen um die Haltung von Hennen in Käfigen und von Kälbern in Mastboxen, ließen auch in der Tierhaltung alternative Haltungsformen aufkommen.

Die Bedeutung des ökologischen Landbaus ist in den einzelnen Staaten der EU sehr unterschiedlich. Neben der finanziellen Förderung durch die EU wird der ökologische Landbau in den meisten Ländern zusätzlich einzelstaatlich intensiv gefördert. So hat die französische Regierung 1997 ein Förderprogramm gestartet mit dem Ziel, bis 2005 die ökologisch bewirtschaftete Fläche auf 1 Mio. ha und die Zahl der Biobauern auf 25.000 zu steigern.

Insgesamt hat der ökologische Landbau in den vergangenen Jahren Zuwächse verzeichnet. Allerdings erweist sich in zunehmendem Maße die Vermarktung der ökologischen Produkte als Engpass. Eine große Bedeutung hat die Direktvermarktung ab Hof oder über Wochenmärkte, doch lässt sich gegenwärtig auch ein Vordringen ökologisch erzeugter Produkte in große Einzelhandelsketten feststellen. Ein Hauptproblem des ökologischen Landbaus ist die Zersplitterung des Angebotes. Es treten damit hohe Erfassungskosten auf, wenn Großabnehmer bedient werden sollen. Einer Bündelung des Angebotes stehen die verstreute Lage der Betriebe, vergleichsweise geringe Angebotsmengen und uneinheitliche Klassifizierungskriterien entgegen. Die weitere Entwicklung des ökologischen Landbaus wird einerseits bestimmt werden von der Nachfrage der Konsumenten und andererseits von der Neustrukturierung der Vermarktung. Trotz der staatlichen Förderung der ökologischen Landwirtschaft wird letztlich der Konsument darüber entscheiden, wie groß der Anteil dieses Segments in der Landwirtschaft der EU werden kann.

Sozioökonomische Agrargebiete Europas

Einleitung

Die Unterschiede der ökologischen Potentiale, der nationalen Agrarpolitik und der gesellschaftlichen Einbindung der Agrarbevölkerung in die Gesellschaft haben bereits vor den Innovationen des 20. Jahrhunderts eine große regionale Vielfalt der Agrarwirtschaft erzeugt.

Zur Tradition im Mediterranraum gehören die Baumkulturen von Zitrusfrüchten und Oliven, der Weinbau, der extensive Weizenanbau und die Schafzucht; Agrarreformen und Bewässerungsprogramme haben vor allem in der zweiten Hälfte des 20. Jahrhunderts die landwirtschaftliche Nutzfläche zum Teil großflächig erweitert und den Anteil extensiver Nutzungen stark reduziert. Als Innovationen haben sich Glashäuser und Plastikplanen von den Niederlanden ausgehend vor allem in Frankreich, Italien und Spanien ausgebreitet. Damit sind sie von Norden nach Süden diffundiert,

umgekehrt hat die Bewässerungswirtschaft auch nördliche Staaten wie Dänemark erreicht.

Zur Tradition des mittleren und nördlichen Europa gehört die Kombination von Ackerbau und Viehzucht mit vorherrschender Rinderhaltung und teilweiser Schafzucht. Auch hier sind Innovationen erfolgt: In denjenigen Zweigen der Viehwirtschaft, welche sich durch Futterzukauf vom Bodenbesitz abkoppeln können und überdies von EU-Regulierungen kaum betroffen sind, wie die Schweinemast und die Geflügelhaltung, sind Größtbetriebe entstanden. In den Anbau wurden Ölpflanzen, Raps und Sonnenblumen flächig integriert. Frankreich, dessen Staatsfläche in Hinblick auf die Einwohnerzahl großzügiger bemessen ist als die der Bundesrepublik Deutschland, lässt die Spezialisierung der Betriebe klar erkennen (Weizen, Zuckerrüben, Ölpflanzen, Milchwirtschaft, Rindermast, Jungviehaufzucht, Käseerzeugung, Weinbau, Sonderkulturen für Parfumerzeugung usw).

Die Ausführungen beschränken sich auf folgende Staaten bzw. Staatengruppen:

1. Frankreich ist im Hinblick auf die landwirtschaftliche Produktion der Spitzenreiter Europas und gleichzeitig eine Drehscheibe agrarsozialer Strukturen. Die hohe Qualität der französischen Agrarstatistik belegt, dass die Förderung der Landwirtschaft eine vorrangige Angelegenheit des Staates darstellt.

2. Großbritannien hat die zweite Agrarrevolution begonnen. Es weist einerseits den höchsten technologischen Entwicklungsstand und gleichzeitig den niedrigsten Anteil der Beschäftigten in der Landwirtschaft auf und hat andererseits nach katastrophalen Einbrüchen durch verschiedenste Seuchen bereits 1992 den neuen Entwicklungspfad einer stärker naturkonformen Landwirtschaft beschritten.

3. Deutschland, der Staat mit dem höchsten Entwicklungsstand der Industrie, hat mit dem Problem der kleinbäuerlichen Struktur der Agrarwirtschaft zu kämpfen, deren Zukunft ungewiss ist.

4. Die mediterranen Länder haben sehr beachtliche Intensivierungen mit einem gebietsweise durchgreifenden Kulturlandschaftswandel durchgeführt. Die historischen Strukturen der Pachtsysteme und der Latifundien sind einerseits im Auslaufen, andererseits entstehen sie in neuem Gewand wieder, wie die akzentuierte Polarisierung zwischen großen Kapitalunternehmen und kleinen Eigenbetrieben belegt.

5. Die EU-Erweiterungsstaaten werden als die schlafenden Agrarriesen bezeichnet. Die Frage lautet: Welche neuen und nicht vorhersehbaren Probleme sind durch die Transformation entstanden?

Abschließend wird die Frage gestellt: Welche Rolle hat die EU in dieser zweiten Agrarrevolution gespielt? Sie hat hierbei, so lautet die Antwort, keineswegs nur eine instrumentale Rolle gespielt, sondern entsprechend den globalen Veränderungen dekadenspezifisch die Akzente verändert, letztlich mit der zweifachen Zielvorgabe, die Wettbewerbsfähigkeit der europäischen Agrarwirtschaft zu stärken und gleichzeitig den ländlichen Raum mit seinem multiplen Aufgabenspektrum intakt zu erhalten.

Frankreich, die agrarsoziale Drehscheibe Europas

Begünstigt durch Boden und Klima und mit einer lange zurückreichenden Esskultur setzt Frankreich die Maßstäbe für viele Agrarprodukte. Es ist der Hauptexporteur von landwirtschaftlichen Produkten in der EU und der Vorreiter der europäischen Landwirtschaft in Richtung auf professionelle Betriebe. Eine kleine Auflistung von deren Durchschnittsgrößen (2003) verrät seine Erfolgsformel für die verschiedenen Betriebstypen:

Ackerbau	106 ha
Milchwirtschaft	40 Milchkühe
Zuchtbetriebe	50 Rinder
Schweinemast	2.000 Mastschweine
Hühnerhaltung	107.000 Hühner

Quelle: Agreste Primeur Numéro 147, Juli 2004. Enquête sur la structure des exploitations agricoles en 2003.

Diese professionell geführten 370.000 Betriebe benötigen im Durchschnitt 2,2 Arbeitskräfte, d. h. eine Lohnarbeitskraft zusätzlich zu den aktiven Familienmitgliedern. Unter dem ökonomischen Druck der professionellen Betriebe hat die Zahl der nicht professionell geführten kleineren Betriebe von 400.000 im Jahr 1988 auf 220.000 im Jahr 2003 abgenommen. Bei einer durchschnittlichen Größe von 10 ha ist ihr Auslaufen in der Generationsfolge absehbar.

Von den professionellen Betrieben, welche in den meisten Wirtschaftszielen zum obigen Zeitpunkt 95 % der landwirtschaftlichen Produktion des Landes auf sich vereinen konnten, entfiel rund die Hälfte der Fläche auf Gesellschaften, vor allem auf Agrargesellschaften mit beschränkter Haftung (exploitations agricoles à résponsabilité limitée; EARL), die zusammen mit den Genossenschaftsbetrieben gegenüber den individuellen Betrieben kontinuierlich an Bedeutung gewinnen.

Trotz aller Bestrebungen von Seiten des Staates, den bäuerlichen Familienbetrieb zu fördern, hat sich die Tendenz zum Großbetrieb durchgesetzt.

Zu dieser Entwicklung haben mehrere Phänomene beigetragen:

1. Der ländliche Raum (mit Gemeinden bis zu 2.000 Einwohnern) ist in Frankreich mit 14,5 Mio. Menschen und einer Dichte von 34 Einw. pro qkm verhältnismäßig dünn besiedelt; der Boden ist

außerhalb der Metropolen billig zu erwerben. Frankreich weist nicht nur die niedrigsten Quoten des Arbeitskräftebesatzes pro Hektar im ganzen EU-Raum auf, sondern verfügt auch über große agrare Landreserven, wenn man bedenkt, dass mindestens 10 % der französischen Fläche brachliegen, darunter auch beste Böden.

2. Frankreich ist ein Staat mit früher Einschaltung des städtischen Bürgertums in den Landbesitz. Auf die inzwischen bedeutungslos gewordene „métayage" im Süden wurde hingewiesen. Sie ist von einem Geldpachtsystem ersetzt worden, das in der Umgebung von Paris schon im 18. Jahrhundert zur Geltung gekommen war.

Gegenwärtig sind die großen Getreidegebiete des Pariser Beckens im Norden, ferner die Sologne, die Touraine, die Languedoc und das Bordelais Hauptgebiete städtischen Besitzes.

Auch Industrieunternehmen, wie die Zuckerfabriken im Norden Frankreichs und große Konservenfabriken, haben sich in den Grundbesitz eingeschaltet und bewirtschaften das Land über ein Großpachtsystem. Im Süden besitzen Großkellereien und Obstverwertungsbetriebe große Plantagen.

3. Schließlich gehört die französische Landwirtschaft zu den wichtigen Subventionsempfängern der EU und hat von jedem Programm profitiert. In den Departements der „grandes cultures" ist im Jahr 2001 jeder in der Landwirtschaft Beschäftigte mit 20.000 Euro subventioniert worden! Im französischen Durchschnitt lagen die Beihilfen bei 11.600 Euro.

Aufgrund dieser „Professionalisierung" hat sich die französische Farmlandschaft vereinfacht: mit den „grandes cultures" im Zentrum und Norden, der Viehzucht im Westen und den Dauerkulturen im Süden.

Die Professionalisierung hat auch vor dem Weinbau nicht Halt gemacht. Der Rückgang der Zahl der Betriebe und der Weinanbaufläche hat eine höhere Spezialisierung zur Folge gehabt. Bei einer durchschnittlichen Größe von 12 ha war auch eine bescheidene Zunahme der Zahl der Beschäftigten erforderlich. Betriebe mit gemischter Wirtschaft haben mittelfristig gegenüber reinen Weinbaubetrieben außer durch Eigenvermarktung keine Marktchance.

Die Ausdehnung der Fläche der Agrarbetriebe und die EDV-gestützte Betriebsführung lassen kaum Spielraum für andere Aktivitäten. Ein ländlicher Tourismus bleibt außerhalb der landwirtschaftlichen Betriebe. Nur im Süden werden Unterkünfte angeboten.

Was ist die Kehrseite der Medaille der Professionalisierung der Agrarwirtschaft? Sie besteht in einem Rückzug aus den Bergräumen, aber auch innerhalb der Départements und Gemeinden von den jeweiligen Grenzertragsböden. Im Durchschnitt der letzten Jahre fielen rund 100.000 ha Ackerland brach, davon wird ein Drittel aufgeforstet, das Übrige bleibt ungenutzt. Es fällt an die Wildnis zurück. Pessimistische Prognosen berechnen, dass in mittelfristiger Zukunft ein Viertel des ländlichen Raumes von Frankreich vom Ödfallen bedroht ist (Primeur Agreste 76, 2000).

Die industrialisierte Agrarwirtschaft in Großbritannien

Großbritannien war der Innovator der ersten Agrarrevolution und hat auch die zweite entscheidend mitgetragen. Mit einem Anteil von 1,4 % der Beschäftigten in der Landwirtschaft hat der primäre Sektor bereits die Talsohle der Entwicklung erreicht. Dazu kommt ferner, dass in Großbritannien sehr häufig mehrere Farmen zu einer nach übergeordneten Gesichtspunkten organisierten Betriebseinheit, der Company-Farm, zusammengefasst sind.

Großbritannien war im späten 19. Jahrhundert ein Land der Pächter, und noch 1970 war die Beschäftigtenstruktur der Landwirtschaft zu 70 % von Landarbeitern und 20 % von Pächtern bestimmt. Mit der weiteren Reduzierung der Zahl der landwirtschaftlich Beschäftigten sind Verschiebungen eingetreten: 2002 wurde nur mehr ein Drittel der Fläche als Pachtland ausgewiesen, das infolge steigender Rentenbeträge in langsamem Abnehmen begriffen ist.

England ging in der Freihandelspolitik voran: Chartismus und Anti-Corn-Law-League setzten 1846 die Abschaffung der Getreidezölle durch. Als Folge davon begann eine Umstrukturierung der Landwirtschaft vom Ackerbau zur Viehwirtschaft.

Diese generelle Tendenz wurde durch die beiden Weltkriege unterbrochen. Großbritannien ist nichtsdestoweniger bis heute aus der Importabhängigkeit trotz aller gegensteuernden Kommissionen nicht herausgekommen und muss ein Drittel der Grundnahrungsmittel einführen.

Mit bedingt durch den institutionellen Landbesitz von Kirche, Krone, Grafschaften und National Trust ist die Landwirtschaft in Großbritannien am stärksten von ganz Europa marktwirtschaftlich geprägt. Das bestimmt auch das Handeln der Farmer. Defra (Department for Environment, Food and Rural Affairs) versucht, den Farmern beim Überleben zu helfen. Dementsprechend haben laufende betriebswirtschaftliche Berechnungen in der Agrarstatistik oberste Priorität.

Infolge des Fehlens des Bauerntums kontinentaleuropäischer Prägung fehlen auch, abgesehen von den Randgebieten der Gebirgsräume, Bauernhausformen, vielmehr haben vor allem die Großpächter schon sehr früh rein städtische Wohnhausformen übernommen.

Neue Entwicklungen sind einerseits durch die spezifische britische Sichtweise bezüglich des ländlichen Raumes und andererseits durch die Ausrichtung auf EU-Zuschüsse bedingt.

1. Durch die Vorbildwirkung der Gartenanlagen von Schlössern und Landsitzen, von denen viele vom National Trust instandgehalten und für die Freizeitgesellschaft vermarktet werden, für den britischen Eigenheimbesitzer weist Großbritannien im Gartenbau eine international führende Position in Forschung und Entwicklung auf, die in weiterem Ausbau begriffen ist.
2. Die Freizeit- und Tourismusindustrie gibt den Farmern neue Möglichkeiten. Rund 7% von ihnen bieten, unterstützt vom Internet, Unterkünfte und verschiedenste Produkte an.
3. 1998 wurde mit der Entwicklung von Farmermärkten begonnen. 2003 gab es bereits 400, welche von 25.000 Farmern beschickt und hauptsächlich von Familien und Rentnern besucht wurden.

Getragen von der Finanzierung durch die EU haben sich nach der Phase der Beseitigung von Hecken und Rainen in den 1960er Jahren eine Generation später mit dem Programm 1992 rund 25.000 Farmer an einem Wiederherstellungsprogramm beteiligt. Es wird geschätzt, dass die Farmer seither über 1,5 Mio. Stunden im Jahresdurchschnitt aufgewendet, mehr als 87 Mio. Bäume gepflanzt und 23.000 km Feldraine und Hecken wieder hergestellt haben.

Ebenfalls unter EU-Förderung hat die britische Landwirtschaft zunehmend mit dem Anbau von Ölpflanzen für Biosprit begonnen, wobei als Zielvorgabe eine Ausweitung auf ein Fünftel der Ackerfläche angestrebt wird.

Die europäische Kleinbauernfrage – das Beispiel der Bundesrepublik Deutschland

Es ist erstaunlich, dass der Sektor der Landwirtschaft in Hinblick auf Siedlung, Flurformen und Wirtschaftsweise von der besonders dynamischen Industrialisierung Deutschlands bis an die Schwelle der Gegenwart nahezu unbeeinflusst geblieben ist.

Hinzuweisen ist auf die Schutzzollpolitik im späten 19. Jahrhundert, durch welche die Konfrontierung mit der internationalen Konkurrenz unterblieb. Die Krisenjahre der Zwischenkriegszeit haben zur Konservierung einer traditionellen Agrarstruktur beigetragen, welche dann im Zeichen der Blut-und-Boden-Politik des Dritten Reiches noch den Glorienschein kultureller Tradition erhielt. Erst die Nachkriegsjahre mit den steigenden Einkommensdisparitäten zwischen landwirtschaftlichen und außerlandwirtschaftlichen Einkommen haben die Kleinbauernfrage erneut zum Gegenstand agrarpolitischer Diskussionen gemacht.

Sind es doch zum Unterschied von der ökologisch viel günstiger gestellten französischen Landwirtschaft nicht nur die ökonomischen Konkurrenzprobleme mit den leistungsfähigeren größeren Betrieben, sondern vor allem auch die ökologischen Begrenzungen, welche im Zeichen internationaler Konkurrenz verschärft zur Geltung kommen. Ebenso wie im spätmittelalterlichen Wüstungsprozess erweisen sich die kargen Böden der Mittelgebirge als echte Barrieren gegen eine Ertragssteigerung. Auch hochgelegene Schichtstufenflächen, wie die Schwäbische Alb, zählen zu den Räumen, deren Eignung für die Landwirtschaft heute in Frage gestellt wird. Noch herrscht Unsicherheit über das künftige Ausmaß der Extensivierung, ebenso über die Maßnahmen, um ihr zu begegnen. Sollen vom Staat aus der Nutzung ausgeschiedene Agrarflächen in große Pools eingebracht, aufgeforstet oder einer Erholungsfunktion der städtischen Bevölkerung zugeführt werden? Es geht hier nicht nur um die Frage der ökologischen Grenzräume, sondern auch der ökonomischen Grenzexistenzen. Wo soll man die Obergrenze für einzelne Betriebsgrößen ansetzen, wenn sich doch zeigt, dass mit steigendem Einkommen der nichtagrarischen Bevölkerung die Grenzen sich immer weiter nach oben verschieben und demnach eine immer breitere Zahl von Betrieben in die Sparte der Grenzexistenzen zu liegen kommt? Kommassierungen und Förderung von Betriebsaufstockungen sind nur spärliche Tropfen auf einen heißen Stein – finanziell zu spärlich bemessene Maßnahmen, als dass der Prozess dadurch entscheidend beschleunigt werden könnte. Die Befürchtung des Aussterbens ganzer Dörfer wegen Überalterung der Betriebsinhaber besteht sicherlich in allen Gebieten zu Recht, in denen nicht die Möglichkeit des Ausweichens in die Doppelexistenz des Arbeiterbauern gegeben ist. Dieser zählt zur Tradition der Realteilungsgebiete Südwestdeutschlands. Auch seine Zukunft wird skeptisch beurteilt: Ist er nur ein Durchgangsstadium im Auflösungsprozess der Landwirtschaft? Führt er in einem Seitenast zur Hobbylandwirtschaft hin oder kann er bei entsprechend bescheiden bemessener Betriebsgröße auch als ein Stabilisierungsfaktor dienen?

Drei Fakten charakterisieren die gegenwärtige Situation der Agrarwirtschaft:

Im früheren Bundesgebiet hat der Strukturwandel zu einer wachsenden Konzentration der landwirtschaftlichen Produktion in immer weniger Betrieben geführt. Die insbesondere durch Betriebsaufgaben verfügbar gewordenen Flächen wurden von den verbleibenden Betrieben vor allem über Pachtverträge zu Flächenaufstockungen genutzt. Der Pachtflächenanteil an den bewirtschafteten Flächen hat daher kontinuierlich zugenommen. Er lag 1999 bei rund 50 % (5,8 Mio. ha LF)! Nur 49 % (5,7 Mio. ha LF) waren Eigenflächen der Bewirtschafter. Dabei werden vorwiegend Einzelparzellen und nicht ganze Betriebe verpachtet. In den neuen Ländern lag der Pachtlandanteil 1999 bei rund 90 % (über 5 Mill. ha LF).

Zweitens sind bereits mehr als die Hälfte der Betriebe Nebenerwerbsbetriebe, und drittens ist bei den Vollerwerbsbetrieben nur bei rund 30 % die Hofnachfolge gesichert. Die agrarpolitische Situation in der BRD wird ferner durch die Dreiteilung der Problematik in Anerbengebiete, Realteilungsgebiete und Gebiete mit in Privatisierung begriffenen ehemals kommunistischen Staatsbetrieben überschattet.

Frankreich hat sich für die professionelle Landwirtschaft als zukunftsträchtiges Modell entschieden, Großbritannien geht unter ungünstigeren ökologischen Bedingungen einen ähnlichen Weg. Die deutsche Agrarpolitik steht vor der schwierigen Aufgabe, mit der Regionalisierung durch die föderalistische Struktur des Staates fertig zu werden.

Die mediterranen Agrarsysteme

Auf das historische Erbe des Bodenrechts und der Eigentumsverhältnisse wurde eingegangen. Der Gegensatz zwischen sehr kleinem und sehr großem Bodeneigentum hat sich im Zuge der dynamischen Modernisierung der Agrarwirtschaft in der zweiten Hälfte des 20. Jahrhunderts nicht geändert.

Ebenso ist es nicht gelungen, den Bedarf an Grundnahrungsmitteln vollständig zu decken, auch wenn sich anstelle der traditionellen Getreide-Brachwirtschaft ertragreichere Fruchtfolgen durchgesetzt haben.

Die Bewässerungswirtschaft konnte in allen mediterranen Staaten durch technische Innovationen bedeutende Flächengewinne und Leistungssteigerungen erzielen. Ohne kräftige staatliche und EU-Subventionen wäre allerdings der erforderliche Aufwand an technischer Infrastruktur, an Pumpstationen, Fernwasserleitungen usw. nicht möglich gewesen. Inzwischen sind die Schattenseiten der Bewässerungswirtschaft nicht zu übersehen, durch welche gerade aufgrund des hohen Modernisierungsgrades die physischen Grundlagen durch Chemisierung, Bodendegradierung, Vegetationszerstörung und Übernutzung des Grundwassers gefährdet werden (Wagner 2001, S. 280).

Der Umwandlungsprozess hat vor allem die traditionellen Mischkulturen betroffen und durch Monokulturen ersetzt. Terrassenäcker wurden beseitigt, Geländekanten eingeebnet. Als neue Betriebstypen haben sich in Italien der Weinbau-Oliven-Betrieb und der Getreide-Viehzucht-Betrieb herausgebildet. Die reizvollen Landschaftsbilder Mittelitaliens, wo der Kleinbetrieb in der klassischen Form der „coltura mista" häufig mit der Villeggiatura verbunden war, sind nur mehr in abgelegenen Gebieten zu finden.

Während die Latifundie traditioneller Art als Getreidemonobetrieb ebenfalls nur noch in entlegenen Gegenden Unteritaliens vorkommt, hat sich der zweite traditionelle Typ der großen Baumplantagen, die Olivenkulturen und die Korkeichenkulturen, erhalten. Auf die Ausweitung der Olivenkulturen mit EU-Mitteln und die Verbindung mit der Bewässerungswirtschaft wurde hingewiesen.

Die bewässerte Großackerkultur (la grande culture) hat im Einzelnen unterschiedliche Formen. Sie tritt in Andalusien in Form von großen Höfen, den Cortijos, auf, hat aber ihr Hauptverbreitungsgebiet in der Poebene, wo eine vielfältige Spezialisierung auf Schweinemast, Milcherzeugung, Reisbau und Obstbau eingetreten ist. Diese großen Pachthöfe verdanken ihre Entstehung den Etappen der Drainage der Poebene, mit der die lombardischen Städte schon im späten Mittelalter begannen. Die alten großen Höfe im Umland von Mailand gehen darauf zurück. Die nächste große Periode der Meliorierung der Poebene verbindet sich mit dem späten 19. Jahrhundert, als unter Cavour nach der Einigung Italiens die Landgewinnung zu einem wichtigen innenpolitischen Anliegen gemacht wurde.

Die agrarpolitische Situation des Mediterranraumes, vor allem Italiens und Spaniens, ist aus den Besitzverhältnissen erwachsen, aus den Diskrepanzen zwischen der Akkumulation des Landbesitzes in der Hand von wenigen Familien – so besaßen in Spanien im Jahr 1980 12.000 Familien 40% des Bodens – und den Heerscharen der landlosen Arbeiter, von denen überdies, wie in Spanien, nur 50% als Saisonarbeiter unterkommen können.

In Spanien ist über diesem Problem 1936 der Bürgerkrieg ausgebrochen und mit seinem Ende sind die bereits früher entwickelten Programme abgebrochen worden. Es gibt in Spanien bis heute keine Agrarreform, sondern nur eine Agrarkolonisation, d.h., bisher ungenutzte Räume werden vom Staat, meist auf dem Wege über Bewässerungsbau, nutzbar gemacht.

Als Resultat konnte man bereits in den 1980er Jahren auf die Neugründung von 112 Dörfern verweisen. Durch die vor allem am Südfuß der Pyrenäen angelegten Staudämme hat man einerseits die Elektrizitätsversorgung der nordspanischen Industrie und andererseits die Bewässerung großer Flächen erzielen können. Insgesamt wurden damals bereits 1.174.000 Hektar Land ständig bewässert. Das Problem der Latifundien ist mit diesen Programmen nicht angetastet worden.

Anders ist die italienische Situation, und zwar aufgrund der Bodenreformen, die nach dem Stand von 1965 8,5 Mio. ha, d.h. 29% der landwirtschaftlichen Fläche betroffen haben. Die Wurzel dieser Landreformen geht bereits auf die Zeit von Mussolini zurück. Inzwischen sind verschiedene Landreformagenturen als regionale Gebietskörperschaften gegründet worden, wobei die Schwerpunkte im Süden liegen (in Apulien, Kalabrien, aber auch auf Sizilien und Sardinien).

Vor allem in den Niederungen wurde ein groß angelegtes Werk der Bonifikationen begonnen. Insgesamt wurden 2.800.000 Hektar Sumpfland kultiviert, 23.000 km Kanäle gebaut und 500 Pumpstationen eingerichtet. Auf dem so gewonnenen Land wird heute ein Viertel der landwirtschaftlichen Produktion Italiens erzeugt. Im Vergleich zu den Niederungsgebieten sind im Verhältnis dazu die Berggebiete vernachlässigt worden. Erst 1954 begannen in Kalabrien erste Schritte in diese Richtung. Ziele des ganzen Unternehmens waren:

1. Ertragssteigerung und
2. Ansiedlung von Kolonistenbauern.

Zum Unterschied von Spanien wurde der lockeren Streusiedlung der Vorzug gegeben. Ein Problem überschattet bis heute die gesamte Kolonisationsbewegung, nämlich der kleinteilige Zuschnitt der Siedlerstellen mit nur fünf Hektar Land. Die neuen Kolonisten hatten daher große Schwierigkeiten, mit den bereits etablierten, alten Betrieben zu konkurrieren. Alles in allem stellten auch diese

Abb. 7.33: *Informelles bäuerliches Treffen, Sumadija, Serbien.*

Agrarprogramme keine echte Lösung für den Süden dar. Im Ganzen hat somit die Agrarreform am traditionellen Nord–Süd-Gefälle agrarwirtschaftlicher Nutzung in Italien kaum etwas geändert.

Kollektivierung und Transformation in den EU-Erweiterungsstaaten

Die agrarökonomische Struktur der meisten Staaten, so vor allem der ehemaligen DDR, ČSSR, Ungarns und Teilen Polens, Jugoslawiens und Rumäniens war vor der Kollektivierung durch zwei Typen gekennzeichnet: einerseits Gutsbetriebe und andererseits Dörfer mit kleineren oder größeren bäuerlichen Betrieben. Im Laufe der schrittweisen Kollektivierung entstanden zum Teil Wohnblöcke neben den alten Bauerndörfern, deren leer stehende Scheunen und Ställe in den Staaten mit massiver und zügiger Kollektivierung und späterer Umwandlung der Kolchosen in Staatsgüter verfallen sind. Raine, Hecken und Terrassenstufen wurden bei der Zusammenlegung der Fluren eliminiert und dadurch gebietsweise flächige Bodenerosion ausgelöst.

Bei dieser Kollektivierung ist Bulgarien mit seinen Großdörfern vorangegangen. Im Jahr 1989 wurde dieses Land, das 1944 noch über eine Million Bauernbetriebe zählte, von rund 900 Staatsgütern bewirtschaftet. Im Gegensatz dazu konnte sich Polen ungeachtet seiner Grenznachbarschaft zu Russland der Kollektivierung entziehen. Vor allem in Kongresspolen haben die Kleinbauernbetriebe nicht nur weiter bestanden, sondern die Zahl der Agrarbevölkerung und der Kleinbetriebe hat sogar zugenommen!

Eine differenzierte Politik hat Jugoslawien betrieben. Große Teile der Berggebiete und des Karstes Sloweniens, Kroatiens, Bosniens, Serbiens (Abb. 7.33) und Montenegros haben bäuerliche Siedlungs– und Besitzstrukturen unverändert bewahrt, während die Ebenen längs der Save und Donau, die Beckenräume Serbiens und Mazedoniens in den Besitz von Staatsgütern übergeführt

wurden. In den anderen Staaten wurde jedoch die Kollektivierung auch in den Gebirgsräumen durchgeführt, damit auch Kulturland aufgegeben und zum Teil aufgeforstet. In Ungarn und Rumänien (Abb. 7.34) blieb Kleinbesitz von einem halben Hektar gestattet. Dieses private Hofland wurde mit außerordentlicher Intensität bewirtschaftet und hatte in der kommunistischen Zeit durch Kleintier-

Abb. 7.34: *Holzblockhäuser, Caprul Codrului, Ostkarpaten, Rumänien.*

haltung, Obst- und Gemüsebau große Bedeutung für den Markt und eine Pufferfunktion zur Überwindung von Engpässen in der Versorgung. Nach Schätzungen wurden in Ungarn 30 – 40 % des Bedarfes an Geflügel, Eiern und Obst auf diese Weise gedeckt.

Auf gewisse gemeinsame Konsequenzen in Hinblick auf die betriebswirtschaftlichen Zielsetzungen der Kollektivierung, wie die starke Betonung der Milchwirtschaft, des Hackfruchtanbaus und der Schweinehaltung, wurde bereits hingewiesen. Nach dieser ersten Etappe in den 1960er Jahren wurde in Abhängigkeit von den ökologischen Möglichkeiten den Sonderkulturen besondere Bedeutung geschenkt. In diesem Zusammenhang ist die Anlage von großen Wein- und Obstplantagen in Ungarn in bisher nur extensiv genutzten Gebieten zu nennen. Zweifellos an erster Stelle in Bezug auf die Intensivierung stand Bulgarien. Anknüpfend an die schon in osmanischer Zeit in einzelnen Gebieten bestehenden Bewässerungsoasen hat Bulgarien den Bau von Bewässerungsanlagen in großem Maßstab vorangetrieben. Hand in Hand damit ging die Errichtung von Glashäusern für Frühgemüse, vor allem Tomaten, ebenso aber auch die Neuanlage von Obstplantagen (Pfirsich), die Errichtung von Konservenfabriken, Fabriken für Verpackungsmaterial, eigenen Lastwagenstationen und einer entsprechenden Organisation der Vermarktung. Großflächiger Anbau von Baumwolle, Sonnenblumen und Tabak nützte gleichfalls die Möglichkeiten eines randmediterranen Klimas. Gerade Bulgarien kann als ein Beleg dafür verwendet werden, dass es nur aufgrund des staatlichen Kapitaleinsatzes möglich war, eine derartige Intensivierung der Agrarwirtschaft durchzuführen und eine exportorientierte Agrarwirtschaft aufzubauen.

Die Transformation ist in den einzelnen Staaten sehr unterschiedlich abgelaufen. Die Gesamtzahl der Betriebe, nämlich ca. 9,2 Mio. mit einer Durchschnittsgröße von 5 ha verdeckt auf der einen Seite die beachtlichen nationalen Unterschiede, gibt jedoch andererseits zu erkennen, dass es sich beim Großteil der nach der politischen Wende entstandenen Betriebe um Subsistenzbetriebe handelt, auf die rund ein Viertel der landwirtschaftlichen Fläche entfällt.

Ebenso wurden viele über Hausäcker verfügende Hofstellen als landwirtschaftliche Betriebe verzeichnet (wenn auch nicht in allen Staaten). Tabelle 7.1 im Anhang gibt die von der Expertenkommission ermittelten Ziffern über Zahl und Prozentanteile der Betriebstypen sowie Betriebsgrößen der EU-Erweiterungsstaaten vor dem Beitritt an.

Die Spannweite in Betriebsgrößen und Betriebstypen übertrifft die EU-15-Staaten bei weitem. Mit einer durchschnittlichen Betriebsgröße von 2 ha und über 4 Mio. Kleinstlandwirten ist Rumäniens Landwirtschaft heute weitgehend bloße Subsistenzwirtschaft. Andererseits haben Tschechien und die Slowakei die großbetriebliche Struktur beibehalten und übertreffen mit einem Flächenanteil von 93 bzw. 96 % der Betriebe mit mehr als 50 ha die industrialisierte Landwirtschaft von Großbritannien ganz wesentlich. Die großblockige Flur aus der Zeit der Kollektivierung wurde nicht verändert. Abgesehen von wenigen Staaten wie Slowenien und Litauen, in denen Großbetriebe über 50 ha flächenmäßig nicht ins Gewicht fallen, besteht eine Dualität der Betriebsgrößenstruktur von Kleinstbetrieben und Großbetrieben von Genossenschaften und kommerziellen Unternehmen.

In den EU-Erweiterungsstaaten sind im Zuge der Transformation die Nutzviehbestände drastisch verkleinert worden. Die Ursachen liegen in der verringerten Nachfrage nach Fleisch und Fleischprodukten aufgrund rückläufiger Realeinkommen sowie in der Umgestaltung großer Staatsbetriebe. Die Landwirtschaften der Beitrittsländer haben eine ganze Reihe von Anpassungsproblemen. In einer Zwischenetappe, in der sich alle Staaten befinden, ist bei steigender Arbeitslosigkeit mit einer weiteren Re-Agrarisierung zu rechnen.

Das eingangs gebrachte Bild von Osteuropa als schlafendem Riesen bedarf einer Revision. Der Transformationsprozess ist nationalen Wegen gefolgt, einheitliche Entwicklungen sind daher auch in mittelfristiger Zukunft nicht zu erwarten: Zu unterschiedlich sind die derzeitigen nationalen Strukturen und der gesamte Entwicklungsstand in Hinblick auf das Veterinärwesen, den Pflanzen- und Tierschutz, die Hygiene der landwirtschaftlichen Produktion sowie in der Weiterverarbeitung und Vermarktung der Produkte.

Die Sonderstellung der Hochgebirge Europas

Ökologische und historisch-soziale Differenzierung

Der Nord-Süd-Gegensatz in Europa findet sich in den Hochgebirgen wieder. Die Trennung in mediterrane und dem gemäßigten Klimabereich angehörende Hochgebirge ist von grundsätzlicher Wichtigkeit für das Verständnis der historischen und die Beurteilung der zukünftigen Perspektive. Es sei daran erinnert, dass in den Beckenräumen des Apennin die Stadtkultur der Etrusker entstanden ist und sich in der kleinräumigen Kammerung von Becken und Hochgebirgsstöcken des hellenischen Gebirges die griechischen Stadtstaaten entwickelt haben. Das Mediterrangebiet hat den für die Hochgebirge der mittleren Breiten fundamentalen Stadt-Land-Gegensatz nie gekannt. Städtern gehörte Grund und Boden in einer alteingespielten, sehr komplizierten Aufsplitterung der Produktionsfaktoren. Eine Trennung von Besitz an und Verfügungsrecht über Boden, Vieh, Baumkulturen, Wasser und Arbeitspersonal war die Regel und führte zu spezifischen Nutzungs-, Leih- und Pachtverhältnissen, wobei sich schon früh die Betriebstypen der extensiven Getreidemonokultur, der ganzjährigen Fernweidewirtschaft (der Transhumanz der Schafe) und die kleinbetriebliche Polykultur herausgebildet haben. Die mediterranen Gebirge, d.h. der Apennin in Italien, die Sierra Nevada in Spanien, die Südflanken der Pyrenäen und der Alpen sowie die Gebirge Griechenlands, haben daher kein eigenes, „gebirgskonformes" Sozialsystem entwickelt. Die Vielfalt der Produkte, einst ein Vorteil für lokale Märkte (so z.B. Kastanien, Olivenöl, Ziegenkäse, Schweinswürste, Schafwolle, Wein, Gemüse, Obst), erwies sich im Gefolge der internationalen Marktverflechtung als ein enormer Nachteil für die Landwirtschaft. Ein schrittweiser Niedergang war die Folge, mit bedingt durch den Zusammenbruch der Transhumanz. Der Verfall der Agrarlandschaft in den mediterranen Gebirgen ist irreversibel. Er umfasst die alten Akropolissiedlungen ebenso wie die arbeitsintensiven Terrassenkulturen. Bonifikationen und Agrarreformen sind nur den Niederungsgebieten zugute gekommen. Eine Etablierung der Freizeitgesellschaft analog zu den Alpen ist nicht in Sicht bzw. beschränkt sich auf die Villeggiatura in mittlerer Höhenlage im Umkreis großer Metropolen.

Aus einer alpenzentrierten Sichtweise ist auch die aktuelle Problematik im Dinarischen Gebirge nicht verständlich. Diese beruht nicht nur auf den

Abb. 7.35: *Bergbauernhöfe auf 1600 m, Osttirol.*

Lichtenberger 2000, S.225.

Abb. 7.36: *Aromu-nen-Sommerdorf, Piniostal über Trigo-na, Epirus.*

Abb. 7.37: *Hoch-alm bei Zermatt, Schweiz.*

in Europa einmaligen Phänomenen der ausge-dehnten Karstgebirge mit Dolinen, Trockentälern und beckenförmigen Poljen, sondern auch auf den abweichenden agrarsozialen Systemen. Bis in die Gegenwart erhielten sich Hirtennomadismus (Abb. 7.36) und Hausgemeinschaft der Zadruga, wenn auch reduziert durch Staatssozialismus und Gastarbeiterwanderung, mit nur mäßigen Transfor-mationen in Richtung auf eine verstädterte Sied-lungsweise und urbane Lebensführung. Auch im Regime der landwirtschaftlichen Nutzung nehmen die winterkalten Gebirge Südosteuropas durch den

erst im 19. Jahrhundert eingeführten Maisanbau eine Sonderstellung ein. Mit dem Hackbau an stei-len Hängen verbunden, konnte er sich als Grund-lage von zahlreichen Subsistenz- und Nebener-werbswirtschaften auch nach 1994 behaupten.

Während der Wald in den mediterranen Gebir-gen schon in historischer Zeit vernichtet wurde, hat er sich dank der Sommerregen in Südosteu-ropa erhalten können. Allerdings fehlt den Ge-birgsräumen hier die säuberliche Trennung von Wald, Wiese und Acker, wie sie den deutschen Sprachraum und damit auch große Teile der Alpen kennzeichnet. Waldweide und Niederwaldwirt-schaft, das „Schneiteln" von Laubbäumen zur Fut-tergewinnung, das Fehlen einer geregelten Forst-wirtschaft zählen zu den traditionellen, die Kul-turlandschaft prägenden Elementen.

Nur im Territorium der ehemaligen Habsburger-Monarchie, in den Karpaten und in den sloweni-schen Alpen, hat sich schon seit dem 18. Jahrhun-dert, z.T. im Zusammenhang mit Bergbau und Ei-senindustrie und durch Waldordnungen geregelt, der Großforst ausgebreitet.

Hochgebirge bestimmen Europa auch im Nor-den. Allerdings handelt es sich hier um altgefalte-te, nach dem Rückzug der großen Inlandvereisung hochgehobene Rumpfschollengebirge mit ein-drucksvollen Wasserfällen und großartigen Abbrü-chen der Hochflächen zu den Fjordlandschaften. Über sie verläuft der lückenhafte Saum einer seit dem Mittelalter gegen die Anökumene vorgescho-benen nördlichen Siedlungsgrenze des Kontinents und damit eine „doppelte" Peripherie desselben. Lichtungen im nördlichen Waldgürtel Europas wurden durch Siedlungen von Holzfällern, Berg-leuten und Fischern geschlagen. Stets hatte die Landwirtschaft hier nur subsidiäre Funktion.

West–Ost–Ausbreitung von Liberalisierung und Verfall

Das Problem des zum Großteil nicht reversiblen Verfalls der historischen Kulturlandschaft unter-liegt aber nicht nur ökologischen Parametern im Vertikalaufbau der Hochgebirge, sondern wird entscheidend durch die Effekte der nationalstaat-lichen Politik im Berggebiet und darüber hinaus

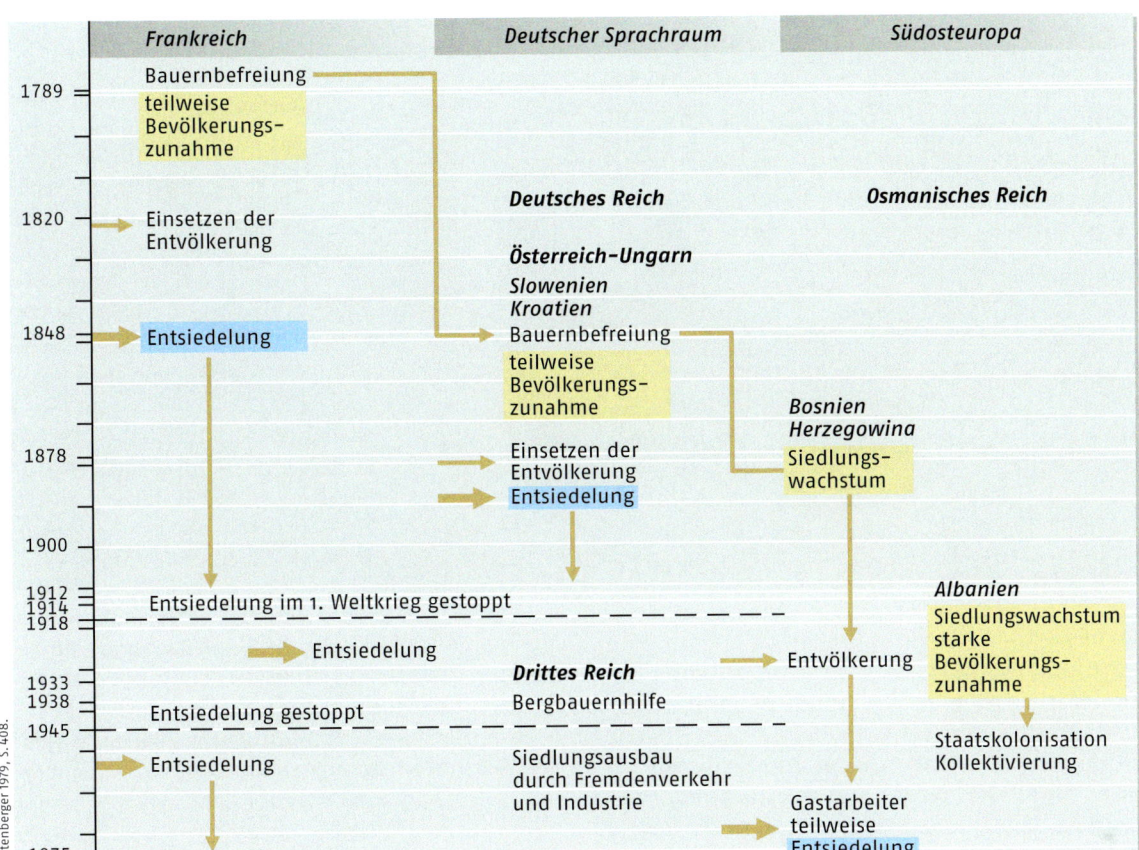

Abb. 7.38: *Die west-östliche Phasenverschiebung der Agrarentwicklung in den Hochgebirgen Kontinentaleuropas.*

durch eine Liberalisierung bestimmt. Es sei daran erinnert, dass während der ereignisreichen europäischen Geschichte die Hochgebirge stets Rückzugsgebiete für Bevölkerungen gebildet haben, welche ihre kulturelle (und religiöse) Identität und politische Unabhängigkeit wahren wollten und bereit waren, dafür die Härte der Lebensbedingungen selbst in extremen Lagen in Kauf zu nehmen. Dementsprechend finden sich in den Hochgebirgen die ältesten Sprachgruppen inselhaft positioniert, von den Basken in den westlichen Pyrenäen über die Rätoromanen, Ladiner, Friulaner in den Alpen bis zu den Albanern in Südosteuropa.

Erst mit dem Anbruch des liberalen Zeitalters verloren die Gebirge diesen durch die Jahrtausende wirksamen Vorteil gegenüber den Niederungen. Im Lebenswertgefühl der Bewohner konnte die ökonomische Marginalität durch die politische Freiheit nicht mehr ausgeglichen werden.

Der Liberalisierungsprozess ist dabei als Innovationsvorgang aufzufassen, der in allen Gebirgen ähnliche Prozesse in Gang setzte und sich in einer west-östlichen Phasenverschiebung vollzogen hat (Abb. 7.38). Der erste Liberalisierungseffekt hatte sogar Bevölkerungswachstum und Ausweitung der Landnutzung zur Folge, bevor die Transformation und Regression der traditionellen Agrarsysteme im Gebirge eingesetzt hat, eine verstärkte Abwanderung zunächst eine Extensivierung der Nutzung bewirkte, bis schließlich „Phantomsiedlungen" übrig geblieben sind (Abb. 7.39).

Nun ist die Wachablöse des Feudalismus durch den Liberalismus in der europäischen Staatenwelt nicht gleichzeitig, sondern in einer vom Westen nach Osten ausgreifenden Bewegung erfolgt. Die Französische Revolution 1789 war die erste auf dem europäischen Kontinent. Dementsprechend begann der Niedergang der Gebirgssiedlungen in

Frankreich, in den französischen Alpen, am Nord-abfall der Pyrenäen sowie im Französischen Zen-tralmassiv, schon zu Beginn des 19. Jahrhunderts und erreichte dort ein Ausmaß wie sonst nirgends in Europa. Der Vergleich der französischen und Schweizer Alpen belegt dies eindrucksvoll. Mehr als zwei Generationen später erfolgten die Revolu-tionen des Jahres 1848 im deutschen Sprachraum und in Italien. Am spätesten wurde mit dem schrittweisen Rückzug des Osmanischen Reiches aus Südosteuropa der Raum des Dinarischen Ge-birges betroffen; die Herauslösung von Bosnien und der Herzegowina aus dem Osmanischen Reich vollzog sich 1878, die von Albanien erst 1912. Zur gleichen Zeit, als in den französischen Alpen die ersten „Geistersiedlungen" entstanden sind, im letzten Drittel des 19. Jahrhunderts, erlebten Ser-bien, Montenegro und Bosnien, befreit von der Osmanischen Herrschaft, ein kräftiges Wachstum der Gebirgssiedlungen; noch später, erst nach dem Ersten Weltkrieg, vollzog sich die gleiche Entwick-lung in Albanien mit einer beachtlichen Auswei-tung des Agrarraumes.

In der Nachkriegszeit hat schließlich der Dinari-sche Gebirgsraum durch die Gastarbeiterwande-rungen und die Investitionen der Gastarbeiter in die technische Infrastruktur und den Ausbau der Siedlungen eine exzeptionelle Position erreicht.

Allein eine Million neue Siedlungshäuser sind ent-standen. Es zählt zur Tragik der jüngsten politi-schen Entwicklung in Jugoslawien, dass wesent-liche Teile dieser Investitionen im Bürgerkrieg der 1990er Jahre wieder vernichtet wurden.

Politische Leitbilder und Zukunftschancen

Die Probleme der Hochgebirge besitzen im Rah-men der Agrarpolitik der europäischen Staaten einen unterschiedlichen Stellenwert. Hervorhe-bung verdient, dass in allen kriegführenden Staa-ten und auch in der Schweiz während der beiden Weltkriege der Entsiedlungs- und Verfallsprozess abgestoppt wurde. Im Deutschen Reich wurden ferner mit einer massiven Bergbauernhilfe sowohl betriebliche als auch flächenhafte Intensivie-rungsmaßnahmen gesetzt. Agrarreformen und Staatskolonisation in Italien und Spanien in der Zwischenkriegszeit konnten dagegen die Entvölke-rung und Entsiedlung der Hochgebirge nur kurz-fristig stoppen. Unbewältigt ist in Südeuropa das Problem der Trennung der Produktionsfaktoren Kapital, Boden und Arbeit, und alle staatlichen Maßnahmen hängen letzten Endes von der Bereit-schaft zur Kooperation der städtischen Kapitalge-ber ab.

Anders sind die Rahmenbedingungen der Agrarpolitik der Staaten mit der Zielsetzung des Familienbetriebs, wie Österreich, der Schweiz und der Bundesrepublik Deutschland. Allerdings hat sich hier die Zielsetzung der Erhaltung der bergbäuerlichen Betriebe auf die Aufgabe der Erhaltung der Kulturlandschaft im Hochgebirge als Erholungsraum der Bevölkerung der Verdichtungsräume Europas verschoben (Abb. 7.35., 7.37).

Die in der Nachkriegszeit durchgeführte Kollektivierung der Landwirtschaft in den Oststaaten hat das Problem der ökonomischen Marginalität der Gebirge nicht gelöst, sondern vielfach verschärft. Dort, wo die Eigentumsverhältnisse im Gebirge nicht angetastet wurden, wie in den polnischen und zum Teil in den rumänischen Karpaten, ebenso im ehemaligen Jugoslawien, überließ man die bergbäuerlichen Subsistenzwirtschaften ihrem Schicksal. Nur Bulgarien und die ehemalige Tschechoslowakei entschlossen sich dazu, in weiten Gebirgsräumen eine flächenhafte Kollektivierung durchzuführen, von der besonders nationale Minderheiten betroffen waren.

Die Alpen sind nicht der Prototyp der Hochgebirge Europas, sondern nehmen eine Sonderstellung ein. Die Chance, welche weite Gebirgsräume des ehemaligen Jugoslawien gehabt hätten, nämlich dank der natürlichen Ressourcen unter einem postkommunistischen Regime dem Beispiel des „Dachgartens" Europas nachzueifern, ist durch den Bürgerkrieg voraussichtlich auf längere Zeit vergeben. Die Waldgebirge der Karpaten können im Hinblick auf die landschaftliche Attraktivität nur in sehr kleinen Räumen mit den höheren Gebirgen mitbieten.

In allen Hochgebirgen Europas, in denen bei weiterem Rückbau der Agrarwirtschaft und fehlender Nachfrage durch die Freizeitgesellschaft der Verfall von Siedlung und Nutzung nicht zu stoppen ist, bleiben nur drei Wege offen:
1. dort, wo es ökologisch möglich ist, aufzuforsten,
2. interessante historische Kulturlandschaftsräume als Reservate einzurichten und
3. bei bereits eingetretener flächenhafter Extensivierung und Siedlungswüstung Landschaftsreservate als Raumreserven für die Zukunft zu belassen. Diese Aufgabe müsste aufgrund der Kenntnis der lokalen Verhältnisse in besonderem Maße den Regionen der EU in den einzelnen Mitgliedstaaten zukommen, während andererseits die Schaffung von rechtlichen und finanziellen Möglichkeiten in mittelfristiger Zukunft eine Aufgabe der EU sein muss.

Die Agrarpolitik der EU

In den meisten Industrieländern der Erde wird die Landwirtschaft durch protektionistische Maßnahmen gegenüber dem Weltmarkt geschützt. Die EU liegt derzeit mit einem Wert von 45% Subventionsanteil über dem OECD-Durchschnitt von 37%.

Die Gemeinsame Agrarpolitik (GAP) war und ist ein Motor der Einigung Europas. Dementsprechend greift die EU in die Agrarpolitik auch stärker ein als in andere Politikbereiche. Sie hat hierzu eine Umwelt- und Strukturpolitik mit einer beispiellosen Regelungsbreite von 22 Marktorganisationen für alle wichtigen Produktionsbereiche aufgebaut (Fleisch, Milch, Eier, Obst und Gemüse, Wein, Zucker, Tabak, Hopfen, Flachs, Hanf, Blumen, Getreide, Reis, Mais, Kartoffeln, Saatgut und Trockenfutter). Die dabei praktizierte Regelungstiefe hat zu einem außerordentlich ausgefeilten administrativen System geführt. Allein das gültige Agrarrecht der EU umfasst 20.000 Textseiten und die gemeinsame Agrarpolitik beansprucht weiterhin die Hälfte des EU-Budgets.

Es lassen sich mehrere Phasen der Agrarpolitik unterscheiden:

Die erste Phase der Agrarpreispolitik (1962–1977) war am landwirtschaftlichen Einkommen orientiert. Es erfolgte eine starke Expansion der Agrarproduktion, und es entstanden Produktionsüberschüsse. Die EWG wurde von einem Importeur zu einem Exporteur von Nahrungsmitteln.

Dementsprechend mussten in der zweiten Phase (1978–1984) Budgetbegrenzungen erfolgen. Durch die rasch steigenden Agrarüberschüsse und Marktordnungsausgaben war der EG-Agrarhaushalt unverhältnismäßig ausgeweitet worden: Die

Agrarsubventionen erreichten zeitweise 65 % der gesamten EG-Ausgaben.

Die dritte Phase (1984–1988) brachte mit der Einführung des Quotensystems eine staatliche Mengensteuerung. Das Modell bildete die Milchquotenregelung und eine restriktive Preispolitik, besonders beim Getreide.

In der vierten Phase (1988–1992) wurden zur Begrenzung der Agrarausgaben Produktionsschwellen festgelegt, bei deren Überschreitung im Folgejahr die staatlich festgelegten Preise automatisch gekürzt wurden. Als flankierende Maßnahmen wurden Prämien zur freiwilligen Flächenstilllegung gezahlt sowie finanzielle Anreize zum vorzeitigen Ausscheiden landwirtschaftlicher Beschäftigter (Vorruhestandsprogramm) gewährt.

In der fünften Phase (1992–1999) erfolgte eine Reform der EU-Agrarpolitik mit dem Ziel einer Entkoppelung von Einkommens- und Preispolitik. Um die Gefahren fortdauernder Überangebote zu verringern, wurden die Erzeugerpreise für einige Produkte erheblich gesenkt. Die daraus resultierenden Einkommensverluste wurden durch Transferzahlungen an die Erzeuger ausgeglichen. Voraussetzung hierfür war allerdings eine Flächenstilllegung.

Die sechste Phase der Agrarpolitik, die so genannte Agenda 2000, richtet sich noch stärker auf den Markt aus. Nach langen Verhandlungen haben die EU-Agrarminister am 26. Juni 2003 eine grundlegende Reform der GAP verabschiedet, welche die Beihilfen an den einzelnen EU-Landwirt, der den Förderbedingungen entspricht, von der Produktion abkoppelt. Um zu verhindern, dass notwendige Produktionen eingestellt oder zu stark reduziert werden, bleibt es jedoch den einzelnen EU-Mitgliedstaaten überlassen, die Maßnahmen entsprechend zu variieren.

Bei den Förderbedingungen geht es erstens künftig um die Einhaltung bestimmter Umwelt-, Lebensmittelsicherheits- und Tierschutznormen. Der in diesem Zusammenhang international verwendete Begriff „cross compliance" ist als „bindende Förderverpflichtungen" zu interpretieren.

Es geht zweitens um die Schaffung eines europäischen Modells des ländlichen Raumes, welches die Wettbewerbsfähigkeit der europäischen Landwirtschaft und die Erhaltung der ländlichen Räume ebenso einschließt wie die Probleme des Umweltschutzes. Agrarwirtschaft und ländlicher Lebensraum werden damit als Einheit verstanden. Konkret geht es um Maßnahmen zur Dorferneuerung und -entwicklung, zur Verbesserung der Dienstleistungseinrichtungen sowie zur Förderung von Handwerk und Fremdenverkehr.

Die EU-Agrarpolitik hat damit ihre Aufgabe in den abgelaufenen Jahrzehnten geändert. Sie hat zunächst entscheidend zur Steigerung der Flächen- und Arbeitskraftkapazität beigetragen und damit die europäische Agrarwirtschaft in die Position eines globalen Exporteurs gebracht. Im Zuge der Effizienzsteigerung konnte die im Hintergrund stets geäußerte Zielvorgabe, den Landwirt auch als Pfleger der Kulturlandschaft einzusetzen, infolge der Kommerzialisierung der Agrarwirtschaft nur teilweise erfüllt werden. Räumliche Konzentrationsprozesse und betriebliche Spezialisierungen ließen in weiten Teilen Europas neue Typen von Agrarlandschaften entstehen, welche das Muster der traditionellen ländlichen Kulturlandschaften, wie es zu Beginn des 20. Jahrhunderts sichtbar war, flächig zerstört haben. Dies ist nicht weiter erstaunlich, denn die traditionellen Lebensformen der Agrarverfassung, wie Bauern oder Teilpächter, sind nahezu ausgestorben und wurden durch neue Lebensstile von ökonomisch denkenden Landwirten, Managern, Angestellten und Arbeitern ersetzt.

Die zweite Agrarrevolution hat als eine stille Revolution zuerst die Agrarbevölkerung dezimiert und dann neue Formen der Agrarwirtschaft geschaffen, die wohl den ländlichen Raum als Produktionsstätte benötigen, seine kulturlandschaftliche Gestaltung aber nicht mehr als integrierte Aufgabe betrachten. Diese muss vielmehr von einer neuen ländlichen Gesellschaft übernommen werden, welche den ländlichen Raum als Wohngebiet mit hoher Lebensqualität gegenüber städtischen Lebensräumen präferiert. Die professionellen Betreiber der Agrarwirtschaft und die nichtagrarische Wohnbevölkerung des ländlichen Raumes haben unterschiedliche Zielvorstellungen zu seiner Gestaltung. Es bleibt abzuwarten, welche Modelle des ländlichen Raums auf nationaler und regionaler Grundlage im Zuge der neuen EU-Politik im 21. Jahrhundert geschaffen werden.

EUROPÄISCHE WIRTSCHAFT UND VERKEHR

Zur Thematik

Das Kapitel über die europäische Wirtschaft informiert über historische Besonderheiten und aktuelle Trends der europäischen Volkswirtschaften, der einzelnen Sektoren und ausgewählter Unternehmen. Wesentlich sind dabei die Effekte der Globalisierung der Kapital- und Gütermärkte sowie der Einfluss der Europäisierung von Europa. Beides wird durch den Paradigmenwechsel von der keynesianischen Wirtschaftspolitik zum Neoliberalismus ermöglicht und gefördert.

Europa sieht sich selbst im Bereich der Ökonomie als ein Global Player, in Konkurrenz zu den Vereinigte Staaten sowie Süd- und Ostasien. Diese triadischen Sicht der Weltwirtschaft bestimmt in vielen Bereichen das wirtschaftspolitische Handeln. Die Zielsetzung des Wirtschaftsprojekts der Europäischen Union lautet: Die nationalen Ökonomien müssen zusammenwachsen, flexibler und liberaler werden, um daraus Konkurrenzvorteile zu erzielen. Die Produktion soll in jenen Teilen Europas angesiedelt werden, wo kostengünstiger produziert wird. Der freie Güter- und Warenverkehr muss gewährleistet sein, denn er sichert das Ausnützen der komparativen Kostenvorteile. Und schließlich muss − so die Sichtweise der europäischen Wirtschaftspolitik − das europäische Sozialmodell weiterentwickelt werden, wobei gleichzeitig öffentliche Ausgaben dafür reduziert werden.

Ob das alles von der Bevölkerung so gewollt wird, sei ebenso dahingestellt wie die Frage, ob damit die globale ökonomische Vormachtstellung, die Europa unzweifelhaft besitzt, auch langfristig abgesichert werden kann.

Die historische Tiefenschichtung der Wirtschaft

Es ist erstaunlich, dass trotz mehrmaliger grundlegender Veränderungen der politischen Landkarte Europas im 20. Jahrhundert und der flächenhaften Zerstörungen der Wirtschaftsgrundlage des Kontinents vor allem im mittleren Streifen desselben und des Verlusts der ökonomischen Führung an die Vereinigten Staaten Europa wieder eine Position als ökonomische Weltmacht erlangen konnte.

Hierzu hat das Vorhandensein einer regional tiefengeschichteten Struktur von Institutionen, Organisationsformen und Wirtschaftsstilen zweifellos beigetragen. Nahezu alle organisatorischen Elemente der europäischen Wirtschaftsgeschichte sind noch vorhanden. Als Nischenphänomene leben in Städten kunsthandwerkliche Traditionen u. a. bei den Musikinstrumenten weiter, als Beispiel sei auf die Geigenproduktion in Cremona verwiesen. Diese gehen zumeist auf das Manufakturzeitalter zurück, in welchem die staatliche Wirtschaftspolitik des Merkantilismus staatliches Manufakturwesen und Verlagssystem gefördert hat. Staatliche Porzellanmanufakturen bestehen zum Großteil bis in die Gegenwart herauf, ebenso andere aus den Luxusansprüchen von Hof und Adel entstandene Werkstätten.

Das Verlagssystem in der Textilerzeugung und bei der Lederverarbeitung hat sich bis in die Gegenwart in den südeuropäischen Staaten in der Nischenproduktion von Gütern für den internationalen Markt erhalten und bildet sich ständig neu. Naturfasern, Wolle, Seide und Flachs sind die Materialien.

Ebenfalls in Nischen erhielten sich vielfältige gewerbliche Produktionen, welche in der Neuzeit als Innovationen in Nachfolge der aufgelassenen Edelmetall- und Erzbergbaue in den Mittelgebirgen entstanden. Die Vielzahl ihrer Erzeugnisse reicht von Feuerwaffen und Meerschaumpfeifen bis zur Anfertigung von Uhren und elektrotechnischen Artikeln. Die Glasherstellung verfügt über eine breite Palette von Produkten: von Trinkgläsern über Glasflaschen, Glasperlen und Christbaumschmuck bis zu Thermometern, Glühlampen und Isolierflaschen. Vielfach konnte die Brücke zum Kunsthandwerk geschlagen werden.

1. Im Unterschied zur Vielfalt der in Nischen produzierten Konsumgüter bietet die Baumwollindustrie das Lehrbuchbeispiel eines ökonomi-

schen Produktzyklus. Textiltechnische Erfindungen im letzten Viertel des 18. Jahrhunderts erfolgten nahezu gleichzeitig mit dem Aufstieg Englands zur ersten See- und Kolonialmacht der Welt. Wurden 1741 erst 4.000 Ballen Baumwolle nach England eingeführt, so erreichte der Import im Jahr 1912/13 mit 8 Mio. Ballen den absoluten Höhepunkt. England war im 19. Jahrhundert die führende Textilmacht der Erde. Seine Kolonien lieferten die Baumwolle und bildeten gleichzeitig die Abnehmer für die fertige Ware. Manchester wurde das Zentrum der Baumwollindustrie und sein Name zum Inbegriff der liberalen Wirtschaftspolitik des 19. Jahrhunderts.

2. Die Hochphase der Industrialisierung ist mit der Dreiheit von Kohle, Eisen und Bahnbau als „Gründerzeit" in die Wirtschaftsgeschichte eingegangen, in der Deutschland zu einem Kernland der Industrie und „Made in Germany" zum Qualitätsmerkmal aufrückte. Die Erfindung der Dampfmaschine brachte den Schornsteinwald in die Industrieviere der Schwerindustrie auf Kohlebasis. Von England über Frankreich und Deutschland bis Polen zeigt die heutige Industrielandschaft dieser Reviere archäologische Relikte (Abb. 8.1) und die Vielfalt der Sukzessionen: vom „industrial blight" in Oberschlesien, d. h. dem Verfall der Kohlenzechen und Siedlungen, bis zur Umwandlung in Erholungslandschaften wie im Ruhrgebiet und staatlich geförderter Ansiedlung von Nachfolgeindustrien und Forschungseinrichtungen sowie einer Erneuerung von Siedlungen mit unterschiedlichen Planungsmodellen von Deutschland bis Großbritannien.

3. Mit neuen Kraftstoffen begann an der Wende vom 19. zum 20. Jahrhundert die als zweite industrielle Periode bezeichnete Phase. Der Durchbruch in der Kommunikation kam mit dem Telefon, mit der Erfindung des Elektromotors und dem Leitungsnetz der Elektrizität, mit dem Auto als neuem Transportmittel und neuen Materialien, wie Gummi und Aluminium. Konnte sich Europa die Anfänge der zweiten industriellen Revolution noch mit den Hauptvertretern der chemischen und der Fahrzeugindustrie Amerikas teilen, so musste es diesem nach dem Ersten Weltkrieg in der „fordistischen Periode" die Führung überlassen.

In der Zwischenkriegszeit begann der Niedergang der klassischen Industriestruktur, und zwar zuerst in England, dem Mutterland der Industrialisierung. Dieser Prozess umfasste die Baumwollindustrie, den Kohlenbergbau sowie die Eisenbahnen und setzte sich in der zweiten Hälfte des 20. Jahrhunderts fort, als, von Amerika ausgehend, synchron zur Entindustrialisierung ein zügiges Wachstum des Dienstleistungssektors einsetzte, welches bis in die Gegenwart anhält.

4. Der Wiederaufbau nach dem Zweiten Weltkrieg vollzog sich zum Teil mit starken staatlichen Eingriffen in die Eigentumsstrukturen. Die Verstaatlichung des Bergbaus, der Schwerindustrie und der Massenverkehrsmittel gehörte zu den Strategien der meisten sozialen Wohlfahrtsstaaten. Darüber hinaus versuchte der Staat in zunehmendem Maße, sich bei der Industrieansiedlung einzuschalten. Frankreichs Bestrebungen einer Dezentralisierung der Industrie aus dem Ballungsraum Paris können als Beispiel genannt werden. Europa folgte dem fordistischen Modell mit der Massenproduktion von Konsumgütern. Das Bruttosozialprodukt pro Kopf wurde zur internationalen ökonomischen Maßgröße.

5. Die gegenwärtige dritte industrielle Revolution findet in vielfältiger Weise Niederschlag in der Literatur. Die wissenschaftlichen und technologischen Aspekte sind einfach zu beschreiben. Den Kern bilden fünf Bestandteile: der Mikroprozessor, die computergesteuerte Produktion und Lagerhaltung, die Glasfiberoptik und die Telekommunikation, die Gentechnik und biologische Landwirtschaft sowie die Lasertechnik und die Holographie.

Die New Economy setzte im letzten Viertel des 20. Jahrhunderts die Maßstäbe für die Informations- und Wissensgesellschaft des Internetzeitalters. Unter den Effekten der Globalisierung der Ökonomie separierte sich ein wachsender quartärer Sektor vom konsumentenorientierten tertiären Sektor. Das Büro wurde zur wichtigsten Arbeitsstätte des Informationszeitalters.

Im neoliberalen Geist vollzieht sich gegenwärtig eine weitgehende Privatisierung staatlicher Unternehmen in den sozialen Wohlfahrtsstaaten, womit die Thatcher-Regierung in Großbritannien in den 1980er Jahren den Anfang machte.

Diese „Entstaatlichung" stand und steht in einer Wechselwirkung mit der Internationalisierung des Kapitals. Eine im Auftrag der Pariser Tageszeitung „Le Monde" durchgeführte Studie des US-amerikanischen Instituts Georgeson Shareholders im Jahr 2001 ergab, dass sich 45 % des Kapitals der 65 größten börsennotierten Gesell-

schaften Europas, somit 1.154,54 Mrd. Euro, in den Händen von ausländischen Konzernen befanden. Die zwölf in dieser Studie berücksichtigten deutschen Firmen waren zu 41 % in nicht-deutscher Hand. Der finnische Paradebetrieb Nokia war nur zu 10 % finnisch (Oberösterreichische Nachrichten, 16.6.2001). Angesichts der erreichten Freizügigkeit des Kapitals ist zu erwarten, dass diese Prozentsätze sich weiter verändern werden.

Die Besonderheiten der europäischen Wirtschaft

Einleitung

Die Frage lautet: Welche Besonderheiten weist die Wirtschaft Europas auf, die im Vergleich mit den USA eine aktuelle Rolle spielen?

Staatliche Planung und Betriebe

Mit Abstand an erster Stelle fallen im Vergleich mit den USA in der europäischen Wirtschaftsgeschichte die staatlichen Eingriffe in die Wirtschaft auf. Nur Großbritannien hatte im Zeitalter der Industrialisierung vor dem Ersten Weltkrieg einen nahezu ungebrochenen Liberalismus entfaltet.

Frankreich war der führende Staat auf dem Kontinent in der Periode des Manufakturwesens und Verlagssystems. Die Wirtschaftspolitik des Merkantilismus gab staatlicher Planung den Vorzug, welche in Frankreich, wenn auch stark modifiziert, bis in die Gegenwart beibehalten wurde. Staatliche Großmanufakturen waren über Europa hinweg Vorläufer der Industrialisierung. Die Nationalstaaten schufen Monopolbetriebe wie die Porzellan- oder die Tabakmanufakturen.

Auf dem Verkehrssektor zählte der Bau von Kanälen und Kommerzialstraßen zu den entscheidenden Innovationen des 18. und 19. Jahrhunderts, wobei in den leichter durchgängigen Flachländern des nordwestlichen und mittleren Europa der Kanalbau, in der aus Becken und Gebirgen bestehenden Donaumonarchie der von Wien ausgehende Kommerzialstraßenbau (nach Prag, Brünn, Budapest, Triest und Linz) Priorität besaßen.

Eine Public-Private-Partnership war für die technische Innovation der Gründerjahre, den Eisenbahnbau, verantwortlich. Die Verstaatlichung bzw. Verstadtlichung der technischen Infrastruktur wurde zu einer der Voraussetzungen der Politik der sozialen Wohlfahrtsstaaten.

Auch die Leitlinien der staatlichen Industriepolitik wurden nach den Zerstörungen des Zweiten Weltkriegs neu entworfen. Es ging um die Verstaatlichung immer größerer Teile der Industrie, vor allem der Schwerindustrie und des Bergbaus, ferner um die Einschaltung des Staates in Krisengebiete, u. a. in den durch die Krise des Kohlebergbaus und der Textilindustrie von massiver Arbeitslosigkeit erfassten britischen Industrierevieren. Hier und im Ruhrgebiet entstand zuerst eine integrale Regionalplanung. Darüber hinaus schaltete sich der Staat in zunehmendem Maße bei der Industrieansiedlung ein.

Die Innovationen des Dritten Reiches, der Autobahnbau und die Gründung des bis vor der Fusion von Daimler mit Chrysler größten Autokonzerns in Europa – des Volkswagenwerks in Wolfsburg – haben erst nach dem Ende des Zweiten Weltkriegs Erfolge eingebracht.

Der französische Staat, der über ein viel breiteres administratives Instrumentarium zur Durchsetzung innenpolitischer Zielvorstellungen verfügt als die föderalistisch organisierten Staaten Europas, hat seit den frühen 1960er Jahren ein umfangreiches Programm zur Dezentralisierung der Industrie aus dem Bereich von Paris entwickelt. 1963 wurde eine eigene Behörde für die Entwicklung der Regionalwirtschaft mit der Bezeichnung DATAR geschaffen und von der Regierung mit besonderen Vollmachten und Finanzen ausgestattet. Die Resultate sind beachtlich, gelang es doch bis 1985, in 1.109 Gemeinden Industrien, vorwiegend mit 200 bis 300 Arbeitsplätzen, anzusiedeln. Hinsichtlich der Lokalisierung dieser Neugründungen konnte sich jedoch nach wie vor die Attraktionskraft von Paris durchsetzen, insofern als die meisten von ihnen innerhalb eines Radius von rund 200 km um die Metropole entstanden.

Nationale Prestigeunternehmen

Die Wirtschafts- und Währungsunion hat bisher, von wenigen Ausnahmen abgesehen, noch keine europäische Trademark geschaffen. Das liegt daran, dass es kein europäisches Markenrecht gibt. „Produced in Germany, Italy, Spain" usw. steht auf den Verpackungen der Supermärkte und der Warenhäuser. Die europäische Wirtschaft ist nach wie vor die Summe der in der WWU vereinten Nationalstaaten. Daraus resultiert auch das nationale Prestigedenken in Hinblick auf bestimmte Unternehmen, welche medial und entsprechend finanziell unterstützt als Herzeigefirmen betrachtet werden.

Bis in die 1990er Jahre waren Luftfahrtgesellschaften keine nach marktwirtschaftlichen Prinzipien geführten Unternehmungen, sondern häufig hoch subventionierte nationale Prestigeobjekte, die auf abgeschotteten Märkten operierten. Nach dem Open-Sky-Abkommen der EU 2002 sind nationale Privilegierungen nicht mehr erlaubt. Genau das brachte und bringt mehrere nationale Linien an den Rand des Konkurses (Alitalia, Iberia). Die Lufthansa, die Austrian Airlines (AUA) und andere Fluglinien sind reine börsennotierte AGs geworden. Geblieben ist nur das nationale Sentiment, eine eigene nationale Linie zu besitzen.

Ebenfalls bis in die 1990er Jahre besaßen ferner Unternehmen wie Post und Telekommunikation eine staatliche Monopolstellung. Frankreich hat die Monopole der Energiegesellschaften und der Telekommunikation bis heute nicht angetastet, während in vielen europäischen Ländern deren Privatisierung unterschiedlich weit fortgeschritten ist.

Es verdient Hervorhebung, dass auf dem Luftfahrtsektor zwei europäische Produkte entstanden sind, die sich an die Weltspitze katapultieren konnten: der Eurofighter als Kampfflugzeug und der Airbus als Großraumflugzeug für den Personenverkehr.

Familienaktiengesellschaften

Zu den europäischen Besonderheiten zählt es ferner, dass sich in der EU-15 eine erstaunliche Zahl von Aktiengesellschaften noch immer im Familienbesitz befindet, Unternehmerdynastien bestehen und damit vorindustriell-feudale Verhaltensweisen, die bei der Belegschaft hoch bewertet werden, was sich in deren „Betriebstreue" ausdrückt. Lebensläufe mit häufigem Wechsel des Unternehmens werden bei Beschäftigten auf einer mittleren Ebene des Arbeitsmarktes in der Regel nicht als Qualitätsmerkmal gewertet.

In der Unternehmenslandschaft Europas ist bis heute eine ganze Reihe von großen und bekannten Unternehmen im Besitz von Familien (vgl. Tabelle 8.8 im Anhang).

Mit Abstand an erster Stelle stand bis Ende 2004 in Europa die Familie Agnelli in Turin, der bedeutende globale Unternehmen der Europäischen Union gehörten. Sie war Mehrheitsaktionär des Ifi (Istituto Finanziario Industriale S.p.A.) und besaß die Fiat-Gruppe. Nunmehr steht der Global Player auf dem Einzelhandelssektor, das französische Unternehmen Carrefour der Familie Defforey in Paris an erster Stelle. Es beschäftigt weltweit 330.000 Arbeitnehmer und eröffnete als erster westlicher Konzern schon in den 1990er Jahren Einzelhandelsmärkte in China.

Der Einzelhandelssektor weist noch eine weitere Zahl gewichtiger Familienaktiengesellschaften auf: Die Familie Haub ist Eigentümer der Tengelmanngruppe in Mülheim an der Ruhr, die Aldi-Gruppe gehört der Familie Albrecht in Essen, die Familie Sainsbury besitzt das den Familiennamen tragende Unternehmen in London, die Familie Pinault das Unternehmen Pinault-Printemps Redoute in Paris, die Familie Mulliez die Firma Auchan in Villeneuve d'Ascq in Frankreich, die Familien Schickedanz, Riedel und Herl die Kauf- und Versandhauskette Karstadt-Quelle in Deutschland, die Familie Herz in Hamburg die bekannte Kaffee-Kette Tchibo in

Deutschland und die Familie Álvarez ist Eigentümerin der spanischen Kaufhäuser El Corte Inglés.

Auf dem Automobilsektor sind Peugeot/Citroën und BMW Familienunternehmen. Der Name der französischen Familie ist als Markenbegriff Peugeot allgemein bekannt, ebenso wie die Familie Bosch als wichtiger Autozubehörproduzent in Gerlingen zu den Weltexporteuren Deutschlands gehört. Die Bayerischen Motoren Werke AG gehört der Familie Quandt.

Familienunternehmen haben in Europa nicht nur eine alte Tradition, sondern bilden sich auch ständig neu. Zwei Verweise mögen genügen: Zu den globalen Spielern zählt die italienische Bekleidungsfirma Benetton mit ihrem den Trend der Mode von Kindern und Jugendlichen weltweit bestimmenden Design und die österreichische Familien-AG Swarovski, deren Glasfiguren auf allen Flughäfen der Welt neben den Produkten italienischer und französischer Modefirmen zum Kauf ausgestellt sind.

Ausbildung

Auf die zünftische Tradition des kontinentaleuropäischen Mittelalters geht die Lehrlings- und Gesellenausbildung im Gewerbe zurück sowie die Ablegung einer Meisterprüfung als Voraussetzung zur Eröffnung eines eigenen Gewerbebetriebes. Neben dieser in den meisten europäischen Staaten noch vorhandenen Ausbildungsschiene im Gewerbe ist vor allem die Heranbildung von Facharbeitern für die Industrie wichtig. Auch sie erfolgt in mehrjähriger betrieblicher Praxis verbunden mit öffentlichen Fachschulen für bestimmte Berufe. Der in Deutschland und Österreich wichtige duale Ausbildungsweg sichert diese allgemein fachliche und spezifisch berufliche Qualifikation. Fast die Hälfte eines Geburtsjahrgangs wählt noch immer diesen Weg.

Die Zertifizierung beruflicher Qualifikationen stellt ein wesentliches Merkmal der europäischen Schulsysteme dar. In den USA herrscht eine andere Vorstellung. Zertifizierungen von Qualifikationen sind – abgesehen von den universitären – eher unüblich. Einen Gewerbebetrieb kann jeder eröffnen. Geschützte Bereiche sind selten und nur auf Gebiete wie Gesundheit und Recht beschränkt. Berufliche Qualifikationen werden sehr viel mehr als in Europa in den Betrieben selbst durch An- und Weiterlernen vermittelt. In welchen Unternehmen ein Arbeitnehmer tätig war, ist damit ein wesentlicher Indikator für seine berufliche Qualifikation.

Die Sektoren der Wirtschaft

EU und USA im Vergleich

Die zweite Hälfte des 20. Jahrhunderts war durch grundsätzliche Veränderungen des sektoralen Aufbaus der Wirtschaft gekennzeichnet. Auf die Entagrarisierung wurde eingegangen. Auf sie folgte zunächst, beginnend in den USA, die Entindustrialisierung. Bei stark wachsender Bevölkerungszahl nahmen zuerst nur die relativen Anteilswerte der Beschäftigten im sekundären Sektor ab, erst im weiteren Verlauf erfolgte auch eine absolute Abnahme der Beschäftigtenzahlen. Gegenläufig hierzu hat der tertiäre Sektor, vertreten durch Groß- und Einzelhandel, zugenommen, im Anschluss daran der quartäre Sektor: Finanzen, Immobilien, wirtschaftsorientierte Dienste. Ebenso ist der Anteil des öffentlichen Sektors, von Bildungs- und Gesundheitswesen, gestiegen.

Tabelle 8.1 vergleicht die Wertschöpfungsanteile der Wirtschaftssektoren in den Jahren 1979 und 2001 für die EU-15 und die USA. Der Gesamttrend ist ähnlich verlaufen. Allerdings ist in den USA die Entindustrialisierung zu Beginn des 21. Jahrhunderts weiter fortgeschritten als in Europa. Der Sektor des Handels ist dort bereits größer als der industrielle Sektor. Der Finanz- und Immobiliensektor sowie die wirtschaftsorientierten Dienste erreichten in den USA 2001 zusammen nahezu ein Drittel der gesamten Wertschöpfung, weitere 20 % entfielen auf den Sektor Öffentliche Verwaltung, Bildung und Gesundheitswesen.

Der Bedeutungsverlust des industriellen Sektors war in der EU-15 im Zeitraum von 1979 bis 2001 beachtlich, dieser blieb jedoch der wichtigste Wirtschaftssektor. Der tertiäre Sektor des Handels ist in der EU nur schwach gewachsen und hat die USA nicht eingeholt, wo die relative Bedeutung dieses Sektors ihren Höhepunkt überschritten haben dürfte. Der Hauptgewinn in den letzten beiden Jahrzehnten des 20. Jahrhunderts ist in den USA dem von der Metropolitanisierung getragenen quartären Sektor zugute gekommen, der auf ein Drittel der Wertschöpfung der Wirtschaft zusteuert.

Vergleicht man hiermit die EU, so haben die Sektoren des Immobilienmarktes und der Wirtschaftsdienste einen Entwicklungssprung vollzogen. Die EU hat bei den Wirtschaftsdiensten mit den USA gleichgezogen und auch der Immobilienmarkt ist stark in Bewegung geraten. Der Hauptunterschied besteht beim Finanzsektor, der in den USA im genannten Zeitraum seinen Anteil verdoppeln konnte und als Motor des quartären Sektors aufzufassen ist. Hier liegt eine Schwachstelle in der EU, deren Bankenwelt sich bisher nicht aus der Kleinzügigkeit der nationalen und regionalen Wirtschaftsräume zu lösen vermochte.

Ein weiterer wesentlicher Unterschied zwischen den USA und der EU-15 besteht hinsichtlich der Größe der Unternehmen. Tabelle 8.2 belegt eindrucksvoll, dass Kleinstbetriebe mit bis zu neun Beschäftigten in den USA in allen Sektoren der Wirtschaft, mit Ausnahme des Baugewerbes, völlig bedeutungslos sind. Besonders drastische Unterschiede bestehen im Einzelhandel und im Gastgewerbe, wo in der EU 30,1 % bzw. 45,7 %, und bei den Unternehmen des quartären Sektors 31,9 % auf Kleinbetriebe entfallen! Auf dem Immobiliensektor sind sogar mehr als die Hälfte (53,3 %) Kleinstbetriebe.

Größenklassen und Wertschöpfung in der EU

Während in der Mitte des 20. Jahrhunderts manche europäische Ökonomen unter dem Eindruck der nordamerikanischen Wirtschaftsentwicklung die Meinung vertraten, dass die Modernisierung der Wirtschaft mit der Unternehmensgröße verbunden sei, hat das damals einsetzende rasche Wachstum des Dienstleistungssektors, das durch kleine und mittlere Betriebe getragen wurde, diese Sicht bald obsolet werden lassen.

Dass man die Zusammenhänge zwischen Unternehmensgröße und Wettbewerbsfähigkeit diffe-

Tab. 8.1 *Wertschöpfung nach Wirtschaftssektoren: EU und USA 1979 und 2001*

Wirtschaftssektoren	1979 in %		2001 in %	
	EU-15	US	EU-15	US
Land- und Forstwirtschaft	3,3	3,1	1,7	1,6
Bergbau	1,9	2,8	0,9	1,3
Industrie	27,4	23,4	19,0	14,3
Elektrizität, Gas, Wasser	2,7	2,2	2,1	2,0
Baugewerbe	7,2	5,3	5,8	5,0
Handel	12,9	16,3	14,0	15,6
Verkehr	4,3	4,0	4,4	3,1
Kommunikation	2,3	2,9	2,7	2,4
Finanzen	4,7	4,7	5,4	9,1
Immobilien	6,7	8,7	9,9	10,5
Wirtschaftsdienste	6,0	5,2	11,7	11,6
Sonstige Dienste	3,3	2,3	4,4	2,8
Verwaltung, Bildung, Gesundheit	17,3	19,2	17,9	20,7

Quelle: *European Commission (2003): EU productivity and competitiveness: An industry perspective, S. 28.*

renzierter zu beurteilen begann, zeigte sich, als in den 1980er und 90er Jahren eine Reihe von Großunternehmen anfing, sich auf ihre Kernaktivitäten zurückzuziehen: Neue Modelle der ökonomischen Produktionstheorie, welche die Wichtigkeit der schnellen Reaktion auf den Markt betonten, führten in der Praxis zu Auslagerungen von Produktionsphasen im Sinne der neuen „just-in-time"-Lieferdevise.

Tabelle 8.9 (im Anhang) zu Wertschöpfung und Beschäftigtenzahl nach Betriebsgrößenklassen belegt, dass die Mehrzahl der Unternehmen in der EU-25 klein ist, d. h. über weniger als 50 Beschäftigte verfügt. Die Vorstellung, dass Großbetriebe mit 250 und mehr Beschäftigten eine höhere Wertschöpfung pro Kopf aufweisen, wird von einer ganzen Reihe von Unternehmen widerlegt: den Unternehmen im Bergbau sowie für Elektrizitäts-, Gas- und Wasserversorgung und den wirtschaftsorientierten Diensten.

So genannte KMU (kleine und mittlere Unternehmen mit 10 bis 249 Mitarbeitern) kennzeichnen folgende Branchen: Steingewinnung und -verarbeitung, Textil-, Bekleidungs-, Leder- und Holzindustrie, Druckereien, Metallwarenerzeugung, Möbelerzeugung, Baugewerbe, Reparatur und Ver-

Tab. 8.2 *Anteile der Beschäftigten nach Betriebsgrößen und Wirtschaftssektoren in den USA 1997 und EU 2001*

Wirtschaftssektoren	USA-Betriebsgrößen 1997				EU-Betriebsgrößen 2001			
	1 – 9	10 – 49	50 – 249	250 u. mehr	1 – 9	10 – 49	50 – 249	250 u. mehr
Bergbau	10,6	26,1	29,3	34,0	10,0	18,0	14,6	57,5
Industrie	4,0	15,2	32,1	48,6	15,5	20,7	19,9	43,8
Baugewerbe	27,4	36,5	25,2	10,8	49,2	27,6	12,2	11,0
Großhandel*	13,5	27,1	59,4	–	37,1	27,9	16,5	18,5
Einzelhandel	12,6	17,6	12,6	57,2	51,6	15,8	6,1	26,5
Gastgewerbe	8,3	27,0	19,6	45,1	52,5	20,4	8,4	18,7
Verkehr, Kommunikation	6,9	14,5	14,2	64,4	23,0	15,0	10,2	51,8
Technische Infrastruktur	2,0	3,6	7,0	87,4	3,0	5,1	9,4	82,6
Finanzen, Wirtschaftsdienste	12,2	14,8	15,4	57,6	32,3	14,1	12,0	41,6
Bildung	24,7	37,5	23,1	14,8	–	–	–	–
Gesundheit	9,7	13,2	17,6	59,4	46,0	17,4	10,2	26,4
Sonstige Dienste	24,4	28,4	19,2	27,9	56,2	16,7	9,7	17,3
Insgesamt	**11,5**	**19,0**	**22,0**	**47,5**	**34,6**	**18,9**	**12,9**	**33,7**

* bis 100 Beschäftigte
Quelle: European Commission (2003): EU productivity and competitiveness: An industry perspective, S. 41f., US-Economic Census.

kauf von Kraftwagen, Großhandel, Leasing und Vermietung von Maschinen und Geräten sowie Recycling (The EU's business economy, 2004, Tabelle 6). Es ist einsichtig, dass die für die europäische Wirtschaft sehr wichtigen Klein- und Mittelbetriebe von der Wirtschaftspolitik der EU durch eine Reihe von Maßnahmen gefördert werden.

Bergbau und Energiewirtschaft

Der Bergbau weist in Europa eine bedeutende historische Vergangenheit auf. Salzstraßen gehören zur prähistorischen Geschichte des Kontinents ebenso wie der bereits den Kelten bekannte Erzabbau. Auf die Edelmetalle Gold und Silber gehen Bergbaustädte des Mittelalters zurück, deren Bedeutung mit der Entdeckung Amerikas entwertet wurde. Mit der Erfindung der Dampfkraft wurde die Kohle zum Energieträger der ersten industriellen Revolution. Sie verlor ihre Position in der zweiten industriellen Revolution an andere Energieträger, an die Wasserkraft, an Erdöl und Erdgas. Der Preisverfall auf den Rohstoffmärkten der Welt

in der zweiten Hälfte des 20. Jahrhunderts führte zu einer Schließungswelle im europäischen Bergbau. Nur die qualitativ hochwertigen Erze in Nordeuropa konnten sich auf dem Weltmarkt behaupten, nicht die geringwertigen Eisenerze in Frankreich, Deutschland und Österreich.

Die in den 1960er Jahren entwickelte Technologie des LD-Verfahrens für die Erzverhüttung verschärfte die Krise des Steinkohlenbergbaus. In der Montanunion ging allein im Zeitraum 1957–65 der Absatz um 20 % zurück, und es wurden 65 Schachtanlagen, 12 Brikettfabriken und 25 Kokereien stillgelegt. 1966 betrug die Steinkohlenförderung in Westdeutschland 128 Mio. Tonnen, in ganz Westeuropa noch mehr als 500 Mio. Tonnen! Die Schließung der Zechen ging weiter.

1993 wurde von der EU der schrittweise subventionierte Rückbau der Förderkapazität geregelt und von der Bundesrepublik Deutschland im so genannten Steinkohlebeihilfegesetz bis zum Jahr 2005 festgeschrieben. 2002 betrug die Produktion in der EU nur mehr 73 Mio. Tonnen, während 168 Mio. Tonnen eingeführt wurden, und zwar aus Südafrika, Australien, Kolumbien und den USA.

Abseits vom Welthandel blieb dagegen die Braunkohlenförderung, wobei sich das technisch besser ausgestattete Revier um Aachen auf Kosten des mitteldeutschen Braunkohlenreviers halten konnte, auf dessen Umbau zur mitteldeutschen Seenlandschaft bereits hingewiesen wurde und in dem inzwischen neue Großkraftwerke entstanden sind (Abb. 8.2).

Als neue wichtige und gleichzeitig umstrittene Energielieferanten sind seit der 1974 von der französischen Regierung gefällten positiven Entscheidung Kernkraftwerke gebaut worden. In folgenden Staaten waren 2003 Kernkraftwerke in Betrieb:

Kernkraftwerke in Betrieb

	Zahl	Nettoleistung (MW/J.)
Frankreich	59	63
Großbritannien	27	12
Deutschland	18	20
Schweden	11	9
Spanien	9	7
Belgien	7	5
Tschech. Rep.	6	3
Slowakei	6	2
Schweiz	5	3

Quelle: Eurostat: Statistik kurz gefasst 18/2003.

Die EU ist die Region mit der größten Dichte an Atomkraftwerken in der Welt. Es ist daher verständlich, dass der Supergau von Tschernobyl eine entsprechend heftige Gegnerschaft entstehen ließ.

Frankreich ist mit 59 Kernkraftwerken der Hauptverfechter der Kernenergie und vertritt daher in Bezug auf die neuen Mitgliedstaaten die Politik der Erneuerung bzw. des Ausbaus von Kernkraftwerken. Auf der Gegenseite steht die „grüne" Umweltpolitik Deutschlands, welches den Ausstieg aus der Kernkraft verkündet hat. Die Niederlande wollen ihr letztes Atomkraftwerk schließen. Einige der EU-15-Staaten, darunter Österreich und Italien, welche nach Volksbefragungen aus der Kernenergie ausgestiegen sind, betreiben zurzeit keine Kernkraftwerke.

Während der Vertrag für Kohle und Stahl (EGKS) im Jahr 2002 ausgelaufen ist, steht die Diskussion um den Fortbestand des 1957 abgeschlossenen Euratom-Vertrages noch bevor. Die Auseinandersetzung um die Atomkraft wird damit erneut in die Medien kommen. Sie wird aller Voraussicht nach in der EU-25 positiv geführt werden, und zwar unter dem Druck eines steigenden Inlandsverbrauchs an elektrischem Strom und des unzureichenden Substituts von erneuerbaren Energien. Finnland plant bereits den Neubau eines Atomkraftwerkes, und in Italien wird die Aufhebung des Bauverbots von Kernkraftwerken schon medial diskutiert.

Die neuen Energieträger Erdöl und Erdgas sind in Europa zu ungleichmäßig verteilt, als dass sie eine Lösung des Problems des Energiedefizits bringen könnten. Nur Norwegen verfügt über genügend Wasserkraft und ist überdies ein bedeutender Erdölexporteur, der in Kürze an dem überaus reichen Erdölrevier der Barentsee partizipieren und damit seine Stellung als wichtigster Erdöllieferant Europas noch entscheidend verbessern wird.

Im 21. Jahrhundert sind die Ränder der alten geologischen Platten, wie der Russischen Tafel und der Nordseeplatte, als ergiebige Erdölreviere am Zug, während die älteren Funde in den Vorländern der mesozoischen und tertiären Faltengebirge für den rasant steigenden Bedarf an Erdöl bereits zu unergiebig geworden sind. Österreich konnte z.B. bis 1958 seinen Erdölbedarf noch selbst decken, während es 2003 90 % des Rohölbedarfs einführen musste. Nur Großbritannien und Dänemark können dank des Nordseereviers ihren Erdölbedarf zur Gänze decken, die Niederlande zu 80 % (vgl. Tabelle 8.10 im Anhang).

Ansonsten besteht aufseiten aller Staaten eine Abhängigkeit von der Erdöleinfuhr. Insgesamt muss die EU-15 rund die dreifache Menge ihrer Eigenproduktion einführen. Beim Rohölimport ist eine gewisse Umorientierung vom Nahen und Mittleren Osten auf Osteuropa (und Russland) im Gang (27 %). Norwegen liefert nahezu ein Fünftel, ebenso Nordafrika.

Im Jahr 2003 betrug der Grad der Energieabhängigkeit der EU-15 63 %. Während der Bruttoinlandsverbrauch von Energie im Zeitraum 1993–2002 um 9,3 % zugenommen hat, ging die Energieintensität, die benötigt wird, um eine Einheit einer Wirtschaftsleistung zu erzeugen, zurück. Dies entspricht dem Ziel der EU, mittels einer nachhaltigen Entwicklung das Wirtschaftswachstum vom Energieverbrauch abzukoppeln.

Energiebilanz der EU-15 2002

Mio. tRÖE	Erzeugung	Einfuhr	Verbrauch
Rohöl	148,8	434,6	578,5
Naturgas	186,1	169,1	349,5
Kernenergie	220,2	–	220,2
Steinkohle	43,3	107,6	158,8
Braunkohle	51,5	–	51,7
Sonstiges	30,0	21,8	33,9

Quelle: Statistik kurz gefasst, 18/2003.

Die Energiebilanz im Jahr 2002 für die EU-15 belegt, dass in der Bruttoinlandsproduktion die Kernenergie mit 32,4 % an erster Stelle steht, gefolgt von Erdgas mit 27,4 % und Rohöl mit 21,9 %, während die Braunkohle mit 7 % bereits die Steinkohle mit 6 % überrundet hat und die sonstigen erneuerbaren Energien zusammen erst 5 % erreichen.

Am Energieverbrauch hat Erdöl mit 41,5 % den größten Anteil, gefolgt von Erdgas mit 25,1 % und der Kernenergie mit 15,8 %. Der Energieverbrauch betrug im Durchschnitt 3 t Rohöleinheiten/Einw., somit weit weniger als in den USA mit 8 t RÖE/Einw.

Hinsichtlich der Struktur der Elektrizitätserzeugung bestehen zwischen der EU-15 und der EU-25 nur minimale Unterschiede. In Letzterer dominieren Wärmekraftwerke mit 55,4 %, mit Abstand folgen die Kernenergie mit 31,5 % und die Wasserkraft mit 13,1 %.

Durch die Liberalisierung hat sich in den letzten Jahren der europäische Energiesektor grundlegend gewandelt. Dennoch ist die Neuordnung der Branche in Europa nicht abgeschlossen, sondern in vollem Gange: Die Unternehmen planen weiterhin Fusionen und Übernahmen. Regulierungsvorschriften, technologische und ökologische Entwicklungen sowie der Druck der Kapitalmärkte verstärken den Trend zur organisatorischen Entkopplung der Kernaktivitäten, wie zum Beispiel Stromerzeugung, Netzbetrieb, Handel und Vertrieb. Die Branche des Energiehandels und branchenfremder Leistungen wird ihre Umsätze weiter steigern, wobei auch spekulativer Handel an Bedeutung gewinnen wird. Unter den Unternehmen des europäischen Energiemarktes hat vor allem der französische Staatskonzern, der größte Atomenergieerzeuger der Welt, Électricité de France (EdF), als führender europäischer An-

bieter über den Trittstein Österreich seinen Einzugsbereich nach Ostmitteleuropa beachtlich erweitert. Ihm folgen die deutschen Konzerne E.ON und RWE.

Die Industrie

Einleitung

Auf folgende Industrien wird besonders eingegangen:

- auf die Lebensmittel- und Getränkeindustrie sowie die Holz- und Papierindustrie, welche beide von den natürlichen Ressourcen abhängig sind,
- auf die Textilindustrie als älteste Industrie Europas, welche die erste industrielle Revolution in Europa begründet hat und im 20. Jahrhundert weitgehend aus Europa abwanderte,
- auf die Eisen- und Stahlerzeugung, welche zusammen mit dem Kohlenbergbau als erste in europäischen Dimensionen gesehen wurde (Gründung der so genannten „Montanunion" 1951 in Rom), sowie auf
- die chemische Industrie und die Fahrzeugindustrie, welche als Industriebranchen der zweiten industriellen Revolution noch immer Wachstumsbranchen darstellen.

Die Lebensmittel- und Getränkeindustrie

Auf der Grundlage des hinsichtlich seines Anteils am Bruttonationalprodukt schrumpfenden Agrarsektors hat sich eine bedeutende Lebensmittel- und Getränkeindustrie entwickelt, auf welche 12 % der Wertschöpfung und der Beschäftigten im Industriesektor entfallen. Die EU ist ein Produzent von Agrarüberschüssen, und daher sind auch die Exportüberschüsse der EU bei Milchprodukten, Getränken und Tabakwaren beträchtlich. Nur Fisch muss eingeführt werden. Mehrere europäische Konzerne sind auf dem Weltmarkt mit einer großen Palette von Produkten vertreten.

Die europäische Nahrungsmittelindustrie hält eine Frontstellung im Umwelt- und im Konsumentenschutz (Qualitätssicherung). 2002 wurde in Parma die European Food Safety Authority geschaffen, die naturgemäß in einer Verbindung mit der Landwirtschaftspolitik der EU steht.

Unternehmen 2002/2003	Land	Umsatz Mrd. Euro
Nestlé	CH	60,4
Unilever	NL/UK	27,4
Diageo	UK	15,0
Danone	FR	13,5
Heineken	NL	10,3
Cadbury Schweppes	UK	8,4
Parmalat	IT	7,6
Interbrew	BE	6,9
Scottish & Newcastle	UK	6,7
Associated British Foods	UK	6,7

Quelle: CIAA. www.efsa.eu.int

Die Holz- und Papierindustrie

Auf Holz basierende Industrien bilden mit 14 % des Produktionswertes einen der wichtigsten und überdies einen der wachsenden Industriezweige von Europa. 2,1 % entfallen auf Holz und 3,1 % auf Papier, während sich der übrige Anteil auf die Erzeugung von Möbeln sowie auf Druckereien und Verlage, von denen die Letztgenannten zum quartären Sektor gehören, verteilt. Entsprechend der Verbreitung des Waldes in Europa liegen die Schwerpunkte der Holz- und Papiererzeugung in Finnland, Schweden und Österreich, welche in der Papierindustrie 43,6 % der Wertschöpfung der EU-15 erzeugen. Während in der Holzindustrie kleine Betriebe in abgelegenen Gebieten dominieren, herrschen in der Papierindustrie Großbetriebe im Besitz von multinationalen Konzernen vor.

Die Papierindustrie verzeichnet beachtliche Exportüberschüsse. Gleichzeitig sind Importe von tropischen Hölzern, vor allem aus Indonesien, Brasilien und China von wachsender Bedeutung.

Die Textilindustrie

zählt zu den ältesten und traditionsreichsten Industriezweigen Europas. Im 19. Jahrhundert war Großbritannien die Textilgroßmacht der Erde. Als arbeitsintensive Industrie ist sie im 20. Jahrhundert in die Niedriglohnländer nach Asien abgewandert. Zu Beginn des 21. Jahrhunderts heißt die neue Weltmacht auf dem Textilsektor China.

Die Wertschöpfung der Textilindustrie (Textilien, Bekleidung, Leder, Schuhe) betrug 2003 bei 3,2 Mio. Beschäftigten 5 % des gesamten Industriesektors. Im Durchschnitt gingen von 1995 bis 2003 die Beschäftigtenzahlen jährlich um knapp 4 % zurück. Gleichzeitig stiegen die Preise. Die Auslagerung von Produktionszweigen nach Rumänien und in einige mediterrane Länder, besonders in die Türkei, nach Marokko und Tunesien, geht weiter.

Abb. 8.1: *Pottery-Distrikt, Großbritannien.*

Abb. 8.2: *Neues kalorisches Kraftwerk auf Braunkohle, Mitteldeutschland.*

Die Chance Europas liegt in der Herstellung von Qualitätsprodukten, in Stil und Design, in der Forschung und Entwicklung neuer Materialien. Sie wird vor allem von Italien wahrgenommen, auf welches etwa ein Drittel der Wertschöpfung entfällt, in der Lederindustrie sogar 45%, wobei kleine Betriebe mit bis zu 50 Beschäftigten den Exportüberschuss tragen. Mehr als ein Viertel der EU-Exporte entfällt auf Italien.

In der europäischen Bekleidungsindustrie haben sich 10 Großunternehmen profiliert, welche sowohl in der Erzeugung (2) als auch im Einzelhandel (1) tätig sind.

Kleiderfirmen EU-15, 2001	Land	Umsatz Mio. Euro
LVMH-Gruppe Clothing	FR	3.610
Zara-Ind. Dis. Text. (1) (2)	SP	3.250
Adidas Salomon AG	DE	2.200
Benetton Clothing (1) (2)	IT	2.098
Marzotto-Abbigliamento (1) (2)	IT	1.410
Armani Giorgio SpA (1)	IT	1.272
Groupe Etam (1)	FR	1.100
Boss Hugo World (1)	DE	1.095
Max Mara Fashion (1)	IT	1.088
Fila Holding (1)	IT	977

Quelle: www.euratex.org

Von der europäischen Textilproduktion geht nur ein sehr geringer Teil, vor allem des höchsten Qualitätssegments, in den außereuropäischen Export. Dem gegenüber stehen massive Billigimporte an Textilien. Als Exporteur in die EU steht China in allen Sparten der Massenproduktion mit einem Viertel bis zu einem Drittel an der Spitze, gefolgt von Vietnam, Indien, der Türkei und Nordafrika.

Die Eisen- und Stahlindustrie

nimmt in der Industriegeschichte Europas eine Sonderstellung ein. Kein anderer Industriezweig hat eine derart tief in die Wirtschaftsgeschichte Europas zurückgehende technische Entwicklung aufzuweisen: von den Stucköfen der frühen Neuzeit, über die Floßöfen des 18. Jahrhunderts bis zu den Holzkohlenhochöfen und schließlich über das Bessemerverfahren zu den Kokshochöfen des späten 19. Jahrhunderts. Historische Industrielandschaften mit allen Details an infrastrukturellen und sozialgeographischen Baulichkeiten haben sich in der österreichischen „Eisenwurzen" rings um den Erzberg als europäisches Kulturerbe erhalten. Ähnliche Entwicklungen sind in anderen Gebirgsräumen, darunter im Rheinischen Schiefergebirge, abgelaufen.

Mit der Einführung des Bessemerverfahrens wanderten dann die Hüttenwerke zur Kohle hin. Auf der Kohlenbasis entstand das Ruhrgebiet, das heute mit sechs Mio. Menschen bevölkerungsreichste Industrierevier Europas. Der nächste Schritt, wie er durch die Gründung von Salzgitter im Dritten Reich dokumentiert ist, führte erneut zum Eisenerz zurück, als durch die Einführung des Thomasverfahrens bisher minderwertige Erze mit einem Eisengehalt von nur 27% verwertet werden konnten.

Die Standortpolitik der Oststaaten folgte bei der Gründung von großen Stahlkombinaten nicht mehr Fragen der Arbeitskraft-, Rohstoff- oder Verkehrsorientierung, wie sie bei Salzgitter mit dem Anschluss an den Mittellandkanal noch eine Rolle spielten. Vielmehr bestimmten strategisch-militärische und national-politische Argumente die Standorte. Dies gilt in gleicher Weise für die Gründung von Stalinstadt, später Eisenhüttenstadt, in der ehemaligen DDR, von Dimitrovgrad in Bulgarien, Dunajvaros in Ungarn und Nova Huta bei Krakau in Polen.

Der Stahlsektor war nicht nur eine Grundlage der sozialistischen Industriepolitik, er war auch ein Eckstein der EU. Der Vertrag über die Europäische Gemeinschaft für Kohle und Stahl trat 1952 für 50 Jahre in Kraft; er erlosch im Juli 2002. Damit wurden Kohle und Stahl mit den anderen Industrieprodukten gleichgestellt. Dies reflektiert den Verlust an strategischer Bedeutung dieses Sektors. Auf die dramatische Geschichte der Schließung von Hochöfen kann hier nicht eingegangen werden. Inzwischen weist die Eisen- und Stahlerzeugung nur mehr einen Anteil von 3,6% an der Wertschöpfung des Industriesektors auf. Technologisch sind überdies umfangreiche Substitutionsprozesse von Stahl durch andere Werkstoffe erfolgt. Die Roheisenproduktion wurde weitgehend ausgelagert. Geblieben ist der Export von Spezialstählen und hochwertigen Stahlprodukten. In dieser Konzentration auf Qualität besteht eine Ähnlichkeit mit dem Textilsektor.

Die chemische Industrie

begann als Hilfsindustrie der Textilerzeugung mit Bleichmitteln für Wolle und entwickelte im frühen 20. Jahrhundert die synthetischen Farbstoffe. Vor dem Ersten Weltkrieg besaß Deutschland die Führungsposition in der chemischen Industrie und konnte diese auch noch in der Zwischenkriegszeit behaupten. Die I.G. Farben entstand 1925 aus dem Zusammenschluss von acht Unternehmen der chemischen Industrie und war im Jahr 1942 mit 192.000 Beschäftigten das größte Unternehmen der Welt.

Der große Fortschritt ging auf das Fehlen wichtiger Rohstoffe, wie Erdöl und Kautschuk, zurück. Für Deutschland war es notwendig, auf Kohlebasis synthetischen Kautschuk und synthetisches Benzin zu erzeugen. Davon konnte sich die Erzeugung von synthetischem Kautschuk behaupten, aus der im weiteren technischen Fortschritt die ganze Fülle von Plastikprodukten hervorgegangen ist. Vom Ausgangsprodukt, dem Rohgas und Rohteer, ging die Produktion über Desinfektionsstoffe, Wasch- und Putzmittel zu Parfüms, ferner zu Sprengstoffen, Medikamenten und damit der pharmazeutischen Industrie, den Schädlingsbekämpfungsmitteln, Lacken und Farben, in die Filmindustrie sowie in die Erzeugung von Kunststoffen und bis zu synthetischen Möbeln.

1945 haben die Siegermächte des Zweiten Weltkriegs die I.G. Farben zerschlagen. Im Jahr 2004 bestand die aus ihr hervorgegangene Firma Bayer aus 350 Gesellschaften mit 113.600 Mitarbeitern auf fünf Kontinenten, von denen nur wenig mehr als die Hälfte in Europa tätig waren.

Dank ihrer Humankapitalpflege konnte die deutsche chemische Industrie in der zweiten Hälfte des 20. Jahrhunderts ihre Führungsposition in der EU zurückgewinnen.

Die chemische Industrie ist die Wachstumsindustrie par excellence mit den weitaus höchsten Zuwachsraten, den höchsten Investitionen und höchsten Löhnen. Sie ist gekennzeichnet durch ein ausgefeiltes, ineinander geschachteltes System der Weiterverarbeitung sowie eine intensive Verbundwirtschaft, d.h., dass die Abfallprodukte eines Werkes durch Rohrleitungen zu anderen gebracht werden, in denen sie als Rohstoffe Verwendung finden.

Aus diesem Grund neigt die chemische Industrie zur Revierbildung. Diese ausgeprägte Revierbildung zeigt sich am deutlichsten entlang der Rheinachse von Basel bis Rotterdam.

Die chemische Industrie steht in Hinblick auf die Wertschöpfung im Industriesektor der EU mit 15,2% an erster Stelle. Als klassisch fordistische Industrie mit hoher Arbeitsproduktivität verfügt sie mit 3,6 Mio. Beschäftigten nur über einen Anteil von 11% in der EU-15. Sie weist mit Ausnahme der Kunstfasern in allen Sparten hohe Exportüberschüsse auf und trägt insgesamt mit 18,6% zu den Industrieexporten bei.

Die Fahrzeugindustrie

ist eine Schlüsselindustrie sowie eine Wachstumsbranche. 2003 betrug ihr Anteil an der Wertschöpfung des Industriesektors der EU-15 11,0% bei einem Beschäftigtenanteil von 8,8%. Davon entfielen drei Viertel auf Pkw und Wohnwagen, 17% auf Flugzeuge, 5,7% auf Schiffe, 2,6% auf Lokomotiven sowie 1,4% auf Motor- und Fahrräder (der Großteil der EU-Nachfrage nach Fahr- und Motorrädern wird durch Importe von außerhalb der EU befriedigt). Deutschland führte mit 40% der Wertschöpfung. Im Jahr 2003 wurden in der EU-25 nahezu 15 Mio. neue Autos erzeugt. Auf die Automobilindustrie entfallen 18% des Exports von Industriegütern der EU. Diese hält damit im Export den zweiten Platz nach dem Maschinenbau.

Die Autoindustrie ist die globalisierte Industrie schlechthin. Ihre Weltfirmen verfolgen eine Mehrmarkenstrategie und betreiben Auslagerungen und Neugründungen in anderen Kontinenten. Der globale Listenführer General Motors setzt deutlich auf eine Mehrmarkenstrategie mit einer klaren Rollendefinition der Marken Cadillac, Saab, Vauxhall, Opel und Chevrolet. Bei Volkswagen gehören ständige Marken aus sechs europäischen Ländern zum Konzern: Audi, Bentley, Bugatti, Lamborghini, Rolls Royce, Seat, Škoda, VW-Nutzfahrzeuge und Volkswagen-Pkw. Die Anpassung an individuelle Kundenwünsche und eine Modelloffensive mit einem neuen Trend zur Nischenproduktion kennzeichnen die Situation.

Bei neuen Standorten in Europa firmiert Volkswagen mit der Marke Škoda in Tschechien und unter Audi in Ungarn und der Slowakei. Fiat er-

www.volkswagen-media-services.com

Abb. 8.3: *Volkswagenwerk, Überblick, Werksfoto.*

zeugt in Polen, Renault in Rumänien und PSA Peugeot-Citroën hat Pläne für Tschechien und die Slowakei. Aber auch aus Ostasien kommen Autokonzerne: Daewoo nach Polen, und Hyundai will Kia-Wagen in der Slowakei bauen.

Die Volkswagen AG ist nach Daimler-Chrysler der größte Autokonzern in Europa und betreibt 43 Fertigungsstellen weltweit mit rund 320.000 Mitarbeitern. In mehr als 150 Ländern der Erde werden die Produkte angeboten. Sie hat einen Anteil von mehr als 11% am Weltautomobilmarkt. Abb. 8.3 zeigt die Werksanlage am Mittellandkanal, die eine Fläche von rund 8 qkm einnimmt. Der 1,5 km lange Klinkersteinbau von Architekt Koller steht unter Denkmalschutz. Im Werk sind etwa 50.000 Mitarbeiter, davon ca. 20.000 in der Produktion, beschäftigt,

die bei Vollauslastung pro Tag 4.000 Volkswagen herstellen (www.wolfsburg-citytour.de).

Einzelhandel und Geschäftsleben

Entwicklungsperioden
Im Laufe der Wirtschaftsentwicklung hat sich das Geschäftsleben hinsichtlich der Betriebsformen und der Spezialisierung der Konsumbereiche, Branchen und Sortimente mehrfach grundlegend verändert. Von nachhaltiger Wirkung waren die Kommerzialisierung des Gewerbes und das Auftreten großbetrieblicher Organisationsformen im Verein mit dem Versandhandel und schließlich mit dem E-Commerce.

Die **Kommerzialisierung des Gewerbes** hat in Europa entscheidend zur Ausbildung des Einzelhandels beigetragen. Sie erfolgte in zwei Etappen. Die erste Etappe vollzog sich in der Manufakturperiode, in der neue Produkte auf dem Bekleidungs- und Haushaltssektor erzeugt wurden und gleichzeitig die Gewerbetreibenden die Erlaubnis erhielten, ihre Waren in Läden zur Schau zu stellen. Die Kommerzialschemata aus der zweiten Hälfte des 18. Jahrhunderts belegen, dass in einer Top-down-Bewegung die Nachfrage der oberen und mittleren Bevölkerungsschichten nach Luxusgütern, wie Seidenwaren, Juwelen, Kunstgegenständen, Büchern und dergleichen, das Entstehen zahlreicher neuer Geschäftsformen bestimmt hat.

Die zweite Etappe der Kommerzialisierung beruhte auf der Industrialisierung des 19. Jahrhunderts. Sie verlief in den einzelnen Branchen sehr unterschiedlich. Einzelne Gewerbe, wie die Erzeuger von Hüten, Handschuhen, Schirmen und Pelzwaren, konnten die Kommerzialisierung mitmachen und wurden erst später von den neuen großbetrieblichen Organisationsformen des Einzelhandels und neuen Modetrends vom Markt verdrängt, während andere, wie die Schreiner und Drechsler, ohne nennenswerte Kommerzialisierung durch das Auftreten der Möbelindustrie nahezu schlagartig ihre Existenz verloren oder, wie die Schuster, zum Reparaturgewerbe absanken. Die frühe Entwicklung der Lebensmittelindustrie in der Gründerzeit ließ auf der anderen Seite spezifische Geschäftstypen entstehen, wie die Gemischtwarenhandlungen und die Milchgeschäfte. Die Gemischtwarenhandlung wurde zum wichtigsten Element der Nahversorgung und behielt diese Funktion bis herauf in die 60er Jahre des 20. Jahrhunderts bei. Dann musste sie den Supermärkten weichen und ist im deutschen Sprachraum weitgehend verschwunden. In Südeuropa, vor allem in Italien, konnte sie sich, vielleicht aufgrund des höheren Sozialprestiges eines Padrone gegenüber dem Lohnempfänger, besser behaupten. Auch sonst beträgt die Zahl der Einzelhandelsgeschäfte pro 1.000 Einwohner in den südeuropäischen Staaten noch 3 bis 4, während sie in Mitteleuropa bereits unter 1 gesunken ist.

In der Gründerzeit des 19. Jahrhunderts entstanden die großbetrieblichen, vom Finanzkapital getragenen Formen des Einzelhandels, nämlich das **Kaufhaus** und das **Filialsystem**. Die Innovation des Kaufhauses bestand in der Zusammenlegung von Branchen und Sortimenten und in der Zusammenführung von Lagerhaltung und Verkauf. Das Kaufhaus hat einen berühmten historischen Vorläufer, nämlich die Markthalle, welche Kaiser Trajan in Rom errichten ließ (Abb. 8.4). Ihre Gewölbekonstruktion taucht im Basar wieder auf und steigert sich in den Großkaufhäusern in der zweiten Hälfte des 19. Jahrhunderts zu mehrgeschossiger Monumentalität.

Kaufhaus und Filialsystem erreichten in Europa nicht die gleiche Bedeutung wie in Nordamerika. Das Kaufhaus blieb auf die großen Städte beschränkt, dagegen breitete sich das Filialsystem industrieller Unternehmen (in der Donaumonarchie auf dem Lebensmittel- und Schuhhandelssektor) bis zur Stufe der Kleinstadt aus.

Die Wirtschaftskrise der Zwischenkriegszeit, die Einführung einer Warenhaussteuer und die staatliche Gewerbepolitik zum Schutz der kleinen Gewerbe- und Handeltreibenden schränkten die Ausbreitung beider Betriebsformen in Europa ein.

Die **Entwicklung in der zweiten Hälfte des 20. Jahrhunderts** wird durch drei Vorgänge bestimmt:

1. Die in der Gründerzeit begonnene Filialisierung des Einzelhandels setzte sich rasch durch und hat dazu geführt, dass das Vorhandensein der Filialen bestimmter Firmen zum Indikator für die Rangordnung eines Zentralen Ortes bzw. einer innerstädtischen Geschäftsstraße wurde.

2. Die planmäßige Anlage von Einkaufszentren in hierarchischer Abfolge wurde von den USA übernommen. Die dort erfolgte nahezu vollständige Suburbanisierung des Einzelhandels hat in Europa jedoch nicht stattgefunden. Europäische Städte besitzen Fußgängereinkaufsstraßen, die sich in Nordamerika nicht durchsetzen konnten, und weisen ein duales System von öffentlichem Verkehr und Individualverkehr auf. In diesem Zusammenhang verdient in Europa die Umgestaltung von Bahnhöfen Beachtung, welche unter dem Slogan „Einkaufs- und Erlebniswelt mit Gleisanschluss" erfolgt. Das großartigste Beispiel bietet Frankreich mit dem Einkaufszentrum Eurolille. Weitere Beispiele in der Schweiz (Zürich, Bern, Basel), in Italien

Abb. 8.4: *Trajans Markthalle in Rom.*

(Rom, Mailand, Neapel) und in Deutschland (Leipzig, Freiburg, weitere in Planung) wären anzuführen. Eine völlig autoorientierte Suburbanisierung des Geschäftslebens in amerikanischem Ausmaß ist in Europa schlecht vorstellbar. Sehr vereinfacht ausgedrückt ist das Muster des Geschäftslebens in den europäischen Städten vielmehr durch einen Dualismus von traditionellen Geschäftsstraßen und -vierteln und neuen Shoppingcentern gekennzeichnet.

3. Als akzessorische Elemente sind auch in Europa Geschäftsviertel und Märkte von ethnischen Subkulturen entstanden. Zwar haben die Chinatowns amerikanischer Städte in Kontinentaleuropa kein Gegenstück gefunden, doch erfolgte in den vergangenen zwei Jahrzehnten eine zahlenmäßig auffällige und gleichzeitig disperse Neugründungswelle von Chinarestaurants bis in die unteren Ränge des zentralörtlichen Systems. Damit überzieht gegenwärtig bereits ein Informationsnetz der als Großproduzent von Konsumartikeln aller Art aufsteigenden Wirt-

schaftsmacht China die europäischen Städte. Als künftiger dritter Global Player neben den USA und Europa hat China inzwischen Japan überrundet. Es ist abzuwarten, ob auch der europäische Markt, verspätet gegenüber den USA, mit chinesischen Waren überflutet werden wird.

Die Transformation des Geschäftslebens in den EU-Erweiterungsstaaten umfasst als Top-down-Entwicklung einerseits die Rückkehr historischer Filialsysteme (z.B. Firma Meinl) und die Etablierung neuer ausländischer Kettengeschäfte (z.B. Carrefour) sowie andererseits eine breite Bottom-up-Entwicklung durch die Neugründung kleiner Läden und die Errichtung von offenen Ständen bis hin zum Wanderhandel in unmittelbarer Nachbarschaft zu staatlichen Kaufhallen (Abb. 8.5).

Ausländisches Kapital, staatliche Unterstützungsmaßnahmen und private Initiativen auf einem informellen Pseudomarkt konzentrieren sich dort in den großen Städten. Funktionierende Massenverkehrsmittel aus der Zeit der sozialistischen Planwirtschaft begünstigen in der Gegenwart in den Innenstädten eine Gründungswelle des Einzelhandels. Die rasche Formierung einer plutokratischen Oberschicht fördert die Entwicklung der City als Einzelhandelsstandort. Einkaufsklassen bilden sich und differenzieren sich räumlich in den Preisklassentypen der Geschäfte. Festzuhalten ist: Die Rückkehr nationaler Unterschiede in der Transformation vom Plan zum Markt gilt nicht nur für den Wohnungs- und Arbeitsmarkt, sondern auch für den Einzelhandel.

Effekte der Globalisierung

Das Schlagwort von der Globalisierung lässt als mediale Vision die global einheitliche Konsumlandschaft entstehen, die sich in immer kürzer werdenden Zyklen der Mode erneuert. Diese Vision bedarf einer grundsätzlichen Korrektur.

Es ist richtig, dass sich das Profil der Konsumgüterwirtschaft auch in Deutschland in den vergangenen beiden Jahrzehnten tiefgreifend verändert hat. Der traditionelle, kleinteilige Fachhandel hat seine relative Marktmehrheit von 55 % (1980) verloren und ist auf etwas mehr als ein Viertel zurückgegangen (Falk 1998). Neuankömmlinge, wie die Fachmärkte, werden in Kürze gleichziehen. Bei stagnierender Nachfrage und gleichzeitig ungebrochener Flächenexpansion des Geschäftslebens findet bei sinkender Produktivität ein Verdrängungswettbewerb statt. Es drängen größere Shoppingcenter in kleinere Groß- und Mittelstädte vor, und selbst in Kleinstädten entstehen Einkaufszentren und -passagen. Die Discountorientierung nimmt zu. Hyper-, Verbraucher- und Fachmärkte entstehen weiterhin dort, wo sie Grundstücke und Genehmigungen der Behörden erhalten. Umgekehrt werden sich zahlreiche Betriebe sowohl in peripherer als auch in integrierter Lage nicht auf dem Markt halten können. Commercial Blight, nicht in flächenhafter Form wie in den USA rings um die Downtown und in den älteren Suburbs, sondern kleinzügig, ist zu erwarten. Insgesamt ist die räumliche Entwicklung diversifiziert.

Zu beachten sind die Auswirkungen der sozialpolitischen Systeme auf die Einkaufsgesellschaft. In egalitär organisierten Wohlfahrtsstaaten, wie Schweden, fehlt eine Einkaufsklassengesellschaft, die andererseits in den USA vollständig ausgebil-

Abb. 8.5: *Mukatschewo, Kaufhalle und Stände, Karpato-Ukraine.*

det ist, wo eine rigide Preisklassendifferenzierung des Einzelhandels die Norm ist, die auch architektonisch in Erscheinung tritt. Ebenso ist das Faktum zu beachten, dass nationale Großunternehmen im europäischen Einzelhandel mit globaler Tendenz zur Expansion entstanden sind.

Europäische Einzelhandelsunternehmen 2003

	Land	Umsatz Mrd. Euro	Beschäftigte (in Tausend)
Carrefour	FR	70	420
Ahold	NL	56	256
Metro	DE	54	242
Tesco	GB	39	188
Sainsbury	GB	25	174
Delhaize	BE	19	141
Finatis	FR	24	124
Rallye	FR	24	124
Casino Guichard	FR	23	107
Pinault-Printemps	FR	23	102
Karstadt-Quelle	DE	15	100

Quelle: www.handelsblatt.de: Die 500 größten Unternehmen Europas.

Zwar sind alle europäischen Einzelhandelsunternehmen beträchtlich kleiner als das US-amerikanische Unternehmen Wal-Mart, welches mit rund 200 Mrd. Euro Jahresumsatz mit großem Abstand den Spitzenplatz einnimmt, doch betreiben die meisten, zum Unterschied von Wal-Mart, eine globale Vermarktungsstrategie. Das Vorbild bietet **Carrefour**, das größte europäische Unternehmen. **2003** war das Betriebskapital des Unternehmens folgendermaßen verteilt:

30 % in Frankreich,
43 % in anderen Ländern der EU,
11 % in Amerika
16 % in Asien.
Ende Juni 2004 betrieb Carrefour weltweit
  6.367 Geschäfte, davon
    782 Hypermärkte,
  1.478 Supermärkte,
  3.754 Discountläden,
    171 Convenience Stores und
    172 Cash-and-Carry-Geschäfte.

Während Carrefour das eigene Logo präferiert, haben Casino und Finatis jeweils lokale Marken gewählt. Auf der Luxusebene der Bekleidung hat sich im Verein mit italienischen Modedesignern Pinault-Printemps bereits global vernetzt, während andererseits die Bekleidungsfirma Benetton zu den globalen Modeschöpfern für junge Mittelschichtangehörige zählt. Hingewiesen sei besonders auf die belgische Firma Delhaize, welche schon in den 1970er Jahren interkontinental tätig war und 2003 1.515 Supermärkte in den USA besaß, ebenso aber auch Supermärkte in Thailand und Rumänien, der Tschechischen und der Slowakischen Republik sowie in Griechenland.

Der Bürosektor

Entwicklung und Struktur
Die Informationsgesellschaft hat das Büro zur wichtigsten Arbeitsstätte gemacht und bisher nicht, wie vielfach angenommen, die Berufsarbeit zurück in die Wohnung gebracht. Bürogebäude haben als Symbole in der Stadtlandschaft die Fabrik ersetzt. Noch ausgeprägter als der Geschäfts-

sektor übergreift der Bürosektor Wirtschaftsklassen. Drei Elemente bilden bis heute den Grundstock des Bürosektors: Industriebüros, Banken und Büros der Angehörigen der freien Berufe.

Der Textilsektor hat von den mittelalterlichen Fernhandelsstädten bis zu den staatlichen Großmanufakturen der Baumwoll- und Seidenproduktion die führende Rolle im Niederlags- und später im Kontorwesen bis weit in das 19. Jahrhundert innegehabt.

Ebenfalls ins Hochmittelalter zurück reichen die Anfänge der Banken in italienischen Städten (Siena, Florenz, Pisa, Amalfi). Am Ende des Mittelalters kamen Giro- und Depositenbanken auf. Hafenstädte (Venedig 1587, Amsterdam 1609, Hamburg 1619) gingen mit der Gründung von Banken voran. Der Merkantilismus brachte unter staatlicher Förderung eine starke Entfaltung des Bankwesens. Insgesamt erfolgte der Aufschwung des Bankwesens vor der Steigerung und Rationalisierung der industriellen Produktion.

Gleichfalls weit zurück reicht die Bedeutung der freien Berufe. Schon zu Beginn der Neuzeit waren Universität und Regierung die beiden Pole ihrer Existenz.

Die Etappen der Industrialisierung im frühen 19. Jahrhundert spiegelten sich im Auftreten von entsprechenden Niederlagen und Kontoren wider. Relativ spät vollzog sich die Trennung von Büro und Lagerhaltung.

Die zweite Industrialisierungsperiode mit Kohle, Stahl und Bahnbau brachte in den Gründerjahren des 19. Jahrhunderts die Verwaltungen der großen Montan- und Hüttenwerke in die Zentren der Großstädte. Jedoch blieben im Verhältnis zu den zahlreichen und überdies differenzierten Niederlagen der Konsumgüterindustrie die Bürozentralen der Produktionsgüterindustrie bis zum Ausbruch des Ersten Weltkriegs von geringerer Bedeutung.

Ansonsten haben die Gründerjahre wesentlich zur Differenzierung des Bürosektors beigetragen. Der Finanzsektor fächerte sich durch das Auftreten von Versicherungen, Krankenkassen und Pensionsanstalten auf. In einzelnen Ländern hatte die Pressefreiheit des Jahres 1848 den Anstoß für den Aufstieg des Zeitungs- und Verlagswesens gegeben. Das Eisenbahnzeitalter brachte die Ansiedlung der Generaldirektionen der verschiedenen Bahngesellschaften. Die kapitalistischen Organisationsformen der Bautätigkeit lösten eine Gründungswelle von Bau- und Entwicklungsgesellschaften aus. Eine verhältnismäßig späte Entwicklung kennzeichnet den Großhandel. Seine Aufgabe, Sortimente von verschiedenen Fabriken zusammenzustellen und auf den Markt zu bringen, wurde – von der Textilsparte und dem Kolonialwarenhandel abgesehen – im Wesentlichen erst nach dem Ersten Weltkrieg in Angriff genommen.

Seit der Zwischenkriegszeit trat auch verstärkt die Gruppe der „halboffiziellen Institutionen" auf den Plan. Sie übernahm eine Vermittlerfunktion zwischen den monolithisch nebeneinander stehenden Organisationssystemen von Privatwirtschaft, staatlicher Bürokratie und Hochschulen. Zu ihren Vorläufern in der Gründerzeit zählen verschiedene Körperschaften, Vereine und Verbände. In der Zwischenkriegszeit gesellten sich diverse Parteizentralen und Gewerkschaften hinzu. Der jüngste Trend wird in hohem Maße von Institutionen bestimmt, die sich im Grenzbereich zwischen Forschung, Politik und Wirtschaft bewegen und die der sehr stark gestiegenen Nachfrage nach Grundlagenforschung und angewandter Forschung entsprechen.

Das Informationszeitalter hat neue Entwicklungen gebracht. Eine sehr rasche Umschichtung und Erweiterung des Bürosektors ist im Gange. Halböffentliche Institutionen, Export- und Importunternehmen, Speditionen, Büros der Angehörigen der freien Berufe und hoch spezialisierte Dienstleistungsbetriebe der Wirtschaft in Management, Marketing, Werbung und IT expandieren. Der wissens- und informationsbasierte quartäre Sektor weitet sich zunehmend aus und ist dabei, auch in Europa den konsumentenorientierten tertiären Sektor zu überrunden.

Die Standortwahl im Bürosektor

Die Verortung des Bürosektors in den europäischen Großstädten unterscheidet sich ganz wesentlich von Nordamerika.

Drei Vorgänge laufen synchron ab:
- Die räumliche Einbindung des Bürosektors erfolgt noch immer zu einem beachtlichen Teil durch Umwandlung von Wohnungen in Büros in der Mietshausverbauung mit guter Wohnqualität und in den gründerzeitlichen Villengebieten des Stadtrandes. Es ist kaum bekannt, dass z.B. die Wiener Ringstraße, in deren Planung keine Wirtschaftsfunktionen vorgesehen waren, durch diesen Vorgang zum Standort der Industriebüros geworden ist (mit annähernd 10.000 Beschäftigten in 370 Zentralbüros 1991). In kleineren Städten erhielt sich, wenn auch stark reduziert, die Einheit von Wohnung und Büro bei Angehörigen der freien Berufe (Ärzten, Rechtsanwälten, Notaren, Architekten usw.).
- Die architektonische Verselbständigung von Wirtschaftsfunktionen begann im Bankwesen in London bereits um die Mitte des 18. Jahrhunderts, auf dem Kontinent in der ersten Hälfte des 19. Jahrhunderts. Mehrzweckbauten von Geschäfts-, Büro- und Wohnhäusern entstanden vor der Jahrhundertwende. Eine Neubautätigkeit von Bürobauten im dicht verbauten Stadtraum ist weiterhin im Gange.
- In der zweiten Hälfte des 20. Jahrhunderts reglementierte die Stadtplanung in einzelnen Millionenstädten die Errichtung von Sub-Cities wie La Défense in Paris, die City Nord in Hamburg oder die Donau-City in Wien.

Sehr verspätet gegenüber Nordamerika erfolgte seit den 1970er Jahren nach Aufhebung der Bauhöhenrestriktion die Errichtung von Wolkenkratzern in Anlagerung an die Altstädte Mit der spekulativen Errichtung von Bürobauten zu Vermietungszwecken ist London vorangegangen und hat damit auch als erste europäische Metropole in den 1980er Jahren das Problem der hohen Leerstehungsraten zu verzeichnen gehabt.

Im Hinblick auf die Suburbanisierung des Bürosektors ist derzeit die Auslagerung bis zu den Trade Centers bei internationalen Flughäfen fortgeschritten. Die Entwicklung von Edge Cities amerikanischen Zuschnitts ist derzeit in Europa nirgends in Sicht.

In den Metropolen der Transformationsstaaten ist, getragen von ausländischem Finanzkapital, ein Büroneubau großen Zuschnitts sehr rasch in Gang gekommen.

Hierbei steht Warschau an erster Stelle, aber selbst die kleinen Hauptstädte der baltischen Staaten signalisieren mit Hochhäusern ihre Öffnung zur westlichen Wirtschaft.

Europäische Unternehmen als Global Players

Einleitung

Im Wettbewerb der Wirtschaft gehört es zu den eingespielten Regeln, im Anschluss an das Budgetjahr Ranglisten von Unternehmen aufzustellen. Als Kriterien dienen Beschäftigungszahlen, Umsätze, Anlagevermögen, Marktwerte und Gewinne, deren Gewichtung je nach der Arbeits- oder Kapitalorientierung der Branchen unterschiedlich ist. Als Medium zur Veröffentlichung dienen Wirtschaftszeitungen und das Internet. In der angelsächsischen Welt setzt die „Financial Times" den Maßstab für das Ranking von Unternehmen, in Deutschland hat das „Handelsblatt" eine ähnliche Aufgabe übernommen. Die genannten Printmedien bieten zwei Sichtweisen: Das „Handelsblatt" offeriert die Rangordnung der europäischen Größtbetriebe, und die „Financial Times" vertritt die amerikanische Sichtweise der Welt und bezeichnet die Stellung der europäischen Unternehmen im globalen Ranking.

Die jährliche Verschiebung der Rangordnungen belegt die Zyklusschwankungen der Wirtschaft und die Schwierigkeiten der Festlegung objektivierbarer Kriterien, vor allem dann, wenn es darum geht, Weltkonzerne aufgrund der Innovationen, der Kapitalrendite der Aktionäre und ihres öffentlichen Prestiges einzustufen.

Vergleichbar der Rangstufung von Metropolen bestehen stabile Ränge und instabile Zonen der Rangfolge. Als relativ stabil erweist sich die Rangreihung in einer mittleren Zone, und ebenso ist die erste Liga der Weltunternehmen so stabil wie die Spitzenstellung der Weltstädte New York, London und Paris in der westlichen Welt.

Die europäischen Größtbetriebe

Die folgenden Informationen über die Reihung der 150 größten Unternehmen Europas beruhen auf den Angaben des „Handelsblattes" über Umsatz, Branchen und Standort der Konzernzentralen. Zwei Zugänge werden thematisiert: erstens die Branchenstruktur und zweitens die nationale Zugehörigkeit der europäischen Größtbetriebe.

Die Kontrolle über die Ressource Erdöl bestimmt derzeit die Weltpolitik. Dieser strategische Stellenwert beruht auf der Knappheit des Erdöls als ökonomische Ressource und der bisher fehlenden Substituierbarkeit in der Energiewirtschaft.

Es erstaunt daher nicht, dass Mineralölfirmen die Reihe der umsatzstärksten Unternehmen anführen. BP, Großbritannien, erreicht mit 200 Mrd. Euro den mit Abstand höchsten Umsatz, gefolgt von Royal Dutch, Niederlande, Total, Frankreich, Shell, Großbritannien, und ENI, Italien (Tabelle 8.3).

Tab. 8.3 *Größte europäische Industrieunternehmen 2003*

	Unternehmen	Branche	Umsatz Mrd. Euro	Beschäftigte in 1.000
1	BP (GB)	Mineralöl	201	104
2	Daimler-Chrysler (D)	Automobil	136	362
3	Royal Dutch (NL)	Mineralöl	106	119
4	Total (F)	Mineralöl	105	111
5	Volkswagen (D)	Automobil	87	335
6	Siemens (D)	Elektro und Technologie	74	417
7	Shell Transport & Trdg. (GB)	Mineralöl	70	119
8	Nestlé (CH)	Nahrung und Genuss	56	253
9	PSA Peugeot-Citroën (F)	Automobil	54	200
10	ENI (I)	Mineralöl	54	77
11	IFIL (I)	Mischkonzern	54	193
12	Fiat (I)	Automobil	48	162
13	Unilever (NL)	Nahrung und Genuss	43	234
14	BMW (D)	Automobil	42	104
15	Renault (F)	Automobil	38	131
16	Thyssen-Krupp (D)	Masch.- und Anlagenbau	36	190
17	Repsol (E)	Mineralöl	36	31
18	BASF (D)	Chemie	33	87
19	Glaxo Smithkline (GB)	Pharma	30	101
20	Statoil (N)	Mineralöl	30	19
21	Saint Gobain (F)	Baustoffe	30	170
22	Nokia (FIN)	Telekom-Ausrüstung	29	51
23	Philips (NL)	Elektro und Technologie	29	164
24	Bayer (D)	Chemie	29	115
25	Arcelor (F)	Stahl	26	98

Quelle: *www.handelsblatt.de; Die 500 größten Unternehmen Europas*

Aus der Weltsicht des Konsumenten verständlich folgt die Autoindustrie. Daimler-Chrysler führt in der Reihe vor Volkswagen, Peugeot-Citroën, Fiat, BMW und Renault. Der moderne Mensch ist nicht nur ein Autofahrer, er ist auch ein „versicherter Mensch", der seine Lebensplanung und die meisten seiner Tätigkeiten versichern lässt. In die Spitzengruppe der Größtbetriebe stoßen daher die Versicherungen vor. An erster Stelle steht Allianz Deutschland, vor der ING-Gruppe der Niederlande, Axa, Frankreich, und Generali, Italien. Noch vor den italienischen Versicherungskonzern schiebt sich die elektrotechnische Industrie mit dem Konzern Siemens ein.

Unmittelbaren Anschluss findet der Einzelhandel, angeführt von Carrefour, Frankreich, und die Nahrungs- und Genussmittelindustrie mit dem Weltkonzern Nestlé.

Bei dieser Auflistung sei innegehalten und die folgende Frage gestellt: Wo sind die europäischen Banken? Die Tabelle 8.4 belegt, dass selbst die größten europäischen Banken nur mäßige Umsätze erzielen. Damit ist ein wichtiges Problem der europäischen Wirtschaft offen gelegt: Es fehlen europäische Banken unter den Weltbanken. Es fehlt aber auch eine europäische Börse, welche mit der New Yorker Börse mitbieten könnte. Die „Nationalisierung" des Börsengeschäfts zersplittert die Kapitalkraft Europas.

Von den europäischen Staaten sind nur sechs mit mehr als 10 Firmen auf der Liste der 150 größten Unternehmen vertreten: Großbritannien (30), Deutschland (28), Frankreich (37), Italien (11), die Niederlande (10) und die Schweiz (10). Letztere verdankt ihre erstklassige Position in der europäischen und globalen Unternehmenslandschaft dem ökonomischen Gewinn, den ihr die Neutralität in dem durch Weltkriege zerrütteten 20. Jahrhundert eingebracht hat. Spanien, Belgien, Schweden, Norwegen und Finnland sind nur mit jeweils 2 bis 6 Unternehmen vertreten.

Die europäischen Unternehmen im globalen Ranking

Die Schwierigkeit der europäischen Unternehmen, in die globale Spitzengruppe zu kommen, liegt grundsätzlich darin, dass noch immer nationale und nicht europäische Unternehmen sich mit nordamerikanischen messen, die über einen weit größeren Absatzraum verfügen.

Nordamerika hat die dritte industrielle Revolution begründet. Amerikanische Konzerne führen daher bei den angesehensten Unternehmen der Welt in der IT-Branche mit Microsoft, IBM, Dell und Hewlett-Packard bei häufigem Platztausch in dieser Spitzengruppe. Erst dann kommt der deutsche Software-Konzern SAP im Konkurrenzkampf mit dem amerikanischen Unternehmen Oracle und in einer Gruppe mit Cisco Systems und Intel. Ansonsten gehört das Feld der dritten industriellen Revolution den USA, welche mit Google auch das Internet kontrollieren.

Nach diesen IT-Unternehmen kippt die Liste der renommiertesten Unternehmen zu den Branchen

Tab. 8.4 *Größte europäische Banken und Versicherungen 2003*

	Unternehmen	Branche	Umsatz Mrd. Euro	Beschäftigte in 1.000
1	Allianz (D)	Versicherung	89	174
2	ING Groep (NL)	Versicherung	82	114
3	Axa (F)	Versicherung	82	75
4	Generali (I)	Versicherung	58	61
5	Fortis (B)	Bank	54	64
6	Aviva (GB)	Versicherung	51	61
7	Crédit Agricole (F)	Bank	50	64
8	HSBC Holdings (GB)	Bank	50	223
9	Münchener Rück (D)	Versicherung	46	41
10	Zurich Financial (CH)	Versicherung	45	59
11	Deutsche Bank (D)	Bank	43	68
12	UBS (CH)	Bank	41	66
13	BNP Paribas (F)	Bank	40	89
14	Aegon (NL)	Versicherung	39	29
15	ABN Amro Holding (NL)	Bank	35	113
16	Société Générale (F)	Bank	34	90
17	Royal Bank of Scotland (GB)	Bank	34	121
18	HBOS (GB)	Bank	32	67
19	Prudential (GB)	Versicherung	31	21
20	Credit Suisse (CH)	Bank	29	61
21	Legal & General (GB)	Versicherung	28	9
22	Barclays (GB)	Bank	27	74
23	CNP Assurances (F)	Versicherung	26	4
24	Bayer. Hypo-Vereinsbank (D)	Bank	24	60
25	BSCH (E)	Bank	24	103

Quelle: *www.handelsblatt.de; Die 500 größten Unternehmen Europas*

Merkmale	EU-25		EU-15		USA		Japan	
Fläche (1.000 km²)	3.893	1	3.154	1	9.631	5	378	3
Bevölkerung (2003 in Mio.)	454,56	1	380,36	1	293,03	5	127,62	3
Dichte Einw./km² 2003	116,8		120,6		30,4	5	337,6	3
Arbeitslosenrate Standardisiert 2002	8,9%	1	7,7%	1	5,8%	4	5,4%	
2003	9,1%	1	8,1%	1	6,0%	4	5,3%	
BNP 2003 Mrd. US-$	11.017	1	10.522	1	11.000	6	4.301	8
BNP-Wachstum 2002–2003	0,9%	1	0,8%	1	3,1%	6	2,7%	8
BNP pro Kopf	24.027	1	27.511	1	37.756	2	33.720	2
Inflationsrate 2003	2,0%	2	2,0%	2	1,6%	4	−0,2%	2
Importe 2003 Mrd. US-$	1.570	2	1.047	1	1.517	7	477	2
Exporte 2003 Mrd. US-$	1.633	2	1.250	1	1.021	7	597	2
Anteil am Weltimport	22,4%	2	14,0%	2	22,9%	2	6,8%	2
Anteil am Weltexport	23,3%	2	13,1%	2	13,8%	2	8,5%	2

1 *Eurostat,* **2** *International Monetary Fund,* **3** *European Commission, Trade Directorate General,* **4** *US Bureau of Labor Statistics,* **5** *US Bureau of Census,* **6** *US Bureau of Economic Analysis,* **7** *US Government Export Portal,* **8** *OECD*
Quellen: *European Union in the US. Fact and Figures 6.11.2004 www.eurunion.org/profile/facts.htm*

Tab. 8.5 *Wirtschaftsdaten für die EU, USA und Japan 2003*

für den „täglichen Bedarf", zur Erzeugung des Weltgetränks Nummer eins – Coca-Cola – und dem Lebensmittel- und Einzelhandelsunternehmen Procter & Gamble, dem es gelungen ist, durch den Kauf von Gillette, Frankreich, das niederländisch-britische Unternehmen Unilever zu überrunden. Auf den Supermarktriesen Wal-Mart wurde bereits hingewiesen.

Unter den Vertretern der zweiten industriellen Revolution ist die Position Europas besser. In der Elektrotechnik und Elektronik führt zwar General Electric, USA, unbestritten, doch kann Siemens international mitbieten. Bei den Erdölkonzernen kann sich BP, Großbritannien, nach Exxon Mobil, USA, recht gut behaupten.

In der chemischen Industrie führen zwar Du-Pont und Dow Chemical, USA, doch kann sich die deutsche chemische Industrie mit BASF und Bayer ebenfalls in der Weltspitzengruppe platzieren.

In der pharmazeutischen Industrie, deren Firmennamen geringere Popularität besitzen als die der IT-Branche, konnten nur die Schweizer mit Novartis und Roche in die Phalanx der amerikanischen Firmen Pfizer, Johnson & Johnson, Abbott

Laboratories und Eli Lilly eindringen und Glaxo-SmithKline, Großbritannien gleichsam mitnehmen.

Auf einer mittleren Rangstufe findet sich eine größere Zahl von spezialisierten Konsumgütererzeugern: die französische Kosmetikfirma Oréal und der Lebensmittelproduzent Danone sowie die schwedische Möbelfabrik Ikea.

Die globale Position der europäischen Unternehmen wurde in der folgenden kleinen Tabelle quantifiziert, in welche alle Firmen mit mehr als 5 Nennungen aufgenommen wurden: Die Tabelle belegt, welchen Listenplatz das erstgenannte europäische Unernehmen bezieht, wobei sich diese Erstposition vom 13. Platz in Bezug auf das Ansehen auf den 17. Platz bei der Bewertung durch die Aktionäre und – was erfreulich ist – andererseits auf den 2. Platz bei den Innovationen verschieben kann.

Zum Unterschied von den Ranglisten, welche den Unternehmen der USA die globale Führerschaft bestätigen, schneidet Europa hinsichtlich der Zahl der in die Liste aufgenommenen europäischen Unternehmen wesentlich besser ab und kann sogar bei der Zahl der Firmen mit internationalem Ansehen die USA leicht überbieten. Ferner fällt auf, dass es nur wenigen Unternehmen aus anderen Kontinenten gelingt, in das Ranking der „Financial Times" aufgenommen zu werden.

Es stellt sich die Frage, welchen europäischen Unternehmen es überhaupt gelingt, in die amerikanische Führungsposition einzubrechen bzw. an diese anzuschließen.

Ranking der europäischen Unternehmen in der Welt 2004

	1. Platz	Zahl der Unternehmen		
		Europa	USA	andere Staaten
Kriterium				
Ansehen	13	37	31	6
Aktionäre	17	22	23	7
Innovationen	2	25	29	7

Quelle: Financial Times 25.11.2004

In Hinblick auf das Ansehen eröffnet Daimler-Chrylser als 13. Unternehmen eine stärker von EU-Staaten besetzte Reihe, knapp gefolgt von BMW.

Bei der Liste der innovativen Weltfirmen gelingt es dem japanisch-schwedischen Unternehmen

Sony-Ericsson, auf den zweiten Platz und dem finnischen Unternehmen Nokia auf den achten Platz in der erstmals 2004 durchgeführten Bewertung von Innovationen zu kommen und damit in ein Unternehmensumfeld der amerikanischen Konsum- und Unterhaltungsindustrie vorzustoßen, zu welchem außer den bereits genannten Konzernen auch McDonald's und Disney gehören.

In dem Spagat zwischen Bekanntheitsgrad, Aktienkursen und Innovationen weisen viele Unternehmen sehr unterschiedliche Positionen auf. Als Beispiel sei der Flugzeugbauer Airbus genannt, der bei den innovativen Firmen auf Platz 24 gereiht, bei der Bewertung nach globalem Ansehen auf Platz 52 weit hinter Boeing (31) zurückgestuft wurde und bei der Bewertung für die Aktionäre überhaupt fehlt.

Das amerikanische und das europäische Wirtschaftsmodell

Ein Vergleich

Das amerikanische Wachstumsmodell der Wirtschaft gilt weitgehend als Vorbild für die globale Positionierung der Europäischen Union.

Nach den Zerstörungen des Zweiten Weltkriegs und der Stunde Null der europäischen Wirtschaft im Jahr 1945 gelang es Europa zwar, bis etwa 1980 den großen Einkommensunterschied pro Kopf der Bevölkerung zu den USA erheblich abzubauen, hingegen trotz des Wirtschaftswunders der 1950er Jahre und späterer Erfolge nicht, die amerikanische Wirtschaft einzuholen. Dies belegen die gegenüber den USA wieder zurückbleibenden Zuwächse der Wirtschaftsindikatoren Beschäftigung und BIP für die letzten drei Jahrzehnte des 20. Jahrhunderts (European Commission to the United States: AMECO-Datenbank).

	Zuwächse bei Beschäftigung		BIP		Produktivität	
	EU	USA	EU	USA	EU	USA
1970 – 1979	0,3	2,2	3,2	3,6	2,8	1,4
1980 – 1989	0,6	1,9	2,3	3,3	1,8	1,4
1991 – 1995	−0,5	1,6	1,5	3,1	2,0	1,5
1995 – 2000	1,4	2,0	2,7	4,1	1,3	2,1

Die auf einer wachsenden Bevölkerung beruhenden steigenden Beschäftigungszahlen sicherten den Vorsprung des amerikanischen BIP, den Europa ungeachtet seiner bis Mitte der 1990er Jahre anhaltenden höheren Produktivität im verarbeitenden Gewerbe und in den öffentlichen Dienstleistungen nicht wettmachen konnte. Schließlich ist seit 1995 auch in dieser Hinsicht ein Platztausch mit den USA erfolgt.

„Betrachtet man die gegenwärtige ökonomische Position der drei Global Players der Weltwirtschaft – EU, USA und Japan –, so kommt man zu sehr unterschiedlichen Ergebnissen, je nachdem welche Maßzahlen man einem Vergleich zugrunde legt: Soll man in dem von der UNO empfohlenen gesamtwirtschaftlichen Maßstab BIP oder dem von den USA aus begreiflichen Gründen vorgezogenen BNP kalkulieren? Soll man diese Größen jeweils in US-Dollar oder zu Kaufkraftparitäten berechnen? Soll man die Einkommen pro Kopf, pro Beschäftigten oder pro geleisteten Arbeitsstunden im Jahr veranschlagen, welch letztgenannter Vergleich für das ausgiebig urlaubende Europa ungleich günstiger ausfiele? Soll man überhaupt von den die USA im besten Licht darstellenden Durchschnittsgrößen der volkswirtschaftlichen Gesamtrechnungen abgehen und das Ausmaß der Ungleichheit der Einkommensverteilung ins Spiel bringen oder gar noch (die Lebensqualität berücksichtigende) Sozialindikatoren in den Vordergrund rücken? Selbst ein Vergleich der Arbeitslosenraten zwischen den USA und den EU-15 ist schon hoch problematisch, weil diese etwa gleich wären, wenn man zu den offiziell ausgewiesenen Raten den in den USA ungleich höheren Prozentsatz der Strafgefangenen hinzufügte" (Erich Streissler, Anmerkungen).

Wie Tabelle 8.5 zeigt, konnte die EU hinsichtlich des in Dollar gemessenen BNP mit den USA gleichziehen, freilich nur dank ihrer wesentlich größeren Bevölkerungszahl. Bezüglich des BNP pro Kopf erreicht die EU allerdings nur den dritten Rang nach den USA und Japan.

Für das ausgewiesene Jahr 2003 würde der in Kaufkraftparitäten gemessene Vergleich von EU und USA wenig anders ausfallen, andererseits

Japan infolge seiner hohen Nahrungsmittelpreise und mancher Dienstleistungspreise wesentlich schlechter dastehen. Im Vergleich zu der Messung der Tabelle 8.5 in US-Dollar würde sich für die Zeit nach 2003 eine rasche Verschiebung zu Ungunsten der USA ergeben, da der Dollar seit 2002 im Vergleich zum Euro jährlich stark abwertet. Rechnet man nicht in dem die USA günstig ausweisenden BNP, sondern im BIP, so stehen die USA sowohl gegenüber der EU wie Japan um einige Prozentpunkte schlechter da, denn insbesondere Zinszahlungen (netto) auf die Auslandsschulden der USA wären dann abzuziehen: Die USA sind das mit Abstand am stärksten international verschuldete Land der Welt und diese Verschuldung steigt infolge des ungewöhnlich hohen Leistungsbilanzdefizits rasch an. Weniger allgemein bekannt ist bislang, dass der durchschnittliche Konsum in Amerika deswegen besonders hoch ist, weil die USA fast ihr gesamtes Volkseinkommen konsumtiv nutzen, die Privaten keine persönlichen Ersparnisse bilden, die staatlichen Budgetdefizite hoch sind und somit die Investitionen in erheblichem Maße vom Rest der Welt finanziert werden.

Wohl bekannt sind andererseits die Schattenseiten des ökonomischen Modells der USA: die sich immer weiter öffnende soziale Schere mit einem Inter-Quartilsabstand vom ersten zum vierten Quartil der Einkommensverteilung von 1:8, die Entstehung einer plutokratischen Mittel- und Oberschicht auf der einen Seite und einer „Underclass" auf der anderen, die Polarisierung von Weltspitzenuniversitäten und Quasi-Analphabetismus breiter Bevölkerungsschichten, von fehlenden Gesundheits- und Rentenprogrammen für sozial Schwache, Arbeitsunfähige, Behinderte und Jugendliche sowie für nicht-weiße Bevölkerungsgruppen.

Nun ist von Kennern beider Kontinente immer wieder zu hören, dass man in den USA bessere Arbeitsbedingungen vorfindet, während man in Europa besser leben kann. Dieser Frage nach dem Trade-off von ökonomischer Leistung und Lebensqualität sind Kluge und Fassbender nachgegangen und haben versucht, darauf eine messbare Antwort zu finden. Der von ihnen berechnete Quality-of-Life-Index besteht aus folgenden Kategorien: Als Wohlstandsindikator wird das BIP verwendet,

als Umweltindikator der CO_2-Ausstoß, unter dem Begriff „soziale Gerechtigkeit" sind der Gini-Koeffizient, die Dezile der untersten Einkommensklasse und die Arbeitslosenrate zusammengefasst, als Freizeitindikator wird die Zahl der jährlichen Arbeitsstunden pro Kopf der Bevölkerung berechnet.

	EU-15	USA
Ökonom. Wohlstand	22	46
Umwelt	13	–
Soziale Gerechtigkeit	9	7
Freizeit	11	2
Quality-of-Life-Index	**55**	**55**

Die Indexrechnungen führen zu folgender Gesamtaussage: *„Zwar liegt Europa bei dem harten Faktor Wirtschaftsleistung pro Kopf hinter den USA. Es kann jedoch bei den weichen Faktoren von Lebensqualität in einem Ausmaß kompensieren, dass bei allen vernünftigen Gewichtungen der amerikanische und der europäische Trade-off als insgesamt gleichwertig betrachtet werden müssen"* (Kluge und Fassbender, 2003 S. 32 f.).

Interkontinentale Direktinvestitionen

Dieser komparatistischen Innensicht der Wirtschaft der EU-15 und der USA ist noch die Außensicht hinzuzufügen.

Die interkontinentalen Direktinvestitionen bieten sich als Indikator an, da Kapital nur dort investiert wird, wo eine Rendite erwartet wird. Nun sind seit Mitte der 1990er Jahre steigende Direktinvestitionen von Europa in den USA erfolgt. Die Jahre des beschleunigten Produktivitätswachstums

Internationale Direktinvestitionen, 1990 – 2000
in Mrd. US-$, nach Weltregionen

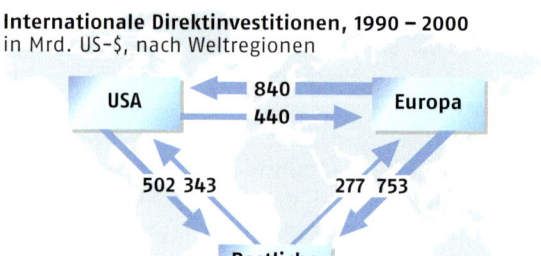

Quelle: OECD International Direct Investment Statistics Yearbook 1980 – 2000 (harmonisierte FDI-Daten): McKinsey-Analyse

in den USA fielen zusammen mit immer mehr Anlageinvestitionen und Firmenkäufen europäischer Unternehmen in den Vereinigten Staaten.

Von Europa wurde jedoch nicht nur in den USA investiert, sondern nahezu gleich hohe Investitionen gingen auch in andere Teile der Welt, während die Vereinigten Staaten sowohl in Europa als auch in der übrigen Welt im selben Zeitraum weniger investiert haben.

Die globale Exportstellung der EU-15 und ebenso die von Japan fand damit auch in entsprechend hohen globalen Investitionen einen Niederschlag. Ferner war zu beobachten, dass europäische Firmen den US-Markt aus US-Produktionsstätten belieferten, dagegen US-Firmen für den Absatz in Europa hier weit seltener produzierten. Die Angst vor einer „Überfremdung" der europäischen Industrie infolge steigender amerikanischer Direktinvestitionen, die noch in den 1960er Jahren bestanden hatte, ist längst vorbei. Heute sind europäische Unternehmen zu einem wesentlichen Faktor der Globalisierung geworden. Allerdings wird damit auch der Prozess der Entindustrialisierung der europäischen Wirtschaft weiter angekurbelt.

Im Zeitalter der Europäisierung der Erde hat Europa Menschen und Kapital ausgeführt. An der Wende zum 21. Jahrhundert beginnt es, in erstaunlichem Umfang Kapital zu exportieren, während es andererseits Bevölkerung importieren muss.

Tab. 8.6 *Auswirkungen der EU-Erweiterung von EU-15 auf EU-25 auf die Schlüsselindikatoren, basierend auf den Daten für 2002*

Merkmale	EU-15	ACC10	EU-25	Index (EU-15 = 100)	
				ACC10	EU-25
Gesamtbevölkerung (in Mio., per 1.1.2003)	378,5	74,5	453	19,7	119,7
BIP (in Mrd. Euro)	9.161	428	9.590	4,7	104,7
BIP (in Mrd. KKP)	9.161	830	9.991	9,1	109,1
Pro-Kopf-BIP (in 1.000 Euro)	24,0	5,7	21,0	23,9	87,6
Pro-Kopf-BIP (in 1.000 KKP)	24,0	11,1	21,9	46,4	91,2
BIP pro Beschäftigten (in 1.000 Euro)	55,1	14,6	49,1	26,6	89,0
BIP pro Beschäftigten (in 1.000 KKP)	55,1	28,4	51,1	51,5	92,7
Beschäftigte 15 – 64 Jahre (in Mio.)	161	28	189	17,5	117,5
Bevölkerung im erwerbsfähigen Alter, 15 – 64 Jahre (in Mio.)	251	50	301	20,1	120,1
Beschäftigungsquote in % (15 – 64 Jahre)	64,3	55,9	62,9	87,0	97,8
Arbeitslosenquote in % (15 – 64 Jahre)	7,7	14,8	8,9	192,2	115,1

KKP: Kaufkraftparität

Quellen: *Gesamtbevölkerung, Bevölkerungsstatistik, Eurostat. Beschäftigung und Bevölkerung im erwerbsfähigen Alter, Jahresdurchschnittswerte, basierend auf der Arbeitskräfteerhebung, Eurostat. Harmonisierte Arbeitslosenquoten, Eurostat. BIP-Indikatoren, basierend auf laufenden Preisen, AMECO, Dienststellen der Kommission. Europäische Kommission 2003: Beschäftigung in Europa 2003 – Jüngste Tendenzen und Ausblick in die Zukunft, S.4.*

Effekte der EU-Erweiterung

Durch die EU-Erweiterung hat sich die globale Position der EU wesentlich verändert, wenn man die Auswirkungen auf die Schlüsselindikatoren der Wirtschaft betrachtet, über die im Vorfeld der EU-Erweiterung sehr kontrovers diskutiert worden war. Angesichts der vollzogenen Erweiterung ist festzustellen, dass die gesamtwirtschaftlichen und die Beschäftigungsindikatoren für die EU-25 weiterhin von der Situation in der EU-15, in der über 80% der Bevölkerung der EU-25 leben, bestimmt werden. Während die Gesamtbevölkerung der EU-25 um rund 20% höher ist als die der EU-15, haben die Gesamtbeschäftigung um etwa 18% und das Gesamt-BIP nur um 9% zugenommen (Tabelle 8.6).

Die Arbeitsproduktivität in den EU-Erweiterungsländern erreicht etwas über 50% des Wertes der EU-15 und das Pro-Kopf-BIP nicht einmal die Hälfte. Aufgrund der relativ geringen Bevölkerungszahl der zehn Erweiterungsländer sind die Arbeitsproduktivität und das Pro-Kopf-BIP in der EU-25 jedoch nur um 7 bzw. um 9% gesunken. Beim Beschäftigungsniveau bestehen freilich signifikante Unterschiede. Während die Beschäftigungsquote 2002 für die EU-15 bei 64,3% lag, erreichten die beitretenden Länder nur 55,9%. In der EU-25 sank demnach die Beschäftigungsquote auf 62,9% (2002). Soll die Lissaboner Gesamtvorgabe von 70% für die Beschäftigungsquote in der EU-25 erreicht werden, so müssten im Zeitraum 2002 – 2010 etwa 22 Mio. Arbeitsplätze geschaffen werden, was wenig wahrscheinlich ist.

Märkte in Bewegung

Einleitung: Der politökonomische Paradigmenwechsel

Bis zur Wende im späten 20. Jahrhundert verfolgten die meisten europäischen Staaten eine im Grunde keynesianische Wirtschaftspolitik. Mit dem Paradigmenwechsel zum Neoliberalismus begann ein neuer Zyklus der Gesellschafts- und Wirtschaftspolitik: Der staatliche Einfluss wird abgebaut, private wirtschaftliche Intentionen werden gefördert, dem einzelnen Bürger wird wieder mehr „Lebensverantwortung" zugemessen, elitäres Denken und Effizienz sind wieder gefragt. Besitz und Vermögen werden wieder als Statussymbole akzeptiert.

Einige grundsätzliche Aussagen zu den Konsequenzen einer Liberalisierung und eines partiellen Rückbaus der Sozialpolitik sind angebracht. Eine Liberalisierung hat Auswirkungen auf den Arbeits-, den Kapital- und den Grundstücksmarkt. Sie hebt die vielfältigen blockierenden Sperren auf, welche durch die Restriktionen auf diesen Märkten in der Zeit der keynesianischen Wirtschaftspolitik entstanden sind.

Liberalisierung des Kapitalmarktes bedeutet die Möglichkeit unverzüglicher Abwanderung von Finanzkapital bei drohender Verschlechterung von Gewinnaussichten in einer Wirtschaft oder einem Wirtschaftsblock. Sie erhöht also die Marktmacht des Kapitals. Mit der Liberalisierung des Immobilienmarktes werden mehr Grundstücke, Häuser, Wohnungen usw. als bisher angeboten, mit der Liberalisierung des Arbeitsmarktes müssen zwangsläufig die bisherigen Prinzipien der gewerkschaftlichen Arbeitsmarktpolitik, welche mit Ganztagsbeschäftigung und Kündigungsschutz operiert, aufgebrochen, flexible Formen der Arbeit, der Arbeitszeit und der Arbeitsplatzgestaltung gefunden werden und ebenso muss die Mobilitätsbereitschaft der Bevölkerung steigen. Unternehmerisches Denken und Risikobereitschaft sind wieder gefragt, welche durch die jahrzehntelang wirksamen Strategien des sozialen Zuteilungsstaates teilweise verschwunden waren.

Im Wirtschaftsraum der Europäischen Union ist die Versteinerung des Immobilienmarktes vorüber, er ist wieder in Bewegung geraten, die Anfänge einer zukünftigen europäischen Immobilienpreislandschaft mit Tälern und Bergen beginnen sich abzuzeichnen.

Dagegen ist der Wohnungsmarkt wie bisher eine jeweils innerstaatliche Angelegenheit geblieben, auch wenn erste vorsichtige Tendenzen bestehen, aus nationalen Mieterschutzgesetzen herauszukommen und staatsübergreifende europäische Lösungen anzupeilen.

In der EU sind derzeit erste Ansätze zu einer europäischen Arbeitsmarktpolitik zu bemerken. Sie soll langfristig die bislang nationalstaatlich gesehenen Beschäftigungsfragen integrativ auf einer europäischen Ebene behandeln. Problematisch muss dabei die Abkoppelung der Beschäftigungspolitik von der weiterhin einzelstaatlich konzipierten Sozialpolitik bleiben.

In den Unternehmen finden, verstärkt durch die Einführung einer europäischen Währung, betriebliche Konzentrationsprozesse statt, nicht nur wie schon früher auf dem Produktionssektor der Wirtschaft, sondern in Rückkoppelung mit den enorm gestiegenen Bedürfnissen der Konsumgesellschaft auch im Einzelhandel. Europäische Unternehmen werden zu Spielern in der Globalisierung.

Die geographische Frage lautet: Welche Auswirkungen hat eine Liberalisierung auf das Siedlungssystem?

1. Jede Liberalisierung reduziert Maßnahmen des Disparitätenabbaus und ebenso Antisegregationstendenzen. Sie führt damit in weiterer Konsequenz zur Auseinanderschichtung von Nutzungen und Bevölkerungsgruppen und erzeugt damit Segregationsprozesse in sozialer, ethnischer und demographischer Hinsicht. Dies gilt in besonderem Maße für innerstädtische Systeme, aber auch für die Auseinanderschichtung von Arbeits- und Freizeitgesellschaft auf der regionalen und lokalen Ebene.
2. Es erfolgt damit eine stärkere Marginalisierung von bereits marginalen Gruppen sowie eine weitere „Peripherisierung" bereits abgelegener Gebiete.

3. In der Relation des Zentrums zur Peripherie kommt es zu einem Steilerwerden der Gradienten in zentrierten Siedlungssystemen, zur Konzentration von Arbeitsplätzen in verkehrsgünstigen Lagen und zu einer Verstärkung der bereits vorhandenen, zum Teil gravierenden Arbeitsplatzdefizite in ländlichen Räumen.

Das räumlich-zeitliche Muster des Arbeitsmarktes

Das klassische gesellschaftliche Phasenmodell von Fourastié, wonach die Agrargesellschaft durch die Industriegesellschaft und diese wiederum von einer postindustriellen Gesellschaft abgelöst wird, hat sich in Europa von Nord nach Süd und von West nach Ost ausgebreitet, wobei in den ehemals sozialistischen Staaten die Industrialisierung Priorität besaß, so dass die Entwicklung des Dienstleistungssektors insgesamt verzögert worden ist.

Die europäische Situation zu Beginn des 21. Jahrhunderts bietet daher ein Kaleidoskop von unterschiedlichen Entwicklungsständen der einzelnen Staaten in diesem sektoralen Strukturwandel von Gesellschaft und Wirtschaft (vgl. Tabelle 8.11 im Anhang).

Auf den Prozess des Entagrarisierung wurde bereits im Kapitel 7 ausführlich eingegangen. Während in der EU-15 die Anteile der in der Landwirtschaft Beschäftigten – mit Ausnahme von Irland, Österreich und den südeuropäischen Mitgliedstaaten – überall unter 5% gefallen sind, wobei in Großbritannien dieser Anteil bereits auf 1,3% hinuntergegangen ist, stellt die Landwirtschaft in den neuen Mitgliedstaaten nach wie vor eine wichtige Existenzgrundlage dar. In allen neu beigetretenen Ländern liegt der Anteil der in der Landwirtschaft tätigen Personen im erwerbsfähigen Alter über dem EU-15-Durchschnitt von etwa 4% und erreicht in Litauen und Polen einen Anteil von über 18% der Erwerbsbevölkerung. Auf die enorme Reagrarisierung von Rumänien nach dem Ende der kommunistischen Diktatur wurde bereits hingewiesen (Kapitel 7). Sie spiegelt sich in einem Beschäftigungsanteil der Landwirtschaft in der Höhe von 32,3% wider.

Der sekundäre Sektor der Wirtschaft, welcher neben dem verarbeitenden Gewerbe und der Industrie auch Energie- und Wasserversorgung, den Bergbau, die Steine- und Erdengewinnung und das Bauwesen umfasst, ist in einzelnen Staaten der EU, wie z. B. in Österreich, bereits vor seinem Höhepunkt vom Dienstleistungssektor (d. h. tertiärer plus quartärer Sektor) eingeholt worden. Im Mutterland der Industrie, in Großbritannien, hatte hingegen die Entindustrialisierung schon in der Zwischenkriegszeit begonnen. Weitere westeuropäische Staaten folgten, so dass derzeit der Anteil der Beschäftigten im sekundären Sektor nur mehr ein Viertel und in der EU-15 insgesamt nur noch 28% beträgt.

In den neuen EU-Staaten wurde die industrielle Produktion in der kommunistischen Ära durchgehend angekurbelt, so dass in jenen Ländern, welche auf dem Boden der Donaumonarchie entstanden sind und eine bis in die Gründerzeit zurückreichende Industrietradition besitzen, Werte über 35% erreicht werden. Allen voran in Tschechien, wo 40% der Berufstätigen in der Industrie arbeiten.

In der zweiten Hälfte des 20. Jahrhunderts hat sich der Dienstleistungssektor zügig nach vorne geschoben und inzwischen mit einem Anteil von etwa 68% der Beschäftigten den industriellen Sektor weit überrundet. In Nord- und Westeuropa erreicht er mit Ausnahme der randständigen Staaten Irland und Finnland überall mehr als 70%. Der Spitzenreiter ist das Bankenland Luxemburg mit 77,9%, gefolgt von den Niederlanden und Großbritannien.

In den neuen Mitgliedsländern bleibt der Anteil des Dienstleistungssektors an der Erwerbsbevölkerung überall unter 60% (mit Ausnahme der Fremdenverkehrsinsel Zypern) und damit wesentlich unter dem EU-15-Durchschnitt von rund 68%.

Der Dienstleistungssektor ist breit aufgefächert. In den west- und nordeuropäischen Staaten sind die unternehmensbezogenen Branchen am besten entwickelt. Im Gesundheitswesen sind die nordeuropäischen Staaten, gefolgt von den Niederlanden, die „Musterschüler des sozialen Wohlfahrtsstaates" mit Anteilen von 14,5% in Finnland bis 18,7% in Schweden.

Aufgeholt hat in den Transformationsstaaten inzwischen der Groß- und Einzelhandel. Mit 15% in den baltischen Staaten übertrifft er bereits den Durchschnitt der EU-15-Staaten von 14,5%.

Als Indikator für die Innovationsfähigkeit der Wirtschaft gilt der Anteil des Hochtechnologiesektors. In der EU-15 sind durchschnittlich 11 % der Bevölkerung im erwerbsfähigen Alter im Hochtechnologiesektor beschäftigt. Dabei verzeichnet Deutschland mit fast 15 % den höchsten Anteil, wobei 12 % auf die Hochtechnologiebranchen des verarbeitenden Gewerbes entfallen. Beachtung verdient ferner, dass in den oben genannten stark industrialisierten Nachfolgestaaten der Donaumonarchie, in Tschechien und in der Slowakischen Republik, Slowenien und Ungarn, der EU-15-Durchschnitt von 7,5 % durchgehend übertroffen wird.

Die Lohnregionen der EU

Struktur und Entwicklung der Löhne bilden wesentliche Merkmale des Arbeitsmarktes. Aufgrund ihrer Verbindung mit Produktivität, Gewinn und Konsum gehören sie zu den Bestimmungsfaktoren des Wirtschaftswachstums und der gesamtwirtschaftlichen Beschäftigungsleistung. Gleichzeitig liefern Löhne eine Richtschnur für die Mieten auf dem Wohnungsmarkt und die Preise für Wohnungen und Einfamilienhäuser auf dem Immobilienmarkt.

Die EU ist dabei, eine Datenbank über die Einkommensverhältnisse in den Mitgliedstaaten aufzubauen. Bisher liegen nur die Ergebnisse über den Nettoverdienst der Beschäftigten im verarbeitenden Gewerbe und in der Industrie vor (vgl. Tabelle 8.12 im Anhang). Der Nettoverdienst stellt jenen Teil des Lohnes dar, den der Arbeitnehmer tatsächlich ausbezahlt bekommt. Er hängt von der Haushaltssituation ab, bei der vier Typen ausgewiesen sind: Alleinstehende ohne Kinder, Ehepaare ohne Kinder mit zwei Einkommen, Ehepaare mit zwei Kindern und zwei Einkommen und Ehepaare mit zwei Kindern und einem Einkommen.

Die Tabelle gibt damit Aufschluss über die Wohlstandskante zwischen den EU-15 und den neuen Mitgliedstaaten, ferner indirekt über die Steuerpolitik gegenüber Alleinstehenden und Familien sowie in Form eines Vergleiches der Werte von 1996 und 2002 über das Tempo der Verbesserung der Einkommensverhältnisse.

Nun ist derzeit und vermutlich noch in einer mittelfristigen Zukunft die Kaufkraft in den einzelnen europäischen Ländern recht unterschiedlich. Jeder Reisende weiß, dass in der Schweiz alle Dienstleistungen doppelt so teuer sind wie in den Nachbarstaaten, wogegen in Portugal „alles nur die Hälfte" kostet.

Die Unterschiede im BIP pro Kopf in Kaufkraftstandards sind aus Tabelle 8.7 ersichtlich. Sie belegt die Spannweite gegenüber dem EU-25-Durchschnitt zwischen Luxemburg mit mehr als der doppelten Kaufkraft und Polen und den baltischen Staaten, welche nicht einmal über die Hälfte des Kaufkraftstandards verfügen. Die Kaufkraft spiegelt in modifizierter Form die Unterschiede in den Nettoverdiensten innerhalb der EU, die insgesamt beachtlich sind und das immer wieder betonte Nord-Süd- und West-Ost-Gefälle dokumentieren.

Die Nettoverdienste betragen in Südeuropa im Vergleich zu Westeuropa bei Alleinstehenden bloß die Hälfte und werden nur bei Ehepaaren mit Kindern etwas angehoben, vor allem in Italien, wo Alleinverdienerhaushalte mit Kindern steuerlich deutlich begünstigt sind.

Am schlechtesten werden in Westeuropa die französischen Arbeiter im verarbeitenden Gewerbe und in der Industrie bezahlt, auch wenn ihr Nettoeinkommen in den vergangenen Jahren gestiegen ist. Der Aufsteiger Irland hat bei den Löhnen deutlich aufgeholt. In Mitteleuropa sind in Deutschland und Österreich die Nettolöhne am wenigsten gestiegen und liegen bereits unter dem westeuropäischen Durchschnitt. Davon hebt sich die Schweiz als europäisches Höchstlohnland klar ab.

Die Arbeitnehmer der neuen Mitgliedstaaten erreichen nur in Slowenien die Nettolöhne von Portugal, dem mit Abstand ärmsten EU-15-Land; ansonsten bewegen sich die Bezüge der Alleinstehenden in einem Rahmen zwischen 2.000 und 3.000 Euro jährlich. Eine nennenswerte Familienförderung erfolgt nur in den Nachfolgestaaten der ehemaligen Donaumonarchie, in der Tschechischen und der Slowakischen Republik, in Slowenien und Ungarn.

Ein vergleichender Blick auf die USA lässt den Nettoverdienstrückgang der Arbeitnehmer im verarbeitenden Gewerbe erkennen, der dort bereits in den 1980er Jahren unter dem Druck der massiven Entindustrialisierung eingesetzt hat und durch den Millionen Arbeiter in die Klasse der „working poor" eingereiht wurden.

Der Wohnungsmarkt

Während der Arbeitsmarkt in den europäischen Staaten weitgehend den Prinzipien des Marktes unterliegt, hängt die Wohnungswirtschaft von den nationalen Systemen und Besonderheiten der Gesellschaftspolitik ab, den Eingriffen des Staates auf dem Wohnungsmarkt, den speziellen Formen der Steuergesetzgebung, der „Privilegierung" bestimmter sozialer oder demographischer Gruppen und den tradierten, über das Sozialprestige im Bewusstsein der Bevölkerung verankerten Wohnvorstellungen sowie schließlich von der Bautechnologie und den Organisationsformen der Bauwirtschaft. Der Wohnungsbedarf wird zwar teilweise zu einem von Staat zu Staat unterschiedlichen Prozentsatz von der Zuwanderung erzeugt, seinen Hauptmotor bilden jedoch erstens die sehr rasch wachsenden Zahlen der Kleinhaushalte und zweitens die steigenden Ansprüche in Bezug auf Fläche und Ausstattung der Wohnungen.

Zum Unterschied von der Wohnungsnachfrage, welche kurzfristigen Änderungen unterliegt, ist das Wohnungsangebot längerfristig „physisch festgeschrieben". Dabei bestehen in den sozialen Wohlfahrtsstaaten Europas seit der Zwischenkriegszeit mehrere Segmente mit unterschiedlichen Zugangsbedingungen.

Im Altbaubestand hatten die in den damals kriegführenden Staaten erlassenen Mieterschutzgesetze, welche die Frauen und Kinder der im Felde stehenden Soldaten vor Delogierungen schützen sollten, tiefgreifende Auswirkungen. Die freie Verfügung der Hauseigentümer über Mietwohnungen wurde eingeschränkt. Ferner sanken aufgrund der Inflation in den frühen 1920er Jahren die Mieten auf reine Anerkennungsgebühren herab. Damit wurde den privaten Mietshausbesitzern und Kapitalgebern jeglicher Anreiz zur Investition genommen. Schließlich entstand in einzelnen Ländern durch die vom Gesetzgeber gebilligte „Vererbung" der Mietwohnungen in direkter Linie

Tab. 8.7 *Bruttonationalprodukt (BIP) pro Kopf in Kaufkraftstandards (EU-25 = 100)*

Staat	1995	2000	Prognose 2005
Westeuropa			
Belgien	120,2	116,9	116,8
Niederlande	120,2	121,6	116,6
Luxemburg	178,7	218,6	215,4
Frankreich	115,2	114,0	113,1
Großbritannien	110,5	114,1	119,6
Irland	99,4	126,3	132,7
Mitteleuropa			
Deutschland	119,4	112,0	106,5
Österreich	129,1	127,9	119,8
Nordeuropa			
Dänemark	124,9	126,8	123,5
Finnland	105,8	114,3	109,2
Norwegen	132,6	161,6	151,5
Schweden	118,3	119,8	115,0
Südeuropa			
Griechenland	72,1	72,5	81,8
Italien	115,4	111,3	105,7
Portugal	73,1	77,3	72,5
Spanien	87,5	91,7	94,9
EU-Erweiterung			
Estland	33,9	41,6	50,2
Litauen	34,1	38,5	50,8
Lettland	29,8	35,5	47,2
Polen	40,8	45,8	48,6
Slowakei	44,5	47,9	52,6
Slowenien	68,4	73,3	79,5
Tschechische Republik	–	64,8	77,0
Ungarn	49,6	53,5	62,5
Malta	–	78,6	71,1
Zypern	86,1	86,2	84,7
Südosteuropa			
Bulgarien	31,2	27,0	33,3
Rumänien	–	25,3	33,2
EU-25	100,0	100,0	100,0
EU-15	110,8	109,9	108,4
Eurozone	111,8	109,8	105,7
Eurozone-12	110,4	108,5	105,7
Türkei	30,1	30,3	29,1
USA	154,2	156,7	154,3

Quelle: *Eurostat.*

eine Art Pseudoeigentumsdenken und damit eine Separierung von Wohnungs- und Hausimage aufgrund der Investitionen der Mieter in die Wohnungen. Der Zweite Weltkrieg brachte eine Neuauflage des Mieterschutzes in Europa. In weiterer Konsequenz erfolgte eine Immobilisierung der Bevölkerung; ebenso fehlten Fluchtreaktionen beim Zuzug von Bevölkerungsgruppen mit niedrigerem Sozialstatus oder anderer ethnischer Zugehörigkeit. Erst seit den 70er Jahren des 20. Jahrhunderts ist durch neue Mietengesetze ein schrittweiser Abbau des Mieterschutzes erfolgt, der in manchen Staaten, wie Frankreich, Italien und Österreich, für den Altbaubestand zum Teil noch immer besteht.

Auf dem Neubausektor entstanden in der Zwischenkriegszeit der aus den staatlichen Budgets subventionierte soziale Wohnungsbau und die genossenschaftliche Baubewegung, zunächst im Verein mit der Gartenstadtidee.

In den ersten Jahren nach dem Zweiten Weltkrieg hat die Wohnungspolitik in den sozialen Wohlfahrtsstaaten aufgrund der extremen Wohnungsnot der sozialpolitischen Schutzfunktion Priorität eingeräumt. Seither sind, bedingt durch die enormen Preissteigerungen auf den vorgelagerten Boden- und Kapitalmärkten, die Mechanismen der Kapitalverwertung in den einzelnen Staaten zu unterschiedlichen Zeitpunkten wieder in Gang gekommen. Die Schere zwischen Angebot und Nachfrage auf dem Niedrigmietensektor öffnete sich. Dementsprechend erfolgte ein starker Anstieg der Bruttomieten im gesamten Niedrigmietensektor. Dessen drastische Reduzierung umfasste alle Segmente an preiswerten Mietwohnungen: Es kam zur Reduzierung des Altbaubestandes durch die Gentrifikation im Rahmen der Stadterneuerung und zur Reprivatisierung beachtlicher Bestände des ehemaligen sozialen Wohnungsbaus, wie etwa in Großbritannien.

Gerade aufgrund der wirtschaftlichen Prosperität und der zeitweiligen Möglichkeit, eine sehr viel bessere Verzinsung im Finanzsektor, in Industrie und Gewerbe zu erlangen, hat die Investitionsbereitschaft von privaten Kapitalgebern in die Errichtung von Mietwohnungen abgenommen. Ebenso hatte der soziale Mietwohnungsbau seit den 1970er Jahren einen drastischen Rückgang der Bauleistung zu verzeichnen.

Dort, wo sich die Wohnungspolitik noch immer als soziale Schutzpolitik versteht, wie dies in Städten mit sozialdemokratischer Stadtregierung der Fall ist, befindet sie sich in dem Dilemma, einerseits den Wohnungsstandard anheben und andererseits einen Niedrigmietensektor für ärmere Bevölkerungsschichten erhalten zu wollen.

In den sozialistischen Staaten wurde die Wohnung als soziales Gut aufgefasst und die Versorgung der Bevölkerung mit Wohnraum zur staatlich-bürokratischen Aufgabe erklärt. Dementsprechend hoch waren daher die Ausgaben des Staates für den Wohnungsbau, sie lagen bei rund 7 bis 8 %. Andererseits wurden als Mieten nur Anerkennungsbeiträge – analog zur älteren Mieterschutzregulierung – eingehoben (im Durchschnitt unter 5 % des Einkommens). Die Wohnungsvergabe erfolgte nach einem genau definierten Zuteilungsschlüssel über staatliche Büros. Lange Wartezeiten sowie eine Immobilisierung der Bevölkerung (ähnlich wie beim Mieterschutz) waren das Ergebnis der Ausschaltung der Marktmechanismen.

Die Vergesellschaftung des Wohnungswesens führte jedoch nicht zu einer einheitlichen, homogenen und aufgrund gleicher rechtlicher Prinzipien organisierten Angebotsstruktur, sondern zu unterschiedlichen Wohnungsmarktsegmenten, die sich auch im Transformationsprozess voneinander sonderten: das primäre staatliche Segment des Neubaus von Großwohnanlagen, das sekundäre staatliche Segment des verstaatlichten Altbestandes an Mietshäusern, Mehrfamilienhäusern, Großvillen und dergleichen sowie das private Segment der Einzelhausverbauung (Altbestand und Neubau).

Die Transformation der Wohnungswirtschaft vom Plan zum Markt hat das primäre und das sekundäre Segment betroffen. Der gesamte Wohnungsbau der öffentlichen Hand kam schlagartig zum Erliegen. Ein Teil der staatlichen Wohnanlagen wurde privatisiert, dabei entstanden teilweise Mischformen von Eigentums- und Mietwohnungen in ein und demselben Gebäude, die eine bestandsorientierte Nutzung sehr nachteilig beeinflussen.

Im zweiten Segment des Wohnungsmarktes sorgten Privatisierungsprogramme für erhebliche Veränderungen und eine zunehmende Differenzierung der Eigentums- und Nutzungsverhältnisse.

In den Metropolen erfolgt eine bemerkenswerte Rückorientierung auf vorsozialistische Strukturen der Bau- und Lagequalität.

Das dritte Segment des Modells, der private Einfamilienhausbereich, stellt den Kern des postsozialistischen Marktes dar. Die Errichtung von Einfamilienhäusern, früher vielfach nur geduldet, wird heute mit staatlicher Unterstützung und durch Bausparkassen gefördert sowie durch Baumärkte, private Baufirmen und Erwerbbarkeit von Baugründen erleichtert.

In den sozialistischen Systemen bestanden Wohnungstauschmärkte. Die staatlichen Wohnungsbehörden waren mit der Neuzuteilung von Wohnungen in Neubauten ausgelastet; die Durchführung der Umverteilung wurde als Suchaufgabe den Haushalten zugeschoben. Aus der Initiative der Wohnungssuchenden heraus entstand in den Printmedien ein Tauschmarkt als vormonetärer Markt. Er wurde zuerst in Ostberlin, dann in Budapest, Prag und Warschau im Detail analysiert (Fassmann und Lichtenberger 1995). Wohnungstauschmärkte bestehen in einzelnen postsozialistischen Staaten noch weiter.

Miete oder Eigentum? – die regionale Differenzierung des Wohnungsmarktes

Die EU-Statistik bietet derzeit nur Angaben über die Eigentumsverhältnisse und die Größe der Wohnungen (vgl. Tabelle 8.13 im Anhang), wobei die folgenden regionalen Differenzierungen unter Bezug auf die Einkommensverhältnisse Beachtung verdienen: Die Schweiz, das Land mit den mit Abstand höchsten Löhnen in Europa, bietet ihren Bürgern keineswegs die Möglichkeit, Wohnungen im Eigentum zu erwerben – vielmehr wohnen 70 % der Haushalte zur Miete. Dies ist der höchste diesbezügliche Prozentsatz in Europa!

Das Gegenstück hierzu bildet Spanien, ein Land, dessen Löhne unter dem EU-15-Mittel liegen und in dem 86 % der Haushalte über Wohnungseigentum verfügen und wo selbst in großen Millionenstädten wie Barcelona nur 30 % der Wohnungen zum Mietsektor gehören. Dies ist der bemerkenswerten spanischen Wohnungs- und Städtebaupolitik zu verdanken, welche die auf die Ära Franco zurückgehende staatliche Hypothekenpolitik mit der Übernahme der Ausfallhaftung und niedrigen Kreditzinsen fortgeführt hat, so dass der spanischen Bevölkerung das Wohnen im Eigentum und der Erwerb von Eigentumswohnungen gleichsam selbstverständlich geworden sind. Spanien ist es damit gelungen, die vor einer Generation noch flächenhaft vorhandenen Stadtrandslums praktisch völlig zu beseitigen.

Eigentumsverhältnisse und Bauformen sind damit nicht konkordant. In der Schweiz wird der Großteil der die Kulturlandschaft beherrschenden Ein- und Mehrfamilienhäuser vermietet, während andererseits in den spanischen Millionen- und Großstädten Eigentumswohnungen mit dem Hochhausbau konform gehen.

Wieder anders ist die Situation in Großbritannien, wo sich die Wohnklassengesellschaft auch baulich klar differenziert. An der Basis der Sozialpyramide befinden sich die Wohnanlagen und Reihenhäuser des sozialen Wohnungsbaus aus der Zwischenkriegszeit und den Jahrzehnten unmittelbar nach dem Zweiten Weltkrieg, auf die etwa ein Viertel des Wohnungsbestandes entfällt. Hierher gehören auch die Mietwohnungen in verschiedenen Bauformen. Zwei Drittel der Briten leben in eigenen Reihenhäusern, während die Oberschicht über Schlösser, Villen und Stadthäuser verfügt. Als Erbe einer Weltmachtsepoche kann der über ein Drittel betragende Anteil von Großwohnungen mit mehr als sechs Räumen interpretiert werden.

Unter den sozialen Wohlfahrtsstaaten Nordeuropas hebt sich Norwegen durch den hohen Eigentumsanteil von mehr als drei Viertel und einem höheren Anteil von größeren Wohnungen heraus. Ansonsten überwiegen Klein- und Mittelwohnungen. Der Eigentumsanteil ist in Schweden mit 38 % am niedrigsten, wohingegen auf den öffentlichen Wohnungsbau nahezu ein Viertel entfällt. Eine Sonderstellung nehmen die Niederlande ein, in denen der Anteil des sozialen Wohnungsbaus rund 40 % beträgt, wobei niedrige Reihenhausanlagen als Hauptbautyp verwendet werden.

In den südeuropäischen Staaten überrascht der geringe Anteil an Kleinwohnungen, die Wohnungsgrößen erreichen westeuropäischen Standard und mindestens zwei Drittel der Haushalte verfügen über Wohnungseigentum.

Die neuen EU-Mitgliedstaaten sind allgemein durch einen höheren Anteil von Kleinwohnungen bzw. einen geringen Anteil von Großwohnungen gekennzeichnet. Die baltischen Länder fallen durch die im Eigentum befindlichen Kleinstwohnungen auf, während in Ungarn der sehr hohe Eigentumsanteil von nahezu 90 % bemerkenswert ist. In allen anderen postsozialistischen Staaten, die nunmehr zur EU gehören, entfällt rund die Hälfte der Wohnungen auf den Eigentums- bzw. den Mietsektor. Kleinstwohnsitze, zum größten Teil im Eigentum, kennzeichnen die südosteuropäischen Staaten.

Der Immobilienmarkt

Die politischen Zäsuren und Enteignungen im Gefolge der beiden Weltkriege und der Auf- und Ausbau des geschützten Wohnungssektors in den sozialen Wohlfahrtsstaaten haben zu einer weitgehenden „Versteinerung" des Bodenmarktes und des gesamten Immobiliensektors in Europa geführt.

Diese lange andauernde Periode wird in Kürze einer Vergangenheit angehören, in welcher die an sich geringe Mobilität des Realitätenbesitzes nahezu ausschließlich im regionalen Kontext erfolgt ist. Darüber hinaus hat der Transfer von Eigentum an Boden, Häusern und Betrieben in der Abfolge der Generationen zu den institutionellen Normen einer bürgerlichen Gesellschaft gezählt, in welcher aus dem Besitz auch das soziale Prestige abgeleitet wurde.

Diese nichtmonetären Normen der besitzbürgerlichen Gesellschaft verlieren gegenwärtig – in Abhängigkeit von der Metropolitanisierung der Bevölkerung – ihre Gültigkeit. Aufgrund der enorm gestiegenen Arbeitsproduktivität ist ein Großteil der Mitglieder der europäischen Wohlstandsgesellschaft imstande, sich mit dem Einkommen aus der Lebensarbeitszeit das erwünschte bauliche Gehäuse für die unmittelbare private Lebensumwelt in einem spezifischen territorialen Umfeld zu schaffen.

Damit wird in einer Zeit, in der Haus- und Grundbesitz für breite Bevölkerungsschichten (abgesehen von der Schweiz) erschwinglich geworden ist, dieser Besitz im intergenerationellen Transfer

entwertet. Von den Errungenschaften der „bürgerlichen Revolution" verliert einer der wichtigsten stabilisierenden Faktoren der gesellschaftlichen Organisation von Städten und Siedlungssystemen zunehmend an Bedeutung. Der Prestigewert wird Zug um Zug durch den Marktwert ersetzt, der in peripheren Räumen deutlich gesunken ist. Gleichzeitig werden in der Gegenwart, bedingt durch das „Aussterben" vieler Familien aufgrund der seit langem eingeschränkten Kinderzahlen, große Mengen an Realitäten auf den Markt gebracht, und zwar nicht nur Wohnungen und Wohnhäuser, sondern ebenso Betriebe.

Hierzu kommt ein zweites: Die steigenden Boden- und Immobilienpreise in der zweiten Hälfte des 20. Jahrhunderts sowie die Progression der Mieten von Wohnungen kamen in erster Linie den institutionellen Akteuren auf den Boden- und Immobilienmärkten zugute, d. h. den Finanzierungs- und Aufschließungsgesellschaften sowie der Bauwirtschaft. Dies gilt vor allem für die Verdichtungsräume in den Staaten mit hohem Wohlstand. Die Neunachfrager auf deren wachsenden Märkten haben heute sehr viel höhere Preise zu zahlen als noch vor zwei Jahrzehnten.

Die zunehmende Mobilität von Arbeit und Kapital auch in der EU bewirkt derzeit eine Destabilisierung lange Zeit verfestigter sozialräumlicher Strukturen dadurch, dass sie ungewohnte Aktivität auf den Immobilienmärkten erzeugt. Territoriale Immobilienmärkte werden aufgebrochen, in zunächst fragmentarischer Weise von externen Interessenten invadiert und schließlich okkupiert.

So betrachtet scheint zunächst eine Konvergenz zum nordamerikanischen Immobilienmarkt zu bestehen. Durch die nächsten Aussagen wird jedoch eine Konvergenzthese zu Fall gebracht:

Es fehlt in den europäischen Wohlfahrtsstaaten, von der Schweiz, Großbritannien und den Niederlanden abgesehen, eine breite finanztechnische Verknüpfung des Immobilienmarktes mit den Institutionen der privaten Pensionsversicherung. Erst im 21. Jahrhundert wird in Staaten wie Österreich im Zuge der Pensionsreformen und der daraus resultierenden Tendenz zur privaten Altersversicherung von Besserverdienenden vom Gesetzgeber den Versicherungsunternehmen die Investition in Immobilien vorgeschrieben.

Ansonsten wird bisher in den europäischen Wohlfahrtsstaaten die Altersversorgung noch im Wesentlichen aus dem allgemeinen Steueraufkommen finanziert. Dagegen fußt in der kapitalistischen amerikanischen Wirtschaft die Altersversorgung der Bevölkerung ganz wesentlich auf der Immobilienwirtschaft. Damit wird aber auch das „immobilienmarktkonforme Verhalten" der US-Amerikaner verständlich, das Eigentumsdenken ebenso wie die Standortmobilität, das „Mitwandern" mit steigenden Boden- und Immobilienpreisen.

Weitere Unterschiede kommen hinzu. Hierzu gehören als Erstes die Verträge zwischen der EU-15 und den neuen Mitgliedstaaten, in denen eine „Bodensperre" für Nichtstaatsbürger für die nächsten sieben Jahre festgesetzt worden ist. Dies wurde im Gegenzug für eine ebenso lange Sperre auf dem Arbeitsmarkt der EU-15 für Arbeitnehmer aus den neuen Mitgliedstaaten vereinbart.

Ein internationaler Immobilienmarkt mit ausgeprägten Besitztransfers hat in den 1980er Jahren in erster Linie die Weltstädte London und Paris betroffen, während ansonsten Bewegungen auf lokaler und nationaler Ebene die Regel waren, d. h.,

dass damit die Internationalisierung der Immobilienmärkte in Europa als eine Konsequenz der Entwicklung der EU und gleichzeitig als ein Barometer für den ökonomischen Einigungsprozess angesehen werden kann.

Während in den kleineren Städten und ländlichen Räumen Europas der Immobilienmarkt nach wie vor zwischen der nationalen und der regionalen Ebene ausgespannt ist und dies vermutlich noch geraume Zeit bleiben wird, ist ein den gesamten EU-Raum umspannender Immobilienmarkt in den europäischen Metropolen und in den internationalen Fremdenverkehrsrevieren bereits vorhanden.

In der inneren Umstrukturierung der Landkarte der Europäischen Union werden durch deren internationale und metropolitane Akteure auch internationale Preisniveaus und damit neue metropolitane und regionale Disparitäten erzeugt.

Immobilienpreislandschaften mit Gipfeln und Tälern werden analog zu Nordamerika entstehen. Die viel zitierte regionale Identität wird dabei internationale oder metropolitane Nachfrager nicht abblocken können. Eine Zweiklassengesellschaft auf dem Immobilienmarkt zeichnet sich ab.

Der Verkehr

Einleitung

Die europäische Wirtschaft – so die offizielle Sichtweise – ist dann konkurrenzfähig, wenn sie ihre komparativen Kostenvorteile konsequent nutzt und Produktionen dorthin verlagert, wo kostengünstig produziert werden kann. Damit diese Form der geteilten Produktion funktioniert, sind leistungsfähige Verkehrswege und Verkehrsträger ebenso notwendig wie nationale Verkehrspolitiken, die den freien Güter- und Warenverkehr nicht behindern. Tatsächlich nimmt das Verkehrsaufkommen in Europa deutlich zu, die europäischen Verkehrsachsen werden ausgebaut und nationale Beschränkungen zurückgedrängt. Dass es dabei zu einem Zielkonflikt zwischen einer wettbewerbsorientierten Wirtschaftspolitik, die den Verkehr als Voraussetzung für die Wettbewerbsfähigkeit sieht und Transportkosten möglichst niedrig halten

möchte, und einer Umweltpolitik kommt, die eine Vermeidung von immer mehr Verkehr, insbesondere des motorisierten Individualverkehrs, anstrebt, ist offensichtlich.

Historischer Rückblick

Die komplexe historische Tiefenschichtung der Wirtschaftsentwicklung Europas spiegelt sich in der Struktur der Verkehrsträger und Verkehrsnetze wider. Europa war stets ein nach außen orientierter Kontinent und mit historisch bedeutenden Häfen ausgestattet. Die europäische Verkehrsgeschichte wurde zunächst längs der Küsten des Mittelmeeres, dann im Nord- und Ostseeraum und schließlich längs der Atlantikküste geschrieben. Die historische Erschließung des Kontinents folgte den Flüssen.

Das Straßennetz weist in Europa eine der historisch-politischen Geschichte entsprechende Vielschichtigkeit auf. Römische Straßenzüge sind nicht nur als archäologische Touristenattraktionen zu besichtigen (vgl. Abb. 8.6, 8.7), sondern haben sich in Trassenführungen, wie die Via Emilia in Oberitalien und die im Rahmen der EU-Verkehrsprojekte genannte Via Egnatia vom Mittelmeer zum Schwarzen Meer, noch teilweise erhalten. Die Neutrassierungen der Römerzeit fanden erst in der Kommerzialstraßenzeit eine gewisse Parallele, als von den Hauptstädten aus neue Straßen quer durch die ländlichen Kulturräume zu anderen Städten angelegt wurden.

Ab dem Manufakturzeitalter begannen neue Verkehrsträger ihren räumlichen Ausbreitungszyklus über den Kontinent: zunächst der Kanalbau in der Verknüpfung der Einzugsgebiete von Flüssen in den Niederungen Englands, Nordfrankreichs und längs der eiszeitlichen Urstromtäler hinein bis Polen. Dort, wo dies nicht möglich war, in den Becken und Gebirgsräumen der Donaumonarchie, begann die Neutrassierung von Kommerzialstraßen, die sternförmig vom Zentrum Wien aus angeordnet wurden wie wenig später die Routes Napoléon von Paris. Die Bezeichnungen der von Wien ausgehenden Kommerzialstraßen, die Triester Straße zum Hafen Triest, die Brünner Straße zur mährischen Hauptstadt Brünn, die ungarische Landstraße nach Budapest und die Linzer Straße

Abb. 8.6: *Römischer Reisewagen, Maria Saal, Kärnten.*

Abb. 8.7: *Römerweg in den Cevennen, Frankreich.*

Lichtenberger 2002, S. 12, Abb. 3.

zur Hauptstadt Oberösterreichs seien als Beispiele genannt. Am Ende des 18. Jahrhunderts hatte der Straßenverkehr mit Kutschen und Wagen gegenüber dem Güter- und Personenverkehr auf den Flüssen eklatant an Bedeutung gewonnen (Abb. 8.8).

In der Zeit des Eisenbahnbaus trat die Entwicklung des Straßennetzes in den Hintergrund. Der Bahnbau war der Verkehrsmotor der Gründerzeit und die Schubkraft für das Wachstum der Großstädte. Das Bahnzeitalter akzentuierte die hierarchischen Strukturen des Siedlungssystems und verschärfte den Gegensatz zwischen Zentren und Peripherie. Die von den Nationalstaaten verwendeten unterschiedlichen Systeme der Spurweite und der Elektrifizierung behindern heute den Güterverkehr und verschaffen den in der zweiten Hälfte des 20. Jahrhunderts neu gezogenen Auto-

fahrtsstaaten Westeuropas bestand hingegen das Dilemma einer dualen Investition in die öffentlichen Verkehrsmittel und in den Bau von Autobahnen zur Bewältigung des stürmischen Wachstums des Individualverkehrs.

Der technologische Fortschritt brachte die Hochgeschwindigkeitszüge – hier gab Frankreich mit dem TGV das Vorbild – und in den 1980er Jahren eine neue Tunnelbauphase, welche mit der Fertigstellung des Kanaltunnels die Vorzeigeleistung Europas vor der Jahrtausendwende erbrachte.

Im Rahmen der wohlfahrtsstaatlichen Ideologie wurden in den Jahrzehnten nach dem Zweiten Weltkrieg in Europa zum Unterschied von den USA die Massenverkehrsmittel zum Zwecke eines regionalen Disparitätenausgleichs verwendet und mit spezifischen Tarifsystemen an die Sozialpolitik gekoppelt. In den kompakten europäischen Städten ist ferner der U-Bahn-Bau zu einem Instrument des Munizipalsozialismus geworden. Ein duales Verkehrssystem von öffentlichem Massenverkehr und privatem Individualverkehr ist als politisches Credo weithin akzeptiert und wurde mit einer gewissen Aufgabentrennung von Arbeits- und Freizeitverkehr ausgestattet.

Die Liberalisierung der Wirtschaftspolitik brachte über Europa hinweg verschiedene Modelle der Entstaatlichung des öffentlichen Verkehrs. Der Prozess ist noch nicht abgeschlossen. Zweifellos erfolgreicher war die Privatisierung bei den Autobahnen.

Das wirtschaftliche Wachstum Europas stand im Westen insgesamt im Zeichen des Autobahnbaus und des Individualverkehrs von Personen und Gütern. Hierbei haben die Staaten Südeuropas in ganz erstaunlichem Maße aufgeholt. Allein im Zeitraum von 1970 bis 2000 verdreifachte sich die Länge des Autobahnnetzes auf rund 50.000 km. Die Zahl der Pkw stieg von 60 Mio. auf rund 170 Mio., die Zahl der Güterfahrzeuge von 7 Mio. auf 20 Mio. Die Kraftfahrzeugdichte in der EU hat sich in den letzten 25 Jahren verdoppelt und betrug im Jahr 2001 in den 25 EU-Staaten 454 Fahrzeuge je 1.000 Einwohner.

Andererseits hat im selben Zeitraum in der EU-15 die Länge des Eisenbahnnetzes um 10 %, auf rund 150.000 km, abgenommen. Die Zahl der Lokomotiveinheiten wurde von 47.000 auf 25.000,

Abb. 8.8: *Historische Hängebrücke, Frankreich.*

bahnen und dem darauf rollenden Verkehr die Vorhand. Staatliche Grenzen und eine nationale Verkehrspolitik auf der kleinzügigen politischen Landkarte Europas haben bislang die Realisierung einer europäischen Verkehrspolitik verhindert, welche als Grundlage des gemeinsamen Binnenmarktes erforderlich ist.

Unterschiedliche Entwicklungsmodelle in Europa

Im Staatskapitalismus der ehemaligen sozialistischen Staaten erfolgte eine ausgeprägte Förderung des öffentlichen Verkehrs, ohne dass dadurch in der Stadtplanung der Bau von Autobahnen vernachlässigt worden wäre. In den sozialen Wohldie der Personenwaggons von 96.000 auf 74.000 reduziert (Tronet 2002).

Von der Verlagerung des Güter- und Personenverkehrs von der Straße auf weniger umweltbelastende Verkehrsarten wird seit den 70er Jahren des 20. Jahrhunderts zwar gesprochen, jedoch wurde diesbezüglich bisher nur wenig erreicht.

Mit der Angliederung der Erweiterungsstaaten wurden Räume in die EU übernommen, in denen zwar eine größere Eisenbahndichte besteht als in den EU-15-Staaten, deren Gleise, Signalanlagen und rollendes Material jedoch völlig veraltet sind. Eine durchgreifende Erneuerung ist erforderlich, ihre Kosten werden auf über 400 Mrd. Euro geschätzt. Gleichzeitig besteht die Gefahr, dass unter dem Druck der schlagartig einsetzenden Motorisierung die Errichtung eines Autobahnnetzes, welches derzeit nur rudimentär vorhanden ist, gegenüber der Erneuerung des Schienenverkehrs Priorität erhält (vgl. Tabelle 8.14 im Anhang)!

Die neue Tunnelbauphase

In der Nachkriegszeit haben einzelne europäische Staaten sowohl im Straßenbau als auch im Bahntunnelbau Spitzenleistungen vollbracht. Die Schweiz, das Land mit der größten Verkehrstunneldichte der Welt, hat mit großer Konsequenz die Politik der Bahnorientierung des Transitverkehrs durch die Alpen verfolgt und 2003 mit dem Bau des 57 km langen Gotthard-Basistunnels als Teil der neuen Eisenbahn-Alpentransversale begonnen. Der Tunnel ist das Kernstück der neuen Hochgeschwindigkeitsstrecke Zürich–Mailand, die 2014 eröffnet werden soll. Ziel ist vor allem die Verlagerung des alpenquerenden Güterverkehrs von der Straße auf die Schiene. Die Schweizer Bevölkerung sprach sich daher auch im Februar 2004 in einem Plebiszit gegen den Bau weiterer Transitstraßen aus.

Dem Schweizer Beispiel folgt Frankreich mit dem Fréjus-Tunnel zwischen Lyon und Turin (vgl. unten). Über die Inntal-Brenner-Strecke – das „Lkw-Durchhaus" der EU – mit einem 50 km langen Basistunnel zwischen Innsbruck und Fortezza für den wachsenden Verkehr auf der Brennerroute, wird seit langem diskutiert. Doch gibt es noch immer keine endgültige Einigung zwischen Österreich, Italien, Deutschland und der EU über die Zufahrtsstrecken.

Es gibt kein Tunnelprojekt, das so populär geworden ist wie der Kanaltunnel. Nach 7-jähriger Bauzeit 1994 eröffnet, bildet der im Dreiröhrensystem für die Eisenbahn angelegte, 50,4 km lange Eisenbahntunnel das Herzstück für die Hochgeschwindigkeitsstrecke London–Paris. Während sich die Franzosen für die Neubauphase der Hochgeschwindigkeitsstrecken das japanische Shinkasen-Programm zum Vorbild nahmen und den Ausbau auf den Personenverkehr beschränkten, hat sich Italien für das Interconnessione-System entschieden, welches den Güterverkehr einbezieht. Dieses System diente den deutschen Neubaustrecken als Vorbild.

Die italienischen Tunnelbauer sind in dem schwierigen Gelände von Südalpen und Apennin zu den „kühnsten Maulwürfen Europas" geworden und haben mit ihrer Direttissima-Strategie auf den Neubaustrecken insgesamt 1.600 km Tunnelbauten auf baugeologisch äußerst schwierigem Terrain durchgeführt: Auf der 1993 vollendeten Direttissima Rom – Florenz verlaufen 30 % der 237 km langen Strecke unter Tag (Eicher 1994).

Die Sektoren des Verkehrs

Überblick

Der Verkehrssektor produziert 10 % des BIP und damit etwa 1 Billion Euro pro Jahr und bietet rund 10 Mio. Arbeitsplätze in der EU-25. Der Anteil des Straßenverkehrs am Güterverkehr beträgt inzwischen 44 %, der Kurzstreckenseeverkehr hat mit 41 % nahezu dieselbe Bedeutung! Den Rest teilen sich die Eisenbahnen, die Binnenwasserstraßen und die Erdölleitungen.

Straßen und Autobahnen

In der zweiten Hälfte des 20. Jahrhunderts brachte der Autobahnbau mit seinen Auf- und Abfahrten völlig neue Leitlinien für die europäische Siedlungsstruktur, so wie seinerzeit die Bahnstationen kompakte Aufschließungen zur Folge hatten (Abb. 8.9). Der Verkehrsausbau in der zweiten Hälfte des 20. Jahrhunderts kam darüber hinaus überall in Europa dem regionalen und lokalen Straßenverkehr zugute. In allen Ländern Westeuropas entstand ein der jeweiligen administrativen Hierarchie der einzelnen Staaten entsprechend strukturiertes Netz von Landes-, Kreis-, Gemeinde- und lokalen Zubringerstraßen, welche in Alpenstaaten wie Österreich und der Schweiz bis zu abgelegenen Gehöften ausgebaut wurden. Ebenso erfolgte eine Erschließung der einzelnen Gemarkungen durch Güter- und Forstwege und an den Küsten und im Gebirge wurden die Freizeitreviere neu erschlossen.

Zwar spielen Eisenbahnen und – in manchen Teilen der EU – Wasserstraßen nach wie vor eine bedeutende Rolle, doch ist heute der Kraftfahrzeugverkehr eindeutig die vorherrschende Beförderungsart.

Italien war 1994 der Innovator für die Privatisierung der Autobahnen. In Italien wird inzwischen der größte Teil der Autobahnen privat geführt. Das ehemalige Staatsunternehmen Autostrade, das mehrheitlich einer Benetton-Tochterfirma gehört, ist mit 3.400 Kilometern der größte private Autobahnbetreiber. Das gut 11.000 Kilometer lange französische Autobahnnetz wird von elf verschiedenen Gesellschaften unterhalten, von denen sich einige in Privathand, andere noch in Staatsbesitz befinden. Einen Plan, weitere Autobahngesellschaften zu privatisieren, zog die Regierung Raffarin allerdings Ende 2003 zurück: Es wird nicht weiter privatisiert. Stattdessen will der Staat bis 2030 weiter die Dividenden kassieren. Allein bis 2012 soll ihm das gut 3,5 Mrd. Euro für den Verkehrshaushalt bringen. Rund 80 % der Autobahnen in Frankreich sind gebührenpflichtig. Eine ähnliche Entwicklung ist in anderen Staaten Europas zu beobachten. Über Road Pricing holen sich der Staat oder die Errichtergesellschaften ihr verzinstes Kapital zurück. Zunächst ist das Road Pricing nur für den Lkw-Verkehr gedacht, aber es dürfte absehbar sein, dass schließlich alle Verkehrsteilnehmer für die Benutzung zahlen müssen.

Der Bahnverkehr

Will man den Gedanken des Produktzyklus anwenden, so befindet sich das Bahnzeitalter (Abb. 8.10) in seiner letzten Phase. Der neue Produktzy-

Lichtenberger 2002, S. 311, Abb. 113.

Abb. 8.9: *Brennerautobahn südlich Innsbruck, Tirol.*

klus des Individualverkehrs strebt seinem Höhepunkt zu. Das Ende des Bahnzeitalters hat in den USA schon in den 1960er Jahren eingesetzt, als die Bahnhöfe selbst in den Metropolen am Sonntag geschlossen blieben.

Großbritannien begann nahezu synchron mit der Krise der Textilindustrie, des Kohlebergbaus und der Stahlreviere, in großem Umfang Nebenbahnlinien zu schließen. Insgesamt wurden dort in der zweiten Hälfte des 20. Jahrhunderts von 29.555 km 12.708 km gänzlich stillgelegt. 1999 bestanden nur mehr 16.847 km (vgl. Tabelle 8.14 im Anhang).

Zu Beginn des 21. Jahrhunderts zeichnen sich zwei neue Entwicklungen ab:
1. Die Verkehrspolitik der EU sieht in der Trennung von Netz und Betrieb und im Zugang für Dritte zum Schienenverkehr die Lösung des Finanzdebakels der staatlichen Bahnen.

Dagegen vertritt Frankreich in Anbetracht der Komplexität von Strecken, Fahrzeugen, Fahrplä-

Abb. 8.10: *Bahnhof Czernowitz, errichtet in der Donaumonarchie, Ukraine.*

nen, Sicherheits- und Signaltechnik des Rad-Schiene-Systems den Standpunkt der Integration.

Deutschland ist dabei, die Vorstellungen der EU in Hinblick auf die organisatorische Trennung von Verkehrsweg und Fahrbetrieb auch tatsächlich zu realisieren. Darüber hinaus erfolgt eine Regionalisierung des Personennahverkehrs. Personennah- und -fernverkehr werden getrennt. Die Aufgaben und die Finanzverwaltung des Nahverkehrs sind auf die Länder übertragen worden, welche mit der Deutschen Bahn (DB) und anderen Bahngesellschaften Verträge abschließen.

Hierbei wird die Finanzierung der Schieneninfrastruktur und der sozialen Aufgaben dem Bund zugewiesen.

Es ist vorgesehen, die meisten Bahnhöfe in personalfreie Haltestellen zu verwandeln – hierin wird Italien nachgeeifert – und nur noch 1.300 Bahnhöfe in der bisherigen Form weiter zu betreiben.

Die Konkurrenz von Auto und Flugzeug beim Fernverkehr brachte in Deutschland im Bahnfernverkehr Einbrüche der Nachfrage. In Frankreich hingegen ist es dem TGV gelungen, die Konkurrenz mit den Kurzflugstrecken zu gewinnen.

2. Die Entwicklung der Hochgeschwindigkeitszüge ist eine französische Leistung. Die französische Verkehrspolitik versucht, wie auch bei anderen Infrastruktureinrichtungen, etwa in der Energiewirtschaft, eine „Europäisierung" dieses französischen Produkts zu erreichen. Die als Jahrhundertinnovation gepriesene Magnetschwebebahn, welche in Deutschland nach langen Vorarbeiten bis zur Einsatzreife gediehen ist, verkehrt zwar bereits in Shanghai zwischen Flughafen und Stadt, in Deutschland fehlen jedoch bislang die Mittel für den geplanten Bau einer Strecke im Ruhrgebiet und zum Münchener Flughafen.

Schifffahrt und Häfen

Der Schiffbau und die Schifffahrt haben in der Neuzeit die Europäisierung der Welt möglich gemacht. Zu Beginn des 21. Jahrhunderts hat sich der Schiffbau ähnlich wie andere lohnintensive Branchen nach Ostasien verlagert (2003: 85 % der Weltproduktion). Mit staatlichen Subventionen sind in Südkorea neue Werften errichtet worden. Ehemals führende europäische Schiffbaunationen wie Großbritannien, welches um 1960 noch an zweiter Stelle stand, sind bedeutungslos geworden. Mit knapp 4 % partizipierte Deutschland noch am Bau von Container- und Kreuzfahrtschiffen, die EU-25 blieb unter 10 %. Zahlreiche europäische Werften sind seit langem stillgelegt.

Die nationalen Flaggen der Kolonialmächte wurden zum Großteil durch die Flaggen der Billiglohnländer Panama, Liberia und Bahamas ersetzt (vgl. Shipping Statistics Yearbook, Institut für Seeverkehrswirtschaft und Logistik, Bremen). Nur ein Mitglied der Europäischen Union ist zum Global Player der europäischen Handelsschifffahrt aufgestiegen: Griechenland.

Der Großteil der Flotten der neuen EU-Mitglieder Zypern und Malta wird von Griechen kontrolliert (Jahresbericht der griechischen Reederunion, 2003/04). Insgesamt werden 58 % des Volumens der EU-Handelsflotte von Cargos und Tankern unter griechischer, zypriotischer und maltesischer Flagge gestellt. Alle griechischen Großreeder sind intensiv im Tankergeschäft tätig. Ein Viertel aller Tanker weltweit wird von Griechen kontrolliert. Von insgesamt 51 Staaten ziehen die griechischen Reeder weltweit die Flaggen auf.

Im Güterverkehr der EU-15 stehen die Seehäfen mit 4 Mrd. Tonnen an umgeschlagenen Gütern an erster Stelle. Ferner wurden nach Schätzungen im Jahre 2002 in den Häfen der EU-15 mehr als 400 Mio. Fahrgäste abgefertigt.

Abb. 8.11: *Hafen Rotterdam, Ausschnitt aus Modell 1986.*

In den EU-Erweiterungsstaaten entsprach die Gesamtmenge des Güterumschlags rund 12 % der EU-15, der Personenverkehr aber nur 3 %, wobei die estnische Hauptstadt Tallinn mit 6 Mio. Passagieren mit Abstand an erster Stelle steht. Dasselbe gilt für den lettischen Hafen Ventspils im Güterverkehr.

Güterumschlag in europäischen Häfen 2002

Hafen	Staat	Mio. Tonnen brutto
Rotterdam	NL	302
Antwerpen	BE	113
Marseille	FR	89
Hamburg	DE	86
Bergen	NO	85
Le Havre	FR	63
Grimsby	UK	55
London	UK	51
Tees	UK	50
Amsterdam	NL	48
Genua	IT	44
Dünkirchen	FR	44
Triest	IT	43
Algeciras	SP	42
Forth	UK	42

Quelle: Eurostat: Statistik kurz gefasst 8/2004.

Unter den global führenden Seehäfen liegt Rotterdam knapp hinter Singapur an zweiter Stelle (Abb. 8.11). In Rotterdam werden 27 % des Gütervolumens der 15 wichtigsten Häfen der EU umgeschlagen. Während sich der Güterumschlag in Rotterdam im Zeitraum von 1995 bis 2002 nicht verändert hat, haben Hamburg, Amsterdam, Dünkirchen und Algeciras um rund ein Viertel zugelegt. In allen britischen Häfen sowie in Triest und Marseille waren Rückgänge zu verzeichnen. Mit Ausnahme von Rotterdam sind die europäischen Häfen inzwischen bescheiden, verglichen mit Seehäfen in China, Korea und den USA.

Die Binnenschifffahrt, die vor dem Bahnzeitalter sehr bedeutend war, spielt in den Niederlanden, in Belgien und in Norddeutschland im Güterverkehr und im touristischen Personenverkehr mit Flusskreuzfahrten noch eine gewisse Rolle. Die Rheinschifffahrt hat mit Abstand die größte Bedeutung in der EU. Dagegen fließt die Donau nach wie vor „verkehrt", d. h. in einen erst im Aufbruch befindlichen Teil Europas hinein. Der mit 2.850 km längste Fluss der Europäischen Union ist im Kontext des Güterverkehrs seit dem Zerfall der Donau-

Abb. 8.12: *Luftlinien von München.*

monarchie nahezu bedeutungslos geworden. Die Erwartungen hinsichtlich eines Anstieges des Frachtverkehrs nach der Öffnung des Rhein–Main–Donau-Kanals im Jahr 1990 haben sich bisher nicht erfüllt.

Der Luftverkehr

Die Mittelpunktlage in einem erweiterten Europa wird durch die Äquidistanzen im Luftverkehr von München abgebildet (Abb. 8.12). Die Luftlinienringe (mit ca. 300 km Radius) gestatten folgende Aussagen über die Erreichbarkeit der Hauptstädte der EU. In einem innern Ring liegen die Hauptstädte der Nachbarstaaten Schweiz (Bern), Tschechien (Prag), Österreich (Wien), Slowenien (Laibach) und die Wirtschaftsmetropole Italiens: Mailand. In der nächsten Entfernungszone befinden sich die Hauptstädte von Ungarn (Budapest), der Slowakei (Bratislava) und Kroatiens (Zagreb) in ähnlicher Entfernung wie Brüssel. Die Hauptstädte der Gründungsmitglieder der EG Frankreich und Italien, Paris und Rom, liegen in der gleichen Distanzzone wie Warschau, Belgrad und Sarajevo, wobei allerdings im Drehkreuz München zwischen West und Ost noch ein asymmetrisches Verkehrsaufkommen besteht.

Der Luftverkehr hatte in Europa seit den 1980er Jahren die größten Zuwachsraten zu verzeichnen. Das Verkehrsaufkommen auf den Flughäfen der EU hat sich von 1970 bis 2000 verfünffacht. Bis 2010 wird eine Verdoppelung des Aufkommens im Vergleich zu 2000 prognostiziert. Die Globalisierung hat zwar internationale Allianzen hervorgebracht, die nationale Identität von Fluggesellschaften allerdings bisher noch nicht aufzuheben vermocht. Jedoch bestehen von Seite der EU Bestrebungen, die Verhandlungsrechte bei Allianzen an sich zu ziehen.

Die Star Alliance hat 15 Mitglieder, darunter die Lufthansa, welche fast 900 Destinationen in 129 Ländern anfliegen und die Kriterien für Langstrecken, Regionalversorgung und Feriendestinationen akzeptieren.

In Bedrängnis kommen seit Beginn des 21. Jahrhunderts die nationalen Gesellschaften durch die Billigflieger (Ryanair, Air Berlin, German Wings u.a.), die durch den Verzicht auf Komfort und durch Starts von abgelegenen, aber billigeren Flughäfen sowie niedrige Preise hohe Zuwächse erzielten. Komplementärstandorte haben davon profitiert (von Wien Bratislava, von Hamburg Lübeck, von Mailand Bergamo).

Inzwischen ist es im europäischen Luftraum eng geworden, und die Weltmarktfirma Eurocontrol hat Tochtergesellschaften als nationale Kontrollorgane gegründet. Das Überflugnetz weist einen Schwerpunkt von der Rheinachse über die Schweiz Richtung Mailand auf. Bei Wien haben bereits West-Ost-Korridore weit größere Bedeutung als Nord-Süd-Korridore.

Die Zahl der Passagiere erreichte 2000 434 Mio., davon entfiel die Hälfte auf den Intra-EU-Verkehr. Der Extra-EU-Verkehr der EU-15 (= 100%) richtete sich zu 30% auf andere europäische Länder, zu 27% auf Nordamerika, zu 9% auf den Fernen Osten, zu 9% auf Nordafrika, zu 5% auf das übrige Afrika und weitere Destinationen mit weniger als 5%.

Nur vier Metropolen spielen im Extra-EU-Verkehr eine wichtige Rolle und sind tatsächlich globale Flugdestinationen: London, Paris, Frankfurt und Amsterdam. Im Intra-EU-Verkehr bestehen Städtepaare mit intensiven Flugverbindungen. Von den 15 wichtigsten entfallen 13 auf Städteverbindungen mit London (London–Dublin 4,4 Mio., London–Amsterdam 3,6 Mio., London–Paris 2,9 Mio.).

Wichtiger als die meisten nationalen Metropolen sind Tourismusdestinationen geworden: Der Flughafen von Mallorca sieht mehr Passagiere als jener von Kopenhagen oder Düsseldorf. Weitere große Flughäfen sind Málaga, Nizza, Gran Canaria, Teneriffa, Genua (Hafen vieler Kreuzfahrtschiffe), Alicante, Lanzarote, Faro, Ibiza und Venedig.

Auf dem Weltmarkt für zivile Großraumflugzeuge sind seit 1997 nur noch zwei große Hersteller tätig: Boeing in Seattle, USA, und der multinationale europäische Flugzeugkonzern EADS mit seiner Tochtergesellschaft Airbus. 2003 lieferte Airbus 302 Flugzeuge aus und überholte erstmals Boeing. Im Januar 2005 wurde das Großraumflugzeug A 380 mit 550 Plätzen, für das Ende 2003 bereits 120 Bestellungen vorlagen, international vorgestellt.

Europäische Flughäfen mit mehr als 10 Mio. Passagieren 2002

London (City Airport, Gatwick Airport, Heathrow Airport, Luton Airport, Stansted Airport)	116
Paris (Charles de Gaulle, Orly)	74
Frankfurt Main	49
Amsterdam (Amsterdam Airport, Schiphol International)	40
Madrid	33
Rom (Fiumicino International Airport)	26
München (Flughafen Franz Josef Strauß)	23
Zürich (Euro Airport)	23
Brussels Airport	22
Mailand (Malpensa International Airport)	21
Barcelona	20
Mallorca Airport	19
Copenhagen Airport	18
Düsseldorf International Airport	16
Istanbul Airport Ataturk International	16
Oslo Airport	14
Dublin Airport	14
Flughafen Berlin (Tegel, Tempelhof, Schönefeld)	13
Flughafen Wien	12
Moskau (Sheremetyevo International Airport)	11
Helsinki (Vantaa Airport)	10
Hamburg Airport	10

Quelle: www.flugplandaten.de

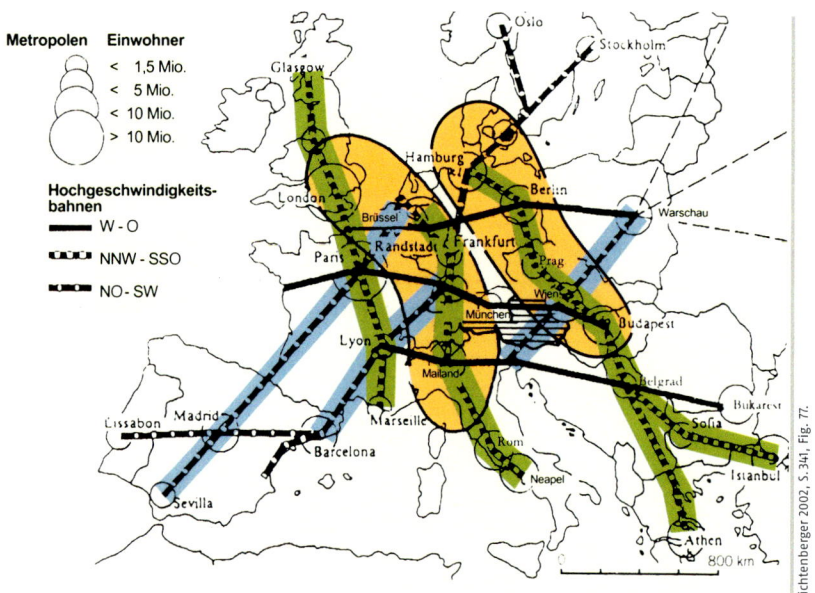

Metropolen Einwohner
○ < 1,5 Mio.
○ < 5 Mio.
○ < 10 Mio.
○ > 10 Mio.

**Hochgeschwindigkeits-
bahnen**
━━━ W - O
▬▬▬ NNW - SSO
▬▬▬ NO - SW

Lichtenberger 2002, S. 341, Fig. 77.

Abb. 8.13: *Brüssel:
Planung von Hoch-
geschwindigkeits-
strecken 1992.*

Die Verkehrspolitik der EU

Verkehrsnetze stellen das Grundgerüst für die ökonomische und politische Strukturierung von Räumen dar. Das geopolitische Schicksal Europas spiegelt sich in den von unterschiedlichen Intentionen
getragenen Netzwerken des Verkehrs und der
technischen Infrastruktur wider. Europa ist nach
wie vor mit der Erbschaft der Teilung belastet, auf
welche kurz eingegangen wurde.

Seit der Wende gehört es daher zu einem wesentlichen Teil der EU-Politik, die östliche Hälfte
Europas wieder in ein Gesamtnetz einzubinden.
Diese Politik hat inzwischen mehrere Etappen hinter sich gebracht

1. Die Idee von TEN (Trans-European Networks)
   entstand Ende der 1980er Jahre in Zusammenhang mit dem gemeinsamen Binnenmarkt.
   Nach der politischen Wende fand bereits im
   April 1992 der erste Hochgeschwindigkeitskon-
   gress in Brüssel statt, auf dem ein (vorläufig)
   utopisch anmutendes Konzept vorgestellt
   wurde. Bei Eurailspeed 92 ging es um die ehrgeizigen Ziele der Abstimmung und etappen-
   weisen Umsetzung eines paneuropäischen
   Schnellbahnsystems in der in Erweiterung begriffenen damaligen EU-12.

   Bereits hierbei ergaben sich große Probleme
   durch die unterschiedliche Spurweite in Spanien und ebenso die unterschiedlichen Span-
   nungen der nationalen Bahnstromnetze.

Das Brüsseler Konzept wies Berlin, Wien,
Prag und Budapest wichtige Positionen zu und
schuf erstmals parallel zur Achse der Megalopo-
len im bekannten Geodesign von Westeuropa
eine weitere, nach Osten verschobene Metropo-
lenachse, die als ein Vorgriff auf die Osterweiterung im 21. Jahrhundert aufgefasst werden
kann.

Die Verknüpfung der ursprünglich für den
jeweiligen nationalen Binnenverkehr in Frankreich, Deutschland, Italien und Spanien ge-
dachten Hochgeschwindigkeitsstrecken zu einem
gesamteuropäischen Netz bezog die Haupt-
strecken in den ehemaligen Ostblockstaaten
ein. Jeweils drei Trassen verlaufen von Westen
nach Osten, von NNW nach SSO und von SW
nach NO, so dass das Konzept eines Verkehrs-
gitters entstand. Wichtig hierbei war der klare
Aufbau von zwei meridionalen Achsen zu beiden Seiten der Brüssel–Frankfurt–Mailand-
Achse, nämlich einerseits im Westen die Anbin-
dung von London mit der Eröffnung des Kanaltunnels an die französische Achse von Paris
nach Marseille und andererseits die Etablierung
einer mitteleuropäischen Achse von Prag nach
Budapest und Belgrad sowie von dort mit einer
Gabel nach Sofia und Istanbul bzw. Athen.

2. Die nächste wichtige Tagung der europäischen
   Verkehrsstrategen fand 1997 in Helsinki statt
   und stellte das Projekt von TINA (Transport In-
   frastructure Needs Assessment) vor. Der Einigungsprozess der Bundesrepublik Deutschland
   und damit die Wiedervereinigung der lange geteilten Hauptstadt Berlin bestimmten die Ver-
   kehrskorridore in Ostmitteleuropa entscheidend
   mit. Der Hauptverkehrsstern von Zentraleuropa
   geht von Berlin aus. Mit der Vorausschau auf
   die NATO-Erweiterung und die Osterweiterung
   der EU konnte dabei Budapest die Position
   eines Verkehrsknotens im Pannonischen Becken
   übernehmen.

3. Der Vertrag, welcher die EU 1995 begründete,
   hatte im Kapitel XV den Grundstein für das TEN-
   V (Transeuropäisches Verkehrsnetz 2003) gelegt,
   wobei die Gesamtkosten auf 400 Mrd. Euro geschätzt wurden und die Gemeinschaftsfinan-
   zierung von 2000 bis 2006 für das TEN-Budget
   4,2 Mrd. Euro vorsah. Die Entwicklung eines

transeuropäischen Verkehrssystems wurde als Schlüsselelement für das wirtschaftliche Wachstum und den sozialen Zusammenhalt angesehen. Für den Verkehr, die Energiewirtschaft und die Telekommunikation wurde eine gemeinsame Plattform geschaffen, wobei zum TEN-Budget auch der Strukturfonds mit 4 bis 6 Mrd. Euro, der Kohäsionsfonds mit 9 Mrd. Euro und die Europäische Investment Bank (EIB) weitere 6,6 Mrd. Euro beisteuerten.

Das TEN-V umfasst (laut einem Memo der Europäischen Kommission, Generaldirektion Energie und Verkehr):

72.500 km Straßen

78.000 km Schienenstrecken

330 Flughäfen

270 internationale Seehäfen

210 Binnenhäfen

Was ist von der Konzeption des TEN (Transeuropäische Netze) im Jahre 1992 geblieben, was wurde geändert?

Geblieben sind alle von Frankreich ausgehenden Projekte. Hierzu gehören die drei West-Ost-Achsen, von denen die südlichste, von Lyon ausgehend, nun nicht mehr in Richtung auf Belgrad zielt, sondern als Schienenstrecke für den Güter- und Personenverkehr von Lyon im Zusammenhang mit dem Bau des Mont-Cenis-Tunnels nach Turin-Triest und Koper und von dort über Ljubljana nach Budapest geführt wird. Die ungarische Hauptstadt ist die große Gewinnerin des Balkankrieges. Ebenso endet auch die mittlere West-Ost-Transversale von Paris über Wien in Budapest. Sie soll bis 2020 als Hochgeschwindigkeitsstrecke ausgebaut sein.

Neu gegenüber dem ursprünglichen TEN-Konzept ist die im äußersten Westen der EU gelegene Hochgeschwindigkeitsstrecke in Irland von Cork–Dublin–Belfast, welche inzwischen fertig gestellt wurde. Frankreichs massives Interesse am Bahnausbau ist inzwischen eindrucksvoll in Form einer Hochgeschwindigkeitsstrecke über Barcelona nach Madrid und bis nach Málaga und Sevilla realisiert. Dagegen ist die direkte Pyrenäen-Eisenbahnquerung von Paris nach Madrid in weite Ferne gerückt.

Gestrichen wurde inzwischen die 1992 projektierte Linie von Warschau nach Triest. Der berühmte schräge Durchgang durch die Ostalpen, welchem Bahn und Straße von Wien nach Triest folgen, hat

Lichtenberger 2002, S. 342, Fig. 78.

durch die innerösterreichische Verhinderung des Baus des Semmeringtunnels seine europäische Bedeutung verloren.

Ferner wurden von der deutschen Hauptstadt Berlin andere Prioritäten im Hochgeschwindigkeitsverkehr gesetzt. Anstelle der Verbindung Berlin–Prag–Bratislava(Wien)–Budapest ist die Schienenstrecke von Berlin nach Verona und Neapel bzw. über Mailand nach Bologna in der Prioritätenliste nach vorne gerückt. Die alte Achse von Berlin nach Rom wird neuerlich deutlich betont.

Abb. 8.14: *Helsinki: Paneuropäische Korridore in den ehem. sozialistischen Staaten 1997.*

Neu ist die Brückenplanung über die Straße von Messina und damit der direkte Anschluss von Sizilien an die italienische Halbinsel.

Außer der westlichen Peripherie der EU-25 ist auch die nördliche Peripherie aktiv geworden. Der wesentliche Fortschritt besteht in der Eröffnung der Brücke über den Öresund und die damit zwischen Dänemark und Schweden geschaffene Verbindung. Durch die Osterweiterung hat der Ostseeraum wieder an Verkehrsbedeutung gewonnen. Dem trägt das so genannte nordische Dreieck zwischen Kopenhagen–Stockholm–Oslo Rechnung.

Was ist von den paneuropäischen Korridoren von TINA geblieben, welches Projekt besitzt Chancen auf Realisierung? Im Folgenden die Aussagen zu den Korridoren von Abb. 8.14 entsprechend der gegenwärtigen Prioritätenreihung:

Auf der Prioritätenliste 1 steht der Korridor VI der Autobahn von Danzig über Kattowitz nach Brünn mit Verbindung nach Wien; die Bahnstrecke in der gleichen Richtung ist jedoch zeitlich nachgereiht!

Ebenso auf der Liste 1 befindet sich der Korridor IV von Berlin über Nürnberg, Prag und Budapest nach Constanta/Thessaloniki und Istanbul, der von Nürnberg–Prag–Wien–Budapest–Sofia bis zur bulgarisch-griechischen Grenze 2020 in Betrieb sein soll.

Auf den Korridor V von Venedig–Triest–Koper nach Ljubljana–Budapest wurde bereits hingewiesen. Er besitzt ebenfalls erste Priorität.

Die Strecke I, Helsinki–Tallinn–Riga–Kaunas–Warschau, die so genannte Via Baltica, steht auf der Liste 2, welche nicht von allen Ländern eine Zusage für den Baubeginn vor 2010 erhalten konnte.

Der Korridor II von Berlin über Warschau nach Minsk und Moskau bis Nizhny Novgorod gehört zu den wichtigsten Vorhaben einer Liste 3, welcher eine übergeordnete Bedeutung zugemessen wird, ohne dass ein Terminplan in Sicht ist.

Korridor VII: Durres–Tirana–Skopje–Sofia–Varna, d.h., die Querung von Albanien, Mazedonien und Bulgarien von der Adria bis zum Schwarzen Meer, steht ebenfalls auf der Liste 3, d.h., es wird ihr europäische Bedeutung zugemessen, ohne dass eine zeitliche Festlegung des Projekts erfolgt ist

Korridor IX, Helsinki–St. Petersburg, und damit die äußerste Nord-Süd-Verbindung von Finnland über Russland und Weißrussland bis in die Ukraine, liegt derzeit außerhalb der Intentionen der EU.

Aus der Diskussion herausgenommen sind alle in die Ukraine führenden Korridore. Hierzu gehört der Korridor III von Berlin–Dresden über Breslau nach Lemberg und Kiew, ebenso beim Korridor V die Fortsetzung von Budapest in die Ukraine.

Auch die anderen Linien von Budapest an die Adria nach Rijeka und Ploce (Kroatien, Herzegowina) stehen derzeit nicht zur Diskussion.

Kommunikation und Medien

Nachrichtenverkehr und Massenkommunikation nehmen seit Ende des 1990er Jahre rasant zu, was in erster Linie auf die Erschließung von neuen Märkten über Funktelefon, E-Mail, Internet und E-Commerce zurückzuführen ist. Die Zahl der Telefonfestnetzanschlüsse je 1.000 Einwohner lag 2002 in den USA bei 659, in Deutschland bei 652, in der Schweiz bei 744. Die Zahl der Mobilfunkteilnehmer in den USA war mit 488 deutlich niedriger als in der EU. Hier steht Italien mit 909 Handybesitzern auf 1.000 Einwohner an erster Stelle, gefolgt von Spanien mit 847, Großbritannien mit 834 und Deutschland mit 718. In den neuen Mitgliedsländern der EU wachsen die Zahlen der Handybesitzer außerordentlich rasch. Die alten Kommunikationstechniken Fernschreiben, Telex und Telegraphieren sind fast völlig verschwunden. Sie wurden durch Telefax und E-Mail ersetzt.

Die Internetnutzung erlebte ein ähnlich starkes Wachstum wie das Mobiltelefon. Das Internet nutzten 2002 31% der Bevölkerung in Europa, 30% in Ostasien und ebenso viele in Nordamerika. In den USA ist inzwischen der Sättigungsgrad erreicht, während die Zahl der Nutzer in Europa weiter wächst.

Zurzeit gibt es weltweit zwei Satellitennavigationssysteme, ein amerikanisches (GPS) und ein russisches (Glonass). ESA und EU-Kommission haben das Projekt des europäischen Satellitennavigationssystems Galileo gestartet, welches Europa vom US-amerikanischen GPS unabhängig machen wird. Es soll aus 30 Satelliten bestehen und bis 2008 einsatzbereit sein.

DIE EUROPÄISCHE FREIZEITGESELLSCHAFT

Zur Thematik

Die europäische Freizeitgesellschaft ist ein Produkt des sozialen Wohlfahrtsstaates. Sie ist auf der Grundlage des enorm gestiegenen Wohlstandes in der zweiten Hälfte des 20. Jahrhunderts entstanden. In Wechselwirkung mit der Arbeitsmarkt- und Sozialpolitik hat sich eine Basisideologie breiter europäischer Bevölkerungsschichten herausgebildet, für welche der Ausspruch zutrifft, „man arbeitet, um zu leben, aber man lebt nicht, um zu arbeiten". Mit einer gesetzlich garantierten Freizeit von mindestens vier Wochen, in einzelnen Staaten (wie Frankreich) sechs Wochen, sowie zahlreichen Feiertagen für Kurzurlaube, einer Wochenarbeitszeit zwischen 35 und 38 Stunden und einem Pensionsantrittsalter zwischen 55 und 65 Jahren gehören die Wochen- und Jahresrhythmen von Arbeit und Freizeit ebenso zur Lebensplanung wie die bisher staatlich garantierte Vorsorge für das dritte Lebensalter.

Wenn die europäischen Bürger im Durchschnitt um nahezu 30 % im Monat weniger verdienen als Nordamerikaner und im 21. Jahrhundert das Wachstum der europäischen Wirtschaft voraussichtlich hinter jenem der USA zurückbleiben wird, so ist dies letztlich darauf zurückzuführen, dass sie im Vergleich zu den 2000 Jahresarbeitsstunden in den USA um durchschnittlich 20 % weniger arbeiten und dafür ihre vom Staat und den Gewerkschaften garantierte Freizeit in Anspruch nehmen. Im Übrigen sind an der obigen Einkommensberechnung zwei Korrekturen vorzunehmen. Erstens erhalten Europäer eine Fülle von sozialen Leistungen aus dem allgemeinen Steueraufkommen, angefangen von der Bildung bis zum öffentlichen Verkehr und den öffentlichen Freizeiteinrichtungen, die in den Berechnungen der neoliberalen Modelle nicht berücksichtigt werden. Zweitens ist die Arbeitsproduktivität bezogen auf die erbrachte Zeiteinheit in den EU-15 in den vergangenen 30 Jahren deutlich gestiegen und hat dadurch auch die Ausweitung der Freizeit ermöglicht. Bestand in den 1970er Jahren noch ein Unterschied von 35 % gegenüber den USA, so wird inzwischen deren Arbeitsproduktivität von einzelnen europäischen Staaten bereits übertroffen.

Was sind nun die Merkmale des europäischen Freizeitmodells? Im Folgenden hierzu einige Stichworte: Der soziale Wohlfahrtsstaat hat aus der bürgerlichen Freizeitgesellschaft der vorindustriellen Zeit und des Industriezeitalters, welche noch kulturlandschaftlich fassbar ist, eine egalitäre Freizeitgesellschaft geformt, welche die breiten Mittelschichten und nahezu die gesamten Unterschichten erfasst. Eine Segregation des Freizeitverhaltens bleibt im Wesentlichen nur der Oberschicht vorbehalten. Ansonsten erweist sich die Partizipation an der Freizeitgesellschaft als ein Phänomen des Lebensstils im Wandel von Kohorten und Generationen.

Die europäische Freizeitgesellschaft ist ferner differenziert nach den Arbeits- und Wohnwelten des Siedlungssystems. Es bestehen daher grundsätzliche Unterschiede hinsichtlich der Einrichtungen und Aktivitätsmuster zwischen den großen Städten, den Kleinstädten und den ländlichen Siedlungen. Die großen Städte sind die Vorreiter in der Entwicklung immer neuer Freizeitmoden, sie sind die Initiatoren der auf die antike Stadtkultur zurückgehenden und von der postindustriellen Stadtgesellschaft in neuem Gewand fortgeführten Aufspaltung in Erstwohnungen in der Stadt und Zweitwohnungen im ländlichen Raum. Sie generieren die Nachfrager nach nahen und fernen Urlaubszielen und damit den organisatorisch immer komplexer werdenden Massentourismus. Für diesen gilt die Formel einer saisonalen Aufspaltung in „Gebirge und Küste" mit einem lokal, regional und national vielfältigen Angebot an Unterkünften und Einrichtungen.

Europa ist der Tourismuskontinent der Erde, mit der größten Spannweite hinsichtlich Nachfrage und Angebot, einer gleitenden Skala von Zweitwohnungen und Objekten aller Art, von ausschließlich privater Nutzung bis hin zur perfekten Kommerzialisierung, einer überwiegend immer noch kleinbetrieblichen Gastronomie, die sich nur in einigen, erst in der zweiten Hälfte des 20. Jahrhunderts entstandenen Freizeitrevieren zu Formen verdichtet, die hinsichtlich Design und Größenordnung bis hin zu Wolkenkratzern von den Zentren der Metropolen übernommen wurden.

Abb. 9.1: *Mailand, Domplatz gegen Galerie.*

Die europäische Stadt als Freizeitort

Wenn von der europäischen Stadt als Freizeitort die Rede ist, so beziehen sich die folgenden Aussagen auf die Städte, in denen das Zentrum bzw. die Altstadt soziale Anziehungskraft aufweist und die Wendung der Stadtbürger des 19. Jahrhunderts vom „In die Stadt gehen" noch eine gewisse Gültigkeit besitzt.

Auf drei Freizeitfunktionen in der Stadt wird im Folgenden eingegangen:
- auf die Funktion des öffentlichen Raumes und der öffentlichen Einrichtungen (Abb. 9.1, 9.2, 9.3).
- auf die Funktion der Shoppingwelten der Innen- und der Außenstädte sowie schließlich
- auf das städtische Grün als Negativplatte zur verbauten Kubatur der Stadt und deren Verkehrs- und Lagerflächen.

Die Funktion des öffentlichen Raumes

Öffentliche Räume unterlagen in den europäischen Städten entsprechend den jeweiligen politischen Systemen stets einer Kontrolle von Seiten der Obrigkeit, die diese ihrerseits auch zur Demonstration der jeweiligen Ideologien verwendet hat.

In der vorindustriellen Stadt dienten architektonisch attraktiv gestaltete Stadträume als Bühne zur Inszenierung der großen „Spektakel", angefangen von Hinrichtungen über Hexenverbrennungen, kirchlichen Umzügen, ebenso aber auch den großen Kutschenausfahrten bei persönlichen Anlässen des Herrscherhauses bis hin zu den vom Kirchenjahr fest vorgegebenen pompösen Prozessionen. Alle diese Ereignisse gehörten zu den selbstverständlichen Attraktionen des städtischen Lebens, an denen jeder Bürger in bestem Gewand teilnehmen wollte.

Der Korso auf bestimmten Boulevards und Plätzen zählte zu den Ritualen der adligen Gesellschaft und später der bürgerlichen Oberschicht. Vor allem die großen Plätze dienten der Machtdemonstration der Obrigkeit, den militärischen Aufmärschen, und sie waren und sind auch die Schauplätze der Reaktionen der Bürger: von Revo-

Abb. 9.2: *London, Wachparade.*

Abb. 9.3: *Dresden, Zwinger, Hofgarten.*

lutionen, Protestmärschen, Kundgebungen aller Art, von Streikdemonstrationen und den Erster-Mai-Aufmärschen usw. In mediterranen, aber auch in vielen weit nördlicheren Städten ziehen sie allabendlich Heerscharen von Jugendlichen an. Davon machen selbst in Transformation begriffene Staaten keine Ausnahme, wo sich auf den großen Plätzen und Boulevards auch bei Tag vor den historischen Bauten Menschenmassen drängen.

Neuerdings verstärkt durch die Einrichtung von jährlich wechselnden „Kulturhauptstädten", erweist sich die Festivalisierung des städtischen Lebens als neues Konzept, welches an die jeweilige lokale und an die von auswärts herbeiströmende postindustrielle Freizeitgesellschaft erfolgreich vermarktet wird. Pate hierzu stand die Illusion des Wiederfindens der „wahren Dimensionen des städtischen Lebens".

Die Shoppingwelten der Innen- und der Außenstädte

Die europäische Einkaufsgesellschaft hat das Einkaufsklassenmodell der Gründerzeit, welches noch in Residuen von teuren historischen Geschäften fortlebt, weitgehend eliminiert. Vor allem Finnland, Schweden und die Niederlande bieten Beispiele für egalitär organisierte Einkaufsgesellschaften, die in vollem Kontrast zu den USA stehen, wo die ausgeprägte Preisklassendifferenzierung im Geschäftsleben der Normalfall ist. Anders präsentiert sich die britische Metropole, in welcher das historische Ambiente von Geschäften und Lokalen nur wenig verändert den oberen Mittelschichten und der Oberschicht vorbehalten bleibt. In Spanien wurde die Einkaufsklassengesellschaft in die vertikale Struktur der großen Kaufhäuser der Kette „El Corte Inglés" verlagert, welche der immer noch beachtlichen sozialen Differenzierung der spanischen Gesellschaft durch eine nach Stockwerken gegliederte Differenzierung im Warenangebot Rechnung tragen.

Während die Fußgängerzone als „europäisches" Stadtplanungsprodukt den Kontinent beherrscht und selbst Kleinstädte ihre Fußgängerzonen besitzen, hat sich das importierte Produkt der künstlichen und klimatisierten Einkaufswelten der Shopping Malls, welche auch Freizeitgestaltung offerieren, in der in Nordamerika kompletten Form von Erlebnis und Einkauf in Kontinentaleuropa nicht einmal in der Außenstadt durchgesetzt, und zwar wegen der Vielfalt der Freizeitgelegenheiten in den Innenstädten: In den Shoppingcenters der europäischen Außenstädte überwiegt nach wie vor das Einkaufsvergnügen.

Jünger ist die Entwicklung der Ausgestaltung von Bahnhöfen in großen Städten zu einer „Einkaufs- und Erlebniswelt mit Gleisanschluss". Das großartigste Beispiel bietet Frankreich mit dem Einkaufszentrum Eurolille. Beispielhaft sind auch die Einkaufszentren der Bahnhöfe in der Schweiz, in Zürich, Bern und Basel, in Deutschland in Leipzig und in Freiburg im Breisgau, in Italien in Rom, Mailand und Neapel.

Das städtische Grün

Bereits die antiken Stadtkulturen kannten die repräsentative Einbeziehung von „Natur" in die gebaute Kubatur der Stadt. Unsere moderne Stadtgesellschaft in den europäischen Wohlfahrtsstaaten hat die Chance, historische Prunkstücke der Gartenkultur – von Terrassengärten der Renaissance bis zu den Landschaftsparks des 18. und 19. Jahrhunderts – benützen zu können und gleichzeitig die „Scherrasenflächen des sozialen Grüns" von Neubaugebieten als selbstverständliches Ambiente zu betrachten. Damit ist bereits auf eine zeitliche Abfolge in der Gartenkultur hingewiesen, wie sie der Abfolge von „politischen Eliten" und dem fortschreitenden „Demokratisierungsprozess des Stadtgrüns" entspricht. Der Herrschaftspark des absolutistischen Zeitalters, als Gesellschaftspark für die Feudalgesellschaft mit künstlichen Seen, Brunnen und Grotten, Reitalleen und Hippodromen, Theatern und Tempeln angelegt, wird nach der bürgerlichen Revolution vom Bürgerpark mit Gaststätten und Kaffeehäusern, Ausstellungshallen und Freilichtbühnen abgelöst. Volksparks mit sehr differenziertem Freizeitangebot in zentraler Lage folgen. Als Beispiele sind der Prater in Wien und, für sozialistische Kulturparks, der Moskauer Gorki-Park anzuführen. Mit der gesellschaftlichen Einbindung derartiger zentral gelegener Parkanlagen in die sozialräumliche Organisation der Städte ist in Europa die Umwandlung einer ursprünglich gesellschaftlich elitären Rekreationsfunktion zu einer egalitären Funktion der gesamtstädtischen Repräsentation und Erholung erfolgt. Synchron dazu ergab sich die symbolische Identifikation der Bürger mit ihrer jeweiligen Stadt.

Stadtplanung für die Freizeitgesellschaft

Die Schaffung von öffentlichen Grünflächen und Erholungsanlagen ist eine alte Aufgabe europäischer Kommunalverwaltungen. Im Liberalismus verschmolz das Allmendekonzept der mittelalterlichen Stadtgemeinde mit den ästhetischen Prinzipien barocker Gartenkultur. An der Stelle der Befestigungsareale der Städte entstanden bei deren Beseitigung in vielen Fällen Parkanlagen. Selbst das spekulationsfreudige späte 19. Jahrhundert sparte im gründerzeitlichen Rasterschema Parkanlagen aus.

Während die Repräsentationsfunktion die Geschichte des Stadtgrüns begleitet hat, ist die soziale Wohlfahrtsidee im Wesentlichen erst im 20. Jahrhundert entstanden und findet sich in den sozialen Wohlfahrtsstaaten ebenso wie in den früheren kommunistischen Staaten Osteuropas.

Die Integration einer kommunalen Grünflächenpolitik sowohl in die kommunale Bodenpolitik als auch – mit dem Instrument der Flächenwidmung und Bauleitplanung – in die Stadtentwicklungsplanung bildet ein Spezifikum der europäischen Städte.

Nun beruhen Stadtplanungskonzepte in Europa auf dem Organisationsmodell der arbeitsteiligen Gesellschaft, wonach den Raum in der Stadtmitte höchstrangige Funktionen des tertiären und quartären Sektors beanspruchen. Dementsprechend ist die Freizeitgesellschaft im Grüngürtelkonzept am Stadtrand angesiedelt worden.

In den ehemaligen sozialistischen Ländern ist es zu einer Dichotomie von ausgedehnten staatlichen Erholungsräumen und umfangreichen privaten Zweitwohnungsgebieten (Datschen) gekommen. In Moskau wurde schon 1935 mit einem im Stadtentwicklungsplan integrierten Grüngürtelkonzept begonnen. Die Erholungszone weist insgesamt eine Tiefe von 20 bis 40 km auf und schließt ausgedehnte Sport- und Kulturzentren ein.

Eine Sonderstellung im öffentlichen Grün nehmen im deutschen Sprachraum die anstelle der Spekulationsbrache der Gründerjahre entstandenen Kleingärten (Schrebergärten) am Stadtrand ein.

Nun hat die Stadt der Arbeitsgesellschaft eine Konkurrenz erhalten, nämlich die Stadt der Freizeitgesellschaft. Dort, wo sie neu gegründet wurde, zunächst in Frankreich in den Alpen und in Spanien an den Gestaden des Mittelmeers, ist sie – zumindest bis heute – an günstige klimaökolo-

Abb. 9.4: *Monaco, Ansicht vom Schlossberg.*

gische Möglichkeiten der Freizeitgestaltung gebunden.

Inzwischen ist es der Freizeitgesellschaft gelungen, ihre Raumansprüche der Stadtplanung zu vermitteln. Dazu gehört unter anderem die Ansicht, dass die Zeit einer peripheren Grüngürtelkonzeption vorbei ist. Die „große, grüne Wiese", Erholungsflächen und Sportanlagen, gehört in die Mitte der Stadt mit bester Erreichbarkeit für alle. Als erstes Beispiel hierfür ist die Wiener Donaucity inmitten des 26 km langen Areals der städtischen Donauufer zu nennen.

Noch eine zweite Innovation verdient Beachtung. Sie betrifft die massiv verbauten Innenstadtbereiche der europäischen Metropolen. Hier hat sich im letzten Jahrzehnt des 20. Jahrhunderts die Dachlandschaft zu verändern begonnen. Im Zusammenhang mit dem Dachausbau in Form von Mansarden und penthouseartigen Strukturen wurden Dachgärten angelegt und damit eine neue, bisher völlig unbekannte Freizeitnutzung auf die Dächer mittel- und westeuropäischer Städte gebracht.

Der Städtetourismus

Das Baedekerzeitalter brachte die erste bedeutende Reisewelle des Bildungsbürgertums in die europäischen Städte (Abb. 9.4). Die Krisenzeit zwischen den beiden Weltkriegen und die Zerstörungen während dieser bildeten eine klare Zäsur. Zögernd begann in den 1960er Jahren eine neue Form des Städtetourismus über Individual- und Busreisen. Das eigentliche Take-off setzte in den 1980er Jahren mit den Kurzurlauben und schließlich mit den Billigangeboten der Fluggesellschaften ein. Ein Konzentrationsprozess – einerseits auf die Städte mit Weltkulturerbe und andererseits auf die großen Eurometropolen – ist das Ergebnis. Die folgende Übersicht belegt das Ranking im Städtetourismus im Jahr 2003:

Mio. Nächtigungen

London	44,0
Paris	30,8
Rom	14,4
Berlin	11,3
Madrid	10,4
Wien	10,0
Barcelona	9,1
Prag	8,4
Amsterdam	7,4
Mailand	7,0
München	7,0
Florenz	6,7
Hamburg	5,4
Budapest	5,2
Brüssel	4,8
Lissabon	4,5
Stockholm	4,3
Kopenhagen	4,0

Quelle: www.hamburg-tourism.de/Europ_ische_Metropol.1288.0.html

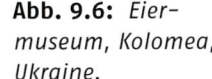

Der Städtetourismus bestreitet gegenwärtig bereits nahezu ein Drittel des gesamten Tourismusaufkommens in Europa und breitet sich mit der Zunahme der Kurzurlaube weiter aus.

Im Gefolge der Liberalisierungstendenzen ist auch in den sozialen Wohlfahrtsstaaten das Stadtmarketing entstanden. Man hat erkannt, dass die „Ville festivale" Kommerzialisierungschancen für den wachsenden Strom des Städtetourismus aufweist. Die Maßnahmen zielen dabei primär auf die Vermarktung des Image einer Stadt als Exportartikel für den Städtetourismus (Abb. 9.4, 9.5, 9.6).

Im Konkreten geht es um die Vermarktung von zwei Strukturen: erstens um den denkmalgeschützten Altbaubestand der Innenstädte, bei dem getragen vom rasch wachsenden internationalen Städtetourismus der Denkmalschutz in den 1990er Jahren eine „unheilige Allianz" mit den Tourismusinteressen eingegangen ist, und zweitens um die von Staat und Wirtschaft gegenwärtig errichteten bzw. in Planung begriffenen Superstrukturen des metropolitanen Stadtraumes. Sie sind ein Produkt der neuen Doktrin des Stadtmarketing und des Stadtmanagement, wonach Metropolen mittels Public-private-Partnerships Schaustücke von Stadtumbau und integrierten Großkomplexen von Shoppingcentern, Erlebnis- und Freizeitparks als neue Landmarken der Konsum- und Freizeitgesellschaft erzeugen müssen.

Die Freizeitqualität steht als Exportartikel auf dem Programm des Stadtmarketing. Davon bleibt die Freizeitqualität einer Stadt für die eigenen Bürger nur dann unberührt, wenn entsprechend dem Motto „Wenn die Fremden kommen, verlassen die Römer die Stadt" eine weitgehende zeitlich-räumliche Trennung von autochthoner und allochthoner Freizeitbevölkerung möglich ist.

Abb. 9.5: *Tower, London, mit Sightseeing-Boot.*

Abb. 9.6: *Eiermuseum, Kolomea, Ukraine.*

Leben in zwei Gesellschaften: Das europäische Zweitwohnungswesen

Die historische Tradition

Das Zweitwohnungswesen weist in Europa eine auf die antike Stadtkultur zurückgehende Tradition auf. Die römische Villa war ein spezifischer Ausdruck des römischen Lebensstils der Oberschicht. Die Villeggiatura der Römer hatte zwei Hauptgründe: Die vornehmen römischen Familien besaßen den größten Teil ihres Vermögens als ländlichen Grundbesitz, der von Pächtern bewirtschaftet wurde. Schon aus Kontrollgründen musste der Besitzer einen Teil des Jahres auf seinen Gütern verbringen. Dazu kamen weitere Gründe. Man wollte der Sommerhitze in Rom entfliehen und sich von den vielen anstrengenden Tätigkeiten, den politischen Kämpfen im Senat, den Reden vor Gericht und in der Volksversammlung erholen, aber auch dem Schwarm von Klienten entgehen, von denen man sich in den Stadthäusern nicht abschirmen konnte. Das großartigste Beispiel dieser Villenkultur bietet das Ruinengelände der Villa des Kaisers Hadrian in Tivoli bei Rom (Abb. 9.7).

Abb. 9.7: *Hadrians-villa, Tivoli bei Rom.*

Villa und Villeggiatura des Römischen Reiches finden ihre Nachfolge von der Renaissance (besonders in der Toskana) bis ins 18. Jahrhundert (besonders im Veneto und Vicentino). Ferner hat der kontinentaleuropäische Adel seit der Renaissance städtische Winter- und ländliche Sommerschlösser besessen, in denen er sich saisonal abwechselnd aufgehalten hat.

Bereits die Besitzbürger der mittelalterlichen Stadt haben mit Pachthöfen im Umland in die feudale Sphäre ausgegriffen. Viel mächtiger war dann die Landhausbewegung der so genannten „zweiten" Gesellschaft im 19. Jahrhundert – von bürgerlichen Unternehmern, Kaufleuten und Angehörigen der freien Berufe –, welche in attraktiven Gebieten den bürgerlichen Landhaus- und Villenstil vom Biedermeier bis zur Gründerzeit verbreitete.

Frankreich verdient in diesem Zusammenhang besonders hervorgehoben zu werden. Hier hat sich nach der Revolution 1789 das Bürgertum im gesamten Staatsgebiet weithin in den Haus- und Grundbesitz im ländlichen Raum eingeschaltet. So galt es bereits im 19. Jahrhundert für Angehörige des Großbürgertums, der freien Berufe und der hohen Beamtenschaft als Selbstverständlichkeit, die Familie während der heißen Jahreszeit auf einem Landsitz unterzubringen.

Die aktuelle Situation

Während die Zunahme der Wohnfläche pro Einwohner ein generelles Merkmal des wachsenden Wohlstandes aller postindustriellen Gesellschaften darstellt, ist die Aufspaltung der Wohnfunktion in Erst- und Zweitwohnungen ein europäisches Phänomen.

Der soziale Wohlfahrtsstaat hat aus dem Zweitwohnungswesen eine weitgehend egalitäre Wohnform gemacht. Die lange Zeit praktizierte Niedrigmietenpolitik der sozialen Wohlfahrtsstaaten – und man muss hinzufügen, der bisher sozialistischen Staaten im Osten – hat im Verein mit der Sicherung des Wohnstandortes durch die Gesetzgebung und die großzügige Freizeitpolitik diese Aufspaltung mitsubventioniert. Von nicht zu unterschätzender Bedeutung ist in diesem Zusammenhang auch die in manchen Staaten wie Österreich oder Frankreich lange Zeit betriebene Niedrigmietenpolitik gewesen. Damit ist im Rahmen der Wohnungswirtschaft eine indirekte Subventionierung der Zweitwohnungen erfolgt. Andererseits waren und sind auch die Errichtung bzw. der Erwerb von Zweitwohnsitzen vielfach nicht von Renditeüberlegungen bestimmt, sondern zu einem Element des Lebensstils geworden.

Bei der Aufspaltung der Wohnfunktion in Arbeits- und Freizeitwohnungen handelt es sich um den wichtigsten Vorgang der Gegenwart im europäischen Siedlungssystem. Er betrifft die Kernstädte, den suburbanen Raum und selbst die kleinen Gemeinden des ländlichen Raumes, in die eine Zweitwohnungsperipherie hinausgreift. Am wenigsten davon berührt sind die Zentralen Orte der mittleren und unteren Stufe.

Eine neue Lebensweise eines „städtischen Nomadentums" ist entstanden. Diese Nomaden führen ein „Leben in zwei Gesellschaften".

Es bestehen Komplementärformen des Wohnens. Demgemäß sind es vor allem die großen Städte im Westen und Osten, in denen das Wohnen in Massenmietshäusern den Boom des Zweitwohnungswesens begründet hat.

Der Gegensatz zwischen anonymem großstädtischem Wohnmilieu und überschaubarem ländlichem Milieu potenziert den Freizeitwert des privaten Grüns und der persönlichen Gestaltungsmöglichkeit des Zweitwohnens in weit höherem Maße, als dies bei suburbanen Gesellschaften, wie in Nordamerika, der Fall ist. Zudem wird die oft nicht befriedigende berufliche Rolle kompensiert durch die Schaffung einer „Freizeitrolle", die neues persönliches Prestige gewährt.

Über das Primat von großen Städten in der Rangordnung der nationalen Stadtsysteme ist viel geschrieben worden, ebenso über deren überragende Funktion auf dem Kapitalmarkt in den jeweiligen Volkswirtschaften. Es ist daher nicht überraschend, dass auch der Anteil der Hauptstädte am jeweiligen Gesamtbestand von Zweitwohnungen weit über dem Durchschnitt liegt. Derart entfällt auf die Pariser Bevölkerung ein Drit-

tel der Zweitwohnungen in Frankreich, auf die Wiener Bevölkerung zwei Drittel aller Zweitwohnsitze in Österreich. Jeder dritte Budapester und jeder dritte Prager Haushalt besitzen eine Zweitwohnung. In Stockholm erreicht der Anteil der Zweitwohnungshaushalte 40 %.

Die Entstehung von Freizeitwohnungen im ländlichen Raum bildet das kontinentaleuropäische Pendant zur Counterurbanization Nordamerikas. In den USA, wo drei Viertel der Bevölkerung in Einfamilienhäusern leben, wird den „second homes" eine andere Funktion zugeschrieben als in Europa. Im Rahmen der Klassifikation der „second homes" werden drei Fünftel als „cottages" eingestuft, deren Kapitalwert nicht einmal die Hälfte des Wertes der Einfamilienhäuser beträgt. Doch entrinnt man im Cottage der strikten sozialen Kontrolle durch die Nachbarschaft der Suburb ebenso wie der technischen Perfektion der Haushaltsführung. Man kann sich in die Pionierzeit zurückversetzen und/oder sportlichen Betätigungen, wie Jagen und Fischen, nachgehen, die unter Entrichtung von Minimalgebühren für jedermann möglich sind. Schon von der Weite des Raumes her ist das nordamerikanische Zweitwohnungswesen nicht mit dem europäischen vergleichbar.

Während sich in den USA nur 3 % der Haushalte an der Zweitwohnungsbewegung beteiligen, ist es in Nordeuropa bereits ein Drittel, und alle ehemaligen Oststaaten hatten, trotz verschiedener Restriktionen, größte Schwierigkeiten, die Bestrebung, eine „Datscha" zu erwerben, in den Griff zu bekommen.

Allerdings ist die Aufspaltung der Wohnfunktion eingebunden in die nationalen Strategien der Wohnungswirtschaft. Dementsprechend bestehen von Staat zu Staat sehr große Unterschiede hinsichtlich des Ausmaßes und der Struktur des Phänomens.

In Deutschland haben Zweitwohnsitze zum Unterschied von allen Nachbarstaaten relativ geringe Bedeutung; genaue Zahlen liegen allerdings nicht vor. Ebenso geringe Bedeutung kommt den „second homes" in Großbritannien zu, wo nur 1 Mio. Haushalte über einen Zweitwohnsitz verfügen. In Nordeuropa gehört hingegen das Freizeithaus, d.h. das Sommerhaus mit einer Grundausstattung von Sauna und Boot, zu den von breiten

Abb. 9.8: *Schären als Freizeitinseln, südlich Helsinki.*

Abb. 9.9: *Ehem. Bauernhof als Zweitwohnsitz, Französisches Zentralmassiv.*

Bevölkerungsschichten angestrebten Besitztümern. Der Sozialpolitik entsprechend ist die „Demokratisierung" des Zweitwohnungswesens besonders ausgeprägt. Die Gesamtzahl betrug 1998 1,4 Mio. Objekte (Gläßer 2003, S. 179) und ist in weiterer Zunahme begriffen. Für den Erwerb eines Freizeithauses ist man bereit, Preise zu zahlen, für die man in Südeuropa stattliche Bungalows erhalten würde. Besonders beliebt sind Sommerhäuser auf den zahlreichen vorgelagerten Inseln (Abb. 9.8).

Die ehemaligen sozialistischen Staaten in Ostmitteleuropa haben eine enorme Entwicklung des Zweitwohnungswesens erlebt. Dieser Boom war zweifellos dadurch begünstigt, dass infolge der Verstaatlichung des Mietshausbestandes die Mieten nur Anerkennungsgebühren darstellten, so dass im Budget der Haushalte ein beachtlicher Freiraum für Investitionen in Zweitwohnungen gegeben war. Allerdings hat die staatliche Kontrolle in einzelnen Staaten die bauliche Ausführung drastisch minimiert. So gestatteten die Vorschriften am Plattensee, dem bevorzugten Zweitwohnungsrevier der Budapester, nur Parzellengrößen von 200 m^2 und eine Grundfläche der Holzbauten von 20 bis 25 m^2. Erst in den 1990er Jahren begann ein zügiger Aus- und Umbau zu größeren Objekten. Dasselbe gilt für Tschechien.

Untersuchungen in Frankreich belegen die soziale Funktion des Zweitwohnungswesens. Hier hat die Beibehaltung von ererbtem Land- und Hausbesitz eine alle Schichten umgreifende Tradition. Sie führte und führt im Alter häufig zur Rückkehr von der Großstadt in die kleine Heimatgemeinde. Besitz und Nutzung der „résidences secondaires" umfassen daher in hohem Maße alle Sozialschichten.

In den 1990er Jahren ist ferner die Zahl der Zweitwohnsitze weiter angestiegen und beträgt derzeit 3 Mio., von denen nahezu zwei Drittel auf Einzelbauten, das restliche auf Wohnungen entfallen. Ferner hat von 1988 bis 1997 die Durchschnittsfläche der Zweitwohnsitze von 57 auf 80 m^2 und die der dazugehörigen Grundstücke von 700 auf 2000 m^2 zugenommen (European Environment Agency 2001).

In Frankreich und den südeuropäischen Staaten haben Zweitwohnungen auch die soziodemographische Funktion, in der Freizeit die am Hauptwohnsitz getrennten Haushalte von zwei Generationen wieder zu vereinigen. Zweitwohnsitze bilden ein wichtiges Element der Urlaubsgestaltung in den genannten Staaten. Auf die bedeutende familiale Komponente in der Urlaubsgestaltung der jeweiligen „inländischen" Bevölkerung wird noch eingegangen. Sie unterscheidet sich jedenfalls auffallend von der als „Weltmeister des Reisens" apostrophierten deutschen Bevölkerung.

Die baulichen Formen der Zweitunterkünfte reichen von der Adaptierung von Objekten des älteren ländlichen Siedlungsbestandes (Bauernhäuser [Abb. 9.9], Almhütten, Mühlen und dergleichen in den Alpen, den vielfältigen Formen italienischer Poderi) bis zur Übernahme von städtischen und suburbanen Wohnweisen, von großen Anlagen mit Appartementhäusern bis zu Reihenhaus- und Bungalow-Aufschließungen und ausgedehnten Chaletlandschaften wie in der Schweiz. Ferner werden Wohnformen der Leicht- und Holzbauweise verwendet. Die Sommerhäuser Nordeuropas ebenso wie die Kleinhäuser des Prager und Budapester Umlandes gehören in diese Kategorie.

Die europäische Badekultur

Die europäische Badekultur hat eine weit zurückreichende Tradition. Bereits im Römischen Reich gehörte die Errichtung von öffentlichen Bädern zu den wichtigen Aufgaben des Staates. Archäologische Zeugen wie die Thermen von Caracalla in Rom und die Reste von Bath (Abb. 9.10) belegen dies. Hingewiesen sei auch auf den Badekomfort in den Villen der Oberschicht, in denen auf der Grundlage von Hydrokausten eine Abfolge von Badekammern mit abgestufter Temperatur zur Normalausstattung gehörte. Diesen Standard haben erst die modernen „Wellness-Tempel" wieder erreicht. Unvergleichlich bescheidener waren die mittelalterlichen Badehäuser. Erst im bürgerlichen Zeitalter entstanden im Anschluss an Thermalquellen zahlreiche Kurorte. Hier trafen sich die gekrönten Häupter der europäischen Staaten, in Nizza, Baden-Baden oder Karlsbad, und etablierten einen Lebensstil, welcher bald von den oberen Mittelschichten imitiert wurde. Schriftsteller und andere Künstler schufen die Reputation derartiger Plätze. Kosmopoliten trugen zu einem Lebenszuschnitt bei, der in einem starken Kontrast zum lokalen Milieu stand.

Erst der soziale Wohlfahrtsstaat hat die Verschreibung von Kuren zur Wiederherstellung der Gesundheit durch die Krankenkassen eingeführt. Durch das soziale Gesundheitswesen sind der in der bürgerlichen Klassengesellschaft etablierte Kurbetrieb und die daraus entstandenen Kurorte allgemein zugänglich gemacht worden.

Jedermann bekam das Recht, zur Inanspruchnahme bestimmter Behandlungen in Kur zu fahren. Ab den 90er Jahren des 20. Jahrhunderts begann mit dem Rückbau der sozialen Wohlfahrtsstaaten auch eine gewisse Einschränkung des aus dem allgemeinen Steueraufkommen finanzierten Kurbetriebs. Die Kurorte sahen sich ge-

zwungen, mit bedingt durch die neue Konkurrenz in den EU-Erweiterungsstaaten, wieder ein elitäres Segment zu entwickeln und sich – zumindest teilweise – wieder auf den freien Markt einzustellen.

Als die Spitze des Eisbergs in dieser Richtung kann die Gründung der „Royal Spas of Europe" im Jahre 1998 genannt werden. Sie umfassen traditionsreiche europäische Heilbäder und Kurorte, welche Kaiser, Könige, den Hochadel und Staatsoberhäupter zu ihren Gästen zählten und höchste Qualitätsansprüche sicherstellen. Hierzu gehören u.a. Bath in Großbritannien, Abano Terme in Italien, Bad Ischl in Österreich, Bad Kissingen und Bad Wildungen in Deutschland sowie Franzensbad in Tschechien.

In den EU-Erweiterungsstaaten, allen voran in Tschechien, der Slowakei und Ungarn, werden die einstigen Kurorte der k.u.k. Monarchie, wie Karls-

Aus dem Internet.

Abb. 9.10: *Bath, römisches Bad, Rekonstruktion, England.*

Abb. 9.11: *Therme Blumau, Entwurf: Hundertwasser, Steiermark.*

Lichtenberger 2002, S. 193, Abb. 63.

bad, Pistyan und Hévis, zum Teil mit EU-Mitteln erneuert. Für die westlichen Nachbarn entsteht damit im Fitness-, Wellness- und Gesundheitstourismus eine beachtliche Konkurrenz, obwohl auch hier in den 1990er Jahren entsprechend dem steigenden Gesundheitsbewusstsein völlig neue Kur- und Badekonzepte entwickelt worden sind (Abb. 9.11).

Freizeitgesellschaft und Tourismus

Einleitung

Der europäische Tourismus bildet in Hinblick auf Angebot und Nachfrage ein Mehrebenen-System und unterliegt in diesem einem starken jahreszeitlichen Wandel, welcher im Nord-Süd-Profil von Europa dem Sunbelt des Mediterrangebietes höhere Auslastungsquoten als dem Europa nördlich der Alpen zuschreibt.

Kaum beachtet im europäischen Vergleich sind bisher die Effekte des Binnentourismus in den einzelnen Staaten mit spezifischen Unterbringungsstrukturen und Urlaubsgewohnheiten. Sie spiegeln den Stellenwert der sozialen Kontakte in der Familie und im Freundeskreis sowie die sportlichen Akzente und Hobbys der einzelnen Nationen wider, und sie äußern sich in der Gestaltung der Kulturlandschaft.

Die europäische Ebene wird von Reiseländern wie Deutschland und Großbritannien bestimmt, welche entsprechende Touristikmärkte mit der erforderlichen Infrastruktur erzeugt haben. Darüber besteht die erst im Werden begriffene oberste institutionelle Ebene der EU als Player auf dem wachsenden globalen Touristikmarkt.

Historische Anfänge des Fremdenverkehrs

Pilgerreisen im Mittelalter und Bildungsreisen in der Renaissance nach Italien stehen am Anfang des europäischen Reiseverkehrs. Im 18. Jahrhundert entstand mit der Kavalierstour und der „Grand Tour" der britischen Aristokraten ein erster Tourismus, der in den Oberschichten des Kontinents bald Nachahmung fand. Die Komödien von Goldoni schildern die Sommeraufenthalte der Bürger von Mailand, Venedig und der Toskana.

Mit der Aufklärung begann die wissenschaftliche Erforschung der Gebirge. Die Frage nach dem höchsten Berg in Europa wurde durch Saussures Besteigung des Montblanc im Jahre 1787 mit einem Höhenmesser geklärt. Damit setzte ein Wettlauf um Erstbesteigungen in den Westalpen, etwas später in den Ostalpen, ein. 1865 wurde als letzter schwieriger Berg das Matterhorn bestiegen.

Im alpinen Tourismus machten die Briten den Auftakt. Der englische Alpine Club wurde 1857 gegründet, ihm folgten 1862 der Österreichische Alpenverein, 1863 der Schweizer und der italienische Alpenklub und 1869 der Deutsche Alpenverein. Bis zum Beginn des Ersten Weltkriegs hatten die alpinen Vereine ein geschlossenes Wegenetz mit über 500 Hütten errichtet (Abb. 9.12). Bereits damals entstand die Bahn auf das Jungfraujoch (Abb. 9.13).

Nahezu synchron mit dem Alpinismus begann die Entwicklung an der Côte d'Azur. Auch hier gingen Engländer voran. 1777 wurden in Nizza das erste Casino und ein Theater erbaut. Die Promenade des Anglais ist mit 7 km heute die längste Strandpromenade von Frankreich. Mit der Konzentration auf die Wintersaison hat sich die französische Riviera vor dem Ersten Weltkrieg zum exklusiven Treffpunkt des europäischen Großbürgertums und des Hochadels entwickelt. Einzelne Grand Hotels, in denen damals die Gäste fünf Wochen blieben, während heute die Aufenthaltsdauer durchschnittlich nur zwei Tage beträgt, haben sich erhalten (Abb. 9.14). Dieser Aufschwung war dem Bahnbau zu verdanken, der quer über Europa hinweg in attraktiven Lagen Fremdenverkehrsorte für Gäste aus dem wohlhabenden Bürgertum entstehen ließ.

Durch die Stilrichtung des Historizismus erkennbar, zeichnen die in der Gründerzeit entstandenen Hotelbauten ebenso wie die mit maurischer und asiatischer Exotik ausgestatteten Villen die bedeutende Expansion einer elitären Freizeitgesellschaft nach, welche die Salonkultur der damaligen Metropolen Europas in die neu entstehenden Fremdenverkehrsorte exportierte.

Wenn heute von Sporttourismus gesprochen wird, so vergisst man meist, dass die Jagd zu den ältesten Freizeitbeschäftigungen von Hof und Adel zählt und in der Gründerzeit große Jagdreviere in den Alpen und Karpaten entstanden, in denen die Jagd auf Rotwild nach wie vor zu den exklusiven Sportarten gehört, ebenso wie die Fuchsjagd in Großbritannien, die erst 2004 gesetzlich verboten wurde.

Der Erste Weltkrieg war nicht nur für die politische Landkarte von Europa eine einschneidende Zäsur, sondern auch für den Fremdenverkehr. In der Zwischenkriegszeit brachte in Mitteleuropa ein bescheidener Sommerfrischenbetrieb neue Möglichkeiten für Familien und junge Leute.

Die Etappen des Massentourismus

Die Entwicklung des Massentourismus in der zweiten Hälfte des 20. Jahrhunderts gehört einerseits zum Wohlstandssyndrom und wurde andererseits durch direkte und indirekte Maßnahmen in vielen Staaten und Regionen gefördert. Dabei standen die einzelnen Jahrzehnte der zweiten Hälfte des 20. Jahrhunderts unter unterschiedlichen Vorzeichen je nach den Produktionsstilen im Strukturwandel von Angebot und Nachfrage.

Der entscheidende Impuls in den 1960er Jahren ging von der Motorisierung aus, mit der sich der Fremdenverkehr in abseits vom Bahnnetz gelegene Gebiete ausweitete, die bis dahin vom Tourismus noch völlig unberührt geblieben waren. Mit dem Motto des Sommerurlaubs „Wasser und Sonne" erfolgte die rasante Erschließung der Küstengebiete des Mittelmeeres mit urbanistischen Großprojekten.

In den 1970er Jahren gewann neben dem Sommerurlaub der Winterurlaub an Bedeutung. Das Motto „Sonne und Schnee" brachte den Boom in alpinen Hochlagen (Abb. 9.15).

Ende der 1970er Jahre setzten die Kurzurlaube ein und synchron dazu die Abnahme der durchschnittlichen Aufenthaltsdauer der Langzeiturlaube. Immer stärker wurden ferner einfache Gasthäuser und Privatquartiere durch Komforthotels ersetzt.

In den 1980er Jahren fächerten sich die Aktivitäten auf. Die 1990er Jahre brachten die Urlaubs-

Abb. 9.12: *Freizeitgesellschaft im Anblick des Großglockners.*

Lichtenberger 2002, S. 98.

Abb. 9.13: *Endstation der Jungfraujochbahn, Schweiz.*

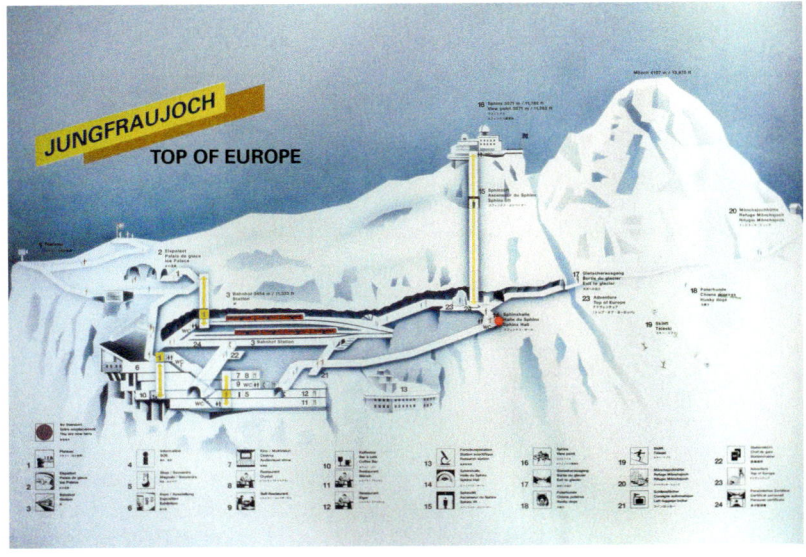

Abb. 9.14:
Gründerzeitliches Nobelhotel, Cannes, franz. Riviera.

Langzeiturlaubs am Meer und im Gebirge bis hin zum Kurzurlaub als Stadturlaub entspricht. Von den meisten Segmenten, wie den wieder auflebenden Wallfahrten, den Extremsportarten (Wildwasserfahren, Paragleiten), dem Kur- und Gesundheitstourismus, dem Abenteuer- und dem Bildungstourismus, fehlen Daten.

Der ökonomische Stellenwert des Tourismus

Die EU nimmt eine führende Position im globalen Tourismus als Hauptquelle und ebenso als Zielland von internationalen Touristenströmen (54,8 % bzw. 57,8 %: WTO-Barometer, Juni 2004) ein. Im Jahr 2002 befanden sich unter den globalen Zielstaaten des Welttourismus mit einem Marktanteil von zumindest 1 % folgende europäische Länder:

Zielstaaten des Welttourismus	Markt %	Internat. Tour. Mio.	pro 100 Einw.
Frankreich	11,0	77,0	129
Spanien	7,4	61,7	129
Italien	5,7	39,8	69
Ver. Königreich	3,4	24,2	40
Österreich	2,6	18,6	228
Deutschland	2,6	18,0	22
Ungarn	2,3	15,9	158
Griechenland	2,0	14,2	133
Polen	2,0	14,0	36
Portugal	1,7	11,7	116
Schweiz	1,4	10,0	137
Niederlande	1,0	9,6	60
Schweden	1,1	7,5	84
Kroatien	1,0	6,9	158

stil-Pakete und den rasanten Bedeutungsgewinn des Flugzeugs mit neuen Billigarrangements für außereuropäische Destinationen.

Zu Beginn des 21. Jahrhunderts besteht aufgrund des Reichtums von Europa an Naturschönheiten sowie des außerordentlich vielschichtigen Erbes des Kulturraumes eine unglaubliche Differenzierung im Angebot, dem eine Aufspaltung in verschiedenste Nachfragesegmente vom Duo des

Frankreich, Spanien und Italien können zusammen nahezu ein Viertel des globalen Tourismusmarktes auf sich vereinen, wobei in den 1990er Jahren Frankreich eine klare Spitzenposition erobert hat. Bezogen auf die Einwohnerzahl ist Österreich das Tourismusland Nummer 1 in der EU, gefolgt von den EU-Erweiterungsstaaten Ungarn und Kroatien. Polen hat bereits Griechenland erreicht. Die extrem teuer gewordene Schweiz hat ihre frühere bedeutende Funktion im internationalen Tourismus verloren.

Abb. 9.15: *Mont-blanc, Seilbahnen und Lifte.*

Die Bedeutung des Tourismus für die EU spiegelt sich in den Einnahmen von 249,2 Mrd. Euro 2003 (= 6,6 % des EU-Exports) wider. Von den rund 401,5 Mio. Gästen im Jahr 2003 wurden pro Gast im Durchschnitt 620 Euro ausgegeben. Als Anbieter sind rund 2 Mio. überwiegend kleine Unternehmen auf dem Markt. Davon hatten im Jahr 1997 94,2 % weniger als 10 Beschäftigte. Sie trugen jedoch 7,4 % zum BNP von EU-15 bei. 2002 betrug die gesamte Bettenkapazität des kommerziellen Sektors rund 10 Mio. Betten. Sie hat sich durch die EU-Erweiterung um rund 800.000 Betten erhöht.

Mit 6,8 bis 8 Mio. direkt (und 20 Mio. indirekt) Beschäftigten entfallen auf die Tourismusbranche 4,2 bis 5 % bzw. 12 % aller Beschäftigten der EU. Vor allem in wenig entwickelten und peripheren, jedoch ökologisch attraktiven Räumen ist der Fremdenverkehr vielfach zum wichtigsten Arbeitgeber geworden.

Aus europäischer Sicht liegen die Wachstumsfronten von Angebot und Nachfrage an den Rändern der EU, und zwar einerseits in Irland, Großbritannien und der Iberischen Halbinsel und andererseits in den EU-Erweiterungsstaaten. Italien, die Beneluxländer und Dänemark verzeichnen dagegen negative Entwicklungen.

Außer dem ökonomischen Beitrag des Tourismus ist jedoch auch seine soziale Funktion zu beachten. Er hat sich aus der Aktivität einer schmalen, privilegierten Gesellschaftsschicht zu einem Massenphänomen entwickelt, an dem die Mehrzahl der Europäer teilnimmt. Die Prognosen rechnen mit einer weiteren Zunahme des Tourismus und einer dementsprechenden Schaffung von Arbeitsplätzen. Gleichzeitig ist er durch seinen „Anschauungsunterricht" zu einem wichtigen integrierenden Faktor in der EU geworden.

Tourismusmärkte in der EU

In Hinblick auf die Herkunftsländer von Reisenden sind in der EU mehrere „Märkte" zu unterscheiden. Als wichtigstes Herkunftsland steht Deutschland als Reiseland Nummer 1 an der Spitze der EU, gefolgt von Großbritannien, welches aufgeholt hat.

Entsprechend den räumlichen Distanzen sondern sich die Destinationsländer recht deutlich voneinander, wenn auch − abgesehen von der Funktion Österreichs für Deutschland − nirgends ein Monopol eines Herkunftslandes besteht und insgesamt Mengstrukturen charakteristisch sind.

Im Jahr 2002 bildeten deutsche Touristen die größte Nachfragergruppe für Österreich (58,7 %), Italien (32 %) und Griechenland (32 % aller Übernachtungen in Hotels und kommerziellen Betrieben).

Das Vereinigte Königreich war das wichtigste Herkunftsland des Tourismus für Irland (37,4 %), Spanien (32,3 %), Portugal (30,8 %), Frankreich (23,4 %), die Niederlande (23,2 %) und Belgien (22,9 % aller Übernachtungen). Schwedische Touristen waren Nachfrager Nummer 1 sowohl für Dänemark als auch für Finnland mit Werten von 22,1 % bis 12,5 %.

In Spanien hat sich die Herkunftsstruktur der Touristen gewandelt. War durch viele Jahre hindurch Deutschland das wichtigste Herkunftsland, so hat seit 2002 das Vereinigte Königreich die Spitzenposition inne.

Für die USA haben die EU-Mitgliedstaaten als touristische Zielländer an Bedeutung verloren, wobei Großbritannien (24,4 %) und Irland (25,5 %) die wichtigsten Reiseländer waren, mit Abstand gefolgt von Deutschland (11,6 %) und den Niederlanden (11,3 %).

Frankreich steht in keinem EU-Land als touristisches Herkunftsland an erster Stelle, sondern nur als drittwichtigstes in Belgien, Spanien und Großbritannien. Dies ist ein Beleg dafür, dass die meisten Bewohner Frankreichs ihren Urlaub lieber im In- als im Ausland verbringen. Damit ist die wichtige Thematik des inländischen Tourismus angesprochen.

Der inländische Tourismus

Die beschriebenen, die Staatsgrenzen übergreifenden Tourismusmärkte überlagern die spezifischen nationalen Strukturen und Aktivitätsmuster des inländischen Tourismus, der im Allgemeinen viel zu wenig beachtet wird. Nur ein Staat in der EU, nämlich Frankreich, verfügt über umfangreiche statistische Erhebungen über den inländischen Tourismus. Diese belegen das Tourismusverhalten der Franzosen in Frankreich und im Ausland an Hand der Unterkunftsarten, welche für die Übernachtungen in Anspruch genommen werden. Folgende Aussagen stehen zu Buche:

Unterkunfts-arten	Prozent der Übernachtungen 1999	
	in Frankreich	im Ausland
Hotel	5,8	25,0
Mietunterkunft	18,3	7,0
Zweitwohnsitze	14,5	15,2
Familie u. Freunde Zweitwohnsitze	32,3	37,5
Familie	11,0	4,5
Zelt, Jugendherberge u. dgl.	9,2	9,0
Wohnwagen	9,0	2,1

Quelle: Insee. La France en fait et chiffres.

- Ungefähr die Hälfte der Übernachtungen im Urlaub bleibt innerhalb des Rahmens familiärer Unterbringungsmöglichkeiten, sei es in den Hauptwohnsitzen von Eltern und Verwandten oder den eigenen bzw. Verwandten gehörenden Zweitwohnsitzen. Interessanterweise gilt diese Aussage auch für den Urlaub im Ausland! Die starke Familienbindung in der Urlaubsgestaltung geht aus diesen Daten klar hervor. Hier handelt es sich um die Beibehaltung eines traditionellen Verhaltensmusters, dessen Bedeutung im europäischen Kontext nur zu vermuten, dessen nationale Differenzierung jedoch nicht bekannt ist.
- Sportliche Unterkunftsarten, Zelte, Wohnwagen, Jugendherbergen und dergleichen dokumentieren in Frankreich mit nahezu einem Fünftel aller Nächtigungen den sportlichen Charakter der Franzosen und erklären die große Bedeutung von Campingplätzen in allen Feriengebieten.
- Einen ähnlich hohen Anteil besitzen Mietunterkünfte aller Art, welche unscharf in die (in der Schweiz wichtige) Parahotellerie einzuordnen wären.
- Die Übernachtung in Hotels ist für den französischen Binnentourismus von eher marginaler Bedeutung! Auch bezüglich des Urlaubs im Ausland werden Hotels nur bei einem Viertel aller Nächtigungen als Unterkunft angegeben.

Der spanische Binnentourismus weist Ähnlichkeiten mit dem französischen auf, wobei die Spanier mit 91 % noch stärker im eigenen Land Urlaub machen als die Franzosen, von denen immerhin 17 %

Reisen ins Ausland unternehmen. Auch in Spanien bleibt der Urlaub im familiären Rahmen von Zweitwohnsitzen, die von nahezu zwei Dritteln der spanischen Urlauber als Unterkunft angegeben werden. Die italienischen Strukturen dürften ähnlich sein.

Die italienische Statistik dokumentiert die Unterschiede des Binnentourismus gegenüber dem Ausländertourismus nach Interessensegmenten:

Segmente in % der Nächtigungen 2001 in Italien

	Italiener	Ausländer
Meer	38,2	27,2
Seen	23,3	16,1
Gebirge	14,3	12,1
Stadt	16,7	29,4
Thermen	4,2	3,7
Sonstiges	3,2	11,4

Quelle: ISTAT. Istituto nazionale di Statistica.

Hierbei überwiegt bei den Ausländern der Städtetourismus gegenüber dem Badeurlaub am Meer, während bei der italienischen Bevölkerung der Urlaub am Wasser mit über 60 % absolute Priorität genießt. In Hinblick auf die Transportmittel im Urlaub ist Italien erstaunlich „altmodisch" geblieben. Mit 68,5 % stehen Busse weitaus an der Spitze, das Flugzeug benützen nur 10,4 % der Urlaubsreisenden. Ganz anders präsentiert sich Spanien, wo 2001 71 % der ausländischen Touristen mit dem Flugzeug anreisten.

Zweifellos Allgemeingültigkeit besitzen die Ergebnisse der französischen Studien, wonach die Verschiebung zu den Kurzurlauben bisher nicht allen Schichten zugute gekommen ist. So bestand 2001 eine erhebliche Spannweite zwischen den Angehörigen der freien Berufe mit im Schnitt zehn derartigen Kurzaufenthalten im Jahr auf der einen Seite und den Landwirten mit nur 1,6 auf der anderen (Cazes 2001, 2002).

Das räumliche Modell: Küsten und Gebirge

Einleitung

Zwei landschaftlich attraktive, als Ökosysteme labile Räume, die Küsten und die Hochgebirge Europas, sind in geradezu unglaublichem Ausmaße von der Freizeitgesellschaft verändert worden. Die traditionelle lokale Bevölkerung von Fischern, Bergbauern und Hirten wurde im Laufe des letzten halben Jahrhunderts teilweise verdrängt. Die Konflikte mit der städtischen Freizeitgesellschaft in den Hochgebirgen, insbesondere in den Alpen, sind medial bekannt, jene in den Küstenräumen bisher aus gesamteuropäischer Sicht jedoch noch nicht untersucht. Hierzu hat zweifellos die Tatsache beigetragen, dass in jüngster Zeit die Alpen zu einem nahezu ganzjährig von der städtischen Freizeitgesellschaft okkupierten Territorium geworden sind, während in den Küstenräumen die Invasion jeweils nur in der Sommersaison erfolgt und im Winterhalbjahr die lokale Bevölkerung wieder ihr soziales Milieu und ihre Lebensweise regenerieren kann, wie dies in den Fischergesellschaften des Mittelmeerraums ebenso wie an den Küsten des Atlantik der Fall ist.

Der Massentourismus an den Küsten

Europa besitzt tief gegliederte und im Verhältnis zur Fläche nahezu doppelt so lange Küsten wie alle anderen Erdteile. An diesen Küsten haben 21 EU-Staaten Anteil. In einer relativ schmalen Küstenzone sind in den abgelaufenen Jahrzehnten die umfangreichsten Investitionen in touristische Infrastruktur, Parahotellerie und Zweitwohnsitze in der EU erfolgt. Die Klimazonen konfigurieren die Palette von den Sommerhäusern auf den Inselfluren der Gebirge Nordeuropas bis zum Ganzjahresbetrieb in den Hotel- und Appartementhausanlagen auf den Kanarischen Inseln. Allerdings sind mit dem rasanten Wachstum der touristischen Einrichtungen auch die Schutzmaßnahmen im Hinblick auf Abrasion und Transgression des Meeres zu einer immer kostspieligeren Daueraufgabe geworden. In Italien haben inzwischen Betonmauern, Tetrabodenwellen, Steinschüttungen und andere Verfelsungen die ehemaligen Küstenlinien ersetzt (Kelletat 1999, S. 197). Auf Hunderten von Kilometern entstanden künstliche Strände. Besonders aufwendig sind die Schutzmaßnahmen

Abb. 9.16: *St.-Tropez, Provence.*

Abb. 9.17: *Benidorm, Tourismusmetropole, Spanien.*

an der Nordseeküste in Deutschland und in den Niederlanden, welche jährlich von vielen Millionen Touristen besucht wird und wo der Meeresspiegel im 20. Jahrhundert um 64 cm angestiegen ist.

Die Hauptentwicklung des Tourismus hat sich seit den 60er Jahren des 20. Jahrhunderts nicht am Atlantik, sondern längs des Mittelmeeres vollzogen. Dabei musste Italien, lange Zeit Nummer 1, inzwischen die Führungsposition an Frankreich und Spanien abgeben. Französischer Zentralismus beschloss den Entwicklungsplan für die Mittel-

meerküste vom Rhônedelta bis zur spanischen Grenze. Durch umfangreiche Landkäufe des Staates wurde das gesamte Areal von Anfang an der Spekulation entzogen und die notwendige Infrastruktur geschaffen. Architektenwettbewerbe schufen das Design von Freizeitstädten wie La Grande Motte bzw. Imitationen von Venedig wie Port Camargue. Dabei reüssierte das gesetzlich abgesicherte Multieigentum von Appartements. Exklusive Orte wie u. a. St.-Tropez wurden unter Denkmalschutz gestellt (Abb. 9.16).

In Spanien ist der Ausbau zum Massentourismus an den Mittelmeerküsten hektischer und planloser vor sich gegangen. Grundstücks- und Bauspekulation durch ausländische Kapitalgeber ließen ganze Batterien von Hochhäusern in sämtlichen Fremdenverkehrszentren entstehen. Benidorm an der Costa Blanca weist mit 330 Hochhäusern und neun Wolkenkratzern, von denen sechs erst seit 2000 errichtet wurden, als einzige europäische Fremdenverkehrsstadt bereits amerikanische Dimensionen auf (Abb. 9.17).

Die städtische Freizeitgesellschaft in den Alpen

Die Alpen sind der Dachgarten Europas. Ihre Hochregionen wurden von Seilbahnen, Sesselliften und Schleppliften erschlossen, von denen die neuesten Produkte bereits 4.000 bis 5.000 Personen pro Stunde zwischen Tal- und Bergstation befördern. Die folgenden Angaben über die installierten Seilbahnanlagen bieten eine Vorstellung vom derzeitigen Vertikalverkehr in den Alpen. Hinsichtlich der Zahl der Seilbahnen führt immer noch die Schweiz, das älteste Fremdenverkehrsland in den Alpen, dem gegenüber die anderen Alpenstaaten jedoch bereits aufholen konnten.

	Seil- bahnen	Sessel- lifte	Schlepp- lifte
Frankreich	225	895	2.920
Österreich	215	657	2.246
Schweiz	307	340	1.564
Italien	208	789	1.382
Deutschland	71	91	1.381

Quelle: www.stmwirt.bayern.de

Ähnlich den Stadtregionen entstanden Fremdenverkehrsregionen mit einer Konzentration im Kern und zentral-peripheren Gradienten von Bettendichte, Bodenpreisen, Auslastung und dergleichen u. a. in den französischen Hochalpen (Chamonix: 50.000 Betten, Trois Vallées: 38.500 Betten).

Alle Elemente der Stadt- und Regionalplanung wurden im Hochgebirge verwendet: die Ausweisung von Flächennutzung, Bebauung und Freiflächen (Grünzüge aus den Orten in die Landschaft!), Restriktionen der Verbauung aufgrund von Gefahrenzonenplänen, Verkehrsplanungen (Umfahrung, Fußgängerzonen), Ortsbildpflege usw.

Der Vergleich der Alpenanteile Frankreichs, der Schweiz und Österreichs belegt die Bedeutung politischer Organisationsformen und sozialökologischer Strukturen für die Differenzierung des Freizeitraumes.

Die auf dem Reißbrett entworfenen Schistädte der französischen Hochalpen sind die Produkte der zentralistischen Planung einer interministeriellen Kommission, die 1964 den „Plan Neige" erstellt und die Auswahl der Gebiete vorgenommen hat. Sie übertreffen mit ihren Übernachtungsziffern die Gesamtheit der Fremdenverkehrsorte der bayerischen Alpen. Französische städtebauliche Traditionen standen dabei ebenso Pate wie Forderungen der Pariser Freizeitgesellschaft, die darin eine Lösung für die Raumordnungsprobleme der Alpen zu erblicken vorgab. Gemischte Gesellschaften aus Gebietskörperschaften und Finanzinstituten konnten auf staatliche Fonds zurückgreifen und ebenso auf eine Gesetzgebung, welche die Grundlage für Enteignungsverfahren bot. Die Anteilsberechtigten der in der Krise befindlichen Gemeinschaftsalmen waren leicht durch Entschädigungen abzufinden.

Vier Elemente treten gegenwärtig im Nordabschnitt der französischen Alpen zusammen: Nationalparks, Freizeitstädte in drei Generationen baulicher Gestaltung, dem Verfall preisgegebene Agrarsiedlungen und Reste der Transhumanz von Schafen.

In der Schweiz ist die Reihung anders: Die Basis bildet eine extrem subventionierte Landwirtschaft, bei der im abgelaufenen Vierteljahrhundert die Höhe der Direktzahlungen von 30 % auf 70 % des Einkommens gesteigert wurde! Weiters besteht

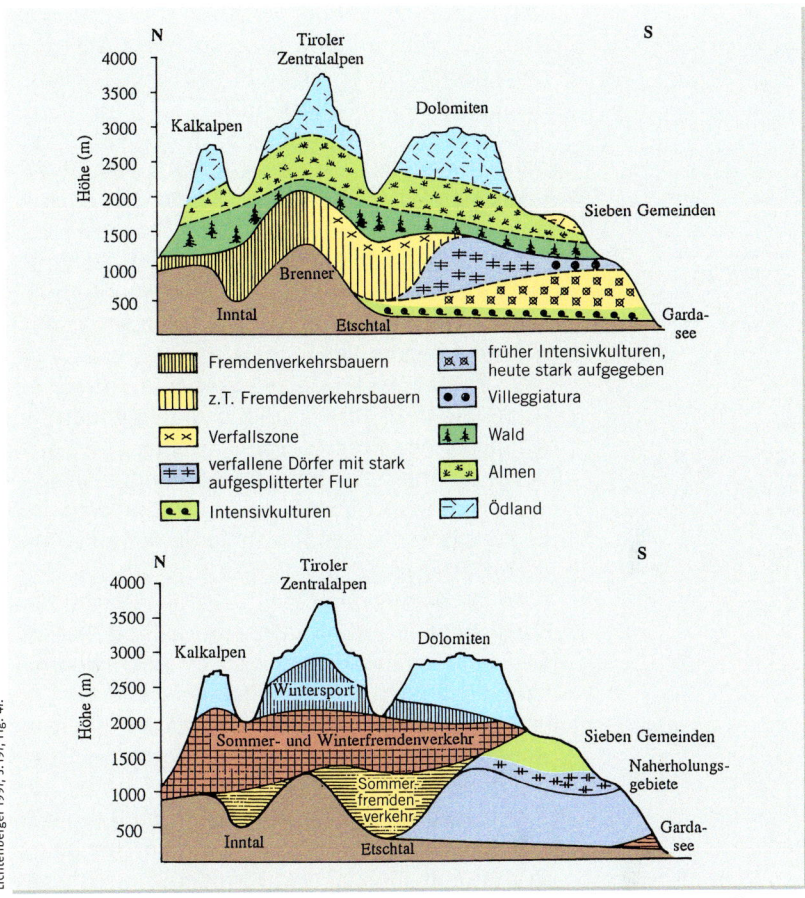

Lichtenberger 1997, S. 197, Fig. 47.

Abb. 9.18: *Bergbauernraum und Fremdenverkehr im Nord-Süd-Profil durch die Ostalpen.*

eine auf die Gründerzeit zurückgehende Hoteltradition, deren Entwicklung durch den sehr starken Ausbau der Parahotellerie gestoppt worden ist, und schließlich ein kommerzialisiertes Zweitwohnungswesen, das ein Kennzeichen der Schweiz darstellt. Anstoß für dessen Entwicklung war das Gesetz über das Stockwerkseigentum im Jahre 1965 (entspricht juristisch der Eigentumswohnung), das eine seither anhaltende massive Einschaltung von Schweizer Banken in die Finanzierung von Appartementhotels und Eigentumswohnungskomplexen zur Folge hatte.

Diese Kommerzialisierung hat sich in anderen Teilen der Alpen nicht vollzogen, so z. B. in den südfranzösischen Alpen, dem Zweitwohnungshinterland der Städte Südostfrankreichs, und ebenso wenig im Zweitwohnungsraum der Wiener, welcher die Ausläufer der Ostalpen umfasst. Die Gründe liegen in beiden Fällen in der lange betriebenen sozialen Wohnungspolitik.

Ebenso wie diesem Zweitwohnungswesen ökonomische Rationalität und Renditedenken als leitende Motive weitgehend fehlen, gilt dies auch für den umfangreichen Sektor der österreichischen Privatzimmervermietung, der eine Sonderstellung in Europa besessen hat und im Generationenwechsel heute im Rückgang begriffen ist. Auch hier ging es um die Finanzierung des Baus eines eigenen Hauses. Erlöse aus dem Fremdenverkehr wurden daher ähnlich wie bei Bergbauern im Rahmen eines Budgetdenkens beurteilt und nicht direkt zur Arbeitszeit in eine Beziehung gesetzt.

Eine „glückliche Ehe" zwischen Agrarwirtschaft und Tourismus ist im alpinen Raum nur im Westen Österreichs gelungen.

In der Dreiergemeinschaft westösterreichischer Bundesländer trugen die Merkmale Tirols wesentlich zum Planungsleitbild für die Alpenregion bei. Dazu zählen der multifunktionale Lebensraum der einheimischen Bevölkerung (Inntal) und die Partizipation breiter Bevölkerungsschichten am Fremdenverkehr.

Dies war nur durch das zähe Festhalten der Tiroler Bergbauern an ihren ererbten Höfen möglich, so dass zum Unterschied von den französischen Alpen eine im Wesentlichen noch intakte Agrargesellschaft die Chancen des Fremdenverkehrs in eigener Initiative wahrnehmen konnte und von lokalen Unternehmen die notwendigen Investitionen geleistet wurden.

Die Konsequenzen des Amalgams von Agrar- und Freizeitgesellschaft waren: die Festigung der Siedlungsgrenze, die Erneuerung und der Ausbau der ländlichen Siedlungen und die Umkehr der „Bergflucht" der Bevölkerung in eine „Bergwanderung", d.h. in die Hintergründe der Täler mit zweisaisonalem Freizeitpotential.

Die klimaökologische Sonderstellung Tirols ist recht eindrucksvoll an einem Nord-Süd-Profil zu illustrieren (Abb. 9.18). In Nordtirol bestehen nur graduelle, jedoch keine grundsätzlichen Unterschiede der Wirtschaftsweise und der Lebensform zu den Bauern des bayerischen Alpenvorlandes. Im Süden des Brenners hebt sich der Bergbauernraum jedoch als höheres Nutzungsstockwerk gegenüber der breiten Verfallszone von Dorfsiedlungen mit realgeteilter Flur heraus, die auch die Tiefenstufe der Polykultur umfasst. Allein in Südtirol berühren sich die intensiven Monokulturen von Obst und Wein des Etschtales, nur durch ein schmales Band der Extensivierung getrennt, nahezu mit dem Bergbauernraum, in dem ähnlich wie in Nordtirol die bäuerlichen Betriebe am Sommertourismus und in den Hochlagen auch am Wintertourismus partizipieren.

Allerdings sind diese Leistungen nur durch den harten Arbeitseinsatz sowie den Konsum- und Freizeitverzicht der heutigen Generation der Hofbesitzer und Fremdenverkehrsunternehmer möglich gewesen. Es ist eine Frage an die Zukunft, ob auch die nächste Generation bereit sein wird, diese Leistungen und Verzichte zu erbringen.

QUO VADIS, EUROPA?

Zur Thematik

Zu Beginn des 21. Jahrhunderts ist eine Standortbestimmung von Europa in der Welt erforderlich. Das größte Experiment der Weltgeschichte, die Teilung Europas in zwei Hälften mit unterschiedlichen politischen Systemen, ist zu Ende, und im Anschluss daran hat die Europäische Union das Haus Europa nahezu wieder in die räumliche Konfiguration des mittelalterlichen Europa zurückgebracht und inzwischen im Welthandel den ersten Platz erobert.

Nun steht die Europäische Union allerdings vor einem doppelten Dilemma. Im Inneren ist die zügige Integration der Nationalstaaten in eine politische Union vorerst blockiert. Der Ratifizierungsprozess der Europäischen Verfassung wurde zum Auslöser für eine immer häufiger geforderte Re-Nationalisierung.

Nach außen ist die Expansion in ein Terrain außerhalb des Kulturerdteils Europa zur Disposition gestellt. Was sind die Gründe dafür? Die Antwort ist schlicht und lautet: *„Wir leben im amerikanischen Zeitalter!"* Der ersten Globalisierung, welche den Titel „Europäisierung der Erde" trägt, ist eine zweite Globalisierung gefolgt, die von den USA ausgeht. Sie hat tiefgreifende Konsequenzen. Amerika ist nicht nur der Innovator des postindustriellen Zeitalters und der Trendsetter der Lebensstile geworden, sondern bestimmt mit seiner singulären militärischen Macht auch das globale politische Geschehen.

Die bereits genannte Pax Europaea steht unter dem Schutz des Atomschirms der NATO. Wir müssen zur Kenntnis nehmen, dass mit der Gründung der NATO im Jahre 1949 die USA die militärische Kontrollfunktion über die in erster Linie von wirtschaftlichen Interessen getragene, knapp später gegründete Europäische Gemeinschaft übernommen haben und auch – dies wurde stets viel zu wenig beachtet – die NATO die jeweiligen Schritte der Erweiterung vor denen der EU gesetzt hat.

Die Aussage ist einsichtig, dass es für die EU derzeit schwierig ist, sich vom Gängelband der USA zu befreien, die in beiden Weltkriegen „den Kreuzzug nach Europa getragen" und diesen gewonnen haben. Da mit dem Verhandlungsbeginn der EU mit der Türkei der geographische Begriff Europa territorial nach Asien hinein erweitert wird, ist auch der Begriff „europäisch", den die noch nicht approbierte Verfassung der EU verwendet, nicht mehr derselbe wie bisher, sondern wird entsprechend dem oben akzentuierten semantischen Erfolg der EU als deren Eigenschaftswort verwendet. Damit hat der Begriff „europäisch" seine geographische Definition grundlegend verändert und auch seine 2000-jährige Geschichte abgestreift! Die Europäische Union ist als Wirtschafts- und Währungsunion dabei, über den Kulturerdteil Europa hinaus auszugreifen. Die Zeit einer internen Sichtweise, was Europa ist oder sein soll, ist vorbei. Die Europäische Union folgt der Außensicht von Europa, wie sie durch die so genannte Area of Responsibility (AOR) in dem United States European Command definiert wird! Die Zurkenntnisnahme dieser amerikanischen Definition von Europa ist zum Verständnis der gegenwärtigen politischen Entscheidungen absolut erforderlich.

Am Rande sei vermerkt, dass die Deutsche Welle im Internet bereits ein auf vier Zeitzonen ausgeweitetes Europa abbildet, welches Russland, die Türkei und die Kaukasusstaaten umfasst. Es handelt sich um ein gegenüber dem klassischen Europabegriff der Zwischenkriegszeit ausgeweitetes Europa, in dem auf 10.500 qkm 740 Mio. Menschen leben und welches de facto dem amerikanischen militärischen Europabegriff entspricht.

Unabhängig von der nur spekulativ zu beantwortenden Frage, wo im Laufe des 21. Jahrhunderts die Grenzen der EU in Asien oder Afrika liegen werden, ist zum gegenwärtigen Zeitpunkt die EU, die sich soeben um zehn Staaten erweitert und den Schritt zu einer politischen Union noch nicht gemacht hat, mit einer Eingliederung der Türkei außenpolitisch überfordert und muss innenpolitisch „als Laboratorium für die Europäisierung des Islam" mit einer Fülle von Konflikten rechnen. Ich darf dazu den bekannten Satz von Gorbatschow zweifach abwandeln: *„Wer zu früh kommt, auch den bestrafen die Götter."*

Das amerikanische Zeitalter

Im Jahre 1917, während des Ersten Weltkriegs, entschloss sich der amerikanische Präsident Wilson, die Isolationspolitik seines Landes aufzugeben und „den Kreuzzug nach Europa zu tragen". Damit begann die offensive Weltpolitik der Vereinigten Staaten. Sloterdijk verweist darauf, dass die historische Reichsidee des Imperium Romanum von den Vereinigten Staaten bereits mit der Unabhängigkeitserklärung übernommen worden ist (Sloterdijk 2002, S. 29).

Die gegenwärtige amerikanische Weltpolitik wird vom „Project for the New American Century" (PNAC: www.newamericancentury.org21) in Washington, dem Think Tank der Vereinigten Staaten, bestimmt. Dieser 1997 gegründeten Vereinigung gehören führende Mitglieder der Republikanischen Partei und der gegenwärtigen Regierung von Präsident Bush an, wie Donald Rumsfeld, Dick Cheney und Paul Wolfowitz, um nur die wichtigsten zu nennen. Der Webseite ist zu entnehmen, *„that American leadership is good both for America and for the world".* Im September 2000 erschien der Bericht „Rebuilding America's Defenses", in dem die Errichtung von permanenten Militärbasen rings um die Welt propagiert wurde. *„This global police force would have the power to keep law and order around the world in accordance with rules that the United States would establish as being proper and just. It also advocates the United States government should capitalize on its military and economic superiority to gain unchallengeable superiority through all means necessary, including military force."*

2002 haben die USA eine neue Sicherheitsdoktrin verabschiedet, die den Einsatz von Kernwaffen nicht nur für den Verteidigungsfall, sondern auch bei militärischen Handlungen präventiven Charakters ausdrücklich vorsieht. Derzeit verfügen die USA über etwa 10.000 nukleare Sprengköpfe. In Europa sind Nuklearwaffen stationiert in Belgien, in Deutschland (Bundeswehr-Fliegerhorst Büchel an der Mosel und US-Fliegerhorst Ramstein in der Pfalz), in Großbritannien, Italien, den Niederlanden und in der Türkei (Kötter 2001a). Im Zeichen des Antiterrorkampfes stehen im Jahr 2005 den USA mit 441 Mrd. US-$ Mittel in einer Höhe zur Ver-

fügung wie nie zuvor in der Geschichte – fast so viel wie die Rüstungsbudgets aller anderen Staaten der Welt zusammen. Mit der begonnenen Militarisierung des Weltalls hat – unbemerkt von der globalen Öffentlichkeit – eine neue Ära des Wettrüstens begonnen. Die Einteilung der Welt in regionale Kommandobereiche (2004: NORTHCOM, CENTCOM, EUCOM, PACCOM; SOUTHCOM, SPACECOM) gehört zur Weltpolitik.

Als einziger kontinentaleuropäischer Staat hat Frankreich unmittelbar nach Kriegsende unter General de Gaulle ein Nuklearprogramm begonnen; französische Atomphysiker hatten schon vor dem Zweiten Weltkrieg zu den Pionieren des friedlichen wie auch des militärischen Gebrauchs der Kernenergie gehört. Derzeit verfügt Frankreich über 350 Nuklearsprengköpfe, und dank der jüngsten Innovation wird die französische U-Boot-Flotte bis 2008 mit Raketenreichweiten bis 10.00 km territorial unbegrenzt einsatzfähig sein. Zum Unterschied von Frankreich ist dagegen Großbritanniens Atomstreitmacht vollständig auf die Kooperation mit den USA angewiesen und die britischen Kernwaffen sind der Befehlsgewalt der NATO zugeordnet (Kötter 2001b).

Nun ist die militärische Strategie der Vereinigten Staaten nur ein Teil der nationalen Gesamtstrategie, welche auch die wirtschaftliche und die kulturelle Teilstrategie umfasst.

Zum Unterschied von der militärischen Macht müssen sich die USA die ökonomische Macht mit anderen Staaten teilen. Zwar entfallen auf die USA 31% der Weltproduktion zu Marktpreisen, doch können sie hier nicht unipolar vorgehen. Die EU ist als globaler ökonomischer Player inzwischen zu einer ernst zu nehmenden Konkurrenz der USA geworden. Nur am Rande von der Öffentlichkeit wahrgenommen hat hinter der Fassade von Freundschaftsbekundungen ein ökonomischer Grabenkrieg begonnen, der nicht nur durch die seit den 1980er Jahren jährlich von der EU herausgegebenen Berichte über die Handelsbarrieren der USA, sondern auch durch zahlreiche Memoranden belegt wird und sich von Importbeschränkungen und „Anzeigen" bei der WTO, von Agrarprodukten über Stahlerzeugnisse bis zur Flugzeugbranche hin „gesteigert" hat.

Schließlich sind die USA im Informationszeitalter auch zu einer kulturellen Macht geworden. Sie sind der Marktführer beim Export von Videos und Filmen, Printmedien, wissenschaftlichen Publikationen und Fachbüchern. Sie sind ebenso das Zielland von Forschern und Studenten und ziehen derzeit etwa die Hälfte des intellektuellen Potentials der Welt an sich.

Bedingt durch die unilaterale militärische Politik der USA sind jedoch – schon vor dem Irakkrieg – ideologische Fronten innerhalb der westlichen Welt aufgebrochen. Die inzwischen in einer Aufla-ge von 1,4 Mio. in mehr als 20 Sprachen erscheinende französische Monatszeitschrift „Le Monde diplomatique" ist zu einem Sprachrohr für die mediale Kritik an der amerikanischen Weltpolitik geworden. Amerikanisches Sendungsbewusstsein, unbegrenzter Fortschrittsglaube, die Missachtung des Völkerrechts und der Umgang mit Gewalt bilden nur einige der Angriffspunkte. Die europäische Diplomatie bemüht sich, die Differenzen zuzudecken. Nicht zu übersehen ist, dass das „Projekt für das neue amerikanische Jahrhundert", womit das 21. Jahrhundert gemeint ist, zu einem Zeitpunkt gegründet wurde, als auch in der EU neue Entwicklungen begannen.

Atlantikpakt und sozialer Wohlfahrtsstaat in Europa

Die Geopolitik, im deutschen Sprachraum lange Zeit verfemt, feiert von Frankreich aus ein Comeback. Eine Reihe hervorragender französischer Werke beschäftigt sich mit der „neuen Geopolitik von Europa" nach dem Ende des Kalten Krieges und der Beseitigung des Eisernen Vorhangs.

In diesem Zusammenhang sei von der Autorin daher auf das globale Paradoxon hingewiesen, dass im Zuge des Aufbaus der globalen Ökonomie in der Nachkriegszeit von den drei ökonomischen Weltmächten USA, EU und Japan die beiden letztgenannten nicht imstande waren, sich von der militärischen Supermacht der USA zu emanzieren, mit der andererseits in der langen Periode des Kalten Kriegs die UdSSR mit ihrem System der Kommandowirtschaft militärisch gleichziehen konnte (Lichtenberger 1999).

Rückblickend gesehen hat der erzwungene bzw. z.T. freiwillige Verzicht auf massive militärische Aufrüstung in Europa den Aufbau der sozialen Wohlfahrtsstaaten unterstützt. Es ist einsichtig, dass daher manche Amerikaner die Auffassung vertreten, dass die amerikanischen Steuerzahler, die mit einem wesentlich bescheideneren „social overhead" vorlieb nehmen müssen, den Aufbau der beachtlichen sozialen Wohlfahrt in Europa mitfinanziert haben (Kagan 2003).

Andererseits haben die USA mit gigantischen Rüstungsausgaben auch den Atomschirm des atlantischen Bündnisses über Westeuropa zu einem wesentlichen Teil finanziert, wobei sie freilich die schlichte strategische Vorgangsweise verfolgten, potentielle Aggressionen der Sowjets durch den Außenposten Westeuropa vom eigenen Territorium fern zu halten.

Bei dieser Aussage sei innegehalten, und zwar ohne auf die schon seit mehreren Jahren sich dahinschleppende Diskussion um die künftige Aufgabe der NATO in Europa einzugehen, auf den Aufbau einer „neuen" NATO sozusagen, in der man einen wesentlichen Teil der Verantwortung und der finanziellen Kosten an die europäischen Staaten abgeben möchte.

Vielmehr erscheint es wichtig, auf die Koinzidenz der „Produktzyklen" von atlantischem Verteidigungsbündnis und wohlfahrtsstaatlichem Ausbau hinzuweisen, die eine interessante Symbiose eingegangen sind. Es ist müßig, darüber zu diskutieren, dass sich Europa die Kosten für die Entwicklung eines voll ausgebauten Sektors der Rüstungsindustrie weitgehend ersparen konnte. Es muss nämlich der Bedarf an Rüstungsgütern derzeit zu einem wesentlichen Teil durch Importe aus den USA abgedeckt werden. In der Literatur wurden keine Angaben darüber gefunden, wie viele Arbeitsplätze in der EU durch die Schaffung einer voll ausgebauten europäischen Rüstungsindustrie für die immerhin über 3,5 Mio. Soldaten und deren beträchtliche Ausrüstung geschaffen werden könnten.

Obwohl sich beide Systeme, nämlich das strategische System der NATO und das politökonomische System des sozialen Wohlfahrtsstaates, in der Endphase ihres Produktzyklus befinden, sind derzeit in beiden Fällen echte Alternativen nicht sichtbar. Nur Um- und Rückbauten sind im Gange.

Die Aussage ist zulässig, dass in einer Zeit, in der Sparpakete, Arbeitslosigkeit sowie ein Rückbau der Pensions- und Gesundheitssysteme die Bürger der EU erschrecken, eine Erhöhung der militärischen Budgets politisch kaum durchsetzbar ist. Die weitgehende Erhaltung des sozialen Wohlfahrtssystems gehört hingegen zum ideologischen Grundgerüst der Europäischen Union.

Wechselt man zu einer globalen Perspektive, indem man die jüngsten politökonomischen Entwicklungen in Ostasien – insbesondere das wachsende Gewicht Chinas – und die politisch-religiösen Tendenzen in der Welt des Islam in die Überlegungen einbezieht, so wird die strategisch-militärische und ökonomische Diversifizierung der globalen Szene offensichtlich, aus der in langfristiger Perspektive ein weiterer Bedeutungsverlust der europäischen Agenden auf der Bühne des globalen Geschehens resultieren kann.

Wichtig auch für die Zukunft sind gegenüber der Hegemonialpolitik der USA die Unterschiede zwischen der Balancetendenz, die vor allem in Frankreich klar formuliert wird, und der in Deutschland vorherrschenden Auffassung von der transatlantischen „Partnerschaft" sowie der atlantischen „Gemeinschaft".

EU und NATO

Während die bürokratischen Maßnahmen der EU in die Lebenswelt des europäischen Bürgers eingreifen und daher kontinuierlich zur Kenntnis genommen werden, wird die Sphäre der NATO und vor allem ihre Relation zur EU aus der Sichtweise der Öffentlichkeit und der Medien weitgehend ausgeblendet.

Nun ist es eine strategische Tatsache, dass die politische Teilung Europas durch die Gründung des Nordatlantikpaktes 1949 von den USA weiter verstärkt worden ist. Zu den zwölf Gründerstaaten – Frankreich, Großbritannien, Belgien, den Niederlanden, Luxemburg, Dänemark, Norwegen, Island, Italien, Portugal, den USA und Kanada – traten 1952 Griechenland und die Türkei. Nach zehnjähriger Bewährungsfrist wurde 1955 die Bundesrepublik Deutschland aufgenommen, 1982 folgte Spanien. In der Aufnahme Deutschlands äußerte sich der Wandel der Zielsetzung der NATO aus einem Instrument zur Kontrolle Deutschlands in ein globales Instrument im Kalten Krieg mit dem Drohpotential der Atombombe. Treibende Kraft für das Zustandekommen des Bündnisses waren von vornherein die USA, welche damit die militärische Kontrollfunktion über die in erster Linie von wirtschaftlichen Interessen getragene Europäische Gemeinschaft übernahmen. Dementsprechend ist nicht nur die Errichtung der NATO in Europa der Errichtung der EWG vorangegangen, sondern die NATO hat auch die jeweiligen Schritte der Erweiterung vor denen der EU gesetzt.

Die Europäische Gemeinschaft für Kohle und Stahl (EGKS, auch Montanunion genannt) war zwei Jahre nach Gründung des Europarates der erste wirtschaftliche Zusammenschluss in Europa. Auf Initiative der französischen Politiker Jean Monnet und Robert Schuman sollten die wichtigen Rohstoffe Kohle und Stahl künftig auf einem gemeinsamen Markt gehandelt werden. Frankreich und Deutschland sahen in der Montanunion einen Weg, ihre alte Feindschaft beizulegen. 1952 trat die Montanunion in Kraft. Ihr gehörten neben Deutschland und Frankreich auch Belgien, die Niederlande und Luxemburg sowie Italien an. Erst 1973 traten Großbritannien, Irland und Dänemark der EWG bei, somit 19 Jahre nach dem Beitritt zur NATO. Ähnlich spät folgte 1981 Griechenland, noch später 1986 Portugal sowie Spanien, dieses allerdings bereits vier Jahre nach dem NATO-Beitritt. Frankreich ist 1966 aus der NATO ausgetreten; 1996 hat es dieser gegenüber einen Beobachterposten bezogen.

Mit dem Ende des Kalten Krieges, der Auflösung des Warschauer Paktes 1991 und dem Zerfall der Sowjetunion entfiel der eigentliche Zweck, für den die NATO gegründet worden war. Die USA wollten jedoch diese wichtige militärische Kontrollfunktion über den europäischen Raum nicht aus der Hand geben und führten eine Reorganisation der Streitkräfte in Europa durch.

1995 erweiterte sich die EU durch die Aufnahme von drei neutralen Staaten – Österreich, Finnland und Schweden –, von denen zwei, Österreich und Finnland, an den Eisernen Vorhang angegrenzt hatten. Die drei genannten Staaten sind bislang nicht der NATO beigetreten.

1998 vollzog die NATO in einem Übersprungeffekt die erste Erweiterung nach dem Fall des Eisernen Vorhanges. Diese umfasste die Staaten Ungarn, Tschechien und Polen, welche in die EU erst im Rahmen der EU-Erweiterung von 2004 aufgenommen wurden. Sieben Länder – die baltischen Staaten, die Slowakei sowie Slowenien – wurden im selben Jahr gleichzeitig NATO- und EU-Mitglieder. Wieder in einem Vorgriff gegenüber der EU wurden

2004 von der NATO Rumänien und Bulgarien als neue Mitglieder akzeptiert. Ein weiterer Ausgriff in Südosteuropa ist für 2006 angekündigt. Es handelt sich um die Aufnahme von Kroatien, Albanien und Mazedonien. Die beiden erstgenannten Staaten sind Anrainerstaaten der Adria, deren Küste zu erreichen stets ein Ziel von Russland gewesen ist.

Budgets reflektieren das monetäre Potential von Institutionen und sind damit Indikatoren für deren politische Macht. Das Budget der EU betrug im Jahr 2004 115 Mrd. Euro (138 Mrd. US-Dollar). Das NATO-Handbook 2004 belegt für das Jahr 2000 für die NATO-Staaten Europas (einschließlich der Türkei!) Gesamtausgaben für die Rüstung in der Höhe von 159 Mrd. US-Dollar; dazu kamen von den USA

Tab. 10.1 *Verteidigungsausgaben der NATO-Staaten in % des BNP 1980 – 2000 (Mittelwerte auf laufenden Preisen)*

Staat	1980 – 1984	1985 – 1989	1990 – 1994	1995 – 1999	2000	2001 (Sch.)
Westeuropa						
Belgien	3,2	2,8	2,0	1,5	1,4	1,3
Niederlande	3,0	2,8	2,3	1,8	1,6	1,6
Luxemburg	1,0	1,0	0,9	0,8	0,7	0,8
Frankreich	4,0	3,8	3,4	2,9	2,6	2,6
Großbritannien	5,2	4,5	3,8	2,8	2,5	2,4
Mitteleuropa						
Deutschland	3,3	3,0	2,1	1,6	1,5	1,5
Nordeuropa						
Dänemark	2,4	2,0	1,9	1,7	1,5	1,5
Norwegen	2,7	2,9	2,8	2,2	1,8	1,8
Südeuropa						
Griechenland	5,3	5,1	4,4	4,6	4,9	4,8
Italien	2,1	2,3	2,1	1,9	2,1	1,9
Portugal	2,9	2,7	2,6	2,3	2,1	2,1
Spanien	2,3	2,1	1,6	1,4	1,3	1,2
EU-Erweiterung						
Polen	–	–	–	–	1,9	1,8
Tschechische Republik	–	–	–	–	2,3	2,2
Ungarn	–	–	–	–	1,7	1,8
NATO Europa	**3,5**	**3,2**	**2,6**	**2,2**	**2,1**	**2,0**
NATO gesamt	**4,5**	**4,5**	**3,5**	**2,7**	**2,5**	**2,5**
Türkei	4,0	3,3	3,8	4,4	5,0	5,0
USA	5,6	6,0	4,7	3,3	3,0	2,9
Kanada	2,0	2,1	1,9	1,4	1,2	1,1

Quelle: NATO-Handbook 2004. (Sch. = Schätzung)

nochmals 313 Mrd. US-Dollar, so dass sich das Gesamtbudget auf 472 Mrd. US-Dollar belief.

Von der Bevölkerung nicht registriert, steuern die der NATO angehörenden EU-Staaten indirekt mehr Geld zur NATO bei als zum eigenen Staatenbund! Dieser Satz bedarf allerdings insofern einer Modifizierung, als die nationalen Rüstungsausgaben nicht exakt mit den Ausgaben für die NATO gleichzusetzen sind, da z.B. der Einsatz der Bundeswehr beim Oder-Hochwasser aus dem Militärbudget bestritten worden ist. Die vorliegende Statistik weist jedoch bedauerlicherweise derartige Zivileinsätze auf europäischer Ebene nicht aus (vgl. Tabelle 10.1).

In Hinblick auf die militärische Präsenz der EU im globalen Rahmen bleibt die Aussage bestehen, dass die USA als Partner der europäischen Verteidigungspolitik diese aufgrund ihrer militärischen Stärke entscheidend mitbestimmen und den europäischen Interessen auch weiterhin nichteuropäische gegenüberstellen werden. Der Aufbau einer europäischen Militärmacht, welche bereits von de Gaulle angestrebt wurde, gehört in eine ungewisse Zukunft.

Die Wirtschafts- und Währungsunion als globaler ökonomischer Player

Die Wirtschaftsunion hat sich schon als EU-15 zum großen Player im internationalen Handel entwickelt, auf den mehr als ein Viertel der gesamten internationalen Handelsströme entfiel. Als führender Exportraum der Welt standen die EU-15 noch vor den USA sowie den dynamischen neuen Tigerstaaten Japan und China und hatten stets eine positive Handelsbilanz zu verzeichnen. Durch die EU-Erweiterung sind die Außenhandelsströme der EU-15 in die Neumitglieder nunmehr zu internen Strömen innerhalb der EU-25 geworden. Der Binnenhandel ist gewachsen. Zwei Drittel der Produkte werden bereits innerhalb der EU von einem Staat in den anderen transferiert. Eine neue Weltsicht im globalen Handel ist erforderlich: Die Importe aus Ostasien (China 9,5%, Japan 7,7%) werden in naher Zukunft den Import aus den USA (19,2%) erreichen und vermutlich sogar übertreffen (Allen 2001).

Die EU ist aber nicht nur ein globaler Player im Export, sondern ebenso in den interkontinentalen Direktinvestitionen, wobei sie im Ausmaß inzwischen die USA übertroffen hat.

Im Zeitalter der Europäisierung der Erde hat Europa Menschen und Kapital in weite Teile der Erde „ausgeführt". An der Wende zum 21. Jahrhundert beginnt es wieder in erstaunlichem Umfang Kapital zu exportieren, während es andererseits in steigendem Maße zu einem Einwanderungsraum geworden ist.

Der wesentliche Schritt zu Beginn des 21. Jahrhunderts war zweifellos die Einführung des Euro.

Innerhalb von „Schengenland", aus dem sich derzeit nur Großbritannien ausschließt, ist in Europa „Euroland" entstanden. Das Vereinigte Königreich von Großbritannien und Nordirland und – nach Volksentscheiden – die Königreiche Schweden und Dänemark nehmen an der Währungsunion vorerst nicht teil. Von den Erweiterungsstaaten ist es drei kleinen Staaten, Slowenien, Estland und Litauen, in kurzer Zeit gelungen, den Beitritt zum europäischen Wechselkursmechanismus II (WKM II) zu erlangen. Eine Aufnahme in die Eurozone ist damit 2007 möglich. Die restlichen Kleinstaaten Malta, Zypern und Lettland haben mit 1. Mai 2005 ebenfalls den Status des WKM II erreicht. Die Slowakei peilt den Eurobeitritt um 2008/9 an, Ungarn und Tschechien um 2009/10. Polen hat bisher kein Datum genannt.

Die Einführung des Euro als Zahlungsmittel betrifft auch so genannte Drittländer, mit denen seitens EU-Staaten Währungs- oder Wechselkursabkommen bestanden haben. In Europa zählen dazu die Kleinstaaten Monaco, San Marino, der Vatikanstaat und schließlich Andorra, wo sowohl die französische als auch die spanische Währung als Zahlungsmittel akzeptiert worden war.

Zu den interessanten Phänomenen in Südosteuropa gehört, dass durch die überwiegend in Deutschland arbeitenden Gastarbeiter in den Teilrepubliken von Kroatien, Bosnien-Herzegowina, Montenegro und Serbien die Deutsche Mark als Hartwährung in Gebrauch war. Davon hat sich die DM als Staatswährung in Bosnien-Herzegowina erhalten.

Nach der EU-Erweiterung zeichnet sich inzwischen die Einrichtung einer Freihandelszone in Südosteuropa ab, an der acht Balkanstaaten – Kroatien, Bosnien-Herzegowina, Serbien-Montenegro, Albanien, Mazedonien, Bulgarien, Rumänien und Moldawien – beteiligt sind. Sie soll in diesem Wirtschaftsraum mit insgesamt rund 60 Mio. Einwohnern Anfang 2007 funktionsfähig sein. Insgesamt hat die EU ein äußerst ehrgeiziges ökonomisches Programm entwickelt.

Der Weg zur politischen Union

Am 29.10.2004 haben die Staatsoberhäupter und Außenminister von 28 Staaten, von 25 EU-Staaten einschließlich der Kandidatenländer Rumänien, Bulgarien und der Türkei, in Rom im selben Raum, in dem 1957 die Europäische Gemeinschaft gegründet worden war, die Konstitution für die Europäische Union unterzeichnet. Die Europäische Verfassung ersetzt die meisten derzeit gültigen Verträge und besteht aus vier Teilen. Der erste Teil definiert die EU, ihre Werte, Zielsetzungen, Objekte und Verantwortlichkeiten, die Entscheidungsprozesse und Institutionen. Der zweite Teil umfasst die Grundrechte der EU-Bürger, der dritte Teil beschreibt die Politik und Handlungsfelder der EU. Der vierte Teil stellt vor den Schlussklauseln das Verfahren zur Annahme der Verfassung sowie deren möglicher Revision dar (Schieder 2004).

Die Ratifizierung der Europäischen Verfassung durch die Mitgliedstaaten brachte den befürchteten Rückschlag. In Frankreich und in den Niederlanden stimmte im ersten Halbjahr 2005 die Mehrheit der Wähler gegen die europäische Verfassung. Auch wenn dabei innenpolitische Gründe eine wichtige Rolle spielten, so war es für den Europäischen Integrationsprozess ein rotes Signal. Die EU als Repräsentant von Europa ist noch immer nicht Teil einer neuen supranationalen Identität geworden, sie ist unbeliebt, wird für Missstände verantwortlich gemacht und gilt als zentralistische Einrichtung einer bürgerfernen Bürokratie.

Ein halbes Jahrhundert nach den Römischen Verträgen und eine halbe Generation nach dem Fall des Eisernen Vorhangs ist die Euphorie verflogen, mit der man seinerzeit im Vergleich zu Amerika von den „Vereinigten Staaten von Europa" gesprochen hat. Die Verfassung der EU ist eine bürokratische Angelegenheit geworden, welche den Geist des juristischen Alltagsgeschäfts von Brüssel atmet, in dem Hunderte Kompromisse miteinander unentwirrbar verkettet sind. Hierzu im Folgenden einige Kostproben aus der nicht ratifizierten Verfassung:

Eine Mehrheitsentscheidung im Ministerrat ist dann getroffen, wenn 55 % der Mitgliedstaaten zustimmen, die zugleich mindestens 15 Mitgliedstaaten und mindestens 65 % der Gesamtbevölkerung vertreten. Die Mehrheitsentscheidung ist aber auch dann getroffen, wenn weniger als vier Mitgliedstaaten mit Nein stimmen. Für die Politikfelder Justiz und Inneres, Äußeres, Wirtschaft und Finanzen gilt hingegen: Wenn der Rat nicht auf Vorschlag der EU-Kommission oder des EU-Außenministers entscheidet, ist eine Mehrheitsentscheidung mit 72 % der Mitgliedstaaten (mit mindestens 65 % der Bevölkerung) getroffen. Wenn aber eine Gruppe von Mitgliedstaaten mit mindestens 30 % der Bevölkerung oder 40 % der Mitgliedstaaten gegen eine Mehrheitsentscheidung eintritt, muss sich der Rat damit befassen. Diese Regel bliebe bis mindestens 2014 in Kraft!

In die Zukunft auf fünf Jahre weitergeschoben wurde das geltende Prinzip: „Ein Land, ein Kommissar". Danach soll die Zahl der Kommissionsmitglieder auf zwei Drittel der Zahl der Mitgliedstaaten reduziert werden.

Der Hauptfortschritt bestünde in der Aufhebung des halbjährigen Turnuswechsels des Präsidenten, der in der neuen Verfassung von den Staats- und Regierungschefs für zweieinhalb Jahre gewählt werden und neben dem Außenminister die EU nach außen vertreten und den Vorsitz bei Gipfeltreffen führen soll. Ebenso würde der Außenminister vom Europäischen Rat mit qualifizierter Mehrheit in Übereinstimmung mit dem Präsidenten gewählt werden. Wie jede Konstitution wäre auch die europäische Verfassung ein Formelkompromiss auf Bewährung.

Eine Realität der bisherigen politischen Praxis wird freilich von der Verfassung nicht angerührt, nämlich die medial sichtbare Außenpolitik der „Großen Drei", der Staatschefs von Frankreich, Deutschland und Großbritannien. Zur Position von Europa in der Weltpolitik gilt: *„Eine kohärente europäische Außenpolitik ist nur in dem Maße zu er-* *warten, wie sich die deutschen und französischen Vorstellungen von einer europäischen Zivilmacht annähern und gegenüber dem britischen Verständnis der EU als Handelsmacht durchsetzen können"* (Rittberger und Fariborz Zelli 2004).

Der Ausgriff der EU über den Kulturerdteil Europa hinaus

Das Jahr 2004 wird als das Jahr der Gleichzeitigkeit des Ungleichzeitigen in die Geschichte der EU eingehen. In diesem Jahr erfolgten drei geopolitisch wichtige Entscheidungen für die politische Landkarte der EU, die EU-Erweiterung, die Errichtung einer Freihandelszone in Südosteuropa und der Beschluss über den **Beginn von Beitrittsverhandlungen mit der Türkei** im Oktober 2005. Um die zweifellos langwierige und konfliktträchtige Diskussion einer Aufnahme der Türkei in die EU geht es im Folgenden:

Am 29. Juni 2004 formulierte der US-amerikanische Präsident Bush in einer Rede vor der Galatasaray-Universität in Istanbul den Satz: *„America believes that, as a European power, Turkey belongs in the European Union"* (www.whitehouse.gov/news/releases2004/06/20040629-1.html).

Dieser Satz, in richtungsweisender Absicht gesprochen, steht hörbar im Hintergrund der Diskussionen von Befürwortern und Gegnern der Mitgliedschaft der Türkei in der Europäischen Union. Es geht letztlich darum, ob die europäische Außen- und Sicherheitspolitik sich künftig in einem wachsenden Dissens zu den Vereinigten Staaten von Amerika befinden oder ob sie im engen Verbund mit ihnen gemeinsame außenpolitische Interessen vertreten will.

Eine Analyse der Argumente von Befürwortern und Gegnern des Türkeibeitritts ist angebracht.

Vorausgeschickt sei, dass die **politischen Kriterien** – Realisierung der institutionellen Stabilität als Garantie für demokratische und rechtsstaatliche Ordnung, für die Wahrung der Menschenrechte sowie für den Schutz von Minderheiten – nicht exakt definiert sind und den Befürwortern des Türkeibeitritts wohl bewusst ist, dass die Türkei derzeit – aufgrund des Kurdenproblems – kein „sicheres Herkunftsland" darstellt. Es wird jedoch angenommen, dass diese Mängel während der mehrjährigen Verhandlungen beseitigt werden können.

Hinsichtlich der **ökonomischen Kriterien** besteht zwischen Befürwortern und Gegnern einer Vollmitgliedschaft der Türkei Einigkeit darüber, dass die wirtschaftlichen Kriterien von Kopenhagen – funktionierende Marktwirtschaft sowie die Fähigkeit, dem Wettbewerbsdruck und den Marktkräften innerhalb der Union standzuhalten, funktionsfähige Verwaltungen und ein konsequenter Kampf gegen die Korruption – gegenwärtig noch nicht erfüllt sind. Das türkische Bruttoinlandsprodukt je Einwohner erreichte 2004 nur 22% des EU-Durchschnitts, die Inflationsrate lag bei 50% (!), und es bestand ein sehr steiles soziales Gefälle zwischen den industriell entwickelten Gebieten um Istanbul sowie in der Marmara-Region und den unterentwickelten kurdischen Provinzen im Südosten.

Ferner liegt kein unmittelbarer, ökonomisch motivierter Handlungsbedarf vor, da seit 1996 eine Zollunion zwischen der EU und der Türkei besteht. Der Handelsbilanzüberschuss der EU gegenüber der Türkei betrug im Jahre 2000 knapp 13,2 Mrd. Euro. Eine Vollmitgliedschaft der Türkei in der Europäischen Union würde bedeuten, dass dieser positiven Handelsbilanz Transferleistungen von Seiten der EU in Milliardenhöhe gegenübertreten müssten. Beitrittsbefürworter beziffern die jährlichen Transferleistungen auf etwa 6 bis 8 Mrd. Euro.

Die Hauptunterschiede zwischen Beitrittsgegnern und -befürwortern bestehen in der **Beurteilung der geopolitischen Realität**. Mehrere Argumente werden von den Beitrittsgegnern ins Treffen geführt.

Aufgrund der abgehobenen geographischen Lage gegenüber Europa würde die EU mit der Eingliederung der Türkei in Eurasien ein neues geostrategisches Feld betreten. Das Spektrum der neuen Nachbarn der EU würde vom Kaukasus, mit den Staaten Georgien, Armenien und Aserbeidschan, bis zu den Nachbarstaaten in Vorderasien, Iran, Irak, Syrien und dem Libanon, reichen. In Hinblick auf die militärische Einteilung der Welt durch die USA würde dies somit ein Ausgreifen vom „Verantwortungsbereich" von EUCOM in den Verantwortungsbereich von CENTCOM, zu dem u. a. der Vordere Orient gehört, bedeuten.

Die EU würde sich ferner in das Machtdreieck zwischen den USA, Israel und der Türkei einklinken, welches durch den 1999 zwischen der Türkei und Israel abgeschlossenen militärischen Kooperationsvertrag geschaffen worden ist. Diese israelisch-türkische Allianz hat ein Klima der Polarisierung und Konfrontation entstehen lassen. Das gespannte Verhältnis zu den benachbarten arabischen Staaten brächte neue Herausforderungen für die EU. Das Kurden- und das Palästinaproblem lägen damit unmittelbar vor ihrer Haustüre. Die EU wäre von der Instabilität der Region stärker betroffen als heute und müsste sich daher gegebenenfalls politisch stärker engagieren, und zwar in einem Raum, welcher zumindest in der ersten Hälfte des 21. Jahrhunderts für die Energiepolitik von Washington zentrale Bedeutung besitzt, da hier ein Gutteil der Erdölreserven der Welt lagert. Mit einem EU-Mitglied Türkei könnten Diplomatie und Kapital der EU in dem wichtigen vielgliedrigen Erdölrevier, welches sich von Zentralasien bis zur Arabischen Halbinsel spannt, besser in amerikanische Interessen „integriert" werden.

Direkt wäre die EU damit in die von den USA geförderte Position der Türkei als Energieumschlagplatz für die Gas- und Ölreichtümer des Kaspischen Beckens und des Kaukasus eingebunden; schließlich wurde der Bau der Baku-Tbilissi-Ceyhan-Pipeline, welche die Türkei mit dem Kaspischen Meer verbindet, kürzlich bereits fertiggestellt. *„Mit dem Heranrücken von Iran, Irak und Syrien als unmittelbare Nachbarn würden auch andere Großprojekte, wie die Realisierung des Südostanatolienprojekts"* (Hütteroth und Höhfeld 2002), d. h. die Fertigstellung des Baus von 21 Staudämmen und 17 Wasserkraftwerken, mit denen sich der Wasserabfluss aus Euphrat und Tigris in den Irak und nach Syrien kontrollieren ließe, zu den Agenden der EU gehören. Neue, bisher unbekannte Konfliktfelder

mit Russland und den arabischen Staaten würden sich auftun.

Insgesamt ist einsichtig, dass die Frage der Aufnahme des NATO-Staates Türkei in erster Linie im Interesse der USA gelegen wäre, für welche die weitgehende Identität der Mitgliedstaaten von EU und NATO die Steuerung beider Institutionen erleichtern würde.

Letztlich wäre ein potentielles EU-Mitgliedsland Türkei für die EU ein „trojanisches Pferd", welches die USA gerne in die inzwischen ökonomisch als Konkurrenz recht mächtig gewordene EU hineinbringen möchten. Als EU-Mitglied würde die Türkei mit ca. 80 Mio. Einwohnern im Jahr 2020 als bevölkerungsreichster Staat die politischen und ökonomischen Strategien Europas in den höchsten Gremien entscheidend mitbestimmen können.

Diese potentielle Rolle der Türkei in der Führungselite von Europa wird jedoch bisher viel weniger thematisiert als die Rolle der EU **als „Laboratorium für die Europäisierung des Islam"** (Chahdortt Djavann 2004).

Die Verfechter der kulturellen Gemeinschaft der EU betonen die in Jahrhunderten gewachsene Identität, die vor allem auf dem Erbe des Christentums und der Aufklärung beruhe. Aus diesem Erbe seien die allgemein anerkannten Grundwerte entstanden, auf denen die heutige EU basiere. In der Türkei, so argumentieren sie, fehlen die europäischen Traditionen, die in der Antike, im europäischen Mittelalter, in Renaissance, Humanismus und Aufklärung wurzeln.

Einer idealistischen Sichtweise folgend, sind jedoch gerade diese Verfechter einer kulturellen Gemeinschaft der EU, welche das Erbe des Christentums und der Aufklärung betonen, dem Argument zugänglich, dass mittels einer Aufnahme der Türkei eine Europäisierung des Islam gelingen könnte und damit Huntingtons populäre These vom Kampf der Kulturen zu widerlegen sei. Es wird auf die Sonderstellung der Türkei in der islamischen Welt ebenso verwiesen wie auf die Säkularisierung unter Kemal Atatürk, der große Teile des Rechtssystems von den europäischen Staaten übernommen hat, so dass in der Türkei die Chance einer Aufklärung im Islam am größten sei.

Der Integrationsprozess von Anhängern des Islam in Europa hat zumindest bisher im Hinblick auf die räumliche Einordnung in das bestehende Siedlungssystem nicht gegriffen. Derzeit ist aus sozialgeographischer Sicht die Tendenz zu einer primären Ghettobildung offensichtlich, die zu einem wesentlichen Teil auch durch das fehlende Konnubium zwischen der türkischen Bevölkerung und der Bevölkerung der Aufnahmeländer verstärkt wird. Auch die islamischen Institutionen tragen zum Prozess der ethnischen Viertelsbildung bei.

In der Islamischen Charta 2002, welche der Zentralrat der in Deutschland lebenden Muslime ins Internet gestellt hat, ist nachzulesen, dass zu einer *„würdigen muslimischen Lebensweise im Rahmen des Grundgesetzes gehören: Einführung eines deutschsprachigen islamischen Religionsunterrichts, Einrichtung von Lehrstühlen zur akademischen Ausbildung islamischer Religionslehrer und Vorbeter (Imame), Genehmigung des Baus innerstädtischer Moscheen, Erlaubnis des lautsprecherverstärkten Gebetsrufs, Respektierung islamischer Bekleidungsvorschriften in Schulen und Behörden, Beteiligung von Muslimen an den Aufsichtsgremien der Medien, Vollzug des Urteils des Bundesverfassungsgerichts zum Schächten, Beschäftigung muslimischer Militärbetreuer, muslimische Betreuung in medizinischen und sozialen Einrichtungen, staatlicher Schutz der beiden islamischen Feiertage, Einrichtung muslimischer Friedhöfe und Grabfelder"* (www.bpb.de/veranstaltungen/7LUISL).

Quo vadis, Europäische Union?

Das Centrum für angewandte Politikforschung in München hat über die Zukunft der EU fünf Szenarien ohne zeitlichen Horizont veröffentlicht (Algiere et al. 2003). Die Zustimmung der Leser galt den Szenarien „Kerneuropa" mit 28,0 % und „Gravitationsraum" mit 34,8 %, während der Zusammenbruch der EU mit 5,9 % nur geringe Zustimmung erhielt und die Szenarien „Methode Monet" und „Supermacht" mit 15,5 bzw. 15,7 % ebenfalls eine wesentlich geringere Akzeptanz verbuchen konnten.

Der eigene Zugang zum Thema der mittelfristigen Zukunft der EU geht einen anderen Weg: Er fragt nach der Stabilität der oben beschriebenen Faktoren (Rolle Amerikas, Wirtschafts- und Währungsunion, politische Union) im nächsten Jahrzehnt und schränkt damit den Zeitraum bis zu einem potentiellen Beitritt der Türkei ein. Zu diesem Zeitpunkt wird es erforderlich sein, eine neue Standortbestimmung der EU in der Welt vorzunehmen. Das eigentliche Problem eines Türkeibeitritts liegt nämlich weniger auf der Ebene der Zuwanderung von türkischer Bevölkerung, sondern darin, dass die Türkei bei anhaltendem Bevölkerungswachstum spätestens 2020 der bevölkerungsmäßig größte Staat in der EU noch vor Deutschland sein würde, der dementsprechend seinen Einfluss in den EU-Kommissionen und im EU-Parlament geltend machen könnte. Folgende Aussagen stehen zu Buche:

1. Sicher ist, dass die Entwicklung der EU auch weiterhin von der Weltmacht USA abhängig sein wird. Andererseits erscheint die Vorstellung berechtigt, dass in mittelfristiger Zukunft Alternativen zur gegenwärtigen unilateralen Strategie der USA auftreten können.

Colin Dueck gibt in seinem Beitrag über die „New Perspectives on American Grand Strategy" 2004 (International Security, 29, S. 197–216) einen Überblick über die derzeitige Strategiedebatte.

Der Ansatz der „Liberalen Supermacht" geht von der Überlegung aus, dass, solange weltweit eine Verständigung zwischen den liberalen Eliten besteht und die USA in Abstimmung mit den Verbündeten zurückhaltend agieren, diese daran interessiert sind, die USA als Sicherheitsgarant zu erhalten. Selbst wenn die Bedeutung der militärischen Macht geringer werden sollte, werden die USA als „Soft Power" durch ihre universelle Kultur der primäre Agendensetter bleiben.

Der Ansatz „Das Konzert der großen Mächte" sieht in Europa und Asien zunehmende Tendenzen, eine Gegenmacht zu den USA aufzubauen. Mit dieser sollten sich die USA auf gewisse Interessenzonen einigen und damit auch die Aufgabe der Erhaltung von Sicherheit und Stabilität teilen.

Der Ansatz der „Demokratischen Identitäten" geht davon aus, dass die USA die demokratischen Staaten an sich binden und zu jenen Mächten, welche die demokratischen Werte nicht teilen, wie China, ein Gegengewicht bilden sollten.

Nach dem Ansatz des „Selektiven Engagements" sollten sich die USA nicht in kleinere Konflikte hineinziehen lassen und ihre militärische Macht zur Verbreitung der Demokratisierung und der Menschenrechte einsetzen.

Alle Ansätze stimmen darin überein, dass die Bildung einer Gegenmacht zu den USA mit einer geschickten und maßvollen Außen- und Sicherheitspolitik verhindert werden kann. Aus dieser Strategiedebatte ist abzuleiten, dass vom politischen Stil der jeweiligen amerikanischen Präsidenten und deren Beratern Auswirkungen auf das globale außenpolitische Handlungsfeld der EU zu erwarten sind.

2. Unabhängig vom Erreichen des Ziels der politischen Union werden die drei genannten Projekte des 20. Jahrhunderts, das Friedensprojekt und das sozialpolitische Sicherheitsprojekt der Union dank der globalen Erfolge ihres Wirtschafts- und Währungsprojekts weiterhin Bestand haben. Damit wird auch die Budgetpolitik der EU in Richtung Agrar-, Regional- und Umweltpolitik weitergehen.

3. Als Haupterfolg zu Beginn des 21. Jahrhunderts kann die Schaffung der Währungsunion und damit von Euroland angesehen werden. Der Euro ist das eigentliche Symbol der Europäischen Union. Mit Stolz können die Europäer darauf verweisen, dass er sich allen Unkenrufen zum Trotz in Kürze als zweite Weltwährung neben dem Dollar etablieren konnte. Da bei seiner Einführung und weiteren räumlichen Ausbreitung überdies Ökonomen und Finanzexperten und nicht Politiker entschieden haben und entscheiden werden, wird die innere Stabilisierung der EU auch in erster Linie durch die Ausweitung von Euroland bestimmt werden. Es ist durchaus realistisch anzunehmen, dass spätestens bis 2015 alle EU-Erweiterungsstaaten zur Eurozone gehören werden; andererseits erscheint es hingegen völlig unrealistisch, dass sich Euroland auflösen und na-

tionale Währungen wieder eingeführt werden könnten.

Es besteht vielmehr in den Nachbarstaaten und selbst in einer weiteren Peripherie der EU eine immer wieder deklarierte Begehrlichkeit, nach Euroland zu kommen, wobei diese Begehrlichkeit durch jeweilige „Paten" in der EU und die Geschicklichkeit der politischen Führer interessante Paradoxien erzeugt. Es ist einsichtig, dass das Fehlen von geographischen Begrenzungen und die Offenheit der Kriterien für den Beitritt zur EU in der EU-Verfassung derartige Träume weiter nähren werden. Nur als Beispiel sei genannt, dass plötzlich der Kaukasus wieder im Blickfeld der EU-Medien zu finden ist. Staaten wie Armenien betonen bereits auf ihrer Homepage, dass sie zu Europa gehören; die Eliten von Staaten an der Gegenküste Afrikas, wie Tunesien und Marokko, betrachten sich ebenfalls als Europäer. Es besteht ferner ein Interesse Polens an der Eingliederung der Ukraine, deren südliche Räume einen bis in die Antike zurückreichenden Teil von Europa darstellen.

4. In der wechselvollen Geschichte der Vertiefung und Erweiterung der EU ist eine weitere Runde bereits in Sicht. Es geht um die südosteuropäischen Staaten, welche entweder unabhängig von oder möglicherweise gleichzeitig mit der Türkei aufgenommen werden könnten.

5. Die Etablierung einer Verfassung als politische Union mit einer deklarierten Außen- und Sicherheitspolitik ist im ersten Anlauf nicht erreicht worden. Nun ist die Europäische Union keineswegs ein starres Gebilde, sondern ein Prozess. Die Zollschrankenbeseitigung des Schengener Abkommens ist nicht in einem Zug erfolgt, und an der Einführung des Euro haben sich bisher auch nicht alle EU-15-Mitgliedstaaten beteiligt. Ähnliches ist in mittlerer Zukunft bei der Akzeptanz der Verfassung durch die einzelnen Staaten zu erwarten.

Ebenso werden sich auch weiterhin Änderungen von Parteienproportionen und Regierungsmehrheiten der großen Staaten auf die EU-Politik auswirken. Unabhängig davon wird der Fortbestand von Kerneuropa mit dem erwähnten Schulterschluss von Frankreich und Deutschland auch weiterhin die Innen- und Außenpolitik der EU beeinflussen.

Wichtig erscheint ferner, dass sich in jüngster Zeit die europäische Zivilgesellschaft, wie ein offener Brief an den neuen Präsidenten der EU-Kommission Barroso belegt (www.corporate-europe.org/barroso.html, 25.10.2004), ebenfalls zu Wort meldet und an dem schwierigen Prozess der Entscheidungsfindung teilhaben will.

Fazit

Sozialhistoriker beschäftigen sich noch immer mit der ungelösten und spannenden Frage, wieso Europa, diese westliche Halbinsel Eurasiens, einen so außerordentlichen Sonderweg genommen und für ein halbes Jahrtausend Weltgeschichte geschrieben hat. Europa ist auch im 20. Jahrhundert ein Sonderfall geblieben. Es hat die blutigsten Kriege der Weltgeschichte mit den größten Zerstörungen und mit der größten Zahl an Toten hinter sich gebracht. Niemand hat in der Stunde Null nach dem Ende des Zweiten Weltkriegs den enormen Aufschwung in der zweiten Hälfte des 20. Jahrhunderts vorhergesehen. In diesem halben Jahrhundert wurden die Fundamente für „das Haus Europa" gelegt.

Über diesen europäischen Einigungsprozess, das „Projekt Europa", ist viel geschrieben worden. Bemerkenswert ist sein semantisches Ergebnis: Europa wird heute durchwegs mit der Europäischen Union identifiziert. Europa, das sind Assoziationen mit einer gemeinsamen Währung, einem gemeinsamen Markt, einer befriedeten Wettbewerbs- und Wohlstandsgesellschaft, einer übernationalen Bürokratie der Rechtsvereinheitlichung.

Damit sind bereits die Besonderheiten des „Projektes Europa", eines einmaligen, nicht vergleichbaren Prozesses aufgelistet. Mit drei Projekten, dem Friedensprojekt, dem Sozialprojekt und dem Wirtschaftsprojekt, hat sich die Europäische Union am Ende des 20. Jahrhunderts wieder in der Weltpolitik zurückgemeldet. Inzwischen ist freilich der Globus von den Vereinigten Staaten in einzelne militärische Areas of Responsibility aufgeteilt worden.

Das vierte Projekt von Europa zu Beginn des 21.Jahrhunderts, das politische Projekt einer Verfassung, war im ersten Anlauf nicht von Erfolg begleitet. Ein halbes Jahrhundert nach den Römischen Verträgen und eine halbe Generation nach dem Fall des Eisernen Vorhangs ist die Euphorie verraucht, mit der man seinerzeit im Vergleich zu Amerika von den „Vereinigten Staaten von Europa" gesprochen hat. Die Verfassung der EU ist eine bürokratische Angelegenheit geworden, welche den Geist des juristischen Alltagsgeschäfts von Brüssel atmet, in dem Hunderte Kompromisse miteinander unentwirrbar verkettet sind.

Es ist daher keineswegs überraschend, dass Frankreich, welches dreimal entscheidende Weichen für diesen Kontinent gestellt hat, wo unter Karl dem Großen das christliche Abendland entstanden ist und nahezu ein Jahrtausend später die Französische Revolution die politische Freiheit eingeläutet hat, und das schließlich mit den Römischen Verträgen den Grundstein für die Europäische Union legte, nunmehr dem überstürzten Tempo der Entwicklung Einhalt bietet. Zu viele ungelöste Probleme stehen im Raum.

Zu Beginn des 21. Jahrhunderts beginnt sich die im Entstehen begriffene kontinentaleuropäische Zivilgesellschaft, angeführt von Frankreich, intellektuell von der amerikanischen Weltmacht zu emanzipieren. Die EU hat sich einen eigenen Finanzraum geschaffen und ist dabei, einen eigenen Weg zu gehen, der durch das Friedensprojekt strukturiert erscheint.

Der international bekannte amerikanische Journalist Jonathan Power schrieb in der „International Herald Tribune" am 2.9.2004: *„With an economic size that rivals America's, it has immense financial muscle. It has unparalleled diplomatic sophistication. It has universities that can compete with any in America. (...) It doesn't need America's guns. It needs to raise its sights beyond its obsession with America's faults and get on with extending its zone of peace and prosperity far and wide. Maybe then it can dare to call itself a superpower."*

ANHANG

Verzeichnis der Abbildungen

Die Autorin hat sich intensiv bemüht, alle Inhaber von Abbildungsrechten ausfindig zu machen. Mit * angegebene Personen und Institutionen, die möglicherweise Rechte an verwendeten Abbildungen beanspruchen, konnten nicht erreicht werden. Sie werden gebeten, sich nachträglich mit der Autorin in Verbindung zu setzen.

Abkürzungen:
L. = Foto Elisabeth Lichtenberger,
M. L. = Manfred Lichtenberger,
SB = Satellitenbild, N5 = NASA Landsat5, 1990,
N7 = Landsat7, 2000.

Verzeichnis der Tabellen

Mitarbeit: Dr. Katja Skodacsek

Staat	1910	1919	1951	1991	2001	2004
Westeuropa	**101.718**	**99.667**	**115.212**	**143.763**	**150.368**	**150.545**
Belgien	7.484	7.466 (1920)	8.563	9.979	10.281	10.397
Niederlande	5.858	6.865 (1920)	10.436 (1952)	15.010	16.043	16.258
Luxemburg	260	261 (1922)	299	385	442	451
Frankreich	39.605 (1909)	39.210 (1921)	42.239	57.055	60.912	59.896
Großbritannien	45.371 (1911)	42.769 (1921)	50.716	57.808	58.837	59.518
Irland	3.140 (1911)	3.096	2.959	3.526	3.853	4.025
Mitteleuropa			**77.742**	**94.621**	**97.664**	**98.014**
Deutschland	64.926	keine VZ	66.093 (1950)	79.951	82.339	82.545
Österreich		6.426 (1920)	6.934	7.796	8.032	8.092
Schweiz	3.753	3.880 (1920)	4.715 (1950)	6.874 (1990)	7.204	7.377
Nordeuropa	**13.580**	**14.970**	**18.794**	**23.003**	**23.954**	**24.169**
Dänemark	2.757	3.268 (1921)	4.336 (1950)	5.154	5.357	5.398
Finnland	2.943	3.148 (1920)	4.122 (1952)	5.014	5.188	5.220
Norwegen	2.358	2.650 (1920)	3.294	4.248 (1990)	4.513	4.576
Schweden	5.522	5.904 (1920)	7.042 (1950)	8.587 (1990)	8.896	8.975
Südeuropa		**70.970**	**90.450**	**116.316**	**119.424**	**119.987**
Griechenland		5.660	7.603 (1952)	10.260	10.938	11.047
Italien	34.671 (1911)	37.974(1921)	47.138	56.751	57.927	57.482
Portugal	5.960 (1911)	6.033 (1920)	8.441 (1950)	9.871	10.293	10.480
Spanien	19.927	21.303	27.268	39.434	40.266	40.978
EU-Erweiterung		**53.753**	**52.520**	**73.185**	**74.721**	**74.141**
Estland		1.090 (1922)	1.114	1.568	1.367	1.351
Litauen		2.029 (1923)	2.553	3.742	3.481	3.447
Lettland		1.503	1.936	2.662	2.355	2.319
Polen		27.075 (1921)	24.380 (1950)	38.245	38.641	38.194
Tschecho-slowakei		13.611 (1921)	12.340 (1950)			
Slowakei				5.274	5.379	5.381
Tschechische Republik				10.309	10.219	10.211
Slowenien					1.992	1.997
Ungarn		7.909	9.390	10.346	10.188	10.115
Malta	229 (1911)	225 (1921)	313	358	393	400
Zypern	274 (1911)	311 (1920)	494	681 (1992)	706	728
Südosteuropa		**33.938**	**41.619**	**45.855**	**52.273**	**54.462**
Albanien		800 (1918)	1.242	3.294	3.087	3.545
Bulgarien	4.338	4.876 (1921)	7.310	8.982	7.913	7.799
Rumänien (GV)	6.960	16.262 (1920)	16.140	23.185	22.408	21.716
Jugoslawien		12.000 (1921)	16.927 (1953)	10.394		
Bosnien-Herzegowina					4.067	4.008
Kroatien					4.437	4.497
Mazedonien					2.035	2.071
Serbien-Montenegro					8.326	10.826
EU			**EU-6** **174.768**	**EU-12** **300.893**	**EU-15** **379.604**	**EU-25** **454.900**
Türkei	12.737	12.919	20.947 (1950)	56.473 (1990)	68.036	71.300 (2003)

Tab. 5.5 *Die Bevölkerungsentwicklung der europäischen Staaten von 1910 bis 2004 (in 1.000)*

Quellen: Eurostat (2004): Pressemitteilung 36/2004 – 11. März 2004, S. 1., Eurostat (2004): Pressemitteilung 6/2004 – 9. Januar 2004. Erste Bevölkerungsschätzungen, S. 3.; Eurostat (o. J.): Dritter Bericht über den wirtschaftlichen und sozialen Zusammenhalt – Hauptindikatoren nach Regionen, S. 188 ff.; F. A. Brockhaus (1954): Der große Brockhaus. 16., völlig neu bearbeitete Auflage in 12 Bänden. Wiesbaden; Lichtenberger, Elisabeth (2002): Österreich. Wissenschaftliche Länderkunden. Wissenschaftliche Buchgesellschaft. Darmstadt, S. 31; www.census.gov/ipc; www.cia.gov; www.gendocs.demon.co.uk; www.library.uul.nl/wesp/populstat/Europe

Tab. 5.6 *Altersaufbau der Bevölkerung 2000 und Durchschnittsgröße der Haushalte der europäischen Staaten 2002*

Quellen: *Eurostat (2002): Europäische Sozialstatistik-Bevölkerung, S. 64 f.; Eurostat (2003): Die soziale Lage in der Europäischen Union 2003, S. 179.; Statistisches Bundesamt (2001): Statistisches Jahrbuch für das Ausland 2001. Wiesbaden, S. 229; www.census.gov/ipc; www.unece.org/stat (UN/ECE database)*

Staat	Altersaufbau 2000 in %					Personen pro PHH 2002
	bis 14	15 – 29	30 – 44	45 – 59	60 und älter	
Westeuropa	**18,8**	**19,5**	**22,6**	**18,9**	**20,2**	**2,4**
Belgien	17,6	18,7	22,9	18,9	21,9	2,5
Niederlande	18,6	18,8	24,3	20,0	18,2	2,3
Luxemburg	19,0	18,1	24,9	18,8	19,0	2,5
Frankreich	18,8	19,9	21,7	19,0	20,6	2,4
Großbritannien	18,9	19,0	23,1	18,6	20,4	2,3
Irland	21,5	25,5	21,0	17,0	15,0	2,9
Mitteleuropa	**15,8**	**17,4**	**24,7**	**19,0**	**23,1**	**2,2**
Deutschland	15,5	17,3	24,7	18,9	23,6	2,2
Österreich	16,6	18,7	25,1	18,6	21,0	2,4
Schweiz	17,3	18,1	24,3	20,0	20,3	2,3 (1999)
Nordeuropa	**18,7**	**18,6**	**21,5**	**20,6**	**20,6**	**2,1**
Dänemark	18,6	18,5	22,3	20,8	19,8	2,2
Finnland	18,1	18,6	21,4	22,0	20,0	2,2
Norwegen	20,0	19,3	22,3	19,1	19,3	2,3
Schweden	18,4	18,2	20,8	20,5	22,2	2,0
Südeuropa	**14,7**	**20,8**	**23,1**	**18,4**	**23,0**	**2,8**
Griechenland	15,2	21,6	21,8	18,2	23,1	2,6
Italien	14,4	19,0	23,3	19,0	24,3	2,6
Portugal	16,6	22,7	21,8	18,2	20,7	2,9
Spanien	14,7	22,7	23,5	17,6	21,6	3,0
EU-Erweiterung	**18,2**	**23,7**	**21,0**	**19,5**	**17,6**	**2,9**
Estland	17,8	21,5	20,8	18,7	21,2	2,7
Litauen	19,1	22,0	23,0	17,0	18,8	3,0
Lettland	17,3	21,4	21,5	18,4	21,5	2,8
Polen	18,8	24,4	21,1	19,0	16,7	3,1
Slowakei	19,2	25,0	21,6	18,7	15,5	3,1
Slowenien	15,7	21,9	23,1	20,0	19,3	2,6
Tschechische Rep.	16,2	23,4	20,1	21,8	18,5	2,6
Ungarn	17,1	22,6	20,2	20,5	19,7	2,7
Malta	19,9	22,0	20,4	20,7	17,0	3,2
Zypern	22,7	22,0	21,9	17,9	15,5	3,0
Südosteuropa	**19,4**	**23,1**	**21,2**	**18,0**	**18,4**	**3,3**
Albanien	32,2	24,1	20,6	14,2	8,9	4,3 (1998)
Bosnien-Herzegowina	20,4	22,3	26,2	17,2	13,9	3,6 (1991)
Bulgarien	15,5	21,8	20,5	20,4	21,8	2,8
Kroatien	19,8	20,9	22,6	18,2	18,6	3,1 (1991)
Mazedonien	22,1	24,1	22,0	17,3	14,5	3,9 (1994)
Rumänien	18,0	24,1	21,1	17,9	18,9	2,9
Serbien-Montenegro	20,1	22,5	19,6	17,9	19,9	3,6 (2000)
EU-15	**16,8**	**19,5**	**23,1**	**18,8**	**21,8**	**2,5**
EU-25	**17,0**	**20,0**	**22,8**	**18,9**	**21,2**	**2,6**
Türkei	28,5	30,0	21,0	14,9	5,6	4,4 (1990)
USA	21,4	20,8	23,3	18,3	16,3	2,6

Staat	Zahl d. Betriebe in 1.000	landw. Fläche in 1.000 ha	durch. Betriebsgr. in ha	Betriebsgröße in ha (in %) bis 5	5–20	20–50	50–100	ab 100
Westeuropa	**1.206**	**51.649**	**42,8**	**26**	**24**	**24**	**16**	**10**
Belgien	62	1.394	22,6	31	30	27	10	2
Niederlande	102	2.028	20,0	31	33	28	7	1
Luxemburg	3	128	45,4	22	17	19	32	10
Frankreich	664	27.856	42,0	29	20	21	18	12
Großbritannien	233	15.799	67,7	23	24	21	16	17
Irland	142	4.444	31,4	8	36	39	14	3
Mitteleuropa	**742**	**21.612**	**29,1**					
Deutschland	472	17.152	36,3	25	34	24	12	5
Österreich	199	3.388	17,0	36	42	18	3	1
Schweiz	71	1.072	15,1		73	25	2	
Nordeuropa	**289**	**18.260**	**63,2**					
Dänemark	58	2.645	45,7	3	36	30	20	11
Finnland	81	2.219	27,3	11	39	37	11	2
Norwegen	69	10.323	150,6					
Schweden	81	3.073	37,7	12	38	27	15	8
Südeuropa	**4.672**	**46.665**	**10,0**	**72**	**19**	**5**	**2**	**2**
Griechenland	817	3.575	4,4	77	20	3	0	0
Italien	2.152	13.069	6,1	78	16	4	1	1
Portugal	416	3.863	9,3	79	16	3	1	1
Spanien	1.287	26.158	20,3	58	26	9	4	4

Tab. 7.1 *Landwirtschaftliche Betriebsgröße, Betriebstypen und Nutzflächen nach Größenklassen in Europa 2000*

Staat	Zahl Betriebe	landw. Fläche	durch. Betriebsgr.	Betriebsgr. in ha (in %) bis 5	5–50	über 50	Coop. in 1.000	Coop. %	Kommerz. in 1.000	Kommerz. %	Indiv. in 1.000	Indiv. %
EU-Erweiterung		**38.039**										
Estland	69	986	12	9	35	56	-	-	1,0	37	68,0	62
Litauen	606	3.489	4	31	58	11	-	-	0,7	4	605,2	95
Lettland	141	2.486	12	9	60	31	-	-	0,5	9	140,2	50
Polen	2.336	18.220	8	16	59	25	0,3	1	0,6	11	2.335	85
Slowakei	7	2.354	31	2	2	96	0,7	46	0,7	29	5,3	7
Slowenien	86	509	6	46	46	8	-	-	0,1	5	86,3	94
Tschech. Rep.	38	4.282	100	1	6	93	0,7	28	2,1	43	35,4	27
Ungarn	960	5.558	4	18	24	58	1,9	0	9,5	50	949,0	49
Malta	–	11	–	–	–	–	–	–	–	–	–	–
Zypern	45 (2003)	144	3	–	–	–	–	–	–	–	–	–
Südosteuropa	**4.950**	**20.392**	**4**	**52**	**20**	**28**						
Bulgarien	769	5.581	4	19	6	75	2,9	51	2,4	23	763,5	26
Rumänien	4.181	14.811	2	58	22	19	-	-	4,4	13	4.176	86

Quellen: Eurostat (2002): Statistik kurz gefasst. Thema 5 – 22/2002. Struktur der landwirtschaftlichen Betriebe in der EU 1999 - 2000, S. 4f.; Eurostat (2003): Statistical yearbook on candidate countries 2003, S. 88; Eurostat (2003): Struktur der landwirtschaftlichen Betriebe - Erhebung 1999/2000, S. 43, S. 47; Institut für Agrarentwicklung in Mittel- und Osteuropa (2004): Network of Independent Agricultural Experts in the CEE Candidate Countries. Halle, S. 13ff.; www.statistik.admin.ch; www.statbank.ssb.no

Tab. 7.2 *Fläche nach Kulturarten in den europäischen Staaten 2001 in 1.000 ha*

Staat	Gesamt-fläche	Wald	landwirt-schaftl. Fläche	Ackerland	Dauer-grünland	Dauer-kulturen	davon Wein	davon Oliven
Westeuropa	**93.814**				**20.377**			
Belgien	3.053	617	1.390	845	521	21	–	–
Niederlande	4.153	322	1.933	1.005	881	33	–	–
Luxemburg	259	89	128	61	65	1	1	–
Frankreich	54.909	15.375	29.739 (2000)	18.332 (2000)	9.987	1.198	886	17
Großbritannien	24.410	2.430 (1993)	15.722 (2000)	5.984 (2000)	5.584	45 (2000)	1	–
Irland	7.030	327 (1995)	4.458	960 (2000)	3.339	2	–	–
Mitteleuropa	**48.218**	**21.484**	**13.604**	**8.071**	**341**	**163**		
Deutschland	35.703	10.491 (1997)	17.038	11.810	5.013	208	104	–
Österreich	8.386	3.274 (1998)	3.375	1.379	1.917	71	46	–
Schweiz	4.129	1.215	1.071	415	1.141	24	13	–
Nordeuropa	**115.509**			**8.152**	**731**			
Dänemark	4.309	445	2.694	2.498	184	12	–	–
Finnland	33.815	23.186 (1995)	2.216	2.185	25	4	–	–
Norwegen	32.388	8.710 (1980)	1.778	877	150	–	–	–
Schweden	44.997	22.323	2.966	2.592	372	3	–	–
Südeuropa	**103.009**				**25.597**		**2.453**	**4.696**
Griechenland	13.196	2.940 (2000)	3.917 (2000)	2.796	1.789 (1996)	1.113 (2000)	134	767
Italien	30.134	6.854	15.355	8.172	4.366	2.724	892	1.169
Portugal	9.191	3.324	3.791	1.610	1.390	767	223	369
Spanien	50.488	15.915	25.428	13.019	7.328	4.929	1.204	2.391
EU-Erweiterung	**74.162**		**38.039**					
Estland	4.510	2.016 (1988)	986 (2000)	–	–	–	–	–
Litauen	6.520	1.978 (1987)	3.489 (2000)	–	–	–	–	–
Lettland	6.460	2.884 (1999)	2.486 (2000)	–	–	–	–	–
Polen	32.325	8.942 (1987)	18.220 (2000)	14.072	4.034	329	–	–
Slowakei	4.901	2.016 (1988)	2.354 (2000)	1.461	848	133	13	–
Slowenien	2.025	1.099 (1986)	509 (2000)	171	298	31	17	–
Tschech. Rep.	7.887	2.630 (1986)	4.282 (2000)	3.096	950	236	11	–
Ungarn	9.303	1.811 (1990)	5.558 (2000)	4.815	1.147	224	93	–
Malta	32	–	11 (2000)	–	–	–	–	–
Zypern	–	280 (1999)	144 (2000)	92	1 (1998)	41	18	–
Südosteuropa								
Albanien	2.740 (1996)	1.066 (1996)	–	578 (1998)	–	122 (1999)	–	–
Bosnien-Herzegowina	5.113	–	–	500 *	1.200 *	150 *	–	–
Bulgarien	11.091	3.590 (1985)	5.581 (2000)	4.297	1.692	214	151	–
Kroatien	5.654	–	–	1.461	1.561	129	–	–
Mazedonien	2.571	–	–	587	656	48	–	–
Rumänien	23.839	6.301 (1985)	14.811	9.332	4.936	513	239	–
Serbien-Montenegro	–	–	–	–	–	–	–	–
EU-15	**323.430**	**113.567**	**132.009** (1999)	**73.720** (2000)	**51.524** (1992)	**11.199** (2000)	–	**4.713**
Türkei	76.963	8.390 (1996)	39.050	24.138	12.378	2.534		
USA	915.896 (2000)	217.333 (1987)	–	176.950 (2000)	–	2.050 (2000)		

Quellen: *Eurostat (2002): Landwirtschaft Statistisches Jahrbuch 1992–2001, S. 37 ff.; EUROPÄISCHE COMMISSION (Eurostat and Directorate-General for Agriculture); EUROSTAT; www.fao.org; www.statistik.admin.ch; www.mof.gov.cy/mof/cystat/statistics.nsf/agriculture; www.europa.eu/comm/eurostat/newcronos*

Tab. 7.3 *Anbaufläche ausgewählter Anbaufrüchte in den europäischen Staaten 2001/2002 (Anbaufläche in 1.000 ha)*

Staat	Weizen	Raps u. Rübsen	Zucker-rüben	Roggen	Gerste	Hafer	Körner-mais	Kartoffel
Westeuropa	**7.341**	**1.478**	**847**	**40**	**3.032**	**367**	**1.902**	**563**
Belgien	202	5	96	1	45	7	47	62
Niederlande	135	0	107	4	57	2	24	164
Luxemburg	12	3	0	1	10	2	0	1
Frankreich	4.895	1.036	436	29	1.643	208	1.831	162
Großbritannien	1.994	432	177	5	1.101	129	0	159
Irland	103	2	31	0	176	19	0	15
Mitteleuropa	**3.375**	**1.367**	**522**	**779**	**2.210**	**302**	**592**	**320**
Deutschland	3.010	1.297	459	728	1.970	259	399	284
Österreich	276	55	45	47	201	39	172	23
Schweiz	89	15	18	4	39	4	21	13
Nordeuropa	**1.723**	**328**		**125**	**3.526**	**1.615**		**250**
Dänemark	577	84	58	46	825	55	–	37
Finnland	174	67	31	31	522	463	–	30
Norwegen	633	110	–	24	1.771	783	–	151
Schweden	339	67	55	24	408	314	–	32
Südeuropa	**2.324**	**16**	**411**	**154**	**3.557**	**736**	**1.971**	**286**
Griechenland	130	–	42	15	105	44	225	36
Italien	676	10	246	3	341	151	1.144	83
Portugal	42	0	8	34	11	57	139	53
Spanien	1.476	6	115	102	3.100	484	463	114
EU-Erweiterung	**5.814**				**2.777**			
Estland	60	28	0	21	134	48	0	22
Litauen	338	41	27	111	331	48	–	102
Lettland	167	9	14	56	130	55	0	55
Polen	2.627	462	317	2.002	1.071	531	224	1.194
Slowakei	449	181	32	38	186	17	123	26
Slowenien	39	–	–	–	12	2	48	8
Tschechische Republik	923	430	78	40	495	48	62	54
Ungarn	1.206	477	66	51	368	61	1.258	36
Malta	0	–	–	–	0	–	–	–
Zypern	5	0	0	0	50	0	0	6
Südosteuropa								
Bulgarien	1.356	419	1	20	292	51	353	21
Rumänien	2.546	939	39	12	529	219	2974	277
Türkei	8.600	527	359	170	3.550	160	550	211

Quellen: *Europäische Kommission (2003): Agrarstatistik. Vierteljährliches Bulletin 4 – 2003, S. 20 ff.; Eurostat (2003): Statistical yearbook on candidate countries 2003, S. 109 f. Schweizer Bundesamt für Landwirtschaft.*

Tab. 7.4 *Beschäftigte in der Landwirtschaft 2002 und Viehbestand 2001 in den europäischen Staaten*

Staat	Beschäftige in der Landwirtschaft 2002 in 1.000	Anteil an der Gesamtbev. 2002 in %	Rinder 2001 in 1.000	Schafe 2001 in 1.000	Ziegen 2001 in 1.000	Schweine 2001 in 1.000
Westeuropa	**1.794**	**2,7**	**45.128**	**39.777**	**1.581**	**42.579**
Belgien	73	1,8	2.039	156	22	6.706
Niederlande	218	2,9	4.021	1.296	232	13.073
Luxemburg	4	2,0	204	7	1	78
Frankreich	987	4,1	21.001	9.231	1.242	15.136
Großbritannien	391	1,4	10.600	24.280	75	5.845
Irland	121	6,9	7.263	4.807	9	1.741
Mitteleuropa	**1.318**	**3,0**	**18.354**	**3.521**	**281**	**30.568**
Deutschland	902	2,5	14.603	2.140	160	25.767
Österreich	212	5,7	2.163	320	59	3.286
Schweiz	204	4,4	1.588 (2000)	421 (2000)	62 (2000)	1.498 (2000)
Nordeuropa			**5.569**			
Dänemark	88	3,2	1.907	152	0	12.686
Finnland	133	5,5	1.037	67	7	1.433
Norwegen	–	–	973	–	–	–
Schweden	110	2,5	1.652	452 (1999)	5	1.891
Südeuropa	**3.300**	**7,0**	**15.348**	**44.652**	**10.348**	**33.545**
Griechenland	624	15,8	577	9.058	5.450	933
Italien	1.072	4,9	7.194	8.312	1.327	8.451
Portugal	640	12,5	1.324 (1998)	3.459	561	2.418 (2000)
Spanien	964	5,9	6.253	23.823	3.010	21.743
EU-Erweiterung	**3.880**	**13,4**	**10.501**	**2.311**	**845**	**30.326**
Estland	38	6,5	261	27 (1999)	3	340
Litauen	265	18,6	752	12 (1999)	24	1.011
Lettland	151	15,3	385	29 (1999)	12	429
Polen	2713	19,6	5.499	337	172	17.494
Slowakei	139	6,6	646	348	40	1.488
Slowenien	89	9,7	494	96	20	604
Tschechische Rep.	232	4,9	1.582	90	28	3.594
Ungarn	233	6,1	805	1.129	90	4.834
Malta	3	2,1	19	16 (1999)	9	81
Zypern	17	5,4	58	227 (1999)	447	451
Südosteuropa						
Albanien	–	–	–	–	–	–
Bosnien-Herzegowina	–	–	440	640	–	330
Bulgarien	299	10,7	635	1.571	675	788
Kroatien	–	–	438	539	–	1.234
Mazedonien	–	–	265	1.251	–	204
Rumänien	3683	37,7	2.965	7.251	525	5.076
Serbien-Montenegro	–	–	–	–	–	–
EU-15	**6.537**	**4,0**	**81.838**	**90.308**	**12.160**	**121.204**
EU-25	**10.471**	**5,4**	**92.317**	**92.590**	**13.005**	**151.525**
Türkei	7.458	32,7	10.800	29.435	–	5
USA	3.478	2,4	–	–	–	–

Quellen: Eurostat (2002): Landwirtschaft Statistisches Jahrbuch 1992–2001, S. 85; Eurostat (2003): Statistical yearbook on candidate countries 2003, S. 105; Eurostat (2003): Statistik kurz gefasst. Thema 5 – 1/2003. Erhebung der Rinderbestände, S. 2; Eurostat (2003): Statistisches Jahrbuch 2003, S. 267; Eurostat (2003): Statistik kurz gefasst. Thema 5 – 3/2003. Erhebung der Schweinebestände. S. 2; Eurostat (o. J.): Dritter Bericht über den wirtschaftlichen und sozialen Zusammenhalt – Hauptindikatoren nach Regionen, S. 188 ff.; Statistik Austria (2002): Statistisches Jahrbuch Österreichs 2003. Wien, S. 553; www.landwirtschaft.ch. BA für Statistik, Neuchâtel; www.ssb.no; EUROPÄISCHE COMMISSION (Eurostat and Directorate-General for Agriculture); FAO; UNSO.

Unternehmen	Familie	Branche/(Stadt)/Land	in Mrd. US-$	Be-schäf-tigte
2 Ifi Istituto Finanziario Industriale	Agnelli	Versch. Unternehmen, Turin, Italien	63,0	244.385
3 Carrefour Group	Defforey	Einzelhandel, Paris, Frankreich	61,0	330.247
4 Fiat Group	Agnelli	Fahrzeuge, Turin, Italien	57,7	224.000
5 PSA Peugeot/Citroën S.A.	Peugeot	Fahrzeuge, Paris, Frankreich	41,6	172.400
6 Novartis Group	Landolt	Pharmazeutika, Schweiz	40,8	68.000
7 Santander Central Hispano S.A.	Botin	Bank, Madrid, Spanien	34,3	126.757
8 BMW (Bayer. Motoren Werke AG	Quandt	Fahrzeuge, München, Deutschland	33,3	93.624
9 Tengelmann Group	Haub	Einzelhandel, Mühlheim an der Ruhr, Deutschland	30,8	200.000
10 Robert Bosch GmbH	Bosch	Autoteile, Gerlingen, Deutschland	30,0	196.880
11 ALDI Group	Albrecht	Einzelhandel, Essen, Deutschland	27,5	
14 J Sainsbury	Sainsbury	Einzelhandel, London, Großbrit.	24,9	185.200
15 Pinault-Printemps Redoute	Pinault	Einzelhandel, Paris, Frankreich	23,3	110.000
16 Auchan	Mulliez	Einzelhandel, Villeneuve d'Ascq, Fr.	22,1	135.000
17 Bouygues	Bouygues	Baugewerbe St. Quentin-en-Yvelines, Frankreich	17,9	118.645
18 Bertelsmann	Mohn	Verlag Gütersloh, Deutschland	15,8	76.257
19 Otto Group	Otto	Versandhandel, Hamburg, D	15,6	75.962
20 Michelin	Michelin	Reifen, Reisen, Clermont-Ferrand,Fr	14,9	128.122
21 Anglo-American	Oppenheimer	Gold, Diamanten, London, Großbr.	14,8	249.000
23 Karstadt-Quelle	Schickedanz, Riedel, Herl	Einzelhandel, Essen, Deutschland	14,3	88.163
24 Groupe Danone	Riboud	Nahrungsmittel, Paris, Frankreich	13,4	86.657
26 Lagardère	Lagardère	Verteidigungssysteme, Paris, Frankreich	12,2	43.902
27 Henkel Group	Henkel	Chemie, Düsseldorf, Deutschland	12,0	60.475
28 L'Oréal	Bettencourt	Kosmetika, Clichy, Frankreich	11,9	48.222
31 LVMH Moët Hennessy Louis Vuitton	Arnault	Luxusgüter, Paris, Frankreich	10,9	47.420
33 SHV Holdings N.V.	Fentener van Vlissingen	Energieunternehmen, Utrecht, Niederlande	10,3	32.400
34 Gerling-Konzern	Gerling	Versicherung, Köln, Deutschland	9,9	12.643
36 El Corte Inglés	Álvarez	Einzelhandel, Madrid, Spanien	9,7	
37 Sodexho Alliance	Bellon	Nahrungsmittel Montigny-le-Bretonneux, Frankreich	9,5	286.000
38 Tchibo Holding	Herz	Kaffee, Tabak, Hamburg, Deutschld	9,5	20.874
39 Tetra Laval	Rausing	Verpackungen, Schweiz	8,9	37.000
40 Investor AB	Wallenberg	Industrieunternehmen, Stockholm, Schweden	8,9	663
41 Holcim Ltd.	Schmidheiny	Zement, Glaris, Schweiz	8,7	44.316
42 Ikea	Kamprad	Möbel, Humlebaek, Dänemark	8,5	58.000
48 Parmalat Finanziaria S.p.A.	Tanzi	Milchprodukte, Mailand, Italien	6,9	38.303
52 SAP	Hopp	Software, Walldorf, Deutschland	5,9	24.480
53 Boehringer-Ingelheim	Boehringer	Pharmazeutika, Ingelheim, Deutschland	5,8	27.325

Tab. 8.8 *Ranking der globalen Familienaktiengesellschaften in Europa nach Umsatz und Beschäftigten*

Quellen: Best List of „The World's Working Rich"; Forbes International 800; Hoover's Online Company Directory; Jane's Major Companies of Europe; Ian Partridge (Loedstar S.A., Geneva, Switzerland); S.J. Taqi (IMC Business Communications, Geneva, Switzerland); William T. O'Hara (Bryant College, R.I.); Fernando Casado and Adriana Schultz (Instituto de la Empresa Familiar, Barcelona, Spain); Ludo Van der Heyden (INSEAD, Fontainebleu, France); François de Visscher (de Visscher & Co., Greenwich, Conn.); Howard Muson.

Tab. 8.9 *Anteile der Betriebsgröße nach Wertschöpfung und Beschäftigtenzahl nach Wirtschaftssegmenten in der EU 2001*

Wirtschaftssegmente	Wertschöpfung in %				Beschäftigte in %			
	Betriebsgröße							
	Kleinst 1-9	Klein 10-49	Mittel 50-249	Groß 250 und mehr	Kleinst 1 to 9	Klein 10-49	Mittel 50-249	Groß 250 und mehr
Bergbau	11,3	8,7	17,5	62,5	4,6	13,7	13,2	68,5
Industrie	7,3	15,8	22,0	54,9	9,6	20,6	25,2	44,5
Elektrizität, Gas, Wasser	5,3	4,1	11,5	79,1	1,9	5,0	13,6	79,5
Baugewerbe	31,5	32,2	17,8	18,5	30,4	36,0	18,3	15,3
Handel	26,8	24,4	17,9	30,8	39,6	21,2	12,4	26,8
Gastgewerbe	38,4	24,3	12,7	24,6	45,7	24,4	10,2	19,7
Verkehr, Kommunikation	11,1	11,9	10,6	66,4	17,0	14,4	11,7	56,9
Finanzen, Wirtschaftsdienste	32,9	19,9	18,7	28,5	31,9	18,0	16,7	33,4

Quelle: *Eurostat (2004): European business Facts and figures Data 1998 – 2002, S. 9 (Structural Business Statistics; theme4/sbs/sizclass)*

Tab. 8.10 *Energieträger, Produktion und Verbrauch in der EU 2002 (in Mio. Rohöleinheiten)*

Staat	Rohöl		Naturgas		Kernenergie		Steinkohle		Braunkohle		Sonstiges	
	Prod.	Verbr.	Prod.	Verbr.	Prod.	Verbr.	Prod.	Verbr.	Prod.	Verbr.	Prod.	Verbr.
Westeuropa	**121**	**225**	**149**	**177**	**143**	**143**	**19,1**	**64,1**	**0,1**	**0,5**	**7,8**	**6,5**
Belgien	-	22	-	13	12	12	0,1	6	-	0	0,4	1
Niederlande	3	29	54	34	1	1	-	8	-	-	0,4	2
Luxemburg	-	2	-	1	-	-	-	0,1	-	-	0	0,3
Frankreich	2	88	1	40	108	108	1	11	0,1	0,1	5	1
Großbritannien	116	76	93	85	22	22	18	36	-	-	1	2
Irland	-	8	1	4	-	-	-	3	0	0,4	0,1	0,2
Mitteleuropa	**5**	**138**	**17**	**82**	**41**	**40**	**19**	**48**	**38,4**	**38,4**	**7**	**8**
Deutschland	4	125	15	74	41	40	19	45	38	38	3	4
Österreich	1	13	2	8	-	-	-	3	0,4	0,4	4	4
Nordeuropa	**18**	**32**	**8**	**10**	**23**	**23**	**-**	**10**	**2**	**2**	**7,4**	**8,3**
Dänemark	18	8	8	5	-	-	-	5	-	-	0,4	0,3
Finnland	-	10	-	4	6	6	-	3	2	2	1	2
Schweden	-	14	-	1	17	17	-	2	-	-	6	6
Südeuropa	**5,5**	**184**	**12,5**	**83**	**15**	**15**	**6**	**38,3**	**11**	**11**	**9,2**	**14,5**
Griechenland	0,2	17	0	2	-	-	-	0,3	9	9	0,2	0,5
Italien	5	84	12	58	-	-	-	13	0	0	6	10
Portugal	-	16	-	3	-	-	-	3	-	-	1	1
Spanien	0,3	67	0,5	20	15	15	6	22	2	2	2	3
EU-15	**149**	**579**	**186**	**350**	**220**	**220**	**43**	**159**	**52**	**52**	**30**	**37**
Eurozone	**14**	**480**	**86**	**259**	**181**	**181**	**26**	**116**	**52**	**52**	**23**	**26**

Prod. Produktion, Verbr. Verbrauch; bei Werten über 0,5 auf Mio. Rohöleinheiten gerundet.
Quelle: *Eurostat (2003): Statistik kurz gefasst. Thema 8 – 1/2003. Statistische Aspekte der Energiewirtschaft im Jahre 2002, S. 2ff.*

Tab. 8.11 *Beschäftigungsstruktur Europas 2002*

Staat	Gesamt-beschäfti-gung	Land-wirt-schaft	Indus-trie	davon Hoch-techno-logie	davon Bau-ge-werbe	Dienst-leis-tungen	Groß- u. Einzel-handel	Verkehr und Luft-fahrt	davon Kredit- u. Ver-siche-rungs-wesen	unter-neh-mens-bezogen	Gesund-heits- u. Sozial-wesen
	in 1.000	in %	in %	in %	in %	in %			in %		
Westeuropa											
Belgien	4.139	1,8	25,8	6,7	6,6	72,4	14,3	8,1	3,8	8,7	12,4
Niederlande	8.346	2,9	21,1	4,5	6,5	76,1	15,8	6,6	3,7	12,6	15,1
Luxemburg	286	1,9	20,1	1,2	9,1	77,9	12,4	8,4	10,7	8,2	7,9
Frankreich	24.716	4,0	25,5	6,8	6,6	70,5	13,1	7,2	3,0	10,0	10,6
Großbritannien	29.535	1,3	24,3	6,8	7,4	74,4	14,9	7,4	4,6	11,4	11,1
Irland	1.765	6,1	28,2	7,0	10,5	65,7	14,2	6,9	4,1	9,2	9,1
Mitteleuropa											
Deutschland	38.687	2,4	32,5	11,5	7,6	65,1	14,0	5,8	3,7	8,5	10,4
Österreich	4.061	5,4	29,0	6,6	8,3	65,6	15,8	7,0	3,7	8,1	8,6
Schweiz											
Nordeuropa											
Dänemark	2.772	3,0	23,6	6,4	6,6	73,4	14,6	7,3	3,4	9,3	18,4
Finnland	2.337	5,3	27,2	7,4	6,3	67,5	11,9	7,4	1,9	10,9	14,5
Norwegen											
Schweden	4.355	2,2	23,1	7,4	5,5	74,7	12,3	6,9	2,1	13,3	18,7
Südeuropa											
Griechenland	3.914	14,6	22,8	2,2	7,6	62,5	17,2	6,5	2,4	5,9	4,6
Italien	23.888	4,7	31,8	7,4	7,9	63,5	15,5	5,7	3,1	7,8	6,1
Portugal	5.107	8,5	35,5	3,5	12,7	55,9	15,4	4,5	1,7	5,0	5,1
Spanien	16.300	5,8	31,4	5,4	11,9	62,7	15,5	6,3	2,5	8,0	5,5
EU-Erweiterung											
Estland	584	6,5	31,2	3,4	6,1	62,3	15,1	10,3	1,2	8,0	5,2
Litauen	1.038 (2000)	18,2	27,7	2,6	7,5	54,0	15,1	6,2	0,9	3,8	7,0
Lettland	1.522 (2001)	14,8	25,9	2,0	6,3	59,3	15,0	8,6	1,0	4,2	7,1
Polen	13.782	18,5	29,1	–	6,0	52,5	14,4	6,3	2,4	4,7	6,6
Slowakei	2.123	6,6	38,2	8,2	8,1	55,2	12,9	7,4	1,8	4,8	6,5
Slowenien	883	7,7	39,6	9,5	6,0	52,7	13,4	6,3	2,4	5,0	5,6
Tschechische Republik	4.796	4,9	40,4	9,0	9,0	54,7	13,1	8,0	2,1	5,4	6,2
Ungarn	3.855	6,0	34,3	8,5	7,1	59,6	14,5	8,4	2,0	5,9	6,2
Zypern	302 (2000)	4,4	23,5	1,1	10,0	72,1	18,7	6,0	5,9	5,7	4,1
Südosteuropa											
Bulgarien	2.985	9,9	33,0	5,4	5,2	57,1	15,2	8,1	1,3	3,8	5,8
Rumänien	7.745	32,3	32,2	6,0	4,7	35,5	9,6	5,4	0,8	1,7	4,2
EU-25	199.253										
EU-15	170.415	3,7	28,4	7,5	7,9	67,9	14,6	6,5	3,4	9,3	9,8

Quelle: Europäische Kommission 2003: Beschäftigung in Europa 2003 – Jüngste Tendenzen und Ausblick in die Zukunft, S. 37.

Tab. 8.12 *Jährlicher Nettoverdienst der Arbeitnehmer im verarbeitenden Gewerbe in Europa 1996 – 2002*

Staat	Alleinstehende ohne Kinder		Ehepaare mit 2 Kindern und 1 Einkommen		Ehepaare mit 2 Kindern und 2 Einkommen		Ehepaare ohne Kinder und mit 2 Einkommen	
	in 1.000 Euro	Anstieg 1996 – 2002 in %	in 1.000 Euro	Anstieg 1996 – 2002 in %	in 1.000 Euro	Anstieg 1996 – 2002 in %	in 1.000 Euro	Anstieg 1996 – 2002 in %
Westeuropa	**21**	*36*	**26**	*36*	**46**	*35*	**42**	*36*
Belgien	18	*14*	24	*12*	39	*13*	36	*14*
Niederlande	22	*37*	26	*35*	46	*36*	44	*37*
Luxemburg	24	*24*	32	*24*	57	*22*	50	*22*
Frankreich	16	*20*	19	*19*	35	*19*	32	*20*
Großbritannien	24	*65*	28	*73*	51	*66*	48	*63*
Irland	21	*66*	26	*72*	44	*69*	42	*66*
Mitteleuropa	**24**	*14*	**30**	*16*	**51**	*15*	**47**	*15*
Deutschland	20	*10*	27	*15*	43	*13*	39	*10*
Österreich	17	*7*	22	*11*	39	*9*	34	*7*
Schweiz	34	*20*	40	*19*	72	*20*	68	*21*
Nordeuropa	**22**	*28*	**26**	*26*	**47**	*27*	**44**	*28*
Dänemark	23	*25*	29	*22*	49	*25*	47	*25*
Finnland	19	*31*	22	*26*	41	*28*	38	*31*
Norwegen	28	*40*	32	*35*	58	*37*	55	*40*
Schweden	18	*15*	21	*18*	39	*17*	37	*15*
Südeuropa	**11**	*22*	**13**	*26*	**24**	*24*	**23**	*22*
Griechenland	10	*28*	12	*27*	21	*28*	20	*27*
Italien	15	*17*	19	*26*	32	*22*	31	*17*
Portugal	7	*28*	8	*31*	15	*29*	14	*28*
Spanien	13	*21*	15	*24*	27	*22*	26	*21*
EU-Erweiterung								
Estland	–	–	–	–	–	–	–	–
Litauen	2	*126*	2	*126*	5	*126*	5	*126*
Lettland	2	*59*	2	*51*	4	*55*	4	*59*
Polen	5	*78*	5	*76*	9	*78*	9	*78*
Slowakei	3	*59*	3	*51*	6	–	6	–
Slowenien	7	*40*	8	*40*	15	*40*	14	*40*
Tschechische Rep.	5	*80*	6	*90*	11	*81*	10	*80*
Ungarn	3	*85*	4	*94*	7	*90*	6	*85*
Malta	11	*39*	13	*37*	20	*33*	20	*37*
Zypern	14	*24*	14	*18*	28	*21*	28	*23*
Südosteuropa								
Bulgarien	1	*79*	1	*84*	3	*81*	2	*79*
Türkei	5	*43*	5	*43*	10	*43*	10	*43*
USA	23	*–11*	27	*–6*	48	*–9*	45	*–11*

Quelle: Eurostat (2004): Statistik kurz gefasst Thema 3/4 2004; Bevölkerung und soziale Bedingungen, S. 2.

Tab. 8.13 *Eigentumsverhältnisse im Wohnungswesen und Wohnungsgrößen in Europa (1990 – 2000)*

Staat	Jahr	Haus-halte in 1.000	Eigen-tum in %	Miete in %	Jahr	Woh-nungen in 1.000	Eigen-tums-anteil in %	in % aller Wohnsitze		
								weniger als 3 Räume	3 bis 5 Räume	6 Räume und mehr
Westeuropa										
Belgien	2001	4.084	66,4	29,1	1991	3.0742	64,6	11,2	69,3	19,6
Niederlande	2000	6.824	50,4	48,6	2000	6.762	50,4	11,5	76,6	11,9
Luxemburg	2001	172	66,6	33,4						
Frankreich	2002	24.525	56,0	39,6	1999	23.810 *	54,7	19,1	67,8	13,0
Großbritannien	2002	25.074	71,3	28,7	1996	24.495 **	68,2	2,1	60,3	36,1
Irland	2002	1.387	80,0	20,0	2001	1.337	80,0	5,0	52,3	42,7
Mitteleuropa										
Deutschland	2002	35.873	42,2	57,8	1998	37.050	37,8	8,4	71,6	19,9
Österreich	2003	3.258	56,8	40,1	2000	3.261	56,4	30,7	60,0	9,3
Schweiz	1999	–	31,0	69,0	1990	3.575	31,0	21,0	54,0	25,0
Nordeuropa										
Dänemark	2002	2.409	53,1	46,9	2000	2.509	51,1	24,7	62,1	13,2
Finnland	2000	2.295	63,5	36,5	2000	2.512	58,1	24,5	62,7	11,8
Norwegen	2001	1.962	76,7	23,3	1990	1.751 ***	78,2	20,3	60,9	18,8
Schweden	1990	3.830	39,9	60,1	1990	4.044 **	37,8	33,5	55,3	8,8
Südeuropa										
Griechenland	2000	3.800	63,0	37,0		–	–	–	–	–
Italien	1991	19.909	67,4	32,6	1991	19.736	68,0	8,5	76,2	15,3
Portugal	2001	3.620	75,4	21,1	1991	3.056	64,7	8,9	71,9	19,2
Spanien	–	–	86,0	14,0						
EU-Erweiterung										
Estland	2002	567	85,2	12,2	2000	623	94,8	42,3	25,2	0,2
Litauen	2001	1.285	91,1	6,8	2000	1.356	97,6	55,2	44,8	0,0
Lettland	2002	886	74,8	25,2	1998	955	49,0	62,6	37,4	-
Polen	–	–	–	–	1996	11.547	56,4	18,8	71,8	9,4
Slowakei	2001	1.666	49,2	50,8	1991	1.618	50,2	38,4	53,1	8,6
Slowenien	2002	679	82,2	9,1	1996	712	58,2	47,5	52,5	
Tschechische Republik	2001	3.828	46,9	28,6	1998	3.731	46,2	33,9	61,5	4,6
Ungarn	1996	3.864	89,6	10,4	1996	3.767	89,3	17,6	78,9	3,5
Malta	–	–	–	–		–	–	–	–	–
Zypern	2001	223	68,3	31,7	1992	184 **	64,4	5,2	53,2	41,5
Südosteuropa										
Albanien	1998	733	94,8	5,2	1998	733	94,8	67,6	30,6	1,7
Bosnien-Herzegowina	–	–	–	–		–	–	–	–	–
Bulgarien	2001	2.744	92,2	7,8	1998	3.438	92,5	41,7	58,3	-
Kroatien	–	–	–	–	1999	1.645 ****	61,3	50,0	40,6	9,5
Mazedonien	1994	501	95,2	4,8	1994	548	95,1	27,7	72,3	...
Rumänien	1992	72.851	77,2	22,8	1999	7 883	72,4	56,7	43,3	
Serbien-Montenegro	–	–	–	–	1997	3.152	–	52,1	47,8	
Türkei	–	–	–	–	1994	13 341	70,9	14,1	82,5	2,8
USA					1999	102.803 ***		1,4	50,7	47,9

Sonstige Eigentumsverhältnisse: Belgien 1,9 %; Frankreich 4,5 %, Österreich 3,1 %, Portugal 3,5 %, Estland 2,6 %, Slowenien 8,7 % Tschechische Republik 24,6 %
* nur Hauptwohnsitze (permanent dwellings).   **   Summe der Prozentwerte ergibt nicht 100, da bei nicht allen Wohnsitzen die Raumzahl bekannt ist.
*** Daten beziehen sich auf private Haushalte.   **** andere Klassifikation (weniger als 3 Räume, 3 bis 4 Räume, 4 Räume und mehr).   ***** Daten beziehen sich auf private Haushalte.
Quellen: *http://www.unece.org/env/hs/bulletin/Bulletin_04.htm; www.iut.nur; UN Economic Commission of Europe (2004): Bulletin of Housing Statistics for Europe and North America, A2, S. 3 ff.;*
UNECE Environment and Human Settlements Division, Housing database.

Tab. 8.14 *Länge des Autobahn- und Bahnnetzes in Europa 1990 und 1999 und Netzdichte*

	Länge des Autobahnnetzes in km		Länge des Bahnnetzes in km		Netzdichte 1999 (km pro 1.000 km²)	
	1990	1999	1990	1999	Straße	Schiene
Westeuropa	**13.832**	**16.975**	**59.666**	**56.975**	**18,3**	**61,5**
Belgien	1.631	1.682	3.479	3.410	55,1	111,7
Niederlande	2.092	2.360	2.798	2.808	57,5	68,4
Luxemburg	78	115	271	274	44,5	105,9
Frankreich	6.824	9.303	34.260	31.727	17,1	58,3
Großbritannien	3.181	3.421	16.914	16.847	14,2	69,7
Irland	26	94	1.944	1.909	1,4	27,7
Mitteleuropa	**13.749**	**14.682**	**51.635**	**48.804**	**30,4**	**101,2**
Deutschland	10.809	11.427	40.981	38.126	32,0	106,9
Österreich	1.445	1.613	5.624	5.643	19,2	67,3
Schweiz	1.495	1.642	5.030	5.035	39,8	121,9
Nordeuropa	**2.120**	**3.345**	**23.056**	**23.276**	**3,0**	**20,9**
Dänemark	601	861	2.344	2.232	20,0	51,8
Finnland	225	467	5.867	5.867	1,4	17,4
Norwegen	355	589	4.044	4.021	1,8	12,4
Schweden	939	1.428	10.801	11.156	3,5	24,0
Südeuropa	**11.392**	**16.462**	**34.722**	**33.641**	**16,0**	**32,7**
Griechenland	190	500	2.484	2.503	3,8	17,0
Italien	6.193	6.453	16.086	16.041	21,4	53,2
Portugal	316	1.252	3.592	2.794	13,6	30,4
Spanien	4.693	8.257	12.560	12.303	16,4	24,4
EU-Erweiterung	**1.763**	**2.413**	**53.737**	**50.129**	**3,7**	**77,0**
Estland	41	87	1.026	968	1,9	21,4
Litauen	421	417	2.007	1.905	6,4	29,2
Lettland	–	–	2.397	2.413	–	37,4
Polen	257	268	26.228	22.891	0,9	73,2
Slowakei	192	295	3.660	3.665	6,0	74,7
Slowenien	228	399	1.196	1.201	19,7	59,2
Tschechische Republik	357	499	9.451	9.444	6,3	119,7
Ungarn	267	448	7.772	7.642	4,8	82,1
Südosteuropa						
Bulgarien	273	324	4.299	4.290	2,9	38,7
Rumänien	113	113	11.348	10.981	0,5	46,1
CEC (= EU-Erweiterung + Südosteuropa)	**2.149**	**2.850**	**69.384**	**65.400**	**2,7**	**60,6**
EU-15	**39.242**	**49.233**	**160.005**	**153.640**	**15,8**	**46,0**

Quelle: http://www.gsv.co.at/ausland/verkehr_euro.htm

Tab. 9.1 *Eckdaten für den Tourismus 2000*

	Betriebe abs.	Bettenzahl abs.	Auslastung in %	Gästenächtigungen 2000 Ingesamt abs.	Inländer in %	Ausländer in %
Westeuropa	**80.488**	**2.815.465**		**689.903**	*63,9*	*36,1*
Belgien	1.998	119.165	*35,0*	29.215	*46,9*	*53,1*
Niederlande	2.858	174.314	*27,3*	81.263	*68,1*	*31,9*
Luxemburg	319	14.415	*26,9*	2.571	*8,5*	*91,5*
Frankreich	19.315	1.178.348	*59,8*	284.646	*61,5*	*38,5*
Großbritannien	50.549	1.190.644	*39,4*	265.131	*70,8*	*29,2*
Irland	5.449	138.579	*46,6*	27.077	*33,4*	*66,6*
Mitteleuropa	**60.170**	**2.438.266**		**457.976**	*69,5*	*30,5*
Deutschland	38.551	1.590.332	*34,7*	298.488	*85,8*	*14,2*
Österreich	15.865	588.213	*35,7*	90.711	*28,9*	*71,1*
Schweiz	5.754	259.721	*41,5*	68.777	*52,2*	*47,8*
Nordeuropa	**4.549**	**508.298**		**105.295**	*71,3*	*28,7*
Dänemark	466	62.107	*41,8*	25.174	*60,2*	*39,8*
Finnland	1.011	117.322	*36,9*	16.042	*74,7*	*25,3*
Norwegen	1.166	140.580	*36,8*	24.270	*69,2*	*30,8*
Schweden	1.906	188.289	*34,6*	39.809	*78,3*	*21,7*
Südeuropa	**59.776**	**4.000.370**		**669.288**	*46,7*	*53,3*
Griechenland	8.342	607.614	*54,4*	61.303	*23,9*	*76,1*
Italien	33.361	1.854.101	*40,8*	338.885	*58,6*	*41,4*
Portugal	1.786	222.958	*75,2*	41.956	*38,5*	*61,5*
Spanien	16.287	1.315.697	*57,0*	227.144	*36,7*	*63,3*
EU-Erweiterung	**9.652**	**721.562**		**160.863**	*58,2*	*41,8*
Estland	350	162.92	*35,0*	1.712	*26,8*	*73,2*
Litauen	227	11.489	*22,8*	1.406	*54,8*	*45,2*
Lettland	166	11.890	*32,0*	1.484	*53,0*	*47,0*
Polen	1.449	120.280	*35,1*	48.794	*85,9*	*14,1*
Slowakei	582	51.040	*31,7*	10.464	*64,6*	*35,4*
Slowenien	448	30.576	*39,4*	6.509	*49,7*	*50,3*
Tschechische Republik	3.690	211.631	*46,0*	45.661	*65,3*	*34,7*
Ungarn	1.928	143.573	*31,2*	20.430	*45,1*	*54,9*
Malta	229	40.312	*55,9*	7.016	*.*	*.*
Zypern	583	84.479	*65,0*	17.387	*3,4*	*96,6*
Südosteuropa				*.*		*.*
Albanien	142	5.919	*29,0*	326	*69,9*	*30,1*
Bosnien-Herzegowina	145	12.598	*–*	954	*59,0*	*41,0*
Bulgarien	648	121.222	*28,3*	8.554	*39,6*	*60,4*
Kroatien	733	199.474		30.858	*13,7*	*86,3*
Mazedonien	128	16.418		1.420	*67,0*	*33,0*
Rumänien	2.533	199.333	*38,4*	17.647	*87,8*	*12,2*
Serbien-Montenegro				*–*	*.*	*.*
Türkei	1.814	322.334	*36,8*	44.200	*36,5*	*63,5*

Quelle: Eurostat (2002): Tourism-Europe, central European countries, Mediterranean countries – Key figures 2000–2001; Theme 4, Industry, trade and services. S.1ff.

Literaturhinweise

Abkürzungen:

A. Auflage
Ek Erdkunde
ER European Review
EURSt European Urban and
Regional Studies
GJ Geographical Journal
GR Geographische Rundschau
GT Barsch, D. und Karrasch, H. (Hg.):
49. Deutscher Geographentag Bochum
1993, Band 4: Europa im Umbruch. Stutt-
gart.
GZ Geographische Zeitschrift
INFO L'information géographique
IR Informationen zur Raumentwicklung
ISR-Fb Forschungsberichte des Instituts für
Stadt- und Regionalforschung, Wien
MÖGG Mitteilungen der Österreichischen Geo-
graphischen Gesellschaft, Wien
RFRO Raumforschung und Raumordnung
TESG Tijdschrift voor Economische en Sociale
Geografie
TIBrG Transactions of the Institute of British
Geographers
USt Urban Studies

Gesamtdarstellungen

Berentsen, W. H. (Hg.) (1997):
Contemporary Europe: a geographic analysis.
New York [u. a.] (Fortsetzung Hoffmann,
G. W.)

Brunet, R. (Direction): Géographie universelle.
Paris.
Marchand, J.-P. u. Riquet, P. (1996): Europe
du Nord, Europe médiane.
Ferras, R., Pumain, D. u. Saint-Julien, Th.
(1990): France, Europe du Sud.
Brunet, R. u. Rey, V. (1996): Europes orienta-
les, Russie, Asie centrale.

Cole, J. u. Cole, F. (1997): A geography of the
European Union. 2. A. London [u. a.].

Diercke Weltatlas Westermann (1999, 2002),
Braunschweig.

Grocha, J. (Hg.) (2000): Przegladowy Atlas
Swiata. Europa. 2 Bände. Krakau.

Hoffmann, G. W. (1990): Europe in the 1990s:
a geographic analysis. 6. A. New York.

Le Monde Diplomatique (Hg.) (2003): Atlas der
Globalisierung. Berlin.

Lizza, G. u. a. (1999): Geografia della nuova
Europa. Turin.

Machatschek, F. (1929): Europa als Ganzes.
Leipzig, Wien.

Pinder, D. (Ed.) (1998): The New Europe.
Economy, Society and Environment.
Chichester, New York.

Putzger, F. W. (1975): Historischer Weltatlas.
50. A., Wien.

Putzger, F. u. Bruckmüller, E. (Hg.) (2003):
Historischer Weltatlas, 103. A. Berlin.

Sperling, W., Karger, A. u. a. (1978): Europa.
Frankfurt.

Westermann Atlas zur Weltgeschichte (1953).
Teil III. Neuzeit. Braunschweig.

Was war und was ist Europa?

Abermethy, D. B. (2001): The Dynamics of Global
Dominance: European Overseas Empires:
1415–1980. Yale.

Acham, K. (Hg.) (2002): Europa – wohin? Zeit-
diagnosen 1. Wien.

Agnew, J. A. (2001): How many Europes? The
European Union, eastward enlargement and
uneven development. ER 8, 1: 29–38.

Akademie der Wissenschaften und der Literatur
(Hg.) (1996): Europa – Idee, Geschichte,
Realität. Mainz.

Armengaud, A. (1971): Die Bevölkerung Europas
von 1700–1914. In: Cipolla, C. u. Borchardt,
K. (Hg.): Bevölkerungsgeschichte Europas.
München: 123–177.

Bassand, M. (1990): Culture et Régions d'Europe.
Lausanne.

Bobek, H. (1974): Zum Konzept des Rentenkapi-
talismus. TESG 15, 2: 74–78.

Boer, P. den u. a. (1999): The History of the Idea
of Europe. London u. a.

Brunner, O. (1956): Neue Wege der Sozialgeschichte. Darin: Stadt und Bürgertum in der
europäischen Geschichte: 80–96. Göttingen.

Brunner, O. (1984): Sozialgeschichte Europas im
Mittelalter. 2. A. Göttingen.

Casier, T. u. Malfliet, K. (Hg.) (1998): Is Russia a
European Power? The Position of Russia in a
New Europe. Leuven.

Coquery-Vidrovitch, C. (1997): The Exportation of
the European Idea of the Nation-State to
Africa. ER 5, 1: 55–74.

Dawson, C. (1953): Europa: Idee und Wirklichkeit. München.

Delanty, G. (1995): Inventing Europe: Idea, Identity, Reality. Hampshire.

Fassmann, H. (2002): Wo endet Europa? Anmerkungen zur Territorialität Europas und der
EU. MÖGG 144: 27–36.

Fells, J. u. Niznik, J. (1992): Europe: beyond
Geography. New York.

Foucher, M. (1993): Fragments d'Europe:
Atlas de l'Europe médiane et orientale. Paris.
2. A. 1998.

Fuhrmann, M. (1981): Europa – zur Geschichte
einer kulturellen und politischen Idee.
Konstanz.

Geremek, B. (1997): The Common Roots of
Europe. Oxford.

Habsburg, O. von (1999): Die paneuropäische
Idee: eine Vision wird Wirklichkeit. Wien u. a.

Hecker, H. (1991): Europa – Begriff und Idee.
Historische Streiflichter. Bonn.

Isensee, J. (Hg.) (1993): Europa als politische
Idee und als rechtliche Form. Berlin.

Isensee, J. (1996): Europäische Union – Mitgliedstaaten. In: Akademie der Wissenschaften und Literatur (Hg.): Europa – Idee,
Geschichte, Realität. Mainz: 71–106.

Jones, E. L. (1991): Das Wunder Europa. Umwelt,
Wirtschaft und Geopolitik in der Geschichte
Europas und Asiens. Tübingen.

Judt, T. (1996): Große Illusion Europa: Gefahren
und Herausforderungen einer Idee. München, Wien.

Klingenstein, G., Lutz, H. u. Stourzh, G. (Hg.)
(1980): Europäisierung der Erde. Wiener
Beiträge zur Geschichte der Neuzeit 7. Wien.

Köpke, W. (Hg.) (1999): Das gemeinsame Haus
Europa. Handbuch zur europäischen Kulturgeschichte. Museum für Völkerkunde Hamburg. München.

Köpke, W. u. Schmelz, B. (Hg.) (1999): Das gemeinsame Haus – Fundgrube Europa. Biblio-
graphie zur europäischen Kulturgeschichte.
Bonn.

Le Goff, J. (1994): Das Alte Europa und die Welt
der Moderne. München.

Leidlmair, A. (1990): Europa – Einheit in der
Vielfalt. Oberösterr. Heimatbl. 44, 3: 187–199.

Lichtenberger, E. (1976): Albanien – der isolierte
Staat. MÖGG 118, 1: 109–136.

Lichtenberger, E. (2000): Austria. Society and
Regions. Wien.

Lichtenberger, E. (2002): Wissenschaftliche
Länderkunden. Österreich. 2. A. Darmstadt.

Lichtenberger, E. (2004): Was war und was ist
Europa? Orden pour le mérite für Wissenschaften und Künste. Reden und Gedenk-
worte 32: 145–156.

Louis, H. (1954): Über den geographischen Europabegriff. Mitteilungen Geogr. Ges. München
39: 73–93.

Lyschenkowa, M. (2003): Sankt Petersburg und
seine Vororte. St. Petersburg.

Mikkeli, H. (1998): Europe as an Idea and an
Identity. Basingstoke, New York.

Mommsen, W. J. (1991): Aufstieg und Niedergang
des europäischen Imperialismus 1870–1956.
In: Hecker, H. (Hg.): Europa – Begriff und
Idee. Bonn: 87–101.

Neumann, I. B. (1996): Russia and the Idea of
Europe: a Study in Identity and International
Relations. London, New York.

Osterhammel, J. (1996): Transkulturell verglei-
chende Geschichtswissenschaft. In: Haupt,
G. H. u. Kocka, J. (Hg.): Geschichte und Vergleich. Ansätze und Ergebnisse international
vergleichender Geschichtsschreibung. Frankfurt a. M.: 271–313.

Paasi, A. (2001): Europe as a social process and discourse. Considerations of place, boundaries and identity. EURSt 8, 1: 7 – 28.

Pagden, A. (2001): The Idea of Europe. From Antiquity to the European Union. Cambridge.

Philippson, A. (1906): Europa. Allgemeine Länderkunde. Leipzig, Wien.

Plessen, M. L. von (2003): Idee Europa. Entwürfe zum „Ewigen Frieden". Ordnungen und Utopien für die Gestaltung Europas von der pax romana bis zur Europäischen Union. Berlin.

Poeschel, S. (1985): Studien zur Ikonographie der Erdteile in der Kunst des 16. und 18. Jahrhunderts. München.

Rose, R. (1996): What is Europe? A Dynamic Perspective. New York.

Schenk, F. B. (2002): Mental Maps. Literaturbericht. Die Konstruktion von geographischen Räumen in Europa seit der Aufklärung. Geschichte und Gesellschaft 28, 3: 493 – 514.

Schmitthenner, H. (1938): Lebensräume im Kampf der Kulturen. Leipzig.

Schultz, H. D. (1999): Europa als geographisches Konstrukt. Jenaer Geographische Berichte 20.

Shelley, M. u. Winck, M. (2000): Aspects of European Cultural Diversity. London, New York.

Sloterdijk, P. (2002): Falls Europa erwacht: Gedanken zum Programm einer Weltmacht am Ende des Zeitalters ihrer politischen Absence. Frankfurt a. M.

Stourzh, G. (Hg.) (2002): Annäherungen an eine europäische Geschichtsschreibung. Wien.

Suess, E. (1885 – 1909): Das Antlitz der Erde. Wien.

Svensson, T. (1996): Where Asia and Europe Meet: Culture, Research and Education. ER 4, 4: 301 – 312.

Szücs, J. (1994): Die drei historischen Regionen Europas. 2. A. Frankfurt a. M.

Tielker, W. (1998): Europa – die Genese einer politischen Idee: von der Antike bis zur Gegenwart. Münster.

Timermann, H. (Hg.) (1998): Die Idee Europa in Geschichte, Politik und Wirtschaft. Berlin.

Vries, P. (1996): Essay Review: What is Europe? ER 4, 3: 277 – 286.

Waites, B. (1995): Europe and the Wider World. London u. a.

Waites, B. (1999): Europe and the Third World: from Colonisation to Decolonisation, c. 1500 – 1998. Basingstoke.

Wilson, K. u. Tussen, J. van der (1993): The History of the Idea of Europe. London, New York.

Wirth, E. (1963): Zum Problem der N-S-Gegensätze in Europa. Mitt. der Fränkischen Geogr. Ges. 10: 138 – 154.

Wissenschaftl. Zschr. d. Techn. Universität Dresden (Hg.) (1999): Europa – Herausforderung einer Fiktion 8: 1 – 132.

Natur und Gesellschaft

Amt f. Amtl. Veröff. d. Europ. Gemeinschaft (Hg.) (1997): Naturkatastrophen, die uns bedrohen: Stürme und Überschwemmungen, Erdbeben, Vulkanausbrüche, Waldbrände – was macht Europa? Luxemburg.

Amt f. Amtl. Veröff. d. Europ. Gemeinschaft (Hg.) (2001): Inseln und Küstengebiete. Die Strukturpolitik und der Europäische Raum. Luxemburg.

Blüthgen, J. u. Weischet, W. (1980): Allgemeine Klimageographie. 3. A. Berlin.

Brückner, H. u. Radtke, U. (Hg.) (1991): Geographie der Meere und Küsten. Von der Nordsee bis zum Indischen Ozean. Erdkundl. Wissen 105. Düsseldorf, Stuttgart.

Bundesministerium für Land- und Forstwirtschaft (Hg.) (1998): Ministerial Conference on the Protection of Forests in Europe 3. Lissabon, Wien.

Eriksen, W. (1971): Die Häufigkeit meteorologischer Fronten über Europa und ihre Bedeutung für die klimatische Gliederung des Kontinents. Ein Beitrag zur synoptischen Klimageographie. Ek 25: 163 – 178.

European Centre for Nature Conservation (Hg.) (1996): The Pan-European Biological and Landscape Diversity Strategy: a Vision for Europe's Natural Heritage. Straßburg u. a.

Glaser, R. (2001): Klimageschichte in Mitteleuropa seit dem Jahr 1000. Darmstadt.

Gläßer, E. (1993): Wissenschaftliche Länderkunden. Norwegen. Darmstadt.

Haack, H. (1974): Europa, Klima und Vegetation. Redaktion: Stegner, W. Kartographie: Wolfram, M. Gotha.

Heynert, H. (1986): Die Pflanzenwelt Europas: Streifzüge durch Florengebiete. Hannover.

Kelletat, D. (1999): Physische Geographie der Meere und Küsten. Eine Einführung. Stuttgart, Leipzig.

Klaus, D. (1993): Zirkulations- und Persistenzänderungen des europäischen Wettergeschehens im Spiegel der Großwetterlagenstatistik. Ek 47, 2: 85 – 104.

Kubiena, W. L. (1953): Bestimmungsbuch und Systematik der Böden Europas. Stuttgart.

Lauer, W. u. Frankenberg, P. (1986): Eine Karte der hygrothermischen Klimatypen von Europa. Ek 40, 2: 85 – 94.

Machatschek, F. (1955): Das Relief der Erde. Versuch einer regionalen Morphologie der Erdoberfläche. 2. A. Berlin.

Mayer, H. (1984): Wälder Europas. Stuttgart u. a.

Mitlacher, G. (1991): Naturschutzgebietskonzeptionen in Europa. Material zur angewandten Geographie 21: 187 – 194.

Noirfalise, A. (1987): Map of the Natural Vegetation of the Member Countries of the European Community and the Council of Europe: Scale 1:3.000.000. Luxemburg.

Ozenda, P. (1994): Végétation du continent européen. Lausanne.

Reinel, H. (1960): Die Zugbahnen der Hochdruckgebiete über Europa als klimatologisches Problem. Erlanger Geogr. Arbeiten 10.

O'Riordan, T. u. Jäger, J. (Hg.) (1996): Politics of Climate Change: a European perspective. London u. a.

Rubner, K. u. Reinhold, F. (1953): Das natürliche Waldbild Europas als Grundlage für einen europäischen Waldbau. Hamburg, Berlin.

Schönenberg, R. u. Neugebauer, J. (1997): Einführung in die Geologie Europas. Freiburg im Breisgau.

Simon, L. (2000): Les fôrets de plaine en Europe: écologie, dynamisme et faits de répartition. INFO 64: 37 – 57.

Starkel, L. (2001): Extreme rainfalls and river floods in Europe during the last millennium. Geographia Polonica 74, 2: 69 – 74.

Troll, C. (1964): Karte der Jahreszeitenklimate der Erde. Ek 18: 5 – 28.

Weischet, W. u. Endlicher, W. (2000): Regionale Klimatologie Bd. 2: Die Alte Welt: Europa, Afrika, Asien. Stuttgart.

Der historische Sonderweg Europas

Bartlett, R. (1996): Die Geburt Europas aus dem Geist der Gewalt. Eroberung, Kolonisierung und kultureller Wandel von 950 bis 1350. München.

Beck, J. (Hg.) (2000): Dumont Atlas der Weltgeschichte. 20.000 Jahre Menschheitsgeschichte. Köln.

Bentley, H. (1998): Hemispheric Integration 500 – 1500. Journal of World History, 248 ff.

Blockmans, W. (1996): Focus – Nationalism: The Growth of Nations and States in Europe before 1800. ER 4, 3: 241 – 252.

Bruckmüller, E. u. Hartmann, P. C. (2002): Putzger. Atlas und Chronik zur Weltgeschichte. Berlin.

Butlin, R. A. u. Dodgson, R. A. (Hg.) (1998): An Historical Geography of Europe. Oxford u. a.

Czaplinski, I. (1986): The Historical Atlas of Poland. Warszawa u. a.

East, W. G. (1961): An Historical Geography of Europe. 5. A. London, New York.

Erlen, P. (1992): Europäischer Landesausbau und mittelalterliche deutsche Ostsiedlung. Ein struktureller Vergleich zwischen Südwestfrankreich, den Niederlanden und dem Ordensland Preußen. Marburg / Lahn.

Fuhrmann, M. (1995): Europas fremd gewordene Fundamente. Aktuelles zu Themen aus der Antike. Düsseldorf.

Le Goff, J. (2000): Die Geschichte Europas. Frankfurt a. M. u. a.

Gudemann, W. (2000) (Red.): Das Abendland. Die Geschichte Europas. Von der Antike bis zur Gegenwart. Autorisierte Sonderausgabe, Niedernhausen/Ts.

Hägermann, D. (1990): Der St. Galler Klosterplan – Ein Dokument technischer Innovationen des Frühmittelalters. Rheinische Vierteljahrsblätter 54: 1 – 18.

Heidelmeyer, W. (Hg.) (1997): Die Menschenrechte, Erklärungen, Verfassungsartikel, Internationale Abkommen. 4. A. Paderborn.

Huntington, S. P. (2002): Kampf der Kulturen. Die Neugestaltung der Weltpolitik im 21. Jahrhundert. München.

Knieschek, C. (1997): Geistliche Hausgemeinschaften und universale Orden. Beiträge zur historischen Sozialkunde 27, 1: 10 – 21.

Livi-Bacci, M. u. a. (2000): The Population of Europe: A History. Oxford.

Miller, K. (1962): Die Peutingersche Tafel. Stuttgart.

Mitterauer, M. (1997): Zu mittelalterlichen Grundlagen europäischer Sozialformen. Beiträge zur historischen Sozialkunde 27, 1: 40 – 46.

Mitterauer, M. (2000): Die Landwirtschaft und der „Aufstieg Europas". Historische Anthropologie 8, 3: 423 – 431.

Mitterauer, M. (2003): Warum Europa? Mittelalterliche Grundlagen eines Sonderwegs. München.

Pounds, N. J. (1993): An Historical Geography of Europe. Cambridge u. a.

Putzger, F. W. (1963): Historischer Schul-Atlas zur allgemeinen und österreichischen Geschichte. 43. A. Wien.

Putzger-Lendl-Wagner (1975): Historischer Weltatlas. Wien.

Rösener, W. (1993): Die Bauern in der europäischen Geschichte. München.

Schuller, W. (2002): Das Römische Weltreich. Wissen, Darmstadt.

Sked, A. (1994): Nationalism in the Fin de Siècle of the Habsburg Monarchy. ER 2, 2: 239 – 246.

Smith, C. T. (1978): An Historical Geography of Western Europe before 1800. London u. a.

Stein, P. (1994): The Tradition of Roman Law in Europe. ER 2, 4: 289 – 294.

Wesseling, H. L. (1994): Two Fin de Siècles. ER 2, 2: 213 – 220.

Wood, I. (1999): The fall of the Roman Empire and the nations of Europe. ER 7, 1: 59 – 76.

Von der Teilung zum Projekt Europa

Antonsich, M. u. Kolossov, V. (2001): Europe Between Political Geography and Geopolitics: Proceedings of the Internat. Meeting. Rome.

Berend, I. T. (1999): Further enlargement of the European Union in a historical perspective. ER 7, 2: 175 – 182.

Blacksell, M. u. Williams, A. (Hg.) (1994): The European Challenge. Geography and Development in the European Community. New York.

Blotevogel, H. (1992): Perspektiven der Raumentwicklung in Europa. Arbeitsmaterial der Akademie für Raumforschung und Landesplanung. Hannover.

Borchardt, K.-D. (1995): Die europäische Einigung: die Entstehung und Entwicklung der Europäischen Union. Luxemburg.

Clark, G. L. (2001): Vocabulary of the new Europe: code words for the millennium. Society and Space 19, 6: 697 – 717.

Crampton, R. (1996): Atlas of Eastern Europe in the Twentieth Century. London, New York.

Dawson, A. H. (1993): A Geography of European Integration. London.

Dingsdale, A. (1999): New Geographies of Post-Socialist Europe. GJ 165, 2: 145 – 153.

Domanski, R. (Hg.) (1999): The Changing Map of Europe. Warschau.

Elazar, D. (1998): The New Europe: a Federal State or a Confederation of States? Swiss Political Science Review 4, 4: 119 – 138.

Europäische Kommission – Generaldirektion Presse und Kommunikation (Hg.) (2001): Wie die Europäer sich selbst sehen. Aktuelle Themen im Spiegel der öffentlichen Meinung. Luxemburg.

Fassmann, H. (1995): Probleme der Transformation und ihrer gesellschaftlichen Konsequenzen in Ostmittel- und Osteuropa. In: GT: 86 – 92.

Fassmann, H. u. Vorauer, K. (2003): „One Europe". Die politische und geographische Dimension der Erweiterung. Informationen zur Politischen Bildung 19: 5 – 20.

Foucher, M. (1993): Le continent retrouvé. La Tour d'Aigues: Datar.

Fuhrmann, W. (1992): Ökonomische Integrationsrisiken des politischen Integrationsprozesses. Wirtschaft u. Gesellschaft 18, 3: 357 – 374.

Goldsmith, M. (1993): The Europeanisation of Local Government. US 30, 4/5: 683 – 700.

Graham, B. (Hg.) (1998): Modern Europe: Place, Culture and Identity. London u. a.

Hadjimichalis, C. u. Sadler, D. (Hg.) (1995): Europe at the Margins: New Mosaics of Inequality. Chichester.

Haungs, P. (Hg.) (1989): Europäisierung Europas? Baden-Baden.

Heffernan, M. (1996): Twentieth-Century Europe: a Political Geography. London [u. a.].

Heffernan, M. (1998): The Meaning of Europe. Geography and Geopolitics. London.

Hofrichter, J. u. Klein, M. (1994): Festung Europa. IR 5/6: 321 – 334.

Huber, S. u. Pernthaler, P. (Hg.) (1988): Föderalismus und Regionalismus in europäischer Perspektive. Schriftenreihe des Instituts für Föderalismusforschung 44. Wien.

Hudson, R. (2000): One Europe or many? Reflections on becoming European. TIBrG 25, 4: 409 – 426.

Krätke, S. (2001): Regionale Wirkungen der EU-Osterweiterung. IR 11/12: 769 – 787.

Labasse, J. (1991): Géopolitique et régions d'Europe. INFO 55: 89 – 98.

Lichtenberger, E. (1982): Urbanization in Austria in the 19th and 20th centuries. In: Cities in Development in the 19th–20th centuries. 10th Int. Colloquium Spa: 259 – 276.

Lichtenberger, E. (1998): Zur geostrategischen Lage Österreichs in Europa. MÖGG 139: 47 – 76.

Lichtenberger, E. (1999): Geopolitische Lage und Transitfunktion Österreichs in Europa. Projektbericht 1 der ÖAW-Kommission für die

wiss. Zusammenarbeit mit Dienststellen des BM für Landesverteidigung. Wien.

Lichtenberger, E. (2002): Österreich in Europa zu Beginn des 21. Jahrhunderts. MÖGG 144: 7 – 26.

O'Loughlin, J. u. Wusten, H. van der (Hg.) (1993): The New Political Geography of Eastern Europe. London u. a.

MacLeod, G. (1999): Place, politics and 'scale dependence': exploring the structuration of Euro-regionalism. EURSt 6, 3: 231 – 253.

Martin, P. J. u. Ottaviano, G. (1995): The geography of multi-speed Europe. London.

Masser, I. (1992): The Geography of Europe's Futures. London.

Nagle, G. u. Spencer, K. (1996): A Geography of the European Union. A Regional and Economic Perspective. Oxford.

Piazolo, D. (2001): The Integration Process Between Eastern and Western Europe. Berlin.

Ruppert, K. (1998): Die Osterweiterung der Europäischen Union – raumstrukturelle Aspekte. Mitteilungen Geogr. Ges. München 83: 267 – 281.

Scheuch, M. (2000): Atlas zur Zeitgeschichte: Europa im 20. Jahrhundert. 2. A. Wien.

Seger, M. u. Beluszky, P. (Hg.) (1993): Bruchlinie Eiserner Vorhang. Regionalentwicklung im österreichisch-ungarischen Grenzraum. Wien, Köln, Graz.

Shain, J. u. Wintle, M. (Hg.) (2000): The Idea of a United Europe: Political, Economic, and Cultural Integration since the Fall of the Berlin Wall. New York.

Szegedy-Maszak, M. (1998): Postmodernity and postcommunism. ER 6, 1: 53 – 62.

Teichova, A., Matis, H. u. Patek, J. (Hg.) (2000): Economic Change and the National Question in Twentieth-century Europe. Cambridge.

Die Europäer und der soziale Wohlfahrtsstaat

Akademie-Journal 2/2001: Die Sprachen in Europa. Darin: Fuhrmann, M.: Die alten Sprachen, Europas geistiges Fundament: 3 – 5. Weinrich, H.: Deutsch im Linguafranca-Land: 6 – 9. Trabant, J.: Französische Sprachpolitik – ein Modell für Deutschland?: 10 – 14. Wunderli, P.: Destruktion eines Mythos. Die viersprachige Schweiz: 15 – 19. Nelde, H. P.: Eine neue Sprachpolitik für Europa: 25 – 50.

Aldcroft, D. H. u. Anthony, S. (1999): Europe in the International Economy 1500 to 2000. Cheltenham.

Angenendt, S. (Hg.) (1997): Migration und Flucht: Aufgaben und Strategien für Deutschland, Europa und die internationale Gemeinschaft. München.

Bade, K. J. (2000): Europa in Bewegung. Migration vom späten 18. Jahrhundert bis zur Gegenwart. München.

Bade, K. J. (Hg.) (2001): Einwanderungskontinent Europa: Migration und Integration am Beginn des 21. Jahrhunderts. Osnabrück.

Barr, N. (Hg.) (1994): Labor Markets and Social

Policy in Central and Eastern Europe. The Transition and Beyond. New York.

Black, R. (1996): Immigration and social justice: towards a progressive European immigration policy. Transactions New Series 21, 1: 64–75.

Blotevogel, H. H. u. King, R. (1996): European economic restructuring: demographic responses and feedbacks. EURS 3, 2: 133–159.

Bowen, J. (2003): A History of Western Education. London.

Brabant, J. M. van u. a. (1993): The New Eastern Europe and the World Economy. Boulder.

Esping-Andersen, G. (1990): Three Worlds of Welfare Capitalism. Cambridge.

Fassmann, H. (2004): EU-Erweiterung und Ost-West-Wanderung: Freizügigkeit und Übergangsregelungen. PM 148, 3: 6-15.

Fassmann, H. u. Münz, R. (Hg.) (1994): Europe and Migration in the Late Twentieth Century. Historical Patterns, Actual Trends, and Social Implications. Aldershot.

Fassmann, H. u. Hintermann, C. (1997): Migrationspotential Ostmitteleuropa. Struktur und Motivation potentieller Migranten aus Polen, der Slowakei, Tschechien und Ungarn. ISR-Fb. 25. Wien.

Fassmann, H., Kohlbacher, J. u. Reeger, U. (2002): Zuwanderung und Segregation. Europäische Metropolen im Vergleich. Klagenfurt.

Ferge, Z. u. Kolberg, J. E. (Hg.) (1992): Social Policy in a Changing Europe. Boulder.

Fielding, T. u. a. (1997): People, Jobs and Mobility in the New Europe. Chichester.

Giersch, H. (Hg.) (1989): Towards a Market Economy in Central and Eastern Europe. Berlin, Heidelberg u. a.

Ginsburg, N. (1992): Divisions of Welfare. A Critical Introduction to Comparative Policy. London, New Delhi.

Greimel, J. (2003): „English only?" Zur sprachlichen Zukunft Europas. Österr. Zeitschr. für Raumplanung und Regionalpolitik 51: 29–31.

Hohn, C. u. Sulzbach, B. (1995): Die demographische Alterung in den Ländern der Europäischen Union. GZ 82, 4: 198–213.

Hudson, R. (2002): New Geographies and forms of work and unemployment and public policy innovation in Europe. TESG 93, 3: 316–335.

Inra Eurobarometer 54 Special: Europeans and languages. 2001.

Kytzler, B. u. Redemund, L. (2002): Unser tägliches Latein. 6. A. Darmstadt.

Kytzler, B. u. a. (2002): Unser tägliches Griechisch. 2. A. Darmstadt.

Leibfried, St. (Hg.) (1995): European Social Policy – Between Fragmentation and Integration. Washington, D.C.

Lichtenberger, E. (1984): Gastarbeiter – Leben in zwei Gesellschaften. Wien, Köln, Graz.

Lichtenberger, E. (1997): Metropolen und periphere Regionen: Probleme der Sozialpolitik in den USA und in Europa. In: Löffler, H. u. Streissler, E. W. (Hg.): Sozialpolitik und Öko-

logieprobleme der Zukunft. Festsymposium der Österr. Akademie der Wissenschaften anlässlich ihres 150-jährigen Jubiläums. Wien.

Lichtenberger, E. (1999): Der Rückbau der sozialen Wohlfahrtsstaaten. MÖGG 140: 7–24.

Lichtenberger, E. (Hg.) (1991): Die Zukunft von Ostmitteleuropa. Vom Plan zum Markt. ISR-Fb 2. Wien.

Lichtenberger, E. (1996): Geography of Transition in East-Central Europe: Society and Settlement Systems. In: Carter, F. W., Jordan, P. u. Rey, V.: Central Europe after the Fall of the Iron Curtain. Wiener Osteuropa Studien 4: 137–152.

Matis, H. u. Stiefel, D. (Hg.) (1992): Der Weg aus der Knechtschaft. Probleme des Übergangs von der Planwirtschaft zur Marktwirtschaft. Wien.

Messu, M. (1992): Familienpolitik und soziale Einkommenspolitik. Kindergeld für Alleinerziehende in Frankreich. Internationale Revue für Soziale Sicherheit 45, 3: 79–91.

Mishra, R. (1984): The Welfare State in Crisis. Brighton.

Mitchell, O. S. u. McCarthy, D. (2002): Annuities for an Ageing World. Cambridge.

Noin, D. u. Woods, R. (1993): The Changing Population of Europe. Oxford.

Nonneman, G. (Hg.) (1998): Muslim Communities in the New Europe. Berkshire.

Norris, H. T. (1993): Islam in the Balkans: Religion and Society Between Europe and the Arab World. London.

Pagden, A. (2001): Peoples and Empires. A Short History of European Migration, Exploration, and Conquest, from Greece to the Present. New York.

Pan, C. u. Pfeil, B. S. (2000): Die Volksgruppen in Europa. Ein Handbuch. Wien.

Pütz, R. (Hg.) (1999): Ostmitteleuropa im Umbruch. Wirtschafts- und sozialgeographische Aspekte der Transformation. Mainz.

Rrapi, G. (2003): Die albanische Großfamilie im Kosovo. Wien, Köln, Weimar.

Schönig, W. u. L'Hoest, R. (1996): Sozialstaat wohin? Umbau, Abbau oder Ausbau der Sozialen Sicherung. Darmstadt.

Schulz, M. (1991): Der Tauschwohnungsmarkt in der zentralistischen Planwirtschaft – das Beispiel von Ostberlin. ISR-Fb 3. Wien.

Sharpe, L. J. (Hg.) (1993): The Rise of Meso Government in Europe. London.

Stanzel, F. (1998): Europäer: Ein imagologischer Essay. Heidelberg.

Therborn, G. (1987): Welfare State and Capitalist Markets. Acta Sociologica, 30: 237–254.

Titmus, R. M. (1974): Social Policy. London.

Triandafyllidou, A. (2001): Immigrants and National Identity in Europe. London.

Witt, J. (2001): Wohin steuern die Sprachen Europas? Probleme der EU-Sprachpolitik. Tübingen.

Die europäische Stadt

Benevolo, L. (1993): Die Geschichte der Stadt. 7. A. Frankfurt a. M.

Berry, J. u. McGreal, St. (Hg.) (1995): European Cities, Planning Systems and Property Markets. London.

Brunet, R. (Hg.) (1989): Les Villes „Européennes". Rapport pour la DATAR. Montpellier.

Cameron, R. u. Cooke, A. (1980): Above London. San Francisco.

Cameron, R. u. Sallinger, P. (2000): Au-dessus de Paris. Paris.

Castells, M. (1993): European cities, the informational society and the global economy. TESG 84, 4: 247–257.

Chant, C. u. Goodman, D. (Hg.) (2000): European Cities and Technology: Industrial to Post-Industrial Cities. New York.

Claval, P. (2000): The European system of capital cities. GeoJournal 51: 73–81.

Dijkink, G. (2000): European capital cities as political frontiers. GeoJournal 51: 65–71.

Driver, F. u. David, G. (1999): Imperial Cities: Landscape, Display and Identity. Manchester, New York.

Enyedi, G. (1995): The Transition of Post-socialist Cities. ER 3, 2: 171–182.

Eurostat (Hg.) (1973): Regionalstatistik. Statistisches Amt der Europ. Gemeinschaften.

Fassmann, H. (1999): Eurometropolen – Gemeinsamkeiten und Unterschiede. GR 10: 518–522.

Fazio, M. (1980): Historische Stadtzentren Italiens. Köln.

Freund, B. (1999): Das Hochhaus – die Dritte Dimension der Stadtmorphologie. Berliner Geogr. Arb. 90: 85–104.

Friedrichs, J. (Hg.) (1978): Stadtentwicklungen in kapitalistischen und sozialistischen Ländern. Reinbek.

Glebe, G. u. O'Loughlin, J. (Hg.) (1987): Foreign Minorities in Continental European Cities. Erdkundliches Wissen, Stuttgart.

Hall, P. (1995): The future of cities in Western Europe. ER 3, 2: 161–170.

Hassenpflug, D. (2000): Die Europäische Stadt: Mythos und Wirklichkeit. Münster, Hamburg, London.

Healy, P. u. Williams, R. (1993): European urban planning systems: diversity and convergence. US 30, 4/5: 701–720.

Herrschel, T. u. Newman, P. (2002): Governance of Europe's City Regions: Planning Policy and Politics. New York.

Hoyle, B. S. u. Pinder, D. A. (1992): European Port Cities in Transition. New York.

Huttman, E. D., Blauw, W. u. Saltman, J. (Hg.) (1991): Urban Housing. Segregation of Minorities in Western Europe and the United States. Durham, London.

Jönsson, C., Tägil, S. u. Törnqvist, G. (2000): Organizing European Space. London u. a.

Krätke, S. (1998): Globalisierung und Stadtentwicklung in Europa. GZ 85, 2 + 3: 143 – 158.

Leontidou, L. (1994): Mediterranean Cities: Divergent Trends in a United Europe. In: Blacksell, M. u. Williams, A. M.: The European Challenge. Oxford: 127 – 148.

Lichtenberger, E. (1971): Ökonomische und nichtökonomische Variablen kontinentaleuropäischer Citybildung. Die Erde 102, 3 – 4: 216 – 262.

Lichtenberger, E. (1972): Die europäische Stadt – Wesen, Modelle, Probleme. Berichte z. Raumforschung u. Raumplanung 16, 1: 3 – 25.

Lichtenberger, E. (1976): The changing nature of European urbanization. In: Berry, B. J. L. (Hg.): Urbanization and counterurbanization. Urban Affairs Annual Reviews 11: 81 – 107.

Lichtenberger, E. (1984): Urbanisierung in agrarstrukturellen Räumen – ein Überblick über die gegenwärtige Situation in Westeuropa. Greifswalder Geogr. Arbeiten 3: 144 – 159.

Lichtenberger, E. (1989): Stadtentwicklung in Europa und Nordamerika – kritische Anmerkungen zur Konvergenztheorie. In: Schöller-Festschrift. Bochumer Geogr. Arb. 50: 113 – 129.

Lichtenberger, E. (1990): Die „Neue Obdachlosigkeit". Tag.ber. und wiss. Abh. 47. Dt. Geographentag Saarbrücken 1989: 414 – 422.

Lichtenberger, E. (1995): Das metropolitane Zeitalter in Europa in West und Ost. MÖGG 136: 7 – 36.

Lichtenberger, E. (2001): Wem gehört die 3. Dimension der Stadt? MÖGG 143: 7 – 34.

Lichtenberger, E. (2002): Die Stadt. Von der Polis zur Metropolis. Darmstadt.

Lichtenberger, E. u. Heinritz, G. (Hg.) (1984): The Take-off of Suburbia and the Crisis of the Central City. Proceedings of the International Symposium in Munich and Vienna 1984, Erdkundliches Wissen 76.

Meijer, M. (1993): Growth and decline of European cities: changing positions of cities in Europe. US 30, 6: 981 – 990.

Netzwerk Stadt und Landschaft NSL (Hg.) (2003): DISP 152: Metropolregionen in Westeuropa. Zürich.

Newman, P. u. Thornley, A. (1996): Urban Planning in Europe. International competition, national systems and planning projects. London, New York.

Ribbeck, E. (1997): Die post-europäische Stadt. Die Alte Stadt 24, 1: 35 – 47.

Ribhegge, W. (1988): Europäische Urbanität 1500 – 1800. Die Alte Stadt 15, 4: 53 – 67.

Rodenstein, M. (2002): Die vertikale Entwicklung der europäischen Stadt im 20. Jh. Die Alte Stadt 29, 4: 261 – 274.

Rodríguez-Lores, J. (1996): Stadtentwicklung und sozialer Wohnungsbau. Die Anfänge in Europa. Die Alte Stadt 23: 176 – 198.

Schubert, D. (2001): Mythos „europäische Stadt".

Zur erforderlichen Kontextualisierung eines umstrittenen Begriffs. Die Alte Stadt 28: 270 – 290.

Schwanen, T. (2002): Urban form and commuting behaviour: a cross-European perspective. TESG 93, 3: 336 – 343.

Sieverts, T. (1997): Zwischenstadt. Zwischen Ort und Welt, Raum und Zeit, Stadt und Land. Braunschweig, Wiesbaden.

Vries, J. de (1984): European Urbanization 1500 – 1800 (Harvard Studies in Urban History). Cambridge:

Wüstenrot-Stiftung (Hg.) (2002): Wohneigentum in Europa. Ursachen und Rahmenbedingungen unterschiedlicher Wohneigentümerquoten in Europa.

Das ländliche Europa und die Agrarwirtschaft

Ambio (1998): Research for mountain area development: Europe. Ambio 27, 4: 255 – 371.

Andreae, B. (1976): Strukturzonen und Betriebsformen in der europäischen Landwirtschaft. GR 28: 221 – 234.

Beckel, L. (1995): Satellite Remote Sensing Forest Atlas of Europe. Gotha.

Beteille, R. (1996): L'agritourisme dans les espaces ruraux européens. Annales de Géographie 105: 584 – 602.

Beuermann, A. (1967): Fernweidewirtschaft in Südosteuropa. Ein Beitrag zur Kulturgeographie des östlichen Mittelmeergebietes. Braunschweig.

Boyazoglu, J. u. Renaud, J. (Hg.) (1991): The Livestock Production Sector in Eastern-Europe as Affected by Current Changes: Centre for Animal Breeding and Nutrition. London.

Buller, H. u. Hoggart, K. (1994): Vers une campagne européenne: les Britanniques en France rurale. L'Espace 23, 3: 263 – 273.

Cappelin, R. u. Funck, R. (1993): Kleine und mittlere Unternehmen als Träger der Entwicklung im ländlichen Raum – Infrastrukturelle Erfordernisse und wirtschaftliche Chancen. Europäischer Forschungsschwerpunkt Ländlicher Raum. Stuttgart-Hohenheim: 48 – 66.

Dovring, F. (1965): Land and Labor in Europe in the Twentieth Century. A comparative survey of recent agrarian history. The Hague.

Enyedi, G. u. Veldman, J. (Hg.) (1986): Rural Development Issues in Industrialized Countries. Budapest.

Finck, A. (1999): Nahrung für Europa – die Aufgabe der Landwirtschaft. Liebig-Preis und Thünen-Medaille: Eine Bilanz nach 50 Jahren 1949 – 1998. Hamburg: Alfred-Töpfer-Stiftung.

Franklin, S. H. (1971): Rural Societies. Studies in Contemporary Europe. London, Basingstoke.

Grayson, A. J. (1993): Private Forestry Policy in Western Europe. Wallingford, Oxon.

Greif, F. (Hg.) (1994): Die Zukunft der ländlichen Infrastruktur Ostmitteleuropas. Bundesanstalt für Agrarwirtschaft, Schriftenreihe 75. Wien.

Grosskopf, W. u. Herdzina, K. (1993): Der Ländliche Raum im Europa der 90er Jahre. Stuttgart-Hohenheim: Europäischer Forschungsschwerpunkt Ländlicher Raum.

Helmfried, S. (1996): What is rural settlement in Europe today? ER 4, 1: 35 – 44.

Henkel, G. (1999): Der ländliche Raum. Teubner Studienbücher. Stuttgart.

Herdzina, K. (1993): Alternative Ansätze zur Abgrenzung und Differenzierung ländlicher Räume. Europäischer Forschungsschwerpunkt Ländlicher Raum. Stuttgart-Hohenheim: 25 – 47.

Hoggart, K. u. a. (1995): Rural Europe: Identity and Change. New York.

Ilbery, B. (1999): The de-intensification of European Agriculture. In: Pacione, M.I. (Hg.): Applied Geography: Principles and Practice. London: 274 – 287.

Irmen, E. u. Blach, A. (1996): Typen ländlicher Entwicklung in Deutschland und Europa. IR 11/12: 713 – 728.

Jansen, A. J. u. Hetsen, H. (1991): Agricultural Development and Spatial Organization in Europe. Journal of Rural Studies 7, 3: 143 – 151.

Klohn, W. u. Windhorst, H.-W. (2001): Die Landwirtschaft in Europa. 2. A. Vechta.

Kommission der europäischen Gemeinschaften (Hg.) (1988): Die Lage der Landwirtschaft in der Gemeinschaft. Bericht 1987. Luxemburg: Amt für Amtl. Veröffentlichungen der Europäischen Gemeinschaften.

Krings, W. (1986): Ländliche Neusiedlung im westlichen Mitteleuropa vom Ende des 19. Jh. bis zur Gegenwart: Ehrgeizige Pläne – enttäuschende Resultate? Ek 40, 3: 227 – 234.

Le Coz, J. (1974): Les Réformes Agraires. Paris.

Lichtenberger, E. (1966): Die Agrarkrise im Französischen Zentralmassiv im Spiegel seiner Kulturlandschaft. MÖGG 108, 1: 1 – 24.

Lichtenberger, E. (1980): L'abandon de la haute montagne en Europe. Recherches de géographie rurale. Lüttich: 379 – 400.

Lichtenberger, E. (1988): The Succession of an Agricultural Society to a Leisure Society. The High Mountains of Europe. In: Allan, N. J. R., Knapp, G.W. u. Stadel, C. (Hg.): Human Impact on Mountains. New Jersey: 218 – 227.

Lichtenberger, E. (1990): Das „Haus" Europa und die Alpen. Sozialgeographische Szenarien. MittNatforsch. Ges. Bern. NF 47: 63 – 82.

Lichtenberger, E. (1994): Die Alpen in Europa. Veröff. Komm. f. Humanökologie 5. Gefährdung und Schutz der Alpen. Wien

Lorenzi, F. (1996): Des stratégies de développement pour les zones rurales de l'Union Européenne. IR 11/12: 809 – 822.

Michelsen, J. (2001): Organic Farming Development and Agricultural Institutions in Europe: a Study of Six Countries. Stuttgart-Hohenheim.

Oesterdiekhoff, G. W. (2002): Die Entwicklung des

ökologischen Landbaus in Deutschland und Europa. Land-Berichte 5, 9: 34 – 46.

Penz, H. (1992): Entwicklungsstruktur und Zukunft von ländlicher Siedlung und Landwirtschaft in der ČSFR und in Ungarn. ISR-Fb 5. Wien.

Pletsch, A. (1997): Wissenschaftliche Länderkunden. Frankreich. Darmstadt.

Renard, J. (2000): Des campagnes vivantes: un modèle pour l'Europe? Mélanges en hommage au professeur Jean Renard. Rennes.

Richards, E. G. (Hg.) (1987): Forestry and the Forest Industries: Past and Future: Major Developments in the Forest and Forest Industry Sector Since 1947 in Europe, the USSR, and North America. Dordrecht, Boston.

Rinschede, G. (1988): Transhumance in European and American Mountains. In: N.J.R. Allan, G. W. Knapp u. C. Stadel (Hg.): Human Impact on Mountains. Totova: 96 – 108.

Rösener, W. (1993): Die Bauern in der Europäischen Union. München.

Rother, K. u. Tichy, F. (2000): Wissenschaftliche Länderkunden. Italien. Darmstadt.

Schmitz, S. (2001): Le développement rural durable en Europe. Bull. Soc. Géogr. Liège 41, 2: 1 – 114.

Slicher van Bath, B.H. (1963): The Agrarian History of Western Europe A.D. 500 – 1850. London.

Thiede, G. (1990): Landwirt in Europa. Kontraste in den EG-Regionen. Frankfurt am Main.

Tracy, M. (1964): Agriculture in Western Europe. New York.

Wagner, H.-G. (2001): Wissenschaftliche Länderkunden. Mittelmeerraum. Darmstadt.

Wilson, G. A. (2002): Post-Produktivismus in der europäischen Landwirtschaft: Mythos oder Realität? Geogr. Helv. 57, 2: 109 – 126.

Wittkümper, G. (1993): Der Ländliche Raum in der Europäischen Kommunikationsgemeinschaft. Europäischer Forschungsschwerpunkt Ländlicher Raum. Stuttgart-Hohenheim: 79 – 88.

Zukunft der Direktzahlungen an die Landwirtschaft (2002). Agrarwirtschaft 51, 8: 369 – 448.

Europäische Wirtschaft und Verkehr

Axt, H.-J. (2000): EU-Strukturpolitik. Einführung in die Politik des wirtschaftlichen und sozialen Zusammenhalts. Opladen.

Bjelicic, B. (2000): Zukunft des europäischen Eisenbahnverkehrs. Welche Erfahrungen des Luftverkehrs lassen sich übertragen? Internat. Verkehrswesen 52, 6: 247 – 251.

Bergeron, R. (2000): Les croisières et L'Italie: une importante contribution au renouveau portuaire. INFO 64: 220 – 240.

Briche, B. (1997): Die Elektrizitätswirtschaft in der Europäischen Union: institutionelle und materielle Aspekte. Baden-Baden.

Cattan, N. (2000): Les échanges aériens vecteurs

d'intégration territoriale de l'Europe. INFO 64: 71 – 75.

Ceccini, P. (1988): Europa '92. Der Vorteil des Binnenmarktes. Baden-Baden.

Charlier, J. (1996): The Benelux Seaport System. TESG 87: 310 – 321.

David, C.-H., Faludi, A. u. a. (2001): Europäisches Raumentwicklungskonzept (EUREK). Hannover, Akademie für Raumforschung und Landesplanung XII.

Deecke, H. u. Läpple, D. (1996): German seaports in a period of restructuring. TESG 87: 332 – 341.

Deiters, J. (1995): Verkehrswachstum und europäische Integration – zur Notwendigkeit einer neuen Verkehrspolitik. In: GT: 151 – 156.

Deiters, J. u. Masuhr, J. (1995): Europa vor dem Verkehrsinfarkt? In: GT: 147 – 150.

Deutsche Bundesbank (Hg.) (2001): Investing Today for the World of Tomorrow: Studies on the Investment Process in Europe. Berlin [u. a.].

Dupuy, G. u. Stransky, V. (1996): Cities and highway networks in Europe. Journal of Transport Geography 4, 2: 107 – 121.

Ebeling, K. u. Kirsch, K. (2000): Konzept eines gesamteuropäischen Eisenbahnnetzes und seine Erweiterungen durch die Paneuropäischen Korridore sowie die TINA-Untersuchungen. Intern. Verkehrswesen 52, 7+8: 304 – 307.

Eicher, H. (1994): Tunnelgeographie Europas. Eine Bilanz anlässlich der Kanaltunnel-Eröffnung. Bensheim.

Eicher, H. (1995): Die hochrangigen Fernverkehrswege in Europa mit besonderer Berücksichtigung der technogenen Entwicklung. Geogr. Jb. Österreich 52: 39 – 96.

Eigler, F. (2001): Der Kanaltunnel. Ein Jahrhundertbauwerk bringt Großbritannien dem Kontinent näher. Geographie heute 22, 189: 34 – 39.

Eller, W. (1991): Hochgeschwindigkeitsverkehr auf der Schiene – Ein Beitrag zur europäischen Integration. Material zur angewandten Geographie 21: 227 – 236.

Erdmenger, J. (1996): Transeuropäische Netze im Bereich Verkehr. EUREG 3: 6 – 15.

Europäische Verkehrsprojekte (2001): Geographie heute 22, 189: 1 – 49.

European Conference of Ministers of Transport (Hg.) (1999): Trends in the Transport Sector 1970 – 1997. Paris.

The EU's Business Economy (2004). Luxemburg.

Fassmann, H. (Hg.) (1995): Immobilien-, Wohnungs- und Kapitalmärkte in Ostmitteleuropa. ISR-Fb 14. Wien.

Fassmann, H. u. Lichtenberger, E. (Hg.) (1995): Märkte in Bewegung. Metropolen und Regionen in Ostmitteleuropa. Wien.

Fromhold-Eisebith, M. (1994): Straßen und Schienen für Europa. GR 46: 266 – 273.

Frydman, R. u. Rapaczynski, A. (1994): Privatiza-

tion in Eastern Europe: Is the State Withering Away? Budapest, London, New York.

Gräf, P. (1994): Telekommunikation im europäischen Binnenmarkt. GR 46: 304 – 309.

Grüske, K.-D. u. Walthes, F. (1994): Europäischer Finanzausgleich zwischen EU-Mitgliedstaaten und finanzielle Dimensionen. RFRO 52, 6: 373 – 382.

Gutierrez, J. u. Urbano, P. (1996): Accessibility in the European Union: the impact of the trans-European road network. Journal of Transport Geography 4, 1: 15 – 25.

Guy, M. C. (1998): Controlling new retail spaces: the impress of planning policies in Western Europe. USt 35, 5/6: 953 – 980.

Hall, D. R. (1993): Impacts of economic and political transition on the transport geography of Central and Eastern Europe. Journal of Transport Geography 1: 30 – 35.

Harloe, M. (1995): The People's Home? Social rented housing in Europe & America. Oxford, Cambridge.

Hedwig, R. u. Schüttpelz, A. (Hg.) (2001): Aldi oder Arkaden? Unternehmen und Arbeit im europäischen Einzelhandel. Berlin.

Höltgen, D. (1992): Güterverkehrszentren. Knotenpunkte des Kombinierten Verkehrs im europäischen Binnenmarkt. GR 44, 12: 708 – 715.

Horner, A. (2000): Changing rail travel times and time-space adjustments in Europe. Geography 85, 1: 56 – 68.

Hoyle, B. S. u. Pinder, D. A. (1992): European Port Cities in Transition. New York.

Hudson, R. (1997): Changing Gear? The Automobile Industry in Europe in the 1990s. TESG 88, 5: 481 – 487.

Hudson, R. (1998): What Makes Economically Successful Regions in Europe Successful? Implications for transferring success from West to East. Brighton.

Hudson, R. (2002): New Geographers and forms of work and unemployment and public policy innovation in Europe. TESG 93, 3: 317 – 335.

Huntemann, V. (2001): TGV-ICE-Eurostar-Thalys. Geographie heute 22, 189: 30 – 33.

Informationszentrale der Elektrizitätswirtschaft e.V. (Hg.) (1993): Energiewirtschaft in Europa. 1. A. Frankfurt a. m.

Jones, P. (1993): On defining a Western European automobile industry – problems and potentials. Ek 47: 25 – 50.

Jöns, H. u. Klagge, B. (1997): Regionalstruktur in Ungarn. ISR-Fb 16. Wien.

Jönssib, C., Tägil, S. u. Törnqvist, G. (2000): Organizing European Space. London, New Delhi.

Kierdorf, A. u. Hassler, U. (2000): Denkmale des Industriezeitalters. Von der Geschichte des Umgangs mit Industriekultur. Tübingen, Berlin.

Kiesewetter, H. (1996): Das einzigartige Europa: zufällige und notwendige Faktoren der Industrialisierung. Göttingen.

Kiesewetter, H. (2000): Region und Industrie in Europa 1815–1995. Stuttgart.

Klagge, B. (1997): Internationalisierung des Bankwesens in Osteuropa. Münster, Hamburg, Berlin, Wien, London.

Kluge, J. u. Fassbender, H. (2003): Wirtschaftsmacht Europa. Wien.

Knapp, W. (1993): „Europa 2000": Raumordnung als Appendix der Binnenmarktstrategie? RFRO 51, 1: 18–27.

Kordey, N. (1991): Entwicklungstendenzen der Telekommunikation in Europa. Material zur angewandten Geographie 21: 197–216.

Kreukels, T. u. Wever, E. (1996): Ports in Western Europe. TESG 87: 291–309.

Kunzmann, K. u. Gaebe, W. (1995): Der neue Binnenmarkt. GT: 17–19.

Laan, L. van der (1999): Labour markets in Europe at the edge of a new century: knowledge economy and transitional labour. TESG 90, 4: 427–431.

Larsson, A. (2002): The development and regional significance of the automotive industry. Supplier parks in Western Europe. International Journal of Urban and Regional Research 26, 4: 767–784.

Latten, R. (1997): Jahrbuch europäische Eisenbahnen. Stuttgart.

Lichtenberger, E. (1995): Der Immobilienmarkt im politischen Systemvergleich. GZ 83, 1: 21–29.

Lichtenberger, E. (1999): Geopolitische Lage und Transitfunktion Österreichs in Europa. Projektbericht I. ÖAW, Wien.

Lüking, J. (1991): Europäischer Luftverkehr. Material zur angewandten Geographie 21: 217–226.

Malchus, V. von (1996): Europäische Raumentwicklungspolitik. Rechtliche Verankerung im Vertrag über die Europäische Union. Nachrichten d. Akademie für Raumforschung und Landesplanung 2: 34–50.

Mazzuca, R. (1980): Organizzazione del territorio e industrie a partecipazione statale in Italia. Turin.

Möller, J. (2000): Spezialisierung und räumliche Konzentration der Wirtschaft in einem Europa der Regionen. RFRO 58, 5: 363–372.

Monheim, H. (1991): Straßenverkehr in Europa: Alternativen zur Autolawine. Material zur angewandten Geographie 21: 237–246.

Muziol-Weclawowicz, A. (1992): Die Transformation des Wohnungswesens in Polen. Eine Analyse des Warschauer Wohnungsmarktes. ISR-Fb 7. Wien.

Nuhn, H. (1994): Strukturwandlungen im Seeverkehr und ihre Auswirkungen auf die europäischen Häfen. GR 46, 5: 282–289.

Nuhn, H. (1996): Seehäfen als Gateways im zusammenwachsenden Europa. Europa Regional 4: 20–31. Leipzig.

Owen, G. (2000): From Empire to Europe: the Decline and Revival of British Industry since the Second World War. London.

Parker, G. (1981): The Logic of Unity: a Geography of the European Economic Community. London [u. a.].

Pleiner, W. (2001): Zukunftsperspektiven des europäischen Verkehrs. Entwicklungstendenzen und Prognosen bis 2020. Geographie heute 22, 189: 2–7.

Priemus, H. u. Dieleman, F. (1999): Social Housing Finance in the European Union: Developments and Prospects. USt 36, 4: 623–632.

Ridolfi, G. (1996): Italian ports and the wind of change. TESG 87: 348–356.

Schwanen, T. (2002): Outlook on Europe. Urban form and commuting behaviour: a cross-European perspective. TESG 93: 336–343.

Siebeck, G. (1995): Europa 2000: Europäische Raumordnung im gemeinsamen Binnenmarkt. GT: 33–42.

Sillence, J. A. A. (Hg.) (1990): Housing Policies in Eastern Europe and the Soviet Union. London, New York.

Stephens, M. (1999): The Fiscal Role of the European Union: The Case of Housing and the European Structural Funds. USt 36, 4: 715–736.

Strathmann, F.-W. (1995): Satellitengestützte Navigation und Kommunikation als Strategie zum Verkehrsmanagement in Europa. GT: 170–177.

Tietze, W. u. Steinmann-Tietze, M.-L. (2001): Aufgaben einer europäischen Verkehrspolitik im 21. Jahrhundert. Berlin.

Wokowitsch, M. (1999): Train à Grande Vitesse. Der französische Hochgeschwindigkeitszug im europäischen Bahnnetz. GR 51, 2: 103–109.

Die europäische Freizeitgesellschaft

Ashworth, G. J. u. Larkham, P. J. (Hg.) (1994): Building a New Heritage: Tourism, Culture and Identity in the New Europe. London [u. a.].

Baraniecki, L. (2001): Politics and tourism: sentimental tourism development in East-Central Europe. Geographica Slovenica 34/I: 105–113.

Becker, C. u. Steinicke, A. (1993): Kulturtourismus in Europa: Wachstum ohne Grenzen? ETI-Studien 2. Trier.

Cazes, G. (2000): La fréquentation touristique des littoraux français: une remarquable „durabilité". INFO 64: 289–299.

Cazes, G. (2001): L'émergence d'un nouveau système vacancier: temporalités et territorialités en mutation: Hommes et terres du nord 2001, 2: 63–70.

Dewailly, J.-M. (2001): Dix ans après la chute du Mur de Berlin, une nouvelle géographie du tourisme européen? Hommes et terres du nord 2001, 2: 71–76.

Gläßer, E. u. a. (2003): Wissenschaftliche Länderkunden. Nordeuropa. Darmstadt.

Gomez, M. (1995): New Tourism Trends and the Future of Mediterranean Europe. TESG 86, 1: 21–31.

Jordan, P. (1990): Die Entwicklung der Fremdenverkehrsströme in Mitteleuropa (1910–1990)

als Ausdruck politischer und wirtschaftlicher Veränderungen. MÖGG 132: 144–171.

Jordan, P. (1999): Die touristische Attraktivität des östlichen Europa. Methodik und Inhalte einer Karte im Atlas Ost- und Südosteuropa. Europa Regional 7, 1: 2–12.

Kelletat, D. (1993): Coastal geomorphology and tourism on the German North Sea coast. In: Wong, P. P. (Hg.) (1993): Tourism vs Environment. The Case of Coastal Areas. Dordrecht.

Leimgruber, W. (1987): Il confine e la gente. Varese.

Lichtenberger, E. (1976): Der Massentourismus als dynamisches System: das österreichische Beispiel. Tag.ber. u. wiss. Abh. 40. Dt. Geographentag. Innsbruck: 673–695.

Lichtenberger, E. (1979): Die Sukzession von der Agrar- zur Freizeitgesellschaft in den Hochgebirgen Europas. Innsbrucker Geogr. Studien 5: 401–436.

Lichtenberger, E. (1989): Die Überlagerung der ortsständigen Bevölkerung durch die Freizeitgesellschaft in den österreichischen Alpen. Innsbrucker Geogr. Studien 16: 19–39.

Merenne-Schoumaker, B. (2001): Commerce de détail, loisirs et tourisme: vers un renforcement du liens? Hommes et terres du nord 2001, 2: 90–96.

Möller, H. G. (1992): Tourismus und Regionalentwicklung im mediterranen Südfrankreich. Sektorale und regionale Entwicklungseffekte des Tourismus. Ihre Möglichkeiten und Grenzen am Beispiel von Côte d'Azur, Provence und Languedoc-Roussillon. Stuttgart.

Montanari, A. u. Williams, A. M. (Hg.) (1995): European Tourism. Regions, Spaces and Restructuring. Chichester.

Mountain Agenda (Hg.) (1999): Mountains of the World. Tourism and Sustainable Mountain Development. Centre for Development and Environment, Institute of Geography, Universität Bern.

Renucci, J. (1990): Tourisme international et tourisme national dans les Etats de l'Europe méridionale. Ann. de Géographie 99: 22–50.

Ritter, W. (1966): Fremdenverkehr in Europa. Eine wirtschafts- und sozialgeographische Untersuchung über Reise- und Urlaubsaufenthalte der Bewohner Europas. Leiden.

Ritter, W. u. Frowein, H. (1993): Reiseverkehrsgeographie. Bad Homburg.

Statistisches Amt der Stadt Wien (Hg.) (1995): Tourismus in europäischen Städten. Stat. Mitt. Stadt Wien 2.

Strzygowski, W. (1969): Die Küsten von Italien. Schriftenreihe des Vereins Naturschutzpark e.V. Stuttgart.

Travis, A. S. (Hg.) (1992): Alternative tourism in Europe: eine gemeinsame Publikation der World Tourism Organization und des European Coordination Centre for Research and Documentation in the Social Sciences.

Verhoeff, R. (1996): The Transformation of International Tourism in Central Europe – Between State and Market. In: **Carter, F. W., Jordan, P. u. V. Rey** (Hg.): Central Europe after the Fall of the Iron Curtain. Wiener Osteuropa Studien 4: 159 – 174.

Winkler, E. (1976): Die Mittelmeerküsten Frankreichs und Spaniens. Die Gestaltung der Sonnenküsten Europas 3. Teil. Schriftenreihe des Vereins Naturschutzpark e. V., Stuttgart.

Zimmer, B. (1995): Geschichte und Entwicklung des Tourismus Trier, Geographische Gesellschaft VII.

Quo vadis, Europa?

Algieri, F., Emmanouilidis, J. A. u. Maruhn, R. (2003): Europas Zukunft. 5 EU-Szenarien. Zentrum für angewandte Politikforschung München.

Allen, T. (2001): Die erweiterte EU. Ein Handelsriese. Eurostat. Statistik kurz gefasst. Thema 6 – 5.

Aust, S. u. Schmidt-Klingenberg, M. (Hg.) (2003): Experiment Europa. Ein Kontinent macht Geschichte. München.

Bade, K. J. u. Brötel, D. (1992): Europa und die Dritte Welt. Kolonialismus – Gegenwartsprobleme – Zukunftsperspektiven. Hannover.

Besters-Dilger, J. (Hg.) (2003): Die Ukraine in Europa. Aktuelle Lage, Hintergründe und Perspektiven. Wien, Köln, Weimar.

Darnton, R. (1999): What American Century? ER 7, 4: 455 – 460.

Deacon, B. u. a. (1992): The New Eastern Europe. Social Policy, Past, Present and Future. London, New Delhi.

Djavann, C. (2004): Que pense Allah de l'Europe? Paris.

Dueck, C. (2004): New Perspectives on American Grand Strategy. International Security 28, 197 – 216.

Eckes, A. E. u. Zeiler, T. (2003): Globalization and the American Century. Cambridge.

Europäische Kommission (Hg.) (2001): Die Europäische Union und die Welt. Luxemburg.

Foucher, M. (1995): The New Faces of Europe. Strasbourg.

Foucher, M. (2000): La République européenne. Paris.

Gablentz, O. von der (Hg.) (2000): Europe 2020: Adapting to a Changing World. Baden-Baden.

Gehler, M. (2001): Zeitgeschichte im dynamischen Mehrebenensystem: zwischen Regionalisierung, Nationalstaat, Europäisierung, internationaler Arena und Globalisierung. Bochum.

Haller, G. (2002): Die Grenzen der Solidarität. Europa und die USA im Umgang mit Staat, Nation und Religion. Berlin.

Heidensohn, K. (1995): Europe and World Trade. London.

Herrmann, D. G. (Hg.) (1989): Europäisierung Europas? Baden-Baden.

Holmen, H. (1997): Limits to Globalization. ER 5, 1: 75 – 88.

Hütteroth, W.-D. u. Höhfeld, V. (2002): Wissenschaftliche Länderkunden. Türkei. Darmstadt.

Kagan, R. (2003): Of Paradise and Power: America and Europe in the New World Order. New York.

Keens-Soper, H. (1999): Europe in the World: the Persistence of Power Politics. Basingstoke.

Lichtenberger, E. (2004): Quo vadis Europäische Union? MÖGG 146: 13 – 42.

Marquardt-Kuron, A. (Hg.) (1991): Die Vereinigten Staaten von Europa: Anspruch und Wirklichkeit. Berlin.

Osterhammel, J. u. Petersson, N. P. (2003): Geschichte der Globalisierung. Dimensionen, Prozesse, Epochen. München.

Riemer, A. K. (2004): Die amerikanisch-europäische Debatte um das Grundverständnis zur internationalen Ordnung. Schriftenreihe der Landesverteidigungsakademie Wien 2.

Rittberger, V. u. Zelli, F. (2004): Europa in der Weltpolitik: Juniorpartner der USA oder antihegemoniale Alternative. Texte Nr. 41. Institut für Politikwissenschaft. Tübingen.

Slater, D. u. Taylor, P. J. (Hg.) (1999): The American Century: Consensus and Coercion in the Projection of American Power. Oxford.

Stavridis, S. (2001): Why the „Militarising" of the European Union is Strengthening the Concept of a Civilian Power Europe. San Domenico (FI).

Topographisches Register

Sachregister: geowissenschaftlich

Sachregister: humanwissenschaftlich